한국 고대의 동아시아 교역사

朴南守 著

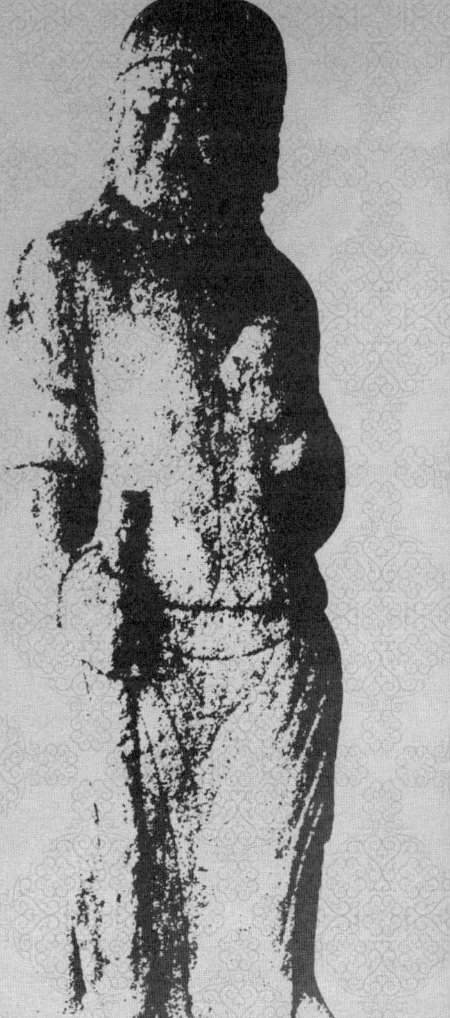

책머리에

필자가 1996년 박사학위논문을 엮어 『신라 수공업사』를 간행한 지 벌써 15년이란 시간이 지났다. 박사 학위를 준비할 때에는 고대 상업사를 연구하고 싶었으나, 상업 행위의 대상이 되는 물품의 생산이 어떻게 진행되었는지에 대한 연구가 전혀 없었고, 상인들의 활동을 밝힐만한 자료가 매우 부족하였다. 이에 우선 신라 수공업 생산에 대한 문제에 집중하게 되었고, 박사학위 취득 이후 상업사 연구를 계속하고자 하였다.

그러나 학위 취득 이후 신라 수공업 관련 논문의 학회 발표와 학위 준비과정에서 잠시 다루었던 화백 관련 논문을 정리하면서 상업사에 대해 다룰 겨를을 갖지 못하였다.

그러는 과정에서 국사편찬위원회 고대사 전공 동료들과 함께 가산 지관 큰스님께 금석문을 공부하였던 것은 나 자신에게 큰 자산이 되었다고 생각한다. 당시를 회상하면 지관 큰스님께 금석문과 불경의 기초적인 지식을 공부할 수 있어 행복한 시간이었던 듯하다. 이에 대해서는 큰스님께 항상 감사드리며, 당시에 함께 공부했던 도반들의 우의를 마음 속에 간직하며 불교학계에 큰 자취를 남긴 故 최원식 형에 대한 그리움이 앞선다.

필자가 다시 본래의 초심으로 돌아올 수 있었던 것은, 2004년 동국대학교 신라문화 학술회의에서 「삼국의 경제와 교역활동」이란 주제의 발표를 하고, 해상왕장보고기념사업회로부터 「8~9세기 한·중·일 교역과 장보고의 경제적 기반」이란 연구 지원을 받으면서부터였다. 본 서의 제목이 상업사가 아닌 교역사가 된 이유는 2004년도 이래 연이어 발표한 논제들이 교역 관련이었던 때문이 아니겠는가 한다. 그후로도 교역 관련 논문은 주로 해상왕장보고기념사업회의 지원을 많이 받았다. 그와 함께 화백·화랑도 및 금석문 자료에 대한 연구도 병행하였다.

최근에는 미륵사지 출토 유물을 통하여 백제의 금정이 동아시아사상의 의의가 있음을 살필 기회가 있었고, 8~10세기 경 한·중·일간의 동아시아 교역의 특징에 대해 집중하게 되어 하나의 책으로 묶어도 되지 않을까 하는 주변의 권유를 받게 되었다. 이처럼 나의 연구 영역을 동아시아란 공간으로 확대할 수 있었던 것은 아무래도 취아 이용범 선생님께서 거시적인 안목으로 역사를 다루어야 한다는 점을 생전에 계도해주신 때문으로 생각한다. 선생님의 생전의 모습이 눈에 선하다.

「한국 고대의 동아시아 교역사」라는 표제를 감당하기에는 필자의 역량이 부족함을 절감한다. 이러한 테마에 대해서는 연구해야 할 분야가 아직도 산재한다. 근래에는 역사교과서조차도 '동아시아사'라는 개념이 일반화되고 있다. 특히 한국 고대사의 특성을 밝히기 위해서는 동아시아 각국사에 대한 비교 검토가 필수적인 상황이다. 한국고대사 연구는 그 자체만으로도 의미도 없지 않으나, 중국과 일본의 교섭, 동서문물의 교류 현황, 그 가운데 나타난 우리 고대 문화의 특성을 밝히는 작업이 유효하며, 그에 가장 적합한 주제가 교역사일 것이다.

본서는 그 동안 필자가 발표한 10편의 한국 고대 교역사 관련 논문을 삼국시대, 7~8세기 통일신라, 그리고 장보고 등장 이후로 나누어 편목을 정하였다. 한국 고대사에는 일반적으로 자료의 부족으로 인한 한계가 있게 마련이지만, 교역사를 천착하는 과정에서 오히려 유물이나 물품 명칭 하나하나가 소홀히 할 수 없는 귀중한 물증임을 새삼 느낀다. 하나의 물품은 그 원산지로부터 전래 및 가공 또는 재생산되는 과정을 거쳐 어떠한 소비자에게 어떻게 다가가느냐 하는 매우 상세한 과정을 보여주기 때문이다. 이러한 물품은 간혹 문헌 자료와 조우하게 되고 그러할 때에 그 물품은 당시의 교역 과정을 설명하는 유력한 증거가 된다. 더욱이 그 전래·유통과정에서 아시아 각국의 각종 제도 및 수공업 생산 등을 살필 수 있으므로 당시의 사회상을 복원하는 유효한 수단이 된다. 그것은 그동안 무관심했던 문헌 자료의 발굴과정이며 한국고대사 연구의 새로운 지평을 여는 작업이기도 하다.

사실 한국 고대사는 이미 국가 형성단계로부터 부단히 중앙아시아와 중국과의 교섭과정에서 성장하였고, 우리의 많은 문화는 서역의 그것을 우리의 것으로 간주하곤 하였다. 각종 수공업 제품에 보이는 기술 하나하나가 동서 교류의 흔적이며, 그것은 바다 건너 일본에까지 전달되었다. 이는 물품에만 한정되지 않고 모든 종교, 사상, 정치 제도 역시 마찬가지이며, 그러한 의미에서 한국 고대사는 배태되는 순간 동서 교역의 내용을 담지하였던 것이다. 한국 고대사 연구자들이 동아시아 각국을 넘어 동서교역사로 눈을 돌려야 하는 이유이기도 하다.

동아시아 교역사는 아직 많은 과제를 안고 있음이 분명하다. 예컨대 신라방이 당나라의 어떠한 상황에서 생성되었으며 그것이 소그드인의 그것과는 어떻게 연결되어지는가 하는 문제를 비롯하여, 삼국인을 비롯한 신라·발해인의 활동 범주는 어디까지이며, 그렇게 활발한 동아시아 해역에서의 신라인의 활동은 누구에게 어떻게 승계되었는가 하는 문제 등은, 향후 풀어야 할 동아시아 교역사의 주요한 주제가 되리라 믿는다.

이러한 여러 가지 문제를 본서에서는 모두 다루지 못했다. 이는 필자의 역량이 아직 미치지 못한 때문이다. 본서에서는 그간 필자가 힘을 쏟았던 한정된 주제만을 다루었음을 솔직히 고백하지 않을 수 없다. 다만 본서의 말미에 교역사의 범주에 들지 않는 「고구려 조세제와 민호편제」를 보론으로 엮었다. 이에 대해서는 고민을 많이 하였지만, 이를 찾는 연구자들이 간간히 있던 데 대해 『동북아역사논총』(14집)의 보급이 수월치 않았고, 본서에서 고구려 부분의 내용이 미진하여 보론 형식으로 추가하였다. 양해를 바란다.

실로 이 책을 엮기까지는 주변 여러분의 많은 도움이 있었다. 무엇보다도 나의 사표가 되신 이기동 선생님께서 본서의 표제와 목차를 세심히 검토해 주셨고, 각 논문의 발표 때마다 김상현 선생님께서 새로운 자료를 교시해주시고 조언을 마다하지 않으셨다. 이에 대해 두 분 은사님께 깊은 감사를 드린다. 그 외에도 크고 작은 도움을 준 동국대학교의 여러 교수진, 본서의 출간을 쾌히 승낙하신 주류성의 최병식 사장님과 이준 이사, 그리고 본서가 나오기까지 격려와 도움을 아끼지 않았던 동료들과 나의 가족, 편집과 출판에 도움을 주신 여러분께 감사드린다. 무엇보다도 생전에 나를 위해 모든 것을 희생하신 그리운 어머님께 이 책을 바친다.

2011년 10월

朴南守 識

차례

Ⅱ 통일 신라의 동아시아 교역과 향약

장보고의 등장과 동아시아 교역체계의 전환

통일신라의 대일교역과 애장왕대 '교빙결호'

8~9세기 한·중·일 교역과 장보고의 경제적 기반

원인圓仁의 귀국과 재당 신라상인의 대일교역

9세기 신라의 대외 교역물품과 그 성격

[보론] 고구려 조세제와 민호편제

Résume

본서 수록 논문 발표지명 및 연월(발표연대순)

• 삼국의 경제와 교역활동	『신라문화』 24	2004
• 8~9세기 한·중·일 교역과 장보고의 경제적 기반	『대외문물교류연구』 4	2006
• 고구려 조세제와 민호편제	『동북아역사논총』 14	2006
• 통일신라의 대일교역과 애장왕대 '交聘結好'	『사학연구』 88	2007
• 圓仁의 歸國과 在唐新羅商人의 對日貿易	『한국사연구』 145	2009
• 9세기 신라의 대외교역물품과 그 성격	『사학연구』 94	2009
• 752년 金泰廉의 대일교역과 「買新羅物解」의 香藥	『한국고대사연구』 55	2009
• 益山 彌勒寺址 출토 金鋌과 백제의 衡制	『한국사연구』 149	2010
• 백제 대외교역상의 金鋌과 益山	『사학연구』 98	2010
• 8세기 新羅의 동아시아 交易과 法隆寺 白檀香	『한국사학보』 42	2011
• 8세기 新羅의 동아시아 외교와 迎賓 體系	『신라사학보』 21	2011

I

삼국의 교류와 동아시아

삼국의 경제와 교역활동

1. 머리말

신라의 삼국 통일이 우리 역사상에서 갖는 의미는 적지 않다. 그럼에도 불구하고 지금까지 삼국통일에 대한 연구는 그 정치·문화적 의미에 한정되어 왔고,[1] 근래에는 삼국 전쟁의 사회경제적 요인과 이에 수반한 수취제도의 변동양상, 그리고 신라에 의한 경제 통합과 토지제도 등에 대한 연구가 일부 있어 왔다.[2]

1) 盧重國, 1981, 「고구려·백제·신라 사이의 역관계 변화에 대한 일고찰」, 『東方學志』 28. 신형식, 1987, 「삼국통일의 연구사적 평가」, 『통일기의 신라사회연구』, 동국대 신라문화연구소 : 1990, 『통일신라사연구』, 三知院. 李昊榮, 1989, 「신라 삼국통합과정 연구 서설」, 『사학지』 22 ; 1998, 「삼국통일」, 『한국사』 9 : 통일신라, 국사편찬위원회.

2) 일찍이 李龍範은, 신라의 삼국통일 배경과 관련하여 그 성장 배경으로서의 경제적 기반을 살핀 바 있다.(이용범, 1973. 11, 「통일기 삼국간의 국력 비교 -려·제의 멸망원인을 중심으로-」, 『국토통일』 41) 근래에 들어서 수취제도나 토지제도의 연구에 수반하여 신라 삼국 통일의 경제적 배경을 다루고자 하는 시도가 있었다. 이인재, 1990, 「신라 통일 전후기 조세제도의 변동」, 『역사와 현실』 4, 96~98쪽. 趙翊鉉, 1993, 「新羅三國統一의 經濟的 背景」, 『博物館誌』 2, 충청전문대 박물관. 김창석, 1997, 「7세기 신라에 의한 경제통합과 토지제도 개편」, 『역사와 현실』 23, 한국역사연구회. 金基興, 1999, 「삼국시기 戰爭과 租稅制의 변화」, 『한국고대사연구』 16. 삼국통일 이후 문제와 관련하여 「삼국통일과 동아시아」란 주제로 『韓國古代史硏究』 23 (2001)에 실린 일련의 논문을 들 수 있으나, 주로 삼국통일 이후의 정책에 관련된 것이다.

삼국시대 사회경제사 연구는 대체로 600~700여 년 동안 각각의 정치체제 속에서 발전해 온 삼국의 경제를 동일시하였던 것이 일반적이었다. 이는 지적되듯이 자료가 빈곤한 상황에서 중국측 사서의 '백제의 부세賦稅와 풍토 그리고 산물이 고구려와 같은 점이 많다'[3]는 내용을 확대 적용하여온 결과라고 본다. 아울러 삼국의 기원이나 각국의 국가성립과정에서 백제·신라 등이 고구려의 영향을 직간접적으로 받았고, 4세기 후반부터 빚어진 장기간의 전쟁과정에서 국가간의 동맹으로 말미암은 영향 또한 적지 않았으리라는 점에 논거를 두고 있다.

그러나 각각 다른 지역에서 고대국가로 성장한 삼국이 300여 년이 넘게 상쟁을 반복하게 된 사실에 대하여, 삼국 초기의 국왕과 지배세력이 저들의 신분적 우위를 유지하기 위하여 과도한 수탈을 자행하고, 국내 생산력이 한계에 달하게 되자 대외적 약탈을 모색하게 된 것이라는 일괄적인 설명은 삼국 개별 국가의 독자적 발전 과정을 간과할 위험성을 내포한다. 더욱이 삼국 전기의 대외적 약탈에 대하여 점차 농업생산성이 크게 제고됨에 따라 왕실과 귀족 관료, 군비에 소용되는 비용을 확보하기 위해 농경지와 경작 농민의 확보가 국가의 지상과제로 등장하게 되었다는 논리는[4] 너무 추상적이지 않은가 하는 생각을 지울 수 없게 한다.

그러므로 본고는 고구려, 백제에 비하여 뒤늦게 성장한 신라가 비록 당나라의 힘을 빌었다고 하지만 삼국을 통일하게 된 데에는 어떠한 사회경제적 배경과 관련이 있을 것이라는 전제에서 출발한다. 따라서 중국 정사 동이전 기사를 중심으로 삼국의 경제 발전 과정을 추적하고, 삼국이 300여 년 동안 상쟁하게 된 경제적 배경은 어디에 있으며, 전쟁의 과정에 나타난 외교적 전개와 이에 수반한 교류상황을 살피고자 한다.

2. 삼국의 경제 발전 추이

중국 정사류 가운데 삼국의 사회경제 관련 기사를 보여주는 최초의 사서는 진晉의 진수陳壽(233~297)가 태강太康 연간(280~289)에 찬술한 『삼국지』이

3) "凡諸賦稅及風土所產 多與高麗同"(『舊唐書』 권 199 上, 列傳 149 上, 百濟國)
4) 金基興, 앞의 논문, 152~153쪽.

다. 여기에서 진수는 중국 군현과 동이제국의 관계 및 정치적 동향, 특산물 등에 관심을 두었는데,[5] 그 가운데 3세기 초엽~중엽까지의 고구려, 동옥저, 예, 삼한 관련 기사는 당시 한반도의 사정을 보여주는 일급 사료로서 주목되어 왔다. 『후한서』의 경우 『삼국지』 이전 시대를 다룬 사서이긴 하나, 유송劉宋의 범엽范曄(398~445)이 그의 만년에 저술한 것으로서 한두 기사를 제외하고는 대체로 『삼국지』의 기사를 전재한 것으로 이해되고 있다.[6]

이후 한국 관계기사를 전하는 중국 정사류는 시기별로 양梁의 심약沈約이 영명永明 6년(488)에 찬술한 『송서』와 양의 소자현蕭子顯이 대동大同 3년(537) 이전에 찬술한 것으로 보이는 『남제서』, 북제의 위수魏收가 천보天保 5년(553)에 찬술한 『위서』 등이 있다. 그후 당나라 정관貞觀 연간에 찬술된 일련의 사서들이 있는데, 정관 3~10년(629~636)에 요사렴姚思廉이 찬술한 『양서』을 비롯하여, 정관 10년(636)에 찬술된 위징魏徵의 『수서』와 영호덕令狐德의 『주서』, 그리고 정관 18년(644)에 방현령房玄齡 등이 찬술한 『진서』가 있으며, 정관 중에 이연수李延壽가 찬술한 『남사』와 『북사』가 있다. 그후 후진後晉 유구劉昫 등이 10세기 무렵(941~945)에 찬술한 『구당서』, 송 구양수歐陽修 등이 11세기 무렵(1044~1060)에 찬술한 『신당서』 등이 고대 한반도의 삼국 관계 기사를 기술하고 있는 주요 사서들이다.

이들 사서는 새로이 수집한 자료뿐만이 아니라 전대의 사서를 전재하는 등의 다양한 내용을 전하는데, 동일한 내용의 기사라 하더라도 시대의 흐름에 따라 약간의 차이를 보인다.

첫째, 삼국의 산업과 관련하여 고구려의 절검節儉 풍속에 관한 기사를 주목할 수 있다. 이는 『삼국지』 동이전 고구려조 "좋은 밭이 없어 비록 힘써 밭을 갈더라도 족히 입과 배를 채우지 못하므로 그 풍속이 먹는 것을 절제한다"는 기사에서 비롯하거니와, 고구려의 지형이 "큰 산이 많고 골짜기가 깊어 들판과 못이 없다"고 하여 좋은 밭이 없어 힘써 경작하더라도 식량이 부족한 사정을 전하고 있다. 그런데 고구려 절검의 풍속에 대하여 『구당서』에서는 "밭에 곡식을 심고 누에를 기르는 것이 대체로 중국과 같다"고 하여 나타나지 않는다. 이것이 기록

5) 高柄翊, 1970, 「中國正史의 朝鮮列傳」, 『東亞交涉史의 硏究』, 서울대출판부, 17쪽. 朴南守, 1996, 「신라의 성장과 수공업경영형태」, 『신라수공업사』, 신서원, 46쪽.
6) 高柄翊, 위의 논문, 20~25쪽.

의 누락인지, 아니면 무엇인가 사회경제적인 변화가 있어서인지는 분명하지 않다. 만일 후자의 경우라면 정관 연간까지 고구려의 영토가 동서 2천리, 남북 1천리에서 동서 3100리, 남북 2천리로 늘어난 것과 관련이 있지 않을까 한다. 곧 좋은 밭을 갖춘 새로운 영토의 확장으로부터 중국과 동일한 "밭에 곡식을 심고 누에를 기르는 것"으로 파악한 결과로 볼 수 있다.

특히 잠상蠶桑에 대해서는 『위서』에 이르러 "백성들은 모두 토착인으로 산과 골짜기를 따라 거처하는데 포백과 가죽 옷을 입고 땅과 밭이 척박하여 잠농蠶農으로 족히 스스로 공급하지 못하므로 그 사람들이 음식을 절제한다"고 하여, 부족하기는 하지만 시행되었음을 보여준다. 이와 관련하여 『남제서』 동이전 고려조에 『건강실록建康實錄』 「남제南齊」 「고려전」을 인용하여 "나라에 은산銀山이 있어 채취하여 화폐를 만들고 아울러 인삼과 담비가죽貂皮이 나는데 중국의 무늬 있는 비단[綵纈]을 중히 여겨 장부가 입고 또한 호랑이 가죽虎皮을 중히 여긴다"라고 하였거니와, 6세기 초엽 고구려인들이 중국의 무늬 있는 비단[綵纈]을 중시하였음을 보여준다. 이러한 무늬 있는 비단은 6세기 중엽에 이르러서는 자체 생산을 하였던 모양인데, 『한원翰苑』 고려조에 "도려刀礪를 허리에 차고 동등한 위엄을 보이고 금깃[金羽]으로써 귀천을 밝혔다. …고려기高驪記에 이르기를 '그 사람들은 또한 비단[錦]을 만드는데 자주빛 바탕에 홀치기 무늬가 있는 것[紫地纈文者]을 상등으로 삼는데 다음에 오색 비단[五色錦]이 있고, 다음으로 구름무늬 비단[雲布錦]이 있으며, 또 백첩포白疊布·청포靑布를 만드는데 더욱 아름답다. 또한 장鄣을 만들거니와 중국 말로 접리接籬라고 하는데 그 털은 곧 말갈의 돼지 털猪髮이다.' "라고 하여, 자주빛 바탕에 홀치기 무늬가 있는[紫地纈文] 비단을 비롯하여 오색금, 운포금, 백첩포, 청포 등을 생산하였음을 알 수 있다.

아울러 『남제서』 고구려전에는 은산銀山에서 은銀을 채취하여 재화로 삼았고, 인삼과 담비 가죽 또한 그리하였으며, 아울러 호랑이 가죽[虎皮]을 중시하였던 사실을 보여준다. 은산에 대해서는 『한원』 고려조의 "은銀 조약돌은 광휘를 머금고[銀礫涵輝] 엉겨 선명함이 첩첩이 벼랑이로다[凝鮮疊嵃]"라는 구절의 주석에 "제서齊書 동이전東夷傳에 '은산銀山은 나라 서북쪽에 있는데 고구려가 채취하여 재화로 삼는다' 하였고, 고려기高驪記에는 '은산은 안시성 동북쪽 100여 리에 있는데 수 백 가가 이를 채취하여 국용에 공급한다'고 일렀다"는 기사를 전한다.

이로써 안시성 동북쪽에 은광이 있고 수백 가를 두어 국용에 공급하였음을 알 수 있거니와, 국용이란 『위서』에서 중국 조공품으로 등장한 백은白銀 등에 소용하는 것이리라 생각한다.

백제와 신라의 산업은 거의 동일하지만 약간의 차이가 있다. 곧 양국 모두 기후가 온난하고 땅과 밭이 비옥하여 오곡과 여러 과일들이 잘된다는 점에서는 동일하지만 잠상蠶桑에 있어서는 백제가 면포綿布를, 신라가 겸포縑布를 생산한다는 점에 차이가 있다. 이는 『삼국지』 이래의 산업이 삼국시대에도 그대로 전승된 결과이지만, 『수서』와 『북사』에 신라의 수륙겸종水陸兼種의 농법을 소개하고 있어, 7세기를 전후한 시점에 신라에 농법상의 변화가 있었던 사실을 알 수 있다.7) 이는 고구려에서 토지가 척박하여 절식을 하는 형편과는 차이가 있다.

둘째, 삼국의 조세 관련 내용은 고구려·백제의 것만 전하고 있다. 먼저 고구려의 경우 『수서』와 『주서』, 『북사』에만 소개되고 있는데, 이들 사료는 주지하듯이 모두 정관貞觀 년간에 찬술되었다.

A. ① 인세人稅는 포布 5필, 곡穀 5석이고, 유인遊人은 3년에 한 번 세稅를 내는데 10인이 함께 세포細布 1필을 낸다. 조租는 호戶가 1석, 차호次戶가 7두斗, 하호가 5두이다. … (『수서』 권 81, 열전 46, 고[구]려)

② 그 의복은 고구려와 대체로 같다. … 송나라 원가력元嘉曆을 써서 인월寅月을 세워 세수歲首로 삼는다. …(『수서』 권 81, 열전 46, 백제)

B. ① 부세賦稅는 견絹과 포布 및 벼[粟]로 내는데 그 소유에 따라서 빈부를 헤아려 차등있게 거둔다. 땅과 밭이 척박하고 거처는 검소하다.(『주서』 권 49, 열전 41, 고[구]려)

② 그 의복은 남자의 경우 대체로 고구려와 같다. … 송나라 원가력을 쓰며 인월을 세워 세수로 삼는다. … 부세는 포, 견, 사絲, 마麻 및 쌀[米] 등으로

7) 양기석은 水陸兼種을, 농지를 수전과 한전으로 모두 이용할 수 있다는 뜻으로 풀이한 바 있다.(양기석, 1986, 「삼국사기 도미열전 소고」, 『이원순교수 화갑기념 사학논총』, 14쪽) 한편 4~6세기 농법의 발전 및 농업생산력 발전과 관련하여서는 다음 논문이 참고된다. 전덕재, 1990, 「4-6세기 농업생산력의 발달과 사회변동」, 『역사와 현실』 4. 李賢惠, 1991, 「삼국시대의 농업기술과 사회발전」, 『한국상고사학보』 8. 金基興, 1995, 「미사리 삼국시기 밭 유구의 농업」, 『歷史學報』 146. 鄭雲龍, 1996, 「5~6세기 신라사회의 변동」, 『史叢』 45.

써 내는데, 그 해의 풍흉을 헤아려 차등있게 거둔다.(『주서』 권 49, 열전 41, 백제)

C. ① 세稅는 포布 5필, 곡穀 5석이고, 유인游人은 3년에 한 번 세를 내는데 10인이 함께 세포細布 1필을 낸다. 조는 호戶가 1석, 차호次戶가 7두斗, 하호가 5두이다.(『북사』 권 94, 열전 82, 고구려)

② 그 음식과 의복은 고구려와 대체로 같다. … 송나라 원가력을 쓰며 인월을 세워 세수로 삼는다. 부세는 포, 견, 사, 마 및 쌀 등으로써 내는데, 그 해의 풍흉을 헤아려 차등있게 거둔다. (『북사』 권 94, 열전 82, 백제)

이들 자료 가운데 고구려 조세 조항에 관한 내용은 위의 세 사료 가운데 『수서』 고구려전이 가장 자세하게 기록되어 있어, 지금까지 연구자들은 주로 『수서』 고구려전을 분석함으로써 고구려 조세제도를 이해하고자 하였다. 그 결과 고구려 조세제도 연구는 인두세로서의 세와 3등호제에 기반한 조를 수취하였으며 그 세액에 비추어 인두세가 주종이었다는 것, 그리고 인人과 유인遊人에 대한 해석, '그 소유에 따라서 빈부를 헤아려 차등있게 거둔다[隨其所有 量貧富差等輸之]'는 의미 등을 밝히는 것이 중심 과제였다.[8)]

먼저 고구려의 조세가 인세人稅와 호조戶租로 구분되었다는 견해[9)]가 피력된 이후에 '인세는 포 5필, 곡 5석[人稅布五匹 穀五石]'이라는 구절에 주목하여 세는 양민良民 또는 정남丁男을 기준으로 한 인두세[10)]라고 이해되고 있다. 과세 내용에 대해서는 그 세액으로 미루어 보아 포 5필과 곡 5석 가운데 어느 한 쪽만을 냈다는 견해[11)]와 모두 납세했을 것이라는 견해[12)]가 있었다. 호조에 대해서는 그 세액이 인두세에 비하여 현저히 적고 상·중·하로 나뉘어 있다는 점 등으로 미루어 율령제가 도입된 이후 중국 호조戶調의 영향을 받아 전통적인 인두세에

8) 『隋書』 高句麗傳 租稅條項에 대한 연구사적 검토는 金基興, 1987, 「6·7세기 고구려의 조세제도」, 『한국사론』 17, 서울대 국사학과 참조.

9) 盧重國, 1979, 「고구려 율령에 관한 일고찰」, 『東方學志』 21.

10) 盧泰敦, 1978, 「삼국의 정치구조와 사회·경제」, 『한국사』 2, 국사편찬위원회, 236~237쪽. 金基興, 1987, 앞의 논문, 30~37쪽 ; 1992, 「三國時代 稅制의 성격」(『國史館論叢』 35, 1992, 110쪽.

11) 洪承基, 1974, 「1~3세기 民의 존재형태에 대한 일고찰」, 『歷史學報』 63, 43쪽.

12) 姜晉哲, 1965, 「韓國土地制度史」 上, 『韓國文化史大系』 Ⅱ, 1186쪽. 盧泰敦, 앞의 논문. 金基興, 1987, 앞의 논문, 35~36쪽.

부수적으로 나타난 것으로 풀이하기도 한다.[13)]

다음으로 인人과 유인遊人에 대한 해석에 있어서, 인人을 대체로 일반 고구려인으로 보고 있으나, 유인에 대해서는 빈궁貧窮[14)]·용민傭民[15)]설, 부용민인 말갈·거란 등 이종족설,[16)] 매음녀설[17)] 등이 있다. 특히 담세층인 인人의 실제적 내용과 관련하여서는 농업을 생업으로 하던 자영소농민층이 대종을 이루었을 것이고, 5부의 귀족층은 직역職役에 관계 없이 면세대상이 되었을 것으로 풀이하기도 한다.[18)]

마지막으로 '그 소유에 따라서 빈부를 헤아려 차등있게 거둔다'는 조항에 대해서는 '소유'를 재산으로 풀이하여 빈부 차에 따라 견·포나 또는 벼[粟]를 징수한다고 보는 입장[19)]과 담세자가 살고 있는 지역에 견·포·벼 가운데 그 지역에 생산되는 것을 거두어 들인다는 견해[20)]로 나뉜다.

여기에서 고구려·백제의 조세제에 관한 3종의 사서를 비교하면, 고구려 조세 조항의 경우 『수서』와 『북사』의 내용이 거의 동일하다. 그런데 『북사』와 『주서』는 백제 조세 조항에 대한 새로운 정보를 추가하고 있다. 『수서』 동이전과 『주서』가 정관 10년(636) 같은 시기에 완성되었고, 두 사서에 기술된 삼국 관련 기사에 있어서 『주서』가 이전 사서들의 서술을 그대로 옮겨 적은 것이 아니라 이전 사서에 없던 상태의 서술이 많아 오히려 북조의 사서인 『위서』와 고구려·백제 등에 관한 다른 계통의 사료에 의거했던 것으로 추측되고 있다. 또한 『수서』의 경우 수와 고구려의 관계로 보아 더 근원적이고 자세한 기술이 기대될 수 있으나 그러지 못하고 그 내부적인 상태를 기록할 만한 자료가 적었던 것으로 여겨지고

---

13) 金基興, 위의 논문, 38~39쪽.

14) 白南雲, 1933, 『朝鮮社會經濟史』, 改造社, 191쪽. 姜晉哲, 앞의 논문. 리지린·강언숙, 1976, 『고구려사연구』, 사회과학출판사, 108쪽. 이인재, 1990, 「신라통일 전후기 조세제도의 변동」, 『역사와 현실』 4, 역사비평사, 97쪽.

15) 李基白·李基東, 1982, 『韓國史講座』 고대편, 일조각, 241~242쪽.
이인재, 앞의 논문, 96~98쪽.

16) 金基興, 1987, 앞의 글, 11~29쪽.

17) 柳永博, 1987, 「高句麗의 稅制와 游女問題」, 『斗溪李丙燾博士 九旬紀念 韓國史學論叢』.

18) 金基興, 1987, 앞의 글, 33~34쪽.

19) 洪承基, 앞의 논문.

20) 金基興, 1987, 앞의 논문, 34~35쪽.

있다.[21] 이는 양 사서의 사료적 가치를 논할 때, 『수서』 고구려전 조세 조항의 내용이 구체성을 띤다고 하여 사료적 가치를 더 높이 평가[22]하기보다는, 두 사서가 포괄하고 있는 의미를 찾는 작업이 우선되어야 함을 의미한다.

특히 『주서』의 경우 백제 관련 내용을 추가하였을 뿐만 아니라 조세 관련 용어를 '부세賦稅'로 통일하여, 고구려 조세제에 대하여는 '빈부를 헤아려 차등있게 거둔다'라 하고, 백제의 경우 '그 해의 풍흉을 헤아려 차등있게 거둔다'라 함으로써 고구려·백제 두 나라 조세제에 대한 성격을 기술하고 있다. 『주서』의 관점에서 본다면, 고구려는 빈부를 헤아려 등급을 매겨 세금을 거두었으며, 백제의 경우 매년 풍흉을 살펴 그 해의 등급을 매겨 세금을 거두었음을 알 수 있다.[23]

따라서 백제에 있어서 수세의 기준은 풍흉[豊儉]이 되며, 해당 관서가 매해마다 풍흉의 정도를 조사해서 정하여 당해 연도의 등급을 매기고, 그 등급에 따라 포·견·사·마 및 쌀로써 징수하였음을 알 수 있다. 징수 대상의 단위가 인정人丁이었는지 아니면 호구戶口였는지의 여부는 분명하지 않지만, 백제가 한 해의 풍흉 곧 수확량을 기준으로 조租를 수취한 것으로 보아 결부제結負制나 두락제斗落制가 시행되었을 것으로 추측되기도 한다.[24] 백제의 수세를 관장하는 관서가 어디인지는 분명하지 않으나, 중앙관서 22부 가운데 외관外官인 점구부點口部에서 호구를 파악하여 주부綢部에서 조세를 징수하였고 내관內官인 곡부穀部와 내·외량부內·外椋部에서 이를 관리하지 않았나 추측된다. 아마도 이러한 조세관련 총괄 책임자는 고장庫藏의 직무를 맡는 내두좌평內頭佐平이었을 것이다. 아무튼 백제의 세제는, 『삼국지』 동이전 마한조에서 성곽을 수축하는 데 연소용건자年少勇健者를 동원하는 기사를 『진서』에서는 조역調役으로 풀이하고

21) 高柄翊, 앞의 논문, 31~32쪽.

22) 金基興, 1992, 앞의 논문, 113쪽.

23) 이러한 차이는 양국의 조세제의 기원이나 생산양식상의 차이로 말미암은 것으로 여겨지거니와, 이를 간과하고 『구당서』의 찬자는 "凡諸賦稅及風土所産 多與高麗同"라 함으로써, 오늘날의 연구자들이 사료의 빈곤함을 이유로, 이를 구분하여 연구하기보다는 안일하게 고구려·백제·신라의 산물이나 세제가 동일한 것으로 간주하게 한 것이 아닌가 한다.

24) 梁起錫, 1987, 「百濟의 稅制」, 『백제연구』 18, 충남대 백제연구소, 11쪽.
덧붙여 양기석은 都彌列傳의 '編戶小民'의 존재로 미루어 백제의 수세는 인정 단위의 편호를 수취의 기본으로 하는 인두세적 성격을 가지는 것으로 보았다.

있듯이, 백제 본래의 역제와 중국으로부터의 새로이 도입한 조세제가 융합하여 『주서』 백제전의 조세 관련기사로 나타난 것으로 짐작된다.

한편 고구려의 경우 『주서』의 관점에서 본다면 수세의 기준은 자산의 소유에 대한 빈부의 정도가 되며, 빈부의 정도는 견·포·벼의 생산 내지 소유한 바에 따라 조사하여 등급을 정하고, 그에 따라 징수한다는 것이다. 이러한 『주서』의 내용을 『수서』 고구려전 조세 조항에 대비하면, 빈부 정도의 등급은 호戶에 대하여 상·중·하 3등급으로 매겨졌으며, 이들 3등호에 대해서는 조租를 수취하였음을 알 수 있다. 그런데 '조租'란 토지에 대하여 일정량을 징수하는 것이므로[25] 일종의 전조田租라 할 수 있고, 그 징수 단위가 호를 기준으로 하였던 만큼 호의 자산 등급에 따른 조세 내역이 3등호조三等戶租로 나타난 것이라 여겨진다. 따라서 호의 자산 등급은 전조를 전제로 한 토지의 비옥도 내지 다과,[26] 그리고 인정의 다과에 따라 매겨졌을 가능성이 높다.

그러면 흔히들 인두세적 성격으로 보아온 '세稅'의 내용이 포괄하는 내용은 무엇일까. 『수서』의 내용대로라면 '세'는 '조租'와 구분되는 것이지만 그 내용이 분명하지 않다. 다만 『주서』 '부세는 견·포 및 벼로 한다'는 내용과 『수서』 '세' 항목의 수세 물품만을 비교한다면, 포와 곡, 세포가 '세' 항목의 주된 수세 물품으로서 일종 조調와 같은 성격을 지닌 것으로 이해된다.[27] 따라서 조調의 수취에 있어서 담세자는 인人과 유인遊人으로 구분되며, 그 내용상 『주서』에서 빈부차를 헤아려 과세한다는 기준을 충족하고 있다.

세액의 정도를 분명히 파악하기 위해, 이들 과세액을 신라 태조 무열왕 때의 시가 '포 1필에 조租 30석에서 50석에 이르는 가치'[28]를 기준으로 환산해 볼 수 있다. 먼저 세포細布는 재료인 마麻의 생산 및 방직 과정 등으로 미루어 공동작업에 의존할 수밖에 없는 것이고,[29] 섬세한 삼실을 켜는 소사繅絲과정이 고급

---

25) 李弘稙, 1955, 「三國史記의 "租"의 用法」, 『論文集』 2 -인문·사회과학-, 서울대.

26) 양기석은, 고구려의 경우 戶가 보유한 경지면적에 따라 租를 부과한 것으로 보아, 면적단위를 기준으로 하는 頃畝制가 시행되었을 것으로 추측한 바 있다.(양기석, 앞의 논문, 11쪽)

27) 홍승기, 앞의 논문, 42~43쪽 ; 양기석, 위의 논문, 10쪽.

28) 『三國遺事』 권 1, 太宗春秋公.

29) 安秉佑, 1992, 「6~7세기 토지제도」, 『韓國古代史論叢』 4, 307~313쪽. 박남수, 1992, 「新羅 上代 手工業과 匠人」, 『國史館論叢』 39, 54~55쪽 ; 1996, 「신라의 성장과 수공업 경영형태」, 『신라수공업사』, 신서원, 34~35쪽.

기술이었던 만큼 세포는 신라의 경우 조공품으로 많이 사용된 고급 직물이었다.[30] 따라서 세포는 포에 비하여 그 상품가치가 매우 높다고 할 수 있다. 포를 그 최저가인 30석으로, 세포를 포의 최고가인 50석으로 환산한다면, 인정에 대한 조調는 곡穀 155석에 해당하고, 유인 10인이 3년에 내는 조調는 50석으로서 1년에 한 사람이 1.64석을 내는 셈이 된다. 이러한 유인의 세액은 상호上戶가 내는 전조田租 1석보다도 상회한다.[31]

특히 유인의 경우 조세의 징수 단위가 10인으로서 3년 1세인 까닭에, 유인의 구성은 3년마다 변동될 가능성이 있고, 그 징수단위의 편성은 당연히 수세 담당관서 또는 관원의 참여하에 이루어졌을 것이다. 이는 유인이 일정 지역에 정착하여 사는 존재라기 보다는 주거 이동이나 수시로 인위적인 편제가 가능한 성격의 존재였음을 의미한다. 이에 비해 '세稅'의 부담자인 인정人丁은 인두세적 성격을 드러낸다는 점에서 주거 이동이 제한되고, 당해 지역 안의 자연적인 인구증감에 따른 존재였다고 여겨진다. 이처럼 인정과 유인의 성격 차이와 세액의 차이로 미루어 보아 고구려 재정의 근간을 이루는 조세는 인정人丁에 기초한 조調의 징수에 있었다고 판단된다.[32] 이러한 인정은 광개토대왕릉비에 보이는 국연國烟과 간연看烟 등과 같이 공물을 생산하기 위한 최소단위인 연烟을 단위로 편성되었을 것으로 추측된다.

이와 같은 고구려 조세제의 특징은 당연히 고구려 역사적 경험과 산업의 특징으로부터 찾아야 할 것이다. 곧 고구려는 양전良田이 없고 토지가 척박하여 항상 식량이 부족한 상황에서 경제의 근간이 정복지의 공물 징수에 있었음에 기인한다고 여겨진다. 예컨대 『삼국지』 동이전 고구려조의 "그 나라의 대가大家는 밭을 갈지 않고 좌식하는 자가 만여 구인데 하호下戶들이 멀리서 미량米糧과 어염魚

30) 박남수, 「각종 수공업기술의 발달」, 위의 책, 71~72쪽.

31) 사실 布와 細布는 그 가치에 있어서 이보다 훨씬 많은 차이가 나리라 예상되지만, 현재 세포의 가치를 견줄만한 자료가 없는 관계로, 신라 태종무열왕 때의 '布'에 대한 市價 중 가장 낮은 것을 布價로, 가장 높은 市價를 細布價로 상정하여 대체적인 稅額을 추정코자 한 것이다. 만일 세포가의 가치가 이보다 훨씬 상회한다면, 遊人들의 세액은 일반 人丁의 租보다 훨씬 상회하게 됨은 물론이다.

32) 金基興은 필자와 달리, 『수서』 고구려전 조세조항의 '稅'를 인두적 租·調체계로, '戶租'를 일종의 부가세로 풀이하고, '기왕의 인두적 租·調체계에 戶租라는 일종의 부가세를 신설하여 세제를 보완한 것'이 『수서』 고구려전 조세조항의 내용으로 풀이한 바 있다. (김기흥, 1992, 앞의 논문, 121~123쪽)

鹽을 지고 와서 공급한다"는 기사와 동옥저조의 "[고]구려는 다시 그 나라 대인大人을 사자使者로 두어 서로 다스리게 하고, 또한 대가大加로 하여금 그 조세租稅를 맡아 책임지게 하여 맥포貊布·어魚·염鹽·해중식물海中食物을 지고 와서 이르게 한다"는 기사에서 보듯이, 대가大家·大加로 표현된 귀족이나 국가가 사자를 통하여 새로이 복속한 지역이나 산물지에서 경영한 산물을 수취하여 국용으로 사용하였다. 이와 같은 수취형태는 6세기 초엽에도 동일하였던 것으로, 정시正始 연간(504~507)에 고구려 사신이 "다만 황금은 부여에서 나고, 흰 옥돌[珂]은 섭라涉羅에서 생산되는데, 이제 부여는 물길勿吉의 쫓기는 바가 되고 섭라는 백제에게 병탄되어"라고 하여, 황금과 흰옥돌을 위魏에 조공할 수 없는 사정을 사뢰고 있는 바,[33] 정복지 내지 복속지의 일실이 조공물품 등 국용의 손실로 연결되는 고구려의 사정을 이해할 수 있다.

또한 안시성 동북에 있었다는 은광에는 수백 가를 두어 은을 채굴함으로써 국용으로 사용하였던 바,[34] 이들 수백 가는 채굴을 위한 공동의 역역과 그 산물인 은을 제공하고 일정량의 토지를 분급받아 경작에 임하여 생활하였을 것이다. 은광의 경우 특수한 사례가 되겠지만, 비교적 뒤늦게 양잠을 시작한 고구려에게는 비단류의 생산에 있어서도 은광과 같은 공동 역역과 그 산물인 견포류를 제공하고, 그 대가로서 일정량의 토지를 분급받아 경작에 임하여 생활하였을 것이다. 이들은 연烟을 최소 단위로 한 공동의 역역을 통하여 은을 채굴하거나 잠상 등으로써 견포 등을 생산하여 세금을 내고, 분급받은 토지 또한 공동으로 경작하였을 가능성이 높은 바,[35] 이들에 대한 과세는 인구의 증감이 예상되는 공동 역역자의 목표 총량보다는 투입된 인정人丁 당 목표 생산량으로 징수하는

---

33) 『魏書』 권 100, 列傳 88, 高句麗. 『三國史記』 권 19, 高句麗本紀 7, 文咨王 13년 4월.

34) 『翰苑』 高麗條.

35) 광개토대왕릉비에 있어서 烟은 守墓役의 최소단위였거니와, 「신라촌락장적」에 있어서도 村調를 부담하는 공동 力役의 최소 단위로서 烟을 상정할 수 있다. 신라장적에 보이는 烟은 '하나의 가족만이 아니라 가족과 노비로 구성된 경우, 주가족과 종속가족이 결합된 경우, 주가족과 개별적으로 편입된 사람으로 구성된 경우' 등이 있었던 것으로 이해되고 있어(이희관, 1995, 「통일신라시대 孔烟의 구조에 대한 새로운 이해」, 『韓國史硏究』 89 ; 박찬흥, 2001, 「신라 중·하대 토지제도 연구」, 고려대 박사학위논문, 52~56쪽 ; 박남수, 2002, 「신라 중·하대 장인의 생활」, 『강좌 한국고대사』 6, 가락국사적개발연구원, 135~136쪽), 고구려의 경우에 대입하여 짐작해 볼 수 있을 듯하다.

것이 보다 합리적이었을 것이다. 그 결과 해당 지역의 특산과 토지·인정 등을 조사하여, 인정을 단위로 한 세액을 정함으로써 공동생산에 대한 총 세액을 정하였고, 그러한 사실이 『수서』 고구려전 조세 관련 기사의 '세' 항목에 반영된 것이 아닌가 한다. 따라서 고구려의 조세제는 전통적인 공물수취의 양상과 새로이 중국으로부터 전입되었을 것으로 여겨지는 전조제田租制가 융합되어 『수서』 고구려전의 조세조항으로 나타나고, 『주서』에서는 이러한 현상을 "그 소유에 따라서 빈부를 헤아려 차등있게 거둔다"라고 평가한 것이 아닌가 한다.

요컨대 고구려·백제의 세제는 각각 빈부의 차이와 매년의 풍흉에 따른 수확량의 차이를 헤아려 수세하였으며, 그 두 나라 산업의 특성과 역사적 경험의 차이로 고구려는 조調의 수취가, 백제는 조調와 조租가 융합된 형태의 세제가 재정의 근간을 이루었고, 이러한 차이는 결국 양국간의 생산양식상의 차이에서 비롯하는 것이라 여겨진다.

한편 신라의 경우 조세에 관한 이렇다 할 규정은 보이지 않지만, 『북사』 신라전에 "장성하고 건강한 사람들을 선발하여 모두 군대에 보내는데, 봉수烽·수병戍·순라邏에는 모두 둔영屯營과 부오部伍를 두었다"라고 하여,[36] 군역과 관련됨직한 기사가 보인다. 이로써 신라의 군역은 장성하고 건강한 사람들 가운데 선발하여 편성하였음을 살필 수 있지만, 다른 자세한 사정은 알 수 없다. 다만 지금까지의 연구에서 보면, 삼국시기 신라는 조세 관련 중앙관사인 품주稟主, 조부調府, 창부倉部의 설치를 전후하여 두 단계로 구분된다. 곧 고대국가 형성단계에서는 복속집단, 영역적으로 편성된 공동체를 단위로 수취하는 단계와, 중앙정부가 조부, 창부 등 행정 조직을 매개로 수취하는 단계로 구분된다. 특히 후자의 경우에 대하여는 소국의 복속의례에 대한 공납물을 조세화한 것이었고 그것은 군현제의 전면적인 시행보다는 식읍의 영유자가 식읍마다 조세를 납입하는 형태였다고 보는 견해가 있다.[37] 또한 4~6세기 생산력 발전을 전제로 주군제의 전면 확대로부터 비롯하며, 인호人戶지배를 역역동원체계로 변화시키면서 조조租調지배를 실현하는 것이 유리했기 때문에 이전의 노동력을 중심으로 한 인호지배에서 토지로 비중을 옮긴 인호지배로 전환하게 되었던 것이라 파악하

36) "選人壯健者悉入軍, 烽·戍·邏俱有屯營部伍"(『北史』 권 94, 列傳 82, 新羅)
37) 石上英一, 1974, 「古代における日本の税制と新羅の税制」, 『古代朝鮮と日本』, 朝鮮史硏究會, 250쪽.

기도 한다.[38]

이러한 연구에도 불구하고 삼국기 신라 조세제에 대한 연구는 조부, 창부 등 조세제와 관련된 관사 이름 외에는 그 실상을 분명하게 밝혀줄 만한 자료가 보이지 않고, 다만 중고기 각종 축성비築城碑와 축제비築堤碑에서 역역동원의 실상을 파악할 수 있을 뿐이다. 곧 신라 중고기 역역체계는 대체로 지방의 재지질서를 인정하는 바탕 위에서 이루어졌고, 새로이 취득한 영토에 대해서는 아직 행정체계가 갖춰지지 않은 상태에서 군사조직과 재지사회의 지배질서를 바탕으로 역역을 동원하고, 점차 행정체계를 갖춰가면서 촌주를 임명하고 지방관을 파견하여 해당 지역을 총괄하여 갔던 것을 인정할 수 있을 듯하다.[39]

셋째, 풍속과 법제에 있어서는 『양서』와 『남사』는 『삼국지』의 전승을 계승하고 있고, 『주서』와 『북사』는 7세기의 새로운 내용을 전하고 있다. 고구려에 있어서 『삼국지』의 "감옥이 없고 죄가 있으면 제가諸加들이 모여서 평의評議하여 사형에 처하고 처자는 몰수하여 노비로 삼는다"는 내용을 『양서』와 『남사』가 그대로 따르고 있다면, 『주서』와 『북사』는 고구려의 경우 "그 나라의 형법은 모반한 사람과 반란을 일으킨 자는 먼저 불로 지진 다음 목을 베고, 그 집을 적몰하였다. 도둑질한 사람은 도둑질한 물건의 10여 배를 징수하였다. 만약 가난하여 징수할 것이 없거나 공적·사적으로 빚을 진 사람에게는 모두 평결하여 그의 아들이나 딸을 노비로 삼아 보상하였다"고 하며, 백제의 경우 "그 나라의 형벌은 모반하거나 전쟁에서 퇴각한 자 및 살인한 사람은 참수하였다. 도적질한 사람은 유배시키고 도적질한 물건의 2배를 징수하였다. 부인으로서 간통죄를 범하면 적몰하여 남편 집의 계집종으로 삼았다"고 하여 구체적인 형벌의 내용을 추가하고 있다. 이러한 변화는 관사가 미분화된 상태에서 형벌을 규정하는 방식으로부터 새로이 관사를 정비하고 법제를 정립하여 규정하는 방식으로 변화한 사정을 반영하는 것으로 보아야 할 것이다.

어떻든 위 형벌 규정으로 보았을 때에, 7세기 무렵 어느 때에 이르러 고구려의 경우 모반자는 참수하여 그 가족에 대하여 연좌하여 적몰하고, 도둑질한 자에

38) 이인재, 앞의 논문, 115쪽.

39) 石上英一, 앞의 논문, 243~244쪽. 李鍾旭, 1974, 「남산신성비를 통하여 본 신라의 지방통치체제」, 『歷史學報』 64. 하일식, 1991, 「6세기 신라의 지방지배와 외위제」, 『學林』 12·13, 18쪽. 박남수, 1992, 앞의 논문.

대해서는 10배를 변상하되, 만일 빈궁하여 변상하지 못하거나 공사채를 진 자에 대해서는 모두 그 자녀를 노비로 삼아 변상한다는 것이다. 이러한 고구려의 형벌 규정은 『구당서』·『신당서』에 이르러서 "성城을 지키다가 적에게 항복한 자, 전쟁에서 패배한 자, 사람을 죽이거나 겁탈한 자는 목을 벤다"는 조항과 "소와 말을 죽인 자는 그 자신을 노비로 삼는다"는 조항을 새로이 추가하고 도둑질한 자에게는 장물의 12배를 징수함으로써 이전 시기보다 더 엄중하게 되었다. 특히 적에게 항복하는 조항과 패배한 책임을 더한 것은 당시 삼국간의 전쟁이 치열한 시기에 패전에 대한 책임을 묻는 조치로 이해되며, 소와 말을 죽인 자에 대한 처벌규정은 당시 소와 말에 대한 사회적 가치, 곧 전조田租·조調 및 군수물자를 포함한 각종 물품의 운송과 농업생산에의 활용도가 높았던 때문으로 여겨진다.[40] 도둑질 한 자에 대한 처벌규정이 엄중한 것도 사유재산에 대한 보호조치로서, 당시 고구려 사회의 대내외적 상황을 반영하는 것이라고 하겠다.

백제에 있어서는 『주서』와 『북사』의 경우 모반과 퇴군, 살인자에 대한 규정은 참형으로 다스리고 있어 고구려와 동일하나, 도둑질한 자에 대해서는 유배형에 처하되 장물의 두 배를 변상케 하고, 부인이 간통을 하게 되면 남편 집의 계집종[婢]으로 삼는다는 내용이 포함되어 있다. 이러한 형벌규정은 『구당서』·『신당서』에서는 모반자의 경우 새로이 연좌형이 가해지고, 살인자의 경우 노비 셋을 내어 속죄하며, 관리로서 재물을 받거나 도둑질한 자는 3배를 변상하되 종신 금고형에 처한다는 내용이 추가되고 있다.

이처럼 내용상 서로 다른 형벌 규정에도 불구하고, 『북사』와 『구당서』 신라조에서는 "그 풍속과 형법, 의복이 고구려·백제와 대체로 같다"고 함으로써 삼국의 제도가 동일한 것처럼 서술하고 있으나, 그 내용상 상당한 차이가 있었음을 어렵지 않게 확인할 수 있다.

---

40) 안병우는 牛馬의 농업생산에의 활용에 대하여 국한하였지만(안병우, 앞의 논문, 313~316쪽), 고구려 고분벽화에 보듯이 우마는 물품의 운송과 사람의 탑승수단으로 많이 활용되었다. 특히 이 시기 우마에 대한 활용도는 주로 조세 물품과 군수물자의 운송에 큰 의미와 가치를 지녔던 것으로 판단된다.

3. 삼국의 전쟁과 교역

1) 삼국의 전쟁과 경제적 배경

삼국의 물산과 세제, 형벌제도 등의 차이를 살펴보았는데, 이러한 차이는 삼국간의 생산력의 정도를 반영하며, 그것은 삼국간의 경쟁력, 곧 국력의 차이로 연결된다. 이에 대하여 역대 중국의 사서에서는 신라가 동쪽에 치우친 소국으로부터 강성한 국력을 지니게 된 요인으로 고구려와 수나라·백제의 전쟁 때에 전쟁의 고통을 피하여 귀부한 고구려인을 수용한 결과 보았다.[41] 백제의 성쇠에 대하여서는 6세기 초엽 고구려의 계속적인 공격으로 쇠약해지다가 보통 2년(521) "[백제]왕 여륭餘隆[무령왕]이 비로소 다시 사신을 파견하여 표문을 올려, '여러 번 [고]구려를 무찌렀다'고 하는데, 이제 처음으로 [양나라와] 우호관계를 맺게 되어 백제가 다시 강국이 되었다"고 하여,[42] 무령왕 때에 백제가 다시 강국이 되었던 것으로 기록하고 있다. 이는 중국인의 관점에서 삼국의 성쇠에 인구의 이동과 중국과의 교류가 매우 중시되었던 사정을 반영한다. 사실 전근대 사회에서의 국력은 생산력과 함께 강역과 인구로 대표되는 전쟁 수행능력을 일컫는다. 삼국의 강역과 인구는 시기별로 차이가 있거니와, 각국의 성쇠에 따라 부침을 거듭하였다.

먼저 고구려는 고대국가의 성장과정과 흐름을 같이하여 3세기 중엽 요동지방에 진출을 꾀하면서 중국과의 충돌이 있었다.[43] 중국으로의 진출은 관구검의 공격을 불러 일으켰고,[44] 다시 건국 4년(341) 모용원진慕容元眞에 의하여 환도성이 함락됨으로써 5만여 명의 포로를 냈으며, 백제의 영역군주인 근초고왕이 371년 평양성을 공격함으로써 고국원왕이 전사하는 사태를 빚었다.[45] 그러나 고구려는 광개토대왕의 사방 경략과 장수왕의 남방 경영으로 다시 "[고구려는]

---

41) 『梁書』 권 54, 列傳 48, 新羅. 『隋書』 권 81, 列傳 46, 新羅國. 『翰苑』 新羅條.

42) "普通二年 王餘隆 始復遣使奉表 稱累破句驪 今始與通好 而百濟更爲强國"(『梁書』 권 54, 東夷列傳 48, 百濟 : 『南史』 권 79, 列傳 69, 百濟)

43) 『三國史記』 권 17, 高句麗本紀 5, 東川王 16년.

44) 『三國史記』 권 17, 高句麗本紀 5, 東川王 20년.

45) 『魏書』 권 100, 列傳 88, 高句麗. 『三國史記』 권 18, 高句麗本紀 6, 故國原王 12·41년. 『三國史記』 권 24, 百濟本紀 2, 근초고왕 26년.

요동에서 남쪽으로 1천여 리 떨어진 곳으로서, 동쪽으로는 책성柵城, 남쪽으로는 작은 바다에 이르고, 북쪽은 예전의 부여에 이른다. 민호의 수는 전 위나라 때보다 3배가 되었다"는 발전을 이룩하였다.[46)]

그런데 전 위나라 때라 함은 220~265년의 시기로서 『삼국지』에 따르면 당시 고구려의 호구가 3만 호였으므로,[47)] 장수왕대의 민호는 그 3배인 9만 호가 된다. 이처럼 장수왕대에 민호가 증가한 것은 새로이 정복한 영토와 민호의 편입이라고 하겠다. 장수왕대 최대 강역은 정확하지는 않으나, 대체로 7세기 전반까지는 동서 2천리, 남북 1천여 리에 이르는 크기였고, 아마도 광개토대왕·장수왕대의 고구려 영토는 인구의 증가와 함께 확대되었을 것으로 보인다.

『삼국유사』에는 "고구려 전성기에 210,508호"였다고 하여,[48)] 1호를 4.7명으로 계산하면[49)] 고구려 전성기의 인구는 약 989,357명에 이르렀다고 할 수 있다. 이후 『구당서』에서는 동서 3,100리, 남북 2천 리로 영토가 확장된 것으로 기록하고 있는데, 이는 고구려 멸망시의 강역으로서 당시의 인구는 69만 7천 호였다고 한다.[50)]

백제의 강역은 대체로 동서 450리, 남북 900여 리이고,[51)] 호구는 3세기 중엽 마한 지역 총 10여 만 호였던 것이,[52)] 백제 전성기에는 152,300호였고,[53)] 멸망시에는 76만 호였던 것으로[54)] 전하고 있다. 따라서 백제 전성기의 인구는

46) "遼東南一千餘里 東至柵城 南至小海 北至舊夫餘 民戶參倍於前魏時"(『魏書』 권 100, 列傳 88, 高句麗)

47) 『三國志』 권 30, 魏書 30, 烏丸鮮卑東夷傳 30, 高句麗.

48) 『三國遺事』 권 1, 紀異 2, 高句麗.

49) "文武王 6年 … 冬十二月 唐以李勣爲遼東道行軍大摠管 以司列少常伯安陸郝處俊副之 以擊高句麗 高句麗貴臣淵淨土 以城十二·戶七百六十三·口三千五百四十三 來投 淨土及從官二十四人 給衣物·糧料·家舍 安置王都及州府 其八[通鑑作十二]城完 竝遣士卒鎭守"(『三國史記』 권 6, 新羅本紀 6, 文武王 上)에서 3543口÷763戶 ≒ 4.7 口/戶라는 수식이 나온다. 이를 절대적 기준으로 삼을 수 없으나, 뚜렷한 기준이 없는한 이로써 하나의 기준을 제시할 수 있으리라 본다. 김창석도 동일한 자료를 바탕으로 1호당 인구수를 4.6명으로 계산하였는데(김창석, 앞의 논문, 54~55쪽 각주 19), 필자는 3543口÷763戶=4.6435에서 소수점 둘째자리 이하를 올려 7.4로 한다.

50) 『舊唐書』 권 199 上, 列傳 149 上, 高麗.

51) 『周書』 권 49, 列傳 41, 百濟. 『北史』 권 94, 列傳 82, 百濟. 『隋書』 권 81, 列傳 46, 百濟.

52) 『三國志』 권 30, 魏書 30, 烏丸鮮卑東夷傳 30, 韓傳 馬韓條.

53) 『三國遺事』 권 1, 紀異 2, 卞韓 百濟.

약 715,810명으로 추정할 수 있다. 그런데 백제의 호구와 관련하여 「당평제비唐平濟碑」에는 당나라가 백제를 멸망한 후 "무릇 5도독 37주 250현을 설치하였는데 호戶는 24만호, 인구 620만 명으로 각각 가지런히 호를 편제하였다"고 하여[55] 다른 사서와 차이가 있다.

그런데 주지하듯이 「당평제비」는 당나라가 백제를 평정한 공적을 기리기 위한 것이라는 점, 백제 전성기의 호구수에 비하여 「당평제비」의 호수는 어느 정도 이해할 수 있으나 620만 명이라는 인구수는 너무 많다는 점 등에서 「당평제비」의 호구수는 상당히 과장된 수치로 풀이된다.[56] 또한 멸망시의 호구수를 전하는 『구당서』의 기사에서는, 백제 멸망시의 인구가 전성시의 호구수의 5배에 달하며, 고구려의 경우도 약 3.3배에 달하고 있어, 대체로 4.7명/호의 기준으로 보았을 때에 『구당서』에 보이는 고구려·백제 멸망 당시의 호수戶數는 인구수의 잘못으로 보아도 크게 어긋나지 않으리라 판단된다.

신라의 강역에 대하여 『구당서』에는 "동서 천 리, 남북 2천 리",[57] 그리고 『신당서』에는 "횡으로 천 리, 종으로 3천 리"로[58] 각각 기록되어 있어, 통일기의 신라 강역과 통일 이후의 신라 강역을 보여주고 있다. 신라의 호구수를 보여주는 직접적인 자료는 없으나, 『삼국지』와 『진서』에는 변진지역의 민호가 '4, 5만 호'였던 것으로 전하고 있을 뿐이다.[59]

요컨대 각종 사서에 보이는 삼국의 인구는 각국의 물산과 관련하여 다음 [표]와 같이 정리할 수 있거니와, 고구려·백제에 한정된 것이기는 하나, 고구려의 경우 3세기 무렵 14만여 명의 인구가 광개토대왕·장수왕대의 활발한 정복사업으로 5세기~6세기 초엽에는 3배의 증가가 있었고, 전성시기에는 98만 9천여

54) 『舊唐書』 권 199 上, 列傳 149 上, 百濟國. 『三國史記』 권 28, 百濟本紀 6, 義慈王 19년 9월.

55) 「唐平濟碑」(韓國古代社會硏究所 편, 『譯註 韓國古代金石文』 1, 1992), 459쪽.

56) 李丙燾는 「唐平百濟國碑銘」의 "戶卅四萬戶 口六百卅萬"이면 戶當 25명이 넘으므로 이 통계는 잘못이고, 오히려 『三國史記』 本紀의 76만戶로 계산하면 호당 약 8명으로 수긍할 수 있게 되므로, 「唐平百濟國碑銘」의 "戶卅四萬戶"는 "戶七十四萬戶"의 잘못이 아닌가 추측하였다.(李丙燾, 1977, 『國譯 三國史記』, 乙酉文化社, 427쪽)

57) 『舊唐書』 권 199 上, 列傳 149 上, 新羅國.

58) 『新唐書』 권 220, 列傳 145, 新羅.

59) 『三國志』 권 30, 魏書 30, 烏丸鮮卑東夷傳 30, 韓傳 弁辰條. 『晉書』 권 97, 列傳 67, 辰韓.

〈표〉 삼국의 각 시기별 강역·인구·물산 비교표

구분		3세기 중엽	5～6세기 초엽
고구려	강역	• 方可二千里	• 其地東西二千里 南北一千餘里
	인구	• 戶三萬(141,000명) [東沃沮 戶五千, 濊戶二萬]	• 世祖[長壽王]時…民戶參倍於前魏時(9만호/423,000명)
	물산	• 無良田 雖力佃作 不足以實口腹. 其俗節食	• 土田薄塉, 蠶農不足以自供, 故其人節飲食
	비고	• 國人有氣力 習戰鬪 • 其國中大家不佃作 坐食者萬餘口 下戶遠擔米糧魚鹽供給之 • 句麗復置其中大人爲使者 相主領 又使大加統責其租稅 貊布·魚·鹽 • 海中食物 千里 擔負致之(東沃沮) • 二郡有軍 征賦調 供給役使(濊)	
백제	강역	• 韓在帶方之南 東西以海爲限 南與倭接 • 方可四千里	
	인구	• 凡五十餘國 大國萬餘家 小國數千家 總十餘萬戶(총 470,000명)	
	물산	• 其民土著 種植 知蠶桑 作綿布	• 其民土著 地多下濕 率皆山居 有五穀
	비고	• 其俗少綱紀 國邑雖有主帥 邑落雜居 不能善相制御	• 其衣服飲食與高句麗同
신라	강역		
	인구	• 大國四五千家 小國六七百家 總四五萬戶(188,000~235,000명)	
	물산	• 土地肥美, 宜種五穀及稻, 曉蠶桑, 作縑布·作廣幅細布 • 國出鐵 韓·濊·倭皆從取之	
	비고	• 弁辰與辰韓雜居 亦有城郭 衣服居處與辰韓同 言語法俗相似	

7세기 초엽	7세기 중엽	전성기	구분	
• 其國東西二千里 南北千餘里 • 地方可二千里	• 東西三千一百里 南北二千里		강역	고구려
	697,000명	210,508戶 (989,357명)	인구	고구려
• 雖土著 無良田 故其俗節食	• 種田養蠶, 略同中國		물산	고구려
• 國人尙氣力 弓矢刀矛有鎧甲 習戰鬪 沃沮·東穢皆屬焉	• 其法 有謀反叛者則…守城降敵臨陣敗北 殺人行劫者斬… • 其俗貧窶者多		비고	고구려
	• 西南倶限大海. 東西四百五十里, 南北九百餘里		강역	백제
	760,000명(唐平百濟碑 : 5都督府 37州 250縣 24萬戶 620萬口)	152,300호 (715,810명)	인구	백제
			물산	백제
	• 凡諸賦稅及風土所産 多與高麗同 • 其用法 叛逆者死 籍沒其家 殺人者 以奴婢三贖罪…		비고	백제
	• 東西千里, 南北二千里	• 橫千里, 縱三千里	강역	신라
		삼국유사 : 통일기	인구	신라
• 土地肥美, 宜植五穀. 多桑麻, 作縑布			물산	신라
• 其國小 不能自通使聘… 語言待百濟而後通焉	• 其風俗·刑法·衣服與高麗·百濟略同		비고	신라

명이었으나 멸망기에는 70여 만 명이었다고 하겠다. 또한 백제의 경우 3세기 중엽 마한지역의 인구가 47만여 명이었던 것에 비하여 전성시기에는 71만 6천여 명으로 늘었고, 멸망기에는 오히려 전성시기보다도 더 많은 76만여 명에 달하는 인구였음을 확인할 수 있다.[60)]

삼국의 인구 증감과 관련하여 고구려의 경우 3세기 중엽에 비하여 5~6세기 무렵에 인구가 비약적으로 증가하였다는 점, 그리고 전성기보다도 멸망기의 인구가 크게 감소하였다는 점, 백제의 경우는 전성기보다도 멸망기의 인구가 증가하였다는 점 등을 지적할 수 있다. 특히 강역의 증감과 관련하여 고구려 강역이 고구려 멸망 당시 매우 확장된 상태였음에도 불구하고 오히려 인구가 감소한 것은 무엇인가 그 까닭이 있으리라 여겨진다.

먼저 『삼국유사』의 고구려 전성기에 대해서는, 우선적으로 고구려가 비약적으로 발전한 장수왕대와 광개토대왕대를 생각해 볼 수 있겠지만, 당시의 인구수와 비교할 때에 너무 차이가 많으므로 그 후 어느 시기에서 찾는 것이 합당할 듯하다.[61)] 『구당서』 발해말갈조에는 "문예門藝는 일찍이 볼모로 장안에 왔다가

60) 김창석은 5세기 전반 고구려의 호수를 누락인구 10%를 감안하여 10만 호 정도라고 추측하고, 『舊唐書』 고구려전에 실린 고구려 멸망시의 호구수 70만 호는 『宋史』 高麗傳에서 고려의 인구 210만 명이라 한 사실에 비추어 믿을 수 없는 것이라 하여, 고구려 멸망시 고구려 군사수가 30만 명이라는 『高麗圖經』과 『舊唐書』의 "高麗全盛之時 强兵三十餘萬 抗敵唐家"의 기사를 바탕으로 1호당 丁男 1명을 차출할 경우 1호당 5구로 계산하면, 7세기 중엽 고구려 전체 호구수는 30만호, 150만구가 아닐까 추측하였다. 또한 백제의 경우 『삼국지』에 보이는 마한 50여 개국의 호구 10여만 호와 6세기 후반 백제 전성시기의 호수 152,300호를 대체로 긍정할 만한 것으로 보고 그 인구증가율을 0.16%로 산정함으로써, 멸망시기의 백제 호구수는 약 20만 戶 100만 口였을 것으로 추정하였다.(김창석, 앞의 논문, 53~60쪽) 그러나 씨가 제시한 누락인구 관련 근거는 12세기 초반의 것으로 차이가 있으며, 그 근거 이론의 제시자인 이태진도 "『송사』 고려전의 210만이라는 수치에도 누락인구가 감안되어야 할 것이다. 그러나 전체 인구가 210만 정도라면 당시의 한국은 年 평균 증가율 0.1% 미만의 고대, 중세형에서 아직 벗어나지 못하고 있는 단계인 것이 분명"하다고(李泰鎭, 1993, 「14~16세기 韓國의 인구증가와 新儒學의 영향」, 『震檀學報』 76, 2쪽) 단서를 달고 있음을 유의해야 할 것이다. 더욱이 5세기 이후 삼국은 서로 영토와 人民의 쟁탈전 양상을 보이는 상쟁의 연속이었음을 감안한다면, 자연 인구 증가율을 다루는 시험적 이론의 결과를 상황이 전혀 다른 시기에 그대로 적용하면서, 사료상의 기록을 무시한다는 것은 매우 위험하지 않을까 생각한다.

61) 김창석은 장수왕대로부터 고구려 멸망에 이르는 기간 중의 어느 시기가 아닌가 짐작하고 있다.(김창석, 앞의 논문, 56쪽)

개원(A.D.713~741) 초년에 본국에 돌아갔으므로, 이 때 무예武藝에게 이르기를, ' … 지난날 고[구]려 전성기에 강병 30만으로 당과 맞서서 복종을 하지 않다가, 당병이 한번 덮치매 땅을 쓴듯이 다 멸망하였습니다. 오늘날 발해의 인구가 고[구]려의 몇 분의 일도 못되는데, 그래도 당을 저버리려 하니, 이 일은 결단코 옳지 못합니다'라고 하였다. 무예武藝가 따르지 않았다"라고 하여, 개원(713~741) 초 대문예가 대무예에게 당나라 공격의 불가함을 이야기하는 과정에서, 고구려 전성시의 강군 30만 명의 병력으로도 당나라를 적대하지 못하였음을 강변하고 있음을 볼 수 있다. 따라서 8세기 초엽 발해가 인식한 고구려 전성시기는 강군 30만의 병력으로 당나라에 대적한 시기가 아닐까 한다. 사실 607년과 613년 수나라의 두 차례에 걸친 침입을 막아내고, 645년 당나라의 1차 침입을 막아낸 고구려의 저력은 바로 대문예가 언급한 강군 30만의 병력이 있었기 때문에 가능하지 않았나 여겨진다. 또한 연개소문이 정관 19년(645) 유이민을 수습하고 사람들을 불러들였다는 데서,[62] 고구려의 인구가 가장 많았던 전성기를 당 태종과 대적하기 전후한 시기로 상정할 수 있지 않을까 생각한다.

그러면 『삼국유사』에서 언급한 백제의 전성기는 어느 시기를 지칭하는 것일까. 그 대상 시기를 구체적으로 알 수는 없으나, 6세기 초엽 고구려의 계속적인 공격으로 쇠약해지다가 보통 2년(521) 중국 남조와 다시 통교할 무렵 고구려를 누차 공파하는 등 다시 강국이 되었다[63]는 무령왕 때와 신라 서북 30여 성을 공파하여 신라를 극도의 위기에 휩싸이게 한 의자왕대를 그 대상시기로 상정할 수 있다. 특히 의자왕은 해동증자海東曾子로 일컬어질 만큼 성대를 누렸던 것으로 전하고 있어, 아무래도 백제 전성기라 하면 성왕의 전사 이후 무왕의 왕권 강화와 국력 회복을 바탕으로 신라에 대한 공격의 칼날을 높인 때부터 신라 서변 30여 성을 공파하였던 의자왕대, 곧 의자왕 15년(655) 무렵까지로[64] 보는 것이 온당할 듯하다.

한편 6세기 초엽 42만 3천 명의 고구려 인구가 645년 무렵 989,357명으로

---

62) "…而高麗賊臣蓋蘇文 獨生携貳 鳩聚亡命 招納姦回 囚其君長 擧兵稱亂 ㅁ率蟻衆 敢抗王師 皇赫斯怒 龔行弔伐…"(「唐劉仁願紀功碑」, 韓國古代社會硏究所 編, 1992, 『譯註 韓國古代金石文』 제1권, 478쪽)

63) 『南史』 권 79, 列傳 69, 百濟.

64) 『三國史記』 권 28, 百濟本紀 6, 義慈王.

2.34배에 달하는 인구 증가율을 보였다면, 이는 자연적인 인구 증가보다는 다른 이유가 있었으리라 생각된다. 주지하듯이 고구려는 척박한 토지로 인하여 힘써 경작하여도 식량과 산물이 부족한 상황에서, 식량과 자원을 확보하기 위한 주변 제국의 경략이 필수적이었다. 이로 인하여 "나라 사람들이 기력이 있고 전투에 익숙하였다"는 관습이 일찍부터 있어 왔고, 생활에 필요한 물품을 일찍이 복속한 동옥저나 예로부터 거두어 들였으나 정복국가의 지배층과 군대를 유지하기에는 부족하였다. 백제 근초고왕의 평양성 공격과 고구려 고국원왕의 전사로 격화된 고구려·백제간의 전쟁은 황해도 임진강과 한강 일원을 둘러싼 것이었고, 이후 고구려 정복전쟁의 주요 목적은 강역과 인민, 물산의 확보에 있었다.

5세기 초엽 고구려가 전 위나라 때에 비하여 민호가 3배에 이르렀다는 것은, 고구려 본래의 3만 호에 옥저의 5천여 호, 예의 2만여 호를[65] 비롯하여 광개토대왕 경략시 탈취한 패려稗麗 지역의 3개 부락 600~700영營, 백제 방면의 58성 700촌, 동부여 지역의 64개 성, 1400촌 등[66]의 민호를 포괄하는 것이며, 이와 함께 소·말·양 등의 노획 또한 전승에 수반한 것이었다. 장수왕 또한 남방 경영에 박차를 가하여 동왕 62년(474) 신라 실직주성悉直州城의 획득과 동왕 68년(480) 백제 한성을 공략하고 남녀 8천 명을 획득한 것,[67] 문자왕 3년(494) 부여가 나라를 들어 항복한 것,[68] 동왕 21년(512) 가불加弗·원산성圓山城을 공파하여 1천여 명을 사로잡은 것,[69] 수나라와 전쟁 때에 고구려에 사로잡혀 거처하는 이가 1만여 명에 달했다는 것[70] 등에서 고구려 인구의 가장 큰 증가 요인이 전쟁이었음을 알 수 있다. 그 밖에 물리적인 인구증가 요인으로서 기근 등으로 인한 유이민의 귀부 등을 살필 수 있는데, 문자왕 8년(499) 백제의 기근으로 2천 명이 내투한 사례[71]가 그것이다.

한편 전쟁은 강역과 인민의 확보뿐만 아니라, 자원과 교역망의 장악에도 큰 의미가 있었던 것으로 보인다. 앞서 살폈듯이 고구려는 3세기 중엽에 이미 동옥

65) 『三國志』 권 30, 魏書 30, 烏丸鮮卑東夷傳 30, 高句麗·沃沮·濊.
66) 「廣開土大王陵碑」, 韓國古代社會硏究所 編, 『譯註 韓國古代金石文』 1, 10~16쪽.
67) 『三國史記』 권 18, 高句麗本紀 6, 長壽王 62·69년.
68) 『三國史記』 권 19, 高句麗本紀 7, 文咨王 3년.
69) 『三國史記』 권 19, 高句麗本紀 7, 文咨王 21년.
70) 『三國史記』 권 20, 高句麗本紀 8, 榮留王 5년.
71) 『三國史記』 권 19, 高句麗本紀 7, 文咨王 8년.

저로부터 맥포貊布와 물고기·소금·해산물을 수취하였거니와, 정시 연간(504~507) 이전에 부여로부터 징수하던 황금과 섭라로부터 징수하던 흰옥돌의 일실은 정복지의 손실에 다름 아니었으며, 그로 인한 조공물품 등 국용의 손실로 연결되는 고구려의 사정은 고구려의 경제적 특징을 단적으로 드러내 준다. 또한 보장왕 2년(643) 신라가 당에 사신을 보내 '고구려·백제가 연합하여 신라의 당나라 입조를 막으려 한다'는 데서[72] 이미 신라와 중국의 교역로인 한강유역을 둘러싼 삼국간의 각축을 이해할 수 있으며, 고구려로서는 남조와 교류할 수 있는 통로를 확보하는 것이기도 하였을 것이다. 사실 이후 삼국간의 상쟁은 한강유역의 토지와 교역로의 확보를 다투는 것이었다고 보아도 크게 어긋나지 않을 것이다.

장수왕의 평양천도로 큰 위협을 느낀 백제는, 비유왕 7년(433) 신라에게 동맹을 청함으로써[73] 고구려의 남하에 대항하고자 하였다. 신라는 기왕의 고구려와의 우호관계를 유지하였으나, 450년 하슬라성주의 고구려 변장 살해사건[74]을 계기로 고구려와의 관계가 경색되었고 고구려의 북경 침범에 백제와 공동으로 대항하게 되었다.[75] 당시 백제의 위기감은 극도에 이른 바, 연흥 2년(472) 북위에 사신을 보내 백제를 구원할 군사를 보내줄 것을 청한 사실[76]에서 당시의 사정을 짐작할 수 있으며, 결국 475년 장수왕이 군사 3만을 거느리고 백제 한성

72) 『三國史記』 권 21, 高句麗本紀 9, 寶藏王 2년 9월.

73) 『三國史記』 권 25, 百濟本紀 3, 毗有王 7년.

74) 『三國史記』 권 3, 新羅本紀 3, 訥祇痲立干 34년.

75) 『日本書紀』 권 14, 大泊瀨幼武天皇 雄略天皇 8년(464) 봄 2월조에는 신라가 중국의 마음을 두려워 하여 고구려와 우호를 맺었고, 이로 말미암아 고려왕이 날랜 병사 100명을 보내어 신라를 지켜 주었으나, 고구려가 신라를 정복하고자 하는 마음을 눈치채고 이들을 몰아내게 되었는데, 고구려·신라의 원한이 이로부터 생겼다고 하여, 『三國史記』와 차이가 있다.

76) "延興二年(472) 其王餘慶始遣使上表日 … 臣與高句麗源出夫餘 先世之時 篤崇舊款 其祖釗輕廢隣好 親率士衆 陵踐臣境 臣祖須整旅電邁 應機馳擊 矢石暫交 梟斬釗首 自爾已來 莫敢南顧 自馮氏數終 餘燼奔竄 醜類漸盛 遂見陵逼 構怨連禍 三十餘載 財殫力竭 轉自孱踧 若天慈曲矜 遠及無外 速遣一將 來救臣國 … 又云 今璉有罪 國自魚肉 大臣强族 戮殺無已 罪盈惡積 民庶崩離 是滅亡之期 假手之秋也 且馮族士馬 有鳥畜之戀 樂浪諸郡 懷首丘之心 天威一舉 有征無戰 臣雖不敏 志效畢力 當率所統 承風響應 且高麗不義 逆詐非一 外慕隗囂藩卑之辭 內懷兇禍豕突之行 或南通劉氏 或北約蠕蠕 共相脣齒, 謀陵王略 … 今若不取 將貽後悔"(『魏書』 권 100, 列傳 88, 百濟國)

을 점령하고 개로왕을 죽이는 지경에 다달았다.

고구려의 백제 한성 공략(475)은 고국원왕의 죽임에 대한 복수일 뿐만 아니라 늘어난 민호를 위한 농경지의 확보와 점령지의 물산, 그리고 남조와의 교통로 확보 및 백제·신라의 대중국 통로 통제라는 목적을 달성할 수 있었던 것으로 보아 크게 틀리지 않을 것이다. 위나라 고조 때에 이르러 조공물품이 전보다 배로 늘었다는 사실[77]은 고구려의 주변지역 정복으로 인한 결과였다고 보여지며, 고구려가 남조와의 외교를 강화함으로써 북위의 경계심을 자아내게 했던 것[78]이 그러한 결과라고 할 수 있을 것이다.

반면에 한강유역을 빼앗긴 백제로서는 고구려와의 30년 전쟁과 한강유역의 풍부한 자원의 상실로 인한 '재력이 다하여 고갈된[財殫力竭]' 상황이었던 만큼, 북위에 사신을 보내어 고구려의 무도한 강압 정치의 문제와 함께 남제·연연蠕蠕의 통교를 비난하면서 고구려를 칠 것을 종용하고 있음을 볼 수 있다.[79] 이는 백제가 한강유역에 대한 실지 회복 및 한반도에서의 균형 유지를 최대의 관건으로 삼았음을 보여주는 것이라 하겠다. 이후 벌어지는 고구려와 백제의 전쟁은 한강유역을 둘러싼 것이었고, 북위 정시 연간(504~507) 무렵에는 고구려가 북위에 사신을 보내어 흰옥돌珂의 생산지인 섭라涉羅의 회복을 청하고 있어, 백제가 실지의 일부를 회복한 듯 하다. 백제는 천도를 거듭하면서 중국 양나라의 선진문물을 받아들여 국력을 다지는 한편으로 실지 회복의 고삐를 늦추지 않았다. 결국 성왕은 551년 신라와 힘을 합쳐 고구려를 정벌하여 일시 한성을 차지함과 아울러 평양을 토벌하였는데, 이로써 무릇 옛땅 6군을 회복하기에 이르렀다.[80]

한편 신라는 법흥왕 8년(521) 백제를 따라 양나라와 교류할 수밖에 없었으며,[81] 『양직공도梁職貢圖』에 '[백제] 주변 소국 반파叛波·탁卓·다라多羅·전라前

77) "至高祖時 璉貢獻倍前 其報賜亦稍加焉…"(『魏書』 권 100, 列傳 88, 高句麗)
78) 『三國史記』 권 18, 高句麗本紀 6, 長壽王 68년.
79) 『魏書』 권 100, 列傳 88, 百濟國.
80) 『日本書紀』 권 19, 欽明天皇 12년.
한편 고구려가 이 시기 한강유역을 빼앗긴 원인으로서 귀족간의 內紛과 함께 돌궐 등이 고구려 서북부 국경을 압박하였던 사실이 지적되고 있다.(盧泰敦, 1976, 「高句麗의 漢水流域 喪失의 原因에 대하여」, 『韓國史研究』 13)
81) "新羅 … 其國小 不能自通使聘 普通二年 王姓募名秦 始使使隨百濟 奉獻方物 … 無文字 刻木爲信 語言待百濟而後通焉"(『梁書』 권 54, 列傳 48, 新羅)

羅·사라斯羅·지미마련止迷麻連·상기문上己文·하침라下枕羅 등이 귀부하였다'라고 하여, 당시 백제의 부용국으로 인식되었다.[82] 이후 신라는 백제와 상쟁 관계에 있었음에도 그 지리적 입지조건으로 인하여 백제가 함부로 정복하지 못하는 나라로 인식되고 있었다.[83]

그러나 신라는 전쟁을 피하여 귀부한 고구려 유이민을 적극적으로 수용함으로써 드디어 강성하게 되었다고 한다. 신라의 고구려 유이민 수용시기에 대하여 『수서』에서는 백제가 고구려를 정벌한 때라 하고, 『한원翰苑』 신라조에 인용된 수나라 『동번풍속기東藩風俗記』에는 수나라가 고구려를 정벌한 때라고 하여 차이가 있다.

D. ① 그 선대先代는 백제에 부용附庸하였는데, 뒤에 백제의 고[구]려 정벌로 말미암아 고[구]려인이 군역을 견디지 못하고 무리를 지어와 신라에 귀화하니, [신라는] 마침내 강성하여져 백제를 습격하고, 가야[迦羅國]를 부용국으로 삼았다.(『수서』 권 81, 열전 46, 신라국)

② 배반한 군졸을 끌어안아 강하게 되고 금金을 받들어 기대어 성姓을 취하였다. [···수나라 동번풍속기에 이르기를 김씨성이 서로 30여 대를 이었다. 그 선조는 백제에 부용하였는데, 수나라가 고구려인을 치자 고구려인이 전쟁을 감당하지 못하여 귀화하니 드디어 강성하게 되었다. ···](『한원』 신라)

사실 신라가 비약적으로 발전하게 된 것은 지적되듯이 4~6세기의 생산력 발전과 법흥왕대의 율령의 정비, 그리고 주변제국의 정벌, 특히 가야의 복속과 진흥왕대의 사방경략에 있었다고 할 수 있다. 진흥왕순수비의 "사방으로 경계를 넓혀 널리 백성과 토지를 얻었다[四方託境 廣獲民土]"라는 구절에서 보듯이 당시 신라 정복전쟁의 주요 목표는 토지와 백성의 획득에 있었다.[84] 법흥왕 19년(532) 금관가야를 멸망시킨 신라는, 진흥왕 10년(550) 고구려·백제의 싸움을

---

82) 李弘稙, 1965, 「梁職貢圖論考」, 『高麗大 60周年 紀念論文集-人文科學篇-』 : 1971, 『韓國古代史의 研究』, 396~398쪽.

83) "大業以來 歲遣朝貢 新羅地多山險 雖與百濟構隙 百濟亦不能圖之"(『隋書』 권 81, 列傳 46, 新羅國)

84) 趙翊鉉, 앞의 논문, 57~58쪽.

틈타 도살성道薩城·금현성金峴城을 탈취하고, 그 이듬해에 백제와 함께 고구려를 공격하여 한강 유역의 10군을 취하였으며, 마침내 동왕 14년(553) 백제의 한강 하류지역을 공격하여 관산성 전투에서 성왕을 전사시키고 한강유역을 완전히 차지하였다. 또한 진흥왕 26년(562) 대가야를 병합함으로써 낙동강 유역을 점령하였다.

따라서 위 D①의 자료에서 백제의 고구려 정벌이란 바로 한강유역에 대한 백제의 공격 그것을 가리키는 것이고, 이 때에 많은 고구려인이 전쟁을 견디지 못하고 신라로 귀부하였다는 것이다. 그러나 『삼국사기』 등에는 고구려인의 내투 사실이 보이지 않는다. 그렇다면 이는 군사력으로 한강유역을 차지한 신라가 백성과 강역을 획득하였던 사실을 반영하는 것으로 보아야 할 것이고, 이를 우리 측 사료에는 진흥왕 16년 북한산에 순행하여 "강역을 넓혀 정한 것[拓定封疆]"이라든지,[85] 마운령·황초령 진흥왕순수비에서 "방으로 경계를 넓혀 널리 백성과 토지를 얻은" 사실로 전하는 것이라 여겨진다. 신라의 한강유역 획득은 광대한 강역과 백성, 그리고 중국으로 통하는 교통로의 획득이라는 여러 가지 의미를 지니거니와, 이로써 신라는 낙동강 유역의 대가야를 복속시킬 수 있었던 것이니, 『수서』의 신라 국세에 대한 평가는 어쩌면 당연한 것이라 하겠다.

그러면 위 D② 『동번풍속기』의 '수나라가 고구려인을 치자 고구려인이 전쟁을 감당하지 못하여 귀화하니 드디어 강성하게 되었다'는 기사는 어떠한 의미인가. 『삼국사기』에는 유이민을 증명할 만한 자료가 보이지 않지만, 당시 고구려는 말갈병을 거느리고 요서지방을 침입하는 등으로 수나라의 심기를 거스린 형편이었고, 신라는 수나라와 교류가 빈번하여 사신과 구법승들을 수나라에 계속 파견하는 상황이었다.[86] 따라서 당시 수나라는 신라의 정보를 잘 알고 있었을 것이고, 그러한 사실이 『동번풍속기』에 반영되었을 가능성이 높다. 당시 고구려의 국내 사정도 "…또 법령이 가혹하고 부세가 과중하며, 힘센 신하와 호족이 모두 권력을 쥐어 붕당끼리 친하게 지내는 것으로 풍속을 이루었다. 뇌물을 주는 것이 시장과 같고, 억울한 자는 말을 못한다. 게다가 여러 해 재난과 흉년으로 집집마다 기근이 닥치고 전쟁이 그치지 않으며 요역에 기한이 없고 힘은 세금 운반에 고갈되고 몸은 도랑과 구덩이에 굴러 백성들이 시름에 잠겨 고통스러우

85) 『三國史記』 권 4, 新羅本紀 4, 眞興王 16년 冬 10월.
86) 『三國史記』 권 4, 新羅本紀 4, 眞平王.

니…"라고 하여[87] 조세의 번중함과 잇따른 흉년 및 전쟁, 요역 등으로 일반 백성들의 유망하는 시기였다. 따라서 당시 고구려의 유망민들이 신라지역에 귀부하였을 가능성이 매우 높으며, 그러한 내용을 전하는『수서』의 기록은 믿을 만한 것으로 여겨진다.

요컨대 편방소국이었던 신라가 강성하게 되고 삼국을 통일할 수 있었던 배경에는, 태백산맥이라는 천연의 입지여건과 4~6세기 생산력의 발전, 제도정비 등에 기인한 바 있지만, 6세기 중엽과 수나라 고구려 정벌시 고구려 유이민의 포용도 크게 작용하였을 것으로 판단된다. 이러한 고구려 유이민의 포용책은, 「남산신성 제10비」에서 보듯이 새로이 취득한 영토에 대해서 아직 행정체계가 갖춰지지 않은 상태에서 군사조직과 재지사회의 지배질서를 바탕으로 역역을 동원하고, 점차 행정체계를 갖춰가면서 촌주를 임명하고 지방관을 파견하여 해당 지역을 총괄하여 갔던 역역체계[88] 속에서 살필 수 있다. 또한「울진봉평신라비蔚珍鳳坪新羅碑」의 '노인법奴人法'을 비롯하여「단양적성비丹陽赤城碑」의 '적성전사법赤城佃舍法' 등에서 새로이 취득한 백성과 토지에 대한 법적 조치와 포상책을 병용함으로써 이를 신라민으로 포용하였던 바, 「진흥왕순수비」에서 보듯이 '신구백성[新舊黎庶]' 등으로 파악함으로써 신라의 '민民'으로 간주하였던 것이다.[89]

한편 고구려가 전성기를 구가하였던 640년 전후의 시기에 98만 9천여 명이던 인구가 668년 멸망할 즈음에 70여 만 명으로 감소한 데서, 98만 9천여 명의 인구로 30만 명에 달하는 강군强軍을 유지하기 위한 중과세의 부담과 전쟁의 고통, 연이은 기근 등에 의한 백성들의 유망을 생각해볼 수 있다. 우선 고구려에는 말갈인 등 이민족들도 군사로 동원하는 체제였던 만큼 이들의 일탈을 생각할 수 있고, 중과세 및 기근이나 전쟁으로 인하여 만주지역과 한반도 남쪽으로 떠도는 유망민을 상정할 수 있는 바, 무려 30여 만 명에 달하는 유망민의 존재와 그들의 고구려 체제로부터의 일탈은 직접적으로는 군대의 감소를 가져왔을 것이고, 다음으로 세액의 감소로 이어졌을 것인 바, 국가 존립의 근간을 이루는 국가

87)『三國史記』권 20, 高句麗本紀 8, 嬰陽王 23년 春正月 壬午.

88) 박남수, 1992, 앞의 논문.

89) 金基興, 1998,「신라시기 民의 사회경제적 위상」,『韓國史硏究』102, 1998, 151~154쪽 ; 1999, 앞의 논문, 159~160쪽.

재정의 파탄으로 이어져 더 이상 당과의 대적 관계에서 고구려를 지탱하기 어렵게 만들었던 것이라 하겠다. 이들 유망민 가운데 상당수는 보덕普德이 백제로 망명한 사례나 보장왕의 서자가 4천여 가家를 거느리고 신라에 투항한 사례 등에서 보듯이[90] 백제 또는 신라로 귀부하였을 것으로 믿어진다. 이러한 지경에서 귀족들의 붕당이 많았던 고구려로서는[91] 귀족 상호간의 반목과 질시가 당연하였을 것이고, 결국 국제정세를 도외시한 대당전쟁 결과 자중지란 속에서 멸망의 운명을 맞았다고 하겠다.

광범위한 고구려 유망민의 존재는 백제에도 파급되었을 것인 바, 7세기 초엽에 이미 백제에는 신라·고구려·왜인를 비롯하여 중국인까지 섞여 살 만큼[92] 국제적 성격을 띠었던 만큼, 보덕과 같이 도교의 압박을 피하여 온 고구려 승려들뿐만 아니라 전쟁이나 기근을 피하여 온 고구려 유망민을 받아들였을 것으로 믿어진다. 그 결과 백제 전성기로 추정되는 무왕대로부터 의자왕 15년(655)까지 71만 6천여 명이던 인구가, 멸망 당시에 오히려 전성기보다도 더 많은 76만여 명으로 늘어난 데는, 광범위한 고구려 유망민의 존재와 백제 사회의 국제적 성격으로 말미암았던 것으로 보인다.

그러나 한편으로 성세를 치닫던 백제가 멸망하게 된 데는 아무래도 국제적인 외교와 군사 동맹에 있어서 정확한 상황 판단에 대한 실책을 들어야 할 것이고, 굳이 정치·경제적 배경으로써 살핀다면 귀족 중심의 지배 구조 속에서 통일된 국론을 이끌기 어려운 때문이 아니었는가 짐작되지만, 이에 대한 상론은 피한다.

결국 유이민 포용책은 신라만의 주요 전략은 아니었으나 신라 자체의 생산력이나 정책적 측면이 일반민층에게 강하게 작용하는 측면이 있었으리라 생각된다. 사실 연개소문이 당나라와의 일전을 준비하고 있을 때에 광범위하게 유민을 수습하였던 것이나, 보덕과 같이 고구려의 억압된 사회구조 속에서 종교의 자유를 찾아 백제로 귀의하는 등의 사례에서, 유이민에 대한 수습책은 삼국 모두 주요하게 추진하여 왔을 것이다. 그러나 신라가 유이민을 광범위하게 포용할 수 있었던 것은, 정복전쟁을 수행하는 과정에서 지역민의 순무와 포용책의 바탕 위에서 행정제도를 정비하고 이들을 신라민과 동등하게 대우하였던 데에 가장

90) 『三國遺事』 권 3, 興法 3, 寶藏奉老 普德移庵.

91) 『三國史記』 권 20, 高句麗本紀 8, 嬰陽王 23년 春正月 壬午.

92) "其人雜有新羅·高麗·倭等 亦有中國人"(『北史』 권 94, 列傳 82, 百濟)

큰 요인이 있다고 생각한다. 통일 이후 고구려·백제민에 대한 관등의 사여와 9서당九誓幢의 편성 등도 그러한 역사적 산물이라면, 이미 통일전쟁기에 이러한 조처가 있었다고 보아 좋을 것이다.93)

2) 삼국의 외교와 교역

신라는 한강유역을 점령함으로써 중국과의 교통로를 확보하였지만, 고구려와 백제의 공격을 감내해야 했다. 이후 삼국간의 전쟁은 한강유역을 중심으로 펼쳐졌으며, 이를 둘러싼 중국과 삼국간의 교류는 각국의 물러설 수 없는 합종연횡의 양상으로 전개되었다.

그런데 삼국간 교역은 대체로 전쟁의 추이에 따라 전개된 외교에 수반한 것이었다. 이는 크게 세 가지 방식으로 전개되었는데, 인질을 매개로 한 조공외교, 양국이 동등한 지위에서 이루어지는 동맹외교, 군사를 청하기 위한 외교 방식이 있었다. 인질을 매개로 한 조공외교는 세력의 차이로 말미암아 세력이 열등한 국가에서 왕족을 보냄으로써 자국의 안전을 보장받는 것이었다. 광개토왕이 백제 북쪽 변경을 공략할 즈음에 신라 나물이사금이 실성實聖을 인질로 보낸 것(392)이나94) 실성이사금 11년(412) 나물왕자 복호卜好를 고구려에 인질로 보낸 것,95) 광개토대왕 영락永樂 6년 백제가 고구려에 참패하고 고구려에 대하여 '길이 노객이 되겠다[永爲奴客]'고 맹서하면서 남녀 생구生口 1천 명과 왕제 및 대신 10명을 인질로 보낸 것 등이 대표적인 사례라고 할 것이다.96) 백제·신라 양국의 지위는 「광개토대왕릉비」와 「중원고구려비」에서 보듯이 노객 또는 형제 관계 속의 아우로서, 고구려는 신라·백제왕에게 교教와 의복을 내리고, 아마도 백제·신라는 조공을 바치는 형식이었을 것으로 생각된다.97) 당연히 백제·신라

---

93) 申瀅植은 대당항쟁에 백제·고구려의 歸化人·殘民을 이용함으로써 이들을 하나의 민족이란 대열에 융합시키고 있음을 지적한 바 있다.(申瀅植, 1983, 「三國時代 戰爭의 政治的 意味」, 『韓國史研究』 43, 18~19쪽)

94) 『三國史記』 권 3, 新羅本紀 3, 奈勿尼師今 37년.

95) 『三國史記』 권 3, 新羅本紀 3, 實聖尼師今 11년.

96) 梁起錫, 1981, 「三國時代 人質의 性格에 대하여」, 『史學志』 15, 53~56·62쪽.

97) 「廣開土大王陵碑」·「中原高句麗碑」, 韓國古代社會研究所 編, 『譯註 韓國古代金石文』 제1권, 10~16·44쪽.

의 조공품에는 각종 산물과 인질까지 포함되었던 것으로 보인다.

또한 삼국간 세력의 부침으로 인한 동맹외교가 전개되었는 바, 신라와 백제 사이에 이루어진 동맹외교를 대표적인 사례로 들 수 있다. 나물이사금 11년(366) 백제의 내빙來聘으로 시작된 신라와 백제의 왕래는 나물이사금 13년(368) 다시 백제가 사신을 보내어 양마良馬 2필을 바치는 형태로 진전되었다.[98] 그후 나물이사금 18년(373) 백제 독산성주가 300명을 이끌고 신라로 투항함으로써 양국간의 갈등이 있었으나,[99] 당시 백제는 고구려와의 상쟁관계로 인하여 이를 더 이상 문제삼지 않게 되었고, 신라 또한 고구려에 인질을 보내던 차이므로 백제와의 내왕이 더 이상 없게 되었다.

그러나 장수왕이 평양으로 천도함으로써 위협을 느낀 백제는 433년 신라에게 동맹을 청함으로써 고구려의 남하에 대항하고자 하였고, 고구려의 압박에서 벗어나고자 하는 신라 또한 백제의 요청을 받아들여 동맹관계를 유지하였다.[100] 이와 같은 양국의 동맹은 450년 신라 하슬라성주의 고구려 변장 살해 사건이 계기가 되어 더욱 굳건해졌다. 더욱이 조지마립간 15년(493) 백제왕 모대牟大가 사신을 보내 청혼해오자 신라는 이벌찬 비지比知의 딸을 보냄으로써[101] 결혼동맹으로까지 발전하였다. 이러한 동맹 관계는 진흥왕 때에 잦은 백제·신라의 상호 구원이나 고구려에 대한 연계 방어 내지 공격으로 이어졌다.

진흥왕 14년(553) 7월 신라가 백제의 동북 변경지역을 차지하여 신주新州를 설치함으로써[102] 100여 년간의 나제동맹은 심각한 위기에 처하게 되었다. 같은 해 10월 진흥왕이 백제의 왕녀를 소비小妃로 들이는[103] 노력에도 불구하고, 그 이듬해 백제 성왕의 대대적인 공격으로[104] 신라와 백제의 동맹관계는 와해되고 말았다.

신라·백제의 결혼동맹과 관련하여 주목되는 것은 서동설화로 잘 알려진 『삼국유사』 권 2, 기이 2, 무왕조 기사이다.

---

98) 『三國史記』 권 3, 新羅本紀 3, 奈勿尼師今 11·13년.
99) 『三國史記』 권 3, 新羅本紀 3, 奈勿尼師今 18년.
100) 『三國史記』 권 3, 新羅本紀 3, 訥祇麻立干 17년.
101) 『三國史記』 권 3, 新羅本紀 3, 照知麻立干 15년.
102) 『三國史記』 권 4, 新羅本紀 4, 眞興王 14년 7월.
103) 『三國史記』 권 4, 新羅本紀 4, 眞興王 14년 10월.
104) 『三國史記』 권 4, 新羅本紀 4, 眞興王 15년.

① 무왕武王 [고본古本에는무강武康이라고 했으나 잘못이다. 백제에는 무강이 없다.]

제30대 무왕의 이름은 장璋이다. 그 어머니가 과부가 되어 서울 남쪽 못 가에 집을 짓고 살고 있었는데 못의 용龍과 관계하여 [장을] 낳고 어릴 때 이름을 서동薯童이라고 하였다. 재기와 도량이 커서 헤아리기 어려웠다. 항상 마를 캐어 팔아서 생업을 삼았으므로 나라 사람들이 그 때문에 서동이라고 이름하였다.
신라 진평왕의 셋째공주 선화善花 혹은 선화善化가 아름답기 짝이 없다는 말을 듣고 머리를 깎고 [신라의] 서울로 갔다. 마를 동네 아이들에게 먹이니 아이들이 친해져 그를 따르게 되었다. 이에 노래를 지어 여러 아이들을 꾀어서 부르게 하니 그것은 이러하다.

선화공주님은
남몰래 사귀어 두고
서동방을 밤에 몰래 안고 간다.

동요가 서울에 가득 퍼져서 대궐 안에까지 들리자 백관들이 임금에게 극력 간하여 공주를 먼 곳으로 귀양보내게 했다. 장차 떠나려 하는데 왕후는 순금 한 말을 주어 노자로 쓰게 했다. 공주가 장차 귀양지에 도착하려는데 서동이 도중에 나와 절하면서 장차 모시고 가겠다고 했다. 공주는 비록 그가 어디서 왔는지는 알지 못했지만 우연히 믿고 좋아했다. 이로 말미암아 서동을 따라가면서 몰래 정을 통하였다. 그런 뒤에야 서동의 이름을 알았고, 동요의 영험을 믿었다.
함께 백제에 이르러 모후가 준 금을 내어 장차 살아 나갈 계획을 의논하니 서동이 크게 웃고 말했다. "이것이 도대체 무엇이오?" 공주가 말하기를, "이것은 황금이니 백년의 부를 누릴 것입니다"라고 하였다. 서동이 말하기를, "나는 어릴 때부터 마를 캐던 곳에 황금을 흙처럼 많이 쌓아 두었소"라고 하였다. 공주는 이 말을 듣고 크게 놀라면서 말했다. "이것은 천하의 지극한 보물입니다. 그대가 지금 그 금이 있는 곳을 아시면 부모님이 계신 궁전으로 보내는 것이 어떻겠습니까?" 서동은 좋다고 말하였다. 이에 금을 모아 언덕과 같이 쌓아 놓고, 용화산龍華山 사자사師子寺의 지명법사知命法師에게 가서 금을 실어 보낼 방법을 물으니 법사가 말하기를

"내가 신통한 힘으로 보낼 터이니 금을 이리로 가져 오시오"라고 하였다. 공주는 편지를 써서 금과 함께 사자사 앞에 가져다 놓았다. 법사는 신통한 힘으로 하룻밤 사이에 신라 궁중으로 보내어 두었다. 진평왕은 그 신비스러운 변화를 이상히 여겨 더욱 서동을 존경해서 항상 편지를 보내어 안부를 물었다. 서동은 이로부터 인심을 얻어서 왕위에 올랐다.

어느 날 무왕이 부인과 함께 사자사에 가려고 용화산 밑의 큰 못가에 이르니 미륵삼존彌勒三尊이 못 가운데서 나타나므로 수레를 멈추고 절을 올렸다. 부인이 왕에게 말하기를 "모름지기 이곳에 큰 절을 지어 주십시오. 그것이 제 소원입니다"라고 하였다. 왕은 그것을 허락했다. 지명법사에게 가서 못을 메울 일을 물으니 신비스러운 힘으로 하룻밤 사이에 산을 무너뜨려 못을 메우고 평지를 만들었다. 이에 미륵삼회彌勒三會를 법상法像으로 하여 전殿과 탑塔과 낭무廊廡를 각각 세 곳에 세우고, 절 이름을 ② 미륵사彌勒寺[국사國史에서는 왕흥사王興寺라고 했다]라고 하였다. 진평왕이 여러 공인工人들을 보내서 이를 도왔는데 ③ 그 절은 지금도 남아 있다.[삼국사三國史에는 이를 법왕法王의 아들이라고 했는데, 여기에서는 과부의 아들이라고 했으니 자세하지 않다.]

위의 기사에서 일연이 서술한 내용은 ① 무왕武王 [고본古本에는 무강武康이라고 했으나 잘못이다. 백제에는 무강이 없다.] 제30대 무왕의 이름은 장璋이다. ② 미륵사彌勒寺[국사國史에서는 왕흥사王興寺라고 했다], ③ 그 절은 지금도 남아 있다. [삼국사三國史에는 이를 법왕法王의 아들이라고 했는데, 여기에서는 과부의 아들이라고 했으니 자세하지 않다.]의 주석 부분과 ①의 무강왕을 무왕으로 고친 부분임을 알 수 있다. 따라서 일연이 일컫는 고본이 무엇인지는 확인할 수 없으나, 고본의 서술은 "무강왕은 그 어머니가 과부가 되어 서울 남쪽 못 가에 집을 짓고 살고 있었는데 못의 용과 관계하여 낳고…"로 이어져 기술되었을 것이고, 고본에 따른 등장인물은 '무강왕', '무강왕모', '서동', '신라진평왕 제3공주 선화', '용화산 사자사 지명법사' 등이 된다.

특히 주인공인 '무강왕' '서동'과 관련하여서는 위 설화의 대상 시기를 무왕대로 보는 설[105], 동성왕대로 보는 설[106], 무령왕대로 보는 설[107] 등으로 나뉜다.

---

105) 梁柱東은 백제 武王의 어린 시절의 이름인 薯童은 '末子'의 뜻을 지닌 '맛둥' '막둥·마퉁' '末通大王' 등으로 무왕과 서로 어원적으로 통하고 있음을 밝힌 바 있다.(梁柱東,

그러나 1974년 『익산미륵사지 동탑지 및 서탑 조사보고서』와 1989년 『미륵사 유적발굴조사보고서 Ⅰ』 이후 간지명 명문와 등으로 인하여 대체로 미륵사 창건을 무왕대의 사실로서[108] 이해하고 있다.

위 설화에 등장하는 인물 가운데 무왕과 진평왕은 그 실존이 확인되지만, 위 설화의 대상시기를 확정하기 위해서는 용화산 사자사에 주석하였다는 지명법사에 대한 검토가 필요하다. 사실 지명知命 법사에 대해서는 진평왕 7년(585) 구법을 위해 진陳으로 들어갔다는 신라의 고승 지명智明과 동일 인물이 아닌가 하는 견해가 있었다. 곧 서동설화의 지명知命 법사와 진평왕대 활약했던 신라의 고승 지명智明과 활동시기가 같다는 점, 선화공주-서동-지명법사-진평왕은 서동이 왕위에 오르기 전부터 잘 알고 있었다는 점, 지명知命이 백제의 승려였다면 적국인 신라의 궁중에 귀중한 금을 가져다 주지 않았을 것이라는 점, 그리

1987, 『增訂 古歌硏究』, 一潮閣, 432~433·447~448쪽) 또한 黃壽永은 미술사적 관점에서 고유섭의 설(高裕燮, 1947, 「益山 彌勒寺址多層石塔」, 『韓國塔婆의 硏究』)을 따라 무왕대에 미륵사가 창건되었음을 주장하였다.(黃壽永, 1974, 「總論」, 圓光大 馬韓·百濟文化硏究所 編, 『益山彌勒寺址 東塔址 및 西塔 調査報告書』 ; 1975, 「益山의 百濟佛敎遺蹟」, 『崇山朴吉眞博士華甲紀念 韓國佛敎思想史』, 1196쪽) 한편 盧重國은 서동설화의 주인공인 서동은 무왕의 少名이이고 이 武王의 異表記가 武康王, 武廣王이었으며 대대로 末通大王으로 호칭되었던 만큼 선화공주와의 결혼, 미륵사의 창건은 모두 무왕과 관련된 사실로 보았다.(노중국, 1986, 「三國遺事 武王條의 再檢討」, 『韓國傳統文化硏究』 2, 효성여대, 2~6쪽) 李鍾旭은 武王 자신이 왕위에 오르기 전 王子로 있을 때 敵對關係에 놓여 있던 新羅와의 關係改善을 위하여 어려운 과정을 거치며 眞平王의 女와 婚姻하기에 이른 사실의 반영으로 보았다.(李鍾旭, 1989, 「彌勒寺 創建緣起」, 『彌勒寺 遺蹟發掘調査報告書 Ⅰ』, 문화재관리국 문화재연구소, 23쪽)

106) 이병도는 서동이 '맛둥'과 서로 통하는 점은 인정되나, '맛둥'은 여러 사서에 보이는 '牟大' '摩帝' '牟都' '末多' 등 동성왕의 諱와 상통하는 것으로 보고, 백제의 역사상 무왕 때에는 신라와 백제간의 우호관계를 상정하기 어렵고, 오히려 설화의 내용으로 보아 조지마립간 15년(동성왕 15년, 493) 백제왕 牟大가 사신을 보내 청혼해오자 이벌찬 比知의 딸을 보냄으로써 결혼동맹을 맺었던 사실로 보는 것이 타당하다고 보았다.(李丙燾, 1976, 「서동설화의 신고찰」, 『한국고대사연구』, 531~542쪽)

107) 이에 대해서는 일찍이 김수엽이 『삼국유사』의 "武王[古本作武康 非也 百濟無武康]"이란 기록에 주목하여, 康과 寧의 의미가 서로 통한다는 점을 내세워, 설화상의 무강왕은 무령왕의 오기임에 다름 아닌 것으로 파악하였다.(김수엽, 1976, 『서동노래바탕에 對하여』, 어문각, 63쪽)

108) 黃壽永, 1974, 앞의 논문 ; 盧重國, 1999, 「百濟 武王과 知命法師」, 『韓國史硏究』 107, 5~9쪽.

고 『해동고승전』의 "표연이 한 번 떠나 홀연히 10년이 되었으니 배움에 이미 정수를 얻어 마음으로 전등이 절실하여"[109] 등에서 지명이 진陳에 들어가 10년간 머물다가 귀국한 이후 백제 지역에 들어가 7년여 동안 첩보활동을 하였던 신라 승려라는 것이다.[110] 이러한 견해에 대하여 비판하는 주장이 제기되기도 하였는데, 『해동고승전』의 내용은 지명이 진나라에 들어가 공부하다 보니 문득 10년이 되었고 그 사이에 불교의 이치를 깨달았으며, 지명이 귀국한 일시도 『삼국사기』와 『해동고승전』이 완전히 일치하므로, 그가 10년만에 귀국한 후 신라에 7년 동안 머물었다는 해석은 문제가 있으며, 따라서 『삼국사기』 신라본기의 지명智明과 『삼국유사』 무왕조의 지명知命은 비록 그 표기 음이 같고 활동시기가 같다고 하더라도 별개의 인물이라는 것이다.[111]

그러나 서동설화의 지명知命 법사와 진평왕대 활약했던 신라의 고승 지명智明과 활동시기가 같다는 점, 지명知命 법사가 서동과 선화공주의 혼인에 관여한 시기가 진평왕대였다는 점 등과 관련하여 『삼국유사』 무왕조의 기사를 존중한다면, 『삼국유사』의 지명知命 법사와 『삼국사기』의 신라 고승 지명智明을 별개의 인물로 볼 수만은 없을 듯하다. 곧 지명이 진陳에 들어가 구법한 기간이 17년여 동안임이 분명하지만, 오히려 『삼국유사』 무왕조의 서동과 선화공주가 맺어진 시기를 진평왕의 즉위년(579)부터 지명이 진나라에 들어가 구법하러 간 진평왕 7년(585) 7월 사이로 본다면, 『삼국사기』와 『삼국유사』의 기록이 결코 상충되지 않음을 알 수 있다.[112] 특히 『삼국사기』에서 지명智明이 진陳에서 귀국한 직후 진평왕이 그 계행戒行을 존경하여 대덕으로 삼는 태도는 『삼국유사』에서 진평왕이 지명知命 법사에 대해 "진평왕은 그 신비스러운 변화를 이상히 여겨 더욱 서동을 존경해서 항상 편지를 보내어 안부를 물었다"는 태도와 거의 유사하다. 아울러 고승 지명智明이 진평왕 24년(602)

---

109) "飄然一去 忽爾十霜 學既得髓 心切傳燈"(『海東高僧傳』 권 2, 流通一之二 智明曇育)

110) 金福順, 1992, 「三國의 諜報戰과 僧侶」, 『伽山 李智冠스님 華甲紀念論叢 韓國佛教文化思想史』 上, 152~160쪽.

111) 盧重國, 1999, 앞의 논문, 22~25쪽.

112) 노중국은, 고구려가 한강유역 회복을 위하여 공격한 데 대하여 신라·백제 양국 상호간에 긴장을 풀고 효과적으로 고구려에 대항하기 위한 조처로서, 무왕과 선화공주가 무왕 즉위 이후 무왕 24년까지의 사이에 결혼하였던 사실의 반영으로 보았다.(盧重國, 1986, 앞의 논문, 11~16쪽)

백제의 아막성 공격 직후에 귀국한 점도, 고승 지명智明이 무엇인가 백제와 신라의 화해에 중요한 역할을 맡았던 사실의 반영이 아닌가 추측된다.

사실 553년 나제동맹이 와해되고 나서 신라와 백제는 한강유역을 둘러싸고 전쟁을 계속하여 왔지만, 진지왕 3년(578) 신라가 백제 알야산성을 공격한 이후 진평왕 30년(602, 무왕 3년)까지 신라와 백제간에 전쟁이 일어났던 징후가 보이지 않는다. 553년 7월 신라의 한강유역 점령 직후 신라와 백제가 결혼을 통하여 해결책을 찾으려 했던 노력을 상기하고, 또한 6세기 초엽 백제에는 신라·고구려·왜를 비롯한 중국인까지 섞여 살았다는 사실을 생각한다면, 이 무렵 신라 승 지명의 중재에 힘입어 신라와 백제 왕실간에 혼인동맹과 같은 유형의 합의를 도출하였을 가능성이 있어 보인다.

결국 이러한 사실을 인정할 수 있다면, 『삼국유사』에 전래하고 있는 서동설화는 579년부터 585년 사이 어느 시점에서인가 백제와 신라가 지명이라는 고승의 중재와 미륵신앙을 담보로 동맹 관계를 맺었던 사실의 반영이 아닌가 여겨지며, 그 결과 신라와 백제간 20여 년에 걸친 평화가 유지되었고, 금으로 표현된 백제의 물산이 신라에 전해지고, 신라가 백공을 보내 미륵사의 창건을 돕는 우호관계가 활발하게 이루어졌던 것이 아닌가 추단된다.[113] 특히 미륵사의 창건시기는 대체로 무왕대의 사실로 보고 있거니와,[114] 만일 왕흥사와 미륵사가 별개의

113) 盧重國은, 미륵사 발굴보고서에 신라 건축양식이 보고되지 않으므로 무왕이 미륵사를 창건할 때 신라기술자들은 일정한 지역이나 건물을 맡아 작업한 것이 아니라 백제 기술자들과 함께 작업함으로서 백제의 선진기술을 신라 기술자들이 습득할 수 있었다고 보았다.(盧重國, 2000, 「新羅와 百濟의 交涉과 交流」, 『新羅文化』 17·18, 16~17쪽)

114) 『三國遺事』 武王條에서는 미륵사의 창건을 무왕대로 보면서 미륵사를 왕흥사라고도 불렀다고 하였으나, 지적되듯이 "百濟 29代 法王의 諱는 宣인데 … 혹은 孝順이라고도 한다. 開皇 10 년 己未에 즉위했는데 … 이듬해 庚申에 30인의 승려를 두어 王興寺를 당시 수도였던 泗沘城(오늘의 扶餘)에 세웠다. 처음 세울 때 昇遐하여 武王이 이를 이었다. 父가 기초하고 子가 이루었으니 數紀를 지나 이루어졌다. 그 절도 역시 彌勒寺라 이름하였다. 背山臨水하였고 花木이 수려하여 사계절의 아름다움을 갖추었다. 왕이 매번 배를 움직여 강가에서 절에 들어갔다. 그 形勝이 장려함을 감상하였다. …"(『三國遺事』 권 3, 興法 3, 法王禁殺條)와 『三國史記』 권 27, 百濟本紀 5, 法王 2년조의 "春正月 王興寺를 創建하고 30 인의 승려를 두었다"는 기사와 동 무왕 35년조 "봄 2월에 王興寺가 이루어졌다. 그 절은 물가에 있었으며 채색과 장식이 장려하였다. 왕은 매번 배를 타고 절에 들어가 향을 피웠다"는 기사를 비교할 때에 왕흥사와 미륵사는 별개의 사찰로 인정된다.(高裕燮, 앞의 논문, 152쪽 ; 황수영, 1975, 앞의 논문 ; 이종욱, 앞의 논문, 23쪽 ; 노중국, 1999, 앞의 논문, 8~9쪽)

사찰이라면, 미륵사의 창건 개시 시기는 무왕의 즉위 이후일 것이고, 그것이 설화의 내용처럼 지명과 관련이 있다면 진평왕 24년(602, 무왕 3년) 무왕이 신라와의 동맹을 깨고 신라를 공격한[115] 이후 곧바로 귀국한 지명이[116] 다시 백제와 신라를 중재하는 과정에서 무왕에게 미륵사의 창건을 종용하고 신라의 장인을 청하면서 신라, 백제간의 화의를 도모했을 가능성이 있다.[보주 1)]

그러나 지명의 노력에도 불구하고 신라와 백제간의 화해는 오래가지 못하였다. 신라의 한강유역점령은 고구려나 백제에게는 숙원의 강역이었고, 중국과의 교역망을 장악하는 절대적인 요충지였기 때문이었다. 따라서 고구려와 백제는 동상이몽의 형국으로 제휴하였던 것으로 보인다.

예컨대 선덕왕 11년(642) 백제 의자왕이 신라 서변 40여 개 성을 공취함과 아울러 고구려와 힘을 합쳐 신라의 당나라 조공로를 끊고자 당항성을 공격한 것이나,[117] 그 이듬해에 신라가 당나라에 '고구려·백제가 신라를 침공하여 수십 성을 빼앗고, 양국이 함께 하여 공격하면 기필코 취하는 상황인데 금년 9월에는 크게 병사를 일으켜 신라의 사직을 멸하려고 하니 군대를 보내어 구원하여 주기를 청한다'고 한 데서도,[118] 당시 고구려와 백제가 동맹관계에 있었던 사실을 알 수 있다.[119] 이러한 고구려·백제의 연계는 신라가 한강유역을 점령함으로

115) 『三國史記』 권 4, 新羅本紀 4, 眞平王 24년 秋 8월·권 27, 百濟本紀 5, 武王 3년 秋 8월.

116) 『三國史記』 권 4, 新羅本紀 4, 眞平王 24년 9월.

보주 1) 2009년 1월 백제 미륵사지 서탑에서 「금제사리봉안기」가 발견되어, 미륵사의 창건주가 선화공주가 아닌 사택적덕의 딸인 王后였음이 밝혀졌다. 이는 『삼국유사』 무왕조나 법왕금살조의 기사와 어긋나는 것으로 학계의 논쟁이 있었다. 현재 필자로서는 『삼국사기』와 『삼국유사』의 착간이 있고, 그것은 두 사서가 저본으로 삼은 모종의 古本에서 비롯하였을 것이며, 고본의 내용은 『三國遺事』 法王禁殺조에 보다 충실히 반영된 것으로 본다. 이에 『삼국유사』 법왕금살조에 법왕대의 왕흥사 창건과 무왕대의 미륵사 창건 사실이 착간되면서 "其寺[왕흥사]亦名彌勒寺"라 하였지만, 왕흥사와 미륵사를 별개의 사찰로 이해한다면 "其寺亦名彌勒寺"는 "其寺名彌勒寺"이며, 미륵사 창건은 무왕대의 일로, 그리고 미륵사 이후 사격에 대한 설명은 王興寺에 대한 것이 아닐까 추정하여 둔다.(박남수, 2009.9.26, 「백제 미륵사지 서탑 출토 금제소형판의 성격과 동아시아 교류상의 의의」, 『미륵사 사리장엄 연구의 쟁점과 전망』, 한국학중앙연구원 동아시아역사연구소) 선화공주에 대해서는 학계의 논쟁이 지속되는 만큼 별고에서 상세히 다루어야 할 듯하여 상론을 피한다.

117) 『三國史記』 권 5, 新羅本紀 5, 善德王 11년. 한편 동일한 내용이 『三國史記』 권 28, 百濟本紀 6에는 義慈王 3년 11월의 사실로 기록되어 1년의 차이가 있다.

118) 『三國史記』 권 5, 新羅本紀 5, 善德王 12년.

말미암은 것이니, 고구려는 죽령 서북쪽 땅의 회복에, 그리고 백제는 관산성 전투의 설욕과 한강유역의 회복에 각각의 목적이 있었던 것이다.

특히 신라는 대야성 패전 이후 고구려, 일본,[120] 당나라에 대하여 군대를 청하게 되거니와, 김춘추의 외교적 행보는 서쪽 국경이 무너진 상황에서 위기에 처한 신라의 유일한 탈출로였다. 결국 김춘추는 고구려에 들어가 고구려 군대를 청하기 위한 협상을 진행하였으나, 고구려의 마목현麻木峴과 죽령竹嶺 땅 반환 요구로 인하여 신변의 위협을 느끼게 되었고, 청포青布 300보를 보장왕의 총신 선도해先道解에게 증여함으로써 풀려나올 수 있었다.[121] 이에 김춘추는 다시 당나라에 들어가 군대를 청함으로써,[122] 고구려를 치고자 하는 당나라의 의도와 부합하여 중국의 의관과 제도, 연호 등을 수용함으로써[123] 당나라의 군대를 얻을 수 있었고, 이로써 신라는 한반도에서 주도권을 확보할 수 있는 전기를 잡았던 것이다. 그 결과 삼국은 이제 고구려-백제-왜의 연맹과 신라-당나라의 연맹에 의한 접전장으로 화하고 말았다.

김춘추가 벌였던 걸사乞師 외교는 삼국의 상쟁과정에서 빈번하게 이루어졌던 외교 방식이었다. 472년 고구려가 북위에 대하여 실지失地의 산물을 확보하기 위한 걸사외교를 비롯하여, 북위 정시 연간(504~507)에 고구려가 구허舊墟를

119) 고구려·백제의 연맹관계에 대해서는, 백제가 隋 또는 唐과 연결을 도모하여 고구려를 견제하려 하면서도 한편으로 고구려와 연결하려고 하는 '實持兩端'의 외교정책을 구사하다가, 의자왕 초에 친고구려정책으로 전환하면서 고구려와 백제가 連和하였다고 보는 설(盧重國, 앞의 논문, 1981, 93~96쪽)이 있고, 이에 대하여 고구려·백제가 스스로 연화했다는 자료를 찾을 수 없으며, 신라가 당과 제휴하는 외교적 과정에서 교묘한 말로써 려제연화설을 당에 전한 것이라는 설(이호영, 1982, 「麗濟連和說의 檢討」, 『慶熙史學』 9·10 ; 1997, 『신라삼국통합과 려·제패망원인연구』, 서경문화사, 349~373쪽)이 있다. 다만 필자는 『三國史記』 신라본기와 백제본기에 그러한 사실이 반영되어 전하고, 비록 외교적인 문서라 하나 중국측 사서에 그러한 사실을 전하며, 당시 삼국의 정세로 미루어 의자왕 초년 무렵 고구려와 백제가 충분히 제휴할 가능성이 있다고 판단된다. 한편 최근 려제 동맹설에 대해 수대와 당대로 구분하여 단계별로 파악해야 한다는 관점이 제기되어 설득력을 얻고 있는데, 이에 대해서는 김수태, 2004.3.12, 「삼국의 외교적 협력과 경쟁」, 『7세기 동아시아 국제정세와 新羅의 삼국통일 전략』 발표요지문, 동국대 신라문화연구소 참조.

120) 『日本書紀』 권 25, 天萬豊日天皇 孝德天皇 大化 3년.

121) 『三國史記』 권 5, 新羅本紀 5, 善德王 11년 冬·권 21, 高句麗本紀 9, 寶藏王 즉위년.

122) 『三國史記』 권 5, 新羅本紀 5, 眞德王 2년 冬.

123) 『三國史記』 권 5, 新羅本紀 5, 眞德王 3·4년.

회복하고자 북위에게 벌인 외교책,[124] 그리고 598년 수나라가 고구려를 칠 무렵 백제가 고구려와 내통하면서도 수의 군도軍導가 되기를 청한 사실[125] 등에서도 잘 나타나거니와, 김춘추의 걸사외교의 행각 또한 그러한 대외 외교의 한 단면이라고 하겠다.

전쟁의 와중에서 각국간의 동맹관계는 활발한 문물교류를 수반하지만, 그 내면에는 각국의 정치적·경제적 목적을 달리함은 물론이다. 이에 반해 걸사외교는 상대 진영의 동맹관계를 와해시키고 오히려 적으로 만들고자 하는 것이기 때문에, 오히려 결과가 분명하고 상호간의 이해관계가 맞지 않기 때문에 성사되기 어렵고 1회적인 성격이 강하였다. 그러나 이러한 걸사외교의 이면에는 김춘추가 그러했던 것처럼 군대파견의 대가로 상대 국가의 문물과 제도를 수용하고 자국 및 정복국가의 산물을 조공하는 관계가 깔려 있는 것이었다. 이에 비해 인질외교는 상호간의 세력의 우열이 분명한 상황에서 빚어지는 만큼, 복속관계에 가까운 공물 제공 및 내정간섭 등을 수반한 형태였다.

고구려는 그 발전과정에서부터 복속관계에 의한 물산의 획득에 의존하였던 만큼 삼국간의 관계에 있어서는 인질외교와 조공관계에 의한 복속을 강요하여 왔지만, 삼국 후반에 이르러 수·당의 압박과 신라와의 전쟁으로 백제와의 동맹을 맺게 되었다. 이에 비해 백제는 대체로 동맹관계에 의한 한반도 세력의 균형과 실지회복에 그 목적이 있었고, 신라는 세력이 열등한 상황에서 인질외교를 유지하다가 동맹관계로 발전하여 내실을 다지다가 마침내 걸사외교를 구사하여 한반도 통일의 주역으로 발돋움할 수 있었다.

이와 같은 삼국의 외교적 각축 속에는 동맹관계를 지속하기 위한 교역활동이 수반함은 물론이다. 각종 외교 관계 이면에는 선진문물의 전래와 문화·경제 교류를 수반하거니와, 서동설화는 신라와 백제 사이에 이루어졌던 문물교류의 단면을 분명하게 보여준다. 또한 전쟁의 와중에 벌어진 인적 교류의 양상으로서 백제와 신라간의 전쟁이 치열한 선덕왕 14년(645)에 황룡사9층목탑을 세우기 위해 백제의 공장 아비지를 초청한 사례를 들 수 있거니와,[126] 그 밖의 유이민의

124) 『魏書』 권 100, 列傳 88, 高句麗.

125) 『北史』 권 94, 列傳 82, 百濟.

126) 盧重國은, 신라가 황룡사 9층목탑을 세울 무렵 백제의 뛰어난 기술을 알고 9층탑 건립에 필요한 장인의 파송을 요구한 것이고, 또한 건탑 기술자 파견 요청을 매개로 백제의

수용과 전쟁포로에 대한 조치는 삼국간 각각의 사회경제 구성에 따라 상이하게 전개되었을 것으로 생각된다. 다만 이를 밝히기 위해서는 삼국간 경제의 특질이 규명되어야 하겠는데, 각국이 획득한 인민·포로들의 편제 방식과 사회경제발전 단계, 이에 따른 삼국간 조세제의 차별성 및 재정구조에 대해서는 보다 상세한 검토가 있어야 할 것이다. 이에 대해서는 추후 과제로 삼는다.

4. 맺음말

6세기 전반에 삼국 가운데 가장 약소국이었던 신라가 삼국을 통일하게 된 동인으로는 무엇보다도 국제적 외교관계를 잘 활용했다는 데서, 그리고 고구려·백제가 신라와의 경쟁에서 패하고 멸망할 수밖에 없었던 것은 수·당과의 과도한 전쟁으로 말미암은 것이었다는 데에[127] 이론이 없다. 다만 필자는 이러한 정치·외교적인 문제에 더하여 사회경제적 관점에서 신라가 삼국을 통일하게 된 동인과 고구려의 패망원인을 밝히고자 하였다. 이에 중국 정사 동이전 기사를 중심으로 삼국의 경제 발전 과정을 추적하고, 삼국이 300여 년 동안 상쟁하게 된 경제적 배경은 어디에 있으며, 전쟁의 과정에 나타난 외교적 전개와 이에 수반한 교류 상황을 살펴보았다. 그 결과를 정리하면 다음과 같다.

첫째, 중국 정사 동이전 관계기사를 검토하는 과정에서 고구려 절검節儉의 풍속은 토지의 척박과 자원의 부족에서 비롯한 것이었고, 6세기 초엽부터 부족하지만 비단을 자체 생산하였으며, 강역을 확장해 가는 과정에서 정복지로부터 해산물, 은, 인삼, 초피貂皮, 호피虎皮 등을 취득함으로써 수요에 충당하였음을 확인할 수 있었다. 백제와 신라의 경우 토지가 비옥하고 일찍부터 잠상蠶桑이 발전하였으나, 백제에서는 면포綿布가 신라에서는 겸포縑布가 생산되었고, 7세기 초엽 새로이 수륙겸종水陸兼種의 농법이 소개되었음을 알 수 있었다.

둘째, 삼국의 조세제와 관련된 기록을 보여주는 『수서』와 『주서』, 『북사』를

군사적 압박을 완충시켜보려는 신라의 의도가 개재한 것이라고 보았다.(盧重國, 2000, 앞의 논문, 18~19쪽)

127) 李基東, 2004.3.12, 「隋·唐의 帝國主義와 新羅 外交의 妙諦」, 『7세기 동아시아 국제정세와 新羅의 삼국통일 전략』 발표요지문, 동국대 신라문화연구소.

비교 검토하여, 『수서』 동이전과 『주서』가 정관 10년(636) 동시에 완성되었고, 『주서』가 전사들의 서술내용을 그대로 옮겨 적은 것이 아니라 전사에 없던 기록들을 새로이 『위서』 및 고구려·백제·신라 등에 관한 다른 계통의 사료에 의거하였음을 살필 수 있었다. 따라서 『수서』와 『주서』의 조세관련 내용은 서로 보완하는 관계에 있음을 확인할 수 있었다.

백제의 수세收稅는 한 해의 풍흉 곧 수확량을 기준으로 한 것이었으며, 외관外官인 점구부點口部에서 호구를 파악하여 주부綢部에서 조세를 징수하고 내관內官인 곡부穀部와 내·외량부內·外椋部에서 이를 관리하였고, 고장庫藏의 직무를 맡은 내두좌평內頭佐平이 총괄하였을 것으로 추측하였다. 아울러 백제의 조세제는 백제 고유의 역제役制와 중국으로부터 새로이 도입한 조세제가 융합하여 『주서』 백제전에 나타난 형태로 정비되었을 것으로 보았다.

고구려의 조세제는 수세收稅의 기준이 빈부의 차이 곧 호戶의 자산 등급에 따라 부과되었으며, 부세는 세稅와 조租로 구분되는 바, '세'는 조調의 성격을, 그리고 조租는 전조田租의 성격을 띠고 있음을 살펴보았다. 전조에 있어서 호의 자산 등급은 토지의 옥척 내지 다과 및 인정의 다과로 매겨졌는데 상·중·하 3등급으로 나뉘어졌고, 조調의 경우 인정人丁과 유인遊人으로 나뉘어 징수되었는데, 인정은 거주 이전의 자유가 제한되어 일정 지역에서 정착하여 사는 존재였고, 유인은 주거 이동이나 수시로 인위적인 편제가 가능한 존재였다. 따라서 유인의 편제는 3년에 한 번씩 재편될 가능성이 높으며, 그들의 담세액으로 보아 오히려 상호上戶의 전조액田租額보다도 부담이 많았던 것으로 보았다. 특히 세액으로 미루어 보아 고구려 재정의 근간을 이루는 것은 인정人丁에 기초한 조調의 징수에 있었으며, 이러한 인정은 연烟을 단위로 편성되었을 것이고, 고구려 세제가 조調 중심으로 이루어진 것은 양전良田이 없고 토지가 척박하여 항상 식량이 부족한 상황에서 고구려 경제의 근간이 정복지의 공물 징수에 있었던 것으로 추정하였다. 따라서 고구려 조세제는 전통적인 공물 수취의 양상과 새로이 중국으로부터 전입된 것으로 여겨지는 전조제田租制가 결합된 형태였음을 추정할 수 있었다.

신라의 경우 조세제를 밝혀줄 만한 자료가 보이지 않으나, 기왕의 연구에서 밝혀진 역역체계를 중심으로 정리했을 때, 신라 중고기 역역체계가 재지질서를 인정하는 바탕 위에서 이루어졌고, 새로이 취득한 영토에 대해서는 아직 행정체계가 갖춰지지 않은 상태에서 군사조직과 재지질서의 바탕 위에서 역역을 동원하고, 점차 행정체계를 정비하면서 촌주를 임명하고 지방관을 파견하여 해당지역을 다스려 갔다고 할 수 있었다.

셋째, 풍속과 법제에 있어서는 관사가 미분화된 상태에서 형벌을 규정하는 방식에서 7세기 초엽 새로이 관사를 정비하고 법제를 정립하여 규정하는 방식으로 변화하였고, 사유재산에 대한 보호 조처 등이 강구되었음을 지적할 수 있었다. 또한 잦은 전쟁으로 인하여 모반자·항복한 자 등 전쟁 관련 처벌 규정이 강화되었으며, 군수물자 및 조조租調의 운송과 농업경작에 필요한 우마牛馬에 대한 사회적 가치가 높아졌음을 확인할 수 있었다. 대체로 사회·법제적인 규정은 삼국이 유사하나, 처벌의 강도 등에서는 차이가 있음을 볼 수 있었다.

넷째, 삼국 전쟁의 경제적 배경를 살피기 위하여 삼국의 강역과 인구 변화 양상을 비교 검토한 결과, 고구려·백제에 한정된 것이기는 하나, 고구려의 경우 3세기 무렵 14만여 명의 인구가 광개토대왕·장수왕대의 활발한 정복사업으로 5세기~6세기 초엽에는 3배의 증가가 있었고, 전성시기에는 98만 9천여 명의 인구였으나 멸망기에는 70여 만 명으로 감소하였고, 백제의 경우 3세기 중엽 마한지역의 인구가 47만여 명이었던 것에 비하여 전성시기에는 71만 6천여 명으로 인구가 늘었고, 멸망기에는 오히려 전성시기보다도 더 많은 76만여 명으로 인구 증가가 있었음을 알 수 있었다. 고구려 인구증가의 요인으로는 활발한 정복활동을 꼽을 수 있었으며, 부수적으로 기근 등으로 인접 국가로부터 유이민들이 귀부한 사례를 들 수 있었다.

특히 고구려 전성기인 6세기 중반으로부터 멸망의 시기까지 15년 여에 지나지 않는데도 30여 만명의 인구가 감소한 것은, 30만 명에 달하는 강군强軍을 유지하기 위한 중과세의 부담과 전쟁의 고통, 연이은 기근 등에 의한 인민의 유망 때문인 것으로 파악하였다. 고구려 멸망기 무려 30여 만 명에 달하는 유망민의 존재와 그들의 고구려 체제로부터의 일탈은 직접적으로는 군대의 감소를 가져왔고, 다음으로 세액의 감소로 이어져 국가재정의 파탄을 가져온 바, 이러한 지경에 귀족들의 계파로 인한 반목과 질시가 당연하였을 것이고, 결국 국제정세를 도외시한 대당전쟁 결과 자중지란 속에서 멸망하였던 것으로 풀이되었다.

이에 비하여 편방소국이었던 신라가 강성하게 되고 삼국을 통일할 수 있었던 배경에는, 태백산맥이라는 천연의 입지여건과 4~6세기 생산력의 발전, 제도정비 등에 기인한 바 있지만, 6세기 중엽과 수나라 고구려 정벌시 고구려 유이민의 포용책도 크게 작용하였던 것으로 보았다. 곧 신라의 유이민 포용책은, 「남산신성 제10비」에서 군사조직과 재지사회의 지배질서를 바탕으로 역역을 동원하면서 행정체계로 갖춰갔던 것을 비롯하여, 「울진봉평신라비」의 '노인법奴人法', 「단양적성비」의 '적성전사법赤城佃舍法' 등에서 살필 수 있듯이 새로이 취득한 인민과 토지에 대한 법적 조치와 포상책을 병용함으로써 신라민과 동등하게 대우하고자 한 데서 찾아지며, 신라의 삼국 통일 이후 시행되었다는 고구려·백제민에 대한 관등의 사여와 9서당九誓幢의 편성 등도 신라의 유이민 내지 투항민에 대한 포용책이었음을 살펴 보았다.

다섯째, 삼국간의 교역은 대체로 외교관계에 수반한 것으로서, 외교관계는 삼국의 부침에 따라 대체로 인질을 매개로 한 조공외교와 양국이 동등한 관계에서 이루어지는 동맹외교, 군사를 청하기 위한 외교 곧 걸사乞師외교 등으로 구분할 수 있었다. 따라서 삼국의 상쟁과정에 각국이 추진한 외교정책은 뚜렷한 성격적 차이를 보였거니와, 고구려는 그 발전과정에서부터 복속관계에 의한 물산의 획득에 의존하였던 만큼 삼국간의 관계에 있어서는 인질외교와 조공관계에 의한 복속을 강요하여 왔지만, 삼국 후반에 이르러 수·당의 압박과 신라와의 전쟁으로 백제와 동맹을 맺게 되었다. 이에 비해 백제는 대체로 동맹관계에 의한 한반도 세력의 균형과 실지회복에 그 목적이 있었고, 신라는 세력이 열등한 상황에서 인질외교를 유지하다가 동맹관계로 발전하여 내실을 다져 마침내 걸사 외교를 구사하여 한반도 통일의 주역으로 발돋움할 수 있었다.

이와 같은 삼국의 외교적 각축 속에는 동맹관계를 지속하기 위한 교역활동이 수반함은 물론이다. 각종 외교 관계 이면에는 선진문물의 전래와 문화·경제 교류를 수반하거니와, 서동설화는 신라와 백제 사이에 이루어졌던 문물교류의 단면을 분명하게 보여주는 것이었다. 곧 『삼국유사』 권 2, 기이 2, 무왕조 기사를 분석한 결과, 서동설화는 579년부터 585년 사이 어느 시점에서인가 백제와 신라가 지명이라는 신라 고승의 중재와 미륵신앙을 담보로 일종의 동맹을 맺었던 사실을 반영하는 것으로서, 금으로 표현된 백제의 물산이 신라에 전해지고, 신라가 백공을 보내 미륵사의 창건을 돕는 우호관계가 이루어졌던 것으로 추단하였다.[보주 2)] 특히 미륵사의 창건시기를 무왕대의 사실로 보고, 왕흥사와 미륵사가 별개의 사찰이라 할 때, 미륵사의 창건 개시 시기는 무왕의 즉위 이후일 것이고, 그것이 설화의 내용처럼 지명과 관련이 있다면 진평왕 24년(602, 무왕 3년) 무왕이 신라와의 동맹을 깨고 신라를 공격한 이후 곧바로 귀국한 지명이 다시 백제와 신라를 중재하는 과정에서 무왕에게 미륵사 창건을 종용하고 신라의 장인을 청하면서 다시 신라, 백제간의 화의를 도모했을 가능성이 높은 것으로 파악하였다. 동맹관계를 지속하기 위한 교역활동 외에도 전쟁·기근 등으로 발생하는 유이민과 전쟁포로에 대한 조치는 삼국간 각각의 사회경제 구성에 따라 상이하게 전개되었을 것으로 생각된다.

지금까지 수·당제국에 맞서 대결할 정도의 강대국 고구려가 패망하고, 편방소국이었던 신라가 삼국통일의 주인공으로 등장하게 된 데는, 정치·외교적 요인뿐만 아니라 당해 사회를 지탱하는 사회경제적 요인이 배경으로 작용하였으리라 생각하고, 그 요인을 밝히고자 하였다. 이에 고구려·백제·신라 각국의 경제적 특징을 추출하고, 각국이 지향했던 전쟁의 목적과 그에 따라 나타난 사회경제적 현상으로서 인민과 토지의 증감 및 그 의미 등을 살핌과 아울러 삼국의 상쟁과정에서 전쟁 못지 않게 치열한 경쟁을 벌였던 외교전의 양상을 개관하였다.

그러나 이러한 문제는 삼국의 사회경제 발전단계를 비롯하여, 각국이 일반민을 편제하는 방법과 새로이 획득한 인민·포로들의 편제 방식, 그리고 이에 따른 각국의 조세제의 구체적인 실상과 차별성, 재정구조 등이 분명히 밝혀진 연후에 가능한 것이었다. 이러한 문제를 본 소론에서 모두 다루기에는 벅찬 까닭에 처음 시작할 때의 의도와는 달리 대체적인 양상만을 소묘하는 데 그치고 말았다. 이들 문제에 대해서는 향후 과제로 남겨 둔다.

보주 2) 본 논문을 발표할 당시에는 "서동과 선화공주의 결혼으로 신라와 백제간 20여 년에 걸친 평화가 유지"되었던 것으로 보았으나, 보주 1)에서 밝혔듯이 2009년 미륵사지 서탑에서 「금제사리봉안구」가 발견되어 미륵사 창건주가 사택적덕의 딸인 왕후로 확인된 만큼 이 구절을 삭제하고, '결혼동맹'을 '동맹'으로 고쳐둔다. 만일 『삼국유사』 무왕조의 양국간 결혼 기사가 사실을 반영한 것이라면 신라 조지마립간 15년(493) 백제왕 모대牟大의 청혼에 대해 이벌찬 비지比知의 딸을 보내 양국간 혼인이 성사됨으로써 백제와 신라간에 동맹을 맺은 사실이 참고된다.

백제 미륵사지 서탑 출토 금정의 성격과 동아시아 교류상의 의의(상)

– 익산 미륵사지 출토 금정과 백제의 형제衡制 –

1. 머리말

2009년 1월 백제 미륵사지 서탑에서 금제사리봉안기와 함께 많은 공양구가 출토되어 세상을 놀라게 하였다. 특히 사리봉안기에는 무왕 40년(639) '백제왕후百濟王后 좌평 사택적덕녀佐平 沙乇積德女'의 발원으로 미륵사를 창건하였다는 기사를 보여주고 있어, 기왕에 『삼국유사』 무왕조 기사를 신빙하여 선화공주의 발원으로 미륵사를 창건하였다고 여겼던 학계의 통설을 뒤집는 결과를 가져왔다.

이에 금제사리봉안기 명문이 매스컴에 보고되면서 선화공주의 실재여부에 대한 논쟁이 뜨겁게 달궈졌고, 미륵사지 출토 유물 관련 학술회의만 6차례에 걸쳐 개최되었다. 이러한 과정에서 개별적인 논문을 포함하여 모두 30여 편이 넘는 논문이 발표되었으며, 이에 대한 학설사적 검토까지 이루어졌다.[1)]

지금까지 발표된 논문의 주요 쟁점으로 미륵사 창건 발원주는 왕후인 사택적

1) 김주성, 2009a, 「미륵사지 서탑 사리봉안기 출토에 따른 제설의 검토」, 『東國史學』 47.

덕의 딸이므로 『삼국유사』 무왕조 선화공주 이야기를 설화로서 이해해야 한다는 견해[2]와 사리봉안기가 무왕 말년, 그리고 선화공주 이야기가 무왕 즉위 이전의 것이므로 두 기사 모두 존중해야 한다는 관점[3]이 대립하였다. 또한 의자왕의 생모를 선화공주[4] 또는 사택적덕의 딸[5]로 보면서, 무왕의 즉위나 미륵사 창건 배경에 익산을 기반으로 하는 사택씨를 들고, 의자왕 2년의 정변은 무왕의 정치적 후원자인 사씨세력을 축출하기 위한 것으로 풀이한다.[6] 이러한 견해들은 다시 익산 경영설, 천도설, 별부설과 맞물려 연구자들 제각각의 논리적 근거로 활용됨으로써 오히려 금제사리봉안기 발견 이전보다도 백제의 정치적 상황을 이해하기 어렵게 한다.

불교사상적인 측면에서도 미륵사의 가람배치가 『삼국유사』의 미륵삼회전彌勒三會殿 기록과 일치하므로 미륵신앙의 측면에서 이해해야 한다는 주장[7]과 익산을 중심으로 하는 미륵신앙에 대항하여 석가불 신앙을 다시 강조한 것이라는 견해,[8] 그리고 금제사리봉안기의 내용이 법화경과 관련된다는 의견[9] 등이 있

2) 김상현, 2009.3.14a, 「백제 무왕의 왕후와 미륵사 창건」, 『익산미륵사지와 백제불교』, 한국사상사학회 ; 2009.4.24~25b, 「미륵사 서탑 사리봉안기의 기초적 검토」, 『대발견 사리장엄 彌勒寺의 再照明』, 마한백제문화연구소·백제학회 ; 2009c, 「백제 무왕대 불교계의 동향과 미륵사」, 『한국사학보』 37. 신종원, 2009.9.26, 「미륵사석탑사리기를 통해 본『삼국유사』무왕조의 이해」, 『미륵사 사리장엄 연구의 쟁점과 전망』, 한국학중앙연구원 동아시아역사연구소. 나경수, 2009, 「서동설화와 백제 무왕의 미륵사」, 『한국사학보』 36.

3) 홍윤식, 2009.4.24~25, 「익산 미륵사 창건과 선화공주의 역사적 의미」, 『대발견 사리장엄 彌勒寺의 再照明』. 길기태, 2009.3.14, 「무왕대 미륵사의 창건과정과 불교계」, 『익산미륵사지와 백제불교』, 한국사상사학회. 이도학, 2009, 「미륵사지 서탑 「사리봉안기」의 분석」, 『백산학보』 83. 박현숙, 2009, 「백제 무왕의 익산 경영과 미륵사」, 『한국사학보』 36. 정재윤, 2009, 「미륵사 사리봉안기를 통해 본 무왕·의자왕대의 정치적 동향」, 『한국사학보』 37, 57쪽. 문안식, 2009, 「의자왕의 친위정변과 국정쇄신」, 『동국사학』 47.

4) 이도학, 위의 논문, 255~259쪽 ; 문안식, 위의 논문, 86쪽.

5) 길기태, 앞의 논문, 22쪽. 이용현, 2009, 「미륵사 건립과 사택씨」, 『신라사학보』 16, 69~70쪽.

6) 김주성, 2009a, 앞의 논문, 34~39쪽 ; 2009b, 「백제 무왕의 정국운영」, 『신라사학보』 16, 275쪽. 문안식, 앞의 논문, 79~80쪽. 정재윤, 2009, 앞의 논문, 50~56쪽. 이용현, 위의 논문, 65~68쪽.

7) 김상현, 2009a, 앞의 논문, 5쪽 ; 2009c, 앞의 논문, 21~24쪽. 홍윤식, 앞의 논문, 52~54쪽.

8) 김수태, 2009, 「백제 무왕대의 미륵사 서탑 사리봉안」, 『신라사학보』 16, 33~34쪽.

어, 사리봉안기 발견 이전의 주장들이 반복되고 있다. 이는 금제사리봉안기의 발견에도 불구하고, 그것으로써 백제사상의 모든 문제를 해결하는 것이 아님을 보여준다. 그 밖에 미술사적인 관점에서 금제사리봉안기와 금제소형판의 서체 및 은제관식, 사리장엄 등에 관한 연구가 있었다.

필자 또한 이전에 삼국간의 교역을 다루면서 『삼국유사』 무왕조 기사를 검토한 바 있어,[10] 미륵사 금제사리봉안기에 대해 관심을 가져왔다. 그러나 여러 견해가 제기된 가운데 어떠한 근거 없이 추론만 거듭한다면 학계에 또 다른 누가 되지 않을까 하는 우려가 앞섰다. 이에 금제소형판이 어떻게 무왕 40년(639)이라는 시점에서 미륵사에 봉안되었던 것일까 하는 문제에 집중하게 되었다. 사실 금제소형판이 일정한 모양을 띠고 있으며, 그 가운데 3점의 금판에는 중량 단위명과 함께 시주자 이름이 새겨져 있어, 이미 화폐로서 추론한 견해가 제기된 바 있다.[11] 그럼에도 불구하고 금제소형판은 백제사에 있어서 불분명한 백제 특유의 양사量詞 뿐만 아니라, 그 성격 및 유통 양상, 그리고 어떻게 무왕 40년(639) 미륵사 서탑에 봉안되었는가 하는 몇 가지 해결해야 할 근본적인 문제를 안고 있다.

그러므로 본고에서는 금제소형판의 형태적 특징과 관련하여 동아시아 일원에서의 동일한 사례를 추적하고 화폐적 성격을 지닌 금정金鋌이었음을 밝히고자 한다. 그리고 금정의 명문 가운데 의문의 여지가 있는 양사量詞와 관련하여 백제의 문자 및 형제衡制의 운용상을 살펴, 미륵사지 출토 금정이 갖는 의미를 밝히고자 한다. 그밖에 금정이 미륵사지 서탑에서 출토된 배경과 동아시아 유통상에 관한 문제 또한 주요한 부분이긴 하나 지면이 한정된 관계로 별고에서 다루고자 한다.[12] 많은 질정을 바란다.

---

9) 길기태, 앞의 논문, 18~23쪽. 조경철, 2009, 「백제 익산 미륵사 창건의 신앙적 배경」, 『한국사상사학』 32.

10) 朴南守, 2004, 「삼국의 경제와 교역활동」, 『新羅文化』 24, 141~144쪽.

11) 손환일, 2009, 「百濟 彌勒寺址 西院石塔 金製舍利奉安記와 金丁銘文의 書體」, 『신라사학보』 16.

12) 朴南守, 2010.6, 「백제 대외교역상의 金鋌과 益山」, 『사학연구』 98.

2. 미륵사지 출토 금정의 화폐적 성격

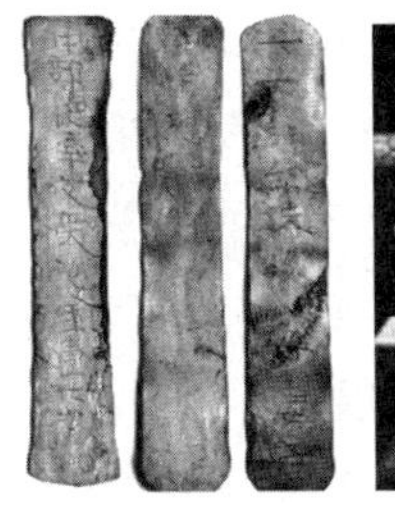

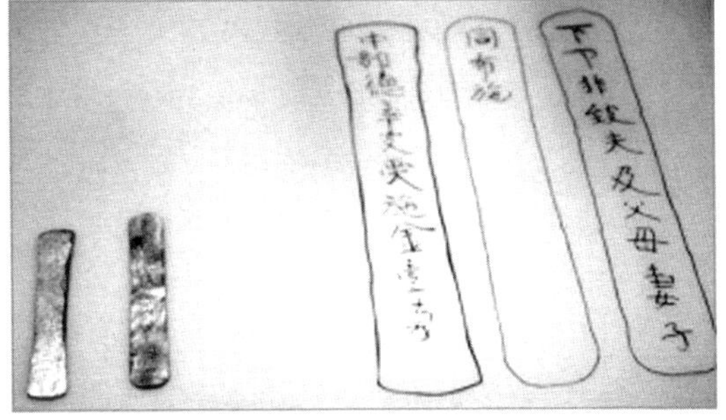

[그림 1] 「미륵사지석탑 사리장엄 특별전」 전시 金鋌

미륵사지 출토 금제사리봉안기와 함께 주목되었던 것 가운데 하나가 금제소형판이다. 『미륵사지석탑 사리장엄』에서는 모두 18점의 금제소형판을 수습한 것으로 보고하였는데,[13] 최근 국립문화재연구소는 2점의 청동합에서 2점씩을 추가로 수습하여 총 22점을 확인한 것으로 보고하였다.[14] 이들 금제소형판 가운데 3점에는 시주자 이름 등의 명문이 있다. 그러나 이들 명문이 있는 금제소형판은 다른 19점과 같이 본래 명문이 없는 형태로 통용되었을 것으로 여겨진다. 발견 당시에 문화재청은 '금제소형판'이라 지칭하였는데, 유물의 서체 조사에 참가하였던 손환일은 이들을 대·중·소금정大·中·小金丁으로 명명하고, 금을 두드려서 만든 것으로서 크기와 형식이 일정하게 분류되기 때문에 화폐의 기능을 한 금정金丁으로 보았다.[15]

사실 금제소형판은 형태상 특징만으로도 화폐로서의 기능을 추측케 한다. 삼국시대 화폐의 시행 여부는 아직까지 분명하지 않지만, 일찍이 한치윤韓致奫은 『천지泉志』·『전등록傳燈錄』·『서청고감西淸古鑑』 등의 기록을 인용하면서 동옥저와 신라에서 금은으로 만든 대소 두 종류의 무문전無文錢을 사용하였다고 기술

13) 문화재청, 2009.1.18, 『彌勒寺址石塔 舍利莊嚴』, 6쪽.
14) 권혁남 외, 2010.5.27~28, 「미륵사지석탑 사리장엄의 과학적 조사연구」, 『백제 불교문화의 寶庫 미륵사 학술심포지엄논문집』, 국립문화재연구소, 137쪽.
15) 손환일, 앞의 논문, 104쪽.

하였다.[16] 『고려사』 세가, 의종 24년 8월조에는 수주민水州民이 밭을 경작하다가 길이 2촌 정도에 양쪽이 거북이 모양을 한 금金 1정錠을 얻었다는[17] 기사를 전하는데, 그 모양이나 길이 등이 미륵사지의 금정과 통하는 면이 있다.

가등번加藤繁과 흑전간일黑田幹一은 당송대 금은의 화폐적 기능과 관련하여 단성식段成式(803?~863)이 직접 견문한 일화를 주목하였다.[18] 곧 『유양잡조酉陽雜俎』에는 태화 3년(829) 변주汴州의 조회정趙懷正이 구매한 돌베게[石枕]에서 '정의 각 길이는 3촌여이고, 너비는 엄지손가락만하다[鋌各三寸餘 濶如巨擘[19]]'고 하여 바람 소리를 낼 정도의 얇은 금은 각 1정을 얻었다는 것이다. 조회정이 죽자 그의 부인이 이를 팔아 남편 장례 비용으로 사용했다고 한다.[20] 또한 가등번은 홀정은笏鋌銀과 묵정금墨鋌金을 비롯하여 17~18세기 무렵 중국의 족적금足赤金·구정금九呈金·팔정금八呈金과 안남·서장의 판금板金, 그리고 파리 국립도서관 소장의 중량 55g, 5.08×1.36×0.6㎝ 크기의 표금驃金을 금정의 사례로서 제시하였다.[21]

고려 의종대에 수주민이 밭을 경작하다가 얻었다는 금정이나 조회정의 일화에 보이는 금정은 백제 미륵사지 출토 금제소형판을 묘사한 듯이 유사한 모양이다. 길이 2~3寸은 당 소척으로 6~9㎝, 대척으로 7.2~10.8㎝인데, 특히 조회정 일화의 금정은 엄지 손가락 크기의 너비로서 바람 소리를 낼 정도로 얇았다는 점에서, 미륵사지 출토 금제소형판의 제원 1.5×8.6×(0.067~0.182)㎝[22]와

---

16) 『海東繹史』 권 25, 食貨志 錢貨.

17) 『高麗史』 권 19, 世家 17, 毅宗 24년 8월.

18) 加藤繁, 1925, 『唐宋時代における金銀の硏究』, 東洋文庫, 312~314쪽.
黑田幹一, 1938, 「新羅時代の金銀に就いて」, 『朝鮮』 274, 朝鮮總督府, 18~19쪽.

19) 汲古閣本에는 '臂'라 하였으나(『酉陽雜俎』 續集 권 3, 支諾皐 下, 汴州百姓趙懷正 ; 段成式, 1980, 『酉陽雜俎』 2, 臺灣商務印刷館, 190쪽), 길이가 3촌 여에 불과하므로 '擘'의 오자로 여겨진다. 加藤繁과 黑田幹一은 이를 '指'로 보았다.(加藤繁, 위의 책, 312~313쪽 ; 黑田幹一, 위의 논문, 19쪽)

20) 『酉陽雜俎』 續集 권 3, 支諾皐 下, 汴州百姓趙懷正 ; 段成式, 위의 책, 190쪽.

21) 加藤繁, 앞의 책, 314~319쪽.

22) 두께는 최근에 국립문화재연구소측이 밝힌 값이다.(이귀영·박대남, 2010.5.27~28, 「미륵사지석탑 사리장엄의 의의」, 『백제 불교문화의 寶庫 미륵사 학술심포지엄논문집』, 123쪽 ; 손환일, 2010.5.27~28, 「백제 미륵사지 석탑 발견 「석가모니진신사리봉영기」의 문체(文體)와 「금정」의 형제(衡制)와 명문(銘文)의 서체(書體)」, 『백제 불교문화의 寶庫 미륵사 학술심포지엄논문집』, 197~199쪽) 이들 각 금정의 제원에 대해서는 본 논문 4절에서 자세히 살피도록 한다.

흡사하다. 이와 같은 금정이 9세기 전반 당나라 변주 일원과 고려 의종대에 수원지역에서 발견되었고, 이와 비슷한 유물이 파리 국립도서관에 소장되어 있다는 것은 9세기 이전 시기에 이들 금정이 폭넓게 유통되었음을 의미한다.

한편 흑전간일은 「선방사탑지禪房寺塔誌」(건부 6년, 879)와 함께 봉안된 '금1분分'과 '은15분'에[23] 주목하였다. '금1분'의 흔적은 남아 있지 않아 사리함을 쌌던 금박일 것으로 추정하고, '은15분'은 너비 1촌 8분(5.45㎝), 길이 1촌 1분(3.33㎝)~1촌(3.03㎝), 두께 1분 2리(0.36㎝), 무게 14문匁 3분(53.63g)의 은판이라고 하였다. 이로써 계산하면 신라의 1분은 일본의 1문(3.75g)에 해당한다는 것이다. 그는 또한 나라奈良 흥복사興福寺 금당金堂(710) 공사중에 발견되어 동경제실박물관東京帝室博物館에 소장된 긴 분동형分銅形 은판銀板 2점과 장방형 은판 2점을 제시하였다. 전자는 폭 1촌 8분(5.45㎝), 두께 2분(0.61㎝)~1분 4리(0.42㎝), 길이 5촌 3.4분(16.18㎝), 무게 110문(412.5g)이고, 후자는 폭 1촌 6분(4.85㎝), 두께 1분 5리(0.45㎝)~1분(0.3㎝) 약, 길이 5촌 3.4분(16.18㎝)으로서 무게는 110문(412.5g)이다. 특히 흥복사의 은판과 「선방사탑지」의 은판은 그 모양이나 제작방식이 서로 통한다는 점에서, 「선방사탑지」 은판의 원형은 흥복사의 은판과 같이 길이 5촌(15.15㎝)에 중량 100문 정도일 것으로 추정하였다. 아울러 그는 한국 고분에서 출토된 연금延金(길이 4촌 2분[12.73㎝], 두께 2리厘[0.61㎝], 너비 5분[1.52㎝]~6분[1.82㎝], 무게 3문[11.25g]) 곧 사금砂金으로 만든 금판을 고려 전기의 것으로 추정하면서

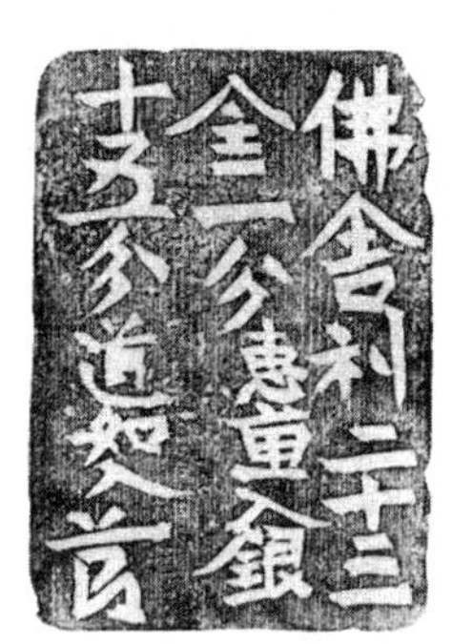

[그림 2] 禪房寺塔誌

[그림 3] 禪房寺塔誌銀板

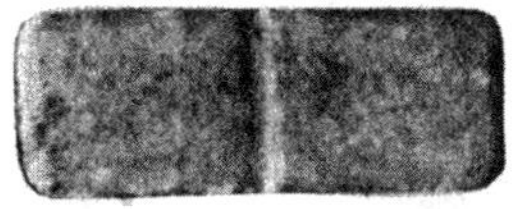

[그림 4] 奈良 興福寺金堂址 銀板

[그림 5] 高麗 前期 推定 延金

23) 「禪房寺塔誌」, 한국고대사회연구소 편, 1992, 『譯註 韓國古代金石文』 3, 335쪽.

신라시대의 그것을 계승한 것으로 보았다.[24] 흑전간일이 제시한 금판은 미륵사지 출토 금제소형판보다는 약간 길지만, 양끝이 둥근 형상이고 두드려 만들었다는 점에서 유사하다. 또한 사금으로 만들었다고 하였는데, 사실 미륵사지 출토 금제소형판도 사금으로 만들지 않았을까 생각된다.

『미륵사지석탑 사리장엄』에는 미륵사지 서탑에서 1.5×0.5㎝의 금괴 4점을 수습하였다고 하였는데,[25] 최근 국립문화재연구소는 조사과정에서 3점의 금괴와 1점의 은괴로 확인되었다고 밝혔다.[26][그림 1] 이들 가운데 타원형의 금괴 2점은 금광에서 채굴하지 않고 자연 상태의 사토沙土 가운데 뭉쳐져 만들어진 생금生金이 아닐까 생각된다.

[그림 6] 미륵사지 출토 생금과 금병, 은정

주거비周去非(1138~1189)[27]의 『영외대답嶺外代答』에는 교지국交阯國에서 산출하는 생금生金을 소개하고 작은 것은 보리·밀알[麥麩]과 같고 큰 것은 콩[豆]만 하며 더 큰 것은 손톱[指面]만 한데, 강남 조한왕趙韓王의 과자금瓜子金 또한 이를 지칭한다고 하였다.[28] 타원형의 금괴 2점 가운데 큰 것은 2.9×1.4㎝이고 작은 것은 1.9×1.2㎝로서 각각 손톱이나 콩만한 것으로서, 『삼국사기』의 부금麩金[29]에 상응한다. 따라서 이들은 사토 중에서 융결된 생금 곧 사금이라고 할 수 있다. 사실 금제소형판을 두드려 만들었다는 것은 이들 사금을 녹여 일정한 무게 단위로 나누어 두드려 모양을 만들었다는 것을 의미한다. 부여 관북리와 익산 왕궁리에서 출토된 금도가니는 대체로 높이가 5㎝ 미만의 소형으로서 당시에 이들 지역에서 금을 녹여 가공하였던 정황을 보여주는데,[30] 국립문화재연구소에서 제시한 금제소형판의 금함

24) 黑田幹一, 앞의 논문, 19~22쪽.
25) 문화재청, 2009.1.18, 앞의 책, 6쪽.
26) 권혁남 외, 앞의 논문, 137쪽. 이귀영·박대남, 앞의 논문, 122~123쪽.
27) 楊武泉 校注, 1999, 「周去非與嶺外代答」, 『嶺外代答校注』, 中華書局, 5~6쪽.
28) 周去非, 『嶺外代答』 권 7, 金石門 生金 ; 楊武泉 校注, 2006, 앞의 책, 269~270쪽.
29) 『三國史記』 권 11, 新羅本紀 11, 景文王 9년 秋 7월. 宋寅子, 1982, 「韓國古代社會의 金에 關한 歷史的 考察」, 충남대 석사학위논문, 4쪽.
30) 국립부여문화재연구소, 2006, 『王宮의 工房 Ⅰ : 金屬篇』, 11~12쪽.

유율(81.64~92.42 %)이 이들 사금으로 추정된 금괴의 금함유율(82.15, 83.74%)[31]에 상응한 점도 이와 관련될 것으로 생각된다.

이는『삼국유사』무왕조에서 선화공주의 어머니가 '금 1두斗'를 주었고, 서동이 어려서부터 마를 파던 땅에서 진흙처럼 쌓아놓았다는 기사와도 서로 통한다. 곧 금을 두斗 단위로 일컬었다는 것은 그것이 사금임을 시사하며, 마밭에서 채취하였다는 것 또한 사금의 일종임을 반영한다.[32] 따라서 미륵사지에서 출토된 생금은『삼국유사』무왕조 기사의 사금과 모종의 관련이 있지 않을까 한다.

흑전간일은「선방사탑지」은판의 경우 일정 단위의 분동형 은판을 가공하였을 것으로 추정하였다.[33] 이는 일정 단위의 은판이 일종 중간소재로서 유통되었음을 의미한다. 따라서 은이 일정한 칭량 단위로 유통된 것은 인정되지만, 화폐로서 사용되었는지에 대해서는 여전히 의문이다. 마치 3세기 중엽 변한에서 중간소재로서의 철정鐵鋌을[34] 화폐처럼 사용하였다는『삼국지』위지 동이전 변한조 기사와 유사하기 때문이다.

『신당서』신라전에는 신라의 저자[市]에서는 모두 여자들이 물건을 사고 판다고 하였다.[35]『증보문헌비고』권 163에는『계림유사』를 인용하여 "1유상柳箱을 1소근小斤으로 하고, 6홉[合]을 1되[刀]로 삼아 정미쌀[粺米]로써 가격을 정하여 매매하고, 그 밖에는 모두 이를 보고 가격의 고하를 삼는다"고 하였다. 또한 신라 말엽에도 왕경 주변에서는 거친 베[麤布]를 교환수단으로서 사용하였다.[36] 이로써 보면 신라에 별도의 화폐가 있었던 같지는 않다. 그런데 신문왕 5년(685)에 건립된 망덕사望德寺의 승려 선률善律이 '전錢'을 시주하여 6백 반야를 조성하였다고 하는 바,[37] 그 실효성에 대해서는 의문이지만 국가가 교역을 장려

31) 이귀영·박대남, 앞의 논문, 123쪽.

32)『三國遺事』武王條의 '황금을 흙덩이처럼 쌓아두었다'는 표현으로 미루어 이를『임원경제지』에서 일컬은 면사금(밀가루나 흙같은 금)으로 보고, 지면채취법으로 채취하여 흙이나 모래와 섞인 금을 淘汰法으로 일어내어 사금을 얻었을 것으로 추정하기도 한다. (노태천, 2007,「과학과 기술」,『백제의 사회경제와 과학기술』, 395쪽)

33) 黑田幹一, 앞의 논문, 20~21쪽.

34) 尹東錫·申璟煥, 1982,「韓國 初期鐵器時代에 土壙墓에서 출토된 鐵器遺物의 金屬學的 考察」,『韓國考古學報』13, 117~118쪽.

35)『新唐書』권 220, 列傳 145, 新羅.

36)『高麗史』권 79, 志 33, 食貨 2, 貨幣, 穆宗 5년 7월.

37)『三國遺事』권 5, 感通 7, 善律還生.

하는 과정에서 주전鑄錢을 시행했을 가능성도 있다.[38)]

한편 고려시대에는 은병銀鉼을 사용하여 물건을 매매하였던 사실을 살필 수 있다.

A. 대개 그 풍속이 사람이 살면서 장사하는 가옥은 없고 오직 한낮에 저자를 벌여 남녀노소·관리·공기工技들이 각기 자기가 가진 것으로써 교역하고, 천화 泉貨를 사용하는 법은 없다. 오직 저포紵布나 은병銀鉼으로 그 가치를 표준하여 교역하고, 일용의 세미한 것으로 필疋이나 양兩에 미치지 못하는 것은 쌀로 치수錙銖를 계산하여 상환한다. 그러나 백성들은 오래도록 그런 풍속에 익숙하여 스스로 편하게 여긴다. 중간에 [중국] 조정에서 전보錢寶를 내려 주었는데, 지금은 모두 부고府庫에 저장해 두고 때로 내다 관속官屬들에게 관람시킨다 한다.(『선화봉사 고려도경』 권 3, 성읍 무역)

B. 숙종 신사 6년(1101) 6월에, "금은은 천지의 정기이며 국가의 보배이다. 근래에는 간특한 백성이 몰래 구리를 섞어 주조하니 이제부터는 유통하는 은병銀瓶에 모두 표인標印하는 것을 영구한 격식으로 하고 어기는 자는 중한 죄로 처단하라"고 조칙을 내렸다. 이때부터 은병을 화폐로 사용하였는데, 그 제도는 은 1근으로써 본국의 지형을 본떠서 만들었으며 속칭 '활구闊口'라고 하였다.(『고려사절요』 권 6, 숙종 명효대왕 1, 신사 6년)

위의 A 기사에서 고려시대에는 저자에서 물물교환의 방식으로 교역하고, 천화 곧 화폐를 사용하지 않았음을 알 수 있다. 이는 『신당서』 신라전에 기술된 신라의 저자 모습과 흡사하다. 다만 '저포나 은병으로 그 가치를 표준하여 교역하고, 일용의 세미한 것으로 필이나 양에 미치지 못하는 것은 쌀로 치수를 계산하여 상환한다'는 데에 주목할 필요가 있다. 곧 저포와 은병이 일종 교환 화폐로서 기능하였고, 이들의 교환 가치가 높기 때문에 일용의 미세한 용품은 쌀로 교환하였다는 것이다. 위의 B 기사에서 고려 숙종대에 화폐로 사용한 활구는 기존의 은병을 승계한 것으로서,[39)] 1근의 은을 고려의 지형을 본따 제작·표인

---

38) 朴南守, 1996, 「수공업의 전개와 신라사회」, 『新羅手工業史』, 신서원, 331쪽.
39) 金柄河, 1972, 「고려시대의 화폐유통」, 『경희사학』 3, 33쪽.
김도연, 2001, 「고려시대의 은화유통에 관한 일연구」, 『한국사학보』 10, 23쪽.

하여 유통하였음을 알 수 있다. 따라서 기존의 은병은 표인이 없이 은을 칭량하여 유통하였다는 것이 된다.

이러한 사실은 신라의 경우에도 적용될 수 있을 것이다. 곧 은은 고가이기 때문에 저자에서 유통하기 어려운 만큼, 저자에서는 쌀과 포가 교환의 기준이 되었고, 고가의 물품에 있어서는 은병과 같은 판은을 사용하였다는 것이다. 다만 A에서 서긍徐兢이 '천화를 사용하는 법은 없다'고 한 것은 중국의 개원통보開元通寶와 같은 주조 동전이 없었다는 의미로 이해된다.

그런데 미륵사지 출토 금제소형판은 일정한 모양을 갖추고 있다. 이는 왕흥사지王興寺址에서 출토된 부정형의 금판(2.8×0.7×0.07㎝, 1.82g)과는 차이가 있다. 왕흥사지에서는 금판 외에도 은판(3.83×1.28×0.3㎝, 13.27g)이 발견되었다.40) 은판의 경우 양끝이 둥글게 마무리되고 어느 정도 정형화되었다는 점에서 그 중량과 모양에는 차이가 있으나 부여 구아리와 가탑리에서 발견된 '1근명 석제용범一斤銘 石製鎔范'41)과 같은 용범으로 제작되지 않았는가 생각된다. 이는 왕흥사 사리함을 봉안한 577년 무렵 은판의 경우 일종 은정으로서 교환가치를 지닌 화폐용도로, 그리고 금판은 부정형의 중량만으로 재화가치를 지녔던 것이 아닐까 추측하게 한다.

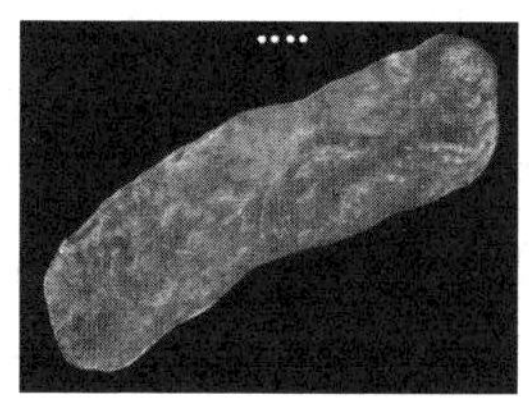
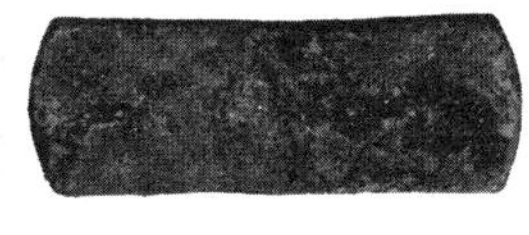

[그림 7] 왕흥사 출토 금판(좌)과 은판(우)

미륵사지 출토 금제소형판은 왕흥사지 출토 금판과는 달리 일정한 모양을 갖추고 있으며, 소형은 대형을 1/2로 절개하여 사용된 것으로 인정되므로,42) 교

한편 조선 성종 및 연산군 때의 譯官이었던 曺伸은 그의 『謏聞瑣錄』에서 고려시대 闊口가 우리나라의 지형을 본땄다고 하면서, 우리 나라의 땅 모양이 좁고 길기 때문에 타원형의 모습을 하였을 것으로 이해하였는데(민족문화추진회 편, 1971, 『謏聞瑣錄』, 『大東野乘』 1 : 한국고전번역원 한국고전종합DB http://db.itkc.or. kr), 이러한 형태는 앞서 살핀 고려 전기 추정 延金이나 고려 의종 때에 水州에서 획득한 金鋌의 모습과 유사한 바, 백제·신라의 것으로부터 승계된 것이라 보아도 좋을 것이다.

40) 국립부여박물관·국립부여문화재연구소, 2008, 『百濟王興寺』, 27·31쪽. 왕흥사지 출토 금판과 은판의 제원은 손환일, 2010.5.27~28, 앞의 논문, 199쪽 참조.

41) 국립부여박물관, 2003a, 『百濟의 度量衡』, 78~79쪽.

환 화폐의 용도로 제작된 것이라 할 수 있다. 더욱이 백제에서의 금의 사용은 신라와 마찬가지로 일정하게 제한되어 오직 왕족만이 가능하였을 것으로 여겨지는 만큼,[43] 중부中部 덕솔德率 지수支受와 하부下部 비치부非致夫 등 관료와 일반인이 금제소형판을 소지하고 보시하였다는 데서 화폐로서 기능하였을 것으로 판단된다.

그렇지만 일반인의 경우 고가의 금제소형판을 자유롭게 사용할 수는 없었을 것이다. 통일신라시대 금 1분의 시가는 조租 2.324석으로 추정되는 만큼, 단위별 무게의 차이가 인정되지만 대체로 금 1량은 조 232.4석에 달하는 가치를 지녔고, 9세기 전반 중국에서 금 1량은 13,428.6문文으로서 등주登州지방의 경우 갱미粳米 123.3두를 구매할 수 있었다.[44] 또한 공민왕 5년(1356) 은병 1근의 가치가 베 1백여 필에 상당하였던 만큼,[45] 이들 금은의 교환 화폐로서의 기능은 일부 귀족층에 한정되었다고 보아야 할 것이다.

특히 제한된 신분만이 사용할 수 있는 금의 가공을 위한 공방유적이나 금도가니 등이 부여 관북리와 익산 왕궁리에서 출토되었다는 것은, 국가와 왕실이 금은의 가공뿐만 아니라 이들 금제소형판의 제작에 일정하게 관여하였음을 시사한다. 또한 미륵사지 출토 금제소형판은 왕흥사의 부정형 금판과는 달리 일정한 모양을 갖추어 제작된 바, 577년 이후 어느 시기엔가 교환 화폐로서의 효율성을 높이기 위한 모종의 조치가 있었던 것으로 여겨진다. 칭량화폐는 무게 단위를 기준으로 하는 만큼, 부여 일원에서 발견된 백제의 무게 추 등으로부터[46] 백제가 형제衡制를 엄격히 관리하면서 금제소형판의 칭량 등의 관리 시스템을 갖추었을 것으로 예상된다. 이에 백제 미륵사지에서 출토된 22점의 금제소형판을, 『고려사』와 『유양잡조』 등에서 일컬은 금정金鋌이라 칭하여도 좋을 것이다.

---

42) 손환일, 2010.5.27~28, 앞의 논문, 199쪽.
43) 宋寅子, 앞의 논문, 49~54쪽.
44) 박남수, 2002, 「중·하대 장인의 생활」, 『강좌 한국고대사』 6, 144~145쪽.
45) 『高麗史節要』 권 26, 恭愍王 1, 丙申 5년.
46) 국립부여박물관, 2003a, 앞의 책, 72쪽.

3. 미륵사지 출토 금정金鋌의 양사量詞와 백제의 문자

미륵사지 출토 금제소형판은 동아시아 지역에서 지금까지 유례가 없는 가장 이른 시기의 금정金鋌 유물로서 평가된다. 이들 가운데 명문이 새겨진 세 건의 금정을 주목할 수 있다. 손환일은 이들을 대·중·소금정大·中·小金丁으로 명명하고 다음과 같이 명문을 보고하였다.[47]

大金丁 1 (前面) 中部德率支受施金壹兩
大金丁 2 (前面) 下卩非致夫及父母妻子
(後面) 同布施
中金丁 (前面) 恒(悢)[48]

제시된 명문을 그대로 따를 때 "중부의 덕솔 지수가 금 1량* 을 시주하였다"와 "하부의 비치부와 부모 처자가 함께 보시하였다"로 풀이된다. 여기에서 금의 양사量詞인 '양兩'의 석독에 대한 의문이 있다. 이한상은 이를 '만万?'으로 추정하였는데,[49] 손환일은 「당승선태자비唐昇仙太子碑」(699) 명문의 '양兩'의 초서 결구를 해서의 필획으로 쓴 것[그림 2]이라고 보았다. 사실 이는 '시금일○ 施金壹○'의 전체적인 문장 구조로 보아 양사量詞가 분명해 보이며, 잘 알려진 양사 가운데 글자 전체적인 모양으로 보아 손환일의 견해가 설득력이 있는 듯이 보인다. 권영애도 손환일의 견해를 따르면서 가름한 해서 필획의 결구라고 보았다.[50] 그런데

[그림 8] 금정의 양사와 「당승선태자비」 '兩'

47) 손환일, 2009, 앞의 논문, 106쪽.
48) 손환일은 2010.5.27, 앞의 논문에서 다시 '悢'으로 석독하였다.
49) 이한상, 2009.3.21, 「미륵사지 석탑 출토 은제관식에 대한 검토」, 『익산미륵사지 출토 유물에 대한 종합적 검토』, 신라사학회, 69쪽 도 2-2.
50) 권영애, 2009, 「백제미륵사지석탑 출토 금제사리봉안기의 서체 고찰」, 『韓國思想史學』 32, 72쪽.

이렇게 볼 때에 금정의 명문 자획과 「당승선태자비」의 초서 결구에 차이가 있고, 해서의 문장 중에 갑자기 한 글자만 초서로 쓴다는 것은 왠지 어색하다. 이에 이도학은 '만万' 또는 '량兩'을 모두 오독으로 보고 '방方'으로 석독하였다.51) 이에 글자를 자세히 살펴보면 '方'자 안에 '〻' 모양의 획이 있음을 확인할 수 있다.52)[그림 8]

[그림 9] 부여 능산리 사지 목간(310)의 '兩'

사실 이와 같은 '方'자의 사용례는 보이지 않으며, '양兩'의 초서에 '〻'획을 더한 모양이다. 또한 능산리 사지 출토 목간 가운데 '양兩'의 초서로 추정되는 '方'이53) 이와 유사하나[그림 9], 두 번째 획 '丿'과 '方'자 안의 삐침 '丿'이 생략된 모양으로 차이가 있다. 따라서 이 일명의 양사는 무령왕릉 은제 팔찌에 보이는 '주主'와 같은 형식의 백제 특유의 단위 표기 문자가 아닐까 한다.

이미 지적되듯이 무령왕릉 은제 팔찌의 '주主'는, 연燕나라가 무게 단위인 '수銖'를 '주朱'로 사용한 것처럼 백제에서 수銖를 표기한 것이다.54) 또한 국적에 관한 논란이 있지만 우전팔번화상경隅田八幡畵像鏡의 명문에 동同[銅]의 양사를 '2백二百旱'이라고 하여 '旱'이라 한 것,55) 그리고 부여 궁남지 출토 목간에서

51) 이도학, 앞의 논문, 251쪽.

52) 문화재청, 2009.6.17, 앞의 보도자료. 김태식(연합뉴스)의 도움으로 명확하게 자획을 구분할 수 있는 사진을 구할 수 있었다. 지면을 빌어 감사드린다.

53) 국립창원문화재연구소, 2004, 『韓國의 古代木簡』, 334쪽. 이성배는 능산리 사지의 이 목간을 '立卄方(兩)綿斑'으로 석독하고, 마지막 획을 횡으로 처리한 것을 볼 때 '兩'자의 초서로 볼 수 있다고 보았다.(이성배, 2010. 4.24, 「백제목간의 서체에 대한 일고」, 목간학회 제8회 월례발표회 발표문)

54) 중국 연나라에서 銖를 朱로 표기하고, 중국 도량형에서 釿과 斤, 鈞과 勻, 鉐과 石을 혼용하여 사용하듯이, 백제에서는 銖를 主로 표기하였다.(국립부여박물관, 2003a, 앞의 책, 88쪽. ; 서오선, 2007, 「백제의 도량형」, 『백제의 사회경제와 과학기술』, 충청남도 역사문화연구원, 269쪽)

55) 이 동경의 제작지와 단위명 旱에 대한 연구사는 金恩淑, 1993, 「隅田八幡鏡의 銘文을 둘러싼 제논의」, 『한국고대사논총』 5 참조. 다만 隅田八幡鏡이 백제 무령왕 또는 백제 도래인에 의해 만들어진 것이 인정되는 만큼, 이에 보이는 '二百旱'의 '旱' 또한 백제의

토지의 면적 단위를 '형形'이라 일컬은 데서[56] 백제에서는 독자적인 단위명 문자를 사용했음을 알 수 있다.

백제에서는 이러한 단위명 문자뿐만 아니라 '부部'의 생획자로서 '阝'를, 부여 능사 목탑지 심초석 발견 창왕명 사리감의 '묘卯'의 이체자 '𠨐', 왕흥사지 청동 사리함 명문중의 장葬의 이체자 '葬'과 찰刹의 이체자 '刹', 서울 풍납토성 출토 전에 보이는 匠의 이체자 '匠' 등을 사용하였다. 이들은 백제에서 사용된 독특한 문자들이다.

그밖에도 백제 특유의 조합자를 살필 수 있다. 부여 부소산성에서 발견된 '사각형 테두리 안에 팔육八六'을 새긴 기와의 명문 '圀'은 '圀'과 관련된 것으로 여겨지는데, '방方'을 '육六'으로 표기한 것은 혹 부여 능산리 사지에서 발견된 목간중의 '6부5방六部五方'의 '6부'와 관련하여[57] '6부'로서 '국國'을 지칭하는 이체자로 사용한 것이 아닌가 추리된다. 이는 '圀'처럼 나라 '口'변의 안에 토土, 민民, 방方, 씨氏, 왕王 등을 넣어 국國의 이체자로 사용한 사례가 있기 때문에 충분히 가능한 추리라고 생각한다.

또한 '협祫'과 흡사한 '祫'이 부여 부소산성에서, 그리고 '계문이 원천元㼐을 만들다[係文作元㼐]'라는 명문[58]의 '㼐'이 능사에서 각각 발견되었다. '祫'은 이전에 임류각臨流閣을 지칭하는 '류流'로 석독하여 왔으나,[59] '氵'변이 아닌 '示'변이 분명하고 우변은 '㐬' 또는 '合'로서 '류流'의 우변과 차이가 있다는 점에서 백제 특유의 조합자로서 '원조를 조묘祖廟로 옮겨 합사合祀한다'는 의미를 지닌 '협祫'의 이체자가 아닐까 한다.

능사 유적지에 발견된 '원천元㼐'은 질그릇의 명칭으로서 제사에 소용되는 모종의 물품을 보관 또는 담는 용도의 그릇 이름으로 생각된다. 도기로 제작된 귀 있는 항아리를 영瓴, 금瓫 등으로 일컫는 사례로 미루어, '천㼐'은 도기陶器를 의미하는 '와瓦'와 하늘을 뜻하는 '천天'을 조합하여 만든 글자로 여겨진다.

量詞이거나 백제로부터 유래된 것으로 보아도 좋을 것이다. 㫟에 대하여 필자는 백제 고유의 무게 단위명이 아닐까 추측하지만, 이에 대한 자세한 검토는 김은숙이 지적한 여러 가지 문제가 있기 때문에 별고를 기약한다.

56) 국립부여박물관, 2003b, 『百濟의 文字』, 91쪽.

57) 국립창원문화재연구소, 앞의 책, 324쪽.

58) 국립부여박물관, 2003b, 앞의 책, 62쪽.

59) 국립부여박물관, 위의 책, 76쪽.

① 隅田八幡畫像鏡 '믈'
②③ '部'의 생획자
④ 창왕명사리감 '犮'
⑤⑥ 왕흥사지 사리함 '筌'과 '刹'
⑦ 풍납토성塼 匝
⑧⑨ 부여 부소산성 '囟'과 '祐'

[그림 10] 백제의 문자

곧 하늘을 둥글다고 여겼던 인식과 하늘에 제사한다는 의미가 조합되어 이에 소용된 그릇 또한 둥글게 만들고 '원천元甋'으로 일컬었던 것으로 추정된다.[60)]

이처럼 백제는 다양한 이체자 뿐만 아니라, 새로이 글자를 만들거나 조합하여 사용하였다. '㪍' 또한 그러한 과정에서 나온 백제의 독자적인 문자 사용례로서 생각된다. 이에 금정의 '량兩'을 의미하는 불명의 글자는 그 모양이나 의미로 보아 '방方' 또는 '대大'와 아울러 양兩의 이체자인 '刄'[61)]이나 '刅'[62)]을 조합한 글자가 아닐까 추측된다.[63)] 중량과 함께 '방方'을 사용한 것은 왕망王莽이 주조한 화폐 '방촌비方寸匕'나 『한서』 식화지의 "황금 사방 1촌으로 무게 1근을 삼았다[黃金方寸 重一斤]"는 등에서 살필 수 있는데 이로부터 방형方形을

60) '가장 좋은 甋'으로 풀이하기도 하나(국립부여박물관, 위의 책, 62쪽), 질그릇의 모양이 둥글고 그 명칭 또한 '天'의 조합자로 만들어 일컬었다는 점에서, 동아시아 고대 천문사상인 天圓地方의 개천우주론(김일권, 2010.2.10, 「靈臺로서의 첨성대 독법과 신라 왕경 삼옹제도 관점」, 신라사학회 월례발표회 발표문)에 따라 능사의 祭天 의례 등에 소용되는 물품을 보관하는 그릇을 '元甋'이라 일컬었던 것이 아닌가 한다.

61) 『宋元以來俗字譜』 八畫 引 「白袍記」(中華民國 教育部 異體字字典 ; http://dict.variants.moe.edu.tw).

62) 『宋元以來俗字譜』 八畫 引 「嶺南逸事」(中華民國 教育部 異體字字典).

63) 일본의 칭량 단위인 '匁(돈)'은 화폐를 지칭하는 '泉'의 초서자를 취한 것으로서, 송대 이후 開元通寶의 값을 중량 단위로 채택하면서 泉 또는 錢도 중량단위로 사용하였다. 이는 대체로 室町 시대에 이르러 1文錢의 무게를 뜻하는 量詞로 사용되었다고 한다. (小泉袈裟勝 編, 1989, 『圖解 單位の歴史辭典』, 柏書房, 34쪽)

＊補論 : 또한 신라에서는 주로 두 글자를 한 글자로 통합하여 사용한 사례가 많은데, 「永川菁提碑 貞元銘」의 乃末, 「癸酉銘 阿彌陀三尊四面石像」의 大舍, 「貞元十五年銘 磨崖佛立像」, 「미륵사지 大伯士 명문와」의 伯士(博士) 등을 들 수 있다. → 柰 奃

지칭하는 의미로서 '방方'을 취하여 '㚒' 내지 '𢁊'을 조합하였을 가능성이 있다. 혹은 당나라에서 이미 대량大兩·소량小兩으로 구분하면서 '1대량一大兩'으로 일컬었던 바, 이로부터 큰 금정이란 의미로서 '대大'와 '양兩'을 조합하여 글자를 만들어 사용하지 않았을까 추측된다. 후술하듯이 이 단위의 무게를 백제의 형제衡制 '양兩'의 무게와 달리 사용한 까닭에 능산리 사지에서 살필 수 있는 '㐡'[兩]과는 별개의 글자로 사용하였을 가능성이 높다고 본다. 그러나 이 글자 외에 다른 용례가 보이지 않기 때문에 이를 확정하기 위해서는 다른 사례를 기다려야 할 것 같다. 나아가 고려시대에 은병을 척隻·사事·구口 등의 단위로 사용하였던 바,[64] 혹 고려시대 칭량은稱量銀 단위명의 기원이 백제의 '㪒'과 모종의 관련이 있지 않을까 추리해 볼 수 있을 것이다.

4. 백제의 형제衡制와 미륵사지 출토 금정金鋌의 의의

미륵사지 '금일량金壹㪒'명銘 금정의 '㪒'이 양사量詞인 것은 전체 문맥으로 보아 명백하다. 이에 백제의 형제衡制와 관련하여 금정의 무게를 주목할 수 있다. 2009년도 금정의 제원에 대해서는 『미륵사지 사리장엄』에서 보고한 대형 금정의 크기 1.5×8.6㎝와 서체 조사에 참가한 손환일의 목측으로 알려진 두께 0.05~0.1㎝ 정도였다. 이에 필자는 백제 왕궁리에서 출토된 금제품 114점의 분석 결과로써 미륵사지 출토 금정을 순금으로 추정하고,[65] 금정의 제원에 따라 『이과연표理科年表』의 순금의 비중 값 계산식 '질량=부피×19.3g'의 계산식[66]

64) 김도연, 앞의 논문, 29쪽.

65) 근대 이전 동아시아 사회에서의 금의 비중은 시대에 따라 차이가 있다. 중국의 경우 漢代에는 18.6g, 淸代에는 19.04g이었다고 한다.(小泉袈裟勝, 1989, 앞의 책, 56쪽) 백제의 경우 왕궁리에서 출토된 금제품 114점을 분석한 결과 용도에 따라 금의 순도를 의도적으로 조절하였다고 한다. 왕궁리 출토 금제품의 경우 100% 순금이 30%를 점하고, 은 10~16% 정도 첨가한 합금이 46%로 대부분을 차지한다고 한다.(김규호·한송이·김나영, 2006, 「왕궁리유적 공방관련시설 유물의 고고화학적 분석」, 『王宮의 工房 Ⅰ: 金屬篇』, 국립부여문화재연구소, 119쪽) 특히 미륵사지 출토 금정이 칭량화폐로 사용되었고, 왕궁리 출토 금제품의 순금 비율에 비추어 순금이 아닐까 추정되었다. 그러나 최근 국립문화재연구소측의 보고에서 금의 순도율이 81.61~92.42%로 밝혀진 바, 이는 단순히 사금을 녹여 금정을 제작함으로써 유통의 편의만을 도모한 때문이 아닐까 생각된다.

으로부터 12.4485g[(1.5×8.6×0.05)㎤×19.3g]~24.897g[(1.5×8.6×0.1)㎤×19.3g]의 값을 추산함으로써 일명의 양사量詞를 양兩에 상응하는 것으로 보았다. 이어 '금 1 兩'명 금정의 무게를 다리작명多利作銘 은팔찌[銀釧]로부터 추출한 17.328g 정도가 되지 않을까 추정하였다.[67]

그러나 최근 국립문화재연구소는 18점의 금정과 3점의 금괴, 1점의 은괴의 제원을 보고하였다.[68] 보고에 따르면 기존에 대형, 중형으로 보았던 금정은 길이 6.8~8.57㎝, 무게 11.6~16.1g, 금의 순도율 81.61~92.42%로서, 크기와 무게, 순도율 등이 매우 다양하다는 특징을 지닌다. 이들 제원이 각양각색이어서 보고된 '금1兩'명 금정의 무게 13.2g을 기준으로 제작되었을까 의문스러우며, 그 성격을 알기 어렵게 한다. 이에 그 성격을 분명히 하기 위해서는 이들 금정이 백제 또는 중국 여러 나라의 어느 형제衡制와 관련되는지를 살필 필요가 있다.

백제의 중량 단위를 분명하게 보여주는 것으로는 무령왕릉 다리작명 은팔찌의 명문을 들 수 있다. 은팔찌의 명문에서 경자년(508)에 다리多利라는 장인이 대부인大夫人을 위해 은 230주主로 팔찌를 만들었음을 알 수 있다. 그 무게가 166.022g이라고 하는 바,[69] 1주의 무게는 약 0.722g(166.022g÷230)이 된다. 이는 무령왕릉 출토 '140一百卌' 새김 은꽃장식의 무게 9.572g에서 산출한 0.684g/주과 오차 값 0.038g을 가진 무게로서, 가공 단계의 손실이나 은의 밀도 등을 감안한다면 무령왕대의 기준 무게 값으로 보아 좋을 듯하다.[70]

---

66) 小泉袈裟勝, 1982, 『秤』, 法政大學出版局, 55쪽.

67) 박남수, 2009.9.26, 앞의 논문, 99~100쪽.

68) 이귀영·박대남, 앞의 논문, 123쪽.

69) 국립부여박물관, 2003a, 앞의 책, 88~89쪽.

70) 무령왕릉 출토 '一百卌' 새김 은꽃장식은 9.572g이라 하는데, 9.572g÷140=0.0684g이다. 그런데 0.0684g ×10=0.684g/主으로 '一百卌' 새김 은꽃장식의 '一百卌'은 지적되듯이 銖의 1/10인 絫를 단위로 한 것임을 알 수 있다.(국립부여박물관, 위의 책, 92~93쪽) 이는 多利作銘 銀釧에서 추출한 0.722g/主과 0.038g의 오차가 있다. 사실 이러한 오차는 금은제 물품의 가공 과정이나 은의 밀도 차이에서 발생할 수 있는 것으로서, 多利作銘 銀釧에서 추출한 0.722g/主을 백제 무게 단위의 기준수로 해도 큰 무리가 없다고 본다. 다만 남조의 1銖는 南齊의 경우 0.87g(20.88g/兩÷24), 梁陳의 경우 0.4167g(13.92g/兩÷24)으로서(小泉袈裟勝 編, 1989, 앞의 책, 194쪽) 무령왕릉의 1主 0.722g 또는 0.684g과 차이가 있음을 지적해둔다. 한편으로 최근에 손환일은, 필자가 제시한 0.722g/主을 1량명 금정의 무게 13.2g에 대입하여 백제에서 '1량=18주'의 형제를 운영하였고, 무령왕릉 출토 은제꽃잎장식을 '143主'라고 보았으나(손환일, 2010.5.27~28, 앞의 논문, 196쪽), 학술회의 토론에서 이미 지적하였듯이

0.722g/주은 후한의 0.6g/수銖을 상회하며 남제의 0.87g/수[71]보다는 가벼운 무게이다. 다리작명 은팔찌에서 추출한 0.722g/주로부터 계산한 1량은 17.328g(0.722g×24주)으로서, 미륵사지 출토 '금1㪉'명 금정의 중량 13.2g과 4.128g의 오차가 있다.

또한 부여 구아리와 가탑리에서 발견된 '1근명 석제용범'으로써 1근은의 값을 실측한 결과 261.25~286.97g의 값을 얻었다고 한다.[72] 1근은 16량이므로 1양의 무게는 16.328g(261.25/16)~17.936g(286.97/16)이 된다. 이는 실험 조건의 차이에서 비롯한 오차 값을 인정할 때에 앞서 다리작명 은팔찌에서 추출한 1량의 무게 17.328g에 상응한다고 할 수 있다. 따라서 백제는 503년 이후로 중국의 '수銖'에 상응하는 무게 단위로서 백제 특유의 '0.722g/주主'을 기준수로 하여 양兩, 근斤의 중량을 사용했던 것으로 보아 좋을 것이다.[73] 이 '일근명 석제용범'으로 만든 1근의 은정銀鋌은, 고구려에서 국용國用 곧 대외 조공품 내지 사여품으로 사용된 사례[74]로 미루어 볼 때에, 대외 조공품 내지 사여품으로 사용되었을 것으로 추정된다.

한편 부여 정림사지에서는 고리모양추 2개가 발견되었다. 이들의 중량은 각각 479.980g(Ⓐ), 485.008g(Ⓑ)이라고 한다. 이를 중국 남조의 무게 단위로 환산하여 633수銖와 640수로 보기도 하나,[75] 남조의 무게 단위(0.758g/수銖)로 계산할 때에 각각 633.219수와 639.852수로서 매우 큰 오차 값이 나온다. 이에 백제 무게 단위의 기준수 '0.722g/주'을 바탕으로 한 17.328g/량으로 나누면, 485.008g(Ⓑ)은 27.989량이 된다. 0.0102의 오차 값을 인정한다면 28량으로서 1근 12량에 해당한다. 또한 479.980g(Ⓐ)을 동일한 수식으로 계산하면

동아시아 衡制는 『漢書』 律曆志에 그 단초를 볼 수 있고, 당나라 개원통보 계산식이 나오기 전까지는 '1銖 = 黍 100粒의 무게', '1兩 = 24銖', '1斤 = 16兩'을 단위로 각 나라의 상황에 따라 별도의 무게 값을 채용하였으며, 은제꽃잎장식 또한 이미 위에서 서술하였듯이 '一百卌'銖로 보는 것이 옳다.

71) 小泉袈裟勝, 1982, 앞의 책, 49~51쪽.

72) 국립부여박물관, 2003a, 앞의 책, 78~79쪽.

73) 국립부여박물관, 위의 책, 88쪽.

74) 『翰苑』 高麗 : 竹內理三 校訂, 1977, 『翰苑』, 大宰府天滿宮文化硏究所, 38~39쪽. 『魏書』 권 100, 列傳 88, 高句麗. 『三國史記』 권 21, 高句麗本紀 9, 寶藏王 3년 9월. 『日本書紀』 권 24, 皇極天皇 元年 5월.

75) 서오선, 앞의 논문, 266쪽.

27.6997량으로서 27량 16.7928주가 된다. 이를 정수 17로 본다고 하더라도 오차 값이 0.2072에 이르러 도량형의 기준추로서 사용하기는 곤란하였을 것이다.[76]

Ⓐ를 다시 개원통보開元通寶의 1양인 10전錢 곧 17.328g(2.4수×0.722×10)으로 나누면 27.6997로서 오차 값 0.0003인 27량 7전의 값이 나온다. Ⓑ(485.008g)를 다시 개원통보 수식 10전의 값 17.328g으로 나누면 27.9898량으로 오차 값 0.01016의 28량 값을 얻을 수 있다. 따라서 정림사지 고리모양추는 당 무덕 4년(621) 개원통보를 주조하여 경중輕重 대소大小의 기준으로 삼았던[77] 계산식을 도입한 것으로 여겨진다. 부여 일원에서 발견된 개원통보는 7세기 전반 당나라와의 교역 뿐만 아니라 개원통보 기준의 중량 계산식도 도입되었음을 시사한다.

그런데 이 두 추간의 무게 차이 5.028g은 백제 무게의 기준값 0.722g/주로 나누면 오차 값이 0.036인 7주(6.964주)가 된다. 개원통보의 기준수 1전(2.4수, 1.7328g)으로 나누어도 2.902전으로 오차 값 0.098의 3전이 된다. 이처럼 주 또는 개원통보 기준수로 계산하더라도 오차 값이 적은 것은, 개원통보 수식을 도입하였다고 하더라도 1주의 무게 0.722g을 기준값으로 하여 1전(2.4주)의 무게 값을 도출하였던 때문으로 풀이된다.

사실 미륵사지 출토 '금1faba'명 금정의 무게 13.2g이나 다른 금정의 무게 값 11.6~16.1g은, 다리작명 은팔찌나 1근명 석제용범에서 추출한 백제의 17.328g/량과는 분명히 차이가 있다. 더욱이 백제에서는 당나라 개원통보 계산식을 채용했음에도 불구하고 1주의 무게 0.722g을 기준값으로 채택한 바, 무령왕 이래 0.722g/주의 무게 단위를 유지하였음을 알 수 있다. 이로써 보건대 미륵사지 출토 금정은 백제의 무게 단위와 다른 별개의 무게 단위 기준을 채택한 것임을 알 수 있다.

미륵사지 출토 금정의 무게 값 11.6~16.1g은 수隋의 대량大兩 41.76g, 당唐의 대량 37.30g, 동위·북제의 27.84g, 남제의 20.88g/량보다는 가볍다. 이들

76) 백제 무령왕릉 출토 '一百卌' 새김 은꽃 장식에 보듯이 백제는 主(銖)의 1/10인 絫 단위까지 칭량하였다. 백제에서 1絫는 0.0722~0.0684g인데, 오차 값 0.2072는 3.5904g의 무게로서 기준 추의 오차 값으로는 사용하기에 부적절하다고 할 것이다.

77) 『新唐書』 권 54, 志 44, 食貨 4.

무게 값은 오히려 한·북위·양·진의 13.92g/량이나 북주의 15.66g/량[78]에 상응한다. 그러나 미륵사지 출토 금정의 크기와 무게 값이 너무 다양하여 어떤 형제衡制를 채택하였는지 쉽게 판단하기 어렵다. 이에 최근 국립문화재연구소가 보고한 미륵사지 금정의 제원과 관련하여 이들 무게 값의 경향성을 북위·양·진 및 북주, 백제, 당나라 개원통보식에 대입하여 살필 필요가 있다.

미륵사지 출토 금정金鋌의 동아시아 제국 형제衡制 대입·비교표

금정 연번	금정의 제원[79]		북위·양·진		북 주		백 제		개원통보
	크기(mm)	무게 (A)(g)	A/0.58g (銖)	A/13.92g (兩)	A/0.6526g (銖)	A/15.66g (兩)	A/0.722g (主)	A/17.328g (兩)	A/1.328g (錢)
1	13.66×83.46×1.18	16.1	27.759	1.157	24.671	1.028	22.299	0.929	9.291
2	15.79×82.86×1.05	15.7	27.069	1.128	24.058	1.003	21.745	0.906	9.060
3	16.95×85.12×0.86	15.5	26.724	1.114	23.751	0.990	21.468	0.895	8.945
4	15.99×82.89×1.82	15.2	26.207	1.092	23.291	0.971	21.053	0.877	8.772
5	14.79×85.75×1.01	15.1	26.034	1.085	23.138	0.964	20.914	0.871	8.714
6	14.45×85.59×0.89	15.0	25.862	1.078	22.985	0.958	20.776	0.866	8.657
7	15.37×77.2×0.93	14.9	25.690	1.070	22.832	0.951	20.637	0.860	8.599
8	13.57×81.28×0.93	14.2	24.483	1.020	21.759	0.907	19.668	0.819	8.195
9	12.89×82.42×0.97	14.2	24.483	1.020	21.759	0.907	19.668	0.819	8.195
10	12.60×71.67×1.05	14.1	24.310	1.013	21.606	0.900	19.529	0.814	8.137
11	12.99×78.36×0.94	13.6	23.448	0.977	20.840	0.868	18.837	0.785	7.849
12	12.00×67.97×1.13	13.5	23.276	0.970	20.686	0.862	18.698	0.779	7.791
13	15.48×81.65×0.93	13.4	23.103	0.963	20.533	0.856	18.560	0.773	7.733
14	16.34×77.37×0.83	13.2	22.759	0.948	20.227	0.843	18.283	0.762	7.618
15	14.77×78.39×0.97	13.2	22.759	0.948	20.227	0.843	18.283	0.762	7.618
16	14.98×83.16×0.67	11.6	20.000	0.833	17.775	0.741	16.066	0.669	6.694
평균		14.28	24.62	1.03	21.88	0.91	19.78	0.82	8.24
17	11.95×42.46×0.90	7.10	12.241	0.510	10.880	0.453	9.834	0.410	4.097
18	14.54×47.59×1.08	6.70	11.552	0.481	10.267	0.428	9.280	0.387	3.867
평균		6.90	11.90	0.50	10.57	0.44	9.56	0.40	3.98

78) 중국 각 왕조 1兩의 무게 값은 吳洛, 1981, 「中國歷代兩斤之重量標準變遷表」, 『中國度量衡史』, 臺灣商務印書館, 73~74쪽 및 小泉袈裟勝 編, 1989, 앞의 책, 194쪽 도표 참조.

79) 이귀영·박대남, 앞의 논문, 123쪽·손환일, 2010.5.27, 앞의 논문, 197~199쪽에서 보고한 금정의 제원만을 다시 정리하였다.

위의 표는 국립문화재연구소측이 보고한 18개 금정의 제원을 다시 정리하여, 한·북위·양·진, 북주, 백제의 수銖(主)와 양兩의 무게 값, 그리고 당 개원통보 전錢의 무게 값으로 나누어 정리한 것이다. 이에 다음 몇 가지 사항을 확인할 수 있다.

첫째, 금정의 형태면에서 길이는 무게 값과 전혀 관계가 없다. 곧 '하부비치부 下卩非致夫'명 금정(연번 16)은 길이 8.316㎝인데도 11.6g으로서, 이보다 길이가 짧은 8.286㎝의 금정(연번 2)의 15.7g보다도 4.1g이 가볍다. 이는 위의 표에서 금정의 무게가 금정의 길이와는 어떠한 관련성이 없다는 점에서도 확인된다. 그런데 연번 17, 18번의 금정은 대체로 이들 대형 금정 무게의 절반 값을 보이는 바, 이는 대형 금정을 반으로 절개하여 사용한 때문이라고 할 수 있다.[80] 따라서 백제에서 금정은 기왕의 견해처럼 길이로써 대·중·소로 나누어 사용하였다기보다는 무게를 기준으로 한 장방형 금정과 이를 절개한 반절짜리 금정의 두 가지로 사용했다고 할 것이다. 이는, 한치윤이 신라에서 대·소 금은 무문전을 사용했다는 기록과 통한다.

다만 국립문화재연구소측이 발표한 금괴 가운데 27.97g과 14.07g의 타원형 금괴는 앞서 살폈듯이 생금으로 여겨지며, 58.29g의 금병金瓶의 형태를 띤 금괴는 잘라 사용한 듯한 흔적이 있어[81] 그 자체로써 교환가치재로서 기능하였던 것으로 보인다. 따라서 백제 무왕대에는 일정한 형태의 장방형의 금정과 금병 형태의 금괴인 칭량 금정을 함께 통용하였던 것으로 이해된다. 이에 『삼국유사』 무왕조에 지명법사가 하룻밤 사이에 금을 수송하였다는 설화는, 기왕의 부정형 금괴나 금병을 장방형 금판 형태의 금정으로 제작하여 운송이나 사용의 효율성을 높였던 사실을 반영하는 것으로 풀이된다. 따라서 백제는 교환가치재로서의 금을 왕흥사지와 미륵사지에서 출토된 부정형 금판과 금괴와 같이 사용하다가, 무왕대에 이르러 미륵사지에서 출토된 장방형 금정을 만들어 금병 모양의 금괴와 함께 사용하였던 것으로 생각된다. 이처럼 일정한 모양을 띤 금정은 신라 헌강왕릉 출토 금정(6×2×0.1㎝, 24.96g)[82] 등으로 승계됨으로써 신라의 대소 무문전으로 일컬어졌던 것으로 추측된다.

---

80) 손환일, 위의 논문, 199쪽.

81) 국립문화재연구소, 2010.5.27, 『백제 불교문화의 寶庫 미륵사』, 17쪽.

82) 경주문화재연구소, 1995, 『憲康王陵補修收拾調查報告書』, 32·108~109쪽.

둘째, 앞에서 살폈듯이 미륵사지 출토 22점의 금정의 크기나 무게 값은 매우 다양하지만, 무게 11.6~16.1g은 한漢·북위北魏·양梁·진陳의 13.92g/량이나 북주北周의 15.66g/량에 가깝다. 그런데 대형 금정의 경우 평균 14.28g으로서 1.38g의 오차 값을 가진 북주의 15.66g/량보다는, 0.36g의 오차 값을 가진 한·북위·양·진의 13.92g/량에 가깝다. 또한 반으로 절개한 금정(연번 17, 18)의 경우 평균 6.90g으로서, 이를 반으로 절개하기 이전의 금정의 무게 값은 평균 13.8g이 된다. 이는 한·북위·양·진의 13.92g/량의 무게에 상응한다. 따라서 이들 금정은 한·북위·양·진의 13.92g/량을 염두에 두고 제작된 것이라고 할 수 있다. 이에 '금1량金壹兩'명銘 금정의 양사量詞 '량兩'은 한·북위·양·진의 1량에 상응하며, 이를 기준으로 하여 금정을 제작하여 유통하였다고 할 수 있다.

사실 1량명壹兩銘 금정의 무게 값 13.2g은 이미 왕흥사지王興寺址에서 출토된 은정銀鋌의 무게 값 13.27g에 통하는 것이다.[83] 0.65~0.72g의 오차 값을 인정한다면, 왕흥사를 건립한 577년 무렵부터 한·북위·양·진의 1량값인 13.92g/량의 무게 값을 기준으로 은정을 제작하였던 것으로 보아 좋을 것이다.[84] 이는 분명히 무령왕 때부터 사용하던 백제 고유의 형제衡制 17.328g/량이나 당나라 개원통보의 계산식 값과도 차이가 있다.

이에 백제가 13.92g/량의 무게 값을 기준으로 금은정을 제작·유통하였던 것은, 중국 양나라 때에 사전私錢이 횡행하고 동전銅錢이 다하여 철전鐵錢으로 대체하거나 교주交州와 광주廣州 지역에서 서역 상인들과 교역하기 위하여 완전히 금은으로 화폐를 삼았던 것과[85] 관련이 있지 않을까 생각할 수 있다. 백제는 무령왕대부터 양과 긴밀하게 교류하였고, 양나라에 대한 조공과정에서 동남아시아 및 서역 사신들과 교류함으로써 양나라 교주·광주 지방에서의 금은정의 유통 상황을 알고 있었을 것이다. 따라서 백제는 동남아시아 및 서역 물품을 구매하기 위하여 고유의 형제 17.328g/량과는 달리 양·진의 계통을 잇는 13.92g/량의 무게 값을 기준으로 금정을 제작하였던 것으로 여겨진다.[86] 이러

83) 손환일, 2010.5.27, 앞의 논문.

84) 1兩銘 金鋌의 경우 글자를 새기면서 金絲 등으로 인한 손실을 예상할 수 있고, 금은정 제작 과정에서 용해된 금은방울의 튀김 현상 등을 상정할 수 있으므로, 漢·北魏·梁·陳의 13.92g/兩과 비교할 때에 0.65~0.72g의 오차는 동일한 기준에서 제작된 것으로 보아 무방하다고 본다.

85) 『隋書』 권 24, 志 19, 食貨.

한 전통는 이미 577년 왕흥사지 은정에서 단초를 볼 수 있으며, 무왕대에 이르러 다시 금정에까지 양·진의 형제를 적용한 것이 미륵사지 출토 금정으로 생각된다.

다만 왕흥사지 출토 은정이 양·진의 계통을 따른 무게 단위 13.92g/량을 기준으로 한 데 대해, '1근명 석제용범一斤銘石製鎔范'의 은정은 백제 고유의 무게 단위 17.328g/량을 기준으로 하였다. 앞서 살폈듯이 '1근명 석제용범'은 1근 단위였다는 점에서 국용國用 곧 대외 조공품 등으로 제작되었을 것이고, 개원통보의 무게 기준식 도량형이 도입되었음에도 백제 고유의 무게 값 0.722g/주主을 유지하였다는 점에서 대당 조공품으로 기능하였을 것으로 여겨진다.[87] 이처럼 대당 조공품에 백제 고유의 형제를 사용한 배경에는, 조공하는 백제로서는 당나라의 형제 곧 대량大兩 37.30g을 준용하였을 때 조공 부담액이 매우 컸을 것이므로 무게 값이 작은 백제 고유의 형제를 고집하였을 것이고, 당으로서도 금은정의 경우 다시 칭량하여 사용하던 관행 때문에 백제의 형제에 의한 조공을 수용하지 않았을까 추측된다. 그렇다면 639년 이후 7세기 중엽에 백제는 당나라 조정과의 교류를 위한 은정과 중국 강남도와의 교류를 위한 금정을 별도로 제작하여 사용하였다고 할 수 있다.

한편 최근에 은괴로 밝혀진 1.8×1.3㎝, 8.9g의 미륵사지 출토 은정은, 한쪽 면은 둥글고 다른 한쪽 면은 잘라 사용한 듯한 흔적을 보인다.[88] 절개된 면이나 전체적인 모양으로 보아 1/2로 절개된 것으로 보아 좋을 듯한데, 이로써 은정의 본래 제원을 3.6×1.3㎝, 17.8g으로 추정할 수 있다. 흥미롭게도 이 무게는 0.4722g의 오차 값을 지니지만 앞서 살폈던 백제 고유의 중량 17.328g/兩에 상응하는 무게임을 알 수 있다. 특히 반으로 절개하여 사용하였다는 점에서 칭량

86) '13.92g/兩'은 北魏·梁·陳의 기준 무게이지만, 수나라의 小兩과도 일치한다. 『隋書』 律曆志에 따르면, 梁·陳이 한나라의 古秤을 그대로 사용한 데 대해, 수나라의 경우 古秤 '1兩'의 3배를 大兩으로 삼으면서 古秤의 값으로써 小兩으로 정하였다. 그러나 대체로 小兩은 藥의 調合에만 사용하였고, 일반적으로는 大兩을 통용하였다.(小泉袈裟勝 編, 1989, 앞의 책, 179쪽) 이와 더불어 백제의 梁·陳과의 교류나 중국 강남도 일원에서의 금은정의 유통상황으로 볼 때에, 미륵사지 출토 금정의 무게는 梁·陳의 계통을 이은 중국 강남도 일원의 衡制를 따른 것으로 보아 좋을 것이다.

87) 박남수, 2010.6, 앞의 논문 참조.

88) 이귀영·박대남, 앞의 논문, 123쪽. 국립문화재연구소, 2010.5.27, 앞의 책(화보), 17쪽.

화폐로서 기능했음을 알 수 있다. 이에 백제 고유의 형제에 따른 1량의 은정과 양·진의 형제에 따른 왕흥사지의 1량의 은정이 함께 통용되었음을 확인할 수 있으며, 전자는 백제 내지에서의 칭량화폐로서, 그리고 후자는 강남도 지역과의 교류를 위한 용도가 아니었을까 짐작된다.

셋째, 위에서 살폈듯이 미륵사지 출토 금정이 크기와 무게에 있어서 매우 다양하다는 점에서, 국가가 이를 직접 제작하지 않고 한나라나 당나라의 경우처럼 상인이나 귀족 또는 권한을 위임받은 이들에 의해 몇몇 장소에서 제작하여 유통하였을 것으로 짐작된다.[89] 이로써 앞의 고려 숙종대의 사례처럼 몰래 구리를 섞어 주조함으로써 교환 경제를 어지럽히는 폐해를 불러 일으킬 소지가 있었다. 특히 4.5g의 오차 값은 백제의 0.722g/주 기준으로 약 1/4량 값으로서 통일신라시대의 조租 58.1석의 가치를 지닌다. 무령왕릉 은꽃장식 등에서 주主[銖]의 1/10인 1류絫의 무게 단위까지 칭량했던 백제의 정황으로 보아, 이처럼 큰 교환가치의 차이는 칭량화폐로서 간과할 수 없는 것이라 할 수 있다. 이에 국가는 금정의 유통 질서를 유지하기 위하여 별도의 관리시스템을 갖추었을 것이다.

그런데 미륵사지 출토 금정은, 먼저 1량 내외의 사금을 칭량하여 부여 관북리나 익산 왕궁리에서 발견된 금도가니 등에 용해함으로써 장방형의 기본 틀을 만들고, 다시 이를 단타하여 제작되었을 것으로 생각된다. 이에 금정의 제작과정에서 무게 차이가 나타나기 마련이므로, 유통과정에서 금정의 무게를 다시 칭량하여 사용하였다고 보는 것이 옳을 듯하다. 금병金瓶의 형태를 띤 금괴를 절개하여 사용하였다는 사실에서도 유통 단계에서 다시 칭량하여 사용하였던 저변의 사정을 짐작할 수 있다.

---

89) 미륵사지 출토 금정간의 무게와 크기 차이는 사금을 녹여 금정을 제작할 때에 용해된 금방울의 튀김현상이나 단타하는 과정에서 나타날 수 있는 것이지만, 백제에서 금정을 여러 곳에서 각각 제작하는 과정에서 나타난 결과일 가능성도 상정할 수 있다. 동일 유형으로 분류되는 금정간에 4.5g 정도의 오차가 있다면, 개별적 또는 다수의 장소에서 금정을 제작함으로써 나타날 수 있는 稱量이나 기술적 차이 때문일 가능성이 크지 않을까 한다. 사실 漢代의 화폐는 귀족, 상인도 주조하였는데, 이로써 규정된 중량보다도 가벼워지는 경향이 있어 鑄貨를 계산하는 전용의 天秤이 나타났다고 한다.(小泉袈裟勝, 1982, 앞의 책, 58쪽) 또한 당나라의 경우 武德 4년 개원통보를 주조하면서 洛·幽·益·桂州에 鑪를 두고 秦王·齊王·裴寂 등에게 관장하게 하였지만, 그후 盜鑄가 점차 일어나고 지역별 무게 차이 등으로 인하여 開元通寶가 무용화되었던 점(『新唐書』 권54, 志 44, 食貨 4)을 참고할 수 있다.

승화 5년(838) 원인圓仁이 당나라를 여행하면서 사금 대 2량을 당나라 금 1대량 7전으로 칭정秤定하였는데 이 칭정의 일을 시두市頭가 관장하였다고 한다.[90] 당나라에서는 사금과 금정으로 보이는 금 간의 가치 차이를 유통과정에서 다시 칭량하여 조정하였음을 알 수 있다. 『삼국유사』 죽지랑조에서는 신라 진평왕대에 익선아간益宣阿干 집안 대대로 칭정호秤定戶를 삼았다[91]고 한다. 원인의 사례로부터 신라의 칭정호도 당나라 시두와 같이 금 등의 칭정의 일뿐만 아니라 곡식의 중량 등을 칭정하는 업무도 겸하였을 것으로 짐작된다.

백제 또한 부여 일원에서 발견된 무게 추 등으로부터[92] 국가가 도량형을 엄격히 관리했던 사정을 살필 수 있는 바, 당·신라와 유사한 체계를 갖추었을 것으로 생각된다. 유통과정에서의 금정의 칭정은 당나라의 사례를 참고한다면 백제 22관사 가운데 시부市部의 직무였을 것이다. 결국 미륵사의 금정은, 백제가 중국 강남도 지역의 금정 유통에 부응하여 금의 순도와 중량, 일정한 모양만을 규정함으로써 동남아시아나 서역의 대외교역품 등 고가의 물품 교환에 사용하였던 사실을 반영하는 것으로 여겨진다.

5. 맺음말

2009년 1월 '백제 무왕 40년(639) 왕후 사택씨의 발원으로 미륵사를 창건하였다'는 금제사리봉안기와 함께 여러 점의 금정이 발견되었다. 그 가운데 3점의 금정에는 보시자의 이름이나 중량 단위명이 새겨 있어 주목되었다. 이에 금정의 형태적 특징과 관련하여 그 화폐적 성격을 살피고, 금정의 명문에 보이는 양사量詞를 백제의 문자 사용례로 미루어 백제에서 만든 조합자로서 생각하였다. 또한 미륵사지 출토 금정이 백제의 형제衡制와 달리 중국 강남도의 형제를 따른 의미를 밝히고자 하였다. 지금까지 검토한 내용을 정리함으로써 맺음말에 대신하고자 한다.

첫째, 한치윤韓致奫은 동옥저와 신라에서 금은으로 만든 대소 두 종류의 무문

90) 圓仁, 『入唐求法巡禮行記』 1, 承和 5년(838) 10월 14일.
91) 『三國遺事』 권 2, 紀異 2, 孝昭王代 竹旨郎.
92) 국립부여박물관, 2003a, 앞의 책, 72쪽.

전을 사용하였다고 한 바, 미륵사지에서 출토된 금정이 대체로 두 가지 유형으로 구분된 것과 유사하였다. 이러한 모양의 금·은정은 8~9세기 무렵 동아시아 지역에 광범위하게 유통되었음을 여러 사례를 통하여 확인할 수 있었다. 이들 금은정은 고려시대 은병의 사례로부터 고가의 물품을 구매하기 위한 칭량화폐적 성격을 지닌 것으로 인정되었다. 또한 미륵사지 출토 금정은 일정한 모양을 갖추고 있으며, 소형 금정은 대형 금정을 1/2로 절개하여 사용되었고, 금의 사용이 귀족층에 한정되어 있음에도 불구하고 중부 덕솔 지수支受와 하부 비치부非致夫 등 백제의 관료와 일반인이 이를 소지하고 보시하였다는 데서, 화폐로서 기능하였을 것으로 판단하였다. 아울러 이들 금정은 왕흥사의 부정형 금판과는 달리 일정한 모양을 갖추어 제작된 바, 무왕대 어느 시기엔가 교환 화폐로서의 효율성을 높이기 위하여 제작된 것으로 생각되었다. 이에 미륵사지에서 출토된 금제소형판을 『고려사』와 『유양잡조』 등에서 일컬은 금정으로 칭할 것을 제안하였다.

둘째, "중부의 덕솔 지수支受가 금 1○을 시주하였다"는 명문 가운데 '○'을 백제의 독자적인 문자 사용 사례로부터 무게 단위명 량에 상응하는 '량㪉'으로 석독하였다. 다리작명多利作銘 은팔찌나 1근명 석제용범으로부터 백제가 무령왕 이래로 고유의 0.722g/주을 기준으로 하는 형제衡制를 운용하였음을 알 수 있었다. 또한 정림사지에서 발견된 고리모양의 석추石鎚로부터는 7세기 전반 개원통보의 중량 계산식을 도입하여 운영하였음을 살필 수 있었다. 이 때에 2.4주銖를 1전錢, 10전을 1량兩으로 하는 개원통보의 중량 계산식을 도입하였지만, 백제 고유의 기준 무게 값 '0.722g/주'을 유지하면서 기존의 24주/량를 10전으로 환산하였기 때문에, 민간에서의 운용에는 큰 혼란이 없었던 것으로 여겨졌다.

셋째, 미륵사지 금정의 제원과 관련하여 이들 무게 값을 검토함으로써 백제 무왕대에는 칭량 가치를 지닌 생금 또는 금괴와 함께, 일정한 무게 단위 기준의 장방형의 금정과 이를 절개한 반절짜리 금정을 사용하였음을 알 수 있었다. 또한 미륵사지 출토 금정과 은정의 제원, 그리고 1근명 석제용범으로부터 백제 고유의 형제衡制 17.328g/량과 함께 양·진의 계통을 잇는 13.92g/량의 무게 값을 기준으로 금·은정을 제작하였음을 알 수 있었다. 백제 고유의 형제 17.328g/량을 따른 은정은 1량 단위로 백제 대내의 칭량화폐로서, 그리고 1근 은정의 경우 당나라와의 조공을 위한 용도로서 생각되었다. 또한 양·진의 계통을 잇는 13.92g/량의 무게 값을 기준으로 한 금·은정은, 서역이나 동남아시아 상인과 교역이 잦은 양나라 교주·광주 지방이 금은정을 사용하였고, 백제가 양나라 및 중국 강남도 지역과 교류가 잦았던 사실로부터, 중국 강남도와의 교역 곧 동남아시아 및 서역 물품을 구매하기 위하여 제작된 것으로 이해하였다.

아울러 미륵사지 금정은 크기와 무게에 있어서 전혀 동일한 점을 살필 수 없다는 점에서 국가가 이를 직접 제작하지 않고, 국가가 정한 일정한 규정에 따라 이를 개별적으로 제작·유통하였던 것으로 보았다. 따라서 국가는 이를 관리하기 위하여 유통과정에서 금정의 무게를 칭량하기 위한 시스템을 갖추었고, 당나라와 신라의 사례로 보아 백제 22관사 가운데 시부市部가 이를 관장하였을 것으로 보았다.

요컨대 백제는 무령왕 이후 백제 고유의 0.722g/주의 형제를 채택하였지만, 양과의 빈번한 접촉과 중국 강남도에서의 금은정 유통상에 맞추어 중국 강남도 지방의 형제에 따른 금은정을 제작하였다. 그러나 백제 고유의 형제는 여전히 유지된 바, 왕흥사지 출토 은정과 미륵사지 출토 금정이 중국 강남도의 형제를 따른 데 대해, 1근명 석제용범의 은정과 미륵사지 출토 은정은 백제 고유의 형제로서 제작되었다. 이에 1근명 석제용범의 은정이 대당 조공품으로서, 왕흥사지 출토 은정과 미륵사지 출토 금정은 중국 강남도 지역의 금은정 유통에 부응하여 동남아시아나 서역의 대외교역품 등 고가의 물품을 구매하는 데 사용하였던 것으로 이해하였다. 따라서 미륵사지 출토 금정은 백제의 중국 강남도 일원에서의 교역과 백제를 내왕하던 상인들과의 교역의 융성함을 보여주며, 왕흥사지 및 미륵사지 출토 은정과 더불어 신라 금·은정으로 승계되어 신라의 대소 무문전으로 일컬어졌던 것으로 생각된다.

백제 미륵사지 서탑 출토 금정의 성격과 동아시아 교류상의 의의(하)

- 백제 대외교역상의 금정과 익산 -

1. 머리말

2009년 1월 백제 미륵사지 서탑에서 금제사리봉안기와 함께 많은 공양구가 출토되어 『삼국유사』 무왕조 기사의 신빙성 여부에 대한 논란이 있었다.[1] 2010년 5월 현재 이들 공양구 가운데 22점의 금제소형판이 수습되었는데,[2] 그 중 3점에는 중량 단위명과 시주자의 이름 등이 기재되어 있어 화폐로서 사용되었을 것으로 추정되고 있다.[3]

필자 또한 이들 금제소형판의 명문과 그 형태적 특징에 주목하여 이를 금정金鋌으로 일컫고, 금정의 명문 가운데 의문의 여지가 있는 양사量詞를 검토하면서 백제 형제衡制의 운용상과 변화상을 살핀 바 있다. 그 결과 미륵사지 출토 금정은

1) 쟁점별 연구사는 김주성, 2009, 「미륵사지 서탑 사리봉안기 출토에 따른 제설의 검토」, 『東國史學』 47 참조.

2) 권혁남 외, 2010.5.27~28, 「미륵사지석탑 사리장엄의 과학적 조사연구」, 『백제 불교문화의 寶庫 미륵사 학술심포지엄논문집』, 국립문화재연구소, 137쪽.

3) 손환일, 2009, 「百濟 彌勒寺址 西院石塔 金製舍利奉安記와 金丁銘文의 書體」, 『신라사학보』 16.

신라의 금은정金銀鋌 무문전無文錢에 선행하는 것으로서, 동남아시아 및 서역제국 등 고가의 물품을 구매하기 위한 칭량화폐적 성격을 띠는 것으로 보았다. 이들 금정 가운데 보이는 일명의 양사는 백제의 문자 사용 사례로 보아 백제에서 만들어 사용하던 칭량 단위 '양兯'으로 석독하였다. 백제의 형제는 다리작명多利作銘 은팔찌로부터 백제 고유의 0.722g/주을 기준으로 한 17.328g/량을 사용하였는데, 이는 정림사지 고리모양 무게추가 출현한 7세기 전반 어느 시점에 개원통보開元通寶 기준 계산식 곧 2.4주銖를 1전錢으로 하는 계산식으로 바뀌었고, 통일신라시대에 전면적으로 보급·확산된 것으로 이해하였다. 특히 최근에 미륵사지 출토 1량명兩銘 금정金鋌의 무게가 13.2g인 것으로 보고된 바,4) 이는 백제 고유의 무게값 17.328g/량과 차이가 있었다. 따라서 미륵사지 출토 금정의 무게는 양梁·진陳의 계통을 따른 것으로서 이미 양나라 때부터 중국 교주交州·광주廣州 등 서역제국과 교역이 빈번한 지역에서 금은으로 화폐를 삼는 상황에서 비롯한 것으로 이해하였다. 아울러 미륵사지 서탑에서 639년 금제사리봉안기와 함께 22점의 금정이 봉안된 것은, 중국 강남도 일원에서의 교역과 백제를 내왕하던 사신 및 상인들과 교역한 사실을 반영한 것으로 풀이하였다.5)

그러나 이들 금정이 고대 동아시아에서 지니는 성격 및 유통 양상, 그리고 어떠한 배경에서 무왕 40년(639) 미륵사 서탑에 봉안될 수 있었는가 하는 문제는 한정된 지면으로 인하여 자세히 다루지 못하였다. 이에 본고에서는 백제의 동아시아 교류상에 있어서 이러한 금·은정이 나타나게 된 배경과 유통상을 추적하고, 백제의 중국 남·북조 및 동아시아 제국과의 교류과정에서 금정이 갖는 의미를 살피고자 한다. 나아가 이러한 금정이 미륵사지 서탑에서 출토된 배경에는 백제의 금강유역 대외교역항 개발 및 익산 지역 사금 생산과 밀접히 관련되었음을 밝히고자 한다. 많은 질정을 바란다.

4) 이귀영·박대남, 2010.5.27~28, 「미륵사지석탑 사리장엄의 의의」, 『백제 불교문화의 寶庫 미륵사 학술심포지엄논문집』, 123쪽. 손환일, 2010.5.27~28, 「백제 미륵사지 석탑 발견 「석가모니진신사리봉영기」의 문체(文體)와 「금정」의 형제(衡制)와 명문(銘文)의 서체(書體)」, 『백제 불교문화의 寶庫 미륵사 학술심포지엄논문집』, 197~199쪽.

5) 박남수, 2010. 6, 「益山 彌勒寺址 출토 金鋌과 백제의 衡制」, 『한국사연구』 149.

2. 백제의 동아시아 교역과 금정의 유통

현존하는 금은정金銀鋌 유물로는 왕흥사지에서 발견된 부정형의 금판이 있지만, 정형화된 것으로는 왕흥사지의 은정과 백제 미륵사지 석탑의 금·은정을 비롯하여 헌강왕릉에서 발견된 금정(6×2×0.1cm, 24.96g),[6] 그리고 흑전간일黑田幹一이 지적한 금정과 은정이 있다.[7] 은정은 당나라에서도 유통되었음을 살필 수 있다. 곧 중국 섬서역사박물관陝西歷史博物館에는 건중建中 2년(781) 영남관사嶺南觀使가 은 50량을 감판은과료減判銀課料로서, 그리고 광명廣明 원년(880) 용관경략사容管經略使가 20량의 은 1정錠을 올렸다는 명문의 은정이 있다. 필자가 사진으로 판독한 명문(A①)과 김영관이 제공해준 명문(A②)을 제시하면 다음과 같다.[8]

[그림 1] **섬서역사박물관 소장 은정** (사진제공 : 김영관)

6) 경주문화재연구소, 1995, 『憲康王陵補修收拾調查報告書』, 32·108~109쪽. 국립부여박물관에서 간행한 『백제의 도량형』에서는 헌덕왕릉에서 출토된 것이라 하였으나(국립부여박물관, 2003, 『百濟의 度量衡』, 83쪽), '헌강왕릉'을 잘못 기술한 것으로 판단된다. 다만 『憲康王陵補修收拾調查報告書』에서는 그 용도를 불명으로 처리하였으나, 『백제의 도량형』에서는 칭량화폐로 짐작하였다.

7) 黑田幹一, 1938, 「新羅時代の金銀に就いて」, 『朝鮮』 274, 朝鮮總督府, 19~22쪽. 박남수, 2010, 앞의 논문 참조.

8) 陝西歷史博物館의 은정 자료는, 김영관이 제공한 사진자료로써 판독한 것이다. 선생이 연구 자료로 활용하기 위하여 직접 답사하면서 촬영, 기록한 것임에도 불구하고 선뜻 자료를 내주신 후의에 감사드린다.

A. ① 영남관사 판관이 건중 2년 2월 감판은(?)과료 50량 관[岭南觀使判官建中二年二月減判銀(?)課料伍拾兩官]

② 용관경략사가 진봉한 광명 원년 여름 겨울 은 1정 무게 20량을 용관경략초토처치등사 신 최도가 올림[容管經略使進奉 廣明元年夏冬 銀壹錠重二拾兩 容管經略招討處置等使臣崔도 進](西安 藍田縣 난공향 출토)

섬서 역사박물관의 전시 자료 가운데 세 가지 모양의 은정을 확인할 수 있는데, 김영관은 가장 큰 것은 30cm 남짓으로 보인다고 하였다. 이러한 형태상의 특징이나 명문으로 보아 8~9세기 무렵 당나라에서는 중량에 따라 다양한 은정을 제작하였고, 그 모양이 장방형이지만 꼭 일치하지 않은 것으로 보아 중량에 따라 개별적 또는 지역적으로 용도에 따라 제작하였을 것으로 생각된다. A① 자료에서 '관官'을 표기하고 '감판은(?)과료'라고 일컬은 것으로 보아 영남관사가 진봉進奉의 일종으로 여겨지는 감판은(?)과료로서 은정을 제작하였던 것으로 생각된다. A② 또한 A①과 유사한 성격으로 보이는 바, 당나라에서는 8~9세기 무렵에 칭량은稱量銀으로써 진봉이 이루어졌음을 알 수 있다.

한편 부여에서 발견된 '1근명 석제용범'은 은정 제작용이었던 것으로 여겨진다.[9] 왕흥사지와 미륵사지에서도 소형 은정이 발견된 바,[10] 이미 6~7세기 무렵 백제에서 정형화된 칭량 은정을 제작하여 사용하였음을 알 수 있다. 섬서 역사박물관 은정이 8~9세기 무렵의 것이지만, 백제의 경우로 미루어 볼 때에 7세기 무렵 중국에서도 은정을 제작하여 사용하였을 것으로 짐작된다.

고구려에서도 이러한 유형의 은정을 사용했던 것으로 보이는데, 『한원翰苑』의 다음 기사를 주목할 수 있다.

---

9) 국립부여박물관, 2003, 앞의 책, 78쪽. 다만 백제 고유의 1근 무게는 0.722g/圭×24圭×16兩 = 277.249g으로서, 은의 밀도 등을 고려할 때에 실측한 銀의 무게 261.24~286.97g의 오차 범위 안의 수치라고 할 것이다.(박남수, 2010, 앞의 논문 참조) 따라서 백제의 도량형을 남북조 도량형의 영향을 받은 것으로 이해하여 단순 대입하는 방식은 재고할 필요가 있다고 본다.

10) 국립부여박물관·국립부여문화재연구소, 2008, 『百濟王興寺』, 31쪽. 이귀영·박대남, 2010.5.27~28, 앞의 논문, 123쪽. 국립문화재연구소, 2010.5.27, 『백제 불교문화의 寶庫 미륵사』, 17쪽.

B. 『제서齊書』 동이전에는 은산銀山이 나라 서쪽에 있는데 고구려가 채취하여 화폐로 삼는다. 『고려기高麗記』에 이르기를 은산은 안시성安市城 동북 100여 리 정도에 있는데, 수백 가家를 두어 채취하여 국용國用으로 공급한다.[11](『한원』 고려)

고구려 안시성 동북 100여 리 되는 곳에 은산이 있고, 이를 채취하여 화폐로 삼아 국용으로 삼았다는 것이다. 은을 화폐로 삼았다는 데서 『해동역사』에서 일컬은 동옥저의 무문 금은정과 같은 성격을 지녔음을 알 수 있다. 또한 국용으로 공급했다는 것은 중국에 대한 조공물 등에 제한적으로 사용하였음을 시사한다. 정시 연간(504~507)에 고구려 사신이 "황금은 부여에서 나며, 흰옥돌[珂]는 섭라涉羅에서 생산되는데 지금 부여는 물길勿吉에게 쫓겨나고 섭라는 백제에게 병탄되어"라고 하여 황금과 흰옥돌을 위나라에 조공할 수 없는 사정을 전달하였다.[12] 또한 『위서』에는 고구려가 매년 황금과 은을 조공하였다 하고, 『삼국사기』에는 보장왕 3년 막리지가 백금 곧 은을 당나라에 바쳤다고 하며, 일본에 대해서도 금은을 주었다고 한다.[13] 이에 황금黃金과 흰옥돌[珂] 등이 조공물로 기능하였고, 은銀 또한 6세기 무렵부터 이미 주요한 대외 조공품 내지 사여품으로 기능하였음을 알 수 있다.

중국 남북조 여러 나라와 교류가 빈번하였던 백제에 있어서도 금은은 대외 교류상의 주요한 결재 수단이었을 것이다. 후술하듯이 부여 출토 '1근명 석제용범'[14]이 대당조공품으로, 그리고 왕흥사지 출토 은정이 강남도의 교역을 위한 용도였다는 점은 그러한 사실을 반영한다. 또한 무령왕릉에서 발견된 철제오수전鐵製五銖錢은 양과의 교류를,[15] 왕흥사지에서 발견된 상평오수전常平五銖錢은

11) 『翰苑』 高麗: 竹內理三 校訂, 1977, 『翰苑』, 大宰府天滿宮文化硏究所, 38~39쪽.

12) 『魏書』 권 100, 列傳 88, 高句麗. 『三國史記』 권 19, 高句麗本紀 7, 文咨王 13년 4월.

13) 『魏書』 권 100, 列傳 88, 高句麗. 『三國史記』 권 21, 高句麗本紀 9, 寶藏王 3년 9월. 『日本書紀』 권 24, 皇極天皇 元年 5월. 宋寅子, 1982, 「韓國古代社會의 金에 關한 歷史的 考察」, 충남대 석사학위논문, 39~45쪽.

14) 국립부여박물관, 2003, 앞의 책, 78~79쪽.

15) 권오영은 무령왕릉의 철 오수전의 주조시기가 523년인데도, 같은해 무령왕이 사망하고 빈장이 시작된 해에 무령왕의 무덤에 철오수전이 부장된 사실을 극적인 것이라고 평가하였다.(권오영, 2005, 『고대 동아시아 문명교류사의 빛, 무령왕릉』, 돌베게, 220쪽)

북제와의 교류를,[16] 그리고 부여 일원에서 발견된 개원통보開元通寶는 당과의 교류 사실을 보여준다.[17]

백제는 이들 중국 여러 나라와 내왕하는 과정에서 동남아시아 및 서역제국과도 교류했던 것으로 보인다. 당시에 각국 사신들이 양나라에 조공한 사실을 「양직공도梁職貢圖」에서도 살필 수 있다. 곧 526~539년 무렵 양 원제元帝가 제위에 오르기 전 형주자사荊州刺史로 재임할 때에 제작한 『양직공도』에는 백제·왜국의 사신을 비롯하여 서역의 파사국波斯國·구자국龜玆國, 중국 남해중의 낭아수국狼牙修國, 서양주西涼州 경계의 등지국登至國, 활국滑國의 주변 소국인 주고가국周古柯國, 가발단국呵跋檀國, 호밀단국胡蜜丹國, 흉노 주변의 나라인 호인胡人들의 백제국白題國, 기타 말국末國의 사신들을 확인할 수 있다.[18] 양 무제 천감 11년(512) 4월에 백제는 부남扶南·임읍국林邑國 등과 함께 양나라에 방물을 바쳤으며,[19] 대동 7년(543)에는 활국·정창宕昌·연연蠕蠕·고구려 등과 함께 양나라에 조공하였다.[20] 이는 부남·임읍 및 활국·탕창·연연의 사신들과 백제 사신들이 자연스럽게 교류할 수 있었음을 의미한다.

흠명천황 4년(543)에 백제는 전부 내솔 진모귀문眞牟貴文·호득護得 기주기루己州己婁, 물부物部의 시덕 마기모麻奇牟 등을 일본에 사신으로 보내어 부남의 재물財物을 바쳤던 바,[21] 백제가 양나라에 조공하면서 인도차이나반도 남동부 메콩강 하류의 부남국과 교류하였던 사실을 시사한다. 따라서 백제가 양나라와 교류한 것은 조공이라는 정치적 의미 이외에 서역·중앙아시아·동남아시아 각국과의 문물교류라는 성격을 띤 것으로 보아 좋을 것이다. 그후 황극천황 원년(642) 2월에 "백제 사신이 곤륜崑崙의 사신을 바다에 던졌다"는 것은[22] 지금의

16) 국립부여박물관·국립부여문화재연구소, 앞의 책, 32쪽.
17) 국립부여박물관, 2003, 앞의 책, 39~40쪽.
18) 李弘稙, 「梁職貢圖論考」(『高麗大 60周年 紀念論文集-人文科學篇-』, 1965; 『韓國古代史의 硏究』, 1971, 396~398쪽). 양직공도의 전승과정에 대해서는 田中俊明, 2008, 「百濟의 對梁外交-특히 512년 遣使를 중심으로-」, 『충청학과 충청문화』 7, 89~94·115~119쪽, 그리고 이도학, 2008, 「梁職貢圖의 백제 使臣圖와 題記」, 『백제문화』, 국립공주박물관 참조.
19) 『梁書』 권 2, 武帝紀 中, 天監 11년 4월.
20) 『梁書』 권 3, 武帝紀 下, 大同 7년 3월. 『南史』 권 7, 梁本紀 中, 武帝 下, 大同 7년.
21) 『日本書紀』 권 19, 欽明天皇 4년(543).
22) 『日本書紀』 권 24, 皇極天皇 원년(642) 봄 2월 丁亥 朔 戊子.

베트남 남부로부터 인도네시아 일부지역에 걸쳐 있던 곤륜국과의 교류를 전제로 한 기사로서 주목된다.[23)]

백제는 양 등의 중국 남조와 통교하여 중국의 문물을 수용하는 한편으로 이들 각국 사신들로부터 동남아시아와 서역의 문물을 받아들였던 것으로 보인다. 당시에 동남아시아와 서역 제국들은 금은전을 사용하였다. 한치윤韓致奫은 『서청고감西淸古鑑』을 인용하여 '파저巴氐, 담씨倓氏, 빈씨賓氏, 소월씨小月氏, 대진국大秦國, 동옥저, 아구강阿鉤羌, 파사국, 고창高昌, 여국女國, 우전于闐, 두박杜薄, 신나, 불니佛尼, 아기니阿耆尼, 굴지屈支, 가필시迦畢試, 도화나睹貨邏, 범연梵衍, 삼불제三佛齊, 층단層檀, 남비南毗 등 여러 나라는 모두 금과 은으로 돈을 만드는데, 문양이 없어서 구분할 수가 없다'고 하였다.[24)]

사실 양나라의 화폐제도가 문란해지면서 교주·광주 등 서역 제국과 교역이 빈번한 지역에서는 완전히 금은으로써 화폐를 삼았으며, 후주後周에서도 하서河西의 여러 군郡은 서역의 금은전을 사용하였다.[25)] 또한 주거비周去非(1138~1189)[26)]의 『영외대답嶺外代答』에는 당나라 때에 광주廣州와 천주泉州에서 활동하던 번상蕃商들이 명향名香·서상犀象·금은 등으로써 능綾·면綿·라羅·포布나 지紙·필筆·미米·포布 등과 교역하였다고 한 바,[27)] 당나라 강남도에서 베풀어

---

23) '백제 사신이 곤륜사신을 죽였다'는 것은, 자세한 내막을 확인할 수 없으나 백제가 일본과의 교역을 독점하고자 하는 그러한 의도가 아니었을까 의심케 한다.(이도학, 1991, 「백제의 교역망과 그 체계의 변천」, 『한국학보』 63, 100쪽; 1999, 「백제의 교역과 그 성격」, 『STRATEGY21』 vol 2-2, 92쪽; 2008, 「백제의 동남아시아 제국과의 교류」, 『충청학과 충청문화』 7, 193쪽) 한편 백제의 동남아시아 및 서역 제국과의 교류가 이들 지역에 대한 해상로의 개척으로 말미암은 것으로 보고 심지어 유구, 대만, 필리핀, 인도지역까지 직접 교역하였을 것으로 보거나(이도학, 1999, 위의 논문, 86~93쪽; 2008, 위의 논문), 欽明天皇 4년(543) 백제가 일본에 주었다는 扶南의 財物에 대하여 백제가 중국을 경유하여 입수하였을 것으로 보기도 한다.(田中俊明, 2008, 앞의 논문, 125쪽) 현재 확인되는 한 扶南의 財物 등은 남조에 대한 조공 과정에서 이들 나라의 사신들과 교류를 통하여 획득하거나, 發正과 같이 강남도나 양자강 지역에서 활동한 민간인들의 교역으로 말미암은 것으로 이해해야 하지 않을까 생각된다.

24) 『海東繹史』 권 25, 食貨志 錢貨.

25) 『隋書』 권 24, 志 19, 食貨.

26) 楊武泉 校注, 1999, 「周去非與嶺外代答」, 『嶺外代答校注』, 5~6쪽,

27) 周去非 撰, 『嶺外代答』 권 3, 外國門 下, 航海外夷·권 5, 邕州橫山寨博易場·邕州永平寨博易場·欽州博易場 ; 1937, 앞의 책, 42·71~73쪽. 朴南守, 2009, 「9세기 신라의 대외 교역물품과 그 성격」, 『사학연구』 94, 26쪽.

진 동서교역에서 금은의 칭량화폐를 결재 수단으로 사용하였음을 살필 수 있다. 『입당구법순례행기』에서는 승화 5년(838) 원인이 사금 대 2량을 당의 1대량 7전에 칭정秤定함으로써 당나라 화폐로 환매하여 물품을 구입한 바 있다.[28] 이는 9세기 전반 원인이 일본의 사금을 당나라의 금 칭량에 맞추어 교역하였던 사례라고 할 것이다.[29] 더욱이 가등번加藤繁이 제시한 파리 국립도서관의 금정이나 『유양잡조酉陽雜俎』의 금은정은 백제 미륵사지 출토 금정과 흡사한 바, 당시 이들 금정이 동서 교역의 주요 결재 수단이었음을 시사한다.[30] 이는 『서청고감』의 무문 금은정 관련 기사와 『영외대답』에서 당과 신라 상인들이 금은으로 동남아시아 및 서역 물품을 구매하였던 사실을 증거한다.

그러므로 무령왕릉에서 발견된 오수전이나 왕흥사지에서 발견된 북제의 상평오수전, 사비지역에서 발견된 당나라의 개원통보가 중국과의 교류 사실을 보여주지만, 백제 미륵사지 서탑에서 발견된 금정은 중국 강남도 일원의 동서교역의 필요성 때문에 제작되지 않았나 한다. 곧 미륵사지 출토 금정은 백제 고유의 칭량 단위 17.328g/량과는 달리 양·진의 13.928g/량에 상응하는 무게 단위를 사용하였다. 이는 중국 양나라 때에 사전私錢이 횡행하고 동전銅錢이 다하여 철전鐵錢으로 대체하거나 교주와 광주 지역은 완전히 금은으로 화폐를 삼았던 것과[31] 관련될 것으로 보인다. 백제는 무령왕대부터 양과 긴밀하게 교류하였고, 양나라에 대한 조공과정에서 동남아시아 및 서역 사신들과 교류함으로써 양나라 교주·광주 지방에서의 금은정의 유통 상황을 알고 있었을 것이다.[32]

---

28) 圓仁, 『入唐求法巡禮行記』 1, 承和 5년 10월 14일.

29) 김주성은 7세기 무렵 금정을 국제 무역 교류에 결재수단으로 사용하였을까 하는 점에 의문을 표하고, 이를 위해서는 무역 당사국간의 금의 질과 무게에 대한 어떤 합의가 있어야 가능할 것이라고 지적하였다.(김주성, 앞의 논문, 51쪽) 그러나 9세기 전반의 일이지만 圓仁의 사례에서 일본의 砂金 大2兩을 당나라의 市頭가 1大兩 7錢으로 秤定하였음을 볼 수 있다. 이는 市頭의 주관하에 금의 秤定이나 교환가가 정해지고 있음을 보여주는 것으로서, 금정이 교역의 결재수단으로 사용하는 데 어떠한 문제도 없었음을 확인하여 준다. 더욱이 미륵사지 출토 금정이 백제 고유의 칭량 단위 대신에 중국 강남도 지역의 衡制를 따랐던 것은, 백제의 중국 강남도 일원과의 교역을 전제로 한 것으로 풀이된다.

30) 加藤繁, 1925, 『唐宋時代における金銀の研究』, 東洋文庫, 314~319쪽.
박남수, 2010, 앞의 논문 참조.

31) 『隋書』 권 24, 志 19, 食貨.

32) 박남수, 2010, 앞의 논문 참조.

또한 양과 북제가 멸망하고 수나라 말엽 오수백전五銖白錢이 통용되었으나 사주전私鑄錢이 횡행하였다. 이로써 2근의 천전千錢이 점차 가벼워져 1근에도 미치지 않게 되어 칭량화폐로서의 성격을 잃게 되자, 마침내 당은 무덕 4년(621) 개원통보를 주조하였다. 그럼에도 불구하고 당 자체에서도 사전私錢이 점차 일어나, 현경 5년(660) 무렵에는 이미 악전惡錢이 횡행하였다.[33]

이와 같은 상황에서 '1근명 석제용범'의 은정은 대당 조공품으로 기능하였던 것으로 보인다. 곧 1근 단위의 고가의 은정이라는 점과 백제 고유의 무게 기준값[0.722g/주]에 기반한 개원통보의 무게 값일 가능성이 높다는 점에서, '1근명 석제용범'의 은정은 고구려 사례로부터 국용 곧 대당조공품으로 기능하였다고 여겨진다. 또한 미륵사지에서 출토된 은정은 백제 고유의 무게 기준값 1량을 반으로 절개하여 사용하였다는 데서, 백제 내지에서 사용하던 은정이었을 것으로 추측된다. 이에 대해, 왕흥사지 출토 은정이나 미륵사지 출토 금정은 백제 고유의 무게값과 달리 양·진의 계통을 잇는 중국 강남도의 형제를 따랐다는 점에서, 당나라 강남도 일원에서 활동하던 동남아시아와 서역 상인들의 금은정의 선호에 부응하고자 한 것으로 이해된다. 따라서 백제는 639년 이후 7세기 중엽 당나라 조정과의 교류를 위한 은정과 내수용 은정을 비롯하여 중국 강남도와의 교역을 위한 금정을 별도로 제작하여 사용하였다고 할 수 있다.[34]

3. 백제의 웅진강熊津江 유역 대외교역항 개설과 익산益山 경영

백제는 서진 이래로 중국의 여러 나라와 교류하였고, 웅진 천도 이후에도 남조의 송宋, 제齊, 양梁을 비롯하여 북조의 위魏, 북제北齊, 북주北周, 수隋 등과 통교하였다.[35] 먼저 북조와의 교류는 서해 연안을 따라 덕물도德物島를 거쳐 산동반도에 이르는 항로를 이용하였다. 개로왕 18년(472) 북위에 사신을 보내어 '고구려가 사행길을 막는다'고 호소하자, 북위의 현조顯祖는 소안邵安을 보내어 백제 사신을 호송하도록 하였다. 그러나 고구려 장수왕은 옛날 개로왕과의 원수 관계

33) 『新唐書』 권 54, 志 44, 食貨 4.
34) 박남수, 2010, 앞의 논문 참조.
35) 『北史』 권 94, 列傳 82, 百濟.

를 들어 이들을 통과시키지 않았다. 또한 북위는 백제 문주왕 1년(475) 소안 등을 산동반도의 동래東萊로부터 바다를 건너 백제에 사신으로 파견하였다.[36] 이는 비록 성사되지 못하였으나, 북위와 백제의 항로가 산동반도로부터 옹진군 덕물도 일원을 거쳐 서해 연안을 따라 남하하는 것이었음을 보여준다. 이 항로는 백제 멸망기에 이르기까지 수·당 등 중국 통일제국과의 교통로로 활용되었던 것으로 보인다. 무왕 27년(626) 백제가 당나라에 사신을 보내 고구려가 조공의 길을 막는다고 호소한 것[37]이나, 660년 소정방이 이 항로를 통하여 백제를 공격한 것[38]은 그러한 사실을 반영한다.

다음으로 백제의 남조와의 항로도 최소한 무령왕대까지는 서해중부횡단항로를 이용했던 것으로 보인다. 곧 서해 연안을 따라 북상하여 덕물도 부근에서 서해를 횡단하여 산동반도에 이르고, 다시 산동반도에서 중국 연안을 따라 남하하여 양자강 일대에 이르는 항로를 택하였다. 문주왕 2년(476)에는 송나라에 사신을 보내었으나 고구려가 길을 막아 성사되지 못하였다.[39] 동성왕 6년(484)에는 내법좌평 사약사沙若思를 남제에 사신으로 파견하였으나 서해중에서 고구려병을 만나 실행하지 못하였다.[40]

그런데 무령왕 2년(521)에 '여러 번 [고]구려를 무찌르며 [싸웠으나] 이제 비로소 우호관계를 맺게 되어, 백제가 다시 강국이 되었다'고 양나라에 표를 올린 것[41]은, 백제가 고구려군을 서해상에서 제압할 정도의 국세를 회복하여 고구려

36) 『魏書』 권 100, 列傳 88, 百濟.
37) 『三國史記』 권 27, 百濟本紀 5, 武王 27년.
38) 『三國史記』 권 28, 百濟本紀 6, 義慈王 20년 5월.
39) 『三國史記』 권 26, 百濟本紀 4, 文周王 2년 3월.
40) 『三國史記』 권 26, 百濟本紀 4, 東城王 6년 秋 7월.
백제의 대남제 외교는 새로운 항로 곧 서해남부사단항로(영산강 회진–흑산도–서해남부사단항로–중국 명주)의 개설과 관계된 것으로 보기도 하나(신형식, 2005, 『백제의 대외관계』, 주류성, 105쪽 ; 김수태, 2008, 「웅진시대 백제의 대남조 외교」, 『백제문화』, 국립공주박물관, 93쪽 ; 尹載云, 2008, 「백제의 무역망과 담당층」, 『백제문화』 47, 91쪽), 서해중에서 고구려병을 만나 실행하지 못했다는 데서 백제가 남제와의 교류에 여전히 서해중부횡단항로를 이용하였음을 알 수 있다. 서해남부사단항로의 개설 시기에 대해서는 여러 견해가 제기되었으나(정진술, 2009, 「고대의 한·중 해상 교통로」, 『한국의 고대 해상교통로』, 한국해양전략연구소, 283~286쪽), 백제의 웅진강과 연계된 서해남부사단항로의 운영은 후술하듯이 웅진강 유역 개발 이후라야 가능하였을 것으로 생각한다.
41) 『三國史記』 권 26, 百濟本紀 4, 武寧王 21년 冬 11월. 『梁書』 권 54, 東夷列傳 48, 百濟.

와 우호관계를 맺게 됨으로써 서해중부횡단항로를 이용할 수 있게 되었다는 의미로 풀이된다. 그후로도 이 항로는 계속 유지되지 않았을까 추측된다. 백제는 북위와 교섭하였을 뿐만 아니라 북위를 계승한 동위,[42] 그리고 수·당과도 교류하였으므로, 중국 연안을 따라 내왕하는 데 큰 문제는 없었다고 여겨지기 때문이다.

한편 백제가 남해 또는 서해 연안으로부터 흑산도黑山島를 거쳐 중국 강남도의 명주明州에 이르러, 다시 중국 연안을 따라 북상하여 양자강지역에 이르는 항로[43]를 언제부터 상설적으로 운용하였는지는 명확하지 않다. 최치원崔致遠이 「대사 시중에게 올리는 문서上大師侍中狀」에서 "고려·백제가 전성全盛할 때에는 강병强兵이 100만 명이었는데, 백제는 남쪽으로 오월吳越을 침범하고 북쪽으로는 유연幽燕·제齊·노魯를 어지럽혀 중국의 큰 해독이 되었다"[44]고 한 것이나, 『구당서』 백제전에 서쪽으로는 바다 건너 월주越州에, 남쪽으로는 바다 건너 왜국倭國, 그리고 북쪽으로는 바다 건너 고[구]려에 이른다고 한 것은,[45] 백제가 최소한 6세기 중후반 이후 중국 강남도에 이르는 직항로를 운용하였다는 의미가

42) 산동반도에서 중국 연안을 따라 남하하는 길목에 東魏가 있었지만, 동위는 梁나라와 매우 빈번하게 사신을 주고 받았다.(『北史』 권 5, 魏本紀 5, 東魏孝靜皇帝) 비록 사서에는 명확하게 전하지 않으나 백제 또한 동위와 교류했을 것으로 여겨지는데, 백제가 東魏와 빈번하게 교류하였던 梁과 내왕하였던 것이나, 『北史』 백제전에 '[百濟는] 晋·宋·齊·梁나라가 江東에 웅거할 때부터도 사신을 보내어 藩國으로 자칭하고 아울러 封爵도 받았다. 또 魏나라와도 [사신이] 끊이지 아니하였다. [北]齊가 東魏로부터 禪位받았을 때에도 그 王 隆은 사신을 파견하였다'(『北史』 권 94, 列傳 82, 百濟)고 한 데서, 백제가 북위를 계승한 동위와도 교류했음을 짐작할 수 있다.

43) 중국 강남도로부터 흑산도에 도착하여 서해 연안을 따라 북상하는 항로는 『宋史』 권 487, 外國列傳 246, 高麗條와 趙汝适의 『諸蕃志』 新羅國條에 보이는 바(馮承鈞, 1967, 『諸蕃志校注』, 臺灣商務印書館, 87쪽), 明州가 중국 江南道로부터 黑山島에 이르는 주요한 기점이었음을 알 수 있다.(林士民, 1993-1, 「唐, 吳越時期浙東與朝鮮半島通商貿易和文化交流之硏究」, 『渤海史硏究』, 16~18쪽 ; 김문경, 1996, 「9~11세기 신라사람들과 강남」 ; 손보기 편, 『장보고와 청해진』, 혜안, 60~61쪽) 또한 『入唐求法巡禮行記』에는 圓仁을 태우고 일본으로 간 재당 신라상인 金珍의 배가 '蘇州-登州 莫耶口-黃海-신라 西熊州 해안-武州 서남쪽 高移島-武州 남쪽 黃茅島(일명 丘草島)-武州 남쪽 雁島-肥田國 松浦郡 북쪽 鹿島-橘浦-博多 서남쪽 能擧島'를 항해하였음을 살필 수 있다.(『入唐求法巡禮行記』 권 4, 大中 원년 9월 2일~17일 ; 박남수, 2009, 「圓仁의 歸國과 在唐 新羅商人의 對日交易」, 『韓國史硏究』 145, 4·10~122쪽)

44) 『三國史記』 권46, 列傳 6, 崔致遠.

45) 『舊唐書』 권199, 東夷列傳 149, 百濟.

아닐까 한다.[46] 무왕 9년(610) 수나라는 왜국에 문림랑文林郎 배청裴淸을 사신으로 보내면서 백제의 남로南路를 거쳐 갔다고[47] 하는 바, 이로써 백제가 수나라–백제–왜에 이르는 항로를 확보하였음을 알 수 있다.[48] 이는, 『구당서』에서 백제의 강역을 '남쪽으로 바다 건너 왜국에 이른다'고 일컬은 것이 백제의 항로 개설 사실을 지칭하는 것임을 보여준다. 따라서 『구당서』의 백제 강역 기사는, 백제가 왜 뿐만 아니라 중국 오월에 이르는 항로까지도 확보하였던 사실을 보여주는 것으로 풀이된다.

그런데 백제가 서해남부사단항로를 확보한 시점은, 위덕왕 36년(588) 수나라가 진陳을 평정하고 그 전선戰船이 표류하여 백제의 탐모라국躭牟羅國에 닿았다가 백제를 통과하여 돌아갔다는 데서[49] 최소한 6세기 후반 이전이라 할 수 있다. 『삼국사기』 신라본기에는 진평왕 9년(587) 대세大世와 구칠仇柒이 오월로 들어가 스승을 찾고자 남해에서 배를 타고 떠났다는 기사를 전한다.[50] 또한 「관세음응험기觀世音應驗記」에는 백제의 구법승 발정發正이 양梁 천감중天監中(502~519)에 중국에 들어가 30년여 구법활동을 하다가 월주로부터 귀국하였

46) 이도학은, 이 기사를 『宋書』에 보이는 요서경략설과 연결시켜 설명하고자 하였다. 곧 씨는 진평군과 백제군을 남중국에 비정한 견해를 좇아 백제가 직접 남중국을 경영한 것으로 풀이하였으나(이도학, 2008, 앞의 논문, 175~177쪽), 『송서』 뿐만 아니라 『양서』 백제전의 백제 요서경략설은 고구려의 요동경략에 대응한 조치로서, 그 기사를 인정한다고 하더라도 진평군과 백제군의 위치는 요서지역에서 찾는 것이 옳다고 본다.

47) 『三國史記』 권 27, 百濟本紀 5, 武王 9년 春 3월.

48) 裴淸의 사행로인 '南路'를 서해남부사단항로로 보기도 하나(이용범, 1967, 「처용설화의 일고찰」, 『진단학보』 32, 78쪽 ; 최근묵, 1971, 「백제의 대중관계 소고」, 『백제연구』 2, 180쪽 ; 이해준, 1988, 「흑산도문화의 배경과 성격」, 『도서문화』 6, 14쪽; 윤명철, 2002, 『장보고시대의 해양활동과 동아지중해』, 학연문화사, 70쪽 ; 신형식, 앞의 책, 59쪽), 이는 백제의 남쪽 해로를 거쳐 갔다는 의미로 풀이된다. 특히 裴淸이 왜국의 사신으로 출발하였다면, 수나라의 수도 長安으로부터 산동반도를 거쳐 서해중부횡단항로로써 덕물도 일원에 이르러 백제 서안을 따라 남하하여 남해 연안에서 대마도를 거쳐 일본으로 가는 항로로 보는 것이 자연스러우며(앞의 각주 43 金珍의 항로 참조), 이를 백제의 '南路'로 일컬은 것으로 이해된다.

49) 『北史』 권94, 列傳 82, 百濟.

50) 『三國史記』 권4, 新羅本紀 4, 眞平王 9년 秋 7월.
신형식은, 대세와 구칠의 일화로써 백제가 개척한 서해남부사단항로를 신라가 계승한 것으로 보고, 동성왕대의 남제와의 교류는 서해남부사단항로인 남로의 개척을 의미한다고 하였으나(신형식, 앞의 책, 105~106쪽), 앞서 살폈듯이 최소한 무령왕대까지는 서해남부사단항로가 아닌 서해중부횡단항로를 이용하였다고 보는 것이 옳다고 본다.

다고 하는 바[51] 월주로부터 흑산도를 거쳐 서해 연안에 이르는 항로를 상정할 수 있다. 만일 발정이 서해남부사단항로를 거쳐 귀국하였다면, 532~549년 무렵에는 백제로부터 월주로 향하는 직항로가 확보된 셈이고, 그후 신라의 대세와 구칠도 이 항로를 통하여 오월 지방에 들어가고자 하였던 것으로 이해된다.[보주]

따라서 백제는 웅진·사비시기 어느 시점까지 서해중부횡단항로를 이용하여 남북조와 통교하고 그후 서해남부사단항로로써 중국 강남도 지방과 교류하였음을 인정할 수 있다. 다만 백제가 어떠한 배경에서 중국 강남도에 이르는 직항로를 운영하였으며 백제의 대중국 항로의 기점이 어디였는지는 명확하지 않다. 이는 삼국의 강역과 정세에 따라 변동하였는데, 특히 백제는 두 차례에 걸쳐 수도를 옮겼던 만큼 이에 따라 대중국·일본 교역항 또한 이동하였던 것으로 보인다.

한성시기 백제의 대중국 교역항은 한강 하구지역이나 당항성 정도였을 것이나, 웅진으로 천도한 직후 대중국 서해중부횡단항로의 기점은 예산의 내포內浦나 태안반도 보령군 남포藍浦, 서산군 해미海美 지역이었을 것으로 생각된다. 내포는 황해도 남부지방에 본부를 둔 진번군의 전진기지 삽현의 소재지로 비정되고, 남포는 백제시대 사포현의 소재지이며, 해미는 지황 연간(A.D. 20~22)에 진한 우거수 염사착이 낙랑군에 귀화할 때의 근거지였던 것으로 추정되고 있다. 따라서 이들 지역은 일찍부터 해로를 통하여 황해도지역과 긴밀한 접촉이 있었던 곳이라 할 것이다.[52] 또한 해미와 남포 등 태안반도 일원은 북제 양식의 불상 유입경로로 지적되고 있다. 예산 사면석불이 내포를 통하여 유입된 것이라면, 태안의 마애삼존불상이나 서산의 마애삼존불상은 산동반도 지역의 불상 양식과 통하는 것으로서 백제의 가장 절정기 불상 양식이라고 한다. 이는 해로를 통하여 태안반도 일원에 유입된 것으로 평가된다.[53]

---

51) 「觀世音應驗記」, 百濟文化開發硏究院 편, 1985, 『百濟史料集』, 367쪽.

보주) 『日本書紀』 권 26, 齊明天皇 5년(659) 7월 무인조에는 일본의 견당사 일행이 '難波→筑紫→百濟南畔之嶋(毋分明)→大海→越州 會稽県 須岸山→余姚県→越州→乘驛入京'의 路程을 보여주거니와, 659년에 백제 남해안으로부터 당나라 明州에 이르는 항로가 운영되었음을 확인할 수 있다.

52) 李基東, 1990, 「馬韓史 序章」, 『馬韓·百濟文化』 12 ; 1996, 『百濟史硏究』, 一潮閣, 69~71쪽.

53) 김춘실, 2008, 「동북아 6~7세기 불교조각사에 있어서 백제조각의 의의」, 『충청학과 충청문화』 7, 81쪽.

내포를 경유한 경로는 내포만 일정 지역을 기점으로 아산-공주로 이어지는 비교적 평탄한 내륙로를 상정할 수 있지만, 경기만 일대의 고구려·신라와의 정치·군사적 세력관계에 따라 통로의 안정성이 좌우되었다. 태안반도 포구 곧 남포, 해미 등을 경유한 경로는 차령산맥를 넘어야 하는 문제가 있지만 북조형식의 다양한 불교유적을 간과할 수 없는 바, 태안반도 해미로부터 서산-삽교-예산-공주로 이어지는 경로나 남포로부터 홍산-부여-공주로 이어지는 루트를 상정할 수 있다.

그런데 웅진·사비 시기는 삼국이 한강유역을 놓고 치열하게 전투를 벌이던 때였다. 특히 개로왕의 전사 이후 이들 지역은 고구려의 영향력 하에 있었다. 위덕왕 1년(554) 고구려의 웅천성熊川城 공격에서[54] 볼 수 있듯이 내포만이나 태안반도 일대는 고구려의 침입에 쉽게 노출되는 지역이었다. 이에 안정적이면서 백제 수도와의 접근이 용이한 지점에 대외 교역항을 개설해야 했을 것인바, 공주·사비와 수로로 연결되는 금강유역을 주목할 수 있다.

사실 부안 죽막동 제사유적에서 발견된 청자는 중국·왜와의 교역을 통한 부산물일 것으로 추정되고 있다.[55] 또한 익산지역에서는 부여지역과 함께 청자연화문육이병편青磁蓮花紋六耳甁片과 백자편白磁片 등 6~7세기의 다양한 북조 도자기편이 발견되었다.[56] 이는 조공무역의 차원을 넘어선 이른바 '무역도자'로서 일컬어지기도 한다.[57] 이로써 보건대 익산지역은 일찍부터 백제의 수도권과 별개로 금강 일원을 근거로 독자적인 세력을 형성함으로써 중국 등과 활발히 교역하였음을 알 수 있다.[58]

54) 『三國史記』 권 27, 百濟本紀 5, 威德王 1년 冬10월.

55) 박찬규, 1999, 「백제의 성장과 서남해안 진출」, 『STRATEGY21』 vol 2-2, 116~117쪽. 西谷正, 2008, 「宗像·沖ノ島의 古代 祭祀와 豪族」, 『충청학과 충청문화』 7, 160·168쪽.

56) 李蘭英, 1998, 「백제지역 출토 중국도자 연구-고대의 교역도자를 중심으로-」, 『백제연구』 28, 220~230쪽. 成正鏞, 2002, 「백제와 중국의 무역도자」, 『백제연구』 38, 31~32쪽.

57) 權悳永, 2007, 「대외교역활동」, 『백제의 사회경제와 과학기술』, 충청남도 역사문화연구원, 237쪽.

58) 한편 尹載云은 죽막동 제사유적의 유물이 4세기 중반부터 7세기 전반에 걸친 것이라는 점에서, 근초고왕이 중국대륙과 한반도, 일본열도에 걸친 무역망을 구축한 것으로 보았다.(尹載云, 앞의 논문, 87~88쪽) 물론 이 지역이 근초고왕대에 이미 백제 영역에 편입된 것은 분명하지만, 당시에는 백제의 중앙정권은 한강 일원과 당항성 일대를 중심으로

특히 금강 하안유역의 익산 웅포면 입점리·웅포리·나포리 고분은 5세기 중·후반경 마한문화로부터 백제문화로 이행하는 과도적 양상을 보여준다. 웅포 입점리에는 금동관모를 비롯한 화려한 유물이 부장된 백제 중기의 고분군이 있는데, 백제 중앙 특히 웅진과의 관련성이 많은 것으로 지적되고 있다.[59] 이들 유물을 출토한 백제정복자들의 묘제인 횡혈식 석곽분, 특히 횡혈식 석실분에 대해서는 신구문화의 접촉에 의한 문화변용의 모습을 드러내는 것으로서 평가된다.[60] 또한 입점리 고분군에서 출토된 청자사이호(관)青磁四耳壺(罐)는 석촌동 고분 출토 청자사이호와 공주 송산리 무령왕릉 출토 청자육이호青磁六耳壺의 사이인 5세기 후반경으로 추정되는 바,[61] 무령왕 초년 이 지역을 개발한 것은 기왕에 이 지역의 중국과의 교역의 잇점을 충분히 활용하기 위해 백제 중앙정부가 이 지역을 직접 통치하고자 한 조치로서 여겨진다.

백제는 동성왕 23년(501) 가림성加林城을 축조하여 백가苩加를 진수시켰으나 백가가 난을 일으킴으로써 이를 진압한 무령왕 즉위년부터[62] 금강 하안 곧 웅진강 유역을 본격적으로 개발하였을 것으로 생각된다.[63] 특히 가림성은 당군과의 전투 때에 '험하고 견고하며 수륙의 요충지'로서 일컬어진 바, 이미 동성왕 23년에 백강에서 웅진강으로 이어지는 수로와 이로부터 사비성으로 이어지는 육로를

대외 교역망을 구축하였고, 입점리 고분군에서 5세기 중후반까지 금강 유역의 별개의 세력을 상정할 수 있으므로 금강 지역의 독자적인 세력이 중앙정부와는 별도로 대외 교역에 임하였던 것으로 보아야 할 것으로 생각한다.

59) 조유전 외, 1989, 『익산 입점리고분 발굴조사보고서』, 문화재연구소, 91~93쪽. 김삼룡·김선기, 1988, 「익산 웅포리 고분군 발굴조사보고서」, 원광대 마한·백제문화연구소, 131~132쪽. 최완규, 1995, 『익산 웅포리 백제고분군』, 백제문화개발연구원·원광대학교 박물관, 60쪽. 김삼룡, 2001, 「지정학적인 측면에서 본 익산」, 『마한·백제문화연구』 15. 122~123쪽.

60) 李基東, 2004, 「한국고대사에 있어서 익산문화권의 위치」, 『마한·백제문화』 16, 60쪽.

61) 尹龍二, 1988, 「백제유적 발견의 중국도자를 통해 본 남조와의 교섭」, 『진단학보』 66, 203~205쪽.

62) 『三國史記』 권 26, 百濟本紀 4, 東城王 23년 秋 8월·武寧王 원년 春 정월.

63) 무령왕은 이후 왜와의 관계를 정상화시키고 탐라의 통교관계를 개설함으로써 남방 항로를 완전히 정상화하였다.(尹載云, 앞의 논문, 90쪽) 또한 고구려를 공격하는 한편으로 고구려·말갈의 침입을 거듭 물리치고, 남조의 양과 지속적으로 통교함으로써 무령왕 21년(521) 다시 강국이 되었다고 천명하였다. 이에 무령왕 23년(523)에는 드디어 漢城을 순무하고 한강 이북 지역에 쌍현성을 쌓았다. 무령왕의 일련의 조치는 금강 하구 유역의 개발과 함께 대왜·중국 항로를 확보하는 과정으로서 이해된다.

지키기 위하여 축조된 것으로 이해된다. 가림성은 임천林川 성흥산성聖興山城으로 추정되기도 하는데[64] 산 아래는 남당변南塘邊으로서 웅포의 건너편이 된다.

남당변에 있는 용졸당用拙堂의 기記와 시詩에는 조선 중기 용졸당 건너의 웅포에 대한 정황을 전한다. 곧 김상헌金尙憲(1570~1652)은 「용졸당기用拙堂記」에서 웅포를 충청도 가림嘉林[지금의 林川]과 남당강을 통하여 십 리도 안되어 다달을 수 있는 곳으로서, 조선시대에 남북의 선박이 모여들어 해외에서 나는 맛좋은 과일과 색다른 물산인 귤홍橘紅이나 부자附子같은 좋은 약재와 석류, 동백과 같은 기이한 꽃들이 이르러 오지 않는 것이 없는 곳[65]으로서 묘사하였다. 설정雪汀 이흘(1557~1627)은 「용졸당시用拙堂詩」에서 "조수는 웅포熊浦를 휘감고 상선商船을 미혹하는구나"라고 하여, 조수가 웅포까지 밀려들고 상선이 내왕하였던 사정을 전한다.[66]

또한 1895년 일본의 재경성영사在京城領事 내전정퇴內田定槌는 「고부만古阜灣 및 목포시찰木浦視察 복명서復命書」에서 웅포를 마산포에 비견되는 양항으로 보고, 이곳을 개항장으로 정한다면 인근에서 산출되는 미곡과 기타 생산물을 육로 또는 해로로 수출할 수 있다고 하였다. 아울러 웅포는 전라도의 수부首府인 전주全州, 충청도의 수부인 공주公州 및 충청, 전라 양도 연해지방의 대부분과 금강 연안 지방을 상대로 하는 외국무역의 일대 중심이 될 것으로 전망하였다.[67]

---

64) 李丙燾, 1977, 『國譯 三國史記』, 乙酉文化社, 401쪽.

65) 『淸陰集』 권 38, 記 五首, 用拙堂記.

66) "潮廻熊浦迷商船"(『雪汀詩集』 권 2, 七言古詩, 用拙堂詩)

67) 古阜灣(熊浦灣)
이 古阜灣은 전라도 古阜縣의 서쪽에 해당하는 곳이라서 우리 일행은 편의상 임시로 이를 古阜灣이라 불러 왔지만, 실제 한국인 사이에는 일정한 명칭이 있는 것이 아니다. 영국인은 이곳을 「Price Inlet」라 칭하고, 또 이 안에 熊浦 즉 지방사투리로 「곰소」라 칭하는 작은 섬이 있어서 이곳을 「Kumso」 나루라고 칭하는 자도 있었다. … 灣內에 몇 개의 小島가 있는데, 그 주요한 것은 竹嶋·龍淵嶋 및 虎嶋로 만조일 때는 灣內 한쪽에만 머물러 물이 가득 차지 않지만, 간조일 때는 그 좌측 해안은 개펄이 되어, 단 한 줄기 수로만 남아 있을 뿐 나머지는 눈에 띄는 곳마다 모두 간석지가 된다. 그런데 그 池路는 最低潮일 때라 할지라도 폭이 약 3해리 내지 4哩(3해리)에 달하며 그 가장 깊은 곳은 7~8尺에 달하는 정도이다. 만의 입구에는 다른 여러 곳의 항만과 같이 하나의 얕은 곳에 길이 있지만, 이 곳은 最低潮인 때에도 오히려 6尺 이상의 수위를 갖고, 평소 간조 때라 할지라도 15~6尺의 깊이이다. 사실 이달 5일 오후 1시 潮州府 號가 이 곳을 통과할 때는 마침 간조 때였지만, 이 배는 船底 14尺을 유지하면서 물밑바닥까지 2尺의 여유를 갖고 자유로이 통과할 수 있었다. 처음 만조 때에는 오히려 이보다 사실 웅진강 일원의 주요 포구로는 기벌포伎伐浦를 비롯하여, 조선시대에 덕성창德成倉을 두었던 함열현咸悅縣 서피포西皮浦, 그리고 관방수어지關防守禦地였던 부안현 남쪽 웅연의 검모포黔毛浦와 옥구현 북쪽 진포鎭浦 등을 들 수 있다. 덕성창은 조선시대에 전라북도 일원의 조세를 거두는 내륙 수로의 기착점이었다.68) 따라서 웅포는 익산을 통하여 전라도 지방에 이르고, 금강을 따라 곧바로 사비·공주에 이르는 백제의 국내 주요 수로인 동시에 대일본·중국으로의 교역항으로서의 조건을 갖추었던 것이다.69)

10尺 내지 15尺의 수량이 증가하므로, 船底 20尺 이상의 큰 배라 할지라도 출입이 자유로워지고 동시에 2~30척을 정박시킬 수 있을 것이다. 또 연안은 좌우 양안과 灣奧의 左岸 위가 모두 산악으로 이를 둘러싸고, 西岸의 한 쪽만이 열려있어 바다에 면한 그 입구는 비교적 크다. 이 지방에는 서풍이 불어오는 일이 매우 드물고 또 설사 서풍이 불어온다 할지라도 만의 전면에 가로놓여 있는 간석지 때문에 防風이 되어, 이 서안 방향에서는 결코 심한 풍파가 만내에 침입하는 일이 없을 것이므로 만내에 정박하는 대소 선박은 매우 안전하다. 또한 이 곳은 다른 여러 항구와는 달라 長江大河의 하류에 해당되지 아니하므로 조수의 간만에 비하여 조류의 속도가 극히 완만하고, 물밑이 진흙이어서 선박이 정박하는 데는 매우 편리하다고 한다. … 그러므로 이 곳은 항내의 물이 깊고 광활하여 선박의 출입이나 정박에 매우 편리할 뿐 아니라, 기후도 온난해서 동절기에도 결빙의 염려가 없으므로 선장 마이어氏는 한국의 항만 중, 경상도 馬山浦를 제외하고 이 곳보다 좋은 良港은 없다고 칭찬했다. … 熊浦의 동북은 광막한 一面의 염전으로, 만조 때는 겨우 조수로 덮여지지만 조금 간조가 될 때는 완전히 간석지가 된다. 이 섬의 대안에는 黔毛鎭이라 칭하는 촌락과 全州街道에 이르는 한 줄기 통로가 있어 도보로 왕복할 수 있다. … 熊浦에서 全羅道의 首府인 全州로 통하는 데는 동북을 향하여 염전 가운데를 지나서 對岸 黔毛鎭의 쪽인 山谷 사이로 진입하는 한 줄기 곧은 길이 있어서, 古阜를 거쳐 全州에 도달하는데는 行程이 약 140里이다. 현지인이 말하는 것을 들어보면 그곳에 이르는 도로는 대개 평탄하고 人馬의 통행에 지장이 없으며, 다만 全州 근방에 이르러 하나의 산언덕이 있을 뿐이라고 한다. 또 전라도 각 지방에서 행상하는 在 釜山 일본인으로부터 들은 바에 의하면, 古阜 이남의 지방은 산악이 곳곳에 起伏하여 평지는 적지만 이 곳에서 井邑·泰仁·金溝·金堤·全州·龍安·臨陂·萬頃·扶安 등의 여러 지방은 망망한 一望의 평원으로 전라도 다른 지방과 비교할 수 없는 産米地라고 한다. 그러므로 黔毛鎭과 이들 지방 사이의 육로교통은 그렇게 곤란하지 않을 것이라고 생각된다. … 만약 이 곳을 開港場으로 정한다면 인근에서 산출되는 미곡과 기타 산출물은 육로 또는 해로를 거쳐 속속 이 곳에서 수출할 수 있게 되고, 또 전라도의 首府인 全州, 충청도의 首府인 公州 및 忠淸, 全羅 兩道 연해지방의 대부분과 금강 연안 일대의 지방을 상대로 하는 외국무역은 점차 이 곳이 일대 중심이 될 것이다.(국사편찬위원회 편, 1994, 「古阜灣 및 木浦視察 復命書(1895. 1. 31)」, 『주한일본공사관기록』 11, 111~118쪽 ; 국사편찬위원회 한국사데이터베이스, http://www.history.go.kr/url.jsp?ID=NIKH.DB-jh_011r_0030_0030)

68) 『新增東國輿地勝覽』 권 34, 全羅道 咸悅縣 山川.

의자왕 20년(660) 소정방의 당군은 백제를 공격하기 위하여 중국 산동반도 성산城山을 출발하여 덕물도[경기도 甕津郡 德積島]를 거쳐 서해 연안을 타고 내려와 백강白江을 지나 웅진구熊津口에 도착하였다.[70] 이는, 당나라가 백제를 공격하기 위해 새로이 항로를 개설하였다기 보다는 이미 백제의 대중국 통로로서 잘 알려져 있던 사정을 반영한다. 특히 소정방은 백강을 지나 웅진강구에 도착하여 웅진강 입구를 막던 백제병을 물리치고 조수를 타고 웅진강에 들어가, 마침내 보병과 기병으로써 육지로 나아가 사비 30리[一舍] 전방에 머물러 진을 쳤다.[71] 당의 전함들이 웅진강에 도착하여 보병과 기병을 육지로 내보내 사비로 진격하였다는 것은, 웅진강 어느 곳이 전선의 최종 접근점이었음을 시사한다. 당시

69) 익산의 교통·군사적 이점에 대해서는 대체로 많은 연구자들이 견해를 같이 한다.(노중국, 2003, 「백제사에 있어서의 익산의 위치」, 『益山의 先史와 古代文化』, 212~215쪽; 길기태, 2008, 「미륵사 창건의 신앙적 성격」, 『한국사상사학』 30, 11~17쪽; 박현숙, 2009, 앞의 논문, 340~341쪽) 또한 尹載云은 "입점리 지역은 그 지리적 위치로 보아 수도의 관문을 방비하는 것 외에 대중국 무역기지로서의 역할도 하였으리라 짐작된다"(尹載云, 앞의 논문, 91쪽)고 하였다. 윤재운이 별다른 근거를 제시하지 않았다는 점과 대중국 교역항로의 개설 시기 등에 관한 견해에는 이론이 있지만, 이 지역을 백제 수도의 관문이자 교역항으로서 좋은 입지조건을 갖추었다고 본 추론은 옳다고 본다.

70) 『三國史記』 권 28, 百濟本紀 6, 義慈王 20년 5월. 『舊唐書』 권 83, 列傳 33, 蘇定方. 白江에 대하여 『삼국사기』 백제본기 義慈王 20년조에는 '伎伐浦', 그리고 『三國遺事』 太宗春秋公條에는 "伎伐浦는 곧 長嵓, 또는 孫梁이라 하며, 只火浦 또는 白江이라 한다"고 하였다. 『日本書紀』 天智天皇 2년(662) 가을 8월 13·17일조에는 白村江 전투를 전하는데, 『삼국사기』나 『당서』에서는 白江口에서 백제 부흥군을 지원하는 왜선 400척을 불살랐다고 하였다. 따라서 『일본서기』의 백촌강은 『삼국사기』와 『당서』의 백강이 분명하며, 그 위치에 대해서는 지금의 錦江 하구 부근, 또는 東津江, 안성천 하구 白石浦, 백마강 및 금강 하류, 백마강과 茁浦 등으로 비정하여 왔다.(심정보, 1988, 「중국측 사료를 통해 본 白江의 위치 문제」, 『진단학보』 66, 206쪽 참조) 『신증동국여지승람』 권19, 서천군 관방조에는 '舒川浦營'의 細註에 "[서천포영은] 서천군의 남쪽 26리에 있는데, 水軍 萬戶 1명을 두었다. 고려 때에는 長岩鎭이라고 일컬었다"고 하였다. 『여지도서』 忠清 舒川조에는 '長巖津은 서천군 남쪽 20리에 있는데, 舒川浦 앞에 산과 같은 큰 돌이 바다에 있으며 물길의 근원은 白江으로부터 비롯한다' 하고, 서천군 남쪽 25리 지점 沃溝 건너편의 '龍堂津 물길의 근원을 錦江'이라 하였다. 또한 『삼국사기』 신라본기 문무왕 11년조에 문무왕이 龍朔 3년 주류성 함락 당시를 회고하면서 "倭船 천 척이 白沙에 머물러 있었다"고 하였다. 이들 기록으로 미루어 볼 때에 白沙란 「대동여지도」에 보이는 서천 연안의 '白沙'(지금의 서천 송석 해안 일대 갯벌체험장)를, 그리고 白江은 「대동여지도」에서 白沙 북쪽에 연이은 獐項의 '海口'로 흐르는 長橋川(지금의 서천 장천로 수문을 통하는 수로)으로 각각 비정된다.

71) 『三國史記』 권 28, 百濟本紀 6, 의자왕 20년(660) 5월.

소정방의 군대는 52~68명 정도를 태운 전선戰船 1,900여 척으로 추정되는 바,[72] 이들 대규모 대형 전선의 기착지로서의 항구가 웅진강 안쪽 어느 곳에 있었다는 의미로 풀이되며, 그곳은 웅포일 가능성이 높다고 본다.

그런데 『삼국유사』 무왕조에는 서동이 마밭을 일구다가 금을 얻었다는 기사를 전한다. 1929년 일제가 조사 보고한 바에 따르면, 이들 익산군과 인접한 사금산지로서 모악산母岳山을 둘러싼 김제의 수류면水流面과 금구면金溝面 원평천院平川 유역, 전주군 난전면亂田面과 우림면雨林面 등을 들었다. 이들 지역은 예로부터 금광맥과 사금 산지로서 유명했으며,[73] 모악산 남쪽의 금산, 군산만의 옥구 또한 금산지였다고 한다.[74] 『조선총독부 관보』에는 1934년 5월 윤길룡尹吉龍 외 4명이 전북 익산군 웅포면·성당면·함라면 소재 금은광 백 만 평의 광업권을, 그리고 박지근朴知根이 전북 익산군 함라면·웅포면 소재 금은광 92만 평의 광업권을 설정하였다[75]고 한다. 또한 『고려사절요』에는 고려 충렬왕 때에 가림현嘉林縣에 금소金所가 있었다고 한다.[76] 이는 익산 일대가 예로부터 금광 산지로 저명했던 상황을 보여준다.

『신증동국여지승람』 익산군조에는 서동이 보덕성報德城 남쪽 지역에서 오금五金을 얻음으로써 오금사五金寺를 창건하였다는 연기설화를 소개하였다. 또한 익산의 북쪽 함열현에는 고려시대에 도내산은소道乃山銀所가 있었는데 본래 백제의 감물아현甘勿阿縣이라고 한다.[77] 오금사 남쪽 100여 보 되는 지점에 서동의 어머니가 집을 지은 곳이라는 마룡지馬龍池가 있고, 오금사봉五金寺峯에서 서쪽으로 수백 보 되는 지점에는 무강왕 부처의 능으로 일컬어지는 쌍릉雙陵이, 그리고 익산군 남쪽 15리 되는 지점에는 미륵사가 있는 용화산에서 시작하여 신창진新倉津으로 들어가는 춘포春浦가 있다고 하였다.[78] 『세종실록지지리지』

---

72) 김영관, 1999, 「나당연합군의 백제침공전략과 백제의 방어전략」, 『STRATEGY21』 vol 2-2, 168쪽.

73) 朝鮮總督府殖産局, 1929, 『朝鮮の金銀鑛業』, 54쪽.

74) 국사편찬위원회 편, 2003, 「韓國內地調査一件: 井上農商務技師一行ノ鑛山調査ニ關スル件」, 『한국근대사자료집성 6 - 韓日經濟關係 1』, 146~149쪽.

75) 朝鮮總督府官報 1934. 5. 5(국사편찬위원회 한국사데이터베이스: http://db.history.go.kr)

76) 『高麗史節要』 권 20, 忠烈王 2, 戊寅 4년(1278).

77) 『高麗史』 권 57, 志 11, 地理 2, 全羅道 全州牧 咸悅縣. 『新增東國輿地勝覽』 권 34, 全羅道 龍安縣.

에는 전주 신창진은 전주부 남쪽 여현진礪峴津 물이 모산母山 여러 골짜기 물을 합하여, 다시 삼례역參禮驛 남쪽에 이르러 고산高山과 운제雲梯의 물과 어울려서 서쪽으로 흘러 회포回浦와 비간장진飛艮藏津을 이루는데 조수가 이르며, 이성利城의 옛 성 북쪽에 이르러 신창진이 되는데 나룻배가 있다고 하였다. 이 물길은 서쪽으로 흘러 만경萬頃과 임피臨陂를 지나 옥구沃溝에 이르러 고사포古沙浦가 되어 바다로 들어간다고 하였다.

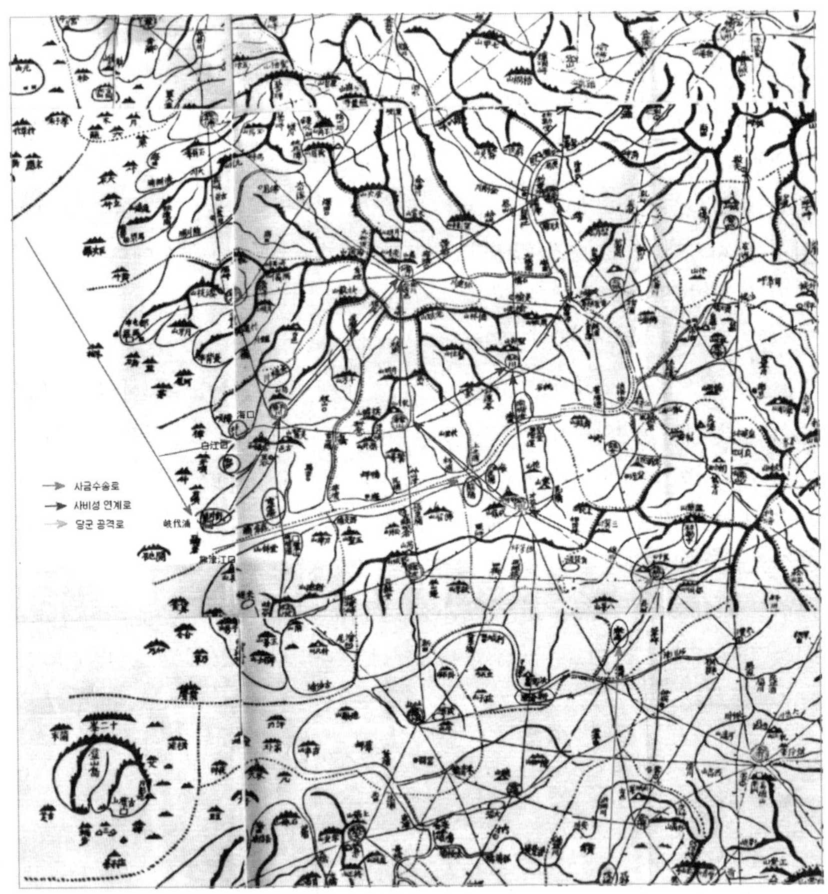

[그림 2] 백강·웅진강 유역 및 익산·사비지역도(『대동여지도』)

78) 『新增東國輿地勝覽』 권 33, 全羅道 益山郡 佛宇.

이로써 볼 때에 신창진의 춘포를 기점으로 하여 미륵사·왕궁리와 모악산의 사금산지, 만경강 입구인 옥구 등이 서로 연결되고, 서동의 구전설화가 산재하는 오금사나 왕궁리 일대는 춘포와 인접해 있음을 알 수 있다. 아울러 윤봉구尹鳳九(1683~1768)의 『병계선생집屛溪先生集』에는 '백강白江에서 배를 타고 황호黃湖를 지나 미륵산彌勒山 남쪽에 이르니 옛 금마군金馬郡이라'고 하였다.[79] 여기에서의 백강은 조선 후기 문인들이 백마강을 백강으로 지칭한 그것인 바,[80] 조선 중기까지 사비지역에서 옛 금마군의 미륵산 남쪽 곧 미륵사지 앞까지 배로 당도할 수 있었음을 알 수 있다.[81] 따라서 익산 왕궁리·미륵사 지역은 춘포를 중심으로 익산 일원의 금산지를 내륙 수로로 연결하고, 함열의 웅포와 피포로부터 웅진강을 거슬러 곧바로 사비성에 도달할 수 있는 조건을 갖추었던 것이다.

그러므로 미륵사지 서탑에서 발견된 금정이나 생금·은정 등은 익산 지역 금은 생산과 관련될 것이다. 또한 무왕의 익산 경영에는 미륵사 창건으로 표출된 불국토 건설이라는 종교적 희망과 전륜성왕의 정법에 의한 통치라는 정치적 목적이 포함된 것이겠지만,[82] 그 이면에는 고구려의 지속적인 대중국 항로 위협에 대응하여 안정적인 대외 교역항을 확보함과 아울러 익산 지역을 실제적으로 운영하면서 금은 생산을 장악한다는 측면도 있었던 것으로 생각된다.

사비성의 대외교역의 관문이었을 웅포熊浦를 포괄하는 익산 지역은 고구려·신라·왜·중국인들이 거쳐가야 할 교역항으로서 뿐만 아니라,[83] 전주 일원의

79) "歲丁丑春 余浮白江歷黃湖 出彌勒山陽 即古所謂金馬郡也 郡姓蘇氏世居"(『屛溪集』 권 55, 墓表 寢郎蘇君 貞震墓表 : 민족문화추진회 편, 1998, 『한국문집총간』 205, 91쪽: 한국고전번역원 한국고전종합DB http://db.itkc.or.kr)

80) 여기에서의 白江은 白馬江을 지칭하는데, 이는 조선시대 어느 시점으로부터 부여의 白馬江을 白江으로 일컬은 데서(『鳳巖集』 鳳巖年譜 上, 丁未 7월 己巳 : 민족문화추진회 편, 위의 책, 529쪽) 비롯한 것으로서, 蘇定方이 白江을 지나 熊津江口에 도착했다는 白江과는 차이가 있다.

81) 김삼룡은 익산지역에 남아 있는 지명을 통하여 강경쪽의 금강 연안으로부터 미륵사에 이르는 하나의 수로가 있었을 것으로 추정한 바 있다.(김삼룡, 2001, 「지정학적인 측면에서 본 익산-수로교통로를 중심으로-」, 『마한·백제문화연구』 15, 121~123쪽)

82) 김상현, 2009.4.24~25, 「미륵사 서탑 사리봉안기의 기초적 검토」, 『대발견 사리장엄 彌勒寺의 再照明』, 마한백제문화연구소·백제학회, 23쪽.

83) "其人雜有新羅·高麗·倭等 亦有中國人"(『北史』 권 94, 列傳 82, 百濟)이라 한 것은, 백제의 동아시아에서의 국제적 위상뿐만 아니라 국제적 교역항을 전제로 한 기사로서 주목된다. 노중국은 법흥왕 8년(521)의 신라사신, 421년 왜의 사신, 479년의 가야 사신들은 모두 금강하구에서 배를 수리하고 바람을 기다려 백제의 안내로 중국 남조에 조공

모악산이나 익산지역 사금생산지와 육로나 수로로 연결되어 쉽게 접근할 수 있는 입지조건을 갖추었던 것이다.[84] 무왕이 중국 강남도 일원을 다녀온 지명知命이나 발정發正 등과 긴밀한 관계에 있었다는 『삼국유사』 무왕조나 「관세음응험기」의 기록은, 양梁으로 대표되는 월주越州 지역과의 항로 운영과 중국 강남도 지역의 금정에 대한 지식을 획득하는 것과 관련되지 않을까 생각된다. 특히 미륵사지 출토 금정에 사용된 형제衡制는, 백제 고유의 형제와 달리 양·진의 계통을 따른 것으로서 백제의 중국 강남도 지역과의 교류 사실을 단적으로 보여주는 물증이라 할 것이다.

4. 맺음말

2009년 1월 익산 미륵사지 서탑에서는 '백제 무왕 40년(639) 왕후 사택씨의 발원으로 미륵사를 창건하였다'는 금제사리봉안기와 함께 여러 점의 금정이 발견되었다. 그 가운데 3점의 금정에는 보시자의 이름과 함께 중량 단위명이 새겨 있어 주목되었다. 이에 본고에서는 백제의 동아시아 제국과의 교역과 관련한 금정의 유통상, 그리고 무왕 40년(639)이라는 시점에 미륵사지 서탑에서 발견된 금정과 관련하여 백제의 웅진강 유역에서의 대외교역항 개설 및 익산 경영의 문제를 살펴 보았다. 지금까지 검토한 내용을 정리함으로써 맺음말에 대신하고자 한다.

하였던 것으로 보았다.(노중국, 2008, 「백제의 문물교류와 국제성」, 『충청학과 충청문화』 7, 48쪽) 대체로 남조로 가는 항로의 출발점으로서 금강 하구를 지칭한 것은 옳지만, 금강 하구 대외교역항의 개발은 아무래도 동성왕 23년(501) 금강 하구의 수륙요충지 加林城을 축조하면서부터일 것으로 여겨진다. 곧 동성왕 20년(498) 탐라국이 조공을 바치지 않자 동성왕이 이를 치고자 무진주에 이르자 탐라가 사죄하였다는 것(『三國史記』 권26, 百濟本紀 4, 東城王 20년 秋 8월)은 그 때까지 금강 하구항이 개발되지 않았음을 시사하기 때문이다.

84) 권오영, 1988, 「고고학 자료를 중심으로 본 백제와 중국의 문물교류」, 『진단학보』 66, 181~182쪽. 익산 지역의 분묘 분포상황으로 미루어 금강하구의 군산, 김제, 완주, 전주 지역을 아우른 지역을 익산 중심의 마한 문화권으로 설정하는 바(최완규, 2009. 4.24~25, 「백제사상 익산문화의 정체성」, 『사리장엄 미륵사의 재조명』, 9~10쪽), 이 지역의 지정학적·역사적 동질성을 엿볼 수 있다.

첫째, 현존하는 백제·신라의 금정과 8~9세기 당나라의 은정, 그리고 은정 제작용으로 추정되는 부여 출토 '1근명 석제 용범'으로부터 동아시아 금은정의 유통상을 살피고, 『한원』의 기사로부터 고구려에서 은정을 화폐 및 대중국 조공품으로 사용하였음을 밝혔다. 또한 백제는 중국과 내왕하는 과정에서 금은 무문전을 사용하는 서역 제국과 교류하면서 금은정을 주요 결재 수단으로 사용하였을 것으로 추단하였다. 특히 백제에서 왕흥사의 부정형 금정을 대체하여 미륵사지의 금정과 같은 형식이 출현한 것은 당시 중국의 화폐 유통이 원활하지 못하고 강남도 일원에서의 동서교역이 증대된 때문으로 생각하였다.

둘째, 백제의 남북조 교류에 있어서, 북조와는 서해중부횡단항로를, 그리고 남조와는 대체로 무령왕대까지는 서해중부횡단항로를, 그리고 539~549년 무렵부터는 서해중부횡단항로와 함께 서해남부사단항로를 이용한 것으로 여겨졌다. 백제가 중국 강남도에 이르는 직항로를 운영하게 된 것은 안정적이면서도 백제 수도와의 접근성이 용이한 지역에 교역항을 개설한 때문으로 보았다. 이에 동성왕 23년(501) 사비성 방비의 수륙 요충지인 가림성을 축조하고 그 이듬해 백가의 난을 진압함으로써 금강 유역을 적극적으로 개발하였던 바, 3~4세기 무렵부터 독자적으로 중국과 교류하던 입점리 웅포가 주목되었다. 이 지역은 조선시대에도 대외 교역항으로 일컬어졌던 바, 19세기 말에도 충청, 전라도 등을 포괄하는 대외무역항 개설 일급 후보지로 꼽았던 곳이었다. 또한 익산을 중심으로 모악산을 둘러싼 사금산지와 내륙 수로로 연결되며, 함열의 웅포와 피포로부터 웅진강을 거슬러 올라가 곧바로 사비성에 도달할 수 있는 입지 조건을 갖춘 곳이었다.

그런데 백제는 수·당 통일제국이 등장함에 따라 고구려·신라와 대중국 외교전을 벌여온 바, 무령왕은 한강유역을 둘러싼 고구려·신라와의 각축과 함께 새로이 개설한 항로의 잇점을 극대화하는 방안으로 익산 지역을 경영하고자 하였던 것으로 여겨졌다. 또한 미륵사지 서탑에서 출토된 금정은 대중국 교류과정에서 동남아시아 및 서역제국과의 교역에 부응하기 위하여 제작된 것으로 생각되었다.

요컨대 무령왕릉과 『양직공도』에 보이는 양과의 교류 및 7세기 전반 북제와 수, 당나라에 대한 사신 파견 등이 국가적 차원의 것이라면, 『관세음응험기』에서 발정發正이 천감 연간에 양나라와 월주 일원에서 구법활동을 한 것은 백제인이 중국 강남 지역에서 활동하였던 사례라고 할 수 있다. 『삼국유사』 무왕조에서 지명知命이 수많은 금을 하룻밤에 옮겼다는 일화는 지명법사로 지칭된 중국 강남 일원에서 활동한 승려나 상인들의 견문을 바탕으로 미륵사지 서탑에서 출토된 일정한 형식의 금정을 제작·유통하였던 사실을 설화화한 것으로 풀이된다. 특히 '1근명 석제 용범'의 은정이 1근 단위의 고가의 칭량화폐로서 백제 고유의 무게 기준값에 기반한 개원통보의 무게값일 가능성이 높다는 점에서 국용 곧 대당조공품으로 기능한 것으로 추정되는 데 대해, 미륵사지 출토 금정은 중국 강남도 지방의 형제衡制를 따름으로써 중국 강남도 지역과의 교류나 백제 내지에서의 동남아시아·서역 물품을 교역하던 정황을 보여주는 것으로서 평가되었다.

Ⅱ

통일 신라의 동아시아 교역과 향약

8세기 신라의 동아시아 외교와 영빈 체계

1. 머리말

8세기 동아시아는 당나라를 중심으로 신라, 발해, 일본, 그리고 서역과 동남아시아를 연결하는 문물교류와 외교의 공간이었다. 특히 나당전쟁 이후 발해의 등장으로 새로운 국제질서가 형성되면서 동아시아 각국은 새로운 문물과 국가체제를 정비해 갔다. 신라와 당나라간에는 효소왕 8년(699) 신라가 당나라에 사신을 보낸 이후 성덕왕 12년(713)에 이르러 이전의 관계를 회복하였다. 신라와 일본의 외교관계는 일반적으로 779년 이후에 단절된 것으로 보고 있다.

그런데 신라와 일본의 관계에 있어서 일본측 기록에는 신라를 '조공朝貢'국으로 서술한 데 대해, 『삼국사기』에는 일본사신을 '일본국사日本國使'로서 기술하고 있다. 이로써 8세기 무렵 신라와 일본의 외교관계를 일본측 기록을 중심으로 신라를 '부용국·번국付庸國·蕃國'으로 간주하여 '신라가 일본에 대하여 대등한 외교관계를 설정하면서 조공관계 폐기를 요구하고 일본이 이를 거부하는 것'이라는 논리를 전개하거나,[1] 일본으로서도 율령국가 건설에 필요한 선진문물의

1) 石母田正, 「日本古代における國際意識について」·「天皇と諸蕃」, 『日本古代國家論』 I, 岩波書店, 1973, 312~359쪽. 濱田耕策, 「新羅聖德王代の政治と外交」, 『朝鮮歷史論集』 上, 1979 : 『新羅國使の研究』, 吉川弘文館, 2002, 122쪽. 古烟徹, 「7世紀末から8世紀初にかけての新羅·唐關係」, 『朝鮮學報』 107, 1983, 54~59쪽.

전수자로서 백제를 대신한 신라라는 매개자가 필요했던 것으로 이해하기도 한다.[2] 또한 당시에 신라가 일본과 교섭할 필요성이 없었다고 간주함으로써 『삼국사기』 기록을 중심으로 양국간의 국교정상화는 애장왕대에 이르러서야 가능하였다는 주장이[3] 있었다. 아울러 일본측 기록이 압도적으로 많은 것을 인정하고 소중화적 이념으로 포장된 일본측 자료에 대하여 엄밀한 사료비판으로써 역사상을 재구성하거나,[4] 신라의 정치상황을 중심으로 신라·일본간의 외교관계를 살피기도 한다.[5] 또한 신라의 일본에 대한 '공조물貢調物'이, 당나라의 신라에 대한 증여물과 동일한 양상을 보인다는 점에서, 신라의 선진의식과 자부심을 드러내는 것으로 풀이하면서 일본측 기록의 한계를 지적하기도 한다.[6]

필자는 734년 이후 일본에 파견된 '신라사신'을 국가간 외교관계 속에서 파견된 공식 사신으로 보기 어렵다는 관점을 피력한 바 있다. 먼저 일본에 파견된 신라 사신들이 국서를 지니지 않고 '공조사貢調使'가 아님을 천명하였으며, 9세기 전반 일본 관료들이 성무천황(724~749) 이래로 '신라사신'을 신라의 공식 외교 사절로 인정하지 않은 점에서 이를 짐작할 수 있었다. 또한 8세기 일본에 대한 '신라사신'의 성격을 7세기 후반부터 734년 왕성국 발언 이전까지(제1기)의 신라 '공조貢調' 물품과 734년 이후 연력 18년(799) "견신라사遣新羅使의 정지" 조치까지(제2기)의 신라물을 비교함으로써, 1기의 물품이 국왕의 위세품이나 왕실의 궁중수공업장에서 생산된 데 대해, 2기 물품은 진골귀족이나 일반 수공업장에서 생산된 것이었음을 확인하였다. 이로써 2기 곧 734년 이후 8세기의 신라사신을 국가간 외교관계로 인정하기 어려운 점이 있었음을 지적하였다.[7]

---

2) 關晃, 「遣新羅使の文化史的意義」, 『山梨大學 學藝學部硏究報告』 6, 1965 : 「遣新羅使의 문화사적 의의」, 『張保皐關係硏究論文選集 : 中國篇·日本篇』, 해상왕장보고기념사업회, 2002, 715~717쪽. 鈴木靖民, 「日本律令制の成立·展開と發展」, 『古代對外關係史の硏究』, 吉川弘文館, 1985, 13~21쪽.
金恩淑, 「일본과의 관계」, 『한국사』 9, 국사편찬위원회, 1998, 282쪽.

3) 申瀅植, 「통일신라의 대일관계」, 『통일신라사연구』, 三知院, 1990, 327~330쪽.

4) 延敏洙, 「統一期 新羅와 日本關係 : 公的 交流를 중심으로」, 『강좌 한국고대사』 4, 한국고대사회연구소, 2003, 209~285쪽.

5) 金善淑, 『新羅 中代 對日關係史硏究』, 韓國學中央硏究院 박사학위청구논문, 2006.

6) 新川登龜男, 「日羅間の調(物産)の意味」, 『日本歷史』 481, 1988, 17~18쪽.

7) 박남수, 「통일신라의 대일교역과 애장왕대 '交聘結好'」, 『사학연구』 88, 2007.

그런데 양국간의 외교적 갈등이 외교 형식에서 비롯하였음에도 불구하고, 8세기 동아시아 외교 형식의 구체적인 내용이나 운용상, 그리고 신라의 영빈체계나 관사 등에 대해서는 미진한 점이 있었다. 이에 본고에서는 신라-일본간의 외교형식 분쟁의 문제의 소재를 파악하고, 당나라의 외교 의례가 신라와 일본에 언제, 어떻게 전래되었으며, 어떠한 형식으로 채용되어 운용되었는지를 살피고자 한다. 특히 신라의 영빈 의례나 외교 관사에 대해서는 관련 기록이 부족하기 때문에 당나라 빈례와 함께 신라의 그것을 전승한 것으로 여겨지는 고려의 빈례를 바탕으로 재구성하고자 한다. 제현의 질정을 바란다.

2. 8세기 신라·일본간의 외교형식 분쟁

『일본서기』와 『속일본기』에는 문무왕 8년(668) 신라가 일본에 사찬 김동엄金東嚴을 파견한 이후 신라와 일본간에 순조로운 외교 관계를 지속하였던 것으로 전한다. 양국간의 외교적 갈등은, 『속일본기』에 따르면 735년 신라사신 김상정金相貞 등이 신라를 '왕성국王城國'이라 일컬음으로써 반각返却되면서부터였다.[8] 이후 신라와 일본의 교섭은 갈등의 연속이었던 것으로 전한다. 효성왕 원년(737)에는 일본의 견신라사 일행을 경주에 들어오지 못하게 하여 돌려 보냈으며, 효성왕 2년(738)에는 신라사 김상순 등이, 경덕왕 원년(742)에는 김흠영 등이 사행을 하지 못하고 되돌아오는 사태가 연이어졌다. 일련의 사태에 대하여 『삼국사기』에는 경덕왕 원년(742) 겨울 10월에 "일본국사가 왔으나 받아들이지 않았다"는 기사만이 전한다.

이러한 사태의 이면에는 성덕왕 30년(731) 4월 "일본국 병선兵船 300척이 바다 건너 동변東邊을 습격하자 왕이 출병케 하여 대파시켰다"[9]는 양국간의 군사적 충돌 때문이 아닌가 하는 의심을 갖게 한다. 사실 성덕왕 30년(731) 일본의 신라 동변습격사건에 대해서는 친일본 정책을 주도한 것으로 알려진 김순정金順貞의 사망 이후 신라와 일본 사이에 외교적 정책의 변화 때문이 아닐까 추측할 수도 있다.[10] 이에 727년 발해가 일본에 사신을 파견하고 732년에 등주

8) 『續日本紀』 권 12, 天平 7년(735) 2월 癸丑.
9) 『三國史記』 권 8, 신라본기 8, 성덕왕 30년(731) 4월.

登州를 공격한 것, 그리고 그 이듬해에 신라와 당이 공동전선을 형성하였던 점에 주목하여, 신라–당과 발해–일본의 모종의 군사적 동맹의 체결 가능성을 상정하기도 한다.[11]

그런데 일본측의 기록을 일별할 때에, 각 사료의 편찬 시기에 따라 용어 사용에 차이가 있음을 살필 수 있다. 곧 『일본서기』에는 사행을 마치고 귀국한 신라사신을 '파귀(지)罷歸(之)' '귀지歸之' '귀국歸國' '반우본토返于本土' '반지返之' 등으로 서술한 데 대해, 『속일본기』에서는 '환국還國'이 한 차례 보이긴 하나 대체로 '환번還蕃' '귀번歸蕃'이나 '반각返却' '방환放還' 등으로 서술되었다는 점이다. '파귀(지)'가 사행을 마치고 귀국한 것을 서술한 데 대해, '환번' '귀번' 등은 신라를 번국시한 관점을 드러낸다고 할 수 있다. 이러한 데는 『일본서기』가 양국간의 사신내왕이 순조로왔던 때에 찬술되었고[12] 『속일본기』는 양국간에 빈례賓禮의 형식 문제로 갈등이 첨예화된 무렵에 찬술되었다[13]는 점을 지적할 수 있다. 특히 『속일본기』에서는 신라사신이 평성궁平城宮에 들어가 천황을 봉견奉見한 경우에만 환번還蕃, 귀국歸國, 환還 등의 용어를 사용하고, 축자筑紫 또는 대재부大宰府에서 되돌아온 경우에는 모두 반각反却, 반환放還 등으로 서술하였다. 신라사신이 축자에서 되돌아온 경우라도 『일본서기』에서 이를 모두 파귀 곧 사행을 마치고 돌아갔다고 서술한 것과는 차이가 있다.

일본측 사료의 서술상의 특징을 차치하고라도 신라와 일본간의 외교 형식에 대한 갈등은, 760년 김정권金貞卷의 일본 파견시에 일본측이 빈대賓待를 하지 않고 신라측에 요청한 항목에서 잘 드러난다. 곧 일본은 양국간의 외교 정상화를 위해서는 '전대지인專對之人' '충신지례忠信之禮' '잉구지조仍舊之調' '명험지언明驗之言' 네 가지 요건을 갖출 것을 요청하였다.[14] 이러한 원칙은 김정권의 파견시에 갑자기 세워진 것은 아니었고, 735년 김상정의 '왕성국' 발언 이후 지속된

---

10) 鈴木靖民, 「金順貞·金邕論」, 앞의 책, 1985, 327쪽. 전덕재, 「신라 중대 대일외교의 추이와 진골귀족의 동향」, 『한국사론』 37, 서울대, 1997, 21~25쪽. 延敏洙, 앞의 논문, 274~275쪽.

11) 李成市, 「渤海の對日本通交と交易」, 『東アジア王權と交易』, 青木書店, 1997, 132~137쪽. 이와 관련한 기왕의 연구는 조이옥, 「8세기 중엽의 발해와 일본의 관계」, 『한국고대사연구』 25, 2002, 174쪽 참조.

12) 『續日本紀』 권 6, 和銅 7년(714) 2월 戊戌.

13) 『日本後紀』 권 5, 延曆 16년(797) 2월 己巳.

14) 『續日本紀』 권 23, 天平寶字 4년(760) 9월 癸卯.

문제를 정리한 것으로서 일본의 견신라사 파견 정지 때까지 지속되었다.

먼저 '전대지인'은 이미 752년 김태렴金泰廉이 일본에 파견되었을 때에 국왕의 내조를 요청한 데서[15] 처음 살필 수 있다. 그 이후 760년 김정권의 일본 파견시에 이를 요청하였으나, 신라측의 별다른 반응이 없자 763년 김체신金體信의 파견시에 다시 왕자가 아니라면 집정대부 등이 입조할 것을 요청하였다.[16] 또한 780년 감난손金蘭蓀 등이 일본에 파견되었을 때에 경사輕使를 보낸 데 대해 불만을 표하면서 구주口奏가 아닌 표주表奏로 사지使旨를 표할 것을 요청하였다.[17] 일본측의 '전대지인'에 대한 요구에도 불구하고 신라는 지속적으로 '경사'로 일관하였다. 곧 752년 신라왕자로 등장하는 대아찬 김태렴을 제외하고는 모두 아찬으로부터 대나마에 이르는 중앙 부처 차관급인 경卿 상당의 인물로 구성되었다.[18] 이는 신라의 당나라 사신들이 왕자 외에 병부시랑, 창부시랑, 병부낭중, 집사시랑, 예부경, 사빈경으로 구성된 것과 흐름을 같이한다.[19] 다만 견당사의 경우 진골 귀족 출신들이 대부분이었던 데 대하여, 일본에 파견된 사신의 경우 714년의 김원정金元靜은 중아찬으로서 6두품이었음을 확인할 수 있다. 또한 780년 대일 사절 가운데 대판관大判官 설중업薛仲業은 6두품으로 여겨진다.[20] 이에 대일 외교에 있어서 진골 신분자가 파견된 경우가 없지 않았을 것이나 6두품 계열이 중요 직분을 맡으면서 대일 사절의 주요한 역할을 하지 않았을까 추측된다.

다음으로 '충신지례'에 대한 일본측의 요청은 『속일본기』에 매우 오랜 것으로 서술되어 있다. '충'은 신라를 일본의 번국 이른바 '신라의 일본에 대한 신속臣屬'을 의미하며, '신'은 그에 따른 '조공사의 파견'을 상징한다. 따라서 '잉구지조'는 '충신지례'에 따른 신라의 일본에 대한 '상공常貢' 곧 조공의 강제와 그에 따른

15) 『續日本紀』 권 18, 天平勝寶 4년(752) 6월 壬辰.
16) 『續日本紀』 권 24, 天平寶字 7년(763) 2월 癸未.
17) 『續日本紀』 권 36, 寶龜 11년(780) 2월 庚戌.
18) 이에 대하여 중앙의 중요부서의 정책을 심의, 결정하는 핵심 멤버들이 대일사절의 수석대표로 파견한 것으로 풀이하기도 한다.(延敏洙, 앞의 논문, 269쪽)
19) 金善淑은, 이찬으로부터 왕자에 이르는 왕자나 고위급 관리들이 일정한 기간에 걸쳐 賀正·宿衛 등의 목적으로 파견된 것과 차이가 있는 것으로 보았다.(金善淑, 앞의 논문, 1~2쪽) 그러나 왕자를 제외한 사신들의 관등은 크게 차이가 있어 보이지 않는다.
20) 이기백, 「新羅 六頭品 研究」, 『省谷論叢』 2, 1971 : 『신라정치사회사연구』, 일조각, 1984, 41쪽.

의례를 요청한 것이라 할 수 있다. 이는 752년 김태렴의 일본 파견시 '신라가 일본에 번병蕃屛으로서 조공을 한 것이 신공황후의 신라토벌 이후로 지금까지 계속되었고, 전왕 승경承慶(효성왕)과 대부大夫 사공思恭 등이 말과 행동이 게으르며 항례恒禮를 잃은 까닭에 사신을 보내 죄를 물으려 했다'[21]고 한 데서 명확하게 드러난다. 그런데 앞서 살폈듯이 『속일본기』는 『일본서기』보다 신라를 번국시 한 관점을 드러낸 것으로서, 이러한 관념은 『일본서기』 지통기 3년(689)의 신공황후 전설담을 『속일본기』 편찬의 주요한 이념으로 채록한 것으로 지적되고 있다.[22] 사실 김태렴은 평성경에 들어가는 연도의 영로의식 때에 말 위에서 일본 천황의 제칙에 답하는 위의를 보였으며, 국서를 지니지 않고 국왕의 의사를 사주辭奏로써 전달하고, 그가 가져간 물품을 공조가 아닌 '개인 자격으로 준비한 신라의 물품[私自所備 國土微物]'이라고 밝혔다. 이러한 김태렴의 태도는 김삼현金三玄의 경우에도 스스로를 '공조사貢調使'가 아님을 밝히고, 8세기 '신라사신'이 국서를 지니지 않고 국왕의 의사를 사주로써 전달한 것에서 일관되게 되풀이하고 있음을 살필 수 있다. 이는 승화 9년(842) 등원조신위藤原朝臣衛의 청원문에서 일본 관료들이 성무천황(724~749) 때부터 '신라사신'을 신라의 공식 외교 사절로 인정하지 않은 것과 흐름을 같이하는 바, 『속일본기』에서 신라를 번국으로 여겨 조공을 요청하는 일본측의 모습과는 전혀 상반된 것임을 알 수 있다.

마지막으로 '명험지언'이란 국가간 외교관계, 곧 사신의 내왕에서 반드시 갖추어야 할 국서國書를 지칭한다. 당나라의 경우 주변국에 대해 황제의 조칙을 내리고 주변국은 당나라 황제에게 표를 올리는 조공관계를 유지하였다. 752년 일본에 파견된 김태렴에게 일본은, 국왕이 친히 온다면 사주로도 가능하나 다른 사신의 경우 반드시 표문을 가지고 올 것을 요청하였다. 780년 김란손 또한 구주로써 사지를 밝혔으나, 일본은 이후로 반드시 표함이 있어야만 빈대賓待할 것임을 천명하였다. 이는 신라가 일본에 사신을 파견하는 데 있어서 일본측의 요청과는 전혀 다른 외교 형식을 취하였음을 보여준다.

---

21) 『續日本紀』 권 18, 天平勝寶 4년(752) 6월 壬辰.

22) 延敏洙, 앞의 논문, 276~281쪽. 山尾幸九도 『日本書紀』·『古事記』 신공황후의 신라 정토담을 율령국가의 天皇·藩臣 이데올로기의 緣起에 지나지 않는 것이라 지적하였다. (山尾幸九, 「律令國家への轉換と東アジア」, 『古代の日朝關係』, はなわ書房, 1989, 480~481쪽)

사실 신라와 일본간의 외교적 접촉 과정에서 신라 사신이 신라를 왕성국이라 밝히고, 가져간 물품을 토모土毛 또는 국신물國信物이라 일컬으며, 국서 없이 사주辭奏 또는 구주口奏로써 사지使旨를 밝힌 것은, 신라사신이 조공사가 아니라고 밝힌 것과 흐름을 같이하는 외교적 표현임에 분명하다. 이러한 신라의 외교적 의사 표현은 8세기 동아시아 국제질서와 관련한 당나라의 빈례賓禮와 신라·일본의 당 빈례 채용 과정을 이해할 때에 보다 분명하게 드러나지 않을까 생각된다.

3. 『대당개원례大唐開元禮』와 신라·일본의 빈례賓禮

당은 국가 의례의 규범으로서 건국 초에는 수례隋禮를 사용하였다. 당 태종 때에 방현령房玄齡·위징魏徵 등은 수례를 증보하여 길례吉禮(61편), 빈례賓禮(4편), 군례軍禮(20편), 가례嘉禮(42편), 흉례凶禮(11편) 총 138편의 『정관례貞觀禮』를 찬술하였다. 고종 현경 3년(658)에 장손무기長孫無忌 등이 이를 다시 증보하여 총 130권의 『현경례顯慶禮』를 완성하였으나, 식령式令이 섞이고 부회된 부분이 많아 상원 3년(676)에 다시 『정관례』를 사용하였다. 이로 말미암아 고종 때에는 『정관례』와 『현경례』가 함께 사용되어, 사안에 따라 임의적으로 적용함으로써 정해진 제도가 없었다. 현종 개원 14년(726) 통사사인 왕암王嵒이 『예기』의 구문과 실재 사용되는 법식을 절충하여 사용할 것을 상소하였으나, 장열張說이 『예기』는 고칠 수 없으므로 『정관례』와 『현경례』를 절충하여 당례唐禮로 삼을 것을 주청하였다. 이에 집현원 학사 서견徐堅, 좌습유 이예李銳 등과 그 뒤를 이은 소숭蕭崇 등이 개원 20년(732) 9월 『대당개원례』를 완성하였다.[23)]

『대당개원례』는 총 150권으로, 서례序例 3권, 길례 75권, 빈례 2권, 군례 10권, 가례 40권, 흉례 20권으로 구성되었다. 빈례는 다시 번국주蕃國主·번국사蕃國使의 봉견奉見에 따른 의식(권 79)과 황제가 이들에게 연회를 베푸는 의식(권 80)으로 구분된다. 전자는 번국주 내조에 속백으로써 영로하는 일[蕃國主來朝 以東帛迎勞], 사신을 보내어 번국주 만나는 날을 계하는 일[遣使戒蕃主見日], 번주의 봉견[蕃主奉見], 번국 사신의 표와 폐백을 받는 일[受蕃國使表及幣]로, 후자는 황제

---

23) 『新唐書』 권 11, 志 1, 禮樂 1.

가 번국주에게 연회를 베푸는 일[皇帝宴蕃國主], 황제가 번국 사신에게 연회를 베푸는 일[皇帝宴蕃國使]로 이루어졌다. 이에 번국주와 번국사신들이 당나라에 내조하면, 이에 따라 사신을 보내어 저들의 사행에 대한 노고를 위로하는 영로의식과 황제를 봉견하는 의식, 그리고 황제가 이들에게 연회를 베푸는 의식으로 구분된다.

그러므로 당나라의 빈례는 사이四夷의 군장君長과 그 사자使者를 접대하기 위한 것으로 요약된다.[24] 『대당개원례』에는 홍로시로부터의 의례만이 수록되어 있으나, 번국사신이 당나라에 도착하면 도착지의 소관 주州 혹은 도독부都督府를 통하여 중앙 정부로부터 입국허가를 받아야 했다. 이들 견당사들은 첩문으로써 소관 현 또는 진에 도착 사실을 알리면, 현·진은 주 혹은 도독부에 보고하고 다시 중앙에 알린 다음 입국을 허가하는 칙지에 따라, 식량과 숙박지를 제공받고 일정한 인원만이 관할 관청의 호송 겸 안내인의 안내로 조공물과 함께 장안으로 향하였다. 신라·일본의 견당사는 대체로 등주·양주·소주에 도착하여 장안 동쪽 장락역長樂驛에 이르면, 당제는 칙사를 보내어 이들을 영접하였다. 견당사들은 홍로객관이나 예빈원 등의 관관官館에 머물렀는데, 이로부터 황제가 사신을 보내어 영로迎路하고, 사신을 인견하거나 연회를 베풀었다.[25]

당나라의 빈례는, 홍로객관이나 예빈원 등 관관에 머물던 견당사들에게 영로, 황제 봉견, 황제가 베푸는 연회 등에 관한 절차를 세밀하게 정비한 것이다. 이러한 의례는 일찍부터 신라에 알려졌던 것으로 생각된다. 진평왕이 당나라에 보낸 사신을 당 고조가 친히 노문勞問하고 유문소庾文素를 보내어 내빙한 것이나 주자사朱子奢를 보내어 조유詔諭한 것은,[26] 당시 당나라의 영빈 의례를 보여준다. 당의 빈례는 수나라의 그것을 이어받은 것으로서, 조공 당사국인 신라는 그 의례 법식에 대한 정보를 이미 획득하였을 것으로 여겨진다. 그후 진덕왕 2년(648) 김춘추가 당나라에 사신으로 갔을 때에, 당 태종이 광록경光祿卿 류형柳亨을 교郊에 보내어 위로하고, 친견한 후 국학國學 등의 시찰을 허락함과 아울러 어제온탕御製溫湯 및 진사비晉祠碑, 신찬진서新撰晉書 등을 전하면서 연회에서 금백金帛 등을 하사하였다.[27] 이는 당나라가 새로이 완성한 『정관례』의 일면을 보여주는

24) 『新唐書』 권 16, 志 6, 禮樂 6.

25) 권덕영, 「입당과 귀환절차」, 『고대한중외교사』, 일조각, 1997, 170~187쪽.

26) 『三國史記』 권 4, 新羅本紀 4, 眞平王 43년(621) 秋 7월.

것으로 주목된다.

사실 김춘추는 당의唐儀를 청하여 허락받고 겸하여 중국의 의대를 하사받았다.[28] 그가 귀국하여 진덕왕 3년(649) 신라의 복제를 중국의 복제로 바꾸고, 동왕 4년에는 중국의 연호를 사용하는 한편 그 이듬해에는 조원전朝元殿에서 백관의 하정례賀正禮를 거행하였다. 김춘추가 청하였다는 '당의唐儀' 또는 '장복章服'에는 복제 뿐만이 아니라 의례까지 포함되지 않았을까 여겨지는데, 『삼국사기』 색복조에서는 '김춘추의 청에 따라 당 현종이 당의를 따를 것을 허락하면서 겸하여 의대를 하사하였다'고 하였고, 본기에서는 '김춘추가 신라의 장복을 고쳐 중화제를 따를 것을 청하자 현종이 진복珍服을 하사하였다'고 기술하고 있다. 두 기사의 내용이 의복에 한정된 것처럼 보이나, 장복은 의례에 사용되는 휘장과 의복을, 그리고 당의는 의대를 포괄하는 의례 전반을 시사하는 바, 이때에 당의 의례 일반이 수용되었다고 보아 좋지 않을까 한다.

『삼국사기』에는 진덕왕 5년(651) 하정례賀正禮가 조원전朝元殿에서 처음 시작된 것으로 전한다.[29] 그런데 진평왕대의 사정을 전하는 『수서』 신라전에는 '매년 정월 초하루에 서로 하례하는데, 왕은 연회를 베풀어 뭇 관원의 노고를 치하한다'고 하여,[30] 이미 진평왕대에 하정례가 있었음을 알 수 있다. 따라서 진덕왕 5년의 하정례는 중국의 조관복을 갖춘 백관들이 중국의 새로운 의례 곧 『정관례』에 따라 하정례를 거행한 것으로 보아 좋을 것이다.

그런데 『구당서』와 『신당서』에는 신문왕 6년(686) 신라가 사신을 보내어 『당례唐禮』 1부와 기타 문장文章을 보내줄 것을 청하자, 측천무후가 해당 관사에 명하여 『길흉요례吉凶要禮』와 『문관사림文館詞林』 가운데 규계規誡가 될 만한 것을 골라 쓰게 하여, 모두 5십여 권의 책을 만들어 내려 주었다고 한다.[31] 이에 대해 『삼국사기』에는 『당례』를 『예기』라고 하였는데, 대체로 신라가 당나라에 요청한 것은 당례나 예전일 것으로 여겨지고 있다.[32]

---

27) 『三國史記』 권 5, 新羅本紀 5, 眞德王 2년(648).
28) 『三國史記』 권 33, 雜志 2, 色服.
29) 『三國史記』 권 5, 新羅本紀 5, 眞德王 3·4·5년.
30) 『隋書』 권 81, 東夷列傳 46, 新羅.
31) 『舊唐書』 권 199, 東夷列傳 149, 新羅.
32) 나희라, 「종묘제의 수용과 의미」, 『신라의 국가제사』, 지식산업사, 2003, 175~177쪽. 채미하, 「신라 중대 오례와 왕권」, 『한국사상사학』 27, 2006, 127~130쪽.

측천무후가 해당 관사에 명하여 내려준 길흉요례는 신라의 사정에 맞추어 규계가 될 만한 것만을 간추린 것으로서, 686년 당나라에서 사용되던 의례일 것으로 생각된다. 측천무후 당시의 당례는, 현경 3년(658)에 『현경례』 130권이 찬수되었지만 상원 3년(676)의 조칙에 따라 『정관례』와 『현경례』가 함께 사용되었다. 특히 『길흉요례』와 『문관사림』 가운데 규계가 될 만한 것을 골라 썼다고 한 것으로 보아, 『길흉요례』는 오례 가운데 양국의 사정이나 풍속이 다른 까닭에 바로 적용하기 어려운 군례, 빈례, 가례를 제외하고 길례와 흉례만을 적출하여 사여한 것이 아닌가 여겨진다.[33] 따라서 측천무후가 사여한 길흉요례는 당시 당나라에서 사용되고 있는 『정관례』와 『현경례』의 길례와 흉례 가운데 긴요한 부분만을 가려 내어 편찬한 것으로 생각된다.

한편 일본의 경우, 735년 입당류학생 하도조신진비下道朝臣眞備가 태연력경太衍曆經·측영철척測影鐵尺 등과 함께 당례 130권을 바쳤다고 한다.[34] 하도조신진비가 당나라로부터 가져온 당례가 130권이었다는 것으로 보아 장손무기 등이 현경 3년(658)에 찬수한 현경례가 분명해 보인다. 이에 대해 발해는 개원 26년(738) 6월 27일 당례를 베껴 적기를 구하여 허락받았다고 하는 바,[35] 개원 20년(732) 9월에 반행된 『대당개원례』(150권)의 전래 사실을 시사하는 것으로 여겨진다. 신라에 『대당개원례』가 전래된 것은 확인되지 않지만, 발해의 경우로 미루어 발해와 비슷한 시기가 아닐까 짐작된다. 일본의 경우 735년 현경례가 처음 전해졌다면, 개원례의 일본 전래는 그 이후로 보아야 할 듯하다.[36] 다만

33) 濱田耕策, 「新羅の祀典と名山大川の祭祀」, 『呴沫集』 4, 1984 : 앞의 책, 2002, 69쪽. 다만 濱田은 '吉凶要禮'를 길례와 흉례로부터 국가에 필수적인 禮를 초록한 것으로 보았다가(濱田耕策, 「新羅の神宮と百座講會と宗廟」, 『東アジア世界における日本古代史講座 9-東アジアにおける儀禮と國家』, 1982, 241쪽), 다시 '吉凶要禮'가 길례와 흉례에 한정한 것인지, 아니면 오례를 포괄한 것인지는 분명하지 않지만 『貞觀禮』와 『顯慶禮』, 『禮記』 가운데 긴요한 것만을 초록하여 신라에 전한 것으로 이해하였다. 이에 대해 石井正敏은 여러 책으로부터 길흉의 요례를 채록하여 하사한 것으로 풀이하였으며(石井正敏, 「第二次渤海遣日本使に關する諸問題」, 『日本渤海關係史の硏究』, 吉川弘文館, 2001, 359~360쪽), 채미하는 五禮를 포괄하는 것으로 보았다.(채미하, 위의 논문, 128~130쪽)

34) 『續日本紀』 권 12, 天平 7년(735) 4월 辛亥.

35) "開元 26年(738) 6月 27日 渤海求寫唐禮 許之"(『唐會要』 권 36, 蕃夷請經史)

36) 한편 推古期(592~628)에 隋의 江都集禮가 이미 일본에 전래되었을 것으로 보기도 하나(瀧川政次郎, 「江都集禮と日本の儀禮」, 『岩井博士古稀記念 典籍論集』, 1963,

『대당개원례』의 빈례는 당나라가 주변 제국의 사신을 맞이하는 의례였던 만큼, 신라나 발해, 일본이 그대로 이를 수용하였다기 보다는 각 국의 실정에 맞춰 고쳐 운영하였다고 보는 것이 옳을 듯하다.

당나라 주변국의 빈례에 대해서는 일본측 기록에 어느 정도 남아 있으며, 그 가운데 752년 김태렴의 일본 파견 때의 기록이 『속일본기』에 자세히 전한다. 김태렴의 일본 파견시 일본측 빈례의 과정은 (1) 도착지[大宰府]에서의 안치 (2) 존문사存問使의 파견 (3) 영객사領客使에 의한 경상京上 (4) 난파難波에서의 환영 → 난파관難波館으로의 안치 (5) 입경시의 교로郊勞 (6) 홍로관鴻臚館으로의 안치, 위로사慰勞使·위문사勞問使의 파견과 장객사掌客使의 임명 (7) 조정에서의 사지使旨 주상奏上, 공헌물貢獻物 봉정 (8) 제 행사에의 참가 (9) 천황 참석하의 향연, 수위授位·사록賜祿 (10) 신하에 의한 향연 (11) 홍로관에서의 일본의 국서 사여 (12) 귀국 향객사鄉客使에게 인솔되어 출경出京 (13) 난파관에서의 연향讌饗 → 귀국으로 정리된다.[37] 이는 일견해도 중국의 빈례와 그 대강에 있어서는 상응하는 점이 있다.

한편 현존 자료만으로 신라의 빈례에 대한 내용을 파악하기는 쉽지 않다. 이에 신라의 빈례를 승계한 것으로 여겨지는 고려의 빈례를 바탕으로,[38] 신라가 당·일본 사신을 영접하였던 단편적인 사실을 재구성함으로써 그 실상을 파악하는 것이 유효하리라 판단된다.

먼저 신라에 파견된 당나라 사신은 대체로 등주登州에서 출발하여 신라의 당항진黨項津이나 회진會津에 도착하였다. 문무왕 8년(668) 6월 12일 유인궤劉仁

345~346쪽), 율령국가 초기로부터 9세기 초엽까지는 당의 제도에 준하는 빈례가 행해진 것으로 추론하기도 한다.(田島公, 「日本の律令國家の'賓禮'-外交儀禮より見た天皇と太政官」, 『史林』 68-3, 1985, 47·82~83쪽) 물론 중국의 빈례가 推古期에 일본에 소개되고 大寶律令에 규정되었을 가능성이 높으나, 735년에 현경례가 처음 전래된 것이 분명한 만큼 개원례의 전래는 735년 현경례 수용 이후라고 보아야 할 것이다.

37) 李成市, 앞의 책, 111~113쪽.

38) 고려의 賓禮는 주변국과의 국제적인 외교 관계의 성격을 띤 당의 빈례의 개념을 따른 것으로서, 『高麗史』 禮志에는 송·요·금 등의 北朝와 明에 관한 내용만이 소략하게 전한다. 특히 북조 관계는 의종 때에 崔允儀가 만든 『古今詳定禮』에 바탕한 것이며, 明과의 관계는 고려 후기 연대기에서 채록한 것으로 지적되거니와(李範稷, 「高麗史 禮志 '軍禮·賓禮'의 검토」, 『明知史論』 1, 1983, 68~70쪽), 본고에서는 『고려도경』에 보이는 고려의 송사 영접에 관한 빈례를 바탕으로 신라의 빈례를 재구성하고자 한다.

軌는 황제의 칙명을 받들어 숙위인 사찬 김삼광金三光과 함께 당항진에 도착하였고,[39] 839년 신무왕 책봉을 위한 청주병마사青州兵馬使 오자진吳子陳의 사신단[40]과 840년 2월 보조선사가 편승하여 신라에 올 수 있었던 평로사平盧使 일행[41] 등은 등주를 출발하여 신라에 도착하였다. 또한 개성 2년(837) 현욱玄昱이 대당조공사 김의종金義宗의 귀국선을 이용하여 무주武州 회진會津에 도착하였고,[42] 천우 8년(911) 진철眞澈 선사가 입당 구법을 마치고 나주 또는 무주 회진으로 귀국하였다.[43] 이로써 볼 때에 당나라 사신들은 대체로 등주를 출발하여 당항진 또는 회진에 도착하였다고 보아 좋을 것이다.

이들 당나라의 사신들은 앞서 유인궤의 사례에서와 같이 신라인 숙위를 대동하기도 하였다. 무열왕 7년(660) 6월 당나라에 숙위로 파견된 김인문과 소정방이 당병을 이끌고 덕물도에 도착한 것도 숙위가 당나라 사신이나 당군의 향도로서 활동한 사례로 주목된다. 또한 이들 신라 숙위는 당나라와 신라간의 소식을 주고 받는 메신저로서 주요한 역할을 하였던 것으로 여겨지는데, 숙위로 있었던 김인문이 고구려 정벌을 위한 당군의 출병에 앞서 신라에 돌아와 기일을 전한 것[44]에서 그러한 사정을 짐작할 수 있다.[45]

유인궤와 소정방의 경우 전쟁이라는 특수한 상황이긴 하나, 대체로 당나라 사신의 출발에 앞서 미리 신라에 통보하면 이에 따른 의례를 준비하였던 것으로 보아 좋을 듯하다. 사실 고려 인종 때에 송나라가 사신을 파견하기에 앞서 반드시 먼저 소개서紹介書를 고려에 보내어 알림으로써 고려 궁내의 장령전長齡殿에서 그것을 받았다고 한다.[46] 이에 고려는 군산도群山島부터 객관客館을 마련하

39) 『三國史記』 권 6, 新羅本紀 6, 文武王 8년(668) 6월 12일.
40) 圓仁, 『入唐求法巡禮行記』 권 2, 開成 4년(839) 6월 18일.
41) 金薳 撰, 「寶林寺普照禪師彰聖塔碑」, 朝鮮總督府 편, 『朝鮮金石總覽』 上, 1919, 62쪽.
42) 『祖堂集』 권 17, 慧目山和尙 玄昱.
43) 崔彦撝 撰, 「廣照寺眞澈大師寶月乘空塔碑」, 조선총독부 편, 위의 책, 126쪽. 「五龍寺法鏡大師普照慧光塔碑」, 조선총독부 편, 위의 책, 164쪽.
44) 『三國史記』 권 42, 列傳 2, 金庾信(中) 문무왕 원년(661) 6월.
45) 신형식은 중고기의 숙위는 朝貢·人質·文化的 外交使節로서 기능하였고, 중대에 이르러 비군사적 임무를 주로 하여 활발한 문화적 경제적 기능을 가진 왕성한 조공사로서 당과 신라 사이의 교량적 임무를 지녔던 것으로 이해하였다.(申瀅植, 「신라의 대당 교섭상에 나타난 宿衛에 대한 일고찰」, 『역사교육』 9, 1966, 103~104·124·149~160쪽)
46) 『宣和奉使 高麗圖經』 권 6, 宮殿 2, 長齡殿.

고 선박을 내어 사신을 맞이함과 아울러 오방기五方旗를 갖춘 병사들이 군산도의 해안에 도열하는 등의 의식을 갖추었는데,47) 송나라 사신이 국경에 들어설 때부터 돌아갈 때까지 군산도에서 영접하고 전송하였다고 한다.48)

고려의 사례로 미루어 볼 때에 신라에서도 당 사신의 파견 사실을 미리 알 수 있는 장치가 있었을 것으로 여겨진다. 사실 당 고종이 예부시랑 악붕구樂鵬龜를 신라에 파견할 때에, 신라에서는 당 나라 사신이 장차 올 것이라는 소식을 미리 들었다고 한다.49) 이로써 볼 때에 신라에도 고려의 소개서와 같은 장치가 있었으리라 예상되며, 그 역할은 대체로 당황제 숙위로 있던 신라인들이 하였을 것으로 생각된다. 보구 원년(770) 3월 정묘에 일본의 견당사 등원하청藤原河淸 등이 신라의 숙위 김은거金隱居에게 서신을 부탁함으로써 일본에 파견된 김초정金初正 등이 이를 전달한 사례가 있거니와,50) 신라 숙위가 동아시아 외교가에서 행하였던 역할을 보여주는 것으로 주목된다. 또한 당나라 사신의 입경入境에 대한 영접은 무열왕이 태자 법민을 보내어 덕물도에서 소정방 일행을 맞이한 것, 그리고 당항진에 도착한 유인궤 일행을 김인문이 성대한 예식으로 인도하여 맞이한 사례에서, 덕물도가 입경하는 당 사신을 처음 맞이하는 곳일 가능성이 높다. 또한 당나라 사신 일행이 당항진 또는 회진에 도착할 때에도 그에 따른 의례를 베풀었을 것이다.

『고려도경』에는 송나라 사신의 배가 예성항禮成港에 도착하면 고려의 채색배가 이들을 맞이하고, 사신이 조서를 받들어 상륙하여 조서를 봉안하고 쉰다고 한다. 이는 예성항에 객관이 마련되었음을 시사하는 바, 당나라 사신의 배가 도착하는 당항진이나 회진에도 동일하였을 것으로 생각된다. 당항진에 도착한 유인궤 일행을 김인문이 성대한 예식으로 인도하여 맞이하였다는 것은, 도착한 항구에서 『고려도경』과 같은 의례가 베풀어졌음을 시사한다. 『고려도경』에는 송사 일행이 이튿날 새벽에 조서를 채색가마에 싣고 군의장軍儀仗의 인도를 받아 서교정西郊亭에 이르면, 신기대神旗隊가 기旗를 세우고 나머지 의장들과 연접해 저들 송사를 호위하여 개경에 들어간다고 한다. 이들 의장은 신기대의 기병을

47) 『宣和奉使 高麗圖經』 권 14, 旗幟 旗幟·권 17, 祠宇, 五龍廟.
48) 『宣和奉使 高麗圖經』 권 33, 舟楫 巡船.
49) 『三國遺事』 권 2, 紀異 2, 文虎王 法敏.
50) 『續日本紀』 권 30, 寶龜 원년(770) 3월 丁卯.

선두로 북과 호각, 금동 등자를 긴 나무 자루에 자주색 끈으로 맨 의장[貫革鐙杖]을 한 천우군위千牛軍衛, 황색 깃발과 표범 꼬리[豹尾]·날이 갈라진 의장용 창[儀戟] 및 수놓은 일산[華蓋]을 잡은 금오장위군金吾仗衛軍, 그 뒤로 각종 곡예를 하는 작은 아이들[百戲小兒], 가공歌工과 악색樂色, 예물의 갑匣이 행진하고 그 뒤로 큰 쇠 향로, 조서, 제문 등을 실은 채색 가마가 따르는 1만 명이 넘는 행렬이었다고 한다.51)

외국사신의 영로 행사에 기병을 동원한 사례는 『속일본기』 보구 10년(779) 4월 신묘조의 기사에서도 살필 수 있다. 특히 이 기사는 당시 당나라, 신라, 발해, 일본의 외교 의례를 상호 비교할 수 있는 자료로서 주목된다.

> 4월 신묘 영당객사領唐客使 등이, ① '당나라 사신의 행렬이 좌우로 기旗를 세우고, 또한 대장帶仗이 있으며 행렬의 관리들이 기旗를 세운 전후에 서는데, 신들이 옛 사례를 살펴보았으나 이러한 의례를 살피지 못하였습니다. 이를 금지하라는 지旨가 없으니 엎드려 처분을 바랍니다'라고 아뢰었다. (이에) '오직 대장帶仗을 허락하되 기旗를 세우지는 못하도록 하라'고 하였다. 또 ② '지난번 견당사 속전조신진인粟田朝臣眞人 등이 초주楚州로부터 출발하여 장락역長樂驛에 이르자 5품 사인舍人이 칙勅을 전하여 위로하였는데, 이 때 절하며 사례하는 예는 보지 못하였습니다. 또한 ③ 신라 조공사 왕자 태렴泰廉이 서울로 들어오던 날 관官의 사신이 명命을 선포하고 영마迎馬를 내려 주었는데, 사신의 무리들은 고삐를 거두고 말 위에서 답례하였습니다. 다만 ④ 발해국의 사신만이 모두 말에서 내려 두 번 절하고 무도舞蹈하였습니다. 이제 당객唐客을 인솔하는 데 어떤 사례에 준거하여야 하겠습니까'라고 아뢰니, ⑤ '진퇴進退의 예禮와 행렬行列의 순서는 모두 별식에 갖추어져 있으니, 이제 사신의 처소에 내려 마땅이 이 별식에 근거하여 어긋나지 않도록 하라'고 하였다. (『속일본기』 권 35, 보구 10년(779) 4월 신묘)

위의 기사에서 ①은 일본에 파견된 당나라 사신이 일본에 도착하여 행하였던 의례를, ②는 장락역에서 일본 견당사 속전조신진인 일행이 당나라 영로의식을 견문한 내용으로 당나라 황제의 칙을 전하는 과정을 보여준다. ③은 752년 김태

51) 『宣和奉使 高麗圖經』 권 24, 節仗.

렴 일행이 일본에 파견되었을 때에 일본 천황의 사자가 명을 선포하였는데, 김태렴이 말 위에서 답례하는 위의를, ④는 발해사신이 천황의 명에 대하여 말에서 내려 무도로써 답례한 것을 보여준다. ⑤는 779년 일본에 이미 외국 사신에 대한 진퇴의 예와 행렬의 순서를 식으로써 정하였음을 보여준다.

②에서 일본이 당나라에서의 견문으로써 당나라 사신 영접에 대한 전고로 삼았음을 살필 수 있다. ④에서 발해사신은 천황의 전칙을 무도로써 답하였거니와 이는 홍인弘仁·연희식부식延喜式部式의 「제번사諸蕃使의 표表와 신물信物을 받는 의儀」 가운데 「발해국 사신이 왕계와 신물을 올리는 표 渤海國使進王啓并信物表」에 따른 것으로서 『대당개원례』 권 78의 빈례 중 「황제가 번국 사신의 표와 폐백을 받음 皇帝受蕃使表及幣」의 형식이 계승된 것으로 헤아려진다.[52] 이는 발해가 일본과 적극적으로 외교관계를 유지하고자 하는 노력의 일단과 관련될 것이다. 그러나 ③에서 김태렴의 위의는 오히려 상국으로서의 면모를 보이는 것으로서, 『속일본기』 일반으로 보이는 '신라사절 입조入朝의 의儀'가 일본 지배층의 신라·남도南島·하이蝦夷·하적蝦狄에 대한 사이적四夷的 의식을 보여주는 것이라는 지적[53]과는 차이가 있다. 또한 이때에 일본의 당나라 사신을 맞이하는 의례에 대하여 『속일본기』에는 '당나라 사신이 서書를 올렸다' '당나라 사신에게 조당朝堂에서 잔치를 베풀었다' '당나라 사신에게 선칙宣勅하였다' '당나라 사신에게 위계位階를 더하여 내리고 녹물祿物을 내렸다'고 기술함으로써, 신라 사신을 영접하는 의례에 대한 기사와 크게 다르지 않다. 다만 당시의 조의朝儀를 찬정한 기록인 대택청신大澤淸臣 소장 「임생관무가문서壬生官務家文書」에는 일본 조정의 논의 끝에 대납언大納言 석상경石上卿이 '당나라는 크고 일본은 작으니, 모름지기 번국의 의례를 베풀어야 한다'고 함으로써 결국 일본이 번국으로서 당나라 사신을 맞이하였다고 전하고 있어,[54] 『속일본기』의 기록과는 차이가

52) 박석순, 「일본고대 율령제하 덴노(天皇)의 외교기능에 대한 분석」, 『일본고대국가의 왕권과 외교』, 경인문화사, 2002, 51쪽.

53) 鈴木靖民, 앞의 논문, 앞의 책, 1985, 22~23쪽.

54) "維寶龜十年(779) 歲次己未 四月卅日 唐國使孫興進等入京 五月三日將欲禮見 余奉勅撰朝儀 時有大納言石上卿言偁 彼大此小 須用藩國之儀 余對日 … 今畏海外一个使 欲降萬代楷定天子之號 是大不忠不孝之言也 時人皆服此言之有理 然遂降御座 嗚呼痛哉 …"(栗田寬, 「石上宅嗣補傳」, 1887 : 栗田勤 輯, 『栗里先生雜著』 中(권 8), 東京, 1901, 66쪽 재인용 ; 田島公, 앞의 논문, 78~79쪽)

있다. 이로써 보건대 천황이 일컬은 진퇴의 예와 행렬의 순서를 정한 식(⑤)이란 당나라 사신에 대한 번국지의藩國之儀임에 분명하고, 『속일본기』에서 당나라 사신의 빈례는 신라 사신에 대한 빈례의 서술과 동일한 바, 위에서 보인 김태렴의 위의 또한 신라가 대국으로서 면모를 보인 것이라 보아 좋을 것이다.[55)]

한편으로 ①에서 일본에 파견된 당나라 사신이 행렬의 좌우로 기旗를 세우고 대장帶仗을 한 사실을 살필 수 있다. 이는 개성 연간(836~840) 서역에 파견된 당나라 사신들이 정절旌節을 세우고 행렬한 것과 동일한 형상이다.[56)] 이러한 중국 사신들의 행렬은 『고려도경』에서 송나라 사신이 조서 가마[詔輿]를 따라 오사모烏紗帽와 도금쌍록대塗金雙鹿帶를 한 하절下節들이 길 양쪽으로 갈라 서서 행진하고, 선무하군宣武下軍이 도금기명塗金器皿과 절節을 잡은 데서도 살필 수 있다. 정절의 뒤로는 송의 정사와 부사가 조서를 따라 성 안으로 들어가고, 공식 회견에 가고 하는 데는 모두 두 필의 말이 함께 달리는데 관직의 서열순에 따르며, 이들 송나라 사신을 접대하는 고려의 반사伴史는 인진관引進官으로 송나라 부사 오른쪽에 몇 걸음 떨어진 거리에서 나란히 가고 굴사屈使가 그 다음에 간다고 한다.[57)] 『속일본기』에 보이는 당나라 사신의 기와 대장은 『고려도경』에서 송나라 선무하군이 잡은 도금기명과 모절, 그리고 하절의 도금쌍록대로써 찬란한 빛을 발하여 외국에 영광스러움을 보이기 위한 것에 상응하는 것으로 여겨진다.

당나라 사신의 위의는 송나라 사신의 그것과 흡사한 바, 고려의 송사를 맞이하는 의식은 이미 전대 신라의 그것을 승계한 것이 아닐까 생각한다. 사실 고려의 많은 제도는 당나라와 신라의 것을 계승 발전한 것인 만큼, 빈례 또한 당나라의 그것에 전범을 구한 신라의 것을 상당 부분 이어 받았을 것이기 때문이다. 8세기 일본에서 기병을 내어 신라, 당나라 사신을 맞이한 것도 이러한 신라의 빈례와 무관하지 않을 것이다.

---

55) 지적되듯이 신라가 大國으로서 일본을 번국시한 것은 「聖德大王神鐘銘」(771)에 "聖德大王 … 四十餘年 臨邦勤政 一無干戈 驚擾百姓 所以四方隣國 萬里歸賓 唯有欽風之望 …"이라 하여 '四方隣國 萬里歸賓'하였다는 표현이나, 承和 3년(836) 紀三津을 돌려보내면서 보낸 신라 執事省牒에 "恕小人荒迫之罪 申大國寬弘之理"라고 한 데서도 살필 수 있다.(李炳魯, 「8세기 일본의 외교와 교역」, 『日本歷史研究』 4, 1996, 10~11쪽)

56) 『舊五代史』 권 138, 外國列傳 2, 吐蕃.

57) 『宣和奉使 高麗圖經』 권 24, 節仗, 次充代下節·次宣武下節·次使副.

한편 신라의 중앙에서 파견한 영접관 일행과 공주公州 또는 무주武州 총관摠管(都督)은 당항진 또는 회진으로부터 경주에 이르는 길에서 당사를 영접하였을 것이다. 당사 일행이 왕경의 교외郊外에 도착하면 시위부가 이들을 호위하여 『고려도경』에 전하는 것과 같은 일련의 융성한 교로郊勞를 행하였을 것으로 믿어진다.

회진을 비롯하여 경주에 이르는 연도에는 이들 사신을 위한 객관客館이 있었으리라 생각되며, 경주에도 이들 사신을 위한 빈관賓館이 마련되었을 것이다. 원성왕이 귀국하는 당나라 사신을 뒤쫓아 하양관河陽館에서 친히 향연享宴을 베풀었다는 데서[58] 하양에 사신들의 객관이 있었고 경주–하양을 연결하는 사신들의 내왕로를 확인할 수 있다. 하양은 고려 현종 9년(1018)에 고친 이름으로 지금의 영천永川을 지칭하는 바,[59] 당나라 사신들이 회진 또는 당항진으로부터 하양을 통하여 경주에 이르렀음을 알 수 있다. 아마도 그들 당 사신들은 염지통 내지 북요통을 이용하여 하양–북교北郊인 경주 서북쪽의 건문역乾門驛–북문을 통해 입경하였을 것이다.[60] 또한 문무왕 2년(662) 당나라 사신이 객관에 머무르면서 조칙으로 왕에게 개부의동삼사상주국낙랑군왕신라왕開府儀 同三司 上柱國 樂浪郡王 新羅王을 봉하였다는 데서[61] 경주에 빈관이 있었음을 확인할 수 있다.

『고려도경』에는 송나라 사신을 맞이하는 빈관 곧 순천관順天館은 본래 문종의 별궁을 송 사신을 접대하기 위한 관사로 고친 것이라고 하였다. 순천관의 중앙에는 정청正廳, 관회館會 때 쓰이는 외랑外廊, 두 채의 작은 정자와 음악을 연주하는 막옥幕屋이 있고, 정청을 지나 정사와 부사의 거실이 있는 낙빈정樂賓亭, 상절이 거처하는 내랑內廊, 그 서쪽 자리의 남쪽에 관반관館伴官의 자리를 두고 그 북쪽에 조서를 봉안하는 곳이 있었다고 한다. 그 밖에 중·하절 이하 뱃사람까지 신분에 따라 거처하는 낭옥廊屋이 있었는데, 중문은 용호군龍虎軍이 지키며 오직 나라의 관원만 여기서 만나고 관사 안에서 연회를 할 적에는 정청으로 올라간다고 한다.[62] 서긍은 이를 평하여 '고려 사람은 본래부터 공손하였고 또 조정에서

58) 『三國遺事』 권 2, 紀異 2, 元聖大王.

59) 『高麗史』 권 57, 志 11, 地理 2, 慶尙道 河陽縣.
『新增東國輿地勝覽』 권 27, 慶尙道 河陽縣.

60) 驛과 도로망에 대해서는 井上秀雄, 「新羅王畿の構成」, 『新羅史基礎硏究』, 東出版, 1974, 400~405쪽 참조.

61) 『三國史記』 권 6, 新羅本紀 6, 文武王 2년(662) 春 1월.

위무함이 체모가 있었기 때문에, 그들의 관사를 건립한 것에는 제도의 사치스러움이 왕의 거처를 능가하는 점이 있다'고 하였다.[63] 신라 왕경의 빈관 또한 고려의 순천관과 대체로 유사한 모습이지 않았을까 추측된다.

다음으로 문무왕 2년(662) 당나라 사신이 객관에 머무르면서 조칙으로 왕을 개부의 동삼사 상주국 낙랑군왕 신라왕에 봉하였다는 데서, 조서를 주고 받는 의례가 있었을 것으로 판단된다. 『고려도경』에는 순천관에 있는 조위詔位의 전각에 조서를 봉안하였다가, 10일 이내에 길일을 택해 이를 전했다고 한다. 또한 국왕 봉견일 하루 전에 먼저 설의관說儀官을 보내어 정사와 부사를 만나고, 당일에 굴사가 순천관에 당도하여 조서를 받든 도할관과 제할관의 채색 가마를 인도하였다고 한다. 이에 의장과 병갑이 이를 맞이하여 인도하는 영조迎詔 의례, 국왕이 조서를 인도하여 회경전會慶殿의 막위幕位에 조서를 봉안하는 도조導詔 의례, 그리고 국왕과 나라의 관원들이 황제의 안위를 묻고 무도舞蹈와 재배再拜로써 조서를 받는 수조受詔 의례, 조문사절로서 행하는 불사佛事의 제전祭奠과 조위弔慰의 예 등이 차례로 진행되었다.[64]

고려 국왕이 조서를 받고 나면, 회경전 마당 한 가운데서 연례燕禮가 베풀어졌다. 곧 송나라 사신을 정사·부사 등 서열에 따라 접견하는 사적私覿의 의례, 그리고 동쪽 처마 끝 국왕의 뒤에 영관令官·국상國相·상서尙書 이상이 서고, 나머지 문무 관원들은 동서 양편으로 나뉘어 뜰 가운데 도열하며, 백관 앞에는 초롱을 잡은 사람들이, 그리고 백관의 뒤에는 위군衛軍들이 각각 의장물들을 잡고 서 있는 연의燕儀를 갖추었다. 연의에 따른 헌수獻酬, 그리고 서열에 따른 습의襲衣와 금은대金銀帶의 사여를 끝으로 사신들은 객관으로 귀환하였다.[65] 특히 연의에는 각종 장식과 장막으로 꾸며지고, 정·부사를 비롯한 상절上節·중절中節·하절석下節席의 안열案列과 욕위褥位가 정해져 각 신분에 따라 과일·안주·기명 등을 차등있게 대접하였다. 그밖에 사신 일행이 관사에 돌아가면 왕이 관원을 보내어 불진회拂塵會라는 연회를 5일에 한 번씩 개최하며, 관반이 서신으로 정사와 부사를 그 위位로 초청하여 연음燕飮의 예와 같이 하는 과위過位의 예가

62) 『宣和奉使 高麗圖經』 권 27, 館舍, 順天館·館廳.
63) 『宣和奉使 高麗圖經』 권 27, 館舍, 館舍.
64) 『宣和奉使 高麗圖經』 권 25, 受詔, 迎詔·導詔·拜詔·祭奠.
65) 『宣和奉使 高麗圖經』 권 26, 燕禮, 私覿·燕儀·獻酬.

베풀어지기도 하였다. 이 관회館會 때에 송나라 사신들은 송나라에서 가져온 온갖 보완寶玩·고기古器·법서法書·명화名畫·이향異香·기명奇茗 등을 늘어놓아, 술이 한창일 때 좋아하는 것에 따라 원하는 대로 집어서 주었다고 한다.[66]

조서를 전달하는 선명례宣命禮를 마치면 송나라 사신은 귀국하고자 하는 뜻을 서신으로 전하고, 왕은 날을 잡아 서신으로 표장表章을 바칠 것을 고하였다. 배표拜表 의례는 대체로 수조의례와 동일한데, 왕은 재배 후에 홀笏을 띠에 꽂고 꿇어앉아 집사관으로부터 표表를 받고서 무릎으로 가서 정사에게 바치면, 정사는 꿇어 앉아서 받아 부사에게 준다. 부사는 다시 인접관引接官에게 준 뒤에 좌석으로 간다. 배표연拜表宴을 마치면 신봉문神鳳門에 장막을 치고 빈객과 주인의 자리를 마련하는데, 왕이 정사와 부사에게 술을 따라 주고 작별하면 사신 일행은 물러나 표를 담은 갑匣을 채색 가마 속에 놓고 의장병의 인도하에 관사로 돌아간다.[67] 정사와 부사가 귀국 길에 오를 때는 이날 일찍이 순천관을 떠나 서교정西郊亭에 당도하는데, 이때 왕은 국상國相을 보내어 그 안에 술과 안주를 갖추어 놓게 한다. 상절과 중절은 동서의 행랑에 자리잡고 하절은 문밖에 자리잡으며 술이 15차례 돌고서 파한다. 정사와 부사는 관반館伴과 문밖에서 말을 세우고 작별 인사를 하고, 관반은 말 위에서 친히 술을 따라 사자使者에게 권한다. 마시는 것이 끝나면 각각 헤어진다. 이보다 앞서 접반관 및 송반관送伴官과는 관사에 도달하자 곧 헤어지는데, 귀로에 오르게 되면 이곳에서 다시 동행하여 군산도群山島에서 바다로 나갈 때까지 같이 간다.[68]

신라의 빈례에 대한 자료는 거의 남아 있지 않으나, 당나라 황제가 사신을 통해 조칙을 전하거나[69] 노자·도덕경 등을 보낸 데 대해 예를 갖추어 받았다는 것,[70] 그리고 당나라 사신의 전왕이나 왕족에 대한 조위와 내제勑祭,[71] 또는 조위와 책명[72] 등에서, 『고려도경』에 보이는 영조迎詔와 배조拜詔하는 수조의례

66) 『宣和奉使 高麗圖經』 권 26, 燕禮, 館會.
67) 『宣和奉使 高麗圖經』 권 26, 燕禮, 拜表·門餞.
68) 『宣和奉使 高麗圖經』 권 26, 燕禮, 西郊送行.
69) 『三國史記』 권 6, 新羅本紀 6, 文武王 9년(669) 冬·권46, 列傳6, 强首.
70) 『三國史記』 권 9, 新羅本紀 9, 孝成王 2년(738) 夏 4월.
『三國遺事』 권 2, 紀異 2, 景德王·忠談師·表訓大德.
71) 『三國史記』 권 6, 新羅本紀 6, 文武王 1년(661) 冬 10월 29일·文武王 5년(665) 春 2월.
72) 『三國史記』 권 6, 新羅本紀 6, 文武王 2년(662) 春 1월·新羅本紀 8, 聖德王 1년

受詔儀禮 및 불사의 제전과 조위의 예를 상정할 수 있다. 또한 신라의 국왕이 당 사신에게 비단[金帛]을 더욱 두터이 내린 데서[73] 당의 빈례와 마찬가지로 연의에 따른 비단의 사여 등을 살필 수 있다.

그렇다면 신라의 당나라 사신 영접과 관련한 단편적인 자료로부터, 당나라 사신의 해로를 통한 입경入境 시의 영접, 당항진 또는 회진 도착에 따른 영접, 그리고 중앙에서의 파견관 및 지방관에 의해 도착지로부터 경주 교외에 이르기까지의 영접, 경주 교외에서의 교로郊勞를 거쳐 왕경의 객관에 이르기까지의 의장 행렬, 그리고 왕궁에서의 수조 의례 및 제전과 연의, 연회에서의 물품 사여 등의 과정을 복원할 수 있다. 당나라 사신들은 사적으로 많은 비단을 가지고 와 신라의 물품과 무역하여 많은 이득을 취하기도 하였다. 대력 초(765) 경덕왕의 조문사절로 신라에 사신으로 파견된 귀숭경歸崇敬을 '당나라에서 신라에 사신으로 파견된 자들이 해동에 이르러 구하는 바가 많아 많은 비단을 가지고 가 신라의 물품을 무역하여 이익을 취하였으나, 귀숭경은 일체 그렇지 아니하였다'고 칭송한 데서,[74] 사행에 수반한 교역도 이루어졌음을 알 수 있다.

이들 당 사신은 경상京上의 역순으로 귀국하였는데, 764년 신라에 사신으로 파견된 한조채韓朝彩가 신라의 서쪽 포구에서, 사은사 소판 김용金容을 통하여 일본 승려 계융戒融의 일본 도착 여부에 대한 일본측 보첩報牒을 기다렸다는 데서 살필 수 있다.[75] 이들 당 사신의 귀국에는 대체로 소판 김용과 같은 사은사가 동행하였던 듯하다. 이는 신라 사신이 일본에 파견되면 으레 일본의 견신라사가 파견된 사실과 비교된다.[76]

이러한 신라의 당나라 사신에 대한 빈례는 『고려도경』에서의 송나라 사신에 대한 의례와 통하는 바가 있으며, 『대당개원례』의 영빈 의례와 꼭 일치하지는 않으나 대체적인 순서나 의례의 형식 등에 상응하는 바가 많다. 곧 중국의 빈례

---

(702) 秋 7월·新羅本紀 10, 憲德王 1년(809) 秋 8월.

73) 『三國史記』 권 6, 新羅本紀 6, 文武王 5년(665) 春 2월.

74) 『舊唐書』 권 149, 列傳 99, 歸崇敬.

75) 『續日本紀』 권 25, 淳仁天皇 天平寶字 8년(764) 7월 甲寅.

76) 신라의 일본 사신 파견에 수반하여 일본의 遣新羅使 파견이 이루어진 것을 신라의 우수한 항해술과 해상교통을 신라가 장악한 때문으로 파악하기도 하나(田村圓澄, 「新羅送使考」, 『朝鮮學報』 90, 1975, 71~72쪽 ; 심경미, 「신라 중대 대일관계에 관한 연구」, 『백산학보』 52, 1999, 638쪽), 오히려 양국간의 외교 의례적 측면에서 살펴야 하지 않을까 한다.

가 중국과 주변제국의 관계를 형식화하였다는 점에서, 당나라와 신라의 빈례는 주객이 바뀐 점을 고려한다면 대체로 유사한 형식을 갖추었다고 할 수 있다.

일본 사신이 신라에 온 경우 이렇다 할 의례 절차가 보이지 않으나, 일본국사를 효소왕 7년(698) 3월에는 왕궁의 남쪽 전각으로 보이는 숭례전崇禮殿에서,[77] 그리고 애장왕 4년(803) 신라-일본간 교빙결호交聘結好한 이후로 애장왕 7년(806)과 헌강왕 4년(878)에는 정전인 조원전朝元殿에서 각각 인견引見하였다.[78] 이로써 왕궁의 전각인 숭례전 또는 정전인 조원전에서 일본 사신의 신라 국왕에 대한 봉견례奉見禮가 있었음을 알 수 있다. 또한 애장왕 9년(808) 신라 국왕이 일본사신을 두터운 예로 대접하였다는 것으로[79] 미루어 일단의 연례를 예상할 수 있다. 일본사신의 신라에서의 체류 기간이 5~6개월에 이른다는 점에서 경주에 일본 사신을 위한 객관이 설치되었고, 이들 사신이 경주에 이르는 동안의 영로 의례가 베풀어졌을 것으로 짐작된다.

특히 일본국사의 인견장소가 연회宴會 또는 관악觀樂의 전각인 숭례전[80]에서 정전인 조원전[81]으로 바뀐 것은 일본 사신에 대한 빈대賓待의 변화를 시사하는 것이 아닌가 한다. 곧 『대당개원례』에는 번국주의 봉견 장소를 태극전太極殿, 번국 사신의 봉견 장소를 소어지전所御之殿으로 구분하였거니와, 효소왕 7년(698) 일본사신을 인견한 숭례전은 일종 개원례의 '소어지전'에 상응하며, 애장왕 4년(803) 이후 일본사신을 인견한 조원전은 당나라의 태극전에 상당한다는 점에서 양자간의 빈대의 차이를 인정할 수 있기 때문이다. 이는 후술하듯이 애장왕 4년(803) 양국간의 교빙결호가 그 분깃점으로 작용하지 않았나 한다.

한편 이들 일본 사신이 어떠한 경로를 통하여 신라에 입경하였는가를 주목할 수 있다. 이에 5세기 초 미사흔未斯欣이 일본으로부터 귀국할 때에 율포栗浦(蔚山)의 해안 곧 굴헐역屈歇驛을 경유하여 귀경하고, 신문왕 때에 충원공忠元公이 장산

---

77) 『三國史記』 권 8, 新羅本紀 8, 孝昭王 7년·권 11. 新羅本紀 11, 憲康王 4년(878) 秋 8월.

78) 『三國史記』 권 10, 新羅本紀 10, 哀莊王 7년(806) 春 3월.

79) 『三國史記』 권 10, 新羅本紀 10, 哀莊王 9년(808) 春 2월.

80) 『三國史記』 권 10, 新羅本紀 10, 哀莊王 8년(807) 春 2월 · 憲德王 6년(814) 春 3월.

81) 신라에서 백관의 賀正之禮를 받은 곳이 朝元殿이었다(『三國史記』 권 5, 新羅本紀 5, 眞德王 5년(651) 春 1월 1일)는 점에서, 朝元殿은 왕궁의 正殿이 아니었을까 여겨진다.

국萇山國(東萊) 온천으로부터 굴정역屈井(火)驛을 거쳐 귀경하였다는 점, 그리고 굴헐역(屈井驛)으로부터 왕경에 이르는 길목에 관문성關門城이 있었다는 점에서, 일본사신은 울산 방면으로부터 모벌리毛伐里의 관문關門을 통과하여 신라의 왕경에 이르렀던 것으로 추정하기도 한다.[82]

그런데 승화 3년(836) 12월 신라 집사성은 일본 태정관太政官에서 첩문을 보낸 바, 그 첩문에는, '집사성이 청주菁州에 첩문을 보내어 청주에 억류한 일본사신 기삼진紀三津을 돌려보내도록 하고, 기삼진에게 집사성 첩을 일본에 전달하도록 하였음'을 살필 수 있다.[83] 이는 청주가 대일본 교류의 입출항으로 기능하였음을 보여준다.[84]

따라서 박제상朴堤上이 일본으로 출발하고 미사흔이 귀국한 곳이 율포(울산)였고 통일기에 있어서도 울산이 경주의 관문항이었던 점은 분명하지만, 대일 교류의 관문이 울산으로부터 菁州로 바뀐 점을 인정해야 할 듯하다. 이는 일본 평성궁平城京의 관문항이 난파難波임에도 신라 사신의 일본 입국 관문이 축자竺紫 또는 대재부大宰府였다는 점에 비교할 수 있다.

사실 근래에 발굴 보고된 울산 반구동 유적은 6~7세기 건물지와 통일신라시대의 건물지 및 목책, 나말려초에 축성된 토성, 그리고 토기류와 기와 등의 유물을 보여준다. 특히 통일신라시대에 쌓은 것으로 여겨지는 목책木柵은 완도 청해진에 설치된 원목열에 비교되는 것으로서, 망루의 시설이나 구조의 견고함, 구릉을 감싸고 있는 형태 등으로 미루어 볼 때 장기간 방비용 성 및 항구와 관련된 기능을 겸하였던 것으로 추정되고 있다.[85] 개운포는 조선시대에 왜구의 침입이 잦은 곳으로서 좌도수군절도사영左道水軍節度使營을 두어 방비하였던 관방의 요충지였던 바, 개운포 안쪽 만에 위치한 율포(屈阿火村, 河曲 ; 蔚山)는 본래 신라 왕경의 대일본 관문으로 기능하다가 왜적의 침구 등에 대처하기 위해 그 기능을 청주菁州로 옮기면서 평성경의 난파와 같이 관방과 항구로서의 역할을 겸하지

82) 濱田耕策, 「新羅の迎賓機構」, 『古代文化』 42-8, 1990 : 2002, 앞의 책, 150~153쪽.
83) 『續日本後紀』 권 5, 仁明天皇 承和 3년(836) 겨울 12월 3일.
84) 全基雄, 「나말려초의 對日關係史 硏究」, 『韓國民族文化』 9, 1997, 10쪽.
박남수, 「8~9세기 韓·中·日交易과 張保皐의 經濟的 基盤」, 『대외문물교류연구』 4, 2006, 131~132쪽.
85) 김현철·윤상덕, 「고찰-목책·토기」, 『울산반구동유적』(본문), 울산발전연구원 문화재센터, 2009, 329~331·345쪽.

않았을까 짐작된다.

율포로부터 경주에 이르는 연도에는 성덕왕 21년(722) 일본의 습격에 방비하고자 관문성을 쌓았거니와,[86] 울산 반구동의 목책 유적은 경주 동남방의 관문성과 마찬가지로 일본의 침략을 방비하기 위한 유적으로 보아야 할 듯하다.[87] 관문은 신라의 삼국 통일 이후 보편화된 축성방식으로서, 『신당서』 신라전에는 '그 나라는 산이 수십 리 이어져 있는데 그 협곡을 철문[鐵闔]으로써 막아 관문이라고 부른다. 신라는 이곳에 항상 노사弩士 수천 명을 주둔시켜 지키게 한다'고 하여 국경이나 왕경 방비의 의미를 지닌 것이었다. 신라가 동북경을 확장해 가는 과정에서 축성한 문무왕 15년(675)의 관성關城과 철관성鐵關城, 동왕 21년(618)의 탄항관문炭項關門[88] 및 경주 동남방의 관문성 등은 주로 분수령의 협곡에 관문을 설치하여 통로를 차단하고 양쪽 산 줄기에 장성長城을 쌓는 방식이었다. 따라서 신라 중대의 관문·장성 등을 쌓은 기사는 『신당서』 신라전의 관문 기사와 같은 성격의 것으로 이해된다.[89] 특히 성덕왕 2년(703)의 일본 사신단이 총 204인에 이르는 규모라는 점에서 국방상의 요충지인 율포와 관문성을 거쳐 입경하였다기 보다는, 대규모 사신단의 동태 파악이나 왕경의 경비에 유효한 청주(康州 ; 진주) 일원을 대일 교류의 관문으로 옮겼다고 보아 좋을 듯하다.

주지하듯이 청주菁州는 신문왕 5년(685) 거타주居陁州를 나누어 설치하였다가 경덕왕 때에 강주康州로 이름을 고쳤다.[90] 청주(康州)가 언제부터 일본 사신의 입출항으로 기능하였는지는 분명하지 않다. 다만 효소왕 7년(698) 3월 일본국사를 숭례전에서 인견하였다고 한 바, 숭례전은 그 명칭으로 보아 궁중의 남쪽

86) 『三國遺事』 권 2, 紀異 2, 孝成王.

87) 한편 濱田耕策은, 관문성이 축성된 722년을 전후하여 栗'浦'가 東'津'으로 개칭된 것으로 보고, 關門의 기능에 관련하여 그 동남에 위치한 울산지역에서도 '浦'에 항구의 기능을 충실하게 하는 '津'이 조성되었을 것이라 추측하였다. 이에 관문성 축성은 왜국·일본의 사절단이 신라에 출입하는 것을 심사·관리하는 것이 제1의적이며 일본의 적을 배제하는 것이 제2의적인 것으로서, 이와 기능적으로 연속된 울산지역의 항구정비사업이 관문성 축성을 전후한 무렵에 진행된 것으로 보았다.(濱田耕策, 「新羅時代の蔚山港口」, 『신라의 대외관계와 울산항-반구동유적 발굴 기념 국제 학술대회』, 울산대 박물관 등, 2010.11.20, 1~4쪽)

88) 『三國史記』 권 7, 新羅本紀 7, 문무왕 15·21년.

89) 池內宏, 「眞興王の戊子巡境碑と新羅の東北境」, 『古蹟調査特別報告』 第6册, 朝鮮總督府, 1929, 43~78쪽.

90) 『三國史記』 권 34, 雜志 3, 地理 1, 新羅 康州.

	『大唐開元禮』의 賓禮	김태렴에 대한 일본의 賓禮[91](752)
1		
2		
3		
4		
5	[到着地(주, 도독부)의 입국허가 및 安置]	到着地(대재부)에서의 安置
6	[칙지(入京 인원)]	存問使의 파견
7	[관할 관청의 호송 및 안내]	領客使에 의한 京上[騎兵의 호송]
8	[長樂驛에서 勅使 迎接]	難波에서의 歡迎 → 難波館으로의 安置
9	[郊勞]	入京時의 郊勞
10	鴻臚館 安置 遣使 迎勞: 奉制勞(稱其國名) 蕃主(蕃國使)受幣 : 答勞使 各以土物 → 蕃主以土物儐使者	鴻臚館 安置. 慰勞使·勞問使의 파견과 掌客使의 임명
11	遣使 誡蕃主(蕃國使)見日 : 奉制誡某主見日	
12	• 蕃主 奉見 前1日 : 太極殿에 御幄 등 설치 其日 : 奉見儀禮 • 황제수번국사표及幣 前1日 : 所御之殿에 御幄 등 설치 其日 : 蕃國使의 表와 幣를 받는 의례	조정에서의 使旨 奏上. 貢獻物 奉呈
13	• 皇帝宴 蕃國主(蕃國使) 前1日 : 所御之殿에 御幄 등 설치 其日 : 凡蕃客出入升降 皆掌客監 蕃主奉贄(日某國蕃臣某 敢獻壤奠) 進酒 → 進御食 若有筐篚 : 宣勅에 따라 太府가 衣物을 순차에 따라 내림	諸行事에의 참가 天皇 出御下의 饗宴, 授位·賜祿
14		신하에 의한 饗宴
15		鴻臚館에서의 일본의 國書 賜與
16		歸國鄕客使에게 인솔되어 出京·歸國으로
17		難波館에서의 讌饗
18		歸國 [遣新羅使 派遣]

91) 李成市, 앞의 책, 111~113쪽에 정리한 내용임.

『高麗圖經』의 宋使에 대한 賓禮	新羅의 唐使에 대한 賓禮	
宋 조정의 紹介書 송부	신라 宿衛의 사전 연락	1
고려 長齡殿에서 紹介書 수령(舍館 결정, 方物値 보상액 결정)		2
宋使의 入境에 따른 영접(群山島)	唐使의 入境에 따른 영접(德物島)	3
群山島부터에서 禮成港에 이르는 연해 주목(全州·青州·廣州牧)의 영접 호송	[해로상의 영접 호송]	4
• 영접사의 파견 • 도착지(예성항)에서의 안치 → 碧瀾亭에 詔書 봉안	• 영접사의 파견 • 도착지(당항진 또는 회진)에서의 安置	5 6
騎兵의 호송에 의한 詔書 및 사신 京上	[騎兵의 호송에 의한 詔書 및 사신 京上]	7
西郊亭에서의 영접	[西郊亭에서의 영접]	8
神旗隊 등 기병 및 1만여 의장의 호위 入京	[侍衛府 및 의장의 호위 入京]	9
順天館 安置(詔書 봉안)	領客部 客館 安置	10
10일 이내로 受詔日 정함		11
• 국왕 봉견(受詔儀禮 : 宣命禮) 前1日 : 順天館에 說儀官 파견 其日 : 會慶殿 수조 의례(迎詔 → 導詔 → 受詔 → 祭奠과 弔慰)	受詔儀禮 祭奠과 弔慰	12
國王의 燕禮(私覿 → 燕儀 → 獻酬 → 襲衣와 金銀帶 하사)	燕禮 : 물품의 사여	13
拂塵會와 過位의 禮		14
拜表 儀禮(受詔儀禮와 동일)		15
西郊亭 國相의 餞別		16
接伴官과 送伴官의 군산도까지 동행 餞別	당항진 또는 회진에서 귀국, 謝恩使 동행	17
歸國		18

전각이지 않았을까 생각된다. 곧 예는 유교의 기본적 덕목인 오상五常 가운데 남쪽을 의미하거니와, 『삼국사기』 유명미상지명 가운데 보이는 서남방향의 곤문역坤門驛과 남쪽의 해남통海南通[92]이 이에 상응하지 않을까 하며, 일본 사신이 강주康州로부터 해남통을 통하여 남교南郊에 이르면 곤문역으로부터 교로郊勞를 베풀고 객관에 들지 않았을까 추리된다.[93]

지금까지 『대당개원례』와 752년 김태렴을 맞이하는 일본의 빈례, 그리고 『고려도경』에서 고려가 송나라 사신을 맞는 의례에 바탕하여 신라의 빈례를 재구성하고자 하였다. 이들 빈례의 내용을 비교하면 앞의 표와 같이 정리할 수 있다.

앞의 표에서 일본과 고려, 그리고 신라의 빈례는 매우 흡사하게 운영되었음을 살필 수 있다. 특히 일본과 고려의 경우, 사신일행을 경상京上하는 데 있어서 기병騎兵으로 호송한다는 점, 그리고 조서 혹은 사지를 받는 의례와 배표拜表 혹은 조서를 내리는 의례가 별도로 진행되었다는 점은 동일하다. 물론 조문사절의 경우 고려에서는 빈례로써 맞이하였으나, 일본은 이들을 축자 또는 대재부에서 돌려보냈다는 차이를 보인다. 신라의 경우 당으로부터 조문사절이 내왕한 것으로 보아, 고려와 마찬가지로 조문사절에 대한 빈례를 갖추었던 것으로 여겨진다. 또한 일본의 경우 『연희식延喜式』 권 30, 대장성大藏省·번객래조蕃客來朝조에는 "무릇 번객이 내조하여 교관交關에 응하는 자는 승록丞錄 사생史生이 장부藏部의 가장價長 등을 거느리고 객관에 나아가 내장료內藏寮와 함께 교관하는데, 색목色目을 기록하면 관에 보고한다"고 하여 외국 사신들과 교관하는 별도의 규정을 두었다. 이는 8세기 초엽 당나라가 외국 사절단의 사적인 교역을 금지하고 해당 관사 또는 주현의 허가 하에 반출 금지 품목 외의 물품을 교역하였던 것과는 대조적이라 할 수 있다. 신라에 있어서도 당나라 사신과 교역이 있었던 것으로 여겨지며, 대체로 당나라와 같은 유형이지 않았을까 추측된다.

한편 신라-일본간의 외교적 갈등의 직접적인 요인이었던 '왕성국王城國' 발언을 비롯하여 신라사신이 가져간 물품을 '토모土毛' 또는 '국신물國信物'로 일컬은

92) 『三國史記』 권 37, 雜志 6, 地理4, 百濟.
93) 菁州가 대일 외교의 관문역할을 수행한 시기를 성덕왕 21년(722) 毛火郡에 관문성을 쌓으면서 일본 사절의 입항지를 기존의 울산으로부터 菁州(진주)로 바꾸었던 것으로 보기도 하나(김창석, 「菁州의 祿邑과 香徒」, 『新羅文化』 26, 2005, 139~141쪽), 후술하듯이 문무왕 8년(668) 9월 金東嚴을 일본에 파견한 이후 양국 사신의 내왕이 빈번해지면서 영객전에 별도로 倭典을 설치하면서부터가 아닐까 추정된다.

것, 그리고 국서를 가지고 가지 않고 '사주辭奏' 또는 '구주口奏'로써 사지使旨를 밝힌 것은 모두 빈례상 신라를 일본의 우위에 두고자 한 의도적인 외교적 표현이었던 것으로 여겨진다. 곧 신라를 '왕성국'이라 일컬은 것은, 당의 빈례에서 황제가 객관에 사신을 보내어 위로할 때에 '제칙을 받들어 모국某國의 왕(또는 使臣)을 위로한다[奉制勞某主]' 하고, 다시 황제연皇帝宴에서 '모국의 번신蕃臣 모某는 감히 양전壤奠을 바칩니다[某國蕃臣某 敢獻壤奠]'라고 할 때에 모두 그 나라 이름을 칭하게 되는데, 이 때에 신라는 번신을 칭하지 않고 '왕성국 사자 운운'으로 일컬었다는 것이 된다.94) 또한 『속일본기』에서 발해와 당이 보낸 물품을 '국신'이라 일컬었거니와,95) 『고려도경』에서도 송나라의 사신을 '국신사國信使'로 일컫고 있어, 국신물은 상국이 번국에게 보낸 예물을 지칭하는 것이 아닌가 풀이된다.96) 보구 5년(774) 일본이 '국신'이라 일컬은 것을 문제삼은 것은 바로 그러

94) 김상정의 王城國 발언에 대하여, 酒寄雅志는 '신라를 종주국으로 하여 주변제국을 번국으로 하는 중화사상의 구체적 발현자였던 신라왕이 거주하는 도성이 있는 나라'로 풀이하였고(酒寄雅志, 「古代東アジア諸國の國際意識'-中華思想'を中心として」, 『歷史學硏究』 別冊特集, 1983.11, 29쪽 : 2001, 「東アジア諸國の華夷思想」, 『渤海と古代の日本』, 校倉書房, 444쪽), 전덕재는 신라가 일본을 일방적으로 번국으로 응대하였거나 아니면 상대국의 사신을 번국의 사신으로 접대하였던 종래의 (일본측) 관례를 깨뜨리려고 하는 의도에서 표현한 것으로(전덕재, 앞의 논문, 20쪽), 연민수는 신라의 일본에 대한 자존의식을 드러낸 외교적 언사(연민수, 앞의 논문, 242~243쪽)였던 것으로 이해한다. 한편 722년 毛伐城郡 축성과 관련된 발언으로 보거나(박석순, 「신라사절 放還과 일본의 왕권」, 앞의 책, 2002, 274쪽 각주 33), 성덕왕대 말년 분열되기 쉬운 왕권의 틈새를 막기 위한 움직임이나 조처 속에서 파생된 사건으로 보기도 한다.(김선숙, 앞의 논문, 51쪽)

95) 『續日本紀』권 19, 天平勝寶 5년(753) 5월 乙丑·天平勝宝 6년(754) 3월 丙午.

96) '國信'을 '어떤 나라로부터 대등한 관계에 있는 타국으로의 進物을 의미하는 것'으로 보기도 한다.(西島定生, 「7-8世紀の東アジアと日本」, 『日本歷史の國際環境』, 東京大, 1984, 144쪽 : 박석순, 「일본 율령국가의 왕권과 대 신라외교」, 『한국고대사연구』 25, 2002 : 「신라사절 放還과 일본의 왕권」, 앞의 책, 282쪽) 이에 保科富士男은 상하관계에 한정하지 않는 증진물의 명칭으로 토의·토물·토모를 들고 국신물·국신·신물도 이에 포함될 수 있으나, 중국왕조에서 주변 여러 민족·국가에게 하사하는 증진물의 명칭도 국신·신물로 사용하고 있으므로 국신을 사용하고 있는 것만으로 대등관계를 증명할 수 없다 하고, 신라가 국신·토모로 개칭함으로써 조공관계에서 이탈하여 대등한 자세를 보였던 것으로 보았다.(保科富士男, 「古代日本の對外關係における贈進物の名稱」, 『白山史學』 25, 東京大學 白山史學會, 1988 : 「고대 일본의 대외관계에 있어서 贈進物의 명칭」, 『張保皐關係硏究論文選集 : 中國篇·日本篇』, 해상왕장보고기념사업회, 2002, 482·485쪽)

한 까닭으로 이해된다.

천평 15년(743) '토모'라 칭한 것을[97] 문제삼은 것은, 영로의식에서 번국왕(또는 번국사신)이 황제의 예물[幣]을 받고 황제의 사신에게 '토물'로써 답례하는 바, 번국 왕(사신)이 황제에게 바치는 '예물[幣]'과는 구별된다고 할 것이다.[98] 국서國書는 황제가 번주 봉견시에 예물과 함께 올리는 것으로서 번국 왕(사신)의 경우 표表를 올려야 하나, 신라사신은 일본천황에게 한결같이 구주口奏로써 사지를 밝혔다.

이처럼 신라와 일본간의 갈등의 소재로 작용한 사안들은 모두 빈례상의 문제였다. 빈례 자체가 동아시아 국가간의 지위를 서열화하는 형식이었던 만큼, 일본이나 신라는 스스로의 국격國格을 빈례를 통하여 관철하고자 하였다. 특히 빈례상에 나타난 신라 사신의 태도는 『속일본기』의 기록과는 달리 신라가 일본에 대해 한결같이 문물 전달자로서의 지위를 의례상으로 밝힌 것이었다. 더욱이

97) 『續日本紀』 권 15, 天平 15년(743), 4월 甲午.

98) 신라와 일본간의 '土毛' 논쟁에 대하여, 신라가 '土毛' 등으로 명칭을 고친 일면에는 貿易을 우선하는 의도가 있었던 것이 아닌가 풀이하거나(東野治之, 「鳥毛立女屛風下貼文書の研究 -買新羅物解の基礎的考察」, 『正倉院文書と木簡の研究』, 塙書房, 1977, 329쪽 각주 27), 土毛란 調와 달리 동등한 지위, 동등한 신분의 사람이 상호 교환하는 증여품을 지칭한 것으로, 토모의 개칭은 調를 매개로 한 상하관계를 부정하였기 때문으로 보기도 한다.(田村圓澄, 「平城京と新羅使」, 『日本學』 8·9, 1989, 35쪽) 또한 신라가 조공국의 調가 아님을 공식적으로 표명한 것(김은숙, 「8세기의 신라와 일본의 관계」, 『국사관논총』 29, 1991, 122쪽)으로 풀이하거나, 신라가 일본측의 貢調意識을 외교적으로 양해하였거나 신라사신이 스스로 이를 調라 표현하여 왔던 데서 비롯하였을 것이라고 이해하면서(金昌錫, 「8세기 신라·일본간 외교관계의 추이」, 『역사학보』 184, 2004, 12쪽), 土毛란 상하관계의 의미가 없는 것으로 이해하기도 한다.(연민수, 앞의 논문, 249쪽 : 김창석, 위의 논문, 29~32쪽) 아울러 土毛라는 용어를 굳이 정치적으로 해석할 필요 없이 종래의 상세한 품목과 수량 등을 알리는 형식이 결여됨으로써 외교 형식상의 문제가 된 것으로 이해하기도 한다.(김선숙, 앞의 논문, 65~66쪽) 필자는 이전에 土毛란 일본측 기록에 일본이 藩國에게 내리는 증여물이었고, 신라의 입장에서는 신라에서 생산된 물품을 일컫는 것으로서, 이를 외교적 증여물로 기능할 때에 '調' 또는 '國信物'로 일컬었던 바, 토모 또는 국신물이 문제가 된 것은 외교형식 곧 실제적인 외교관계를 바랬던 일본조정의 입장에서 土毛, 信物 등의 용어를 사용하면서 외교사절이라면 마땅히 갖추어야 할 국서 등을 갖추지 않은 '신라사신'을 국가간 공식적인 외교사절로 용납하기 어려웠기 때문이었던 것으로 파악하였다.(박남수, 앞의 논문, 2007, 427~430쪽) 본고에서는 8세기 동아시아 賓禮 상에 土物이란 蕃國王이나 사신이 황제의 사신에게 답례하는 물품으로서 蕃國王(사신)이 황제에게 바치는 예물(幣)과는 구별되는 까닭으로 빈례상의 문제가 되었음을 확인할 수 있다.

보구 5년(774) 3월에 파견된 예부경 김삼현金三玄이 국신물을 가지고 가서 옛날의 우호를 닦고 항상 빙문할 것을 청한 것은, 그 때까지 신라와 일본간의 정상적인 외교관계가 수립되지 않았음을 시사한다. 이는 애장왕 4년 양국간의 교빙결호 이전에 신라국왕이 일본사신을 숭례전에서 인견한 것과 흐름을 같이한다고 할 것이다.

4. 신라 영빈 관사의 운영과 그 성격

신라는 경덕왕 18년(759) 2월 예부禮部의 사지舍知를 사례司禮로, 영객부領客府[99]의 사지를 사의司儀로 각각 이름을 고쳤다. 예부의 사례에서 '예禮'는, 내성 산하의 인도전引道典을 경덕왕 때에 예성전禮成典으로 고친 것으로 볼 때에, 의례와 관련된 명칭으로 생각해 볼 수 있다. 혜공왕 10년(774) 일본에 파견된 신라국사 사찬 김삼현은 예부경이었는데, 김삼현은 혜공왕의 교를 받들어 일본에 '옛 우호를 닦고, 항상 서로 빙문할 것[修舊好 每相聘問]'을 요청하였다.[100] 이는 예부가 국가간 수호나 교빙의 타결과 같은 사안까지도 직임으로 하였음을 보여준다. 그렇다면 신라 예부는 외교적 직무를 관장한 곳이었고, 그 휘하 관리인 사례司禮 또한 예성전(인도전) 등과 마찬가지로 후술하듯이 외국 사절의 영접과 관련된 직무를 맡았다고 보는 것이 옳을 듯하다. 이에 예부 사례의 직임을 당나라 상서예부의 주객낭중主客郎中과 비교해 볼 수 있다.[101]

당나라 상서예부의 주객낭중과 원외랑은 조빙朝聘의 일, 곧 조공朝貢의 의儀, 향연享燕의 수數, 왕래往來의 명命을 직임으로 하였다. 『신당서』 권 46, 백관지 1, 예부 주객낭중조는 ① 변경의 주현이 도착한 사신단의 인원수를 조사·보고

99) 領客府를 경덕왕 때에 司賓府로 고친 것으로 보아 외국 사신의 접대를 관장한 것으로 이해하거니와(李丙燾, 『譯註 三國史記』 上, 乙酉文化社, 1977, 581쪽), 賓客의 응접이나 凶儀之事 및 祭具의 管理를 담당한 관청으로 이해하기도 한다.(鄭求福 외, 『譯註 三國史記』 4 주석편-하-, 韓國精神文化研究院, 1997, 487쪽)

100) 『續日本紀』 권 33, 寶龜 5년(774) 3월 癸卯.

101) 예부를 교육과 외교 및 의례 등을 관장하는 관사로 보거나(李丙燾, 앞의 책, 578쪽), 혹은 중국의 後周나 隋나라의 제도를 본받아 설치한 것으로서 당의 예부상서·시랑의 직임인 '禮儀·祭享, 貢擧之政令'을 관장하였을 것으로 이해하기도 한다.(이인철, 「신라 중앙행정관부의 조직과 운영」, 『신라정치제도사연구』, 일지사, 1993, 32~33쪽)

하는 변첩邊牒의 규정 ② 번주도독·자사의 조집일朝集日에 의관衣冠과 고습袴褶을 지급하는 규정 ③ 역전제驛傳制의 이용 규정 ④ 공급식료를 홍로시鴻臚寺와 조회照會하는 규정 ⑤ 설회設會·참일參日의 장소에서 식료를 지급하는 규정 ⑥ 해로 항해자의 안전을 기원하기 위한 양·돼지[羊豕]의 급여 규정 ⑦ 귀로의 여정에 필요한 식료를 공급하는 규정 ⑧ 숙위를 청원한 자에 대한 대처 규정 ⑨ 돌궐이 시방市坊에서 교역할 때에 대처하는 규정 ⑩ 번왕藩王의 사망에 의한 자손·형제의 습관襲官 규정 ⑪ 절역에 사행한 자가 당에 귀국할 때에 사행 지역의 풍속 등을 보고하는 규정을 보여 준다. 이에 당나라의 예부는 주객낭중을 통하여 외국 사절단의 영접을 총괄하였던 것으로 인정된다.102)

당나라 상서예부의 주객낭중과 원외랑의 직임을 신라 예부 사례와 모두 비교할 수는 없으나, 변경의 주현이 도착한 사신단의 인원수를 조사한 변첩邊牒(①)이나 귀로의 여정 식료공급(⑦)은, 승화 3년(836) 12월에 일본사신 기삼진을 돌려 보내고 바다를 건너는 식량을 공급한 사례103)에서 볼 수 있듯이, 집사성의 첩에 의해 주州가 시행하는 형태였다. 이렇듯이 신라 집사성이 주현을 행정적으로 통할할 뿐더러 첩牒으로써 변경 출입을 허가하였던 만큼, 예부는 변경에 도착한 외국 사절을 영접하는 관원의 파견과 예부 소속 관사와 관련된 사항만을 관장하지 않았을까 한다. 그렇다면 신라 예부 사례의 직임은 당나라 상서예부 주객낭중의 직임 가운데 객관에서의 외국 사절에 대한 식료 공급(④), 지방관의 조집일朝集日에 의관과 고습의 지급(②), 설회·참일에 당해 장소의 식료 공급(⑤), 고위 관료 사망에 의한 자손·형제의 습관(⑩) 등에 한정되지 않았을까 추측된다.

한편 영객부領客府는 경덕왕 때에 사빈부司賓府로 개칭하고 그 휘하의 사지를 사의司儀로 고쳤다. 신라의 사빈부 곧 영객부는 태봉의 봉빈성奉賓省, 고려의 예빈성禮賓省으로 승계되었다. 『고려도경』에는 사방 이웃 나라의 빈객賓客을 관장하는 고려의 관사로서 예빈성을 꼽았다. 곧 고려의 예빈성은 당의 홍로시에 상응하는데, 그 밖에도 왕이 거처하는 내성內城에는 예의禮儀를 맡는 빈성賓省과 찬도贊導를 맡는 합문閤門이 있었다고 한다.104) 특히 고려는 송나라에서 사신이

102) 石見清裕, 「唐代外國貿易·在留外國人をめぐる諸問題」, 『魏晉南北朝隋唐時代史の基本問題』, 汲古書院, 2004, 62~65쪽.

103) 『續日本後紀』 권 5, 承和 3년(836) 12월 丁酉.

오면 반드시 인재를 선발하거나 혹은 조공갔던 사람으로 관반館伴을 삼는데, 대체로 신하들 중에 현명하고 민첩한 자들을 택하여 영빈 의례를 맡겼다고 한다. 신라의 경우에도 사행의 경험이 있는 자나 숙위 또는 학어學語 출신자로써 외국 사신의 영접관을 삼았으리라 생각된다.

아무튼 신라의 영객부는 경덕왕 때에 사빈부로 개칭되고 그 소속 관직 사지를 사의로 고쳤던 바, 사의는 당나라 홍로시의 부속관서인 사의서司儀署의 관사 이름과 동일하다. 당나라 사의서는 황족·관료의 장의의 일을 관장한 바, 영객부 또한 외국의 빈객을 영접하는 직임 외에 왕족이나 관료의 장의까지도 관장하였던 것으로 생각된다.[105] 조선 태조 때에도 예빈시禮賓寺는 빈객賓客의 연향宴享과 종척·재상의 공궤供饋 등을 관장하였다.

함녕 4년(673) 7월 1일 김유신이 죽자 문무왕은 부채백賻彩帛을 내려 상사喪事에 쓰게 하면서 군악고취軍樂鼓吹 100인을 장의에 충당하게 하였다. 이 장의 행렬은 앞서 고려에서 송나라 사신을 맞이하는 군악고취를 떠오르게 한다. 특히 외국 사신을 맞는 영객부(사빈부)에 사의란 명칭이 있게 된 것은, 먼저 당나라의 빈례를 채용한 데서 찾을 수 있겠지만, 기왕에 영객부가 빈례에서 군악고취의 의장을 관장하다가 다시 장의의 직임까지 맡게 된 때문이 아닌가 추측된다.

한편 당나라 빈례에서 사신을 인도하는 직임으로는, 홍로시가 객관에서 외국의 국왕이나 국사를 조당朝堂으로 인도하는 경우가 있고, 황제의 사신이 객관에 이르러 황제 봉견일을 협의할 때에 장차자掌次者가 그들을 인도하는 경우, 그리고 황제의 봉견례나 연회가 베풀어질 때에 외국 사신들을 궁문밖에 이르기까지 인도하는 소사所司와 궁문으로부터 안내하는 전알典謁, 그리고 황제 봉견시 외국의 국왕이나 사신을 안내하는 통사사인通事舍人으로 나뉘어진다.

먼저 당나라 통사사인은 문무 관료나 사신들의 진퇴를 인도하고 그에 따른 의례를 알리며 표表와 납공納貢 등을 받아 올리는 중서성中書省 소속의 근시직이다.[106] 이는 고려 문종 때에 중서사인中書舍人으로 개칭된 신라 국왕 및 동궁

104) 『宣和奉使 高麗圖經』 권 16, 官府 臺省.

105) 濱田耕策, 앞의 논문, 1990 : 2002, 앞의 책, 164쪽. 이인철, 「신라 중앙행정관부의 조직과 운영」, 앞의 책, 1993, 38쪽. 채미하, 앞의 논문, 142쪽. 鄭求福 외, 앞의 책, 487쪽.

106) 『舊唐書』 권 43, 志 23, 職官 2, 中書省 通事舍人.

직속의 중사성中事省 사인舍人에 상응하지 않을까 한다.

신라의 중사성(洗宅) 사인은 지적되듯이 국왕이나 왕태자의 시종 뿐만 아니라 동시에 조고詔誥를 관장하였다고 한다.[107] 그런데 보구 11년(780) 김난손金蘭孫·김암金巖·설중업薛仲業과 함께 일본에 파견된 대통사大通事 김소충金蘇忠,[108] 그리고 『입당구법순례행기』에 보이는 신라통사新羅通事 압아押衙 장영張詠[109] 등에서 '통사通事'의 명칭을 주목할 수 있다. 이들 통사의 직함은 설중업이 지닌 문한관으로서의 한림翰林과는 구별된다.[110] 조선시대 선조가 중국 사신을 접견할 때에 통사를 시켜 중국 사신에게 말을 전했다고 하는 바, 통사란 통역관으로서 사역원司譯院 소속이었다. 이는 고려의 통문관通文館(漢文都監), 태봉泰封의 사대史臺에 상응한다.[111]

그런데 신라의 상문사詳文師(通文博士)는 서표書表를 관장하였다. 무열왕, 문무왕 때에 활약한 강수强首는 문장짓는 일을 맡아 당 태종의 조서詔書를 해석하고 사은표謝恩表를 짓거나 고구려, 백제에 서한書翰을 짓기도 하였다.[112] 강수가 당 사신의 조서를 설명하고 해석하였다는 점, 그리고 당황제의 조서를 받아 국왕에게 해석하여 아뢰고, 고구려·백제·일본 등에 서한을 작성하였다는 점으로 미루어 볼 때에, 강수가 맡았다는 문장짓는 일이란 서표書表를 관장한 상문사(통문박사)의 직임에 상응한다.

상문사는 성덕왕 13년 통문박사로 고쳤는데, 경덕왕 때에 다시 한림이라 개명하고 뒤에 학사學士를 설치하였다.[113] 표는 당나라와의 외교문서 투식이라 할

---

107) 이기동, 「羅末麗初 近侍機構와 文翰機構의 擴張」, 『역사학보』 77, 1978 : 『신라 골품제사회와 화랑도』, 일조각, 1984, 233~240쪽.

108) 『續日本紀』 권 36, 光仁天皇 寶龜 11년(780) 정월 壬申.

109) 『入唐求法巡禮行記』 권 2, 開成 4년(839) 6월 7일.

110) 신라의 통문박사와 유사한 이름의 고려 통문관이 중국어 학습을 담당하였다는 점에서 신라 통문박사가 書表 뿐만 아니라 언어에 대한 학습도 병행한 것으로 보기도 하나(金善淑, 앞의 논문, 37~39쪽), 寶龜 11년(780) 일본에 파견된 사신단에서 通事와 翰林이 함께 등장하고 있어 별개의 직임으로 보는 것이 옳다고 본다. 『三國志』 권 30, 魏書 30, 東夷에는 고구려의 관직으로 國子博士·太學士·舍人·通事·典書客을 일컬었는데, 문한을 담당한 典書客과 通事를 구분한 데서도 확인된다. 寶龜 11년(780) 일본에 파견된 金蘇忠의 大通事에는 『續日本紀』 권 13, 聖武天皇 天平 12년 봄 정월 戊子조에 보이는 '新羅學語' 출신자로 충당되었을 것으로 짐작된다.

111) 『燃藜室記述』 별집 권 7, 官職典故, 諸司 司譯院.

112) 『三國史記』 권 46, 列傳 6, 强首.

수 있다. 또한 진평왕 43년(621) 당 고조가 유문소庾文素를 보내어 화병풍畫屛風·금채錦綵와 함께 새서璽書를 내렸다는 것,[114] 그리고 문무왕 11년(671) 당총관唐摠管 설인귀薛仁貴가 '신라왕에게 서를 올렸다[致書新羅王]'고 한 것,[115] 그리고 문무왕이 설인귀에게 답하면서 '대왕이 서로 답하여 이르기를[大王報書云]'이라 일컬은 사례에서, 서書는 당나라 황제나 장군이 신라왕에게 보낸 서한이나 강수가 고구려·백제 등에 보낸 '서한'에 상응하는 외교문서로 이해된다. 따라서 상문사(통문박사)는 강수와 같이 서표의 작성 뿐만 아니라, 당 사신의 조서나 외국 사신의 서를 받는 의례에 배석하여 이를 받아 해석하여 왕에게 아뢰는 일을 관장하였던 것으로 생각된다.

그렇다면 신라의 중사성 사인은 외국 사신단의 내왕시에 국왕의 측근에서 사신들의 진퇴를 인도하고 그에 따른 의례를 알리며 표와 납공 등을 받는 의례에 관여하지만, 국왕의 측근에서 외교문서를 해석하고 아뢰는 일은 상문사(통문박사)의 직임이었으며, 이와 별도로 통역관으로서 통사가 있었던 것으로 여겨진다.

다음으로 당나라 황제의 봉견례나 연회에 참석하기 위해 궁문밖에 이르기까지 인도하는 소사所司, 그리고 궁문으로부터 안내하는 전알典謁이 있었다. 이와 관련하여 신라 대일임전大日任典의 도인사지都引舍知와 도인계지都引稽知·도알사지都謁舍知, 내성에 속한 인도전의 상인도上引道·위인도位引道·관인도官引道를 주목할 수 있다. 대일임전의 도인사지와 도인계지, 도알사지는 경덕왕 때에 각각 전인典引과 소전인少典引, 전알典謁로 개명되었다. 이들 직임에 보이는 '인引'이 일본 국사를 숭례전 또는 조원전에서 '인견引見'하였다는 '인引'과 서로 통한다는 점에서, '인도引道'란 의례에서의 인도역引導役을 일컬은 것으로 추정된다.[116] 또한 인도전을 예성전으로 개명하였다는 데서 '예禮'란 곧 외국사신이나 백관을 인도하는 것을 지칭한다고 보아 좋을 것이다.

---

113) 『三國史記』 권 8, 新羅本紀 8, 聖德王 13년·권 39, 雜志 8, 職官(中), 詳文師.
114) 『三國史記』 권 4, 新羅本紀 4, 眞平王 43년.
115) 『三國史記』 권 7, 新羅本紀 7, 文武王 11년(671) 秋 7월 26일.
116) 정구복 외, 앞의 책, 516쪽.
"英宗 계유년에 전교하기를, '大殿의 朝儀에는 贊儀를 典儀, 세자가 예를 거행할 때의 引儀를 掌儀, 世孫이 예를 거행할 때의 引儀를 司儀라 일컬을 것이며, 백관이 예를 거행할 때에는 引儀를 導儀라 일컫게 하라'고 하였다."(『燃藜室記述』 別集 권 7, 官職典故, 諸司 通禮院)

그런데 인도전이 내성에 속하였다는 점에서 궁내의 인도역을, 그리고 대일임전은 경덕왕 때 전경부典京府에 합하였다는 점으로 미루어 객관으로부터 왕궁, 그리고 왕궁에서 국왕봉견처 전각의 문밖[閤外]까지 인도하는 일을 관장하지 않았을까 추측된다. 곧 대일임전의 도알사지를 전알이라 일컬었거니와, 전알은 당의 번주봉견례蕃主奉見禮에서 궁성문에서부터 전각의 문밖에 이르기까지나, 번주나 사신이 황제를 봉견하고 객관으로 돌아갈 때에 통사사인에 이어 그들을 인도하는 직임이었다. 따라서 신라의 경우에도 사신의 국왕 봉견례에서 궁내에서는 중사성 사인이, 그리고 봉견하는 전각에서 객관으로 이동하는 데는 대일임전이 각각 사신 인도의 직임을 맡았던 것으로 보아 좋을 듯하다. 또한 인도전의 인도직을 상上·위位·관官으로 구분한 것은 사신 또는 백관의 신분에 따라 궁내에서 각각의 인도하는 대상에 차이가 있었기 때문이 아닐까 추측된다.

아울러 당나라 황제 봉견이나 연회에는 의례의 진행을 맡는 전의典儀가 있었다. 신라에서도 대일임전의 대도사大都司와 소도사小都司는 경덕왕 때에 대전의大典儀와 소전의小典儀라 일컬었거니와, 당나라의 전의典儀와 동일한 성격 곧 의례의 진행을 맡았던 것으로 여겨진다. 전의의 대·소 구분은 조하朝賀·제사祭祀·찬알贊謁 등 의례의 경중에 따른 것으로 짐작된다. 한편 조선 영조 때에는 대전의 조의朝儀에서 찬의贊儀를 전의典儀로 일컬었거니와, 『연려실기술』에서는 이를 관장한 조선의 통례원通禮院이 고려의 통례문通禮門(通禮院)과 신라 사범서司範署의 전통을 따른 것으로 인식하였다. 곧 신라 사범서는 조회의 의례를 관장하는 곳으로서 고려 통례원에 상응하며 합문사閤門使·지후祗候 등의 관직으로 승계되었다고 본 것이다.117)

따라서 신라의 대일임전은 객관으로부터 왕궁, 그리고 왕궁에서 국왕봉견처 전각의 문밖[閤外]까지의 인도를 관장하였고, 조회의 의례를 관장한 사범서와는 구분된다고 할 수 있다. 인도전의 인도직들은, 대일임전이 인도한 사신을 궁내에서 수조受詔 또는 연회의 전각까지 인도하였던 것으로 생각된다.

한편 외국 사신을 인견하는 전각에는 미리 의장을 갖추어 놓고, 인견일에는 국왕이나 외국 사신의 등장에 따라 의례가 베풀어졌다. 당나라에서는 황제 봉견 1일 전에 상사봉어가 어악御幄과 번주 또는 외국사신의 상좌牀座를 태극전이나

117) 『燃藜室記述』 별집 권 7, 官職典故, 諸司 通禮院.

봉견하는 전에 설치하고, 수궁守宮을 갖추었다. 또한 태악령太樂令과 고취령鼓吹令, 협율랑協律郎은 봉견일의 주악을 위한 궁현宮懸과 휘麾, 12안案을, 그리고 승황령乘黃令은 거로車輅를, 상련봉어尙輦奉御는 여련輿輦을 준비하였다. 황제 봉견일 당일에 전의典儀는 번주의 판위版位와 번국사신 관료들의 위位를 남쪽 길 서북면에 걸었다. 또한 각 부대가 도열함과 아울러 황휘黃麾를 전청과 둔문에 베풀고 제 시위관이 엄중히 경계하였다.

어악御幄 등 장막帳幕의 공급과 상좌牀座 등의 포설鋪設은 고려시대에는 상사국尙舍局(司設署)의 소임이었는데, 별도로 수궁서守宮署를 설치하기도 하였다. 고려의 상사국은 조선시대 전설사典設司의 전신이었다.118) 신라의 경우 어악과 상좌에 관한 직임을 맡는 관사는 동궁관아의 급장전給帳典과 어룡성의 석전席典(奉座局)이었을 것으로 헤아려진다. 의례에 따른 주악奏樂은 예부에 속한 음성서音聲署(大樂監)의 직임이었을 것이다. 다만 거로車輅 또는 여련輿輦 등은 집사성 산하의 승부乘府(司馭府)와 어룡성의 공봉승사供奉乘師와 관련될 것으로 보이는데, 이들이 국왕의 거둥과 관련된다는 점에서 어룡성 공봉승사의 직임이었을 것으로 생각된다. 고려에서도 신라 승부乘府에 상응하는 태복시太僕寺(司僕寺)가 있었으나 내구內廏를 관장하는 상승국尙乘局(奉車署)을 별도로 두었던 점을 참고할 수 있다.

제위諸衛의 도열과 국왕의 시위는 고려의 사례로 미루어 볼 때에 내성의 위무감衛武監을 비롯하여 시위부와 각 군軍의 기치로 의장하였을 것이고, 사신이나 백관의 위位를 표시하는 판위版位나 전의위典儀位를 걸었을 것이다. 특히 대일임전의 도사계지, 도알계지, 도인계지에서 계지稽知는 당幢을 일컬은 바, 이들 사신 또는 백관을 인도하는 이들의 기치 곧 당나라 전의위에 상응하는 도인당都引幢 또는 소전인少典引의 위位를 표시하였을 것이다. 그렇다면 대일임전은 사신의 인견례 등에서 객관으로부터 궁성까지 사신 등을 인도하는 관사라고 보아 좋을 것이다. 비벌수比伐首의 직임은 분명하지 않으나 대체로 이들의 인도와 관련된 직임일 것이다.

당의 빈례에는 부보랑符寶郎이 국새를 어좌에 두는 의례가 있거니와, 신라의 관직 가운데 이에 상응하는 직임은 보이지 않는다. 조선 태조 때에는 새보璽寶·

---

118) 『燃藜室記述』 별집 권 7, 官職典故, 諸司 典設司.

병부兵符·신패信牌·절월節鉞을 관장하는 상서사尙瑞司가 있었는데, 고려시대의 지인방知印房(政房, 箚子房, 尙瑞寺)과 부보랑符寶郎(印府郎) 등의 전통을 잇는 것이었다. 특히 고려시대에는 승지방承旨房을 인신사印信司로 고치기도 하였다.[119] 이로 미루어 볼 때에 신라에서도 부보符寶에 관련된 직임은 국왕의 근시직 곧 국왕 직속의 세택洗宅(中事省)에서 관장하였을 것으로 여겨진다.

상문사(통문박사)가 서표書表나 조서詔書를 받아 아뢰고 나면 유사가 소속관원을 데리고 나와 전정殿庭에서 폐백[幣]를 받았을 것이다. 당나라에서는 태부시太府寺가 폐백을 받고 예물을 내리는 일을 관장하였다. 『신당서』에는 신라의 관리로서 태부령太府令을 열거하였는데[120] 경덕왕 때에 대부大府로 개명한 조부調府가 당의 태부시와 같이 사신의 폐백을 받고 예물을 내리는 일을 관장하지 않았을까 한다. 이들 수수한 예물의 감찰을 당나라에서는 어사대御史臺의 전원殿院(殿中侍御史)이 관장하였는데, 신라의 감찰제도가 당제를 모방한 것이라면[121] 내성 산하의 내사정전內司正典이 이에 상응하리라 생각된다.

사신을 위한 연례燕禮는 대체로 봉견례奉見禮와 동일한데, 그밖에 음식과 술, 그리고 주악에 따르는 의례가 베풀어졌다. 당나라에서는 식사와 술을 상식봉어尙食奉御가 준비하고, 술잔을 주고 받을[行酒] 시에 무인舞人이 춤을 추고 나서 연회가 끝나면 선칙宣勅에 따라 태부가 그 속관을 거느리고 의물衣物을 차례로 내려주었다. 봉견례나 연회가 끝나면 항상 시중侍中이 의례를 마쳤음을 고하는 것으로 파하였다. 이로 미루어 보면 신라에서의 연회 음식은 식척전食尺典과 어룡성의 육전肉典(尙膳局)이 관장하고, 음성서의 주악奏樂과 함께 무척舞尺이 연회에 등장하였을 것이다. 사신에게 내려진 물품들은 직물류나 약재였거니와 직물류는 대체로 궁중수공업장에서 생산되었던 것으로 여겨진다. 이들 봉견례나 연회를 마쳤음을 고하는 것은 역시 집사시중이었다고 여겨진다.

한편 당나라에서는 사절의 입국과 귀국에 따른 과소過所의 발급을 형부刑部 사문낭중司門郎中이, 그리고 지리풍토의 정보를 가지고 외국의 지도를 제작하는 것은 병부 낭중이 각각 맡았다고 한다.[122] 그런데 신라에서는 집사성과 해당

---

119) 『燃藜室記述』 별집 권 7, 官職典故, 諸司 尙瑞院.
120) 『新唐書』 권 220, 東夷列傳 145, 新羅.
121) 이기동, 「신라 중대의 관료제와 골품제」, 『震檀學報』 50, 1980 : 앞의 책, 1984, 124~126쪽.

주군이 입경入境하는 외국 사신들의 통관 수속을 관장하였던 것으로 보인다.

먼저 국가간 사신내왕의 통보는 집사성첩을 통해 가능하였다. 고려에서는 사신의 파견을 미리 통보하는 소개서紹介書가 있었거니와, 신라에서도 당 고종의 사신 예부시랑 악붕구樂鵬龜의 파견 소식을 미리 알고 있었다는 것, 그리고 덕물도에서 소정방 일행을 맞이한 것, 당항진에 도착한 유인궤劉仁軌 일행을 김인문이 성대한 예식으로 인도한 사례 등에서 당나라 사신의 파견 사실을 미리 통지하는 체계가 있었음을 알 수 있다. 아마도 이러한 통지는 신라 집사성과 일본 태정관 사이에 첩을 수수한 사례에서 볼 수 있듯이,[123] 신라 집사성과 상대국 최고 관서간의 첩牒으로써 이루어졌을 것이다.[124]

더욱이 일본에 파견된 신라 사신은 집사성첩으로써 일본 대재부에서 입국 통관절차를 밟았고,[125] 일본 사신은 청주菁州(康州)에서 통관 절차를 밟아 경상京上 여부를 집사성으로부터 통고받는 절차를 밟았다.[126] 이로써 보건대 청주(강주)는 8~9세기 무렵 일본 사신의 출입을 관할하는 주치州治로서,[127] 집사성의 첩에 따라 일본 사신의 경상 여부나 귀환, 또는 일본측에 첩문을 보내는 관문이었다. 이는 일본 박다博多의 대재부大宰府가 일본 태정관의 첩문이나 천황의 칙지에 따라 신라 사신의 입출입을 통제하는 것에 상응한다. 또한 승화 9년(842)

---

122) 石見淸裕, 앞의 논문, 62~64쪽.

123) 『續日本紀』 권 25, 淳仁天皇 天平寶字 8년(764) 7월 甲寅. 『日本後紀』 권 12, 延曆 23년(804) 9월 己丑. 『續日本後紀』 권 5, 承和 3년(836) 윤5월 辛巳·承和 3년(836) 12월 丁酉. 『日本三代實錄』 권 47, 仁和 원년(885) 6월 癸酉.

124) 김선숙은 구체적인 논거를 제시하지는 않았으나, 집사성이 일본 태정관 앞으로 첩을 보낸 것은 최고 외교권자인 왕의 직속 기관으로서 왕의 지시에 따라 또는 왕을 대신하여 성덕왕대부터 대외 관련 행정업무를 총괄하였던 때문으로 이해하였다.(김선숙, 앞의 논문, 35~36쪽) 필자도 이에 동의하며, 집사성의 외교적 직무를 사신내왕의 통보, 외국 사신 통관의 가부, 외국 사신단의 국왕 봉견 의례를 총괄하는 직임을 맡았던 것으로 이해한다. 한편 일본의 경우 8세기 초부터 天長 3년(826)까지는 오직 천황만이 慰勞詔書를 발급하였으나, 承和 9년(842)부터는 천황의 慰勞詔書와 함께 그에 준하는 국제문서로서 태정관첩을 발급하였던 바 일본 빈례의 변화양상을 반영한 것으로 이해하기도 한다.(田島公, 앞의 논문, 69~76쪽) 그러나 태정관첩을 빈례의 한 형식으로 보기보다는 오히려 앞서 살핀 사신내왕의 통보와 使旨를 밝히는 국가간 최고 관부의 행정적 문서 형식으로 보는 것이 옳을 듯하다.

125) 『日本三代實錄』 권 47, 仁和 원년(885) 6월 癸酉.

126) 『續日本後紀』 권 5, 仁明天皇 承和 3년(836) 12월 丁酉條 新羅執事省牒文.

127) 全基雄, 앞의 논문, 10쪽. 박남수, 2006, 앞의 논문, 131쪽.

정월에 무진주武珍州 열하列賀 염장閻丈이 축전국筑前國에 첩장牒狀을 올렸다는 것이나,[128] 승화 12년(845) 12월에 신라인이 강주첩康州牒 2통을 가지고 와 50여 명의 일본인 표류자를 데리고 왔다는 것[129]으로 보면, 무진주 또는 강주가 집사성의 통할하에 일본인 또는 사신에 대한 신라 강역의 통관 첩문을 발하였던 것으로 인정된다. 따라서 외국 사신 또는 상인이 신라에 입경하면, 해당 주에서는 그 사실을 집사성에 보고하여 집사성의 첩에 따라 사신 또는 상인들을 안치하고 경상 등의 조치를 취하는 체계를 갖추었던 것으로 여겨진다.

한편으로 사신의 내왕에는 국가간 정보 획득이 주요하였던 것으로 보인다. 당나라에 파견된 김흠순金欽純이 구금되었으면서도 비밀리에 의상을 보내 당군의 침공 계획을 알렸던 것[130]을 비롯하여, 당 고종이 예부시랑 악붕구를 신라에 보내 당군 패퇴의 원인으로 지목되는 사천왕사四天王寺를 살피고자 하였다는 것,[131] 당나라 사신 한조채韓朝彩가 승려 계융戒融의 일본 귀국 사실을 파악하면서[132] 동아시아 제국에 있어서 정보전달과 수집 등을 꾀한 것,[133] 그리고 일본이 신라의 군사동향이나 안사의 난, 재당 일본인의 서간 전달, 조난 당한 일본 사신의 탐문 등을 신라 또는 발해 사신을 통하여 획득하고자 한 것 등[134]은 동아시아 일반으로 사신을 통하여 정보를 확보하고자 한 사례로 꼽을 수 있다. 사실 외국사절의 영접에는 기본적으로 해당 관리를 제외하고는 외부와의 접촉을 금함으로써 기밀 유출 등을 통제하는 것이 일반적이었다.[135] 당나라에서 병부가 사신이 다녀온 나라의 지리풍토에 대한 정보와 지도 제작을 맡았던 것은, 사신내왕에 따른 군사정보의 획득이 매우 주요한 사안이었음을 반영한다. 신라 또한 이미 당나라와 일전을 겨룬 경험이 있고 일본의 신라 공격설이 거듭되었던 만큼, 상대국의 지리풍토에 대한 정보와 지도 제작, 상대 국가의 국정에 대한 정보를 끊임없이 취하고자 노력하였을 것으로 짐작된다. 신라의 경우 이를 어디

128) 『續日本後紀』 권 11, 承和 9년(842) 정월 乙巳.
129) 『續日本後紀』 권 15, 承和 12년(845) 12월 戊寅.
130) 『三國遺事』 권 4, 義解 5, 義湘傳敎.
131) 『三國遺事』 권 2, 紀異 2, 文虎王 法敏.
132) 『續日本紀』 권 25, 天平寶字 8년(764) 7월 甲寅.
133) 平澤加奈子, 「八世紀後半の日羅關係」, 『白山史學』 42, 1996, 50쪽.
134) 濱田耕策, 「新羅の對日外交の終幕」, 武田幸男 編, 『朝鮮社會の史的展開と東アジア』, 山川出版社, 1997, 228~242쪽.
135) 石見淸裕, 앞의 논문, 72쪽.

에서 맡았는지는 분명하지 않으나 현재 뚜렷한 자료가 없는 상황에서 병부의 소관이 아니었을까 추정하여 둔다.

신라의 빈례와 관련된 관사를 당나라의 그것과 비교할 때에, 명칭과 기능이 상당부분 일치함을 알 수 있다. 이는 신라가 당의 6전 체제를 의식적으로 도입함과 아울러 빈례의 체제도 함께 수용한 때문이 아닐까 여겨진다. 그러나 이를 운영함에 있어서는 동아시아 각국의 실정에 따라 각각의 특성을 지녔던 것으로 인정된다. 이에 신라의 영빈체계 속에서 관련 관사를 살펴 볼 때에 다음 몇 가지 특징을 간취할 수 있다.

곧 외국 사신의 변경 출입과 경상京上 여부, 귀국 여로의 식료 공급 등은, 당나라에서 형부낭중이 관장하는 것과는 달리 변경 주현의 보고에 따라 집사성이 첩을 내리는 형식으로 시행되었다. 이는 일본에서 대재부의 보고에 따라 태정관이 첩문을 내리는 형식과 동일하다. 예부는 신라 조정에서 결정된 외교 정책에 따라 사행에 임하여 수교를 협의하거나, 도착한 외국 사절의 영접관 파견 및 영빈 의례를 예부의 사례司禮가 빈례 관련 관사를 총괄하는 형식으로 관장하였던 것으로 보인다.

특히 외국 사신의 영접을 주관하는 영객부는 예부 소속으로서 사신의 교로郊勞와 객관 안치, 왕궁에서의 영로迎勞 의례를 관장하였다. 조문사의 경우 예부 소속 대도서大道署와 전사서典祀署가 사안에 따라 내성의 사전寺典이나 어룡성의 원당전願堂典과 함께 제전祭奠을 맡았을 것이며, 국왕이 참여하는 인견례 내지 봉견례와 연례에는 항상 음성서音聲署가 국왕의 거둥과 사신의 출입에 따른 대악大樂과 아악雅樂 등의 음악을 연주하고, 연회의 흥을 돋우는 주악과 함께 무척舞尺을 참여시켰을 것으로 추측된다. 연례에서의 외국 사신에 대한 예물은 궁중수공업에서 생산한 비단류 및 약재 등으로서, 조부調府가 이를 관장하고 내사정전內司正典이 감찰하였을 것으로 여겨진다.

국왕의 인견례와 연례의 시설이나 음식은 대체로 내성과 어룡성의 관할이었던 것으로 보인다. 곧 인견례 내지 봉견례와 연례가 왕궁 전각에 국왕이 거둥하는 형식으로 진행되었던 만큼, 동궁관아의 급장전給帳典, 어룡성의 석전席典·궤개전机概典·공봉승사供奉乘師, 내성의 육전肉典이 주관하였을 것으로 여겨진다. 또한 사신의 인도나 의례의 진행에 있어서는, 객관으로부터 궁성문까지는 대일임전이, 궁성 전각에서는 내성의 인도전이 각각 사신을 인도하고, 의례의 전체적인 진행은 영객부가, 그리고 전의典儀는 대일임전이 관장하고, 외교문서의 수수는 근시직인 세택의 중서사인이, 문서의 해석이나 서표書表의 작성은 상문사詳文師가 맡았던 것으로 여겨진다.

또한 사신단의 호위는 고려의 사례로 미루어 볼 때에 변경지역으로부터 왕경까지는 연도 주현군이, 교로郊勞나 영로迎勞 행사에는 중앙군과 시위부가 의장·고취와 함께 관장하였을 것으로 생각된다. 이는 일본에서 각 지방 기병을 차출하던 형식과는 차이가 있다. 특히 왕궁에서의 인견례나 연례에서는 시위부와 내성의 흑개감이 각 군軍의 기치를 들고 국왕을 시위하였을 것으로 짐작된다.

그러므로 신라의 빈례는 예부가 중심이 되어 그 소속 관사를 운영하는 시스템이었다고 여겨진다. 집사성이 사신의 통관을 관장하고 사안에 따른 신라의 외교적 입장을 당사국에 천명하였다면, 예부는 이를 협의하여 수교를 타결하는 주무부처였다고 여겨진다. 영객부는 외국 사신단의 영접을 관장하지만, 세부 의례에 있어서는 예부 소속 각 관사와 예부 사례司禮를 통하여 연계하고, 궁내의 의례 절차는 당연히 내성이 주관하였던 것으로 여겨진다.

『수서』 신라전에 보듯이 신라는 진평왕대에 이미 매년 정월 원단元旦에 서로 하례하고 일신日神과 월신月神에게 제사를 올리는 등 독자적인 조하례朝賀禮를 베풀었다. 이러한 조하례가 언제부터 비롯하였는지는 분명하지 않으나, 진평왕 8년(586) 예부령을 두었다는 것은 이러한 의례의 정비와 관련될 것이다.

그런데 『삼국사기』 신라본기에는 진평왕 13년(591)에 영객부領客府 영令 2인을 설치하였다고 하였다. 이에 대해 같은 책 직관지에는 진덕왕 5년(651)에 영 2인을 설치한 것이라 하여 본기와 차이가 있다. 『동사강목』에는 진평왕 13년(591)에 왜전倭典을 영객부로 고친 것으로 기술하였다.[136] 사실 직관지에는 영객부의 전신을 왜전으로 보았으나, 진평왕 43년(621)에 영객부를 영객전領客典으로 고친 점은 인정하고 있다. 따라서 진평왕 13년(591) 왜전을 영객부로 고치고, 다시 진평왕 43년(621)에 영객부를 영객전으로 고쳤으며, 진덕왕 5년(651)에 영 2인을 설치한 것이 아닌가 한다.

진덕왕 5년은 당의 정치제도를 모방하여 종래의 품주稟主를 개편하여 창부를 분치하고, 국왕 직속의 최고 관부로서 집사부執事部, 입법관서인 좌리방부左理方

136) 『東史綱目』 권 3 상, 辛亥 신라 진평왕 13년.

府를 설치하는 등 중앙집권적인 관제 개혁을 단행하였다. 특히 이 시기에 집사성 중시中侍, 조부령調府令, 창부경倉部卿, 예부경禮部卿 등 주요 중앙 관사의 장·차관을 설치하였거니와, 영객전의 영 2인도 이 때에 설치된 것으로 보아 좋을 듯하다. 그렇다면 진평왕 13년(591)의 기사는 왜전을 영객부로 고친 사실을 반영하는 것으로 보아야 할 듯하다.

진평왕 13년(591) 왜전을 영객부로 고친 것은, 삼국이 각축하는 상황에서 새로이 수나라와의 긴밀한 관계를 맺고자 한 때문으로 여겨진다.137) 사실 같은 해에 고구려는 수나라로부터 책봉을 받았고, 그로부터 2년 후에 진평왕은 수 황제로부터 상개부 낙랑군공 신라왕上開府樂浪郡公新羅王에 책봉하는 조서를 받았다. 이는 영객부의 설치가 수나라와의 외교 관계에서 비롯된 것임을 시사하며, 이 때에 조서를 가져온 수나라 사신을 맞기 위하여 영빈 관사를 정비하였을 것으로 여겨진다. 그후 수나라에서는 왕세의王世儀를 사신으로 보내고, 신라는 걸사표乞師表를 보내는 등 수나라와 긴밀한 관계를 유지하였다.

또한 진평왕 43년(621)에 영객부를 영객전으로 고친 것은, 수나라를 대신하여 새로이 중국의 강자로서 당나라가 등장함에 따라 이에 적극적으로 대응하고자 하는 조치였다고 풀이된다. 지적되듯이 신라는, 진평왕 43년(621) 신라의 사신 파견에 대한 답사 형식으로 파견된 당 고조의 사신 통직산기상시通直散騎常侍 유문소庾文素를 맞기 위해 영빈체계를 새로이 정비한 것으로 여겨진다.138) 그후 진덕왕 5년 영객전의 영을 설치한 것은, 예부의 경 2명, 대사 2인을 설치함과 아울러 사史 3인을 증치하는 등의 정비와 관련하여 영객전의 위상을 높이고

---

137) 대체로 지금까지 왜전을 영객부로 고친 때를 眞平王 43년(621)의 사실로 이해하고, 당시 동아시아 정세변화에 대응한 신라의 외교노선의 변화를 반영한 것으로 보거나(朴勇國, 「선덕왕대 초의 정치적 실상」, 『경북사학』 23, 2000, 8~9쪽), 신라의 일본에 대한 口頭外交가 表書 형식의 國書外交로 변화한 것을 반영한 것으로(鈴木靖民, 「新羅の倭典について」, 『古事類苑 外交部月報』 33, 1969, 5~6쪽), 또는 고구려·백제 양국에 대항하고자 당 사신과 왜사신을 賓待하기 위해 왜전을 강화·확대하기 위한 것으로 풀이한다.(濱田耕策, 앞의 논문, 1979 : 2002, 앞의 책, 133쪽 ; 金善淑, 앞의 논문, 11~12쪽) 그러나 진평왕 13년(591)에는 倭典을 領客府로, 眞平王 43년에는 領客府를 領客典으로 고쳤음이 분명한 바, 倭典의 領客府로의 개정은 한반도의 정세와 관련하여 倭보다는 중국과의 관계가 중시됨으로써 영빈기구의 전환이 불가피하였던 것으로 풀이하는 것이 옳을 듯하다. 국내에서 구하기 힘든 鈴木靖民의 논문(1969)을 선뜻 제공해준 김선숙 선생께 본 지면을 빌어 감사드린다.

138) 濱田耕策, 앞의 논문, 1990 : 앞의 책, 2002, 162쪽.

자 하는 조치였다고 믿어진다. 더욱이 중국의 복제와 의장제도를 도입하여 백관의 하정례를 시행한 데서 살필 수 있듯이, 7세기의 유동적인 동북아시아 국제정세 속에서 능동적인 외교를 행할 수 있는 영객부와 예부의 위상과 기능을 확대함으로써 신라의 국위를 선양하고 왕권의 위엄을 높이고자 한 것으로 풀이된다. 이러한 영빈체계의 정비에는 당연히 당나라 빈례의 채용도 포함되었을 것이다.

한편 영빈 관사로서 영객전에 별도로 왜전倭典을 설치한 점을 주목할 수 있는바, 그 설치 시기는 영객전을 설치한 621년 이후가 될 것이다. 『동사강목』에는 왜전을 왜와 교빙하면서 그 사신을 접대하기 위한 객관客館으로 이해하였다.[139] 진평왕 13년(591) 왜전을 영객부로 개칭한 것이 수의 책봉사를 맞기 위한 것이었다면, 진평왕 43년(621) 영객부를 영객전으로 고친 것은 당 고조의 사신 통직산기상시 유문소를 맞기 위한 것이었다. 따라서 영객부, 영객전은 수와 당 사신을 맞기 위해 정비되었음을 알 수 있다. 이에 왜전 또한 왜의 사신을 맞기 위한 관사로 보아 좋을 것이다. 왜가 일본으로 국호를 고친 것이 670년의 일이라면,[140] 왜전을 영객전에 별도로 설치한 시기는 영객전으로 이름을 고친 621년 이후부터 일본으로 국호를 고친 670년 사이의 일이 된다.

『일본서기』에는 문무왕 8년(668) 9월 사찬 김동엄金東嚴을 일본에 사신으로 파견하자, 12월에 일본 사신 소산하小山下 도수신마려道守臣麻呂 등이 신라에 파견된 것으로 전한다. 그 이듬해에도 사찬 독유督儒의 파견에 대하여 아담련협수阿曇連頰垂가 일본의 견신라사로 파견되었다. 신라-일본간의 사신 교환은 김동엄 이후 지속되었거니와 이는 당나라와의 교전에 따른 대일본 친선책 내지 당나라 침공에 대한 일본측의 우려로 보아야 할 것이지만,[141] 영객전에 왜전을 별치한 것은 직접적으로 신라-일본간의 사신교환에 따른 데 기인한 것으로 풀이된다. 왜전의 별치와 함께 대일 교역항 또한 청주 일원으로 옮겨진 것으로 여겨지거니와, 이 무렵에 신라 왕경의 대외 관문항이었던 울산 반구동 유적에 목책이 설치되었다는 점은[142] 그러한 저변의 사정을 보여주는 것이 아닐까 생각된다.

---

139) 『東史綱目』 권 3 상, 辛亥 신라 진평왕 13년.

140) 『三國史記』 권 6, 新羅本紀6, 文武王 10년 冬 12월. 『舊唐書』 권 199 上, 列傳149, 東夷 日本. 『新唐書』 권 220, 列傳145, 東夷 日本.

141) 森克己, 「遣唐使と日本との關係」, 『續 日宋貿易の研究』, 國書刊行會, 1975, 126~127쪽. 심경미, 앞의 논문, 631~634쪽.

142) 김현철, 「고찰-목책」, 『울산반구동유적』(본문), 2009, 329~331쪽.

특히 영객전과 별도로 설치된 왜전은 『삼국사기』 직관지에 내성 산하의 관사로 전하는데, 초기의 왜전과는 구별되어야 할 것이다. 곧 김동엄 일본 파견 무렵에 설치된 왜전은 왕실 주도의 대일 외교를 위한 관사로 여겨지며,[143] 이 점에서 일본 사신을 숭례전에서 인견하였다는 점을 이해할 수 있다. 그러므로 영객전이 당과의 외교를 위한 영빈기구였다면, 왜전은 왕실에서 일본사신을 맞이하기 위해 설치된 관사라고 할 수 있을 것이다.[144]

영빈체계의 정비와 관련하여 태종 무열왕 4년(657) 인견례에서의 인도와 전의, 전알을 전담하는 대일임전을 새로이 설치한 점을 주목할 수 있다. 대일임전

143) 김창석은, 왜전이 왕실업무를 관장하는 내성의 지휘를 받았던 것으로 보아 대일외교를 왕실이 주도하였던 것으로 이해하는 한편 후기 왜전을 성덕왕대에 관문성을 축조한 전후 대일외교업무 뿐만 아니라 그에 수반된 물품과 대일교역을 위한 수공업품을 생산하는 기구였던 것으로 이해하였다.(김창석, 앞의 논문, 2005, 151쪽) 이에 대해 李成市는, 내성에 소속된 倭典이 일본사신을 賓待한 것에 주목하면서 중국이 조공사를 帝室財政으로 충당한 것에 비추어 신라측으로서는 일본사를 조공사로서 응대하였을 가능성이 있는 것으로 보았다.(李成市, 「正倉院寶物氈貼布記を通して見た八世紀の日羅關係」, 『朝鮮史研究會會報』 67, 1981, 12쪽) 한편 왜전의 別置 시기에 대하여, 651년 영객전을 영객부로 승격시키면서 왜전을 별치한 것으로 보거나(김영하, 「신라 중고기의 정치과정 시론」, 『태동고전연구』 4, 1988, 19쪽 ; 심경미, 앞의 논문, 620쪽), 651년 신라가 당의 의관제를 수용하면서 제반 제도를 개혁하면서 전혀 차원을 달리하는 당과 왜의 창구로서 당의 영객전에 대응한 왜전을 설치한 것이고 보기도 한다.(李成市, 「毛氈傳來の過程と新羅·日本關係」, 앞의 책, 1997, 92쪽) 또한 신라가 상문사를 통문박사로 개칭한 성덕왕 13년(714) 무렵 일본과 대등한 형식을 취하고자 대일외교 기구를 정비한 것(濱田耕策, 앞의 논문, 1990 : 앞의 책, 2002, 165쪽), 왜전의 기능을 당의 典客署에 비교하여 성덕왕 13년(714) 일본사신을 맞아 이들의 영접에 필요한 경비 물자를 관리하고 조달하던 기구로 별치했다는 견해(김선숙, 앞의 논문, 41~42쪽)가 있다. 그밖에 일본에 대한 조공품 생산이 급증한 문무왕 19년(679) 대일교역품에 소용되는 공물을 직접 지원하기 위한 기구로서 왜전을 별치했다고 보기도 한다.(서영교, 『나당전쟁사연구』, 동국대박사학위논문, 2000, 143쪽)

144) 領客典으로 개편하기 이전의 倭典은 대체로 왜의 사절을 상대하기 위한 외교기구로 이해하고 있다.(鈴木靖民, 앞의 논문, 1969, 4~5쪽 : 金善淑, 앞의 논문, 39쪽) 다만 '후기 왜전'의 직임을 倭의 이름을 관칭한 것으로 미루어 賓客의 內廷 參內의 儀를 관장하였을 것으로 보기도 하나(濱田耕策, 앞의 논문, 1990 : 앞의 책, 2002, 165쪽), 내성 소속으로서 麻履典 등 생산품명을 보이는 관사와 함께 분류되었다는 점에서 생산관사였을 것으로 풀이하거나(三池賢一, 「新羅內廷官制考·下」, 『朝鮮學報』 62, 1971, 33쪽 ; 姜鳳龍, 「8~9세기 東北亞 바닷길의 확대와 貿易體制의 변동」, 『歷史教育』 77, 2001, 20~21쪽), 대일 외교의 관장과 일본 사절 파견 및 그에 수반한 대량의 문물을 준비하여 관리하는 관사로 보기도 한다.(李成市, 위의 논문, 위의 책, 1997, 92~93쪽 : 김창석, 앞의 논문, 2005, 151쪽)

의 설치에는 이를 맡는 관직과 의장의 정비까지를 포괄한 것으로 짐작된다. 무열왕 자신이 대당 외교의 중추적 역할을 담당하였거니와, 그는 즉위년 5월에 부절符節을 가지고 온 당 사신에 의해 개부의동삼사 신라왕開府儀同三司 新羅王으로 책봉받았다. 무열왕은 이에 즈음하여 이미 이방부격理方府格 60여 조를 정비토록 한 바 있다. 또한 당나라에 사은사를 보냄과 아울러, 고구려와 백제의 공격에 대하여 군대를 청하고 김인문과 문왕을 당나라에 조공사로 파견하는 등 자못 당나라와의 관계가 긴밀하였던 바, 마침내 무열왕 7년 신라는 당군의 출병을 확보하였다. 이러한 과정에 대일임전을 설치한 것은 향후 당나라 사신에 대비한 영빈체계를 정비함으로써 신라의 존엄을 갖추고자 하는 일환으로 보아야 할 듯하다. 그밖에 성덕왕 13년(714) 상문사를 통문박사로 개칭하여 서표書表를 관장하게 한 것은, 당·일본 등과의 교섭이 잦아지는 상황에서 당의 제도를 모범으로 하여 빈례와 서표에 관한 직무를 정비한 것이라 보는 것이 옳을 듯하다.[145)]

5. 맺음말

8세기 동아시아 세계는 문물교류와 외교의 공간이었다. 특히 신라와 일본은 문물 교류의 와중에도 외교적 갈등을 빚어왔다. 이는 735년 신라사신 김상정金相貞 등이 신라를 '왕성국王城國'이라 일컬음으로써 일본측에 반각返却되면서부터였다. 이후 신라와 일본의 교섭은 갈등의 연속이었던 것으로 전한다. 이러한 양국간의 갈등은 외교형식에 관한 문제였다. 그럼에도 불구하고 8세기 동아시아

145) 濱田耕策은, 성덕왕 13년(714) 무렵 신라가 상문사를 통문박사로 개칭한 것은 조공형식을 고집하는 일본측의 강요에 반하여 대등한 형식을 취하고자 신라가 대일외교를 정비하기 위한 것으로 이해하고(濱田耕策, 앞의 논문, 1990 : 앞의 책, 2002, 165쪽) 通文博士란 종주국에로 '文을 통한다란 의미'로서 이후 대일외교에서 書表를 사용하지 않고 대당외교에서 신라가 당과의 藩屬國으로서의 관계를 깊이 한 형국에서 탄생된 관직으로 풀이하였다.(濱田耕策, 앞의 논문, 1979 : 위의 책, 131쪽) 김선숙은 통문박사로의 개칭을 '왕의 뜻을 담긴 글이 四方에 널리 퍼지게 한다'라는 의미에서 성덕왕의 왕권강화라는 측면과 일치하는 것으로 이해하였다.(김선숙, 앞의 논문, 38~39쪽) 그런데 영객부(영객전)는 중국의 사신을, 그리고 왜전은 왜의 사신을 맞기 위해 설치한 것으로 이해되는 바, 詳文師를 通文博士로 개칭한 것은 당·일본과의 외교사절의 내왕이 빈번해짐에 따라 당나라 中書省 通事舍人에 상응하는 명칭으로 개명한 데서 비롯한 것으로 생각된다.

외교 형식의 구체적인 내용이나 운용상, 그리고 신라의 영빈체계나 관사 등에 대해서는 미진한 점이 있었다. 이에 신라–일본간의 외교 형식 분쟁의 문제의 소재를 파악하고, 당나라의 외교 의례가 신라와 일본에 언제, 어떻게 전래되었으며, 어떠한 형식으로 채용되어 운용되었는지를 살피고자 하였다. 특히 신라의 영빈 의례나 외교 관사에 대해서는 관련 기록이 부족하기 때문에 당나라 빈례와 함께 신라의 그것을 전승한 것으로 여겨지는 고려의 빈례를 바탕으로 재구성하고자 하였다. 이에 지금까지 논의한 내용을 요약함으로써 맺음말에 대신하고자 한다.

첫째, 신라와 일본간의 외교 형식에 대한 갈등은, 760년 김정권金貞卷의 일본 파견시에 일본측이 빈대賓待를 하지 않고 신라측에 요청한 네 가지 원칙 곧 '전대지인專對之人' '충신지례忠信之禮' '잉구지조仍舊之調' '명험지언明驗之言'으로 요약된다. 이는 동아시아 외교 의례상 번국이 갖추어야 할 요건이었으나, 신라 사신은 신라를 왕성국이라 칭하면서, 가져간 물품을 토모土毛 또는 국신물國信物이라 일컫고, 국서國書 없이 사주辭奏 또는 구주口奏로 사지使旨를 밝힘으로써 신라의 일본에 대한 외교적 입장을 분명히 표현하였다.

둘째, 당나라 국가의례 규범으로서의 당례唐禮는 『정관례貞觀禮』, 『현경례顯慶禮』를 거쳐 732년 『개원례開元禮』로서 완성되었다. 이들 당례는 문물 교류 과정에 동아시아 각국에 전래되어, 각국의 실정에 맞추어 채용되었다. 신라는 신문왕 6년(686) 측천무후에게 『당례唐禮』를 요청하여 『길흉요례吉凶要禮』와 『문관사림文館詞林』 가운데 규계規誡가 될 만한 것을 적출한 것을 사여 받은 바, 이때의 길흉요례는 당시 당나라에서 사용되고 있는 『정관례』와 『현경례』 가운데 길례와 흉례의 긴요한 부분만 가려 내어 편찬된 것으로 생각되었다. 일본은 735년 입당유학생 하도조신진비下道朝臣眞備에 의해 130권의 『현경례』를 수용하였으며, 발해는 개원 26년(738) 『대당개원례』(150권)를 받아들인 것으로 보인다.

셋째, 신라의 빈례를 승계한 것으로 여겨지는 고려의 빈례를 바탕으로, 신라가 당·일본 사신을 영접하였던 단편적인 사실로써 신라의 빈례를 재구성하고자 하였다. 곧 당나라 사신의 해로를 통한 입경入境 시의 영접, 당항진 또는 회진 도착에 따른 영접, 그리고 중앙에서의 파견관 및 지방관에 의해 도착지로부터 신라 왕경 교외에 이르기까지의 영접, 왕경 교외에서의 교로郊勞를 거쳐 왕경의 객관에 이르기까지의 의장 행렬, 그리고 왕궁에서의 수조受詔 의례 및 제전祭奠

과 연의燕儀, 연회에서의 물품 사여 등의 과정을 복원할 수 있었다. 이들 당 사신은 당항진 또는 회진으로부터 염지통 내지 북요통을 거쳐 하양河陽, 왕경 북교北郊인 경주 서북쪽의 건문역乾門驛, 왕경의 북문北門을 통해 입경하였던 것으로 헤아려진다.

또한 일본사신은 청주菁州(康州)로부터 해남통海南通을 통하여 남교南郊에 이르면 곤문역坤門驛으로부터 교로郊勞를 베풀고 객관客館에 들었던 것으로 추정되었다. 특히 일본국사의 인견장소가 연회宴會 또는 관악觀樂의 전각인 숭례전崇禮殿에서 정전인 조원전朝元殿으로 바뀐 것은 일본 사신에 대한 빈대賓待의 변화 때문으로 여겨지는 바, 애장왕 4년(803) 양국간의 교빙결호가 그 분깃점으로 작용한 것으로 보았다.

넷째, 신라와 일본의 빈례상의 공통점은, 경상京上하는 데 있어서 기병騎兵으로 호송하고 조서詔書 혹은 사지使旨를 받는 의례와 배표拜表 혹은 조서詔書를 내리는 의례가 별도로 진행되었다는 점이다. 다만 조문사절의 경우 고려 또는 신라에서는 빈례로써 맞이한 데 대해 일본에서는 축자筑紫 또는 대재부大宰府에서 돌려보냈다는 점, 그리고 신라는 당과 마찬가지로 원칙적으로 사신의 사적 교역을 금지하면서도 해당 관사 또는 주현의 허가 하에 허용하였을 것이라는 데 대해 일본에서는 사신들의 교관交關에 대해 별도의 규정을 두었다는 점에서 차이가 있다.

그런데 양국간 외교적 갈등으로 작용한 왕성국王城國 발언, 국신물國信物, 토모土毛 논쟁은 모두 빈례상의 문제였다. 곧 왕성국 발언은 객관에서의 영로와 황제의 연회 때에 국명國名을 일컫는 데 있어서, 신라 사신은 '신라국번신모新羅國蕃臣某'라 일컫지 않고 '왕성국모王城國某'라고 하여 자존을 드러냈으며, 국신물은 동아시아 일반으로 상국이 번국에게 보낸 예물을 지칭한다. 토모 곧 토물土物이란 황제의 영로의식에서 황제가 사신을 객관에 보내어 예물[幣]을 내리면 번국의 왕 또는 사신이 황제의 사신에게 답례하는 물품을 지칭하는 것이었다. 8세기 동아시아 세계에서 빈례란 동아시아 국가간의 지위를 서열화하는 형식이었던 바, 일본의 시정 요구에도 불구하고 신라는 이와 같은 외교 형식을 드러냄으로써 문물전달자로서의 지위를 밝히고자 하였다.

다섯째, 신라의 빈례와 관련된 관사를 당나라의 그것과 비교할 때에, 명칭과 기능이 상당부분 일치함을 알 수 있다. 이는 신라가 당의 6전 체제를 의식적으로 도입함과 아울러 빈례의 체제도 함께 수용한 때문이 아닐까 여겨졌다. 특히 신라의 빈례는 예부가 중심이 되어 그 소속 관사를 운영하는 시스템이었다. 집사성이 사신의 통관을 관장하고 사안에 대한 신라의 입장을 외교 당사국에 천명하였다면, 예부는 이를 협의하여 수교를 타결하는 주무 부처였다. 영객부는 외국 사신단의 영접을 관장하지만, 세부 의례에 있어서는 예부 소속 각 관사와 예부禮部 사례司禮를 통하여 연계하고, 궁내의 의례 절차는 당연히 내성이 주관하였던 것으로 보인다.

외국 사신 영접 관사인 영객부와 관련하여, 진평왕 13년(591) 왜전을 영객부로 개칭한 것이 수의 책봉사를 맞기 위한 것이었다면, 진평왕 43년(621) 영객부를 영객전으로 고친 것은 당 고조의 사신 유문소庾文素를 맞기 위한 것이었다. 이에 영객부, 영객전은 수와 당 사신을 맞기 위한 관사였으며, 왜전은 왜의 사신을 맞기 위한 것으로 판단되었다. 특히 왜가 일본으로 국호를 고친 것이 670년이라는 점에서 이른바 '후기 왜전'은 문무왕 8년(668) 김동엄金東嚴의 일본 파견 이후 양국간의 사신 내왕에 따른 조치였으며, '후기 왜전'이 내성 소속이라는 점에서 왕실 주도의 대일 외교를 위한 관사였던 것으로 이해되었다. 그밖에 태종무열왕 4년(657) 인견례에서의 인도引導과 전의典儀, 전알典謁을 전담하는 대일임전大日任典을 새로이 설치한 것은 당나라와의 긴밀한 외교관계를 유지하려는 신라로서 향후 당나라 사신에 대비하여 영빈체계를 정비하고자 한 것으로, 그리고 성덕왕 13년(714) 상문사를 통문박사로 개칭한 것은 당·일본 등과의 교섭이 잦아지는 상황에서 당의 제도를 모범으로 하여 빈례와 서표에 관한 직무를 정비한 것으로 이해되었다.

8세기 신라의 동아시아 교역과 법륭사 백단향

1. 머리말

『삼국사기』 색복·거기조에는 흥덕왕이 백성들의 사치풍조를 우려하면서 슬슬瑟瑟·구유毬毹·탑등㲪㲪·비취모翡翠毛·대모玳瑁·자단紫檀·침향沈香 등의 사용을 규제한 교서를 전한다. 그동안 이 교서 가운데 보이는 슬슬·구유 등의 이국 물산으로써 신라와 서역간의 교류 여부나 서역인의 내왕에 대한 연구가 있었다.[1] 또한 752년 김태렴金泰廉 일행이 일본에 가져간 신라물 구입신청서인 「매신라물해買新羅物解」에는 122종의 각종 물품명 뿐만 아니라 동남아시아산으로 인정되는 향약류가 포함되어 있어, 이로써 신라와 서역, 일본간의 교류 사실을 추구하기도 하였다. 김태렴의 일본에서의 교역에 대해서는 대체로 8세기 중엽 동아시아 조공체계 하에서의 공무역으로 보는 견해[2]와 상인을 중심으로 한 통상교역으로 보는 견해[3]가 있었다. 특히 통상교역론자들은 이들 물품 가운데

1) 李龍範, 1969, 「三國史記에 보이는 이슬람 商人의 무역품」, 『李弘植博士回甲紀念韓國史學論叢』, 新丘文化社. 무함마드 깐수(정수일), 1992, 『新羅·西域交流史』, 단국대출판부, 1992. 김창석, 2006, 「8~10세기 이슬람 제종족의 신라 來往과 그 배경」, 『한국고대사연구』 44.

2) 濱田耕策, 1983, 「新羅の中·下代の內政と對日外交-外交形式と交易をめぐって」, 『學習院史學』 21. 李成市, 1997 『東アジア王權と交易』, 青木書店, 79~80·112~113쪽.

소량이지만 고가인 남해, 서아시아산 향약 등의 사치품이 많다는 점에서 김태렴 일행의 교역을 중개와 전매를 주로 한 무역으로 풀이한다.[4)]

그런데 동남아시아산인 구유氍毹(毬毦)와 대모玳瑁 등은 동시기에 신라의 대당 조공품으로 기능하였다.[5)] 따라서 그 원산지가 동남아시아나 서역이라 하여 김태렴 등의 일본에 대한 신라물 교역의 성격을 '중개와 전매를 주로 한 무역'으로 규정하는 데는 주저하는 바가 있었다.

이에 필자는 30건의 「매신라물해」를 중심으로 향약류가 전체 물품에서 차지하는 비중, 그리고 일본 관료들의 향약류 구매 용도를 전체 교역물품과의 관계 속에서 다시 조명함으로써, 김태렴의 대일교역을 8세기 중엽 신라 수공업과 유통의 발전에 바탕한 것으로 이해한 바 있다.[6)] 또한 향약 가운데 침향沈香·정향丁香·훈육향薰陸香(乳香)·청목향青木香·곽향藿香·용뇌향龍腦香 등은 이른바 동남아시아 지역의 특산으로 인정되지만, 백단향白檀香 곧 전단향栴檀香의 경우 이미 9세기 후반 신라 지역에서 재배되었고, 안식향安息香·백단향白檀香·영릉향零陵香·울금향鬱金香 등은 『신증동국여지승람』에서 우리나라의 산출품이었음을 확인할 수 있었다.[7)] 그러나 이들 향약이 언제, 어떠한 경로를 통하여 신라에 전래되었는지는 미처 검토하지 못하였다.

한편 법륭사法隆寺에는 8세기 무렵에 입고된 소그드문자 각명刻銘의 백단향白檀香(法 112·113號) 2점과 침향 1점(法 114號)이 실물로 전한다. 특히 이들 향목香木에는 묵서墨書가 있어 그 입고 과정을 시사하는 바, 이들은 대륙으로부

---

3) 東野治之, 1974「鳥毛立女屛風下貼文書の研究」『史林』57-6 : 1977, 『正倉院文書と木簡の研究』, 塙書房 재수록 ; 1977, 「正倉院の墨書と新羅の對外交易」, 위의 책. 石井正敏, 1975, 「新羅·渤海との交涉はどのよおに進められたか」 : 森克己·田中健夫 編, 1975, 『海外交涉史の視點 1』, 日本書籍 재수록.

4) 東野治之, 1974, 앞의 논문 : 1977, 위의 책, 323쪽. 森克己, 1975, 「遣唐使と新羅との關係」『新訂 日宋貿易の研究』, 國書刊行會, 98~99쪽. 윤재운, 1996, 「9세기 후반 신라의 사무역에 관한 일고찰」, 『史叢』 45, 60~61쪽 ; 2004, 「신라 하대 무역관련 기구와 정책」, 『선사와 고대』 20, 266쪽. 永正美嘉, 2005, 「新羅의 對日香藥貿易」, 『한국사론』 51, 서울대, 33쪽. 金昌錫, 앞의 논문, 102~103쪽.

5) 『三國遺事』 권 3, 塔像 4, 四佛山 掘佛山 萬佛山. 蘇鶚, 『杜陽雜編』 上 : 王雲五 主編, 1966, 『叢書集成簡編』, 商務印書館.

6) 박남수, 2009, 「752년 金泰廉의 대일교역과 '매신라물해'의 향약」, 『한국고대사연구』 55.

7) 박남수, 위의 논문, 350~359쪽.

터의 전래품임이 분명하고, 당시 일본의 신라, 발해, 당과의 교섭관계로 보아 그 전래 경로를 밝힐 수 있는 단서로서 주목된다. 이에 대해서는 이미 페르시아·소그드인 중계무역으로 내륙아시아 또는 남해를 거치는 루트로 중국에 들어와 일본에 전래한 것으로 보는 견해가 있다.[8] 또한 신라인이 소그드인 교역상인으로부터 입수하여 일본에 공급하였을 가능성을 추정하면서, 소그드인의 신라방문으로 인한 물품 구입 가능성을 상정하기도 한다.[9] 이와 같은 연구에도 불구하고 현존 법륭사 향약이 언제, 어떠한 경로를 통하여 법륭사에 입고되었는가의 문제와 이를 법륭사에 입고한 주체 등은 여전히 의문이다. 따라서 향약의 성격이나 의미, 입고과정, 전래경로 등을 분명히 파악하기 어려운 점이 있었다.

이에 본고에서는 법륭사 향목 묵서에 대한 기왕의 견해에 대한 의문점을 제시하고, 『법륭사가람연기병유기자재장』에 보이는 헌납물품을 검토함으로써 백단향의 입고시기와 헌납자 및 그 성격을 살피고자 한다. 나아가 당시 일본과 신라의 교섭관계에 주목하여 이들 물품이 신라의 사신을 통하여 중국으로부터 구매되어 다시 일본 황실에 전래된 경로를 살피고자 한다. 이로써 8세기 전반 소그드인의 중국내 교역활동과 신라사신의 교역을 통하여 동남아시아 및 서역 물품의 전래 경로를 추정할 수 있을 것으로 기대한다. 제현의 많은 질정을 바란다.

2. 법륭사 묵서명 백단향의 헌납 시기

「법륭사헌납보물法隆寺獻納寶物」 가운데 세 점의 향목이 전한다. 이들 향목 가운데 2점은 백단향(栴檀香)[法 112, 113호]이고, 1점은 침향[法 114호]인데, 각각 묵서명이 기록되어 있고 팔레비 문자와 소그드 문자가 새겨져 있어 주목된다.[10] 팔레비 문자와 소그드 문자는 본 향목의 판매 유통 과정에 소그드인의 관여 사실을 시사하며, 묵서명은 그것이 일본에 전래되어 법륭사에 헌납되었던 과정을 보여준다.

---

8) 東野治之, 1992, 「香木の銘文と古代の香料貿易」, 『遣唐使と正倉院』, 岩波書店, 174~178쪽.
9) 金昌錫, 앞의 논문, 94·110·123쪽.
10) 東野治之, 1992, 앞의 논문, 161~162쪽.

사실 본 향목의 유통과정을 자세히 살피기 위해서는 팔레비 문자와 소그드 문자의 판독이 우선되어야 하나, 이는 필자의 역량 밖의 것이다. 따라서 본 향목의 유통 과정에 소그드인이 관여한 사실만을 인정하고, 묵서를 중심으로 그 유통 과정을 살필 수밖에 없음을 유감으로 생각한다. 묵서에 대해서는 일찍이 동야치지東野治之가 판독문을 제시하고 이를 자세히 살핀 바 있다. 실물을 확인할 수 없는 상황에서 그가 제시한 판독문을 중심으로 검토하고자 한다.

A. ① 廿三斤
② 仏
③ 更定廿四斤五□(年?) 三月四日仏
④ 天応二年二月三日 更定廿四□(斤?)□□□(緒?)了
⑤ 延曆廿年定廿五斤
⑥ □ (法 112號)

B. ① 塔
② 寺斤十斤先□(勅?)
③ 更定重十二斤八両字五年三月四日
④ 天応□(二?)年定十□□
⑤ 白檀 延曆廿年定十三斤□□(小斤?)
⑥ 葛四斤九両(이 銘은 木口에 있음)(法 113號)

C. 齊衡二年定小廿一斤三両(法 114號)

D. 合香 壹拾陸種

…

佛分 壹拾種[白檀香 四百七兩 沈水香 八十六兩 淺香 四百三兩二分 丁子香 八十四兩 安息香 七十兩二分 熏陸香 五百十一兩 甘松香 九十六兩 楓香 九十六兩 蘇合香 十二兩 青木香 二百八十一兩]

聖僧分 白檀香 肆伯玖拾陸兩

塔分 白檀香 壹伯陸拾兩

合藥 壹拾肆種

丈六分 麝香 壹兩

右 天平六年歲次甲戌二月 納賜平城宮 皇后宮者(『法隆寺伽藍緣起并流記資財帳』)

위의 자료 가운데 향목의 묵서 A·B·C에서 천응 2년天応二年(782), 연력 20년延曆卄年(801), 자 5년字五年(天平寶字 5, 761), 제형 2년齊衡二年(855) 등 모두 네 개의 연기年紀를 확인할 수 있다. 이로써 본 향목香木이 언제 법륭사에 입고되었으며, 어떻게 관리되었는가 하는 사정을 짐작할 수 있다. 동야치지東野治之는 천평 19년(747)에 작성된 『법륭사가람연기병유기자재장』(이하 '법륭사가람자재장') D의 '탑분 백단향 160량塔分白檀香壱伯陸拾両'이 본 묵서명 B②의 '사근10근寺斤十斤'과 일치한다는 점에 주목하였다. 곧 1근은 16량이고 10근은 160량이므로, 자재장의 '탑분 백단향塔分白檀香'은 법륭사 헌납 보물의 백단향에 상응할 것으로 추정하였다. 나아가 그는 『성덕태자전력聖德太子傳曆』 추고천황 3년(595) 관세음보살상 조상 연기 觀世音菩薩像 造像 緣起에 보이는 침수향沈水香을 현존 법륭사 112~114호의 그것일 가능성이 높은 것으로 추정하였다.[11] 사실 성덕태자(573~621)가 법륭사를 추고천황 원년(593)에 착공하여 동 천황 15년(607)에 완공한 바, 성덕태자와 법륭사의 밀접한 관계를 예상할 수는 있다. 그렇다 하더라도 이러한 견해를 따르기에는 몇 가지 의문이 있다.

첫 번째 의문은, 다음 『성덕태자전력』 추고천황 3년(595)조에 보이는 침수향을 현존 법륭사 112~114호의 그것으로 볼 수 있을 것인가 하는 점이다. 그런데 다음 기사에서 보듯이 성덕태자 당시 또는 『성덕태자전력』이 편찬된 10세기 전반에 일본에서는 침수향이 천축국에서 산출되며, 전단향(沉水香)목의 꽃은 정자향丁子香, 그 기름은 훈육향이 된다고 이해하고 있어, 향약香藥에 대한 지식이 정치하지 못하였다.

E. 추고천황 3년 봄 3월 토좌土左의 남해에 밤이면 큰 빛이 나면서 우래같은 소리가 있은 지 30일이 지나 여름 4월에 담로도淡路嶋의 남쪽 해안에 도착하였다. 섬사람이 침수沈水를 알지 못하여 아궁이의 땔나무로 교역하였다. 태자가 사자를 보내어 바치게 하니 그 크기가 한 아름이나 되고 기이한 향기가 났다. 태자가 보고 크게 기뻐하여 아뢰기를, "이는 침수향인데, 이 나무는 전단향목이라 이름하며, 남천축국 남해안에서 난다. 여름 달에 뱀들이 나무를 둘러싸는데, 나무가 차가운 까닭이다. 사람들이 활로 (뱀을) 쏜다. 겨울 달에는 뱀들이 겨울잠을

11) 東野治之, 위의 논문, 168~169쪽. 다만 그가 『聖德太子傳曆』 推古天皇 3年 4月조의 기사를 인용하고, 이를 『聖德太子私記』라고 일컬은 것은 착오가 아닌가 생각된다.

자므로 잘라 캐는데, 그 열매는 계설鷄舌, 꽃은 정자丁子, 기름은 훈육薰陸, 물에 잠겨 오래된 것은 침수향沈水香이 되고, 오래되지 않은 것은 천향淺香이 된다. 지금 폐하께서 불교를 일으켜 융성하게 하고 불상을 만들고자 하므로, 부처님이 감응하여 이 나무를 떠내려 보낸 것입니다"라고 하였다. 그러므로 칙을 내려 백제공百濟工에게 단상檀像을 조각하고 관음보살을 만들도록 명하였다. 이에 (관음보살상은) 높이가 수 척이었는데 길야吉野 비소사比蘇寺에 안치하였다. 때때로 빛을 발하였다.[12]

곧 백단향은 불경에 보이는 전단향으로서, 섭정규葉廷珪의 『향보香譜』에 따르면 껍질과 열매가 황색인 것은 황단黃檀, 껍질이 깨끗하고 색이 흰 것은 백단白檀, 껍질이 부패하고 색이 자색인 것은 자단紫檀이 되는데, 견중堅重하고 맑은 향이 가장 좋은 것은 백단향으로서 광동廣東, 운남雲南 및 점성占城, 진랍眞臘, 과왜瓜哇, 발니渤泥, 섬라暹羅, 삼불제三佛齊, 회회回回 등에서 산출한다. 또한 침향은 밀향수蜜香樹에서 취하는데, 밀향수를 베어 두고 수년이 지나면 나무 가운데와 마디가 견고하고 검어 물에 가라앉은 것을 침향沉香(沉水香), 물과 수평을 이루는 것은 계골향鷄骨香, 그 뿌리는 황숙향黃熟香, 줄기는 잔향棧香, 가는 가지에 굳게 얽힌 열매가 문드러지지 않은 것은 청계향靑桂香, 뿌리 마디가 가볍고 큰 것은 마제향馬蹄香이 되며, 열매는 계설향鷄舌香이 된다. 침향은 진랍(캄보디아)산을 상품, 점성(인도네시아의 Champa)을 중품, 삼불제(자바 서쪽의 나라)·도파闍婆(爪哇, 자바) 등을 하품으로 여긴다.[13] 정자향丁字香은 정향丁香의 모습이 정자丁字와 비슷하여 일컬은 것으로서, 당 개원 연간에 편찬된 『본초습유本草拾遺』에는 계설향을 정향과 같은 종이라 하였다. 이는 당 고종 10년(659)에 편찬된 『신수본초新修本草』 곧 『당본초唐本草』에서 암나무는 향용香用으로 쓰지 못하며 숫나무는 열매를 맺지 못하나 꽃을 채취하여 향을 만드는데, 곤륜崑崙과 교주交州, 애주愛州 이남에서 산출된다고 하였다. 훈육향은 유향乳香의 본래 이름으로서 그 방울져 내리는 것이 유두乳頭와 같아 유두향乳頭香이라고도 일컬으며,[14]

---

12) 『聖德太子傳曆』 上, 推古天皇 3년 3·4월 ; 佛書刊行會 編, 1907, 『大日本佛敎全書』 112권, 11쪽.

13) 『山林經濟』 권 3, 救急 驚風.

14) 『酉陽雜俎』 권 18, 廣動植 3 木篇. 『增圖本草備要』 권 4, 木部 乳香. 馮承鈞 撰, 1940, 『諸蕃志校注』, 商務印書館, 98쪽.

마륵향摩勒香이라고도 한다.[15] 이처럼 『성덕태자전력』에서 전단향(침수향)목이라는 동일 수목에서 채취하는 것으로 인식하였던 전단향, 침수향, 정자향, 훈육향은 서로 다른 수종으로서 최소한 『성덕태자전력』이 편찬된 10세기 전반 일본의 향약에 대한 지식에 오류가 있었음을 보여준다.[16]

또한 『성덕태자전력』에는 전래한 침수향으로써 관음보살상을 조영하였다 하였는데, 현존 법륭사의 백단향은 잘 다듬어져 상품화된 것으로서 소그드 문자가 새겨져 있는 바, 『성덕태자전력』의 그것과는 무관한 것으로 판단된다. 짐작컨대 관음보살상 연기설화는, 불상을 침수향목으로 조영하고 백제의 공인이 조각하였다는 것으로 미루어, 7세기 무렵 중국 남조와의 교류가 빈번하였던 백제를 통하여 침수향목을 전래하여 불상을 조영한 사실이 설화로서 재탄생된 것이 아닌가 추리된다. 최소한 『성덕태자전력』에 보이는 침수향은 법륭사의 백단향[法 112·113호]과는 무관하며, 침향[法 114호] 또한 제형 2년(855)에 법륭사에 입고된 기록만이 있어 성덕태자와 관련시키는 것은 무리하다고 할 수밖에 없다.

둘째, 위의 법륭사의 세 향목이 동일 시기에 헌납되었을까 하는 점이다. 위 3종의 향목에서는 천응 2년(782), 연력 20년(801), 자5년字五年(天平寶字 5, 761), 제형 2년(855) 등 모두 네 개의 연기를 확인할 수 있다. 백단향(法 113호)의 '자5년字五年'은 천평보자天平寶字 5년(761)을 지칭하므로, 이 이전에 일본에 유입된 것으로 보아 좋을 것이다.[17] 동야치지는 백단향(法 113호)의 묵서 '사근10근寺斤十斤'(B②)이 법륭사가람자재장의 '탑분 백단향 160량塔分白檀香壱伯陸拾両'(D)과 일치한 점을 지적하고, 그 중량을 백단향(法 112호)와 함께 '갱정更定'한 사실이나 묵서의 위치 등으로 보아 동일 시기 곧 법륭사가람자재장이 작성된 천평 19년(747) 이전에 입고된 것으로 보았다. 물론 그가 이를 『성덕태자전력』의 기사로부터 성덕태자와 관련시킨 것은 문제가 있지만, 백단향의 법륭사 헌납 연대를 살필 수 있는 매우 중요한 단서를 제시한 셈이다.

그런데 법륭사가람자재장은 천평 18년(746) 10월 14일 승강소첩僧綱所牒에 따라 자세히 감록勘錄하여 보고한 것을, 천평 19년(747) 2월 12일 도유나승都維那僧 영존靈尊 등이 삼강첩三綱牒에 의거하여 항식으로 삼아 후세에 전하고자

15) 『附方便覽』 권 13, 竟集, 風 大風癘疾.
16) 박남수, 앞의 논문, 350~351쪽.
17) 東野治之, 1992, 앞의 논문, 164쪽.

다시 정리하여 천평 20년(748) 6월 17일에 완성한 것이다.[18] 이 법륭사가람자재장에는 D에서 보듯이 '탑분 백단향 160량塔分 白檀香 壹伯陸拾兩'을 '천평 6년(734) 갑술 2월 평성궁 황후궁이 헌납한 것[納賜平城宮 皇后宮者]'라고 하여 황후궁에서 법륭사에 헌납한 것이라 하였다. 당시에 황후궁에서는 탑분의 백단향뿐만 아니라 불분佛分으로 10종의 향약 백단향白檀香(406량), 침수향沈水香(86량), 천향淺香(403량 2分), 정자향丁子香(84량), 안식향安息香(70량 2분), 훈육향熏陸香(511량), 감송향甘松香(96량), 풍향楓香(96량), 소합향蘇合香(12량), 청목향靑木香(281량), 그리고 성승분聖僧分의 백단향(496량), 약藥 14종, 장육분丈六分 사향麝香 1량 등을 함께 법륭사에 헌납하였다.[19]

따라서 백단향(法 113호)은 천평 6년(734) 갑술 2월에 황후궁에서 헌납한 것임을 충분히 확인할 수 있다. 당시에 황후궁에서는 이들 백단향뿐만 아니라 다량의 향약류를 법륭사에 헌납하였던 것이다. 이에 백단향(法 113호)은 이들 향약과 동일한 경로를 통해 일본에 전래되어 황후궁에 들어갔고, 그것이 다시 법륭사에 헌납되었다고 보아 좋을 것이다.

한편 백단향(法 112호)의 묵서는 [법 113호]와 동일한 서식으로 기재되었다. 양 자는 모두 중량을 갱정更定한 이후로 천응 2년(782)과 연력 20년(801)에 다시 중량을 검정하였던 것으로 보인다. 그런데 갱정 시기를 '법 112호'의 경우 '5□[년?] 3월 4일五□(年?)三月四日'로 '법 113호'의 경우 '자5년 3월 4일字五年三月四日'로 각각 기재하였다. '법 113호'의 '자5년字五年'은 지적되듯이 '천평보자天平寶字 5년(761)'이 분명하고, '법 112호'에서는 연기가 '5五'만이 나타나나 '3월4일三月四日'이 [법 113호]와 동일하므로 기년을 지칭하는 '5五'는 '천평보자 5년(761)'으로 판단된다. 특히 [법 112호] '불仏'(A②)은 B①의 '탑塔'에 대응하는 것으로서, 헌납될 당시에 '불분佛分'으로 헌납된 사실을 보여준다. 이에 현존하는 두 종의 법륭사 백단향은 묵서의 형식이나 내용, 유물의 형태, 소그드 문자의 각자 등에서 매우 유사한 바, 동일한 시기에 입고된 것으로 여겨진다. 따라서 백단향(법 112호)의 23근(A①)은 법륭사가람자재장에 보이는 불분佛分 10종 가운데 백단향 407량(D)에 포함된 23근 곧 368량이 아닌가 추정된다.

---

18) 「法隆寺伽藍緣起并流記資財帳」, 東京帝國大學 편, 1901, 『大日本古文書』 권 2 (編年文書), 622쪽.

19) 「法隆寺伽藍緣起并流記資財帳」, 東京帝國大學 편, 위의 책, 602쪽.

다만 법륭사의 침향沈香(법 114호)은 제형 2년(855)의 연기年紀와 '소21근3량小廿一斤三両'이라는 무게만이 나타나고, 백단향(법 102, 103호)의 소그드 문자 등이 보이지 않는 바, 백단향과는 법륭사 입고 시기가 다른 것으로 생각된다. 천평 19년(747) 2월 12일 삼강첩에 의거하여 '법륭사의 헌물을 감록하는 것'을 항식으로 삼았다는 점에 유의할 때에, 침향(법 114호)은 두 백단향의 무게를 최후로 검정한 연력 20년(801) 이후로부터 그 무게를 검정한 제형 2년(855) 사이에 법륭사에 입고되었다고 여겨진다.

3. 『법륭사가람연기병유기자재장法隆寺伽藍緣起并流記資財帳』의 향약

『법륭사가람연기병유기자재장』으로부터 백단향(법 112·113호)은 천평 6년(734) 2월에 황후궁에 의해 헌납되었음을 살필 수 있었다. 또한 침향(법 114호)은 연력 20년(801)부터 제형 2년(855) 사이에 법륭사에 입고되었을 것으로 추정된다. 이들 향약이 일본에 전래된 경위에 대해서는 분명하지 않다. 그러나 법륭사에 입고된 경위가 분명한 백단향(법 112·113호)의 경우 여러 종류의 향약과 함께 헌납되었다. 법륭사에 입고된 향약류는 양로 6년(722) 천황의 헌납물로부터 나타난다. 이들 향약류는 일본에서는 생산되지 않은 전래품임이 분명한 바, 그 전래 경위를 밝히기 위해서는 법륭사에 헌납된 물품의 각 시기별 추이를 살필 필요가 있다.

법륭사 헌납 물품명을 살필 수 있는 문건으로는 천평 18년(746) 10월 14일에 작성된 법륭사가람자재장을 비롯하여, 천평보자 5년(761) 10월 11일에 사주寺主 인신隣信 등이 작성하였던 것을 보안 2년(1121) 3월 26일에 승僧 원조源朝가 수습하여 다시 정리한 『법륭사연기자재장法隆寺緣起資財帳』[20], 그리고 천평승보 8년(756) 7월 8일에 작성된 『법륭사헌물장法隆寺獻物帳』[21]을 들 수 있다. 특히 『법륭사연기자재장』이 처음 작성된 천평보자 5년(761)은 현전 법륭사 백단향(법 102, 103호)의 무게를 갱정한 것과 같은 해로서 주목된다. 이로써 볼 때에

20) 「法隆寺緣起資財帳」, 東京帝國大學 편, 1903, 『大日本古文書』 권 4(編年文書), 510~519쪽.

21) 「法隆寺獻物帳」, 東京帝國大學 편, 위의 책, 176~177쪽.

천평보자 5년(761) 3월 4일에 전체적으로 법륭사 자재를 점검하고 이에 대해 자세하게 주현注顯하여 승강소僧綱所에 보고를 마친 뒤에 10월 11일 공문으로 만든 것이 현전하는 『법륭사연기자재장』으로 헤아려진다. 이들 문건에는 법륭사 자재의 물품명과 종류, 상태, 수량, 헌납일시, 헌납자 등을 기재하고 있어, 물품의 전래 경로를 추적할 수 있는 유효한 문건으로 평가된다. 이에 그 헌납 시기별로 각 문건의 법륭사 자재를 다시 정리하면 다음 표와 같다.

다음의 표에서 보듯이 각 문건은 불상과 불경, 소속 승려, 금은전류金銀錢類, 각종 공양구供養具, 기류器類, 종·경·번鐘·磬·幡 등 불교 의례용 물품, 향약류, 의구·의복구儀具·衣服具 및 사표류絲布類, 소속 천인賤人, 소유 마·우·전·토지·해·지·장·미·곡·식봉馬·牛·田·土地·海·池·庄·米·穀·食封 등의 순으로 구성되었고, 마지막에 문건을 작성한 시기를 기술하였다. 특히 각 자재에 대한 연기緣起를 기술하고 헌납시기와 헌납자를 밝히고 있어, 각 물품의 유래를 살필 수 있다.

그런데 이들 문건에 보이는 기년은 대체로 연호와 함께 병기되었으나, 법륭사가람자재장에는 정묘, 계미, 계사, 갑오년의 간지명만이 전하기도 한다. 이들 기년은 모두 법륭사를 착공한 추고천황 원년(593)부터 본 문건을 작성한 천평 18년(746) 10월 14일 사이에 해당한다고 여겨진다.

이에 정묘년은 607년, 667년, 727년이 가능한 기년이 된다. 그런데 정묘년에 법륭사에 헌납한 불상, 오구伍軀, 금니동약사상金涅銅藥師像은, 소치전대궁어우천황小治田大宮御宇天皇과 동궁상궁東宮上宮 성덕법왕聖德法王이 지변대궁어우천황池邊大宮御宇天皇을 위하여 헌납한 것이라고 하였다. 동궁상궁 성덕법왕은 성덕태자가 분명하므로 소치전대궁어우천황은 추고천황推古天皇을 지칭한다. 지변대궁어우천황은 용명천황用明天皇을 일컫는 바,[22] 그는 성덕태자의 부친이자 추고천황의 동모남同母娚이다. 따라서 추고천황은 성덕을 태자로 삼고 법륭사의 완공시에 태자와 함께 불상, 오구, 금니동약사상을 법륭사에 기진한 바, 본 문건의 정묘년은 607년이 된다.

계미년은 623년, 683년, 743년 가운데 하나이겠는데, 문건에는 황후가 상궁성덕법왕上宮聖德法王을 위하여 금니동석가상金涅銅釋迦像을 만들어 안치하였다고 하였다. 그런데 황후는 성덕태자의 황후로 판단되므로, 황후가 성덕태자을

22) 『日本書紀』 권 21, 用明天皇 卽位前紀.

〈표〉 8세기 법륭사法隆寺 자재資財 헌납시기별 물품명과 헌납자 일람

年　度	獻　物
丁卯年(607)	佛像, 伍軀, 金埿銅藥師像
癸未年(623) 3월	金埿銅釋迦像
大化 3年 戊申(648) 9월 21일	食封 300戶(己卯年 ; 679) 停止
癸巳年(693) 10월 26일	白銅鏡
	鍾, 磬, 錫丈, 釜(銅, 鐵), 鐺[銅, 鐵], 火爐(白銅, 鐵), 度量[吳量, 福量, 俵量, 斗, 升), 鑰, 鑠子, 銅印, 經臺, 案机, 經囊, 麈尾, 盖, 黃帳, 綠帳
甲午年(694)	部足經 12部[9部 人人請坐奉者], 金光明經 1部[8卷][天皇]
和銅 4년(711) 辛亥	4面具攝[涅槃像, 彌勒佛像, 維摩詰像, 分舍利佛], 金剛力士形
養老 3년(719) 己未	金埿銅像, 金埿押出銅像, 宮殿像[金埿押出千佛像, 金埿銅像] 金埿灌佛像, 金埿千佛像, 金埿木像
	檀像, 舍利
不知納時	金泥銅灌頂
養老 5년(721) 辛酉	練絁帳
	布單帳, 單帳[細, 麁], 花香具, 帳, 褥, 黑紫沙花覆, 赤紫沙花覆, 縹机敷
養老 6년(722) 壬戌 12월 4일	見前僧[僧, 沙旀], 金[觀世音菩薩 金針, 生金], 銀錢, 水銀, 白鑞, 黑鑞, 雜鐵, 錢, 供養具(白銅供養具(鉢, 多羅, 鋺, 鉗, 鈂]), 氈, 小幡, 緋綱四條, 灌頂幡[人人奉納者], 秘錦灌頂, 白檀誦數, 練絁帳, 香机褥[表秘錦 裏緋花形綾], 經机褥[表科子錦 裏緋葛形綾], 紫羅, 紫羅綾花覆帳, 草葙, 韓樻合藥[鬱金香, 甲香, 香附子, 詹唐香, 金石綾州, 五色龍骨, 紫雪, 桂心, 鬼臼, 甘草, 冶葛, 芒消, 無食子], 綵色物[同黃, 丹, 朱砂, 綠靑, 胡粉, 黃, 烟子, 雌黃, 漆埿机, 漆埿莒[20合 寺造者]
	食封 300戶(右 養老 6年(722) 壬戌 納賜 神龜 4年 丁卯年(727) 停止)
天平 원년(729) 己巳	仁王經, 紫沙覆, 淺綠沙机敷, 漆埿(莒), 韓樻, 雜物[小刀, 銅鈴, 赤糸細], 高座具[2具 寺造者]
	韓樻
天平 2년(730) 庚午	觀世音經卷, 心經
	律, 論疏玄章傳記, 法華經疏, 維摩經疏, 勝鬘經疏
	智度論
天平 4년(732) 壬申 4월 22일	金埿雜佛像 伍軀,
	畵佛像[37張 人人請坐者], 立釋迦佛像, 十弟子釋迦佛像, 立藥師佛像
天平 5년(733) 癸酉	褥[雜色, 表紫葛形綾 裏綠, 表花形錦 裏赤, 表紫紺 裏綠, 表赤紫羅綾裏綠結䌇], 阿彌陀佛寶頂 1具[表子科黑紫羅 裏赤紫羅], 五色絲交幡

奉　爲	獻　納　者	備　考	年　　度
奉爲池邊大宮御宇天皇,	小治田大宮御宇天皇 并東宮上宮聖德法王 敬造請坐者	法隆寺伽藍資財帳	丁卯年(607)
奉爲上宮聖德法王	王后敬造而請坐者		癸未年(623) 3월
	許世德陁高臣宣命納賜 己卯年 停止		大化 3年 戊申(648) 9월 21일
仁王會	納圓方王者		癸巳年(693) 10월 26일
	飛鳥宮御宇 天皇		
	飛鳥淨御原宮御宇 天皇請坐者		甲午年(694)
	寺造者		和銅 4년(711) 辛亥
	人人請坐者		養老 3년(719) 己未
	從唐請坐者		
	片罡漲祖命納賜		不知納時
	納賜平城宮 皇后宮者		養老 5년(721) 辛酉
	寺造者		
	納賜平城宮御宇 天皇者		養老 6년(722) 壬戌 12월 4일
	神龜 4年 丁卯年(727) 停止		
仁王會	納賜平城宮御宇 天皇者		天平 원년(729) 己巳
	人人奉納		
	平城宮御宇 天皇請坐者		天平 2년(730) 庚午
	上宮聖德法王御製者		
奉爲天朝	法藏知識敬造者		
	人人請坐者		天平 4년(732) 壬申 4월 22일
	平城宮御宇 天皇請坐者		
	納賜平城宮 皇后宮者		天平 5년(733) 癸酉

年　度	獻　物
天平 6년(734) 甲戌 2월	合香[白檀香, 沈水香, 淺香, 丁子香, 安息香, 熏陸香, 甘松香, 楓香, 蘇合香, 青木香], 合藥[14種, 麝香], 漆泥(莒), 韓櫃
	繡帳[其帶, 鈴]
天平 6년(734) 甲戌 3월	袈裟, 陰脊[黃褐), 紫羅綾, 青褐], 裳, 坐具[橡 在中氈, 紅染], 綿納, 白牒[蘇比色 大唐玄奘三藏者], 袈裟[麻, 赤色, 紫羅綾, 橡, 黃褐, 2領 青褐], 坐具[紫結僑 赤錦, 紫綾, 表綠綾 裏赤綾, 表碁磐科子錦 裏赤錦, 表雲僑裏縹], 裳[鳩染色], 雜物[犀角船, 象牙尺, 象牙繩解, 小刀]
天平 7년(735) 乙亥	大般若經, 花嚴經
天平 8년(736) 丙子 2월 22일	鉢[白銅, 鐵, 塞鉢, 薰鉢], 白銅飯鋺, 飯鋺有合, 白銅鋺, 五重鋺[有合], 多羅[銀, 白銅], 白銅鈋, 白銅鉗, 香爐[白銅單香爐, 鍮石, 白銅, 赤銅], 白銅水瓶, 器[白銅香坏, 白銅匜, 白銅鐈, 鐵藥臼], 白銅鏡[裏海礒形] 合香[熏陸香(寺買), 沈水香, 淺香, 薰陸香, 青木香], 合 樫莒[白莒]
	花形白銅鏡[裏禽獸形]
天平 9[年] (737) 丁丑 2월 20일	五副畵像靈山淨土[具佛臺, 奉請坐法隆寺法師臨照] 二副畵像補陁落山淨土 1鋪[具佛臺, 奉請坐曾祢連ㅁㅁ] 上宮王等身觀世音菩薩木像 1軀[金薄押], 經 779卷
天平 9年(737) 丁丑 2월 20일	法華經 1部[7卷 秩1枚, 并大唐者 奉請坐 法隆寺僧法延] 心經 1卷[以金墨寫 沉香紫紙 請坐奉法隆寺僧賢廣] 勝鬘經 1卷[題表金字 繪法王像 : 終着沉軸銀樓首紙] 合 經疏 8卷, 法華經疏 4卷[正本者 秩1枚 着牙, 律師法師 行信覓求奉納者], 維摩經疏 3卷[正本者 秩1枚 着牙], 勝鬘經疏 1卷[秩1枚 着牙]
	鐵鉢
	古様 錫杖
	新様 錫杖 1枝[奉納 法隆寺僧 延豊] 鍮石 香爐 1具[奉納講法花經料 大僧都 行信]
天平 9년(737) 丁丑 2월 20일	經櫃 4合, 1合 淺香, 1合 赤檀, 櫃納丁子香 1袋, 櫃裹衿 2領, 櫃覆 2條, 櫃座 7机2足, 櫃鈎ㅁㅁ, 櫃鈎納革箱 1合
天平 10년(738) 戊寅 정월 17일	絞, 幢[衣具 紺色] 伎樂[師子, 師子子, 治道, 吳公, 金剛, 迦樓羅, 崐崘, 力士, 波羅門, 孤子, 醉胡], 雜物[朱芳帳, 小刀, 水精, 朱芳, 小赤玉, 犀角, 繡八部帳, 帳, 吳人錦帳, 秘錦, 紫籠目紗垣代帳, 紫紗, 紺布幕, 紺布垣代帳, 綵色畵屏風, 牒子, 甩, 毦, 机, 食器, 倭櫃, 田笥, 中取机, 飯轝, 糀轝, 餅轝, 樽, 圓舩, 榗, 黑葛編箒, 串箒, 簾[錦端, 綠端, 黃端, 五板上野], 長疊[錦端, 綠端, 黃端, 紺布端, 白布端, 折薦?], 半疊[錦端, 紫端, 綠端, 黃端, 白布端, 折薦?], 補薦, 莨[床, 指床, 長指床], 榻, 長椅], 生絁, 絲, 綿, 長布, 商布 寺院地, 四門口, 塔[5重], 堂[金堂, 食堂], 燈, 廡廊, 樓[經樓, 鐘樓], 僧房, 溫室, 太衆院屋[厨, 竃屋, 政屋 以上 並盖瓦, 碓屋, 稻屋, 水屋, 客房 以上 並葺檜皮], 倉[盖瓦之中 雙倉·土倉, 甲倉, 葺草] 以前 皆伽藍內蓄物如件 合 賤[訴未判竟者 奴, 婢, 盖家人者], 家人[奴, 婢], 奴婢[奴, 婢], 淨寺奴

奉 爲	獻 納 者	備 考	年 度
	納賜平城宮 皇后宮者	法隆寺伽藍資財帳	天平 6년(734) 甲戌 2월
	納賜淨御原宮御宇 天皇者		
	納賜平城宮 皇后宮者		天平 6년(734) 甲戌 3월
奉爲天朝	法藏知識敬造者		天平 7년(735) 乙亥
	納賜平城宮 皇后宮者		天平 8년(736) 丙子 2월 22일
	納無漏王者		
上宮聖德法皇御持物矣	藤氏皇后宮推覓奉請坐者	法隆寺緣起資財帳	天平 9[年] (737) 丁丑 2월 20일
上宮聖德法皇御製者	律師法師 行信推覓奉納賜者		天平 9年(737) 丁丑 2월 20일
上宮聖德法皇御持物矣			
上宮聖德法皇御持物矣	大僧都 行信師推覓奉納		
爲敬重坐 上宮聖德法王御持物 法華經	藤原氏皇后宮奉納賜者		天平 9년(737) 丁丑 2월 20일
	納賜平城宮御宇 天皇者	法隆寺伽藍資財帳	天平 10년(738) 戊寅 정월 17일

年　度	獻　物
天平 10년(738) 戊寅 4월 12일	馬[鹿毛, 栗毛], 牛[黑毛, 斑毛, 黑斑毛, 腹斑毛, 大斑毛, 黑毛] 地[成町, 水田, 陸地, 海, 池, 處處庄], 米, 穀, 稻, 食封
天平 18年(741) 丙戌 5월 16일	大般若經, 大寶積經, 藥師經, 秩五枚秘錦領
天平 14년(742) 壬午 2월 16일	1合 木繪, 槓座 2具
	1合 木繪[大唐者 小小破 奉納 法隆寺僧 法延]
	合 案机, 覆緋衿
天平 14년(742) 壬午 2월 16일	木繪
	獸
	獸尾
	赤色, 經臺
	廚子, 斑竹[納基師 法華疏經文具 交卄卷也]
天平 14년(742) 壬午 2월 16일	合 經副香 3種, 1 藿香[1斤 10兩], 1 甘松香[2斤 13兩, 1 苓陵香 9斤 2兩, 納袋六口 并表赤紫羅 裏赤蜂子指] 白木高座 高座寶頂, 小鏡, 寶頂懸木錦袋, 高座⁺⁺褥, 高座橋褥, 高座禮盤褥, 高座茵, 高座盤茵, 糸交幡, 白綾綱, 佛座地代帳, 柒塗机, 机褥, 黑紫羅花覆, 赤紫綾帶, 經覆, 柒塗香水器, 韓槓
	障子, 袈裟
	銀鈋鉗, 金塗銅花瓶
	白銅小多羅[奉納 元興寺僧 玄複], 五香誦數 1條[奉納 法隆寺僧 忠禕]
	錢, 米, 稻 院地, 瓦葺八角佛殿, 檜皮葺廡廊, 檜皮葺門, 檜皮葺屋, 瓦葺講堂[奉納 橘夫人宅者 善湜師 奉納], 瓦葺僧房[今院家新造者], 墾田地[不蕳主客 住院修學衆僧 供食伽藍修營通分料]
天平勝寶 8년(756) 7월 8일	御帶, 御刀子, 青木香[並盛柒草箱 又盛紅綠綢地高麗錦 淺綠臈纈裏袋 又綠地高麗錦綠纈 裏帊敷机 又羅夾纈單帊覆 綠綾帶 2條 結束]

奉　爲	獻　納　者	備　考	年　度
	納賜平城宮御宇 天皇者	法隆寺伽藍資財帳	天平 10년(738) 戊寅 4월 12일
	正3位 橘夫人宅 奉請坐者	法隆寺緣起資財帳	天平 18年(741) 丙戌 5월 16일
	正3位 橘夫人宅 奉納賜者		天平 14년(742) 壬午 2월 16일
上宮聖德法皇御持物者			
	正3位 橘夫人宅 奉納賜者		天平 14년(742) 壬午 2월 16일
上宮聖德法皇御持物者			
上宮聖德法皇御持物者			
法師行信之所集也	奉納 大僧都 行信師		
	正3位 橘夫人宅 奉納賜者		天平 14년(742) 壬午 2월 16일
	並法華經講複師料		
	奉納 大僧都行信師		
先帝翫弄之珍內司供擬之物	奉勅 從2位 藤原朝臣仲麻呂 등	法隆寺獻物帳	天平勝寶 8년(756) 7월 8일

위해 금니동석가상을 만들었음을 알 수 있다. 사실 성덕태자는 621년에 사망한 바,[23] 본 문건의 계미년은 성덕태자 사망 2년 뒤인 623년이 되며, 동 문건의 물품은 태자를 추복하기 위해 불상을 조성하여 헌납된 것임을 알 수 있다.

계사년은 663년, 693년 가운데 하나이겠는데, 인왕회仁王會를 위하여 비조궁어우천황飛鳥宮御宇天皇이 종鍾, 경磬 등 각종 공양구를 헌납하였다고 한다. 비조궁飛鳥宮은 비조飛鳥 시대 천황의 궁을 일컬음일 것인데, 정확하게 어디인지는 분명하지 않다. 다만 인왕회를 위하여 헌납하였다는 기사로부터, 지통 7년(693) 10월 기묘에 처음으로 인왕경 강회를 개최하였다는 『일본서기』의 기사를 주목할 수 있다.[24] 이 인왕회는 그 이듬해 4월까지 지속되었는데, 법륭사가람자재장에 보이는 갑오년은 계사년에 뒤이은 기년으로서 서로 연관성을 지닌 것으로 생각된다.

법륭사가람자재장에 따르면 갑오년에 비조정어원궁어우천황飛鳥浄御原宮御宇天皇은 부족경部足經과 금광명경金光明經을 헌납하였다. 특히 비조정어원궁飛鳥浄御原宮은 천무천황 원년(672) 9월 병신에 강본궁崗本宮 남쪽에 궁실을 조영하여 천황이 이거하였는데, 그후 지통천황持統天皇의 즉위와 함께 주조朱鳥로 개원함으로써 이 궁명으로 일컬었다고 한다.[25] 따라서 비조궁어우천황飛鳥宮御宇天皇은 지통천황을 가리키며, 앞서 계사년의 비조궁어우천황 또한 비조정어원궁어우천황飛鳥浄御原宮御宇天皇을 지칭한 것이라 여겨진다. 비조정어원궁어우천황 곧 지통천황은 계사년에 인왕회를 베풀면서 종, 경 등 각종 공양구를 헌납하고, 그 이듬해 갑오년에 강경이 끝나면서 다시 부족경과 금광명경을 내렸던 것으로 해석된다.

그밖에 각종 물품은, 간혹 헌납일자를 살피기 어려운 부분도 없지 않으나 대체로 '우右 운운云云'이라 하면서 기년을 명기하고 있어 그 헌납일자를 추정할 수 있다. 이로써 법륭사 헌납물의 추이를 살필 수 있는 바, 다음 세 가지 특징을 추출할 수 있다.

첫째, 법륭사 헌납물은 처음에는 불상과 불경, 사리 등을 비롯하여 공양구 및 의구류, 그리고 사찰 운영을 위한 식봉 등이 주종을 이루었다. 그후 불교

---

23) 『日本書紀』 권 22, 推古天皇 29년(621) 2월 癸巳.
24) 『日本書紀』 권 30, 持統天皇 7년(693) 10월 己卯.
25) 『日本書紀』 권 28, 天武天皇 원년(672) 9월 丙申·권 29, 朱鳥 원년(686) 7월 戊午.

의례에 소용되는 휘장류가 다양해지고 향약류가 등장한다. 각 시기별 법륭사 헌납 불상과 불경의 종류는 법륭사의 신앙적 추세를 보여주며, 향약류의 경우 그 전래시기와 소용된 향약재의 용도를 짐작케 한다.

특히 향약류는, 약藥과 채색물彩色物, 향香, 잡물雜物, 경부향經副香 등으로 분류되었다. 양로 6년(722)에 헌납된 약으로는 울금향鬱金香, 갑향甲香, 향부자香附子, 첨당향詹唐香, 금석릉주金石綾州, 오색용골五色龍骨, 자설紫雪, 계심桂心, 귀구鬼臼, 감초甘草, 야갈冶葛, 망소芒消, 무식자無食子 등이다. 이 가운데 울금향, 오색용골, 계심, 감초, 망소 등은 752년 김태렴의 「매신라물해買新羅物解」에 보이는 향약이고, 갑향, 향부자, 첨당향, 금석릉주, 자설, 귀구, 야갈, 무식자 등은 본 문건에만 등장한다. 갑향은 『당본초』에서는 여蠡, 『동의보감』에는 금구영라金口蠑螺라고 하는데, 중국에서는 영외嶺外의 민閩의 근해 주군州郡 및 명주明州에서 산출된다고 한다. 장풍腸風이나 누치瘻痔 등에 효능이 있다.[26] 향부자는 바닷가 모래땅이나 물가의 원야에서 자라는 사초과의 다년초로서, 두통, 복통, 폐결핵 등에 효능이 있으며, 한국·중국·일본 등지에 분포한다. 자설은 황금黃芩·한수석寒水石·석고石膏·현삼玄參·서각犀角·영양각羚羊角·감초甘草·승마升麻·침향沈香·목향木香·정향丁香 등으로 조제한 조합향으로서 일체의 쌓인 열[積熱]을 다스리는 데 쓰인다고 한다.[27] 귀구는 천남성天南星과 비슷하나 그보다는 크며, 온역溫疫을 물리치는 데 사용한다고 한다.[28] 야갈은 귀음훼鬼音卉와 같은 초류草類로서 독성이 있으나,[29] 부자附子·촉초蜀椒 등과 함께 창방瘡方이나 옹저癰疽에 고름[膿]이 있을 때 치료하거나 벌레 물린데 효능이 있다고 한다.[30] 첨당향, 금석릉주는 미상이지만, 이들 향약 가운데 5/12가 「매신라물해」에 보이는 것으로서, 열병이나 구급약, 온역 등에 필요한 약재임을 알 수 있다. 이들 약재와 함께 헌납된 채색물은 동황同黃, 단丹, 주사朱砂, 녹청綠靑, 호분胡粉, 황黃, 연자烟子, 자황雌黃 등으로서, 모두 752년의 「매신라물해」에 등장한 채료이다.

---

26) 『經史證類 大觀本草』 권 22, 蟲魚部 下品, 泉州甲香.
27) 『草堂遺訣』 권 單, 歲丙辰元月下澣淡窩跋, 用藥勸, 臟腑補瀉方, 紫雪.
28) 『山林經濟』 권 4, 辟瘟.
29) 崔致雲, 『新註無冤錄』, 中毒.
30) 『醫心方』 권 15, 治癰疽有膿方 3·권 17, 治疽創方 14.

양로 6년(722)에 헌납된 향약이 약재와 채료인데 대해, 천평 6년(734)의 헌납물은 향료와 약재로 구성되었다. 향료로서 백단향白檀香, 침수향沈水香, 천향淺香, 정자향丁子香, 안식향安息香, 훈육향熏陸香, 감송향甘松香, 풍향楓香, 소합향蘇合香, 청목향靑木香, 그리고 약재 14종의 명칭은 기재되지 않았으나 사향麝香이 포함되는데 대체로 722년의 그것과 크게 다르지 않을 것으로 생각된다. 향료 가운데 소합향은 『당본초』에 중천축中天竺에서 나는 조합향으로서, 온학, 고독을 낫게 하며 3충을 죽이고 가위눌리지 않게 한다고 한다. 풍향은 백교향白膠香으로서 두드러기, 풍으로 가려운 것, 치통 등에 효능이 있다고 한다. 이들 향약류가 향료 뿐만 아니라 약재로도 유용했음을 보여준다. 천평 6년(734)의 향료 가운데 풍향, 소합향을 제외한 모든 향료, 그리고 약재로서의 사향은 김태렴의 「매신라물해」에 그 명칭을 살필 수 있다. 또한 훈육향은 법륭사에서 구매한 것이고, 침수향·천향·훈육향·청목향 등은 황후궁에서 헌납한 것이다. 훈육향을 법륭사에서 구매하였다는 것으로 보아, 일본 내에서 이들 향약의 구매가 가능하였다고 보아야 할 것이며, 황후궁이 헌납한 향약 또한 구매가 가능한 물품이었을 것으로 짐작된다.[31] 천평승보 8년(756)의 청목향 또한 이와 크게 어긋나지 않은 것으로 여겨진다.

한편 천평 9년(737)에는 경궤經櫃 4합合 가운데 2합은 천향淺香과 적단赤檀으로 궤櫃를 만들고, 궤 안에 정자향을 수납하였다. 여기에서의 정자향은 일종 경부향經副香으로서, 천평 14년(742) 곽향藿香, 감송향甘松香, 영릉향苓陵香을 경부향으로 삼았던 것과 동일하다. 천평 10년(738)에는 주방朱芳과 서각犀角 등을 잡물로서 기재하고 있다. 주방朱芳은 김태렴의 「매신라물해」에 보이는 수방茱芳을 지칭한 것으로 판단되는데, 소방蘇芳과 주방朱芳의 음가와 글자 모양이 유사한 데서 비롯한 소방蘇芳의 이칭이 아닌가 여겨지며,[32] 주방장朱芳帳이란 주방朱芳으로 염색한 휘장이나 천막이 아닐까 여겨진다. 법륭사 헌납물 가운데 향약류와 채색류는 양로 6년(722)에 처음으로 등장하며, 천평 6년(734) 이후에

31) 일본 국내에서의 彩料나 약재에 대해서는 이미 和銅 6년(713) 각 지방별 色目을 정리한 바 있으며(『續日本記』 권 6, 和銅 6년 5월 甲子), 天平 2년(730) 4월 황후궁에 皇后宮職施藥院을 설치함으로써 일본내 각국과 大臣家封戶의 庸物로써 草藥을 사들여 매년 진봉케 하였다고 한다.(『續日本記』 권 10, 天平 2년 4월 辛未)

32) 박남수, 앞의 논문, 374~375쪽.

등장하는 물품은 대체로 752년 김태렴이 일본에서 교역한 신라물의 범위를 크게 벗어나지 않음을 알 수 있다.

둘째, 공양구 및 의구류의 경우, 계사년(693)조에 보듯이 처음에는 사찰 의례에 필요 불가결한 종鍾, 경磬의 불구佛具와 행사용 황장黃帳, 녹장綠帳, 그리고 승려들의 용품인 석장錫丈, 경대經臺, 안궤案机, 경낭經囊, 주미塵尾, 공양구인 부釜[銅, 鐵], 창鎗[銅, 鐵], 화로火爐[白銅, 鐵], 개盖, 사찰 관리를 위한 도량度量[吳量, 福量, 俵量, 斗, 升], 약鑰, 쇄자鏁子, 동인銅印 등이 헌납되었다. 또한 양로 6년(722)의 관세음보살 금침金針, 생금生金, 은전銀錢, 수은水銀, 백갈白鑞, 흑갈黑鑞, 잡철雜鐵, 전錢, 백동공양구白銅供養具[鉢, 多羅, 鋺, 鉗, 鈚], 천평 원년(729)의 소도小刀, 동령銅鈴, 천평 8년(736)의 발鉢[白銅, 鐵, 塞鉢, 薫鉢], 백동반원白銅飯鋺, 반원유합飯鋺有合, 백동원白銅鋺, 오중원五重鋺[有合], 다라多羅[銀, 白銅],[33] 백동비白銅鈚, 백동겸白銅鉗, 향로香爐[白銅單香爐, 鍮石, 白銅, 赤銅], 백동수병白銅水瓶, 기器[白銅香坏, 白銅匝, 白銅鎾, 鐵藥臼], 백동경白銅鏡 등을 헌납하였다. 이들 물품은 7세기 후반부터 8세기 전반까지의 신라와 일본간의 외교 관계에 수반한 증여품 금은철정金銀鐵鼎·금은도기류金銀刀旗類(679), 금은동철金銀銅鐵(681), 누금기鏤金器·금은金銀·금기金器(686), 금은金銀(688), 동철류銅鐵類(688)를 비롯하여, 김태렴의 「매신라물해」에 보이는 발鉢, 원鋺, 반盤, 수병水瓶, 호壺, 비鈚, 저筯, 발자髮刺, 소梳, 향로香爐, 화로火爐, 촉대燭臺, 다라多羅, 석장錫杖 등과 동일한 양상이다. 특히 기물류는 그 재질면에서도 금·은·동·잡라迊羅·유석鍮石 등으로 제조된 것으로서 「매신라물해」의 기물류와도 상통한다.

셋째, 법륭사에 헌납된 직물류로는 계사년(693) 10월 26일의 황장黃帳, 녹장綠帳, 양로 5년(721)의 연시장練絁帳, 양로 6년(722)의 전氈, 소번小幡, 비망緋網, 양로 6년(722)의 연시장, 향궤욕香机褥, 경궤욕經机褥, 자라紫羅, 자라릉화복

33) 본초경과 불교경전에 근거하여 多羅를 口脂와 함께 향약명으로 보거나(永正美嘉, 앞의 논문, 29쪽), 器物로 분류하기도 한다.(皆川完一, 1994, 「買新羅物解拾遺」, 正倉院文書研究會 編, 『正倉院文書研究』 2, 吉川弘文館, 150쪽) 필자는 김태렴의 「買新羅物解」를 분석하면서 『五洲衍文長箋散稿』 經史篇 3, 釋典類 2, 釋典雜說 貝葉書辨證說에 근거하여 貝多羅樹를 지칭한 인도어로 이해하여, 패다나무(貝多羅樹, 多羅樹)를 지칭한 것으로 풀이하였다.(박남수, 2009, 앞의 논문, 378쪽) 그러나 「法隆寺伽藍緣起并流記資財帳」에 '多羅'를 供養具로 분류하고 그 재질을 銀, 白銅으로 밝히고 있어, 8세기 일본 고문서에 보이는 '多羅'는 器物로 이해하는 것이 옳다고 판단되므로, 이에 수정하여 둔다.

장紫羅綾花覆帳, 천평 원년(729)의 적사세赤糸細, 천평 5년(733)의 욕褥, 오색사교번五色絲交幡, 천평 10년(738)의 수팔부장繡八部帳, 장帳, 오인금장吳人錦帳, 비금秘錦, 자롱목사원대장紫籠目紗垣代帳, 자사紫紗, 감포막紺布幕, 감포원대장紺布垣代帳, 장첩長疊, 반첩半疊, 절천折薦, 보천補薦, 장莀[床, 指床, 長指床], 탑榻, 천평 14년(742)의 보정현목금대寶頂懸木錦袋, 고좌욕高座褥, 고좌교욕高座橋褥, 고좌예반욕高座禮盤褥, 고좌인高座茵, 고좌반인高座盤茵, 사교번糸交幡, 백릉강白綾綱, 불좌지대장佛座地代帳, 궤욕机褥, 흑자라화복黑紫羅花覆, 적자릉대赤紫綾帶, 경복經覆 등을 헌납하였다. 번幡과 장帳, 막幕 등 불교 의례에 사용되었음직한 직물류와 욕褥과 천薦, 장莀, 탑榻, 인茵 등의 깔개류, 그리고 불경 등을 싸거나 덮는 데 사용한 복覆, 청목향·천향을 넣기 위한 홍록간지고려금紅綠綱地高麗錦, 알힐리대臈纈裏袋와 녹지고려금록힐綠地高麗錦綠纈 등을 살필 수 있다. 이들 직물류는 비금秘錦, 능綾, 백릉白綾, 자라紫羅, 흑자라黑紫羅, 적자릉赤紫綾, 감포紺布, 목금木錦 등으로 제조된 것이고, 그 밖에 생시生絁, 사絲, 면綿, 장포長布, 상포商布 등이 있다. 이 가운데 생시, 사, 면, 장포, 상포 등은 「매신라물해」에 일본 관료들이 신라물에 대한 구매가로서 치뤄진 물품으로서 일본에서 생산된 것으로 보아 좋을 것이다.

다만 번幡 등은 일찍부터 신라가 불상 등과 함께 일본에 전래한 바 있으며,[34] 홍록간지고려금과 녹지고려금록힐의 명칭으로부터 금錦과 힐纈 등은 고려 곧 발해와의 관련성을 상정할 수 있을 듯하며, 욕褥과 탑榻은 신라 흥덕왕대 금령 가운데 보이는 욕자褥子와 탑등㲪㲪에 상응하는 것으로서 신라와의 연관성을 추측할 수 있다.[35] 더욱이 법륭사에 헌납된 각종 물품을 살필 때에, 불상과 불경이 일찍부터 백제·신라에 전래되었다는 점에서 백제 또는 신라와의 관련성을 상정할 수 있고, 8세기 전반 고르게 헌납된 기물류나 향약, 직물류의 경우 고려 곧 발해나 신라의 그것과 모종의 관련이 있는 것이 아닌가 추측된다.

---

34) 『日本書紀』 권 22, 推古天皇 31년(623) 7월.
35) 『三國史記』 권 33, 雜志 2, 車騎·器用.

4. 신라의 동아시아 교역과 법륭사法隆寺 향약香藥의 전래

법륭사의 백단향(법 112·113호)은 7~8세기 소그드 문자와 Pahlavi 문자로 인정되는 각명刻銘이 새겨져 있어서, 백단향의 유입 경로를 밝힐 수 있는 단서로서 주목된다. 이 각명은 백단향의 본래 하주荷主 내지 중계상인의 이름을 새긴 것으로 추정되거니와,[36] 어떤 형태로든 이들 문자를 각자한 소그드인과의 관련성을 인정할 수 있을 것이다. 다만 그것이 어떠한 경로를 통하여 황후궁에 유입되어 다시 법륭사에 헌납되었는지는 분명하지 않다.

동야치지東野治之는 그 유입경로를 세 가지로 상정한 바 있다. 첫째, 열대 아시아 → 페르시아 → 중앙아시아 → 당 → 일본의 경로인데, 이 경우 페르시아인이 입수한 인도산 백단향을 소그드인의 손을 거쳐 동방에 운반될 가능성이 극히 높은 것으로 보았다. 다음으로 해로를 통하여 남해루트를 경유함으로써 광주廣州에 들어온 경우로서, 소그드인과 페르시아인에 의하여 중국에 들어온 때문에 소그드와 팔레비 문자가 압날 또는 각인되었다는 것이다. 마지막으로 일본측 기사에 보이는 페르시아인의 기사를 중시하여 이국인들의 대규모적인 내일來日을 상정하여 수입무역품의 중계에 있어서 이들에 의한 직접적인 전래를 생각할 수 있겠으나, 견당사나 조선 제국의 역할을 중시해야 한다는 관점을 보였다.[37] 김창석은 당시 김태렴의 신라물에서 향료가 차지하는 비중이 높다는 관점에서 신라에 들어와 정착한 소그드인 교역상인으로부터 이들 백단향 등을 신라인이 입수하여 일본에 공급하였을 가능성이 있는 것으로 추측하였다.[38]

그런데 앞서 살폈듯이 백단향(법 112·113호)은 천평 6년(734) 갑술 2월에 황후궁에서 헌납한 것이고, 침향(법 114호)은 연력 20년(801) 이후 그 무게를 검정한 제형 2년(855) 사이에 법륭사에 입고되었던 것으로 추정된다. 특히 천황과 황후궁이 법륭사에 헌납한 물품들 가운데 상당수의 기물류나 향약 등은 752년 김태렴의 신라물新羅物과 상통하며, 고려금高麗錦이나 번幡, 탑榻, 욕褥 등은 한반도와 깊은 관계가 있는 것으로 생각된다. 사실 법륭사에는 597년 일본에 건너간 백제 아좌태자阿佐太子가 그렸다는 성덕태자聖德太子의 초상화가 있었다고 하

36) 東野治之, 1992, 앞의 논문, 173~174쪽.
37) 東野治之, 위의 논문, 163~178쪽.
38) 金昌錫, 앞의 논문, 94·110·123쪽.

는 바, 법륭사 자체가 한반도와 밀접한 관련이 있음을 알 수 있다.

지통천황 7년 계사년(693) 10월 23일부터 일본 여러 나라에 인왕경 강회仁王經 講會가 처음 베풀어져 그 이듬해 4월까지 거행하였다.[39] 이 때에 지통천황은 백동경白銅鏡, 종鍾, 동경銅磬, 철경鐵磬, 석장錫丈, 동부銅釜, 철부鐵釜, 동창銅鐺, 백동화로白銅火爐, 철화로鐵火爐, 도량度量, 약鑰, 쇄자鏁子, 동인銅印, 경대經臺, 안궤案机, 경낭經囊, 주미麈尾 등을 법륭사에 헌납하였다. 이들 물품 가운데 상당 부분은 752년 김태렴의 신라물 가운데 각종 경鏡과 백동석장, 백동화로, 백동향로, 아량牙量 등에 상응하는 바가 있다. 이들 물품은 일본에 파견된 신라 사신이 천황에게 전한 외교적 증여물의 일부가 아닐까 추정된다. 사실 지통 6년(692) 11월 8일에 신라 사신 급찬 박억덕朴億德과 김심살金深薩이 천황에게 조調를 바쳤고, 지통 7년(693) 2월 3일에는 신라 사신 김강남金江南 등이 일본에 파견되어 신라왕 신문왕의 죽음을 알렸다. 특히 박억덕이 가져간 조調는 692년 12월 24일 일본의 5사五社, 곧 이세伊勢, 주길住吉, 기이紀伊, 대왜大倭, 토명족菟名足에 바쳐졌다.[40] 그후 693년 2월 30일 박억덕 등이 귀국하고, 3월 16일에 견신라사 직광사식장진인로直廣肆息長眞人老 등과 학문승 변통辨通·신예神叡가 신라에 파견되었다.[41] 신라 사신 박억덕 등이 가져간 조調의 내용은 분명하지 않으나 이를 일본의 5사에 바쳤다고 한 바, 법륭사 인왕회에 즈음하여 법륭사에 헌납되었을 가능성이 높다고 본다. 법륭사가람자재장의 물품은 이러한 양국간의 사신 내왕의 사정을 반영하는 것으로 생각한다.

양로 6년(722) 12월 4일 법륭사에는 여러 공양구를 비롯하여 처음으로 향약류가 헌납되었다. 『속일본기』에는 양로 6년 11월 19일 태상천황太上天皇(元明天皇)을 추복하여 화엄경華嚴經, 대집경大集經, 열반경涅槃經, 대보살장경大菩薩藏經, 세음경世音經을 필사하고 관정번灌頂幡, 도량번道場幡과 함께 착아칠궤着牙漆几, 동원기銅鋺器, 유상柳箱 등을 만들어 12월 7일부터 경기京畿 내의 여러 사찰에서 승니僧尼를 청하여 재齋를 올리도록 하였다고 한다.[42] 법륭사가람자재장의 기물들은 이와 무관하지 않을 것으로 여겨진다. 다만 백단송수白檀誦數나 전

39) 『日本書紀』 권 30, 持統 7년(693) 10월 己卯.
40) 『日本書紀』 권 30, 持統 6년(692) 11월 戊戌·12월 甲申, 持統 7년(693) 2월 壬戌.
41) 『日本書紀』 권 30, 持統 7년(693) 3월 乙巳.
42) 『續日本紀』 권 9, 養老 6년(722) 11월 丙戌.

氍 등은 『속일본기』에 보이지 않는 물품이고, 아울러 울금향, 향부자, 계심 등 동남아시아산 향약과 함께 등장하고 있어 그 전래 경로가 의문이다. 특히 기물류 가운데 한궤韓櫃가 보이거니와, 한궤는 신라와의 관련성을 시사한다. 물론 이들 향약류를 718년 일본의 견당사 다치비진인현수多治比眞人縣守[43]가 가지고 온 물품으로 여길 수도 있을 것이다. 또한 천평 4년(732) 10월 정해에 전약두典藥頭로 임명된 백제계로 보이는 외종5위하 물부한국련광족物部韓國連廣足[44]과 관련될 수도 있다.

그러나 그 후로 신라와 일본간의 사신내왕이 빈번하고, 이들 물품 가운데 김태렴의 「매신라물해」의 물품과 동일한 것들을 확인할 수 있어, 오히려 신라로부터 전래된 것으로 보는 것이 자연스럽지 않나 여겨진다. 718년의 견당사 이후 신라와 일본간에는 719년 2월 10일 견신라사가 신라에 다녀온 바 있고, 같은 해 5월 7일부터 윤 7월 17일까지 신라 공조사貢調使 급찬 김장언金長言이 일본에 조물調物과 노새[騾馬]·암숫소[牡牝] 등을 전한 바 있다. 같은 해 8월 8일에는 견신라사 백저사광성白猪史廣成이 신라에 파견되었고, 721년 12월에는 신라 공조사 김건안金乾安·김필金弼 등이 일본에 사신으로 파견되었으나 태상천황의 죽음으로 인하여 대재부에서 방환放還되었다.[45] 다시 722년 5월 29일에 견신라사 진사주치마려津史主治麻呂 등이 신라에 파견되어 12월 23일 일본에 귀환한 바,[46] 법륭사가람자재장의 향약 등은 신라와 일본간의 사신 내왕에 따라 전래된 것으로 보아야 할 듯하다.

현전 법륭사 백단향(법 112·113호)은, 천평 6년(734) 2월 황후궁이 천향, 정자향, 안식향, 훈육향, 감송향 등 다른 향료와 함께 헌납된 것이다. 이들 향료 등을 법륭사에 헌납한 것은, 천평 5년(733) 5월 26일 천황의 칙서에서 살필 수 있듯이, 당시에 황후의 병이 이미 1년 수 개월이 지나도록 차도가 없는 데서[47] 부처의 가피를 바라고자 한 것으로 여겨진다. 사실 법륭사에 향약이 처음으로 입고된 것은 722년의 일이다. 722년에는 주로 약재가 헌납되었지만, 734

43) 『續日本紀』 권 8, 養老 2년(718) 10월 庚辰·12월 壬申, 養老 3년(719) 정월 己亥.

44) 『續日本紀』 권 11, 天平 4년 10월 丁亥.

45) 『續日本紀』 권 8, 養老 3년(719) 2월 己巳·5월 乙未·閏 7월 癸亥·丁卯·癸酉·8월 癸巳, 養老 5년(721) 12월 是月.

46) 『續日本紀』 권 9, 養老 6년(722) 5월 戊戌·12월 庚申.

47) 『續日本紀』 권 11, 天平 5년(733) 5월 辛卯.

년에는 향료로 소용되었다. 이들 향약의 원산지는 대체로 동남아시아산으로서, 그 가운데 백단향에 소그드 문자가 각자된 것으로 보아 소그드인을 매개로 전래된 것임을 확인할 수 있다.

그런데 앞서 살폈듯이 이들 물품은 대체로 752년 '신라 사신' 김태렴이 가져간 신라물에 포함된 향약의 범주에 속한다고 보아 좋을 듯하다. 사실 법륭사에 백단향이 헌납된 734년 2월 이전 일본은, 천평 5년(733) 4월 3일 4척의 견당사선遣唐使船이 난파진難波津으로부터 출발하였고,[48] 천평 4년(732) 정월 22일에 신라사신 김장손金長孫 일행이 도착하여 5월에 여러 가지 재물과 함께 앵무鸚鵡·구관조[鴝鵒]·촉의 개[蜀狗]·사냥개[獵狗]·나귀[驢]·노새[騾] 등을 바치고 내조연기來朝年期를 주청하였다고 한다.[49] 이들 신라사신이 도착하기 직전인 천평 4년(732) 정월 20일에 일본은 정4위상 영록왕鈴鹿王을 필두로 한 견신라사를 임명하여[50] 사신을 신라에 보내고자 하였다. 일본이 매우 적극적으로 신라와 당나라에 사신을 보내고자 하였음을 알 수 있다. 이러한 이면에는 아무래도 733년 5월 26일자 칙서에 '황후의 침석이 편치 아니한 지 이미 1년 몇 개월이 지났다. 백방으로 치료하였으나 효험을 보지 못하였다[皇后枕席不安 已經年月 百方療治 未見其可]'고 한 사실과 관련될 것으로 여겨진다. 732년 정월 신라에 사신을 보내고자 할 때에 이미 황후가 병이 들었고, 이에 신라사신이 도착하여 732년 5월 입경한 직후 처방이 있었을 것이나, 동 8월에 견당사를 구성하여 천평 5년(733) 4월 3일 견당사를 파견하였다. 신라사신이 입경한 이후 사신단에 포함되었을 신라 의사의 치료과정을 예상할 수 있고, 일본조정으로서는 직접 약재를 구하고자 하는 노력으로 견당사를 구성하여 파견하였을 것이다. 또 한편으로는 천평 6년(733) 2월에 황후궁이 직접 백단향 등을 법륭사에 헌납하면서 황후의 쾌차를 기도하였던 것으로 추측된다.

이러한 정황으로 보아 법륭사의 현전 백단향(법 102·103호)은, 천평 4년(732)에 일본에 파견된 신라사신 김장손 일행이 5월에 입경하면서 바친 '종종재물種種財物'에 포함된 물품으로 보아 좋을 것이다. 사실 신라사신이 파견되면서 일본천황뿐만 아니라 황후·황태자·대신 등에게 별헌하는 것이 일반적이었던 만큼,[51]

---

48) 『續日本紀』 권 11, 天平 5년(733) 4월 己亥.

49) 『續日本紀』 권 11, 天平 4년(732) 正月 丙寅·3월 戊申·5월 壬子·庚申.

50) 『續日本紀』 권 11, 天平 4년(732) 正月 甲子.

김장손의 별헌품 중에 이들 백단향과 향약류가 포함되었을 것으로 여겨진다. 특히 김장손의 진헌품 가운데 앵무·구관조·촉의 개 등 남방산 동물류가 포함된 것으로 보아, 신라가 이들 물품을 중국으로부터 구한 것이 분명해 보인다. 그것은 아무래도 당나라로부터의 하사품이거나 신라의 견당사 일행이 구했다고 보는 것이 옳을 것이다. 성덕왕 32년(733) 당나라 사신 하행성何行成 일행 604명이 김사란과 함께 신라에 와서 헌종의 하사품으로 흰 앵무새 한 쌍과 비단 등을 보낸 것에서도 그러한 사실을 짐작할 수 있다.

사실 김장손의 일본 파견 전 해인 성덕왕 30년(731) 2월 당나라 현종玄宗은 730년 10월에 파견된 신라 견당사 일행을 방환하면서 능채 500필의 비단[綾綵五百匹帛] 등을 사여한 바 있다. 또한 성덕왕 30년(731) 2월 입당 하정사로 파견된 김지량金志良 등은, 신라 사신들의 당나라 사행 일정이 대체로 8개월여라는 점을[52] 고려할 때에 10월 경에 경주에 귀환하였을 것으로 여겨진다. 아마도 김지량이 중국으로부터 가져온 물품 가운데 일부는, 김장손의 일본 황실 진헌물품 중에 포함되었을 것이다. 이로써 현전 법륭사 백단향 등이 당황제로부터 하사된 물품일 가능성을 상정할 수도 있으나, 대체로 당황제의 회사품은 앵무 등의 희귀 동물류, 외교적인 의례품과 아울러 직물류, 금속가공제품 및 문화 관련 물품에 한정되었다.[53] 따라서 백단향 등의 향약류는 신라·당나라간의 사무역이나 견당사의 교역 과정에서 구매된 것으로 보아야 할 것이다.

그런데 8세기 전반 신라와 당나라간의 사무역에 관한 자료는 전혀 보이지 않고, 『삼국유사』 탑상 민장사조의 '장춘長春이 해고海賈를 따라 장사에 나갔다'가 풍랑을 만나 오나라 연안[吳涯] 곧 중국 강남도 지방에 표착하였다는 기사가 유일하다. 이로써 경덕왕 4년(745) 무렵에 해상海商이 존재했음을 확인할 수는 있으나, 당나라와의 사무역이 존재했는지에 대해서는 확증할 수 없다. 사실 백제 때에 이미 오월吳越 지역과의 교역이 있었을 것으로 여겨지지만, 그 성격을 파악하기 어렵고 대체로 백제의 남조와의 사신 내왕에 따른 것이 아닐까 추정된다.

---

51) 박남수, 2007, 「통일신라의 대일교역과 애장왕대 '交聘結好'」, 『사학연구』 88, 433~435쪽.

52) 권덕영, 1997, 「견당사의 왕복행로」, 『고대한중외교사』, 일조각, 230쪽.

53) 박남수, 1998, 「수공업과 상업의 발달」, 『한국사 9 : 통일신라』, 국사편찬위원회, 199쪽.

8세기 초엽 당나라는 외국 사절단의 사적인 교역을 금지하였다. 다만 해당 주현의 허가하에 반출 금지 품목 외의 물품 교역을 허락하곤 하였다. 713년 말갈 왕자의 교역, 716년 해국奚國 사신의 양시 교역, 717년 일본 견당사의 장안 양시와 주현에서의 물품 교역, 신라 견당사의 시문 구매 등으로 미루어 동남아시아산 향약류도 사행 과정에 구매했을 것으로 짐작되고 있다.[54] 현전 법륭사 백단향에는 소그드 문자가 새겨져 있어, 그 교역 과정에 소그드인이 관여되었음을 확인할 수 있다.

백단향 자체가 동남아시아산이고 보면 중국 내에서의 교역은 아무래도 동남아시아와의 교역장이 개설된 광주廣州와 천주泉州 지역에서 찾아야 할 듯하다. 이들 향약을 포괄하는 '남해무역'은 이미 당 태종·고종 때에 성황을 이루어, 소부감小府監이 본도本道의 장사長史에게 위임한 형태로 이루어졌다. 남해무역을 상징하는 시박사市舶司는 『당회요唐會要』 권 62, 어사대御史臺 하下, 간쟁諫諍조에 개원 2년(714) '영남시박사嶺南市舶司'라고 하여 처음으로 사료에 등장한다.[55] 송의 주거비周去非(1138~1189)가 찬술한 『영외대답嶺外代答』에 따르면 당나라는 동북 지방으로부터 서남지방의 흠주欽州에 이르기까지 연해의 주군에 시박市舶과 유사한 것을 두었으나, 국가가 번상蕃商들을 회유하고 필요한 물품을 확보하기 위하여 광주와 천주에 제거시박사提擧市舶司를 설치하고, 내륙에도 옹주邕州 횡산채橫山寨·영평채永平寨와 흠주欽州에 박역장博易場을 설치하여 번상들과 교역케 하였다고 한다.[56] 제거시박사는 매년 10월에 번상들의 교역의 장을 베풀었으므로, 번상들은 여름에 도착하여 상세商稅를 내고 제거사提擧司의 보호하에 명향名香·서상犀象·금은 등을 가져와 능綾·면綿·나羅·포布나 지紙·필筆·미米·포布 등과 교역하였다.[57] 왕걸王杰은 시박사市舶使를 전문적인 대외항해무역관리사무를 책임진 관리기구로서 광주廣州에만 설치되었던 것으로 이해

54) 권덕영, 1997, 「견당사의 활동」, 『고대한중외교사』, 277~278쪽.
池田溫, 1995, 「天寶後期の唐羅日關をめぐって」, 『邊麟錫教授還曆紀念　唐史論叢』, 213~224쪽.

55) 石見淸裕, 2004, 「唐代外國貿易·在留外國人をめぐる諸問題」, 『魏晉南北朝隋唐時代史の基本問題』, 汲古書院, 69~70쪽.

56) 周去非 撰, 『嶺外代答』 航海外夷 ; 1937, 文殿閣書莊, 42·80~83쪽.

57) 周去非 撰, 『嶺外代答』 권 3, 外國門 下, 航海外夷·권 5, 邕州橫山寨博易場·邕州永平寨博易場·欽州博易場 ; 1937, 위의 책, 42·71~73·80~83쪽.

하였으나, 개원 10년(722) 경에 상설화된 것으로서 보았다.[58] 말하자면 8세기 전반 당나라 광주와 천주, 옹주, 흠주 등지에 동남아시아를 연결하는 박역장이 설치되고, 당나라 동북 연안 지역까지를 연결하는 교역 루트가 형성되었음을 이해할 수 있다.

아무튼 법륭사 백단향에 소그드문자가 새겨졌다는 것으로 미루어 그 교역에는 소그드인이 관여했음이 분명하고, 그 교역 장소는 천주, 광주의 박역장에서 최초로 구매되었다고 여겨진다. 신라사신이 이 백단향을 구매하였다면 천주, 광주에서 구매된 것을 신라 사신의 사행로였을 양주 또는 장안에서 다시 구매하였을 것으로 추정된다. 사실 양주와 장안, 광주, 천주 등지에는 이미 소그드인의 취락뿐만 아니라 저들의 상포까지 개설되었고,[59] 개원·천보 연간 이래로 호복胡服·호모胡帽·호극胡屐·호식胡食·호악胡樂이 당나라에 널리 유행했다고 한다.[60]

소그드인의 중국 내에서의 교역은 4세기 이래로 장안을 비롯하여 각 주현에 형성된 소그드인 자치적 성격의 취락을 거점으로 운영되었다. 곧 각 주현의 취락에 거처하는 소그드인은 주현에서 정기적으로 작성한 적장籍帳에 양인良人으로서 편호編戶되어 당의 백성으로서 처우받으면서, 교역품에 관한 주변의 유통정보를 취득하고, 각지의 시장 내외에서의 안전한 교역활동을 마련하며, 특정 고액상품에 대해서는 방인旁人·시인時人·시견時見(證人)·임좌臨座(立會人) 등이 명기된 계약서를 작성함으로써 흥호興胡 곧 원거리 교역상인 소그드 상인들과 제휴하였다. 당이 공적인 외교 이외에는 국경의 출입을 엄금하는 상황에서도, 수공 원년(685) 상호商胡 곧 소그드인 상인을 대상으로 하여 호시교역互市交易을 넘어 당 내지에서의 교역을 정식으로 인가하였다.[61] 이로써 당나라 관關 이서已西 제국의 흥판興販 왕래가 그치지 않았으나 천보 2년(743)에 이를 일체 금단하였다고 한다.[62] 이들 소그드인 상인들의 내왕 당시에 당나라는 흥호를 당 내지

58) 민성규·최재수, 2001, 「당나라의 무역관리제도와 황해 해상무역의 관리기구」, 김형근 편, 『해상왕장보고의 국제무역활동과 물류』, 해상왕장보고기념사업회, 105~108·118~127쪽.

59) 桑原隲藏, 1926, 「隋唐時代支那に來住せし西域人に就いて」, 『內藤博士還曆祝賀支那學論叢』 : 1934, 『東洋文明史論叢』, 弘文堂書房, 368쪽 재수록.

60) 『舊唐書』 권 45, 志 25, 輿服. 石田幹之助 ; 이동철·박은지 옮김, 2004, 『장안의 봄』, 이산, 60~61쪽.

61) 荒川正晴, 1997, 「唐帝國とソクト人の交易活動」, 『동양사연구』 56-4, 174쪽.

62) 『唐會要』 권 86, 關市.

의 행객行客[본관을 떠난 客·客戶]과 마찬가지로 기우주현寄寓州縣에 세전稅錢을 납부하는 존재로서 처우하고 그들의 입경과 이동을 관사가 발급하는 과소過所로써 보증하였다.63) 다만 이들이 당나라에 들어온 이후로는 원칙적으로 귀국이 허락되지 않았다고 한다.64) 이들 소그드인의 교역이나 당 내지에서의 상황은 일면 9세기 신라방이나 신라소의 신라인들을 연상케 하나, 8세기 전반 신라사신의 향약 등 동남아시아산 물품의 구매는 저들 소그드인과의 교역을 통하였을 것으로 짐작된다.

당나라 관시령關市令에 따르면 제시諸市의 사肆에서는 표標를 세워 행명行名을 내걸고 한 달에 세 번식 가격을 매겨 보고하고, 궁시弓矢나 장도長刀, 제기물諸器物에는 공인의 성명과 제작 연월을 명기하여 팔도록 하였다고 한다.65) 백단향의 경우 광주 또는 천주의 박역장에서 일반 호시와 마찬가지로 제거시박사의 관할하에 가격을 매기고 교역함으로써 세금을 거둔 바, 백단향에 새겨진 소그드 인印이나 소그드 문자는 그러한 과정에서 하주荷主 내지 본 백단향을 매매한 지역 소그드상인의 일종 품질보증의 인각이 아닐까 생각한다.

광주 또는 천주에서 구매한 백단향은 각 주현 소그드인의 교역망을 통하여 양주 또는 장안에서 거래되었을 것이다. 사실 양주와 장안에는 대력 14년(778) 관시官市를 설치하기 이전부터 이미 왕공과 백관 및 천하의 장리長吏들이 저사邸肆를 베풀어 일반 상인들과 이윤을 다투었으며, 정원 14년(798)에는 백전百錢의 물품으로써 수천 전數千錢의 물품을 강제로 사들여 문호門戶에 납품하는 폐단이 벌어지기도 한 궁시宮市가 자행되기도 하였다.66) 일본의 경우 평성궁平城宮 건례문建禮門 앞에 세 개의 천막을 세워 당물唐物을 벌여놓고 내장료관인內藏寮官人과 내시內侍들이 교역을 한 궁시宮市,67) 그리고 대재부에서 사신들의 물품을 교역한 관시官市68) 등을 살필 수 있다. 일본에서의 궁시나 관시와 같은 교역이

---

63) 荒川正晴, 1999, 「ソクト人の移住聚落と東方交易活動」, 『岩波講座 世界歷史』 15-商人と市場-, 83~92·96~99쪽.

64) 荒川正晴, 1997, 앞의 논문, 184쪽.

65) 仁井田陞, 1933, 『唐令拾遺』, 關市令, 東方文化學院 東京研究所, 715~720쪽.

66) 『唐會要』 권 86, 市.

67) 『續日本後紀』 권 8, 仁明天皇 承和 6년(839) 10월 19일.

68) 『續日本後紀』 권 9, 仁明天皇 承和 7년(840) 12월 己巳·권 10, 仁明天皇 承和 8년(841) 2월 戊辰.

당나라에서도 베풀어졌을 것으로 여겨지거니와, 신라사신들은 신라에서 가져간 물품으로써 허가된 경조부京兆府의 시市에서 필요한 물품을 조달하였을 것으로 믿어진다.

8세기 사신의 내왕에는 공적인 조공품과 사여품의 수수 이외에 사신들 각자의 사교역이 성행하였다. 『구당서』에는 대력 초(765) 곧 경덕왕의 조문사절로 신라에 사신으로 파견된 귀숭경歸崇敬을 평가하면서 '당나라에서 신라에 사신으로 파견된 자들이 해동에 이르러 구하는 바가 많아 많은 비단을 가지고 가 신라의 물품을 무역하여 이익을 취하였으나, 귀숭경은 일체 그렇지 아니하였다'고 칭송하고 있다.[69] 이는 8세기 당나라 사신들도 사행을 통하여 교역함으로써 많은 이득을 취하는 것이 일반적이었음을 보여주거니와, 신라·발해·당·일본 등 동아시아 사신들의 일종 관행처럼 행해졌던 현상이었을 것으로 짐작된다.

5. 맺음말

소그드문자 각명의 법륭사法隆寺의 백단향은 그 유통과정에 소그드인이 관여되었고, 동 향목의 묵서로써 일본에 전래된 이후 법륭사에서 관리되던 과정을 보여준다. 이에 본고에서는 법륭사에 현전하는 향목의 묵서와 『법륭사가람연기병유기자재장法隆寺伽藍緣起并流記資財帳』을 중심으로 법륭사 백단향의 전래과정을 살피고자 하였다. 그 결과를 정리함으로써 결론에 대신하고자 한다.

첫째, 『성덕태자전력聖德太子傳曆』 추고천황 3년(595) 관세음보살상 조상造像연기緣起에 보이는 침수향沈水香을 현전 법륭사 향목香木(법112~114호)의 그것으로 이해하고, 이들이 천평 19년(747) 이전의 어느 일정한 시기에 법륭사에 헌납되었다는 기왕의 견해에 의문이 있었다. 이에 백단향의 묵서와 『법륭사가람연기병유기자재장』을 비교·검토한 결과 백단향(법 112·113호)은 천평 6년(734) 2월에 황후궁에서 다량의 향약류와 함께 법륭사에 헌납하였음을 확인할 수 있었다. 침향(법 114호)은 백단향(법 112·113호)과 묵서의 형식 및 내용에 차이가 있고, 천평 19년(747) 2월 12일 삼강첩三綱牒에 의거하여 '법륭사의 헌물을 감록하는 것'을

69) 『舊唐書』 권 149, 列傳 99, 歸崇敬.

항식으로 삼았다는 데서, 두 백단향의 무게를 최후로 검정한 연력 20년(801) 이후로부터 침향의 무게를 검정한 제형 2년(855) 사이에 법륭사에 입고된 것으로 이해하였다.

둘째, 천평 6년(734) 갑술 2월 황후궁이 백단향을 헌납하게 된 배경과 그 성격을 이해하기 위하여 『법륭사가람연기병유기자재장』(746.10. 작성), 『법륭사연기자재장法隆寺緣起資財帳』(761.10. 원본 작성), 『법륭사헌물장法隆寺獻物帳』(756.7. 작성)을 분석하여 몇 가지 사실을 추출할 수 있었다. 곧 법륭사 헌납물은 처음에는 불상과 불경, 사리 등을 비롯하여 공양구 및 의구류, 그리고 사찰 운영을 위한 식봉 등이 주종을 이루다가, 그후 불교 의례에 소용되는 휘장류가 다양해지고 향약류가 등장하였음을 알 수 있었다. 특히 법륭사 헌납물 가운데 향약류와 채색류는 양로 6년(722)에 처음으로 등장하며, 천평 6년(734) 이후에 헌납된 물품은 대체로 752년 김태렴이 일본에서 교역한 신라물의 범위를 크게 어긋나지 않음을 알 수 있었다. 공양구 및 의구류의 경우에도 7세기 후반부터 8세기 전반까지의 신라와 일본간의 외교 관계에 수반한 증여품을 비롯하여 김태렴의 「매신라물해」에 보이는 물품 등과 동일한 양상을 보였다. 직물류에 있어서는 생시生絁, 사絲, 면綿, 장포長布, 상포商布 등 일본에서 생산된 물품이 보이지만, 번幡 등은 일찍부터 신라가 불상 등과 함께 일본에 전래한 바 있고, 홍록간지고려금紅綠繝地高麗錦과 녹지고려금록힐綠地高麗錦綠纈의 명칭으로부터 금錦과 힐纈 등은 고려 곧 발해와의 관련성을 상정할 수 있으며, 욕褥과 탑榻은 신라 흥덕왕대 금령 가운데 보이는 직물로서 신라와의 연관성을 추정할 수 있었다.

셋째, 각 시기별 법륭사 헌납물은 신라와의 외교관계 속에서 획득한 물품일 가능성이 높은 것으로 이해되었다. 곧 지통천황 7년 계사년(693)에 헌납된 물품 백동경白銅鏡, 종鍾, 동경銅磬, 철경鐵磬, 석장錫丈, 동부銅釜, 철부鐵釜, 동창銅鐺, 백동화로白銅火爐, 철화로鐵火爐, 도량度量, 약鑰, 쇄자鏁子, 동인銅印, 경대經臺, 안궤案机, 경낭經囊, 주미麈尾 가운데 상당부분은 752년 김태렴의 신라물 가운데 각종 경鏡과 백동석장, 백동화로, 백동향로, 아량牙量 등에 상응하는 바, 지통 6년(692) 11월 8일에 신라사신 급찬 박억덕朴億德과 김심살金深薩의 외교 의례품이거나 지통 7년(693) 2월 3일의 신라 고애사告哀使 김강남金江南 등과 관련된 물품이 아닐까 추정되었다. 또한 양로 6년(722) 12월 4일자의 법륭사 헌납물에는 여러 공양구를 비롯하여 처음으로 향약류가 보이는데, 기물류 가운데 상당

부분은 『속일본기』 양로 6년 11월 19일에 칙명으로 제조된 것이었다. 다만 백단송수白檀誦數나 전氈, 울금향, 향부자, 계심 등은 719년 2월 10일에 파견된 견신라사, 그리고 같은 해 5월 7일부터 윤 7월 17일까지의 신라 공조사 급찬 김장언金長言, 8월 8일의 견신라사 백저사광성白猪史廣成, 721년 12월 신라 공조사 김건안金乾安·김필金弼, 722년 5월 29일 견신라사 진사주치마려津史主治麻呂 등, 신라와 일본간의 사신 내왕에 따라 전래된 것이 아닌가 여겨졌다.

넷째, 천평 6년(734) 2월 황후궁이 헌납한 현전 법륭사 백단향을 비롯하여 천향, 정자향, 안식향, 훈육향, 감송향 등은 대체로 752년 '신라 사신' 김태렴이 가져간 신라물에 포함된 향약의 범주에 포함되는 것이었다. 당시에 황후는 병석이었음이 확인되는 바, 일본 황실에서는 직접 약재를 구하고자 하는 노력으로 견당사를 파견하는 한편, 천평 6년(733) 2월에 황후궁이 직접 백단향 등을 법륭사에 헌납함으로써 쾌차를 기도하였던 것으로 짐작된다. 특히 법륭사에 헌납된 향약은 견당사 파견 이전인 천평 4년(732) 5월에 신라사 김장손金長孫 일행이 입경하면서 바친 '종종재물種種財物'에 포함된 물품이 아닌가 추정되었다. 김장손의 진헌품 가운데 앵무·구관조·촉蜀의 개 등 남방산 동물류가 포괄된 것으로 보아, 이들 향약류는 신라가 중국으로부터 구한 것이 분명하며, 그것은 아무래도 신라 견당사 일행이 구매한 것으로 추정되었다. 이에 일본에 김장손을 파견하기 직전인 성덕왕 30년(731) 2월 입당 하정사로 파견된 김지량金志良이 같은 해 10월에 신라 왕경에 귀환한 사실이 주목되었다. 더욱이 730년대 신라의 사무역이 어느 정도였는지 밝혀지지 않은 상황에서, 동남아시아산 향약류는 아무래도 신라사신이 중국에서 가져온 것일 가능성이 높은 것으로 생각되었다.

다섯째, 법륭사 백단향은, 소그드문자가 새겨진 동남아시아산이라는 점에서, 그 교역장이 개설된 천주泉州 또는 광주廣州를 내왕하는 소그드 상인을 통하여 구매되었을 것으로 여겨졌다. 당나라 관시령關市令에 따르면 제시諸市의 사肆에서는 표標를 세워 행명行名을 내걸고 한 달에 세 번식 가격을 매겨 보고하고, 궁시나 장도, 여러 기물에는 공인의 성명과 제작 연월을 명기하여 교역하도록 하였다고 한다. 이에 광주 또는 천주의 박역장에서 일반 호시와 마찬가지로 제거시박사의 관할하에 가격을 매기고 교역함으로써 세금을 냈던 바, 백단향에 새겨진 소그드 문자는 그러한 과정에서 하주荷主 내지 본 백단향을 매매한 지역의 소그드상인의 일종 품질을 보증하는 성격의 각명이 아닐까 추정되었다. 요컨대 소그드 문자가 새겨진 법륭사 백단향은 730년대 당나라 내지에서 활동하던 소그드인의 교역망을 통하여 신라사신이 양주 또는 장안 등지에서 구매하였을 것으로 추정된다. 이들 동남아시아 물품은 다시 일본에 파견된 신라사신에 의해 일본 황후궁에 별헌의 형식으로 증여되었고, 황후궁은 병환으로 인하여 부처의 가피를 빌고자 이를 법륭사에 다른 향약과 함께 헌납하였을 것으로 추측된다.

8세기 전반 신라 사무역의 현황이 밝혀지지 않은 현 상황에서, 동남아시아산 향약은 신라사신에 의해 구매된 것으로 풀이할 수밖에 없으나, 소그드인의 교역망이나 중국 내지에서의 활동은 8세기 후반, 9세기 재당 신라인의 그것과 흡사한 점을 간취할 수 있다. 사실 당나라 내의 신라방이나 신라소에 대해서는 9세기의 정황에 대한 연구가 많고, 그 형성과정에 대해서는 사회경제적 배경에 대한 연구에 한정되어 있는 형편이다. 소그드인의 사례에서 보듯이 8세기 전반에 이미 당나라 내지에서 외국인이 활동할만한 여건이 성숙되어 있었다. 그럼에도 불구하고 이와 관련한 신라인의 활동에 관한 연구는 아직 미흡하다고 할 수 있다. 이를 밝히는 것은 8세기 신라의 대외 교역 뿐만 아니라 동아시아 교류사를 밝히는 관건인 바, 이에 대해서는 향후의 과제로 남겨둔다.

752년 김태렴의 대일교역과 「매신라물해」의 향약

1. 머리말

『속일본기』에는 752년 '신라왕자' 김태렴金泰廉 일행이 일본에 조공하였다[1]는 기록을 전한다. 김태렴의 교역에 대해서는 8세기 중엽 동아시아 국제관계와 관련하여 조공의 범주 안에서의 공무역公貿易으로 보는 견해[2]와 상인을 중심으로 한 통상교역通商交易으로 보는 견해[3]가 있다. 김태렴 일행이 일본에 가져간 교역물품은 당시에 작성된 「매신라물해買新羅物解」에서 확인되는데, 동야치지東野治之는 「매신라물해」 26건의 문건을 정리하여 그 전래와 내용, 성격 등을 살핀 바 있다.[4] 그 후 개천완일皆川完一이 새로이 4건의 「매신

1) 『續日本紀』 권 18, 天平勝宝 4년(752) 6월 己丑·壬辰.
2) 濱田耕策, 1983, 「新羅の中·下代の內政と對日外交−外交形式と交易をめぐって」, 『學習院史學』 21. 李成市, 1997, 『東アジア王權と交易』, 青木書店, 79~80·112~113쪽.
3) 東野治之, 1974, 「鳥毛立女屛風下貼文書の研究 −買新羅物解の基礎的考察」 『史林』 57−6 : 1977, 『正倉院文書と木簡の研究』, 塙書房. 石井正敏, 1975, 「新羅·渤海との交渉はどのよおに進められたか」 : 森克己·田中健夫 編, 1975, 『海外交涉史の視點 1』, 日本書籍. 東野治之, 1977, 「正倉院の墨書と新羅の對外交易」, 앞의 책.

라물해」를 수습함으로써 모두 30건의 문건을 확인할 수 있게 되었다.[5)]

통상교역론자들은 이들 물품 가운데 소량이지만 고가인 남해, 서아시아산 향약 등의 사치품이 많다는 점에서 김태렴 일행의 교역을 중개와 전매를 주로 한 무역으로 보거나,[6)] 신라측이 무역을 목적으로 김태렴 일행을 자주적으로 파견한 것으로 이해한다.[7)] 따라서 이를 천무·지통조 이래의 조공무역을 계승한 것으로서, 9세기 신라상인에 의한 서해·동지나 무역활동의 선구를 이룬 것으로 평가한다.[8)]

한편으로는 「매신라물해」의 약물·송자松子·원鋺·반盤·모전毛氈 등이 신라의 특산품임을 확인하고 정창원正倉院과 신라의 관계를 주목해야 한다는 견해가 제기되기도 하였다.[9)] 필자는, 김태렴일행이 국서國書를 지참하지 않고 조공사로 인정하지 않았으며 사적으로 교역물품을 준비하였다는 점에서, 국가간 공식 사절로 인정하기 어려움을 지적한 바 있다. 또한 김태렴의 「매신라물해」의 물품 가운데 그릇, 직물류는 신라 진골귀족이나 일반 민간수공업장에서 생산된 것이었음을 확인하였다. 이에 752년 700여 명에 이르는 대규모의 김태렴 일행을, 국가간 공식 외교사절이라기 보다는 교역을 목적으로 파견된 이들로 추정하였다.[10)]

그러나 필자는 김태렴의 교역을 살피면서도 그 성격 규정의 쟁점이었던 향약류香藥類에 대해서는 자세히 검토하지 못하였다. 따라서 본고는 「매신라물해」에

---

4) 東野治之, 1974, 위의 논문 ; 1977, 위의 책.

5) 皆川完一, 1994, 「買新羅物解拾遺」, 正倉院文書研究會 編, 『正倉院文書研究』 2, 吉川弘文館. 皆川完一의 논문은 이유진 선생으로부터 제공받았다. 구하기 힘든 자료를 선뜻 내주신 선생의 후의에 감사드린다.

6) 東野治之, 1974, 앞의 논문 ; 1977, 앞의 책, 323쪽. 森克己, 1975, 「遣唐使と新羅との關係」, 『新訂 日宋貿易の研究』, 國書刊行會, 98~99쪽. 永正美嘉, 2003, 「新羅의 對日香藥貿易」, 서울대 석사논문 : 2005, 『한국사론』 51, 서울대, 33쪽.

7) 石井正敏, 앞의 논문, 앞의 책 : 2001, 「天平勝寶四年の新羅王子金泰廉來日の事情をめぐって」, 『日本渤海關係史の研究』, 吉川弘文館, 42~56쪽. 윤선태, 1997, 「752년 신라의 대일교역과 바이시라기모쯔케(買新羅物解)」, 『역사와 현실』 24, 57~58·64~65쪽. 姜鳳龍, 2001, 「8~9세기 동북아 바닷길의 확대와 貿易體制의 변동」, 『歷史教育』 77, 16~20쪽.

8) 東野治之, 1974, 앞의 논문 : 1977, 앞의 책, 323~324쪽.

9) 鈴木靖民, 1985, 「正倉院の新羅文物」, 『古代對外關係史の研究』, 吉川弘文館, 423~428쪽. 李成市, 1997, 「新羅の毛氈生産とその社會的背景」, 앞의 책, 75~80쪽.

10) 朴南守, 2007, 「통일신라의 대일교역과 애장왕대 '交聘結好'」, 『史學研究』 88.

보이는 향약류의 내용과 신라에서의 생산·가공, 그리고 그것이 김태렴의 대일교역에서 차지하는 비중 등의 문제를 살피고자 한다. 또한 일본 관료들의 향약류 구매 용도를 전체 교역물품과의 관계 속에서 다시 조명하고자 한다. 이로써 「매신라물해」의 물품을 재분류하고, 김태렴의 대일교역이 지닌 성격의 일단을 밝히고자 한다. 많은 질정을 바란다.

2. 「매신라물해」와 김태렴의 교역 규모

752년 일본 관료들의 신라물新羅物 구입 신청서인 「매신라물해」에서는 각종 직물류, 금은동철 및 기물, 향약류 등을 살필 수 있다. 동야치지는 26건의 「매신라물해」에서 87점의 물품명을 확인하고, 개천완일은 『천고유향千古遺響』 사진본에서 새로이 찾아낸 4건의 「매신라물해」로부터 동야치지의 문건에 보이지 않은 35점의 물품명을 더하였다. 이에 「매신라물해」에 보이는 물품명과 구입가를 문건별로 정리하면 〈표 1〉과 같다.

〈표 1〉 「매신라물해」의 구매자별 물품명과 구매가

문건	구매신청자	종수	구 매 물 품	구 매 가
東 1	知家事資人 大初位上 粟前首□□	3	金, 蘇芳, 小鏡	綿 600斤
東 2	右大舍人 大初位上中臣伊勢連老人	16	併風(1具), 鏡(2面), 金鋺(2具),麝香(1齊), 朱沙, 香爐(2具), 密拔, 阿莉勒, 薰陸, 衣香, 丁字, 枕香, 桂心, 青木香, 人參, 蘇芳	綿 18ㅁ斤 (黑綿 20근)
東 3			*구매 신청 일시만 잔존함	
東 4		9	丁香[直7斤], 薰衣香[直7斤], 青木香[直3斤], 薰陸香[直□(6)斤], 牛黃[直2斤], 蘇芳[直50斤], 五六寸鏡[直20斤], 牙梳[直3斤], 牙笄子[直2斤]	綿 100斤
東 5	從四位下 小槻山君廣虫(蟲)	9?	鉢(2口), 大盤(2口), 小□, 鋺, 金節(4枚), ▬, ▬, ▬	綿 300斤, 絲 100斤, 絹絁 30匹
東 6	事業從七位上 置始連「五百足」			
東 7		(10?)	五六寸鏡, 丁香, ▬, 華撥, 木槵子, ▬, 如意, □(蠅)拂, 蘇芳, 紫根	綿 200屯

문건	구매신청자	종수	구 매 물 품	구 매 가
東 8	左大舍人 犬□(養?)小足	21	鹿射香(5□[劑?]), 沈香(5斤), 薰陸(5斤), 丁香(?),青木香(5斤), 董香(5斤), 蘇芳(20斤), 靴氈(?), □鋺(12具), 白銅火爐(1口小), 髮刺(1具), 阿莉勒(40□), 太黃(2斤), 人參(10斤), 甘草(4斤), 石(2斤), 蜜汁(5升), 桂心(1斤), 多良(4), 宍縱容, 遠志(1斤)	綿 510□(斤?) 絲 100斤, 絁? □匹(東絁2匹)
東 9		23	鏡(3面), 迊羅五重鋺(3帖), 白銅五重鋺(2帖), 白銅盤(15口), □羅盤(5口), 白銅匙箸(2具), 白銅香爐(1具), 白銅錫杖(1箇), 黃金(5兩), 麝香(3臍), 朱沙(1斤), 同黃(1斤), 薰陸(15斤), 人參(4斤), 阿利勒(200顆), 松子(1斛 5㪷), 木槵子(1296顆), 蜜汁(2□[㪷?]), 牙鏤梳(10箇), 牙鏤笇子(20□[箇?]), 口脂(1箇 長1尺), 鐵精(1斤), 蘇芳(240斤)	綿 500斤 絲 30斤
東10	文奉飯高嶋□	14	鋺(5疊, 五重), 鍮石香爐(□[3?]口), 鏡(?), ▬(?), 麝香, 蘇芳, 阿黎□(勒?), 丁字香, 帶(2條), 烟子, 朱沙, 銅黃, 匙箸(2具), 雜香	綿 1ㅁ0斤, 絲120斤 絁 13匹(1匹白, 12匹赤)
東11	事業從八位上 日置酒持	41?	牙笏, 沈香, 丁香, 青木香, 薰陸香, □□□, 零陵香, 甘松香, 藿香, 安□(息)香, 龍腦香, 裛衣香, 薰衣香, 甘草, 桂心, 大黃, 人參, 呵梨勒, 蜜汁, 朱沙, 胡粉, 黃丹, 同黃, 烟子. 雌黃, 畢拔, 蠟蜜, 松子, 緋氈, 花氈, □裁氈, 黑作鞍具, 韉面, 勒鞦, 白銅香爐, 五重鋺大, 箸七, 五四寸鏡, 燭臺, 蘇芳, 熟布	綿 650斤 絁? ㅁ0匹
東12	正六位上 家令大田臣廣人	(1?)	黃金	綿 ㅁㅁ0斤 絲 100斤(約)
東13	散位僚ㅁㅁ	(8?)	□(朱?)沙, 同黃, 烟子, 沈□(香?), 太黃, □□, 八寸鏡, 蘇芳	(綿) ?, 絲 20근, 絁 10匹
東14	鼓吹司正 外從五位下 大石	8	鏡五面, 麝香, 烟子, 金青, 雜香, 朱沙, 同黃, 蘇芳	綿 400근
東15		(6?)	□□, □(朱?)沙, 金青, 同黃, 烟子, 花鏡	
東16		(7?)	五四寸□(鏡?), □□(10근), 烟□(子?), 桂心(10근), 芒消(10근), 白銅水瓶(1口)	
東17	□□伊勢連大津			
東18				價
東19				價絲
東20		(2?)	白青, □(大?)黃	
東21		22		
東22		(2?)	白銅香爐(1口), 水瓶(2口, 白銅)	
東23				綿 1,000斤
東24		(2?)	□鋺, 白銅□	

문건	구매신청자	종수	구 매 물 품	구 매 가
東25		(1?)	干皮(1領□)	
東26		(1?)	□論(1卷)	
皆 1	□五位下 池邊王	47	金(10兩), 金青(11斤), 朱沙(21斤), 同黃(17斤14兩), 烟子(400枚), 胡粉(1斤), 鐵青(1斤), 青胎(1斤), 沈香(80斤), 薰陸(103斤), 和香(1斤), 香油(1斤), 丁子(50斤), 丁香(1斤), 青木香(7斤), 白檀(100斤), 苿芳(810斤), 桂心(100斤), 麝香(1臍), 牛黃(3斤), 大黃(100斤), 犀角(4具), 甘草(100斤), 石腦(1斤), 宍縱容(30斤), 可梨勒(2斗), 旱(畢)撥, 龍腦香(2斤), 漆子(1斤), □□(100斤), 鷄舌香(50斤), 薰衣香(10斤), 曾青(10斤), 紫(100斤), 鏡(4面), 香爐(4具), 水瓶(四口), 飯鋺(20合), 大盤(33口), 小盤(300口), 迊羅鋺(10口), 鋺(120合), 小鋺(百), 鈚(14枚, 坎鈚五, 大葉鈚七), 筯(3具), 白銅酒壺(2合, 各備坏酌), 風爐(1具)	綿 620斤 絲 105근 絁 20匹
皆 2	□五四下 阿倍朝臣 麻呂槿	25	□(麝?)香[綿6근], 沈香[綿20斤], 銅五重鋺[綿15斤], 丁子香[綿ㅁ斤], 薰陸香[綿5斤], 緋氈[綿35斤], □(甘?)草[綿20斤], 丁梳[綿15斤], □(水?)精念數[綿40斤], □脂[綿10斤], □□[綿5斤], □□?(綿120斤), □□?(綿十斤), 朱沙(綿?), □□[綿5斤], □(熟?)布[綿20斤], 蜜汁[綿10斤], □□(可梨?)勒[綿3斤], 裛衣香[綿10斤], 同黃[綿4斤], 羊膏[綿1斤], □(龍?)骨[綿二斤], 屛風[絲60斤], □□[絲30斤], 八卦背鏡四·方鏡五·花鏡[已上 絲35斤, 綿□20斤], 銜	綿 450근 絲 120근
皆 3	資人 秦刀良	(22?)	人心, 大黃, □早((甘草?), 桂心, 蜜, 牛黃, □(芒?)消, 阿莉勒, 麝香, 丁香, 沈香, 青木香, 薰陸, 安息香, 朱水(沙?), 烟紫, 同黃, 金青, 蘇方木, 鏡一面六寸, 誦數, 黃鉢	商綿 200斤
皆 4	正六位上行□(紫)微大疏山口伊美吉佐美麻呂	(14?)	沈香□□ (5斤?), 丁香(5斤), 零陵香(5斤), 鬱金香, 甘松香, 薰衣香(5斤), 蜜汁(1斗), 口脂壺(20合), 牙量(10枚), 鏡五面五六寸, 鋺(5牒), 盤(2牒), 多羅(4口), 蘇芳	庸綿 300斤
합 계				綿 6,110斤, 200屯 絲 695근, 絁 73+ㅁㅁ匹

※ 위 표 문건의 [東+일련번호]는 東野治之가 정리한 문건 번호(「鳥毛立女屛風下貼文書の硏究」)를, [皆+일련번호]는 皆川完一이 정리한 문건번호(「買新羅物解拾遺」)로서, 본고에서 「買新羅物解」의 문건번호는 이로써 표기한다.

※ ▬ 는 물품명이 있었지만, 결락되어 글자수조차도 확인할 수 없는 부분을 표기한 것이다.

〈표 1〉에서 볼 수 있듯이 현재 밝혀진 30건의 「매신라물해」 가운데 17건의 문건에는 각각의 물품 구매가 총액을 명시하였다. 이들을 모두 합산하면 '면綿 6,110근, 면綿 200둔屯, 사絲 695근, 시絁 73필, 시絁 □□필'이다. 일본 관료들이 신라물을 구입하기 위한 대가를 면과 사, 시로 치렀음을 알 수 있다. 이는 양로 원년(717) 태정관太政官의 주청으로 규정된 정추견시장단광활지법精麤絹絁長短廣闊之法[11]에 따른 것으로 보인다.

8세기 중엽 일본에서의 면綿, 사絲, 시絁 간의 상호 교환가는 729년 공조수법貢調輸法을 정한 데서 살필 수 있다. 이에 따르면 '면綿 : 사絲 : 시絁 = 16근 : 4근 : 1필'이 되고, '면 8근은 미米 1석'의 교환가치를 지닌다.[12] 또한 「매신라물해」에는 면을 다루는 단위가 근斤과 둔屯으로 기재되었는데, 대보율령大寶律令 주계식主計式에는 '면綿 4량兩을 둔屯'으로 규정하였다. 8세기 중엽 일본의 칭량 단위는 대체로 당제唐制를 따른 만큼, '면 1근은 16량'이 된다.[13] 이러한 기준치로써 17건 「매신라물해」의 물품 구입 총액을 면과 미가米價로 환산하면 다음과 같다.

○ 17건 「매신라물해」의 물품 구입 총액 : 綿 6,110근 + 綿 200둔 + 絲 695근 + 絁 73필 + 絁□□필

· 綿 6,110근		= 綿 6,110근
· 綿 200둔 :	200屯 × 綿 4兩/屯 = 綿 800兩÷16兩	= 綿 50근
· 絲 695근 :	695斤 × 綿 4斤/絲1斤	= 綿 2,780근
· 絁 73필 :	73匹 × 綿 16斤/絁1匹	= 綿 1,168근
· 絁 □□필 :	絁 10~99匹=(絁 10匹×綿16斤/絁 1匹)~(絁99匹×綿16斤/絁1匹)	= 綿 160~1584근
· 합 계 :		綿 10,268 ~11,692근

○ 17건 「매신라물해」의 물품 구매가 총액의 미가米價 환산

: 綿 (10,268 ~ 11,692근) ÷ 綿 8근/석 = 米 1,283.5 ~ 1,461.5석

위에서 17건 「매신라물해」의 물품 구매가 총액 '면綿 6,110근, 면 200둔, 사絲 695근, 시絁 73필, 시絁 □□필'은 면綿으로 '10,268~11,692근'이고,

11) 『續日本紀』 권 7, 養老 元年(717) 11월 戊午.
12) 『續日本紀』 권 10, 天平 元年(729) 4월 庚午.
13) 小泉袈裟勝 編著, 1989, 『圖解 單位の歴史辭典』, 東京 柏書房, 34·39·198쪽.

미가米價로 환산하면 '1,283.5~1,461.5석'이 된다. 일본의 각 관료들은 〈표 1〉에서 보듯이 신라물을 구매하기 위하여 면 100근(米 12.5석)~1,360근(米 170석)에 이르는 대가를 지불하였다. 이들 구매가의 편차는 뒤에서 서술하듯이 물품 구매자들의 남녀성별, 가세, 신분에 따른 것으로 생각된다. 이처럼 물품구매자 간의 편차가 인정되지만, 17개 문건에 보이는 평균 구매가는 면 604~688근(미가 76~86석)이었다.

그렇다면 현재 발견된 30개 문건을 제출한 일본 관료들이 신라물을 구매하기 위해 지불한 면의 총량은, 각 관료들의 평균 구매가에 30개 문건 수를 곱한 값이 된다. 이로써 계산하면 752년 일본 관료들이 김태렴의 신라물을 구매하기 위하여 지급한 총액은 면 18,120~20,640근이 된다. 이를 둔屯으로 환산하면 72,480~82,560둔이다. 물론 일실된 「매신라물해」가 있으리라 예상되지만, 이 총액은 신호경운 2년(768) 10월 갑자(24일)에 좌우대신 및 대납언 등에게 신라교관물을 구입하도록 내린 70,000둔(17,500근)[14]을 약간 상회하는 거의 유사한 수준이다.

이는 이들 김태렴 물품의 구매 대가인 면·사·시를 일본 조정이 지급하였을 가능성을 보여준다. 신호경운 2년(768) 천황이 신라교관물 구입을 위해 면을 사여한 것은, 천황이 신라 교관물에 대한 권익을 분여하는 형식을 취하는 일종 천황 주도의 물품 재분배를 상징하고, 일본 고급 관료들에게는 실질적인 물품의 권익을 취한 것으로 풀이된다.[15] 사실 752년 「매신라물해」 일부 문서에 물품 구매의 대가를 상면商綿(皆 3)과 용면庸綿(皆 4)으로 충당하였던 것은, 각 대신들이 개별적으로 면을 구입하여 신라물을 구매하거나, 일본 조정으로부터 지급받은 용면으로써 조정 또는 개인적으로 필요한 물품을 구매하였음을 시사하는 만큼, 신호경운 2년(768) 천황의 대재부면大宰府綿 사여와 동일한 양상일 것으로 생각된다.

---

14) 『續日本紀』 권 29, 稱德天皇 神護景雲 2년(768) 10월.
李基東, 1985, 「張寶皐와 그의 海上王國」『張寶皐의 新硏究』 : 1997, 『新羅社會史硏究』, 一潮閣, 219쪽.

15) 박석순, 2002, 「일본고대국가 덴노(천황)의 외교 기능」, 『일본고대국가의 왕권과 외교』, 84~85쪽.

3. 「매신라물해」의 향약류香藥類와 그 성격

752년 김태렴이 일본에 가져간 물품은 매우 다양하다. 동야치지東野治之는 「매신라물해」에 보이는 물품을 향료香料, 약물藥物, 안료顔料, 염료染料, 기물·조도器物·調度, 기타로 분류하였다.[16] 필자는 기왕의 글에서 직물織物·피혁皮革·모피류毛皮類, 금은동철류 및 기물器物, 약물, 염료 및 향료, 안료, 불교용품, 문화용품 및 기타로 분류하였으나, 물품 소재를 기준으로 한 임의적인 것이었다.[17] 이에 본고에서는 물품의 주요 용도에 따라 향약香藥, 약재藥材, 색료色料(안료·염료), 조합제·벽사용품調合劑·辟邪用品, 기물·생활용품, 직물로 구분하고, 향약류로서 향약, 약재, 색료, 조합제·벽사물에 한정하여 검토하고자 한다.

1) 향약香藥

동야치지東野治之는 향료로서 훈육향薰陸香, 청목향靑木香, 정향丁香(丁字), 침향沉香(枕香), 곽향藿香, 영릉향零陵香, 감송향甘松香, 용뇌향龍腦香, 안□향安□香, 의향衣香, 훈의향薰衣香, 훈향薰香, 탁의향槖衣香, 잡향雜香을 들었다.[18] 개천완일皆川完一은 여기에 화향和香, 향유香油, 백단(향)白檀(香), 계설향鷄舌香, 울금향鬱金香을 추가하고, '안□향安□香'을 '안식향安息香'으로 보았다.[19] 이들 가운데 일부 품목은 순수한 향료로서 기능하였지만, 약재로 사용된 경우가 많다. 따라서 본고에서는 이들을 향약香藥으로 칭하고, 그 용도를 검토하고자 한다. 다만 향유香油는 향료로서의 기능도 있지만, 향분香粉 등의 조합제로 많이 사용되었을 것으로 생각되어 구지口脂와 함께 향분제조의 보완제로서 조합제로 분류한다.

「매신라물해」의 향약 가운데 가장 많이 신청된 물품은 10개 문건에 보이는 정향류丁香類이고, 침향枕香(沈香) 8건(東 2·8·11·13, 皆 1·2·3·4), 훈육향薰陸香 8건(東 2·4·8·9·11, 皆 1·2·3) 등으로 이어진다. 이들은 모두 밀향수蜜香樹라는 나무

16) 東野治之, 1974, 앞의 논문 ; 1977, 앞의 책, 312~319쪽.
17) 朴南守, 2007, 앞의 논문, 437~444쪽.
18) 東野治之, 1974, 앞의 논문 ; 1977 앞의 책, 312~313쪽.
19) 皆川完一, 앞의 논문, 150쪽.

에서 취한다.

침향枕香(沈香)은 『남방초목상南方草木狀』 권 중에 '밀향蜜香, 침향沉香, 계골향鷄骨香, 황숙향黃熟香, 계설향鷄舌香, 잔향棧香, 청계향青桂香, 마제향馬蹄香 등은 모두 밀향수라는 나무에서 취한다'고 하였다. 곧 향을 취하고자 밀향수를 베어 두고 수년이 지나면 그 뿌리와 줄기, 가지 마디가 각각 별도의 빛깔을 띠는데, 나무 가운데와 마디가 견고하고 검어 물에 가라앉은 것은 침향이 되므로 일명 침수향沉水香 또는 가라향伽羅香이라 하며, 물과 수평을 이루는 것은 계골향, 그 뿌리는 황숙향, 줄기는 잔향, 가는 가지에 굳게 얽힌 열매가 문드러지지 않은 것은 청계향, 뿌리 마디가 가볍고 큰 것은 마제향이 되며, 열매는 계설향이 된다는 것이다.[20] 10세기 전반에 편찬된 『성덕태자전력聖德太子傳曆』에도 동일한 내용이 보이나, 그 산지를 천축국 남해로 기술하고, 전단향목栴檀香木(沉水香)의 꽃을 정자향丁子香, 그 기름을 훈육향이라 이해하였다.[21] 곧 침수향을 전단향목에서 취하는 것으로 기술하였으나, 후술하듯이 전단향은 백단향을 지칭한다. 이러한 오류는 10세기 무렵 일본 지식층들의 향약에 대한 이해도가 그다지 높지 않았음을 반영한다. 『산림경제山林經濟』에는 침향 가운데 캄보디아[眞臘]산을 상품, 인도네시아의 Champa[占城]산을 중품, 삼불제三佛齊(자바 서쪽의 나라)·도파闍婆(爪哇, 자바) 등을 하품으로 등급을 매겼다.[22] 이익李瀷은 우리나라에는 본래 밀향수가 없으므로 침향을 만들 수 없다고 토로한 바 있다.[23] 침향은 향료 뿐만 아니라 만경慢驚의 환자에게 웅황雄黃·몰향沒香·유향乳香·사향麝香과 함께 가루로 만들어 치료하는 약재이기도 하다.[24]

한편 당나라 본초류에서는 7~9세기 무렵 정향류丁香類에 대한 인식을 살필 수 있다. 당 고종 10년(659)에 편찬된 『신수본초新修本草』 곧 『당본초唐本草』에는 암나무는 향용香用으로 쓰지 못하며 숫나무는 열매를 맺지 못하나 꽃을 채취

20) 『本草綱目』 권 34에서는 그 모양에 따른 異稱으로, 海島에서는 '石杵·肘·拳, 鳳·雀·龜·蛇·雲氣·人物香'을, 海南에서는 '馬蹄·牛頭·燕口·繭栗·竹葉·芝菌·梭子·附子香' 등을 소개하였다고 한다.(『山林經濟』 권 3, 救急 驚風)

21) 『聖德太子傳曆』 권 上, 推古天皇 3년 4월(佛書刊行會 編, 1907, 『大日本佛敎全書』 112).

22) 『山林經濟』 권 3, 救急 驚風.

23) 『星湖僿說』 권 12, 人事門 香徒.

24) 『山林經濟』 권 3, 救急 驚風.

하여 향을 만드는데, 곤륜崑崙과 교주交州, 애주愛州 이남에서 산출된다 하였다. 개원 연간의 『본초습유本草拾遺』에는 계설향을 정향과 같은 종이라 하였다. 이순李珣의 『해약본초海藥本草』에는 동해東海 및 곤륜국崑崙國의 산물로서 작은 것을 정향丁香, 파두巴豆와 같이 큰 것을 모정향母丁香 또는 정향모丁香母라 하고, 정향모는 계설향을 지칭한다고 하였다. 『제번지諸蕃志』에는 조정의 낭관郎官들은 정향(鷄舌香)을 씹거나 입에 물고 있음으로써 입냄새를 피하였다고 한다.[25] 『동의보감東醫寶鑑』(1610)과 『증도 본초비요增圖 本草備要』(1662~1722)에는 위胃를 따뜻하게 하고 콩팥의 기능을 도와주는 약재로 소개하였다.[26]

「매신라물해」에는 정향丁香(東 4·7·8·11, 皆 1·3·4), 정자丁字(東 2·10), 정자향丁子香(皆 1·2), 계설향鷄舌香(皆 1) 등의 명칭이 보인다. 정향丁香은 정자丁字와 모습이 비슷하여 일컬은 것으로서, 정자향丁字香 또한 이에 비롯한 이름임에 분명하다. 그런데 지변왕池邊王의 문건(皆 1)에는 정자丁子, 정향丁香, 계설향鷄舌香이 함께 보이고, 계설향은 오직 이 문건에서만 나타난다. 이처럼 지변왕의 문건에 같은 종류의 향약을 중복하여 신청한 것은, 『성덕태자전력』과 같은 인식이 이미 형성되었을 가능성이 있으며, 이와 함께 이들 향약을 용도에 따라 명칭을 달리 사용한 때문이 아닐까 생각된다. 아무튼 지변왕은 향료와 구강재, 약물의 사용례에 따라 명칭을 달리하여 신청한 것으로 이해된다.

훈육향薰陸香은 8개 문건(東 2·4·8·9·11, 皆 1·2·3)에서 신청되었다. 훈육향은 유향乳香의 본래 이름으로서 그 방울져 내리는 것이 유두와 같아 유두향乳頭香이라고도 일컬으며,[27] 마륵향摩勒香이라고도 한다.[28] 1966년 불국사佛國寺 석가탑 2층 탑신 상면 방형사리공方形舍利孔 중의 공양품에서 '유향乳香'의 묵서와 향목이 발견된 바 있다.[29] 구급약으로서 해역咳逆, 설사와 이질, 등창의 치료에 사용되며 역병의 예방을 위해 신성벽온단神聖辟瘟丹과 함께 복용하면 효능이 있다고 한다.[30]

---

25) 馮承鈞 撰, 1940, 『諸蕃志校注』, 商務印書館, 113쪽.
26) 『增圖本草備要』 권 4, 木部 丁香.
27) 『酉陽雜俎』 권 18, 廣動植 3, 木篇. 『增圖本草備要』 권 4, 木部, 乳香. 馮承鈞 撰, 앞의 책, 98쪽.
28) 『附方便覽』 권 13, 竟集 風 大風癘疾.
29) 國立中央博物館, 1991, 『佛舍利莊嚴』, 34·113쪽.
30) 『山林經濟』 권 3, 救急 咳逆·辟瘟.

훈향薰香(皆 4, 東 8[31])은 옷에 향기를 내거나[32] 태워서 모기를 쫓는 방충향으로 사용되었는데,[33] 훈의향薰衣香(東 4·11, 皆 1)과 동일한 향료이다. 의복에 향기를 내는 향료로서 훈향·훈의향 외에 의향衣香(東 2), 읍의향裛衣香(皆 2) 등이 있다. 훈의향은 여러 향초香草와 합화合和하고 꿀을 섞어 만드는데, 교지交阯(安南)에서 나는 니향泥香과 같다고 한다.[34] 읍의향은 천응 원년(781) 정창원에서 서책들을 보관하는 금대錦袋 등에 함께 넣어 보관하였던 바[35] 서책의 보관이나 의류 등에 사용하는 향료로[36] 생각된다. 의향은 모향茅香(蜜炒)·백지白芷·침속향沈束香·백단향白檀香·영릉향零陵香·감송향甘松香·팔각향八角香·정향丁香·삼내자三乃子를 거칠게 가루내어 용뇌龍腦 가루와 고루 섞어 옷장에 넣는 일종 방습향이다.[37] 이들 향료는 침향沈香이나 안식향을 중심으로 여러 향을 섞어 만든 조합향調合香인 것이다.[38]

안식향安息香은 두 문건(東 11, 皆 3)에서 살필 수 있다. 『당본초』에는 서융西戎의 산물로서 송지松脂와 같이 황흑색黃黑色의 덩어리 모양인데, 중향衆香을 내므로 사람들이 취하여 화향和香으로 삼는다고 하였다. 『유양잡조酉陽雜俎』에서는 안식향 나무는 파사국波斯國(페르시아)에서 나며 벽사수辟邪樹라 일컫는다고 하였다. 『제번지』에서는 2월에 나무 껍질을 벗겨 끈끈한 액이 엿과 같이 나오는데 6~7월에 굳어 응고된다고 하였다. 이를 채취하여 태우면 신명을 통하므로 중악衆惡을 내쫓는다고 한다.[39] 『동의보감』에서는 본래 중국 남해산이지만 우리나

31) [東 8]의 '董香'은, '薰'과 '董'은 모양이 비슷하여 함께 사용하므로 薰香의 잘못이라는 지적을 따른다.(東野治之, 1974, 앞의 논문 : 1977, 앞의 책, 317쪽)

32) "傳曰 … 其在古人衣 不薰香之道 不可以其亦致美乎 …"(『備邊司謄錄』 영조 3년 己卯 7월 17일). "我愛柳仲郢 衣不喜薰香"(『成謹甫先生集』 권 1, 詩 匪懈堂四十八詠). 본고에서 『朝鮮王朝實錄』, 『承政院日記』, 『備邊司謄錄』은 [국사편찬위원회 한국사데이터베이스http://db.history.go.kr]를, 문집류는 [한국고전번역원 웹서비스(http://www.itkc.or.kr)]를 참조하였다.

33) "五月五日 取倒懸伏翼曬乾和桂心薰香香燒煙 辟蚊子"(『附方便覽』 권 3, 燒煙去蚊) 본고에서 제시한 本草類는 [한국한의학연구원 한의학지식정보자원웹서비스(http://jisik.kiom.re.kr)]와 [KRpia (http://www.krpia.co.kr)]의 한의학자료를 주로 참조하였다.

34) 『嶺外代答』 권 7, 香門.

35) 「正倉院御物出納注文」, 竹內理三 편, 『平安遺文』 9,, 東京堂, 1957, 3186쪽.

36) 東野治之, 1974, 앞의 논문 : 1977 앞의 책, 317~318쪽.

37) 『醫林撮要』 권 13, 雜方 120, 諸法 衣香.

38) 永正美嘉, 앞의 논문 : 2005, 앞의 논문, p.33.

라 제주도와 충청도에서도 산출된다 하고, 명치 밑의 악기惡氣, 고독, 온역, 곽란, 월경중단, 산후혈훈 등에 효능이 있다고 하였다. 『신증동국여지승람』에는 우리나라 전 지역의 산물로 나타난다.

그 밖에 화향和香의 재료로 사용되는 향료로서 청목향과 용뇌향, 감송향, 곽향을 들 수 있다. 청목향靑木香은 모두 6건의 「매신라물해」(東 2·4·8·11, 皆 1·3)에 보인다. 『제번지』에서는 이를 대식大食의 로마[囉抹國] 원산으로서 일명 목향木香 또는 밀향蜜香이라 하였다.[40] 『당본초』에는 곤륜산崑崙産과 서호산西胡産이 있는데 곤륜산의 품질이 좋다고 하였다. 『약성본초藥性本草』에 인용된 『남주이물지南州異物志』에는 천축의 산물이라 하였고, 『도경본초圖經本草』에서는 오직 광주廣州 해상들이 가져오며 뿌리가 크고 자화紫花를 피면 근아根芽를 채취하여 약재로 사용한다고 하였다.[41] 『명의별록名醫別錄』에는 영창永昌 산곡山谷에 나지만 공물을 바치지 않으므로 외국 해상들이 대진국大秦國(로마) 산을 들여오는데, 합향合香으로만 사용한다고도 하였다. 『동의보감』에는 기氣로 인한 흉통과 복통, 심통心痛, 설사·곽란·이질 등의 치료제와 온역의 예방약이라고 하였다.

용뇌향龍腦香(東 11, 皆 1)은 파리국婆利國(固不婆律)과 파사국波斯國의 용뇌향수龍腦香樹라는 나무에서 나는데, 마른 나무에서는 파율고향波律膏香이 있어 용뇌향을 내고 살찐 것에서는 파율고波律膏를 낸다고 한다.[42] 『당본초』에서는 용뇌향수 뿌리 가운데 마른 기름을 파율향波律香, 뿌리 아래의 맑은 기름을 용뇌향이라고 하였다.[43] 『양서梁書』에서는 파율향을 갈포라羯布羅라 하고, 『서역기西域記』 권 10, 말라구타秣羅矩吒조에서는 갈포라를 용뇌향이라고 하였으나, 갈포라는 붉은 빛이 나는 비상砒礵인 뇌자腦子로서 용뇌龍腦와 다르다고 한다.[44] 향료의 조합이나 구강제·방충제 등으로 사용되는데, 『동의보감』에는 파율국婆律國의 삼나무 진으로서 눈의 장예와 치질의 치료, 명치 밑의 사기와 풍습, 적취를 치료한다고 하였다.

감송향甘松香(東 11, 皆 4)은 인도 원산의 물품으로 보기도 하나,[45] 북송 대관

---

39) 『酉陽雜俎』 권 18, 廣動植 3, 木篇 安息香. 馮承鈞 撰, 앞의 책, 103~104쪽.
40) 馮承鈞 撰, 위의 책, 125쪽.
41) 馮承鈞 撰, 위의 책, 125~126쪽.
42) 『酉陽雜俎』 권 18, 廣動植 3, 木篇 龍腦香.
43) 馮承鈞 撰, 앞의 책, 96쪽.
44) 『稗官雜記』 권 4, 稗官雜記 4.

2년(1108) 손적孫覿과 애성艾晟이 당신미唐愼微의 『경사증류비급본초經史證類備急本草』를 바탕으로 편찬한 『경사증류대관본초經史證類大觀本草』에는 중국 고장姑臧(黔·蜀州)과 요주遼州 지방에서 생산되며, 잎이 가늘어 띠풀[茅草]과 같고 뿌리는 극히 번밀繁密하여 8월에 채취하여 사용한다고 한다. 이는 맛이 달고 따뜻하며 독이 없어 악기惡氣와 졸심卒心, 복통腹痛 등을 다스리며, 여러 향과 섞어 탕욕湯浴을 만들어 사용함으로써 체향體香을 삼는다고 한다.[46] 『동의보감』·『산림경제』에는 향부자香附子·대황大黃·삼내자三乃子·웅황雄黃 등과 함께 신성벽온단神聖辟瘟丹을 만들어 시역時疫을 예방하거나 복통의 치료제, 조합향의 재료로 사용한다고 하였다.[47]

곽향藿香은 꿀풀과에 속하는 방아풀과 광곽향廣藿香의 전초를 말린 것이다. 방아풀(배초향)은 산기슭과 산골짜기에서 자라고 광곽향은 아열대의 교지국交趾國(安南)에서 나는 것으로 알려졌다.[48] 『증도본초비요增圖本草備要』에서는 중국 교주交州와 광주廣州지역에서 산출된다 하고, 곽란霍亂이나 토사吐瀉, 비위병으로 오는 구토와 구역질을 치료한다고 하였다.[49] 조선 중종 말엽에 편찬된 『패관잡기』에는 곽향·유향 등을 조선에서 나지 않은 약재로서 중국으로부터 구입한다고 전한다.[50]

한편 영릉향, 백단(향), 울금향 등이 각각 1~2개 문건에만 보인다. 영릉향零陵香(東 11, 皆 4)은, 『본초강목本草綱目』 권 34에 보이는 다가라多伽羅(tagara)를 지칭한다.[51] 『영외대답嶺外代答』에 따르면 요동猺洞 및 정강靜江·융주融州·상주象州에서 산출하며, 늦은 봄에 꽃을 피우고 씨를 맺는데, 쪼개어 연기불을 피면 향내가 나므로 상인들이 그늘진 곳에 말려 판매한다고 한다. 중국 영남嶺南 지방에서는 애호가들이 좌욕座褥이나 와천臥薦으로 여겨 향으로 사르지 않지만, 영외嶺外에서는 정강靜江이 옛날 영릉군零陵郡에 속했기 때문에 이로 인하여 영릉향零陵香이라 일컫고 향으로 사용한다고 한다.[52] 『동의보감』에서는 나쁜 기운 등으

45) 東野治之, 1974, 앞의 논문 : 1977, 앞의 책, 317쪽.
46) 『經史證類大觀本草』 권 9, 草部, 中品 文州甘松香.
47) 『山林經濟』 권 3, 辟瘟.
48) 『青莊館全書』 권 65, 蜻蛉國志 2, 異國 安南.
49) 『增圖本草備要』 권 3, 草部, 藿香.
50) 『稗官雜記』 권 2, 稗官雜記 2, 嘉靖 계미년.
51) 馮承鈞 撰, 앞의 책, 98쪽.

로 인한 복통을 낫게 하며 몸에서 향기를 풍기게 하는데, 우리나라에는 오직 제주도에만 있으므로 얻기 어렵다고 하였다. 『신증동국여지승람』에도 제주·정의·대정에서 산출된다고 하였다.

백단향白檀香은 1개 문건(皆 1)에 보이는데, 불경에 보이는 전단향栴檀香으로서 일명 진단眞檀이라고도 한다. 섭정규葉廷珪의 『향보香譜』에는 껍질과 열매가 황색인 것은 황단黃檀, 껍질이 깨끗하고 색이 흰 것은 백단白檀, 껍질이 부패하고 색이 자색인 것은 자단紫檀이 되는데, 견중堅重하고 맑은 향이 가장 좋은 것은 백단향이라고 한다. 『대명일통지大明一統志』에는 단향檀香의 산지를 광동廣東, 운남雲南 및 점성占城, 진랍眞臘, 과왜瓜哇, 발니渤泥, 섬라暹羅, 삼불제三佛齊, 회회回回 등으로 기술하였다.

『신증동국여지승람』에는 전라도 진도와 강원도 횡성·평창·영월·정선·삼척에서 자단향을, 강원도 영월에서 백단향을 각각 산출한다고 하였다. 백단향 곧 전단향은 광화(898~900) 말년에 낭공대사朗空大師가 재배하였다는 기록이 있어[53] 신라에서 최소한 9세기 말엽에는 산출하였던 것으로 보인다. 「매신라물해」에도 그 이름이 보이고 있어 8세기 중엽까지도 소급될 가능이 있다. 다만 「법륭사헌납보물法隆寺獻納寶物」 가운데 761년에 입고된 것으로 추정되는 소그드문자 낙인의 백단향이 전하는데, 이는 김태렴의 신라물과는 무관한 것으로 여겨진다.[54] 『동의보감』에는 열로 부은 것을 삭이고 신기로 오는 복통을 낫게 하며, 명치 아래가 아픈 것, 곽란, 중악, 헛것에 들린 것을 낫게 하며 벌레를 죽인다고 한다.

울금향鬱金香은 1개 문건(皆 4)에 보이는데, 황색 염료로도 사용되나[55] 대체로

52) 周去非, 『嶺外代答』 권 7, 香門.

53) 최인언, 「奉化太子寺朗空大師白月栖雲塔碑」 朝鮮總督府 編, 1919, 『朝鮮金石總覽』 上, 184쪽.

54) 「法隆寺獻納寶物」 가운데 761년 입고된 것으로 추정되는 소그드문자 낙인의 白檀香(法 122號)이 보이는데, 이에 대하여 페르시아·소그드인 중계무역으로 내륙아시아 또는 남해를 거치는 루트로 중국에 들어와 일본에 전래하거나(東野治之, 1992, 「香木の銘文と古代の香料貿易」, 『遣唐使と正倉院』, 岩波書店, 174~178쪽), 신라인이 소그드 교역상인으로부터 입수하여 일본에 공급하였을 것으로 추정하기도 한다.(金昌錫, 2006, 「8~10세기 이슬람 제종족의 신라왕래와 그 배경」, 『한국고대사연구』 44, 110쪽) 이 향약의 소그드와의 관련성은 인정되나, 그 전래 경로에 대해서는 별고를 계획하고 있다.

약재로 구매되었을 것으로 여겨진다. 일명 초사향草麝香이라 하며 심황이라고도 일컫는다.[56] 사향목麝香木은 점성·진랍에서 나는데, 나무가 늙어 넘어져 땅에 인멸되어 부패하여 물러져 벗겨진 것을 상품으로 여기며, 그 기氣가 묽어져 사향노루[麝]와 비슷하므로 사향麝香이라 한다. 천주인泉州人이 많이 기용器用으로 삼는다고 한다.[57] 『동의보감』에는 혈적血積을 낫게 하며, 기를 내리고 혈림과 피오줌, 그리고 쇠붙이에 다친 것, 혈기로 인한 심통心痛 등을 낫게 한다고 한다. 또한 기운이 가벼워 주기酒氣를 높은 데까지 이르게 하므로 신을 내려오게[降神] 할 수 있다고 한다. 『신증동국여지승람』에는 전라도 동복·광양·곡성·임실·순창·전주 일원의 토산으로 소개하였다.

그런데 「매신라물해」에서 향로香爐를 구입한 이는 4명(東 3·9·11, 皆 1)에 불과하다. 이들이 공통으로 구입한 향료는 훈육향薰陸香이었다. 따라서 훈육향은 사르는 향료로서 인정되며, 이들 4명 가운데 3명이 구입한 침향沈香도 사르는 향으로 기능하였을 것으로 추정된다. 고려에서는 중국 황제의 조칙을 맞이할 때는 사향을 피우고, 공회 때에는 독누篤耨, 용뇌, 전단, 침수향 등을 태웠다고 한다.[58] 일본에서는 주로 사향을 약재로 사용였으나 관정행법灌頂行法 등 불교행사[59]에도 이용하였다. 물론 용뇌, 전단(백단향) 등도 사르는 향료로 기능하였을 가능성이 있다. 안식향·울금향 등도 신명에 통한다는 효능이 있다고 하므로 모종의 의례나 불교행사 등에 사용하였을 가능성이 있다.

훈육향薰陸香은 일명 유향乳香으로서 공양품의 향료나 설사와 이질, 역병 등의 약재로 사용되었다. 또한 침향, 청목향, 곽향, 안식향, 용뇌향, 감송향 등과 함께 조합향의 재료로 사용되었는데, 이들 물품을 구입한 「매신라물해」 문건 가운데 일부는 조합제를 함께 구매하고 있어 조합향으로도 기능하였을 것으로 보인다. 또한 정향류丁香類로서 정향丁香, 정자향丁字香, 정자향丁子香, 계설향鷄舌香을 들 수 있는데, 향료와 구강재, 약재 등 쓰이는 용도에 따라 명칭을 달리 쓰지 않았을

55) 정동찬 등, 1995, 「염색」, 『전통과학기술 조사연구(Ⅲ)』, 국립중앙과학관, 16쪽.
56) 『本草綱目』 권 2, 序例 下, 藥名同異. 『山林經濟』 권 4, 治藥, 鬱金.
57) 馮承鈞 撰, 앞의 책, 116쪽.
58) 『宣和奉使 高麗圖經』 권 30, 器皿 1, 獸爐.
59) 弘仁 13년(822) 3월 26일 行法을 위하여 正倉院의 淺香과 麝香, 紫鑛, 五色絞絲를 내렸는데, 이때 淺香과 麝香은 불교행사를 위한 향료로서 기능했다고 본다.(「正倉院御物出納文書 : 弘仁 13년 3월 26일」, 東京帝大 편, 1940, 『大日本古文書』 24, 66쪽)

까 추정된다. 이들 정향류는 밀향수로부터 산출되고 있어, 침향과 계통을 같이 하는 향약이었다. 훈향薰香은 의향衣香, 훈의향薰衣香, 읍의향裛衣香 등과 함께 서책의 보관이나 의류에 쓰이는 조합향調合香이었다. 이들 훈향류는 문건 [東11]에서 훈의향과 읍의향을 구매한 것을 제외하고는 중복 신청을 한 사례가 보이지 않아 각각의 기호에 따라 선택하여 사용하는 상호 대체제로서의 성격을 띤 것으로 보인다. 아무튼 이들 향약은 훈향, 의향, 훈의향, 읍의향 등 서책의 방충제와 의류에 쓰이는 조합향을 제외하고는 대부분 약재로도 사용되었다.

이들 향약 가운데 침향, 정향, 훈육향(乳香), 청목향, 곽향, 용뇌향 등은 이른바 동남아시아 지역의 특산으로 인정된다. 그런데 안식향, 백단향, 영릉향, 울금향 등은 『신증동국여지승람』에 우리나라에서 산출된다 하고, 백단향 곧 전단향의 경우 이미 9세기 후반 신라 지역에서 재배되었다. 이들 신라에서 생산되었을 가능성이 있는 향약은 각각 1~2명이 신청한 데 불과하였다. 이러한 정황으로 미루어 볼 때에 일본 관료들은 향약을 주로 약재나 구강제, 방충제, 의향으로 사용하였고, 동남아시아 원산의 향약을 선호하였으며, 비교적 손쉽게 구할 수 있는 신라산 향약에 대한 선호도는 낮았던 것으로 생각된다.

2) 약재藥材

동야치지東野治之는 약물藥物 곧 약재藥材로서 사향麝香, 아리륵阿蔾勒, 인삼人參, 계심桂心, 태황太黃, 우황牛黃, 필발畢拔, 감초甘草, 육종용宍縱容, 원지遠志, 알밀蒻蜜, 망소芒消 등을 들고, 개천완일皆川完一은 서각犀角, 석뇌石腦, 밀蜜, 양고羊膏 등을 추가하였다. 연력 13년(791) 「태정관첩太政官牒」의 약재 가운데에는 인삼과 함께 감초, 대황, 가리륵呵梨勒 등이 보인다.60) 천장 3년(826) 9월 1일자 중승衆僧의 병을 치료하기 위한 「정창원어물출납주문正倉院御物出納注文」에서는 감초, 인삼, 태황, 계심, 육종용肉縱容, 대일우여량大一禹餘粮, 원지, 밀타승蜜陁僧 등을 살필 수 있다.61) 이들 가운데 인삼, 감초, 태황, 가(아)리륵, 계심, 육종용, 원지 등은 「매신라물해」에서 확인된다.

9세기 중후반 무렵 당나라 강남·영남도의 사정을 보여주는 이븐 쿠르다지마

60) 「太政官牒」, 竹內理三 편, 1947, 『平安遺文』 1, 東京堂, 5~6쪽.
61) 「正倉院御物出納注文」, 『平安遺文』 8, 3310쪽.

(Ibn kuhrdadhibah, 820~912)의 『제도로諸道路 및 제왕국지諸王國志』와 남송 보경 원년(1225) 조여괄趙汝适이 편찬한 『제번지諸蕃志』의 신라국조에서는 신라의 대외교역물품으로 사향麝香, 육계肉桂, 인삼人參, 송자松子, 진자榛子, 석결명石決明, 송탑자松塔子, 방풍防風, 백부자白附子, 복령茯苓 등을 살필 수 있다. 『한원翰苑』에 인용된 「고려기高麗記」에는 인삼, 백부자, 방풍, 세신細辛 등이 고구려 마다산馬多山에서 많이 생산되었다고 한다.62) 또한 육계를 제외하고 인삼·백부자·방풍을 비롯하여 복령·송자·진자·석결명 등도 9세기 무렵 신라에서 생산되었던 것으로 인정된다.63) 이에 「매신라물해」의 사향, 인삼, 송자는 신라 토산의 약재라고 할 것이다.

사향(東 4, 皆 3)은 「정창원어물목록正倉院御物目錄」 등에서도 살필 수 있고, 인삼(東 2·8·9·11)은 신라의 당나라 조공물품으로 우황(東 4, 皆 3)과 함께 자주 등장하는 약재이다.64) 이들은 『신증동국여지승람』에도 우리나라 전국 각지의 산물로 나타난다. 송자(東 9·11)는 『본초강목本草綱目』에서 신라송자新羅松子라고 일컬었던 해송자海松子를 지칭한다. 『고려도경高麗圖經』에도 고려의 토산으로서 오엽송五葉松에서만 취할 수 있다 하고,65) 『지봉유설芝峰類說』의 옥각향玉角香이나 용아자龍牙子는 이를 가리킨다.66) 동야치지東野治之는 송자松子를 기타 물품으로 분류하였지만, 「매신라물해」에는 가리륵, 자황 등과 함께 기재되어 있고, 『동의보감』에도 골절풍骨節風과 풍비증風痺症, 어지럼증 등의 치료와 함께 오장 및 허약체질의 개선에 효능이 있다고 하였으므로 약재로 분류하는 것이 옳을 듯하다. 이들 약재류는 전통적으로 식물성 초목부草木部와 동물성 수부獸部, 광물성 금석부金石部 등으로 구분된다.

초목류 약재로서 먼저 육종용宍縱容(東 8, 皆 1)은 명나라 가정 44년(1565)에 편찬된 『본초몽전本草蒙筌』에 마분馬糞이 떨어진 땅에서 자라나는 더부사리과의 다년생 기생풀로서, 중국 섬서지방에서 산출된다고 하였다.67) 『동의보감』에는

---

62) 『翰苑』 高麗 : 竹內理三 校訂, 1977, 『翰苑』, 大宰府天滿宮文化研究所, 35~36쪽.
63) 朴南守, 2009, 「9세기 신라의 대외교역물품과 그 성격」, 『史學研究』 94, 18~20쪽.
64) 『三國史記』 권 8, 新羅本紀 8, 聖德王22년(723) 春3월·聖德王33년(734) 夏 4월·권 9, 新羅本紀 9, 孝成王3년(739) 春 正月·권 11, 新羅本紀 11, 景文王9년(869) 秋 7월.
65) 『宣和奉使 高麗圖經』 권 23, 雜俗 2, 土産.
66) 東野治之, 1974, 앞의 논문 : 1977, 앞의 책, 321~322쪽.

음력 3월에 뿌리를 캐어 그늘에서 말려 사용하는데, 오로五勞 칠상七傷, 남자의 음위증, 여자의 불임증에 효능이 있다고 한다. 『홍재전서弘齋全書』에는 신침법神枕法의 약재로도 소개하였다.[68]

감초甘草(東 8·11, 皆 1·3[69])는 위를 보하고 속을 편안하게 하므로 격렬한 약물의 성질을 완화하거나 약물의 작용을 조절하는 데 사용한다. 특히 뇌배종腦背腫 등의 치료제로서 『신증동국여지승람』에는 경상도 영산과 창녕, 전라도 무안, 해남의 산물로 나타난다.

태황太(大)黃(東 8·11·13·20, 皆 1·3)은 회이回夷와 서양인이 즐겨 마시던 양제근羊蹄根을 지칭한다. 우리나라 북부 고산지대에 흔히 나는 대왕풀로서, 2월과 8월에 뿌리를 캐어 검은 껍질을 제거하고 불로 말려서 술에 섞어 볶거나 씻어 생으로 사용한다.[70] 어혈瘀血 등에 쓰이며, 계심桂心과 함께 역병의 예방이나 반안反眼·장창杖瘡·란창爛瘡·뇌배종腦背腫·고독蠱毒·해독蟹毒·제수육독諸獸肉毒 등에 효능이 있고, 소합원蘇合元이나 비급환備急丸의 제조에 사용된다고 한다. [동 8·11]과 [개 1·3] 문건에서는 계심과 함께 대황을 신청한 바, 역병의 예방을 위한 약재로 사용되지 않았을까 짐작된다.

계심桂心(東 2·8·11·16, 皆 1·3)은 계피桂皮의 겉껍질을 벗긴 속껍질로서 교지交趾에서 산출된다. 이는 객오客忤, 산통疝痛, 실음失音, 제과독諸果毒 등에 쓰이는 구급약으로서, 도소음屠蘇飮 등을 만들어 먹으면 역병을 예방할 수 있다고 한다.[71]

자근紫根은 자초紫草의 뿌리로서 천연두[痘瘡]에 효능이 있으며, 짙은 녹색 껍질은 물감으로 쓰인다.[72] 따라서 「매신라물해」의 자근(東 7)은 염료로서의 자초와 달리 천연두[痘瘡] 등의 치료제로서 구매된 것이라 할 수 있다. 「정창원색모전첩포기正倉院色毛氈貼布記」에는 자초랑택紫草娘宅의 이름이 보이는 바, 자초랑택

67) 『本草蒙筌』 권 1, 草部 上, 肉蓯蓉.
68) 『弘齋全書』 권 178, 日得錄 18, 訓語 5, 神枕法.
69) 「買新羅物解」에는 '□早'로 기록되었는데, 皆川完一은 '甘草'로서 추정하여(皆川完一, 앞의 논문, 152쪽) 이를 따른다.
70) 『山林經濟』 권 4, 治藥, 大黃. 『承政院日記』 仁祖 15년(1637) 7월 辛巳(15) 備邊司啓. 『五洲衍文長箋散稿』 人事篇, 技藝類, 醫藥 大黃辨證說.
71) 『山林經濟』 권 3, 救急 客忤猝厥·猝疝痛·諸果毒·腦背腫 辟瘟.
72) 『山林經濟』 권 4, 治藥 紫草.

에서 자초를 재배하여 약재로서의 뿌리를 공급하는 한편으로 직물류에 직접 물감을 들여 색모전 등을 생산·판매하였음을 확인할 수 있다.[73] 사실 자초는 만주·일본·중국·아무르 지방에 분포하며, 『신증동국여지승람』에 우리나라 각지의 산물로서 전한다.

원지遠志(東 8)는 산속에 나는 애기풀 뿌리로서, 잎은 소초小草라고 한다. 우리나라 곳곳에 나는 고채苦菜 곧 씀바귀[徐音朴塊]이다.[74] 4월과 9월에 뿌리와 잎을 채취하여 볕에 말리고, 감초를 달인 물에 씻어서 뼈를 제거한 뒤에 생강즙을 섞어 볶아서 사용한다.[75] 『동의보감』에는 귀와 눈을 밝게 하며 심기心氣를 진정시키고 경계驚悸를 멎게 하며 건망증, 중풍 등에 처방한다고 하였다. 또한 원지환遠志丸과 원지주遠志酒를 만들어 놀랐을 때나 옹저 등에 치료한다. 원지를 신청한 문건에는 감초와 함께 환丸의 제조에 쓰이는 밀즙蜜汁을 신청한 바, 원지로써 약이나 환 등을 제조하였던 것으로 보이며 백동화로도 이러한 약의 제조와 관련되지 않을까 추측된다.

인심人心(皆 3)은 중국의 남방에서 재배하는 교목이다. 열매는 익었을 때 따서 햇볕에 말려 위완통胃脘痛에 쓰이며, 수피는 봄에 벗겨서 햇볕에 말려 약재로 사용하는데 급성 장위염腸胃炎, 편도선염扁桃腺炎에 효능이 있다.[76] 개천완일은 이를 별도로 분류하지 않았으나, 대황·감초 등 약재와 함께 기재되어 있어 약재로 분류한다.

필발畢拔(東 2·7·11, 皆 1)은 「매신라물해」에 밀발密拔(東 2)·화발華撥(東 7)·필발畢拔(東 11)·한발旱撥(皆 1) 등으로 기재되었는데, 천응 원년(781) 8월 16일자 정창원의 「잡물출입계문雜物出入繼文」에는 계심·인삼·가리륵 등과 함께 약물로 분류되어 있다.[77] 풍승균馮承鈞에 따르면 필발畢拔은 호초胡椒를 지칭하는 범어 pippali의 역음譯音으로서 『유양잡조酉陽雜俎』의 매리지昧履支(morica)와 같은 것이라고 한다.[78] 그런데 연력 6년(787) 「정창원어물목록正倉院御物目錄」에는

---

73) 東野治之, 1977, 앞의 논문, 354~355쪽. 李成市, 1997, 「正倉院寶物新羅氈貼布記」, 앞의 책, 38~45쪽. 朴南守, 2007, 앞의 논문, 440~443쪽.

74) 『五洲衍文長箋散稿』 經史篇 1, 經典類 1, 禮經 禮記 氣候月令辨證說 四月六候.

75) 『山林經濟』 권 4, 治藥, 遠志.

76) 김동일 외, 2001, 『한의학대사전』, 人心項, 한의학대사전편찬위원회.

77) 「雜物出入繼文」, 竹內理三 편, 『平安遺文』 8, 東京堂, 1957, 3185쪽.

78) 馮承鈞 撰, 앞의 책, 127쪽.

호초와 함께 필발근椑撥根을 기재하고 있어,[79] 호초를 필발과 동일한 약재로 보기 어렵다. 『유양잡조』 권 18에서도 필발篳撥을 호초와 구분하여 서술하였다. 필발篳撥은 마가타국摩伽陁國에서 필발리篳撥梨로, 불림국拂林國에서는 아리가타阿梨訶咃로 부르는데, 8월에 채취한다고 한다.[80] 『심전고心田稿』에는 섬라暹羅(태국)의 산물로 전한다.[81] 『동의보감』에는 곽란·냉기와 혈기로 인한 흉통을 치료한다고 하였다.

아리륵阿莉勒(東 2·8·9·10·11, 皆 1·2·3)은 가리륵呵梨勒, 가리륵可梨勒, 가리륵迦梨勒 등으로 기술되었으나, 동일한 명칭을 음사한 데서 비롯한 것이다. 교주交州·애주愛州·광주廣州 등에서 나는데 목완木梡과 비슷하며, 열매의 씨를 빼고 껍질을 약재로 사용하며 육질이 두터운 것을 좋은 것으로 한다[82] 대체로 폐기肺氣나 화상으로 인한 화기를 내리는 데 효능이 있으며,[83] 『본초강목』에는 정향·가자피·반하·생강·구감초·초두구·청피 등을 섞어 가슴 속에 기氣와 담痰이 뭉친 데 치료하는 탕약재를 제조한다고 하였다. 정창원 문서에는 그 단위가 매枚[84] 또는 환丸,[85] 과顆[86]로 나타나는 바, 환은 향유와 꿀물 등에 개어 환약으로 구매하였던 사실을 반영한 단위명으로 생각된다.

청태青胎(皆 1)는 침향·훈육향 등과 함께 기재되어 있고, 주륜周倫의 시문에 '청태와 작약을 받들어 붉은 부리를 토하니[捧青胎芍藥吐紅嘴]'라고 하여 복통의 약재인 작약과 함께 서술되어 있어 식물성 약재로 여겨진다.[87] 개천완일은 기타로 분류하였다.

동물성 약재로서 서각犀角은 섬라 등지에서 산출된다.[88] 연력 6년 6월 26일

79) 「正倉院御物目錄」, 竹內理三 편, 『平安遺文』 8, 3192쪽.
80) 『酉陽雜俎』 권 18, 廣物植 3, 木篇.
81) 『心田稿』 권 2, 留館雜錄, 諸國 暹羅.
82) 『本草集要』 中部 권 4, 木部 訶梨勒. 『經史證類大全本草』 권 14, 木部 下品 廣州訶梨勒.
83) 『本草發揮』 권 3, 木部 訶梨勒.
84) 「正倉院御物出納注文」·「東大寺使解」, 위의 책, 3185~3186·3204쪽.
85) 「太政官牒」·「多度神宮寺伽藍緣起資財帳」, 竹內理三 편, 1947, 『平安遺文』 1, 6·14쪽.
86) 「正倉院御物出納注文」, 竹內理三 편, 『平安遺文』 8, 3210쪽.
87) 『石倉歷代詩選』 권 464, 明詩次集 98, 周倫 易州有本亭作(『欽定四庫全書』). '青胎'의 용례는 국사편찬위원회 주성지선생의 도움으로 찾을 수 있었다. 이에 감사드린다.
88) 『心田稿』 권 2, 留館雜錄 諸國.

자 「정창원어물목록」과 연력 12년 6월 11일자 「동대사사해東大寺使解」의 「폭량목록曝凉目錄」에는 '서각犀角 3개箇, 서각 1대袋, 서각기犀角器 1매枚'와 '서각 1구具', '서각초도자犀角鞘刀子', '서각배犀角坏' '서각 1초鞘[納小刀子]' 등으로 그 용도에 따라 단위를 달리 표기하고 있다.89) 「매신라물해」 [皆 1] 문건의 서각 '4구具'는 계심·사향·우황·대황·감초 등 약재와 함께 기재되어 있어 개천완일의 분류대로 약재로서 구매한 것으로 보인다. 『동의보감』에 따르면, 서각은 청심진간약淸心鎭肝藥이나 옹저癰疽·창종瘡腫의 치료, 꿩고기를 먹고 토할 때,90) 고독蠱毒의 판별,91) 호박서각고琥珀犀角膏의 제조 등에 사용한다고 한다. 또한 주사朱砂·사향 등과 함께 귀격鬼擊의 구급약으로도 조제되었다.92)

양고羊膏(皆 2)는 신라의 영양羚羊 사육과 관련된 것으로서 짐승의 살코기를 구울 때 사용되는 향신료이기도 하다.93) 조선시대에는 불제祓除를 행하는 데 사용되기도 하였지만,94) 음허로 생긴 허로증虛勞證을 치료하기 위한 호잠환虎潛丸의 제조, 또는 양고기를 끓인 국물로 반죽한 다음 용호환龍虎丸이란 알약을 제조하는 일종 보양제였다.95)

아배조신마려근阿倍朝臣麻呂槿이 신청한 물품(皆 2) 가운데 '□지 □脂'는 구지口脂 또는 양지羊脂일 것으로 추측된다. 다만 이를 양고羊膏와 함께 신청하였고, 이미 천평승보 8년(756) 6월 21일자 정창원의 헌물獻物로서 신라양지新羅羊脂가 보이기 시작하여,96) 연력 6년(787) 6월 26일자 「정창원어물목록」과 연력 12년(793) 6월 11일자 및 홍인 2년(811)의 「동대사사해」 등에 신라양지가 보인다는 점에서,97) '□지 □脂'는 양지羊脂일 가능성이 높다. 양지는 『동의보감』에서는 유풍遊風과 주근깨의 치료제라고 하였다.

89) 「正倉院御物目錄」·「東大寺使解」·「正倉院御物出納注文」, 『平安遺文』 8, 3191·3200~3205·3265쪽.

90) 『山林經濟』 권 3, 救急, 諸禽肉毒.

91) 『山林經濟』 권 3, 救急, 蠱毒.

92) 『山林經濟』 권 3, 救急, 鬼擊.

93) 『山林經濟』 권 2, 治膳, 製料物法·魚肉.

94) 『東史綱目』 권 11 下, 갑술년 원종 15년.

95) 朴南守, 2009, 앞의 논문, 22~23쪽.

96) 「正倉院財物實錄帳」, 『平安遺文』 9, 3383·3386쪽.

97) 「正倉院御物目錄」, 『平安遺文』 8, 3197쪽. 「東大寺使解」, 『위의 책』, 3201·3202·3205·3206·3264쪽.

[삽 2]의 문건에 보이는 '□골 □骨'은, 침향·계설향과 함께 밀향수로부터 채취한 계골향鷄骨香일 가능성도 있으나, 용골龍骨이 정창원약장正倉院藥帳 20(北第64號)으로 현존하고[98] 「매신라물해」에 '향香'이란 별도의 글자가 보이지 않아 용골龍骨일 가능성이 높다. 1685년 일본에서 편찬된 『도해본초圖解本草』에는 용골은 맛이 달고 성질이 평온하여 독이 없는데, 몽설夢泄이나 부인들의 하혈, 설사 등의 치료제로 사용한다고 한다.[99]

광물성 약재로서 황단黃丹(東 11)은 연분鉛粉을 만들면서 그 찌꺼기를 초석硝石과 여석礜石을 사용하여 볶아 만든다.[100] 『동의보감』에서는 백반과 섞어 알약을 만들어 반위증의 치료에 쓰거나, 염창산斂瘡散·도화산桃花散·홍옥산紅玉散 등 염증과 부스럼, 살이 헌 데를 치료한다고 한다.

망소芒消는 망초芒硝의 이명이라고도 하나, 정창원의 망소芒消는 오늘날의 초석硝石(芒硝)과는 다르다.[101] 일명 소석消石 또는 석비石脾라고도 한다.[102] 노지鹵地 등에서 만든 박소朴消를 나복蘿蔔과 함께 그릇에 넣고 달여 하룻밤 지나서 흰 결정체인 백소白消를 얻는데, 윗면에 가는 털끝과 같아 칼끝처럼 생성된 것이 망소芒消이고, 모서리 뿔처럼 이빨형상을 한 것을 마아소馬牙消라고 한다. 물에 닿으면 녹고 또 능히 여러 물건을 약하게 하므로 '소消'라고 일컫는데, 우마牛馬의 가죽을 다루어 무르게 하므로 피초皮硝라고도 이른다. 이는 망소를 가죽제품 가공제로서 구매하였을 가능성을 시사하지만, 천응 원년 8월 16일자 「잡물출입계문雜物出入繼文」에는 '약藥'으로 분류하고 있어[103] 대체로 눈에 열이 쌓이거나

98) 益富壽之助·鹿間時夫, 「龍骨」, 朝比奈泰彦 編修, 1955, 『正倉院藥物』, 160~163쪽.

99) 『圖解本草』 권 3, 龍骨. 한편 헌덕왕 14년(809) 각간 忠恭의 병에 대하여 龍齒湯을 처방한 사례는, 신라에서 龍齒 뿐만 아니라 龍骨, 龍角 등의 약재가 사용되었음을 보여준다.(이현숙, 2002, 「신라 중대 醫療官僚의 역할과 지위변화」『史學硏究』 68, 30쪽) 龍齒는 驚癎癲疾 곧 정신질환의 치료제로서 마음과 혼을 안정시키는 데 효능이 있다고 하므로(『本草摘要』 권 2, 蟲魚鱗介部, 龍類 龍齒), 忠恭이 정신질환에 시달렸음을 알 수 있다.

100) 『五洲衍文長箋散稿』 人事篇, 服食類, 麪粉 製鉛粉辨證說. 『朝鮮王朝實錄』 世宗 6년 갑진(1424) 1월 4일(신사).

101) 山崎一雄, 「芒消」, 朝比奈泰彦 編修, 앞의 책, 293쪽. 清水藤太郎, 「正倉院藥物の史的および商品學的考察」 朝比奈泰彦 編修, 위의 책, 94~99쪽.

102) 『醫心方』 권 10, 治積聚方 1·권 12, 治大便不通方 13.

103) 「雜物出入繼文」, 『平安遺文』 8, 3185쪽.

붉은 장예障瞖가 끼는 것을 치료하는 데 사용된 것으로 보인다.[104)]

한편 종래에 금속제로 분류하였던 철정鐵精(東 9)은[105)] 일명 철화鐵花라고 하는데, 구매량이 1근에 불과하여 약재로 사용되었던 듯하다. 『명의별록名醫別錄』에 따르면 철정은 강철을 단련할 때에 단조鍛竈에서 나오는 진자색塵紫色을 띠는 가볍고 고운 미지근한 미립자를 지칭한다. 놀라 가슴이 두근거리거나 간질·대하증·탈장 등의 치료에 쓰인다고 한다.[106)]

이상에서 동야치지東野治之와 개천완일皆川完一이 염료로 분류하였던 자근紫根, 안료로 분류한 황단黃丹, 금속으로 분류한 철정鐵精, 기타로 분류한 청태靑胎를 새로이 약재로 추가하였다. 또한 '▢脂'와 '▢骨'을 양지羊脂와 용골龍骨로 풀이하여 약재로 분류하였다. 아울러 기왕에 약재로 보았던 밀蜜·알밀臈蜜·석뇌石腦는 약용으로 사용되기도 하였겠지만, 오히려 향료·환의 조합제로서, 그리고 안료의 고착용으로 사용하는 것이 일반적이었던 만큼 후술하듯이 별도의 조합제로서 분류한다.

「매신라물해」의 약재 가운데 인심人心은 중국의 남방, 계심桂心은 교지국, 그리고 서각犀角은 섬라 등지에서 나는 것으로 인정되었다. 21종의 약재 가운데 인삼, 송자, 육종용, 감초, 태황, 자근의 초목류 약재, 사향, 우황, 양고, 양지 등의 동물성 약재는 신라의 토산 약재라고 할 수 있다. 그리고 침針의 제조,[107)] 효소왕 원년(692) 의학醫學을 설치하여 『본초경本草經』을 익혀 약재에 대한 지식을 습득한 사실로부터, 의향衣香 등 조합향이나 광물성 약재인 황단黃丹·망소芒消·철정鐵精 등도 신라에서 제조하였을 가능성이 있다. 그렇다면 21종의 약재 가운데 10종이 신라 토산 약재이며, 광물성 약재 3종도 신라에서 제조되었을 가능성이 높다. 담헌湛軒이 조선의 약재 가운데 토산을 6~7/10 정도라고 인식하였던 것은,[108)] 이미 신라시대부터 이와 같이 약재를 생산·조제하여 온 데서

104) 『仁濟志』 권 25, 洌上 附餘 收採時令 金石部 芒消.

105) 東野治之, 1974, 앞의 논문 : 1977, 앞의 책, 314·319쪽. 朴南守, 2007, 앞의 논문, 444쪽.

106) 『仁濟志』 권 25, 洌上 附餘 收採時令 金石部 鐵精. 『鄕藥集成方』 권 77, 香藥本草 各論1 石部 中品 鐵精.

107) 『三國史記』 권 7, 新羅本記 7, 文武王 12년(672) 秋 7월·권 11, 新羅本紀 11, 景文王 9년(869) 秋 7월. 신라 金銀製針은 분황사탑 출토 사리장엄구에서도 확인된다(국립중앙박물관, 1991, 『佛舍利莊嚴』, 12쪽) 신라 침술의 발전에 대해서는 이현숙, 2009, 「신라 의학의 국제성과 의약교류」, 『白山學報』 83, 283~286쪽 참조.

비롯한 것으로 생각된다.[109)]

「매신라물해」에는 신라 원산의 사향과 인삼·태황, 그리고 중국 남방산의 계심·가리륵 등을 주로 구매하였다. 일본 관료들의 구매 약재 가운데 신라 토산 약재의 비중이 높았던 것은, 신라의 의약 지식이 일본에 널리 인정되었음을 시사한다. 일본에서는 701년 제정된 대보율령大寶律令 의질령醫疾令에 근거하여 전약료典藥寮에서 침생針生 등을 양성하고,[110)] 757년 의생醫生과 침생들에게 대소大素·갑을甲乙·맥경脉經·본초本草·소문素問·침경針經·명당明堂·맥결脉決 등을 익히게 하였으며,[111)] 820년에 이르러 『신수본초경新修本草経』 등 중국 본초서를 교습하였다. 특히 757년 일본 의생들의 수학 과목은 효소왕 원년(692) 신라 의학의 교수과목 본초경本草經·갑을경甲乙經·소문경素問經·침경針經·맥경脉經·명당경明堂經·난경難經 등에 상응한다.[112)] 이는 신라의 의학지식이 일본에 전래되어 영향을 끼쳤음을 의미한다.

신라의 의학에서 교수한 『본초경』은, 804년 박여언朴如言이 798년에 편찬된 『광리방廣利方』을 구하고자 한 사례로[113)] 미루어 볼 때에, 당 고종 10년(659)에 편찬된 『신수본초』 그것을 지칭한 것으로 여겨진다. 신라의 중국 본초학의 습득이 비교적 신속하고 적극적이었음을 알 수 있다. 「매신라물해」에 신라의 약재가 많은 비중을 차지한 것은 이러한 신라의 의학 지식 습득에 바탕한 것으로서, 『제번지』에서 9세기 후반 중국 강남도 지역의 신라 교역물품 가운데 약재가 많은 비중을 차지하였던 것도 이러한 배경에서 이해할 수 있다.

이들 약재는 향약와 함께 상비약이나 구급약, 온역[전염병]의 예방약, 기타 일부 치료제로서 기능하였다고 본다. 이처럼 상비약이나 구급약, 온역 등에 대한 관심은 천평보자 3년(759) 8월 비시약작용료非時藥作用料를 별도로 충당한 당초리사唐招提寺 소장 고문서에도 보이는 바,[114)] 당시 일본 내에서 이러한 약재

108) 『湛軒書』 外集 권 3, 杭傳尺牘 乾淨衕筆談續.
109) 朴南守, 2009, 앞의 논문, 18~21쪽.
110) 이현숙, 2002, 앞의 논문, 23쪽.
111) 『續日本紀』 권 20, 天平寶字 원년(757) 11월 癸未.
112) 『三國史記』 권 39, 雜志 8, 職官 中, 內省 醫學.
113) 이현숙, 2000 「신라 애장왕대 당 의학서 『廣利方』의 도입과 그 의의」 1·2, 『東洋古典研究』 13·14 참조.
114) 『大日本古文書』 編年文書 25, 251·255쪽.

를 구입하여 비시약非時薬 곧 구급약을 제조하였던 사회적 분위기를 짐작할 수 있다.

3) 색료色料

동야치지東野治之는 동황同黃·연자烟子·주사朱沙·호분胡粉·황단黃丹·금청金青·자황雌黃·백청白青을 안료로, 소방蘇芳·자근紫根을 염료로 구분하였다.[115] 이에 개천완일皆川完一은 안료로서 연자烟紫와 증청曾青을 더하고, 염료에 수방茱芳과 자紫·소방목蘇方木을 추가하였다.[116] 그런데 이들 물품은 안료, 염료 뿐만 아니라 약재로도 사용되었다. 이는 향료를 약재로 사용한 것과 동일한데, 본고에서는 이들을 색료色料로 총칭하고 안료, 염료의 구체적인 사용례를 살피고자 한다.

색료 가운데 소방蘇芳(東 1·2·4·7·8·9·10·11·13·14, 皆 4)과 소방목蘇方木(皆 3)은 가장 많은 12개 문건에 보인다. 그 다음으로 주사朱沙가 9개 문건(東 2·9·10·11·13·14·15, 皆 1·2)인데, 주사로 인정되는 주수朱水(皆 3)를 합하면 모두 10개 문건이 된다. 그 뒤를 이어 동황同黃(銅黃)이 9개 문건(東 9·10·11·13·14·15, 皆 1·2·3), 연자烟子(烟紫)가 8개 문건(東 10·11·13·14 ·15·16, 皆 1·3)의 순서이다.

먼저 주사朱沙(朱砂)는 짙은 홍색의 광택이 있는 덩어리 모양의 광물로서, 약재·수은과 단약의 제조,[117] 안료·염료 등으로 사용되었다. 진秦나라 때에 파촉巴蜀 단혈丹穴로부터 중국에 처음으로 들어왔는데,[118] 그후 천촉川蜀,[119] 교파咬吧(자카르타)[120] 등지의 주사가 유명하였다. 『동의보감』에는 우리나라 선천에서도 산출된다고 하였다. 주사는 무엇보다도 안료로서 일컬어진다. 곧 주사를 가루로 만들어 아교를 달인 물과 맑은 물을 함께 사기 그릇에 넣고 흔들어서, 맨 위의 주표朱標는 옷에 물들이는 물감으로, 중간의 홍색은 단풍나무 잎이나 난간欄干·사관寺觀을 그리는 물감으로, 그리고 가장 아래의 색채가 거친 부분은

---

115) 東野治之, 1974, 앞의 논문 : 1977, 앞의 책, 313~314·318~319쪽.

116) 皆川完一, 앞의 논문, 150쪽.

117) 『南史』 권 76, 列傳 66, 隱逸 下, 陶弘景.

118) 『靑莊館全書』 권 15, 雅亭遺稿 7, 書 1, 族姪復初 光錫.

119) 『星湖僿說』 권 6, 萬物門 銀貨.

120) 『靑莊館全書』 권 65, 蜻蛉國志 2, 異國

인물화를 그리는 데 사용하였다. 또한 주사로 그린 그림에는 먹을 사용하지 않는다고 한다.[121)]

동황同黃은 도황桃黃이라고도 하는데, 삼록三碌 곧 희고 약간 푸른빛을 띤 도료 중에서 약간 누른빛을 띤 안료이다.[122)] 금청金靑(東 14·15, 皆 1, 3)과 철청鐵靑(皆 1), 증청曾靑(皆 1), 백청白靑(東 20)은 푸른색 계통의 안료로서, 이들을 신청한 관료들은 모두 동황을 신청하였다. 다만 백청을 신청한 [東 20] 문건은 글자의 결락이 많아 확인되지 않는다. 특히 증청은 공청空靑과 유사한 것으로 산색山色을 띠는데, 안료뿐만 아니라 통증을 그치고 관절關節·간담肝膽·두풍頭風 등의 치료제로도 사용하였다.[123)] 조선 전기의 '본래 남월南越에서만 생산되었다는 것은 이미 오래 전의 이야기'라는 기록[124)]과 「매신라물해」에 등장하는 것으로 미루어 신라에서 생산되었을 가능성이 있다. 또한 증청은 단사丹砂·웅황雄黃·백반석白礬石·자석磁石 등과 조합하여 도사의 장생불사 약인 오석산五石散의 재료로도 사용된다고도 한다. 금청金靑은 옥玉으로 제조한 안료로서 이해한다.[125)] 대체로 중국과 조선에서는 글자의 자획을 메꾸는 채료로서 사용되었다.[126)] 요컨대 「매신라물해」에서 동황·금청·철청·증청·백청 등을 함께 신청하였다는 것은, 이를 신청한 관료들이 이들 물품을 안료로 사용하였음을 반영한다.

연자烟紫는 연자烟子와 동일한 물품으로, 동야치지는 인도네시아·인도 방면의 산물로서 이해하고 동황과 함께 안료로 구분하였다.[127)] 사실 「매신라물해」에서 주사와 동황을 신청한 이들은 모두 연자를 구입하고 있어, 안료인 연지胭脂를 지칭한 명칭으로 판단된다. 연지는 달리 홍람紅藍이라고도 일컫는데 복건성福建省 산물이 유명하였다. 이를 다른 빛깔의 안료와 섞어 붉은 색 계통의 각종 빛깔을 만든다고 한다.[128)] 또한 연지는 연분鉛粉(胡粉)과 합쳐 도화분桃花粉을 제조하고, 일정한 연분에 청목향·마황근麻黃根·백부자·감송·곽향·영릉향을 각각 똑같

121) 『靑莊館全書』 권 60, 盎葉記 7, 畫家顔色.
122) 『萬機要覽』 財用編 3, 戶曹貢物 別貿一年貢價.
123) 『本草集要』 中部 권 5, 石部 曾靑.
124) 『佔畢齋集』 권 1, 序 送李國耳赴京師序.
125) 東野治之, 1992, 「ラピス·ラズリ東傳考」, 『遣唐使と正倉院』, 205~209쪽.
126) 『燕途紀行』 中, 日錄 順治 13년(1656) 9월 甲寅. 『四佳詩集』 권 30, 제18 詩類, 應製狎鷗亭詩 并序.
127) 東野治之, 1974, 앞의 논문 : 1977, 앞의 책, 313쪽.
128) 『靑莊館全書』 권 60, 盎葉記 7, 畫家顔色.

이 나누어 가늘게 갈아 가는 체로 걸러 합쳐서 향분香粉을 만든다.[129]

연자를 신청한 일치주지日置酒持(東 11)는 도화분과 향분을 만들 수 있는 훈육향·침향·청목향·곽향·안식향·용뇌향·감송향 등의 향약과 함께 호분, 그리고 흑작안구黑作鞍具와 천면韆面·늑추勒鞦 등의 마구류까지 구매하였다. 이는, 일치주지가 주인의 마구류 외에 여주인의 향분 제조를 위한 물품을 두루 구입하였음을 보여주며, 일본 내에서 향분 제조가 보편화되었음을 시사한다.

한편 호분胡粉은 두 건의 문건(東 11, 皆 1)에만 보이는데, 은주殷周 이래로 연분을 칠하고 호분이라 일컬었던 것으로 호胡와는 무관하다.[130] 『동의보감』에는 버짐을 치료하는 호분산胡粉散, 풍선風癬과 습창을 치료하는 연분산連粉散의 제조, 염창·월식창月蝕瘡의 치료, 소아의 뱃가죽이 검푸르게 변해 위독한 경우 술로 개어 배에 발라주는 단방약으로 사용된다고 하였다. 또한 호분과 자황의 상반되는 성질을 이용하여 양자를 혼합하여 검은색을 내거나, 향료를 합쳐 향분을 만드는 데 사용하였다. 호분을 구입한 지변왕池邊王은 후술하듯이 내장두內匠頭였던 만큼 주로 안료로서, 그리고 일치주지는 여주인의 향분 재료로 구입했던 것으로 보인다.

자황은 호분을 신청한 일치주지(東 11)만이 신청한 것인데, 달리 석자황石紫黃이라고도 일컫는다. 산의 양지 쪽에서 캔 것을 석웅황石雄黃, 음지 쪽에서 캔 것을 자황雌黃이라고 한다. 유황과 비소의 화합물로 빛깔이 누렇고 고와 안료로 사용하는데, 『동의보감』에는 불에 달구워 식은 다음 부드럽게 가루내어 악창, 옴, 문둥병의 치료제로도 사용한다고 하였다. 『신증동국여지승람』에는 석자황을 전라도 진산珍山의 산물로 소개하였다.

안료로서 특이한 것은 내장두內匠頭 지변왕池邊王(皆 1)이 유일하게 칠자漆子를 신청하였다는 것이다. 『계림지鷄林志』에는 백제 때부터 강진康津 가리포도加里浦島(완도)에서 황칠의 나무가 산출되며, 6월에 즙을 채취해서 기물에 칠하면 마치 황금과 같이 사람들의 눈을 부시게 한다 하고 절강浙江 사람들이 신라칠新羅漆이라 일컬었다고 전한다.[131] 『고려도경』에도 나주도羅州道의 황칠을 일컬은 바, 「매신라물해」의 칠자漆子는 이와 관련될 것이다. 옻은 약재로도 사용되는데,

---

129) 『五洲衍文長箋散稿』 人事篇, 服食類, 麪粉 製鉛粉辨證說.

130) 『芝峯類說』 권 19, 服用部 器用.

131) 『海東繹史』 권 26, 物産志 1, 竹木類 黃漆.

『동의보감』에는 마른 옻[乾漆]은 소장을 잘 통하게 하고 회충을 없애며 혈훈을 낫게 하며, 생옻[生漆]은 회충을 죽이는데 오래 먹으면 몸이 가벼워지며 늙지 않게 된다고 한다.

칠자漆子를 구입한 지변왕池邊王은 천평 9년(737) 내장두에 보임되어 김태렴의 도일 당시에도 그 직임에 있었던 것으로 보인다.[132] 그는 각종 향약류 뿐만 아니라 금청, 주사, 동황, 연자, 호분, 철청, 증청 등의 안료를 구매하였다. 이는 안료에 대한 그의 관심을 뜻하며 칠자도 그러한 관심에서 비롯한 것으로 여겨진다. 따라서 칠자의 구입은 약재로서보다는 안료를 확보하기 위한 것이라 생각되며, 혹 왜칠倭漆의 전통이 지변왕의 신라산 칠자의 구매와 관련되지 않을까 추측해 볼 수 있다.

염료로서의 소방蘇芳은 속칭 와목窊木 또는 단목丹木이라고도 하며, 채취하여 껍질을 벗기고 햇빛에 말리면 그 색이 홍적紅赤이 되어 비자색緋紫色을 물들이는데 사용한다.[133] 『성호사설星湖僿說』과 『신증동국여지승람』에는 해도海島 소방국蘇方國의 산물로,[134] 『당본초』에는 소방목蘇妨木을 남해 곤륜으로부터 전래하여 교주·애주에서 생산된다고 하였다.[135] 따라서 신라 내성산하의 소방전蘇芳典은, 소방을 수입하여 궁중이나 대외 조공품에 충당하는 옷감에 홍색 물을 들였던 수공업장이었을 것으로 생각된다. 이는 약재로도 사용된 바, 『동의보감』에는 부인의 혈기병血氣病, 산후 혈창産後血脹, 월경 중단, 옹종·어혈 등에 효능이 있다고 한다.

소방은 30건의 「매신라물해」 가운데 13개 문건(東 1·2·4·7·8·9·10 ·11·13·14, 皆 1·3·4)에서 신청한 물품이다. 특히 거울을 구입한 15명의 관료 가운데 3명(東 15·16, 皆 1)을 제외하고는 모두 소방을 구입한 바, 주로 여자들이 주도한 옷감 염색의 재료로 기능하였던 것으로 생각된다. 사실 거울[鏡]을 구입하고 소방을 구입하지 않은 3건의 「매신라물해」 문건 가운데 [東 15·16]은 글자의 결락상태

132) 『續日本紀』 권 12, 天平 9년(737) 12월 壬戌·권 38, 延曆 4년(785) 7월 庚戌.

133) 『星湖僿說』에는 실 종류를 염색하는 데에, 朱土를 사용한 것을 土紅, 蘇木을 사용한 것은 木紅, 紅藍을 사용한 것을 眞紅이라 하고, 목홍은 무명베에 적합하지 않고 빛깔이 선명하지 못하다고 하였다.(『星湖僿說』 권 12, 人事門 紅衣)

134) 『星湖僿說』 권 12, 人事門 紅衣. 『新增東國輿地勝覽』 권 28, 慶尙道 星州牧 倉庫 花園倉.

135) 馮承鈞 撰, 앞의 책, 121~122쪽.

로 보아 '소방蘇芳'이 인멸되었을 가능성이 높다. 다만 거울을 구입하지 않은 1명(東 8)은 다른 안료나 염료가 보이지 않고 약재만을 구입하고 있어, 약재로 사용하였을 것으로 추측된다.

이와 관련하여 지변왕池邊王의 [皆 1] 문건에는 수방茱芳이란 명칭이 보인다. '수방'이란 물품명은 이 문건 외에는 아직까지 어떤 서책에서도 보이지 않는다.[보주 1] 그런데 47종에 달하는 가장 많은 물품을 구입한 문건 [皆 1]에서 소방蘇芳이 보이지 않는 것은 의문이다. 또한 문건 [皆 1]에서 수방의 구매량이 다른 물품에 비하여 단독 물품으로서 가장 많은 양인 810근에 이른다. 이는 문건 [皆 1]에서 비교적 많은 양이 신청된 계심, 대황, 감초의 100근에 비하여 8배에 달하는 물량이다. 사실 소방은 가장 많은 문건에 보이는 물품이고, 같은 문건 안에서 그 구매량을 비교할 수 있는 경우 다른 물품의 구매량에 비해 4~16배에 이른다. 이러한 이유로 지변왕의 [皆 1] 문건을 작성한 자가 소방蘇芳과 수방茱芳의 음가와 글자 모양이 유사한 데서 잘못 기입한 것이 아닌가 추정된다. 개천완일은 어떠한 근거를 제시하지 않았으나 소방蘇芳과 수방茱芳을 모두 염료로 분류하였고,[136] 영정미가永正美嘉는 수방茱芳을 소방蘇芳의 이칭으로 추정하였다.[137]

자초紫草는 앞서 살폈듯이 그 뿌리는 약재로, 껍질은 염료로 사용되었다. [皆 1] 문건의 자紫는, 소방蘇芳을 수방茱芳으로 잘못 기재한 것처럼, 자초紫草의 '초草'를 결락한 것으로 여겨지므로 염료로서 분류한다.

이들 색료 가운데 주사·호분·소방·자근·칠 등은 약재로도 사용되었으며, 호분胡粉·연자烟子는 그 용도에 따라 가공하여 안료로, 주사朱沙는 안료와 염료로 사용되었다. 소방蘇芳과 자초紫草는 약재와 함께 염료로, 칠漆은 약재와 안료로 기능하였고, 그 밖에 자황과 금청·백청·증청 등은 안료로서 구매되었다. 또한 주사와 동황은 단약으로도 사용되었을 가능성이 있다.

보주 1) 다만 『法隆寺伽藍緣起并流記資財帳』(747)에는 天平 10년(738) 戊寅 정월 17일 平城宮御宇天皇이 법륭사에 헌납한 雜物 가운데 牛芳帳이 보이고 이와 함께 朱芳이 등장한다.(「法隆寺伽藍緣起并流記資財帳」, 東京帝國大學 편, 1901, 『大日本古文書』 권 2 編年文書, 607쪽) 牛는 朱의 간오로 생각되고 朱芳이 염료임을 확인할 수 있는 바, 蘇芳과 朱芳, 茱芳의 음가와 모양이 서로 비슷하므로 朱芳 또는 茱芳이 蘇芳을 지칭하는 것으로 보아 좋을 듯하다.

136) 皆川完一, 앞의 논문, 150쪽.

137) 永正美嘉, 앞의 논문 : 2005, 앞의 논문, 29쪽.

「매신라물해」에는 안료와 염료 가운데 소방(13명)을 가장 많이 구매한 것으로 나타난다. 그리고 주사(10명), 동황(9명), 연자(8명)가 그 뒤를 이었다. 특히 염료와 안료를 구매한 관료들 가운데, 소방을 구매한 13명 중 1명을 제외하고는 모두 거울[鏡]을 구입하였고, 주사와 연자·동황을 구매한 11명도 모두 거울을 구입하였다. 이는 소방과 주사·연자·동황이 여자의 용품으로 기능하였음을 보여주며, 소방은 주로 여자들의 옷감 염료로서, 그리고 주사·연자·동황은 주로 여자들의 향분 재료로서 사용되었음을 시사한다.

4) 조합제調合劑·벽사용품辟邪用品

향분의 조합제로서 향유香油와 구지口脂, 약재의 조합제로서 밀즙蜜汁와 석뇌石腦, 그리고 색의 고착제로서 납밀臘蜜을 들 수 있다. 동야치지東野治之는 납밀을 약물로, 밀즙을 기타로, 개천완일皆川完一은 석뇌를 약물로 분류하였지만, 일종의 환약·향분·안료의 보완재로서의 성격이 강하기 때문에 조합제로 분류한다.

향유香油는 고려 문종 34년 송나라 조공물품 가운데도 보이며,[138] 꿀물 등과 함께 난창爛瘡 등을 치료할 때에 대황 가루나 탄가루[炭末]를 개이거나,[139] 합향合香[140] 및 환단丸丹의 제조에 사용되었다. 구지口脂는 진랍眞臘의 특산으로 갑향甲香에 약재 및 미과화향美果花香를 밀초[蠟]로 섞어 만든 일종의 화향和香이라 할 수 있는데,[141] 그 자세한 내용이나 용법은 알 수 없다. 다만 『수헌집睡軒集』에서 '구지면약口脂面藥'이란 구절을 살필 수 있어[142] 향료뿐만 아니라 일종 약재, 또는 여성들의 향분 등을 조합할 때 사용되었을 것으로 생각된다.

밀즙蜜汁(東 8·9·11, 皆 2·4)은 봉밀蜂蜜로서 발해 사신이 일본에 보낸 물품 중에도 보인다.[143] 특히 꿀 종류는 「매신라물해」에 밀즙 외에도 밀蜜(皆 3), 납밀臘蜜(東 11) 등을 살필 수 있다. 대체로 밀즙·밀은 『동의보감』 등 각종 의서에 보이듯이 약재 가루를 반죽하여 환약을 제조하는 조합제로 사용되었고, 납밀(東 11)은

138) 『高麗史』 권 9, 世家 9, 문종 34년.
139) 『山林經濟』 권 3, 救急 爛瘡.
140) 永正美嘉, 앞의 논문 ; 2005, 앞의 논문, 33~34쪽.
141) 『秋齋集』 권 7, 詩 竹枝詞 眞臘. 永正美嘉, 위의 논문 ; 2005, 위의 논문, 29쪽.
142) 『睡軒集』 권 1, 關東錄 臘日書懷.
143) 東野治之, 1974, 앞의 논문 ; 1977, 앞의 책, 322쪽.

주로 그림을 그리거나 건물 등에 색칠한 뒤에 채료의 고착, 금동불상 및 동종의 주조 등에 사용되었다.[144] 『신증동국여지승람』에는 청밀淸蜜·석청밀石淸蜜·백랍白蠟·봉밀蜂蜜 등을 전국 각지의 산물이라 하였다.

석뇌石脳(皆 1)는 석뇌石腦로서 석지石芝, 태일여량太一餘糧이라고도 한다.[145] 이는 앞서 살핀 천장 3년(826) 9월 1일자 「정창원어물출납주문」의 대일우여량大一禹餘粮을 지칭한다. 석뇌유石腦油는 일명 유황유硫黃油라고도 하며, 중국 운남이나 광동지방의 산물이다. 고려에서도 화유火油·석유石油가 산출되었다.[146] 불꽃을 그릇에 넣어 금창金瘡 등의 지혈에 사용하거나[147] 급경急驚·경계驚悸·풍허風虛·정허精虛 등에 치료하며, 주로 환약 등의 제조시 조합제로 사용한다.[148]

한편 「매신라물해」의 물품 가운데 목환자木槵子 등과 같은 일종 벽사용품辟邪用品을 주목할 수 있다. 목환자는 무환자無患子라고도 일컫는다. 불교경전 목환자경木槵子經에는 목환자의 열매로 염주를 만들어 공덕을 빈다고 하는 바, 「매신라물해」 [東 1·9]에 '과顆'로 수량을 기재하고 있어 염주의 재료였을 것으로 추정된다.[149] 이는 『신증동국여지승람』에 제주·정의·대정의 산물로 나타난다. 그밖에 여의如意[150]·승불蠅拂(東 7)·수(?)정념수□精念數(皆 1)·송수誦數(皆 3) 등도 불교용품으로서 일종 벽사용으로 분류할 수 있다.[보수 2)]

---

144) 延曆 24년(805) 11월 15일 大佛, 山形, 彩色을 위하여 蘠蜜 60근을 造寺所에 내린 데서, 蘠蜜의 용도를 살필 수 있다.(「正倉院御物出納文書 : 東大寺使解」, 동경제대편, 1940, 『大日本古文書』 24, 78쪽 ; 「正倉院御物下行目錄」·「東大寺使解」, 『平安遺文』 8, 3232·3263쪽) 금동불상 및 동종의 주조에 대해서는 이난영, 1992, 「奈良正倉院에 보이는 新羅文物」, 『中齋 張忠植博士 華甲紀念論叢』 歷史學篇, 649쪽 참조.

145) 『本草綱目』 권 2, 序例 下, 藥名同異.

146) 『五洲衍文長箋散稿』 經史篇 4, 經史雜類 其他典籍 物理外紀辨證說.

147) 『本草精華』 火部 燈火.

148) 『本草附方便覽』 권 1, 無集 急驚·驚悸·권 13, 竟集 風虛·권 15 性集 精虛.
『壽世祕訣』 권 4, 本草抄選 小兒門 諸驚.
『醫方類聚』 권 261, 御藥院方 口禁壯熱.

149) 東野治之, 1974, 앞의 논문 ; 1977, 앞의 책, 321쪽.
『酉陽雜俎』 續集 권 10, 支植 下에서는, 無患木은 사르면 극히 향기로와 惡氣를 물리치므로 일명 噤婁 또는 桓이라고도 하는데, 사람들이 다투어 이를 취하여 器用으로 삼아 鬼를 물리친 데서 無患木이라 일컫게 되었다고 한다.

150) 如意는 瘟疫을 치료하고 일체 鬼神을 崇伏시키는 如意丹과 관련될 것으로 보이나, 귀신을 승복시키는 제조단이라는 점에서(『衛生神書』 人, 瘟疫 如意丹) 辟邪劑로 분류한다.

4. 김태렴의 향약 교역의 의미

향약류의 명칭이나 산지 등은 각 사서나 본초류에 혼돈된 상태로 전하며, 그 용법에서도 향료나 안료·염료 등은 본래의 기능 외에도 많은 경우 약재로 사용되었다. 이로 인하여 「매신라물해」에도 동일한 물품을 다른 명칭으로 기록하거나, 동종의 물품명이 동일한 문건에 함께 기재되기도 하였다. 이에 지금까지 살핀 내용을 바탕으로 각 물품의 주된 용도를 중심으로 분류·정리하면 〈표 2〉와 같다.

동야치지東野治之는 「매신라물해」의 물품 가운데 소량이지만 고가인 남해, 서아시아산 향약 등의 사치품이 많다는 점에서, 김태렴 일행에 의한 교역을 중개와 전매를 주로 한 무역으로 풀이한다.151) 이후 연구자들은 씨의 견해를 추종하고, 그에 바탕하여 새로운 입론을 제기하기도 한다.152) 사실 〈표 2〉에서 보듯이

보주 2) 필자는 2009년 본 논문을 발표할 때에, 『五洲衍文長箋散稿』 經史篇 3, 釋典類 2 釋典雜說 貝葉書辨證說에 근거하여 多良(東 8)과 多羅(皆 4)를 貝多羅樹를 지칭한 패다나무(貝多羅樹, 多羅樹)를 지칭한 인도어로 풀이하였다. 나아가 多羅의 잎은 부처의 제자 阿難이 불경을 쓴 貝葉으로, 이 잎을 구하여 몸에 지니면 온갖 귀신들이 공경하고 복종한다는 데서 벽사용품으로 분류하였다. 또한 「매신라물해」에서 이를 구매한 山口伊美吉佐美麻呂는 天平 연간 후기에 造東大寺司 主典으로서 다년간 請經 등의 직임을 맡았던 자로, 그가 구입한 물품 일체는 東大寺를 위한 것이라는 견해(池田溫, 1995 「天寶後期の羅唐日關係をめぐって」 『春史邊麟錫敎授 還曆紀念 唐史論叢』, p.225)를 이끌어, 아마도 多羅는 山口伊美吉佐美麻呂의 불교 신앙과 관련될 것이라 하고, 大中 11년(857) 무렵 일본 입당유학승 圓覺이 廣州로부터 보내온 '天竺貝多柱杖 1枚'도 이와 관련될 것이라는 견해를 피력하였다. 이에 대해서는 기왕의 논자들이 본초경과 불교경전에 근거하여 多羅를 口脂와 함께 향약명으로 보거나(永正美嘉, 앞의 논문, 29쪽), 器物로 분류하기도 하였다.(皆川完一, 1994, 「買新羅物解拾遺」, 正倉院文書硏究會 編, 『正倉院文書硏究』 2, 吉川弘文館, 150쪽) 그러나 『法隆寺伽藍緣起并流記資財帳』에 '多羅'를 供養具로 분류하고 그 재질을 銀, 白銅으로 밝히고 있어, 8세기 일본 고문서에 보이는 '多羅'의 경우 器物로 이해하는 것이 옳다고 판단되므로, 이에 기왕의 견해를 철회하여 수정하여 둔다.

151) 森克己, 1975, 앞의 논문, 98~99쪽. 東野治之, 1974, 앞의 논문 : 1977, 앞의 책, 323쪽.

152) 앞서 살핀 森克己·永正美嘉 외에도, 金昌錫은 서역·동남아시아산 물품의 종수가 신라 토산품 종수의 2배에 달한다는 점을 들어 김태렴의 교역을 중개무역으로 평가하고 소그드인의 신라 내왕의 주요한 입론의 바탕을 삼았으며(金昌錫, 앞의 논문, 103쪽), 윤재운은 정창원소장 신라물품을 분석하면서 신라가 중국에서 수입한 서역산 사치품을 중개무역의 방식으로 일본에 舶來한 것으로 보았다.(윤재운, 1996, 「9세기 후반 신라의 사무역에 관한 일고찰」, 『史叢』 45, 60~61쪽 : 2004, 「신라 하대 무역관련 기구와 정책」, 『선사와 고대』 20, 266쪽)

〈표 2〉 『매신라물해』 물품의 유형별 분류표

분 류		물품명	문서번호	신청건수
香藥	丁香類	丁香	2, 4, 7, 8, 10, 11, *1, *2, *3, *4	10
		鷄舌香	*1	1
	焚香類	沉香	2, 8, 11, 13, *1, *2, *3, *4	8
		薰陸香	2, 4, 8, 9, 11, 16, *1, *2, *3	9
	調合香	薰香	8	1
		薰衣香	4, 11, *1, *4	4
		裛衣香	11, *2	2
		衣香	2	1
		和香	*1	2
		雜香	10, 14	2
	藥材香	安□(息)香	11, *3	2
		青木香	2, 4, 8, 11, *1, *3	6
		龍腦香	11, *1	2
		甘松香	11, *4	2
		藿香	11	1
		零陵香	11, *4	2
		白檀香	*1	1
		鬱金香	*4	1
藥材	식물성약재	人參	2, 8, 9, 11	4
		松子	9, 11	2
		宍縱容	8, *1	2
		甘草	8, 11, *2, *3	4
		大黃	8, 11, 13, 20, *3	5
		桂心	2, 8, 11, 16, *1, *3	6
		阿莉勒	2, 8, 9, 10, 11, *1, *2, *3	8
		遠志	8	1
		人心	*3	1
		畢拔	2, 7, 11, *1	4
		紫根	7	1
		青胎	*1	1

분류		물품명	문서번호	신청건수
	동물성약재	麝香	2, 8, 9, 10, 14, *1, *2, *3	8
		牛黃	4, *3	2
		犀角	*1	1
		ㅁ(龍)骨	*2	1
		羊膏	*2	1
		ㅁ(羊)脂	*2	1
	광물성약재	黃丹	11	1
		芒消	11, *3	2
		鐵精	9	1
辟邪物	불교용품	木槵子	7, 9	2
		如意	7	1
		念數·誦數	*2, *3	2
		□(蠅)拂	7	1
色料	顔料	朱沙	2, 9, 10, 11, 13, 14, 15, *1, *2, *3	10
		紫黃(雌黃)	11	1
		胡粉	11, *1	2
		同黃	9, 10, 11, 13, 14, 15, *1, *2, *3	9
		烟紫	10, 11, 13, 14, 15, 16, *1, *3	8
		金青	14, 15, *1, *3	4
		白青	20	1
		曾青	*1	1
		鐵青	*1	2
		漆子	*1	1
	染料	蘇芳	1, 2, 4, 7, 8, 9, 10, 11, 13, 14, *1, *3, *4	13
		紫(草)	*1	2
調合劑	香粉	香油	*1	1
		口脂	9, *2, *4	3
	丸藥·調合香	蜜	*3	1
		蜜汁	8, 9, 11, *2, *4	5
		石, 石腦	8, *1	2
	顔料固着	蔄蜜	11	1

분 류		물품명	문서번호	신청건수
器物·生活用品	女子用品	鏡	1, 2, 4, 7, 9, 10, 11, 13, 14, 15, 16, *1, *2, *3, *4	15
		丁 梳	4, *2	2
		牙(鏤)梳	9	1
		牙(鏤)笄子	4, 9	2
	器物	鋺	2, 5, 8, 9, 10, 11, 24, *1, *2, *4	10
		盤	5, 9, *1, *4	4
		鉢	5, *3	2
		匙·筯·箸	5, 9, 10, 11, *1	5
		多 羅(良)	8, *4	2
	생활잡화·문화용품	馬 具 類	11, *2	1
		錫 杖	9	1
		帶	10	1
		牙 笏	11	1
		牙 量	*4	1
		燭 臺	11	1
		髮 刺	8	1
		屏 風	2, *2	2
		서 책(ㅁ論)	26	1
	爐	香 爐	2, 9, 10, 11, 22, *1	6
		風 爐	*1	1
		火 爐	8	1
	壺瓶	壺	*1, *4	2
		水 瓶	16, 22, *1	3
		口 脂 壺	*4	1
	도금[153]	黃 金(金)	1, 9, 12, *1	4
織物	모직물	緋 氈	11, *2	2
		靴 氈	8, 11	2
		ㅁ 裁 氈	11	1
		干 皮	25	1
	면직물	ㅁ (熟) 布	11, *2	2

※ 아라비아 숫자는 東野治之가 명명한 문서 번호.
*는 皆川完一이 새로이 수습한 문서 번호를 표시함.

「매신라물해」의 물품 가운데 향약의 물품 종수는 18종으로서, 약재의 21종에 버금한다.

그러나 물품 종수의 다과만으로 김태렴의 교역 자체의 성격을 규정할 수는 없다고 본다. 다음 〈표 3〉에서 보듯이 「매신라물해」에서 향약 구매가 비율은 전체 물품 구매가에서 매우 적은 비율에 그치고 있기 때문이다. 비록 두 건에 불과하지만, 각 물품별 구매가와 향약 구매가의 비율을 비교할 때에 그러한 사실을 확인할 수 있다. [東 4]와 [皆 2]에는 각 물품별 구매가를 면綿과 사絲로써 지급하였는데, 이를 정리하면 〈표 3〉과 같다.

〈표 3〉 「매신라물해」 [東 4]·[皆 2] 문건의 물품별 구매가와 비율표

품 목 \ 구 매 가			東 4			皆 2			
			綿	%		綿	絲	%	
香 藥		枕 香			23	20		2.0	2.6
		丁 香	7	7					
		薰 陸 香	ㅁ(6)	6		5		0.5	
		靑 木 香	3	3					
		薰 衣 香	7	7					
		槖 衣 香				1		0.1	
藥 材		麝 香			2	(6)		0.6	8.3
		牛 黃	2	2					
		甘 草				20		2.0	
		阿 莉 勒				3		0.3	
		畢 拔				40		4.1	
		ㅁ (羊) 脂				10		1.0	
		羊 膏				1		0.1	
		ㅁ (龍) 骨				2		0.2	
色 料	顔料	朱 沙			50	(11)		1.1	1.5
		同 黃				4		0.4	
	染料	蘇 芳	50	50					

153) 池田溫은 東大寺 大佛의 조성과 관련하여 대량의 金을 도금용으로 구매하였을 가능성을 상정한 바 있다.(池田溫, 앞의 논문, 211쪽) 필자도 일본 관료들의 금의 구입은 도금 등과 관련되지 않을까 추측하여 이에 분류한다.

품 목	구 매 가	東 4 綿	東 4 %		皆 2 綿	皆 2 絲	皆 2 %	
調合劑	蜜 汁				10		1.0	1
器物·生活用品	鏡	20	20	25	120	35	26.3	53.6
	丁 梳				15		1.5	
	牙 梳	3	3					
	牙 笄 子	2	2					
	銅 鋺				15		1.5	
	屛 風					60	24.3	
織 物	緋 氈				35		3.6	5.6
	□ (熟) 布				20		2.0	
未 詳	□ □				5		0.51	26.5
	?				□20 (120)		12.2	
	?				1		1.0	
	?				5		0.5	
	□ □					30	12.2	
合 計		100 (斤)	100		487	125	100	
					綿 987(斤)			

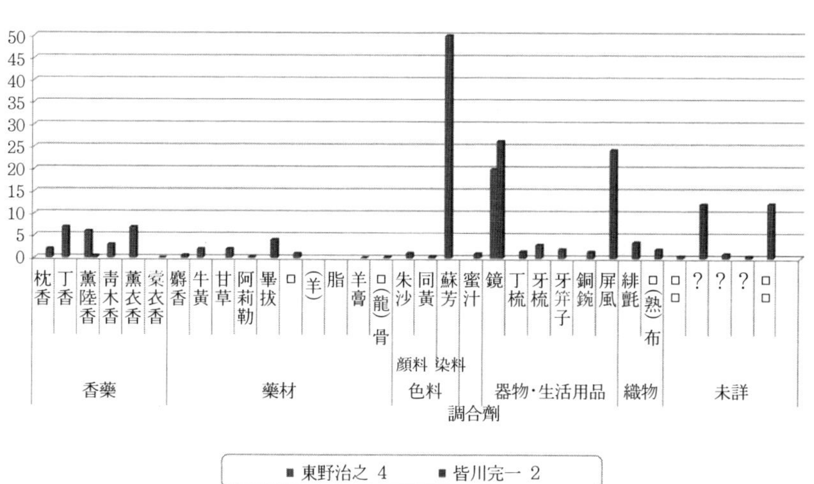

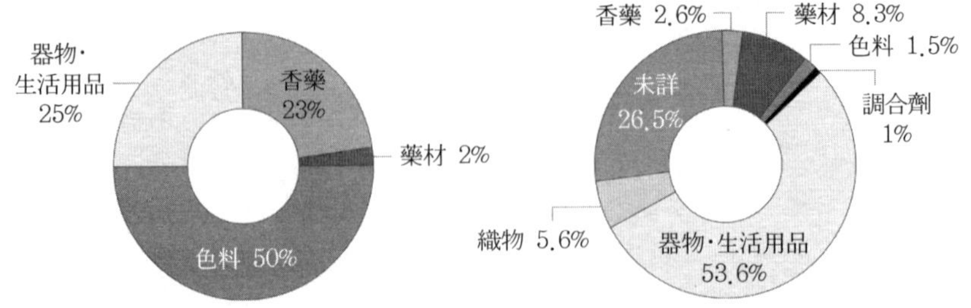

[東 4] 물품유형별 구매가비율 **[皆 2] 물품유형별 구매가비율**

[東 4]에는 거울[鏡]과 아소牙梳, 아계자牙笄子 등 주로 여자용품을 신청하고 있다. 또한 여자들의 관할 직무로 여겨지는 염색에 소용되는 소방이 총 구매가의 50%, 거울이 20%, 아소·아계자가 5%로서, 여자와 관련된 물품이 75%에 이른다. 향약도 총 구매가의 23%를 점하고 있어 적지 않지만, 구강제로 여겨지는 정향丁香과 의복의 방향제인 훈의향薰衣香이 14%에 이른다. 말하자면 여자의 생활 용품이 75%, 귀족층의 일종 에티켓 용품이 14%에 이른다. 여기에서 순수한 향료로서의 훈육향과 청목향의 구매가는 9%선에 그치고 있다.

[皆 2]에서는 매우 다양한 물품을 신청하였으나, 구매가의 비율로 보면 거울과 병풍 두 물품의 구매가가 50.5%를 차지한다. 일명의 미상 물품 26.5%를 논외로 하고라도, 기물류가 전체의 53.6%에 이르며, 약재 8.3%, 직물류 5.6%, 향약 2.6%, 색료 1.5%, 조합제 1%의 순으로 이어진다.[154)]

154) 일명의 미상물품이 26.5%를 점하고 있어 이 수치에 향약이 포함될 가능성을 제기할 수도 있겠으나, 이들의 유형별 추정은 가능하다. 곧 일명의 물품은 기재 순서로 보아 '… 丁梳[綿15斤] □(水?)精念數[綿40斤] □脂[綿10斤] □□[綿5斤] □□?(綿120斤) □□(綿十斤) 朱沙(綿?) □□[綿5斤] □(熟?)布[綿20斤] 蜜汁[綿10斤] …'으로 배열된 부분의 일명 4종(A)과 '屏風[絲60斤], □□[絲30斤], 八卦背鏡四·方鏡五·花鏡[已上 絲35斤, 綿□20斤]'에 보이는 일명 1종(B)으로 구분된다. 이 가운데 전자(A)의 두 번째 물품(A-2)과 후자의 물품(B)은 모두 綿 120근으로 비교적 높은 구매가를 보인다. 그런데 다른 문건과 비교할 때에 [皆 2]에서 鏡과 丁梳 등이 보이는데도 蘇芳이 보이지 않고, 소방의 경우 비교적 높은 구매가를 기록한다는 점에서 A-2는 '蘇芳'일 가능성이 높다. B는 그 배열 순서와 구매가로 보아 鋺 또는 盤일 것으로 추정된다. 다만 A 1, 3, 4의 구매가는 모두 1.1%에 불과하지만, □(羊脂?), 朱沙, (熟?)布·蜜汁의 사이사이에 배열되어 있으므로 약재 또는 색료일 것으로 추측된다. 이러한 추정에 따라 [皆 2]의 물품유형별 구성 비율을 추정하면, '향약 2.6%, 약재 8.3%, 색료 13.7%, 약재+색료 1.1%, 조합제 1%, 기물·생활용품 65.9%, 직물 5.6%'로서, 오히려 기물·생

그런데 「매신라물해」 문건 [東 4]와 [皆 2]의 물품 구매가 총액은 각각 면 100근과 면 987근으로서 심한 편차가 있다. 전자의 경우 여자용품과 염료 중심으로 구매한 까닭에 일반화하기 어려우나, 후자의 경우 구매 물품이 25종으로 매우 다양하고 다른 문건과 유사한 형태를 보이고 있어 대체적인 경향성을 살필 수 있다. 향약의 경우만 논한다면 [東 4]의 구매가 면 23근은 [皆 2]의 구매가 26근과 거의 유사한 수준이다. 이 구매가는 [東 8·9]와 [皆 4]의 문건에 보이는 향약 구매량 15~20근 내외에 해당하는 가격으로 추측되는데, 「매신라물해」 각 문건의 일반적인 향약 구매 성향을 보여준다.

다만 [皆 1]의 총 구매가는 시絁 20필(면 320근), 사絲 105근(면 420근), 면 620근으로서 면綿으로 환산하면 1,360근이다. 그런데 [皆 1]의 문건에서 11종의 향약 구매량은 총 404근에 달한다. 향약 구매량 404근이 총 구매가에서 차지하는 비율이 어느 정도인지는 확인할 수 없지만, [皆 1] 문건 자체 내에서 향약과 약재의 구매 종수가 11대 10이고, 구매물량 가운데 근斤을 단위로 하는 두 종의 물품은 404근 대 334근의 비율이다. 약재 가운데 사향·서각·가리륵의 단위 제臍·구具·두斗의 물량이 제외된 점을 고려한다면, [皆 1]의 향약과 약재의 구매량은 다른 문건의 구매량 비율, 곧 [皆 2] 문건의 향약과 약재의 종별 비율 4대 5와 유사하다고 할 수 있다. 따라서 [皆 1]의 구매량이 다른 문건에 비하여 매우 많은 것은 사실이지만, 향약과 약재 구매가 비율은 [皆 2]의 구매가 비율 3.5대 8.3에 크게 벗어나지 않으리라 생각된다.

오히려 [皆 1]이 다른 문건의 8배에 달하는 대량의 수방茱芳(蘇芳)을 구매하고 기물과 생활용품의 구매 종수가 14종에 달하는 만큼, [皆 1]의 구매가 면 1,360근 가운데 상당 부분은 소방과 기물·생활용품의 구매 대가로 지불하였으리라 생각된다. 이러한 정황으로 미루어 「매신라물해」 일반으로 향약 구매량이나 구매가는 전체 물량이나 가격에서 큰 비중을 차지하지 않았던 것으로 이해된다.

사실 [皆 2]의 문건에서 향약의 구매가는 전체 물품 구매가 가운데 2.6%선에 그치고 있다. 또한 신라 귀족수공업장과 일반 민간수공업장에서 생산된 기물·직물류가 59.2%에 달하며, 문화용품인 병풍가만 24.3%로서 향약 구매가의 9.3배에 이른다. 거울[鏡]의 구매가는 26.3%로서 향약 구매가의 10배 가량이고,

---

활용품·직물류가 전체 구매가의 71.5%를 점하고, 그 다음으로 색료, 약재의 순으로 이어지며, 향약은 2.6%선에 그치고 있다.

약재의 구매가도 향약의 3.2배 수준이다. 이와 같은 물품 유형별 구매가 비율은, 「안상사가람연기자재장安祥寺伽藍緣起資財帳」에서 9세기 전반 신라 대일교역의 주력 물품이 첩자疊子·오성완五盛垸·알가잔閼伽盞·타성도향반打成塗香盤·원시円匙 등이었고,[155] 『제번지諸蕃志』에서 9세기 중후반 신라의 주요 대외교역물품으로 그릇류나 약재 등을 꼽았던 것에 상응한다. 이는 김태렴의 대일교역의 주력 물품이 동남아시아 원산의 향약이 아니라 신라 수공업장 제조의 그릇과 약재 등이었음을 시사한다.

한편 이들 향약류의 원산지는 중국 본초서에서 조차도 매우 다양하여 일괄적으로 동남아시아산으로 간주하기 어렵다. 중국 본초서는 자국의 관점에서 서술한 것이고, 시대가 내려오면서 중국에서 이들 향약을 손쉽게 구하기 위하여 생산지를 조사·개발하거나 품종을 들여옴으로써, 그 생산지가 점차 확대되는 경향을 보인다는 점을 고려해야 할 것이다.[156] 따라서 그 원산지가 서역 또는 동남아시아산이라는 것과 이들 품종의 전파·재배와는 분명하게 구별되어야 할 것이다.

신라에서도 일찍부터 중국 본초학을 수용하여 중국과 마찬가지로 자생 향약류를 개발·재배하고, 새로이 습득한 의학지식을 바탕으로 약재를 재배·조제하였던 것으로 생각된다. 또한 신라에서 생산되지 않는 동남아시아산 향약류까지도 신라 내에서 폭넓게 유통되었을 것으로 짐작된다. 자초랑택紫草娘宅의 존재가 신라내에서 자초紫草의 개발·재배 사실을 보여주는 것이라면, 신라 궁중 수공업장으로서의 소방전蘇芳典의 존재는 동남아시아산 소방의 유통을 전제로 한다. 특히 김태렴의 물품 가운데 소방의 비중이 높게 나타나는 것은 대규모 유통을 상정하지 않으면 이해할 수 없다. 그 밖의 향약재로서 동남아시아산 물품으로 인정되는 향약의 구매량은 매우 적은 수준에 그치나, 김태렴이 가져간 물품을 '개인 자격으로 준비한 신라의 물품[私自所備國土微物]'이라 일컫고[157] 일본관료들이 구매한 물품을 「매신라물해」에 '신라물新羅物'이라고 명시한 데서, 신라 국내에서 이들 향약류가 일반적으로 유통되었음을 짐작할 수 있다.[158] 이에

155) 「安祥寺伽藍緣起資財帳」, 『平安遺文』 1, 140~160쪽.

156) 森鹿三, 1955, 「正倉院藥物と種種藥帳」, 朝比奈泰彦 編修, 앞의 책, 43쪽.

157) 『續日本紀』 권 18, 天平勝宝 4년(752) 6월 己丑.

158) 池田溫은 김태렴에 의한 대규모의 신라 생산품과 동남아시아산 물품의 교역을 1회적인 것이 아닌 일상적인 경제활동으로 보고, 한중일간의 교역이 상상 이상으로 발달하였음을 보여주는 징표로서 이해하였다.(池田溫, 앞의 논문, 225쪽)

김태렴의 교역을 '소량이지만 고가인 남해, 서아시아산 향약 등의 사치품이 많기 때문에 중개와 전매를 주로 한 무역'으로 평가한 것은, 향약이 고가의 동남아시아산이라는 선입견에서 출발한 추론에 불과하다고 본다.

5. 맺음말

고대 한일관계사에서 752년 김태렴의 대일교역이 갖는 의미는 적지 않다. 신라와 일본간의 정상적인 국교가 없는 시점에서 700여 명에 달하는 대규모 사절단이 파견된 것은 이례적인 일이었다. 특히 김태렴의 물품 구매 신청서인 「매신라물해」에는 당시 일본관료들이 구매하고자 하였던 다양한 물품명을 구체적으로 보여준다. 30건에 달하는 이 문서는 752년 당시에 작성된 1차 사료로서, 어떠한 정치적 시각의 관념을 배제한다.

이러한 관점에서 「매신라물해」를 분석한 결과, 김태렴의 교역 규모는 신호경운 2년(768) 10월 갑자(24일)에 좌우대신 및 대납언 등에게 신라의 교관물을 구매하도록 내린 면綿 70,000둔屯(17,500근)을 상회하는 것이었다. 일본 관료들이 122종의 신라물을 구매하기 위하여, 면 72,480둔(18,120근)~82,560둔(20,640근)을 지불한 것은, 신호경운 2년의 사례로 미루어 일본 조정의 지원하에 가능한 것이었다. 이들 구매물품에는 분명히 동남아시아 산물인 많은 종류의 향약류가 포함되어 있었다.

그러나 이들 향약류는 사치품으로서의 향료보다는 오히려 약재로서, 그리고 일종 군신간의 에티켓 용품인 구강제로서의 정향류와 의향·방충제로서의 조합향이 많은 비중을 차지하였다. 또한 향약 구매가도 염료나 생활용품·기물·문화용품의 1/23 수준에 그쳤다. 이는, 일본 조정 대신들의 신라물 구매가 주로 생활용품 등 문화적 수요에 집중되었음을 의미한다.

김태렴은 자신이 가져간 물품을 '개인 자격으로 준비한 신라의 물품[私自所備國土微物]'이라 일컬었다. 이는 「매신라물해」에서도 일본 관료들이 구입한 물품을 스스로 신라물이라 칭했던 것과 흐름을 같이한다. 기물이나 생활용품은 이미 필자가 다른 글에서 살폈듯이 신라 귀족들이나 일반 민간수공업장에서 제작된 것이었다. 향약의 경우 그 원산지가 비록 동남아시아라고 하더라도 전단향과 같이 신라에서 이미 재배되었을 물품도 포함되었다. 약재의 경우 신라에서는 이미 중국 본초학을 받아들여 이들을 개발·재배함으로써 일본에 전래한 21종의 약재 가운데 10종의 신라 토산 약재를 확인할 수 있었고, 광물성 약재 3종은 신라 내에서 제조되었을 가능성이 높은 것이었다. 이러한 김태렴의 교역은 결국 신라의 수공업생산과 의약기술의 발전에 바탕한 것이었다. 동남아시아 원산의 물품도 소방과 같이 신라에서 광범하게 유통되어 쉽게 구입할 수 있었던 만큼, 김태렴이 개인적으로 신라물품을 준비하여 일본과의 교역에 충당할 수 있었다고 생각된다.

김태렴 이후에 보이는 '신라사신'들은 직접 교역에 임하면서 조공사임을 거부하였다. 이들 신라 귀족들의 대일교역은 애장왕 4년(803) 신라와 일본간의 교빙결호交聘結好로 이어져 신라 민간 상인들의 대일교역을 촉발시켰고, 828년 청해진의 설치로 '신라-당-일본'을 잇는 새로운 교역망을 운영하는 시스템으로 전환하였다. 따라서 752년 김태렴의 대일교역은 단순한 중개와 전매의 교역이 아닌 8세기 중엽 신라 수공업과 유통의 발전에 바탕한 것으로서, 9세기 신라 상인들 주도의 동아시아 교역시스템으로의 전환을 위한 전조로서 평가된다.

III

장보고의 등장과 동아시아 교역체계의 전환

통일신라의 대일교역과 애장왕대 '교빙결호'

1. 머리말

7세기 중엽부터 9세기에 이르는 동북아시아의 국제관계는 국가간 역학관계와 함께 사신의 내왕, 문물의 전수를 수반하였다. 특히 신라의 당과 일본, 그리고 발해의 일본과의 외교관계는 신라의 통일전쟁 이후 동북아시아 국제정세를 반영한다.

당나라와 신라의 외교관계는 나당전쟁 이후 한때 단절되었으나, 효소왕 8년(699) 당에 사신을 보내어 관계 개선을 꾀하다가 성덕왕 12년(713) 당나라 현종으로부터 공식사절로 인정됨으로써 이전의 관계를 회복하였다. 『삼국사기』에는 신라가 당나라에 사신을 보내는 목적 곧 조공, 신년 하정, 고애, 사은 등에 따라 '표를 올려 …라 하고 아울러 공물을 올렸다[上表…兼進貢]', '당나라에 조공하고 정월을 축하하였다[朝唐賀正]', '사신을 보내어 당나라에 들어가 (…의) 죽음을 고하였다[遣使入唐告哀]', '…를 보내어 당나라에 들어가 사은하고 아울러 나아가 …를 받들었다[遣…入唐 謝恩兼進奉…]'는 등 일관된 원칙에 따라 서술하고 있다. 당나라에 보낸 신라사신의 공식명칭에 대해서는 문성왕 13년(851) '입당사入唐使 아찬 원홍元弘이 불경佛經과 불아佛牙를 가지고 왔다'는 기록에서[1] 보통 '입당

1) 『三國史記』 권 11, 新羅本紀 11, 문성왕 11년(849).

사'라 칭했을 것으로 보인다. 이들 입당사는 문무왕 12년(672)의 '표를 올려 죄를 빌어 …라 하고 아울러 공물을 올렸다[上表乞罪曰…兼進貢…]'는 등으로 미루어[2] '표문表文'과 '공물貢物'을 갖추고 사행에 임하였음을 알 수 있다.

당이 신라에 사신을 파견하는 경우에는 '대당이 사신을 보내어 칙을 내렸다[大唐遣使…勅…]' '황제가 왕에게 …를 내렸다[帝賜王…]' '당이 사신을 보내어 …책명을 내렸다[唐遣使册(命)…]'고 하여 책명册命과 물품을 하사하는 형태였다. 신라의 입당사에 대해서는 관직을 내리면서 물품을 하사하는 '(현종이) …를 주고 …를 내렸다[(玄宗)授…賜…]', 그리고 사신들의 귀국편에 왕을 책봉하거나 조서와 물품을 하사하는 '입당사 …가 돌아오자 조서를 내려 왕을 …라고 책봉하였다[入唐使…廻 降詔書 封王…]'는 등이었다. 따라서 신라는 당나라에 사신을 보내면서 '표문'과 '공물'을 갖추었고, 이에 대해 당나라는 칙서와 책봉, 회사품을 내리는 조공관계가 이루어졌다.[3]

한편 신라의 삼국통일 이후 일본과의 관계에 대해서는 일본측 기록에 자세히 보인다. 곧 문무왕 8년(668) 사찬 김동엄金東嚴[4]을 파견한 이후 매년 신라가 일본에 사신을 파견한 것으로 되어 있다. 이들 신라 사신에 대하여 『일본서기』에는 '신라가 사신을 보내어 공물을 올렸다[新羅遣使進調]'의 서식을 취하는 반면, 『속일본기』에는 '신라조공사新羅朝貢使' '신라공조사 … 등이 와서 …를 바쳤다[新羅貢調使…等來獻]' 등의 서식과 명칭을 사용하였다. 비록 객관적인 듯한 표현인 신라사新羅使란 명칭이 일부 보인다 하더라도, 항상 '공조사貢調使'나 '방물을

2) 『三國史記』 권 7, 新羅本紀 7, 文武王 12년(672) 9월.

3) 金海宗은 '당대의 조공제도는 당의 개방성과 우수성으로 말미암아 조공외의 관계가 전면에 나타나고, 조공관계는 후면으로 물러났던 것'으로 보았다.(金海宗, 1970, 「中國과 韓國」, 『韓中關係史研究』, 一潮閣, 18쪽) 申瀅植은 통일신라의 대당교섭은 항해술과 선박기술의 발달로 역사상 가장 활발한 문물교류와 인적 왕래를 촉발하였고, 외교사절 또한 朝貢·賀正·謝恩·宿衛·宿衛學生 등 다양한 유형으로 나타났음을 지적하였다.(申瀅植, 1981, 「외교기사의 개별적 검토」, 『삼국사기연구』, 일조각 ; 1984, 「한국고대의 대외관계」, 『한국고대사의 신연구』, 일조각 ; 1986, 「신라의 대외관계」, 『신라사』, 이화여대출판부 ; 1990, 「통일신라의 대외관계」, 『통일신라사연구』, 삼지원) 權悳永은 8~9세기 신라와 발해의 견당사들은 문화적·경제적 욕구가 강하여 貢物과 回賜品의 교환, 당의 官市 개설을 통한 교역, 互市를 통한 공무역을 비롯하여 당문화의 수입과 자국문화의 당나라 전파라는 역할을 수행하였음을 지적하였다.(權悳永, 1997, 「遣唐使의 活動」, 『古代韓中外交史』, 一潮閣)

4) 『日本書紀』 권 27, 天智天皇 7년(668) 9월 癸巳.

바쳤다[貢方物]·조물을 올렸다[獻調物]'의 주체로서 기록되었다.[5] 따라서 일본측 기록이 어떤 서식이나 명칭을 사용하든지간에 일본에 파견된 신라 사신들은 조調나 공물貢物, 방물方物, 토모土毛, 국신물國信物 등을 일본천황에게 올리면, 일본천황은 사신에게는 관위官位와 녹祿을 내리고 연회를 베풀어 주며, 신라왕에게 새서璽書 또는 칙서勅書와 함께 물품을 하사하는 형식을 취하고 있다.

그런데 『삼국사기』에는 신라가 일본에 사신을 파견한 기록이 전혀 보이지 않고, 효소왕 9년(698) 일본국사日本國使가 처음으로 신라에 왔던 것으로 기록되어 있다.[6] 그후 몇 차례 일본 사신이 온 기사가 보이다가, 일반적으로 신라와 일본과의 국교가 단절된 것으로 보고 있는 779년 이후인 애장왕대(800~809)에 일본과 교빙交聘을 맺었다는 기사를 포함하여 5건의 사신내왕에 관한 기록이 보인다.[7] 또한 외교형식에 있어서도 『삼국사기』에는 일본 사신이 온 데 대하여 '일본국사가 이르렀다[日本國使至]' 또는 '일본국왕이 사신을 보내어 …를 올렸다[日本國王遣使 進…]'고 하여,[8] 당나라 사신이나 탐라국 사신에 대한 기록 곧 '대당이 사신 …를 보내어 …라는 칙을 내렸다[大唐遣使…勅…]''황제가 왕에게 …를 내렸다[帝賜王…]' '당이 사신을 보내어 …라는 책명을 내렸다[唐遣使冊(命)…]'나 '탐라국이 사신을 보내어 조공하였다[耽羅國遣使 朝貢]'[9]는 것과 차이가 있다.

『일본서기』나 『속일본기』 등의 일본측 기록과 『삼국사기』의 서술 방식의 차이로 인하여, 기왕의 연구자들은 신라측 기록을 간과하고 일본측 기록을 중심으로 논리를 전개하거나,[10] 당시에 신라가 일본과 교섭할 필요성이 없었다고 간주

5) 『続日本紀』 권 8, 養老 3年(719), 5월 乙未·윤7월 癸亥·권 12, 天平 7년(735) 2월 癸卯·권 35, 宝亀 10년(779) 10월 乙巳. 石上英一은 일본이 '調'를 사용한 것은 6세기 전반 이후 신라의 세제의 영향을 받은 것으로서, 이를 신라와의 외교관계까지 확대 적용한 결과로 보았다.(石上英一, 1974, 「古代における日本の税制と新羅の税制」, 『古代朝鮮と日本』, 龍溪書舍, 254~258쪽)

6) 『三國史記』 권 8, 新羅本紀 8, 孝昭王 7년(698).

7) 『三國史記』 권 10, 新羅本紀 10, 哀莊王 3·4·5·7·9년.

8) 金善淑은, 『三國史記』에서 신라가 일본사신으로부터 증여받은 물산을 '進'物·'獻'物 등이라 표현한 것은 신라 국내에서 지방으로부터 중앙으로 보내는 물산을 지칭하던 것을 적용한 것인데, 이는 신라가 일본에 대해 정치적 우위에 있다는 차별적 인식에서 비롯한 것으로 풀이하였다.(金善淑, 2007, 「新羅 聖德王·孝成王代(702~742)의 對日外交」, 『新羅 中代 對日外交史研究』, 한국학중앙연구원 2006학년도 박사학위청구논문, 55쪽)

9) 『三國史記』 권 10, 新羅本紀 10, 哀莊王 2년(801).

10) 石母田正, 1973, 「日本古代における國際意識について」·「天皇と諸蕃」, 『日本古代

함으로써 『삼국사기』 기록을 중심으로 양국간의 국교정상화는 애장왕대에 이르러서야 가능하였다는 주장이11) 있었다.

전자의 경우 문무왕 8년(668)의 사찬 김동엄金東嚴 파견 이후 매년 신라가 일본에 사신을 파견하였으나, 701년 일본율령국가의 완성으로 외교형식의 문제로 인한 갈등이 첨예화되고, 교린외교를 강행하는 신라와 일본 양국이 서로의 입장을 굽히지 않음으로써 759~763년 무렵 일본의 신라공격계획이 수립되기에 이르렀다는 것이다. 이로써 신라로서도 764년 이후 공식적인 국가간의 외교 대신에 집사성執事省과 대재부大宰府간의 실무외교 방식을 택하였다는 것이다.

그러나 혜공왕 15년(779) 대당외교 교통로를 확보하기 위해 신라의 협조가 필요하였던 일본 조정이, 당에서 귀국 도중 탐라에 표착한 견당판관遣唐判官과 당사신唐使臣을 일본에 보내줄 것을 요청하기 위해 대재부 관리를 신라에 파견하였다. 이에 신라에서는 일본에 사신을 보냈으나, 일본 광인조정光仁朝廷이 신라왕의 '표表'를 거듭 요구함으로 인하여 이후 신라는 더 이상 일본에 사신을 파견하지 않았다는 것이다.12)

이러한 신라와 일본의 관계는, 신라가 고구려를 멸망시킨 이후 백제의 동맹국이었던 일본과의 관계를 개선함으로써 당나라의 압박에 효과적으로 대응하고자 하였고, 일본으로서도 율령국가 건설에 필요한 선진문물의 전수자로서 백제를

國家論』 I, 岩波書店, 312~359쪽. 古煙徹, 1983, 「7世紀末から8世紀初にかけての新羅·唐關係」, 『朝鮮學報』 107, 54~59쪽. 鈴木靖民, 1985, 「日本律令制の成立·展開と對外關係」·「奈良時代における對外意識」, 『古代對外關係史の硏究』, 吉川弘文館. 金恩淑, 1998, 「일본과의 관계」, 『한국사』 9 : 통일신라, 국사편찬위원회.

11) 申瀅植, 1990, 앞의 논문, 327~330쪽.

12) 金恩淑, 앞의 논문, 281~283쪽. 石井正敏, 1987, 「8·9世紀の日羅關係」, 『日本前近代の國家と對外關係』, 129쪽.
신라-일본간의 교역체계의 변화에 대하여, 森克己는 9세기 초엽 신라 상인들의 활동에 주목하여, 공적·국제적 무역으로서의 「平安京貿易」으로부터 9세기 이후 민간무역의 정부관리로 전혀 성격을 달리하는 교역인 「大宰府貿易」으로의 전환한 것으로 보았고(森克己, 1975, 『新訂 日宋貿易の硏究』, 46~82쪽), 李成市는 왕권이 직접 관리하고 왕권의 권위하에서 재분배하는 극히 정치성이 강한 京師交易으로부터 9세기 이후 현저해진 중앙정부의 감독하에 大宰府가 관리하는 민간주도의 大宰府交易으로 전환하는 것으로 보았다.(李成市, 1997, 『東アジアの王權と交易』, 青木書店, 171~172쪽) 또한 李成市는 「買新羅物解」에 보이는 752년 김태렴의 교역과 『續日本紀』 권29, 神護景雲 2년(768) 冬 10월 甲子 일본조정이 신라의 교역품을 구입하기 위하여 대량의 면을 하사한 데서 그 전환의 획기를 찾았다.(李成市, 위의 논문, 175쪽)

대신한 신라라는 매개자가 필요했기 때문이라는 것이다.[13] 특히 이러한 관점의 연구자들은 일본의 대보율령大寶律令(701) 이후 일본의 대신라관對新羅觀 이른바 '부용국付庸國·번국관蕃國觀'의 시각에서,[14] 『일본서기』나 『속일본기』에 기록된 일본의 신라사신에 대한 외교형식의 조공외교가 이루어진 것으로 보고 있다.[15]

후자의 경우 신라와 당나라의 긴장완화로 신라와 일본의 긴장관계가 해소되자, 일본에 정착한 백제계 씨족의 의견을 반영하여 일본불교계가 신라 불교를 배우는 데 적극적이었던 만큼,[16] 일본측 기록에 보이는 문무왕 8년 이후 성덕왕 2년(703)까지 27차의 신라사신 기록[17]을 이해하기 어렵다는 관점이다. 이에 따라 일본측의 활발한 대신라접근책은 신라의 통일을 완수한 높은 국가의식과 유교·불교문화를 섭취하고자 하는 일본귀족층의 문화운동으로 풀이한다.[18]

한편 일본측 기록이 『삼국사기』에 비하여 압도적으로 많이 남아 있음을 인정하고, 7~9세기 신라와 일본과의 외교관계를 살피기 위하여 신라사신 스스로가 번국사藩國使, 조공사朝貢使로 자처하는 등 일본측 자료의 중화적 이념으로 포장된 역사상의 굴절 등을 제거하는 등 엄밀한 사료비판을 통하여 역사상을 재구성하거나,[19] 신라와 일본의 외교관계를 신라의 정치상황을 중심으로 검토한 연구도 있었다.[20]

---

13) 鈴木靖民, 「日本律令制の成立·展開と對外關係」, 앞의 책, 13~21쪽.
金恩淑, 위의 논문, 282쪽.

14) 일반적으로 일본이 신라를 '付庸國·蕃國'으로 보는 관념은 大寶 원년(701)에 撰定된 大寶律令 때부터로 보는데(石母田正, 「日本古代における國際意識について」, 앞의 책, 321~322쪽. ; 上田正昭, 1968, 「古代貴族の國際意識」, 『日本古代國家論究』, 塙書房, 456~457쪽 ; 鈴木靖民, 「奈良時代における對外認識」, 앞의 책, 190~192쪽 ; 申瀅植, 1990, 「통일신라의 대일관계」, 앞의 책, 328쪽), 金恩淑은 藤原京이 완성된 후 7세기 말 文武朝에 이르러 정비된 것으로 파악하였다.(金恩淑, 1991, 「8세기의 新羅와 日本의 關係」, 『國史館論叢』 29, 105쪽)

15) 今西龍, 1933, 「新羅中代下代の外國關係」, 『新羅史研究』, 近澤書店. 石母田正, 위의 논문(위의 책), 316~322·337~340쪽. 古煙徹, 앞의 논문, 54~55쪽. 鈴木靖民, 「日本律令制の成立·展開と對外關係」, 앞의 책, 19~23쪽과 「奈良時代における對外意識」, 같은 책, 190~197쪽.

16) 田村圓澄, 1974, 「半跏思惟像과 聖德太子」, 田村圓澄·洪淳昶 共編, 『韓日古代文化交涉史研究』, 乙酉文化社, 85쪽.

17) 申瀅植, 1984, 앞의 책, 326쪽.

18) 申瀅植, 1990, 「통일신라의 대일관계」, 앞의 책, 328쪽.

19) 延敏洙, 2003, 「統一期 新羅와 日本關係」, 『강좌 한국고대사』 4, 한국고대사회연구소, 209~285쪽.

본고는 지금까지 통일신라와 일본 관계사 연구가 양측 기록의 차이점에 대한 분석보다는 일방의 자료만을 취함으로써 서로 다른 논리만을 되풀이하고 있는 점에 주목하여, 양측 기록의 차이가 어디에서 비롯하며 그 정당한 역사적 의미는 무엇인가 하는 점을 살핌으로써, 신라와 일본의 교역의 변천양상을 재구성하고자 한다. 특히 7세기 후반으로부터 9세기 말엽까지의 신라와 일본의 교섭 및 8세기에 지속된 외교적 갈등의 소재를 밝히고자 한다. 이로써 7세기 후반 신라와 일본의 교섭이 국가 주도로 이루어졌던 데 대하여, 8세기 신라의 대일교섭은 진골귀족에 의해 주도되었으며, 애장왕대 양국의 '교빙결호交聘結好'란 양국 정부가 8세기 이래 양국간의 교역관계를 현실적으로 수용한 것이었음을 밝히고자 한다.

2. 신라·일본간 '사신내왕'에 대한 몇 가지 문제

동아시아 조공관계는 조공을 받는 국가의 하사물품을 통하여 조공국에게 우수한 문물이 전달되는 체계이다.[21] 그런데 통일신라와 일본의 관계는 일본측 기록을 그대로 인정한다면 '조공국'인 신라가 오히려 '피조공국'인 일본에게 문물을 전수하는 아이러니한 형태를 보여준다.

『일본서기』·『속일본기』에 따르면 문무왕 8년(668) 신라가 일본에 사찬 김동엄을 파견한 이후 성덕왕 35년(735) 김상정金相貞의 '왕성국王城國' 발언으로 반각返却[22]될 때까지, 신라사신은 '공조사貢調使'의 형식을 빌어 일본과 순조롭게 교섭하였던 것으로 나타난다. 『삼국사기』에도 효소왕 7년(698)과 성덕왕 2년(703)에 걸쳐 일본 사신이 신라를 내방한 것으로[23] 전하고 있어, 양국간의 사신내왕이 순조롭게 이어진 것은 인정할 수 있을 듯하다.

이 시기동안 신라가 일본에 보낸 '공조물貢調物'은 직물류와 피혁류, 기물류,

---

20) 金善淑, 앞의 논문.

21) 全海宗은, 당나라 때에는 唐의 개방성과 문화적 우수성으로 말미암아, 조공외의 관계 곧 문물의 전수관계가 지배적이었던 것으로 보고(全海宗, 앞의 논문, 18쪽), 통일신라와 당과의 문화교류가 매우 활발하여 유교·불교의 경전이 전래하였음을 지적하였다.(全海宗, 「韓中 朝貢關係 槪觀」, 위의 책, 44쪽)

22) 『続日本紀』 권 27, 天平 7년(735) 2월 癸丑.

23) 『三國史記』 권 8, 新羅本紀 8, 孝昭王 7(698)년 三月·聖德王 2(703)년 秋七月.

약물, 불상, 병풍 등을 망라하는 것이었고, 이른바 일본이 '하사'했다는 물품은 시絁·견絹·면綿·포布 등에 한정되었다. 또한 인적 교류를 통한 신라의 문물전수는 689년 4월 20일 조문차 일본에 파견된 신라사신이 일본의 신라 유학승 명총明聰과 관지觀智 등을 돌려보내면서 금동아미타상·금동관세음보살상·대세지보살상 등을 보낸 것,[24] 692년 10월 11일 산전사어형무광사山田史御形務廣肆가 전에는 승려로서 신라에서 학문을 배웠다는 것,[25] 722년 4월 20일 주방국周防國 산전사어방山田史御方이 번국藩國에 유학하여 생도를 가르키고 자못 문장에 능하다고 하는 것[26] 등에서 확인할 수 있다.

일본이 신라물품을 크게 선호하였던 것은, 이들 신라의 '공물貢物'을 5사五社 등 제사諸社와 대내산릉大內山陵에 바친 사실에서 확인할 수 있다.[27] 이는 752년 윤3월 9일에 파견한 견당사 일행이 사행을 마치고 돌아오면서 당의 물품을 가져왔을 때 산과릉山科陵에 이를 바치고 제사를 올린[28] 그것에 비교된다. 또한 경덕왕 11년(752) 김태렴金泰廉 일행이 일본에 건너갔을 때 일본 고급신료들이 그 신라물품을 구하고자 한 「매신라물해」와 신호경운 2년(768) 일본조정이 신라교관물新羅交關物을 매입하도록 조정대신에게 7만 둔屯의 대재부면大宰府綿을 지급한 데서도[29] 일본의 신라물품에 대한 선호도를 확인할 수 있다. 이와 같은 신라의 선진 문물의 전수나 인적 교류, 그리고 신라물품에 대한 일본의 선호도 등은, 이미 지적되듯이 일본에 있어서 신라가 선진문물의 주요한 통로로서 기능하였음을 반영한다.

따라서 신라의 대일본 외교정책의 기조는 『일본서기』·『속일본기』의 기록과는 달리 삼국 통일 이후 교린에 바탕하여 일본에 대한 선진문물의 전수자로서의

---

24) 『日本書紀』 권 30, 持統 3년(689) 4월 壬寅.

25) 『日本書紀』 권 30, 持統 6년(692) 10월.

26) 『續日本紀』 권 9, 養老 6년(722) 4월.

27) 『日本書紀』 권 30, 持統 6년(692) 12월 甲申. 『續日本紀』 권 1, 文武 2년(698) 정월 戊寅·庚辰·권 3, 慶雲 3년(706) 閏正月 戊午. 박석순은, 천황이 신라의 '貢物'을 五社 등 제사와 大內山陵에 바치는 등의 행위를 통하여 그가 物의 소유권자이며 재배분자로서 권위를 드러내고자 했고, 외교권 소지자로서의 권한을 대내적으로 체현할 수 있었던 것이라고 풀이하였다.(박석순, 2002, 「外來의 物과 고대일본의 왕권」, 『일본고대국가의 왕권과 외교』, 경인문화사, 78쪽)

28) 『續日本紀』 권 19, 天平勝宝 6년(754) 3월 丙午.

29) 『續日本紀』 권 29, 神護景雲 2년(768) 10월 甲子.

역할을 자임하였던 것이라 하겠다. 곧 836년 기삼진紀三津을 돌려보내는 신라 집사성의 첩에는 '교린의 사신이 아니라면 반드시 충심에서 우러나는 물건이 아닐 것이므로…'라고 하여 신라의 일본에 대한 외교정책의 기조가 교린交隣에 기초한 사정을 보여준다.

또한 경덕왕 11년(752) 윤 3월 김태렴이 일본에 갔을 때의 의례에서도 신라측의 일본에 대한 태도의 일단을 보여준다.

> 4월 신묘 영당객사領唐客使 등이 아뢰기를, "당나라 사신의 행렬이 좌우에 기를 세우고 대장帶仗을 두었으며, 관인官人 행렬의 앞뒤에 기를 세웠으니, 신들이 옛 사례를 참작해보아도 이러한 의례를 보지 못하였습니다. 금해야 할 지 아닐지를 처분하여 주십시오. …" 하였다. 또 "지난번 견당사 속전조신진인粟田朝臣眞人 등이 초주楚州로부터 출발하여 장락역長樂驛에 이르자 5품 사인이 칙을 전하여 위로하였는데, 이 때 절하며 사례하는 예는 보지 못하였습니다. 또한 신라 조공사 왕자 태렴泰廉이 서울로 들어오던 날 관의 사신이 명을 선포하고 영마迎馬를 내려 주었는데, 사신의 무리들은 고삐를 거두고 말 위에서 답례하였습니다. 다만 발해국의 사신만이 모두 말에서 내려 두 번 절하고 무도舞蹈하였습니다. 이제 당객唐客을 인솔하는데 어떤 예例에 준거하여야 하겠습니까. …"라고 아뢰었다.(『속일본기』 권 35, 보구 10년[779] 4월)

위 기사는 779년 일본 조정의 영당객사領唐客使가 당나라 사신의 접대 의례에 대하여 처분을 바라는 문의 내용이다. 여기에서 당사唐使는 『선화봉사고려도경宣和奉使高麗圖經』 권 25, 수조受詔 조의 영조迎詔 의식에 묘사된 송사宋使의 위의와 유사하게, 일본천황에게 조칙을 내리는 조사詔使와 같은 위의를 보여준 것으로 여겨진다.

그런데 위 기사에서 752년 김태렴 등 '신라사신'은 번국 사신으로서의 의례나 발해국사가 말에서 내려 재배무도再拜舞踏하는 것[30]과는 다르게, 말 위에서 일

30) 박석순은 弘仁·延喜式部式의 「諸蕃使表 및 信物을 받는 儀」 가운데 「渤海國使進王啓并信物表」는 『大唐開元禮』 권78의 賓禮 중 「皇帝受蕃使表及幣」의 형식이 계승되어 일본조정의 의식으로 성립된 것이라고 지적한 바 있다.(박석순, 「일본고대 율령제하 덴노(天皇)의 외교기능에 대한 분석」, 앞의 책, 51쪽)

본 천황 칙사의 '선칙로문宣勅勞問'에 답하는 모습을 보이고 있다.[31] 이는 신라 사절단의 일본에 대한 지위를 분명하게 보여주는 것이라 하겠다. 이러한 김태렴 일행의 일본 파견시의 태도는 당시 '신라사신'들이 국서國書를 지참하지 않고, 조공사나 조공품이라 칭하는 것을 거부한 것과 흐름을 같이 한다.

이는 일본측 기록에 보이는 '신라 사신'이 국가간 외교사절로서 파견된 것인가 하는 의문을 불러 일으키게 한다. 사실 경덕왕 11년(752) 당시 김태렴金泰廉이 천황을 배알하고 사절단의 입장을 천명한 데서도 그러한 측면을 살필 수 있다.

A. 6월 기축 신라왕자 김태렴 등이 조정에 배알하고 아울러 조調를 바쳤다. 그리고 아뢰기를 "… 이번에 … 왕을 대신하여 왕자 한아찬韓阿飡 태렴泰廉을 우두머리로 하여 370여 인을 거느리고 가서 입조하게 하고 겸하여 여러가지 조를 바치고 삼가 아뢰게 하였습니다"라 하였다. 조칙하기를 "신라국은 … 이제 다시 왕자 태렴을 보내어 입조하고 겸하여 조를 바치니 왕의 정성에 짐은 기쁠 뿐입니다. … "라 하였다. 태렴이 또 아뢰기를 "… 태렴은 … 제가 몸소 갖추어온 국토의 미미한 물건[私自所備 國土微物]을 삼가 바칩니다"라 하였다.(『속일본기』 권 18, 천평승보 4년[752], 6월 기축)

B. 임진 … 이 날 신라 사신에게 조당朝堂에서 향응을 베풀었다. 조칙하기를 "… 그 나라의 왕 헌영軒英이 이전의 잘못을 뉘우치고 몸소 조정에 오고자 하였다. 그러나 국정을 돌보아야 하기 때문에 왕자 태렴 등이 대신하여 입조하고 겸하여 조調를 바쳤다. …"라 하였다. 또 조칙을 내려 "지금 이후로는 국왕이 직접 와서 아뢰도록 하고 만약 다른 사람을 보내어 입조할 때에는 반드시 표문表文을 가지고 오도록 하라"고 하였다.(『속일본기』 권 18, 천평승보 4년[752], 6월 임진)

31) 鈴木靖民은, 일본이 大寶律令을 찬정하면서 신라를 율령제라는 국가체제의 모델로 보는 시각을 부정하고, 스스로 소중화=대국의식을 드러내는 대상인 조공국으로 파악하고, 『續日本紀』 大寶元年(701)부터 和同 7년경까지의 '朝賀의 儀'나 '新羅使節 入朝의 儀' '南島民 朝貢使 迎接의 양태' 등은 당시 일본 지배층의 新羅·南島·蝦夷·蝦狄에 대한 四夷的 意識을 보여주는 것으로 보았다.(鈴木靖民, 「日本律令制の成立·展開と對外關係」, 앞의 책, 22~23쪽) 그러나 『續日本紀』 宝亀 10년(779) 4월 辛卯조에 보이는 김태렴의 威儀는 여타 『續日本紀』에 신라를 朝貢國視하여 서술한 내용과 매우 다른 모습인 바, 당시 신라 사절단의 일본에 대한 태도의 진면목을 보여주는 기록으로 주목하고자 한다.

위의 기사 A에서 김태렴金泰廉은 효겸천황孝謙天皇에게 자신이 사행으로 온 까닭을 사주辭奏로써 일관하고 '몸소 갖추어 온 국토의 미미한 물건[私自所備 國土微物]'을 올리고 있다. 이는 김상정金相貞 등이 성덕왕 35년(735) 일본조정에 입조할 때에 신라를 '왕성국王城國'이라 일컬음으로써 반각返却된[32] 이후 신라와 일본간 갈등이 연이어지는 시점에서[33] 일어난 일로서, 이 시기에 700여 명의 대규모 신라 사절단이 파견되고[34] 천황을 조알한 것은 이례적인 일이었다.[35]

---

32) 『続日本紀』권 12, 天平 7년(735) 2월.

33) 효성왕 원년(737)에는 일본의 遣新羅使 일행을 경주에 들어오지 못하게 하여 돌려 보냈으며, 효성왕 2년(738)에는 신라사 김상순 등이, 경덕왕 원년(742)에는 김흠영 등이 사행을 하지 못하고 되돌아오는 사태가 연이어졌다. 일련의 사태에 대하여 『三國史記』에는 경덕왕 원년(742) 겨울 10월에 "日本國使가 왔으나 不納하였다"고만 기록되어 있다.

34) 『続日本紀』 권 18, 天平勝宝 4년(752), 윤3월 己巳.

35) 森克己는, 金泰廉의 來朝는 당시 냉각화되었던 신라와 일본의 관계를 최후에 灯火하는 것으로 서술함으로써, 그 의의를 살핀 바 있다.(森克己, 1975b, 「遣唐使と新羅との關係」, 『續日宋貿易の研究』, 國書刊行會, 129~131쪽) 한편 대규모 사절단이 파견된 데 대하여, 東野治之는, 內藤雋輔(1928, 「新羅人に海上活動について」, 『大谷學報』 9-1 ; 1977, 『朝鮮史研究』, 東洋史研究會, 337~338쪽)와 末松保和(「日韓關係」, 『岩波講座 日本歷史』, 戰前판)가 지적하였던 당시 신라 사신의 사행에 있어서 貿易이 큰 비중을 차지하였다는 견해에 동의하면서, 新羅使는 외교사절이었던 반면 商賈로서의 성격을 갖추었던 것으로 이해하였다.(東野治之, 1974, 「鳥毛立女屏風下貼文書の研究 -買新羅物解の基礎的考察」, 『史林』 57-6 : 1977, 『正倉院文書と木簡の研究』, 塙書房, 1977, 304~305쪽) 田村圓澄은, 김태렴 일행의 일본 파견에 대하여 740년대를 전후한 天平年間 일본에 만연한 천연두와 藤原廣嗣의 亂으로 인한 국력과 정신의 피폐를 佛力으로써 극복하고자 하는 東大寺 大佛 조영과 밀접한 관련이 있으며, 직접적으로는 天平 4년(732) 정월의 遣新羅使 山口忌寸人麻呂의 요청에 따른 것(田村圓澄, 1999, 「新羅王子金泰廉の東大寺參拜」, 『古代日本の國家と佛教』, 吉川弘文館, 421쪽)으로 보았다. 石井正敏은, 김태렴이 밝힌 朝貢 관련 취지는 무역을 원활하게 진전시키기 위한 방편이었으며, 신라측이 무역을 목적으로 자주적으로 김태렴일행을 파견한 것으로 풀이하였고(石井正敏, 1975, 「新羅·渤海との交涉はどのよおに進められたか」, 森克己·田中健夫 編, 『海外交涉史の視點 1』, 日本書籍 ; 2001, 「天平勝寶四年の新羅王子金泰廉來日の事情をめぐって」, 『日本渤海關係史の研究』, 吉川弘文館, 42~56쪽), 윤선태와 강봉룡도 이와 동일한 관점을 보이고 있다.(윤선태, 1997, 「752년 신라의 대일교역과 바이시라기모쯔케(買新羅物解)」, 『역사와 현실』 24, 57~58·64~65쪽 ; 姜鳳龍, 2001, 「8~9세기 동북아 바닷길의 확대와 貿易體制의 변동」, 『歷史教育』 77, 16~20쪽) 한편 酒寄雅志, 濱田耕策과 李成市는, 신라로서는 일본의 발해와의 군사적 협조관계에 의한 侵寇를 피하려는 정치적 목적을 주로 하여 부수적으로 침체된 交易의 활로를 찾는 효과를 얻었던 것으로 이해하였다.(酒寄雅志, 1977, 「8世紀における日本の外交と東のアジア情勢-渤海との關係を中心として」,

B는 신라가 일본에 번병蕃屛으로서 조공을 한 것이 신공황후의 신라토벌 이후로 지금까지 계속되었고, '전왕 승경承慶(효성왕)과 대부大夫 사공思恭 등이 말과 행동이 게으르며 항례恒禮를 잃은 까닭에 사신을 보내 죄를 물으려 했다'는 데 이어 나온 내용이다. 그런데 지금의 신라왕 헌영軒英(경덕왕)이 국정이 바쁜 관계로 왕자 김태렴을 보내어 조調를 바치므로 기쁘게 여겨 관위와 물품을 하사한다는 것이다. 아울러 국왕이 몸소 내조하면 사주해도 무방하나, 다른 사람이 내조할 때면 반드시 표문을 지참하도록 규정하고 있다.

곧 김태렴은 별도의 국서[表文] 없이 사주로써 일관하여 신라국왕의 뜻을 전하면서, '개인 자격으로 준비한 신라의 물품'을 증여하였고, 일본국왕은 신라왕자 김태렴의 사행을 신라왕을 대신한 행위로 생각하여 매우 기쁘게 여겼음을 알 수 있다.

먼저 김태렴이 일본 국왕에게 국서 없이 신라왕의 말을 '사주辭奏'로써 전한 것은 일본측 사료의 수식부분을 제하고 보면 국가간의 외교관계에서는 보기 드문 현상이었다. 일본측 기록을 보더라도 신라 국왕의 명으로 일본에 국서國書를 보낸 흔적은 전혀 보이지 않고, 오직 성덕왕 2년(703) 1월 효소왕의 사망을 알리는 신라국사 살찬薩湌 김복호金福護의 표문表文[36]과 집사성執事省의 첩문牒文[37]만을 확인할 수 있다. 그런데 김복호의 표문 '신라국사 사찬 김복호의 표를 올려 이르기를[新羅國使薩湌金福護表云]'이라는 구절에서 이는 신라왕의 표문이라기보다는, 김복호가 일본 국왕에게 표문을 올린 것이거나 효소왕의 사망사실을 사주辭奏한 것이 『속일본기』에 이처럼 기록된 것이 아닌가 판단되므로, 이를 국가간의 국서로 채택하기는 어렵다.[38]

『國史學』 103 ; 2001, 『渤海と古代の日本』, 校倉書局, 211~212쪽 : 濱田耕策, 1983, 「新羅の中·下代の內政と對日外交-外交形式と交易をめぐって」, 『學習院史學』 21 : 2002, 『新羅國使の硏究』, 吉川弘文館, 349~350쪽 ; 李成市, 1997, 『東アジア王權と交易』, 青木書店, 79~80쪽·112~113쪽) 延敏洙는, 김태렴 일행은 遣新羅使 正7位下 山口忌寸人麻呂의 요청에 따라 東大寺의 大佛造營과 밀접한 관련이 있으며, 외교 및 교역을 병행한 사절단으로 보았다.(延敏洙, 앞의 논문, 250~252쪽)

36) 『続日本紀』 권 3, 大宝 3년(703) 閏4월 辛酉 朔.

37) 『續日本記』 권 25, 淳仁天皇 天平寶字 8년(764) 7월 甲寅. 『續日本後紀』 권 5, 仁明天皇 承和 3년(836) 12월 丁酉. 『日本三代實錄』 권 47, 仁和 원년(885) 6월 癸酉.

38) 延敏洙는 新羅國使 薩湌 金福護가 表文을 올린 점에 주목하여 통일기 신라가 국서형식의 표문을 올린 유일한 예로써 들고, 일본을 '聖朝'라 지칭한 점, 일본천황이 신라왕을

따라서 일본은 신라에 대하여 지속적으로 표문을 요구하였지만,[39] 신라 사신의 경우 사주辭奏로 일관하였고, 이러한 점에서 신라가 당나라에 국왕의 표를 올리고 조공을 드리는 것이나, 당나라가 칙문과 답례품을 내리는 것과 명백한 차이가 있다. 신라가 국왕의 의사를 사주로 전달하는 방식은 일본의 대보율령(701) 이후 일본의 대신라관 이른바 '부용국·번국관'의 시각에서 보면 조공외교의 '상례常禮'를 벗어난 것이었다. 신라의 관점에서는 일본이 조공외교를 새로이 들고 나오는 것은 분명히 오만한 태도로 비춰졌을 것이므로, 양국이 주장하는 '상례'는 서로 그 내용이 다른 것이었다.[40]

결국 효겸천황孝謙天皇은 김태렴金泰廉에게 "지금 이후로는 국왕이 직접 와서 아뢰도록 하고 만약 다른 사람을 보내어 입조할 때에는 반드시 표문을 가지고 오도록 하라"고 조칙을 내려, 신라 사신들의 사주의 관행을 국왕의 경우에만 인정한다는 일종 절충안을 제시함으로써 문제를 해결하고자 하였다. 그러나 이러한 일본측의 주장은 일방적인 것이었고, 김태렴의 '사행' 이듬해에 일본사신이 신라에 왔으나 그 태도가 오만하고 무례하여 왕이 보지않고 돌려보내는 사태로 이어졌다.[41] 그후 경덕왕 18년(759)부터 일본에서는 신라 정토계획이 추진되었다.[42] 일련의 사태로 미루어 보아 김태렴 이후에도 양국간의 정책적 기조는

'藩君'이라 하고 마치 보살핌을 받는 자식과 같이 '愛子'라고 표현한 점, '寡君'이라는 구어체의 문장으로 미루어 신라사신 김복호의 구두 언사일 가능성이 높으며, 일본의 율령적 이념에서 개작된 것이라고 보았다.(延敏洙, 2003, 앞의 논문, 227~228쪽) 필자 또한 이 의견에 동감하나, '新羅國使薩湌金福護表云'이라는 구절에서 이는 신라왕의 표문이 아니며, 金福護가 신하된 입장에서 상대국 국왕에게 表文을 올렸거나 효소왕의 사망사실을 구두로 아뢴 것을 기록한 것이라 할 수 있겠으나, 이를 정식 국서로 채택할 수 없다는 점을 밝히고자 한다. 이는 당나라의 百濟鎭將 劉仁願이 郭務悰을 일본에 보내어 表函과 獻物을 바쳤다(『日本書紀』 권27, 天智天皇 3년(664) 夏五月戊申朔甲子 百濟鎭將劉仁願遣朝散大夫郭務悰等進表函與獻物)는 사례와 상응하며, 일본측에서 이를 表로서 기술한 것이라고 할 것이다.

39) 『続日本紀』 권 18, 天平勝宝 4년(752) 6월 壬辰.

40) 濱田耕策은, 신라가 8세기 4반기까지는 일본이 설정한 조공외교를 따르다가, 732년을 경계로 國制를 정비하고 이를 근거로 한 君子國 등의 자존의식이 고양되면서, 抗禮의 형식으로 외교적 자세를 전환함으로써 조공형식의 회복을 집요하게 요구하는 일본과 마찰이 있었던 것으로 이해하였다.(濱田耕策, 앞의 논문, 앞의 책, 349쪽)

41) 『三國史記』 권 9, 新羅本紀 9, 景德王 12년(753) 秋 8월.

42) 『続日本紀』 권 22, 天平宝字 3년(759) 6월 壬子·8월 己亥·9월 壬午.
『続日本紀』 권 23, 天平宝字 5년(761) 정월 乙未)

전혀 바뀌지 않았음을 알 수 있다.

다음으로 위의 기사 B에서 신라왕자 김태렴의 사행에 대하여 일본 천황이 이를 왕을 대신한 행위로 여겼음을 알 수 있다. 신라 왕자가 일본에 파견된 기록은 위의 경덕왕 11년(752)의 김태렴을 비롯하여 문무왕 15년(675)의 김충원金忠元,[43] 신문왕 7년(687)의 김상림金霜林과 효소왕 4년(695)의 김양림金良林[44] 등 4명으로 나타난다. 이들이 실제로 왕자였는지에 대해서는 『삼국사기』에 대응하는 기사가 없어서 확인할 수 없다. 김태렴의 경우, 경덕왕은 동왕 17년(758)에 왕자의 첫 탄생을 보았기 때문에 왕자일 가능성이 희박하다.[45] 그런데 애장왕 3년(803) 왕의 숙부 균정均貞에게 대아찬의 관등을 내리고 가왕자假王子로 삼아 왜국에 질質로 보내려 했던 사례로 미루어,[46] 김태렴 또한 균정과 같이 일종 가왕자의 신분이지 않았을까 추정된다. 따라서 김충원이나 김상림, 김양림 등도 대체로 균정과 유사한 신분이 아니었을까 짐작된다.[47]

---

43) 『日本書紀』 권 29, 天武天皇 4년 (675) 2월.

44) 『日本書紀』 권 30, 持統 元年(687) 9월 甲申·持統 9年(695) 3월 己酉).
한편 金霜林과 金良林은 國政을 奏請하기 위해 일본에 파견된 것으로 『日本書紀』에 기록되어 있는데, 이 때에 신라가 주청한 國政이란 무엇인지 분명하지 않다. 다만 일본 측 사료가 율령적 이념에 의하여 수식되었다는 점을 고려하고 신문왕 7년(687) 일본의 學問僧 智隆이 신라사신을 따라 일본에 갔던 사실에 비추어 國政이란 신라 문물의 전수에 관련한 사안이었는지, 아니면 당시 신라와 당과의 관계가 소원했던 만큼(신형식, 1984, 『한국고대사연구』, 327쪽) 일종 당나라에 대한 공동 대응 등과 관련된 사안은 아니었을까 짐작해 볼 수 있다.

45) 和田軍一, 1924, 「淳仁朝における新羅征討計劃について」, 『史學雜誌』 35-10, 847·851쪽 각주 14. 濱田耕策, 앞의 논문, 앞의 책, 346쪽. 延敏洙, 앞의 논문, 259쪽. 다만 金恩淑은, 金泰廉이 700명이나 되는 대규모 사절단을 이끌었고, 성덕왕의 조카 金志廉과 金泰廉이 형제일 가능성이 있으며, 이들이 모두 왕족이었을 것이라 점, 그리고 경덕왕 4년(745) 東宮을 수리하고, 752년 8월에는 東宮衙官을 두었다는 『三國史記』의 기록 등으로 보아, 김태렴이 경덕왕 초기에 왕자이었을 가능성이 있는 것으로 보았다.(金恩淑, 앞의 논문, 123쪽)

46) 『三國史記』 권 10, 新羅本紀 10, 哀莊王 3년.
균정을 일본에 질로 보내는 것에 대하여, 당시 섭정직에 있었던 金彦昇이 자신의 정치적 경쟁자가 될 수 있는 禮英系의 均貞 세력을 약화시키기 위한 목적때문이었던 것으로 추정되고 있다.(韓圭哲, 1994, 『渤海의 對外關係史』, 1994 ; 全基雄, 1997, 「나말여초의 對日關係史 硏究」, 『韓國民族文化』 9, 8쪽)

47) 濱田耕策은 신라의 假王子 파견을, 외교형식에서 일본의 朝貢外交에 응함으로써 외교적 마찰을 피하고 신라 국내에서의 抗禮의 자세를 견지하고자 하는 외교적 방책으로서 나타난 것이라고 이해하였다.(濱田耕策, 앞의 논문, 앞의 책, 344~348쪽)

마지막으로 김태렴이 효겸천황에게 가져간 물품을 '개인 자격으로 준비한 신라의 물품[私自所備 國土微物]'이었다고 일컬은 데서, 그의 신분이 왕자였는지, 그리고 그가 과연 공식 사절이었을까 하는 의문이 있다. 그가 일컬은 '개인 자격으로 준비한 신라의 물품'은 국가간 공식 외교관계에서 주고받는 조공물품과는 차이가 있기 때문이다. 더욱이 김태렴이 일컬은 '국토미물國土微物'이란 경덕왕 2년(743) 4월 일본측이 외교적 상례에 어긋난다고 지적하여 신라사신을 돌려보낸 사건48)의 발단이 된 '신라 사신이 조調를 토모土毛라고 개칭하고 서書에는 물건의 숫자만 기록한 것'의 '토모'에 상응하는 것으로 판단된다.

'토모土毛'란 지적되듯이 '각 지방에서 생산하는 물건'을 일컬으며, 『삼국사기』 문자명왕 13년(500)조에도 비록 『위서』 고구려전의 내용을 전재한 것이긴 하나 '여러 대에 걸쳐 성심을 다하여 토지에서 생산한 토모로 왕공을 어기지 아니하고[累葉純誠 地産土毛 無愆王貢]' '토모로 상공을 잃지 아니하고[土毛無失常貢]'라 하여49) 고구려에 생산되는 특산물을 지칭하는 명칭으로 사용되었다. 신라의 경우 명확히 일치하는 명칭은 보이지 않으나 『삼국사기』 권 33, 잡지 2, 색복조 흥덕왕 9년(834)의 교서 가운데 "풍속이 점차 요박하여 백성들이 다투어 사치하고 단지 이역 물산의 진기한 것만을 숭상하고 오히려 토산의 비야함을 싫어하여[俗漸澆薄 民競奢華 只尙異物之珍寄 却嫌土産之鄙野]"라고 하여 '토산土産'이란 용어의 사용례가 보인다.

『일본서기』에도 해당 지역의 특산물을 일컫는 말로 토모를 사용하였다.50) 『일본후기』에서는 발해사신이 일본에게 증여하는 물품의 명칭으로 사용된 바 있으며,51) 『속일본후기』에서는 승화 9년(842) 정월 을사 전축전국수前筑前國守 장실조신궁전마려丈室朝臣宮田麻呂의 말 가운데 "경외의 사람을 쫓아 토모를 사랑하게 되어 우리 경계에 이르니[縱境外之人 爲愛土毛 到來我境]"라고 하여52) 일본 내에서 생산된 물품을 총칭한 것으로 나타나고 있다. 이처럼 '해당 지역 또는 그 나라의 특산물'이란 뜻으로 사용된 '토모'는 일견 '방물方物'의 의미와도 서로

48) 『続日本紀』 권 15, 天平 15년(743), 4월 甲午).
49) 『三國史記』 권 19, 高句麗本紀 7, 文咨明王 13년.
50) 『日本書紀』 권 10, 応神天皇 19년 10월 戊戌 朔·권 29, 天武天皇 10년(681) 8월 丙戌.
51) 『日本後紀』 권 29, 弘仁 12년[821] 11월 乙巳.
52) 『續日本後紀』 권 11, 承和 9년(842) 정월 乙巳.

통한다. 곧 방물은 중국 주변국이 중국에 바친 공진물의 명칭으로서 토의土宜·토물土物·토모土毛와 같은 뜻의 말이다.[53] 『삼국사기』와 일본측 기록에도 신라가 당나라에 보내는 조공물품이나 발해가 일본에 증진한 물품을 방물로 사용한 사례를 볼 수 있다.

그런데 『속일본기』에는 위에서 살핀 권 15, 천평 15년(743), 4월 갑오 기사 외에도 일반적인 토모의 용례와 다른 양상의 사용례를 보여준다.

C. 2월 무술 초하루 고려왕에게 내리는 칙서에 "천황이 고려국왕에게 삼가 문안드립니다. … 아울러 다시 보내준 신물信物은 숫자대로 받았습니다. 그리고 돌아가는 사신편에 토모土毛 비단 40필, 미농美濃 명주 30필, 실 200구絇, 면 300둔을 보내니 충성스러움을 특별히 가상히 여기는 것입니다. … "라 하였다. … (『속일본기』 권 22, 천평보자 3년[759] 2월 무술 초하루)

D. ① 3월 정묘 일찍이 신라 사신에게 내조한 까닭을 묻던 날에 김초정金初正 등은, "당에 있는 대사 등원하청藤原河清과 학생學生 조형朝衡 등이 숙위왕자 김은거金隱居가 본국으로 돌아가는 편에 고향의 부모에게 보내는 서신을 부쳐 보냈습니다. 이 때문에 국왕이 초정初正 등을 뽑아 하청河清 등의 서신을 보내게 하였습니다. 또한 사신이 나아가는 편에 토모土毛를 바쳤습니다"라 말하였다. 다시 묻기를 "신라가 조調를 바치는 것은 그 유래가 오래되었다. 그런데 '토모'라고 고쳐 칭하는 것은 그 뜻이 어디에 있는가"라 하니, "문득 부수적으로 바치는 것이므로 '조調'라고 칭하지 않았습니다"라고 대답하였다. … (『속일본기』 권 30, 보구 원년[770] 3월 정묘)

② 3월 계묘(4일) 이 날 신라국 사신 예부경 사찬 김삼현金三玄 이하 235인이 대재부에 도착하였다. 하내수河內守 종5위상 기조신광순紀朝臣廣純 … 등을 보내어 래조한 까닭을 물었다. 삼현은 "우리나라 왕의 교를 받들어 옛날의 우호를 닦고 서로의 사신방문을 청하기 위함이다. 아울러 우리나라의 신물信物과 재당대사 등원하청藤原河清의 글을 가지고 내조하였다"라 말하였다. (그러자) "대저 옛날의 우호를 닦고 서로의 사신방문을 청하는 일은 대등한

53) 保科富士男, 1989, 「고내 일본의 대외관계에 있어서 贈進物의 명칭」, 『백산학보』 25 ; 2002, 『張保皐關係研究論文選集 : 中國篇』·日本篇』, 해상왕장보고기념사업회, 480~482쪽.

이웃이어야만 하며 직공職貢을 바치는 나라로서는 옳지 않다. 또한 공조貢調를 국신國信이라고 고쳐 칭한 것도 옛 것을 바꾸고 상례常例를 고친 것이니 그 뜻이 무엇인가"하고 물었다. 대답하기를 " … 또한 삼현은 본래 조調를 바치는 사신이 아닌데, 본국에서 문득 임시로 파견되어 오로지 토모를 올리게 되었을 뿐이다. 그러므로 어조御調라 칭하지 않고 감히 편의대로 진술한 것이며, 나머지는 알지 못한다"라고 말하였다. … (『속일본기』 권 33, 보구 5년[774] 3월 계묘)

위 C 기사에서 일본은 번국시한 발해로부터 신물信物을 받고, 이에 대해 토모土毛를 내린 것으로 기록하고 있다. D①에서는 신라가 토모라고 이름을 고친 까닭을 묻자, 신라사 김초정은 일본의 재당대사 등원하청·학생 조형 등의 서신을 보내주는 편에 물품을 바치기 때문에 조調라 칭하지 않고 토모土毛라고 칭하였음을 설명하고 있다. D②에서도 신라사 김삼현 또한 일본의 재당대사 등원하청의 서신과 국신물을 가지고 왔으며, 자신은 본디 공조사가 아니며, 본국에서 사신으로 파견된 까닭에 토모를 드린 것이고, 이러한 까닭에 어조御調라 하지 않는다고 하였다. 특히 김삼현이 토모로써 국신물로 삼았다는 데서, 신라가 일컬은 토모란 신라에서 생산된 물품의 통칭임을 알 수 있다. 따라서 『속일본기』의 경우 토모는 일본이 번국에게 내리는 증여물이었고, 신라의 입장에서는 신라에서 생산된 물품을 일컫는 것으로서, 이를 외교적 증여물로 기능할 때에 '조調' 또는 '국신물國信物'이라 일컬었음을 살필 수 있다.

특히 D②에서 일본측이 '조를 신물이라 칭한 것[調稱信物]'을 문제 삼고 있지만, 일본측 기록에서 신물信物의 용례를 보면 당과의 사신 내왕을 통하여 주고받은 물품을 모두 신물 또는 국신물로 통용하고 있다. 발해와의 통교에는 일본이 증여한 물품을 토모나 신물이라고 칭한 반면, 발해가 보낸 물품은 방물 또는 신물로 일컬음으로써[54] 전혀 차이를 두고 있지 않다.[55]

이는 『속일본기』에서는 신물과 방물에 차이를 두고 있지 않다는 의미인데, 일본이 오직 신라에 대해서만 문제삼는 데는 이러한 명칭의 문제라기 보다는

54) 『続日本紀』 권 32, 宝亀 3년(772) 정월). 『日本後紀』 권 7, 延暦 17(798) 12월 壬寅.
55) 朴昔順, 2002b, 「일본 율령국가의 왕권과 대 신라외교-8세기 사절 방환 사례를 중심으로-」, 『한국고대사연구』 25, 214쪽.

외교형식 곧 실제적인 외교관계를 바랬던 일본조정의 입장에서 토모, 신물 등의 용어를 사용하면서 외교사절이라면 마땅히 갖추어야 할 국서 등을 갖추지 않은 '신라사신'을 국가간 공식적인 외교사절로 용납하기 어려웠기 때문일 것이다. 또한 김초정·김삼현의 '공조사貢調使가 아니기 때문에 어조御調라 칭하지 않고 토모土毛라고 칭한다'는 말에서, 이들 토모논쟁土毛論爭은 일본측 기록의 '신라사신'이 그들 주장대로 '공조사가 아니었던' 사실을 보여준다고 할 것이다.

또한 737년 2월 신라가 일본사신을 받아들이지 않은 것을 '신라국이 상례를 잃었기 때문'이라고 한 것이라든지, 743년 김서정의 일본 파견시에 조調라 칭하지 않고 토모라 칭함으로써 '크게 상례를 잃었다' 하고, 752년 김태렴의 파견 때에 '이제로부터 이후로 국왕이 친히 오면 마땅히 사주辭奏로써 하나 만일 다른 사람을 보내어 입조하면 반드시 모름지기 표문을 가져 오도록 하라'고 한 것, 760년 9월 김정권의 파견시에 '사인使人이 경미하여 족히 빈대賓待할 만하지 못하다' 하여 물리친 것 등에서, 당시 '신라사신'은 국가간 공식 외교사절로 인정하기 어려운 점이 있다.

이러한 점은 『속일본후기』 승화 9년(842) 8월 15일조의 대재대이大宰大貳 종4위상 등원조신위藤原朝臣衛가 올린 4개조의 청원문 그 첫 번째 조항에서 "신라에서 조공한 것은 그 유래가 오래되었는데, 성무황제聖武皇帝 때부터 성조聖朝에 이르기까지, 구례舊例를 따르지 않고 항상 간사한 마음을 품으며, 조공물을 바치지 않고 장사하는 일에 기대어 우리나라 사정을 엿봅니다"라고 하여,[56] 일본 관료들이 성무천황(724~749) 때부터 '신라사신'을 신라의 공식 외교 사절로 인정하지 않았던 사정과도 흐름을 같이 한다. 특히 등원조신위가 '구례를 따르지 않고 항상 간사한 마음을 품으며, 조공물을 바치지 않고 장사하는 일에 기대어'라는 표현에서, 8세기 '신라사신'으로 기록된 이들이 국가간 정식 외교사절이라기 보다는 교역을 목적으로 파견된 이들일 가능성이 높다고 하겠다.

56) 『続日本後紀』 권 12, 承和 9년(842) 8월 丙子.

3. 7~8세기 신라의 대일교역품과 그 성격의 변화

문무왕 8년(668) 사찬 김동엄金東嚴이 일본에 파견된 이후 성덕왕 35년(735) 김상정金相貞의 '왕성국王城國' 발언으로 반각返却될 때까지, 신라사신은 이른바 '공조사貢調使'의 형식을 빌어 일본과 순조롭게 교섭하였던 것으로 나타난다. 그러나 김상정의 '왕성국' 발언 이후 연력 18년(799) 5월 임신 일본의 견신라사가 정지될 때까지 '신라사신'은 국서를 지니지 않고 국왕의 의사를 사주辭奏로써 전달하였으며, 일본측 자료에서 사신이라 칭하였던 김태렴金泰廉 조차도 그가 가져간 물품을 '개인 자격으로 준비한 신라의 물품[私自所備 國土微物]'이라 일컬었다. 김삼현金三玄의 경우 『속일본기』에는 '신라국사新羅國使'라고 하였으나 그 자신이 '공조사'가 아님을 천명하였고, 승화 9년(842) 등원조신위藤原朝臣衛의 청원문에서 일본 관료들이 성무천황聖武天皇(724~749) 때부터 '신라사신'을 신라의 공식 외교 사절로 인정하지 않았던 사정을 볼 수 있듯이, 이른바 8세기 '신라사신'을 국가관 외교관계 속에서 파견된 공식 사신으로 인정하기 어려운 점이 있다. 이러한 점은 8세기 신라와 일본간에 벌어진 '외교적' 갈등의 시기, 곧 김상정의 '왕성국' 발언으로부터 연력 18년(799) 5월 임신 "견신라사를 정지"[57]한 조치 때까지의 시기에 교역된 물품과 그 이전 시기의 물품을 비교해 볼 때 보다 더 분명하게 알 수 있다.

신라가 삼국을 통일하고 일본과 관계를 개선한 이후부터 김상정의 '왕성국' 발언 이전 시기(제1기)까지의 신라의 '공조물貢調物'은 『일본서기』와 『속일본기』에서 그 물품명을 확인할 수 있다. 그런데 양국간의 갈등이 본격화된 730년대 후반부터 8세기 말엽까지(제2기)[58]의 대일교역물품은 문헌상에 잘 나타나지

57) 『日本後紀』 권 8, 延曆 18년(799) 5월 壬申.

58) 濱田耕策은 제1기와 2기의 기점을 양국간의 마찰의 전조가 된 732년 新羅使의 日本來朝 年紀를 奏請한 天平 4년(732)으로 보면서 각 시기를 ① 朝貢形式 ② 抗禮形式으로 특징지웠다.(濱田耕策, 앞의 논문, 앞의 책, 329~336쪽) 김은숙은, 통일신라와 일본과의 관계를 ① 7세기 후반~8세기를 국가간의 교섭으로, ② 9세기 전반 일본의 사신 파견 ③ 신라상인에 의한 무역 전개 ④ 9세기 후반 일본의 신라에 대한 경계 강화로 각각 시기를 구분하고, 특히 국가간의 교섭기였던 첫째시기에는 764년 이후 신라와 일본은 집사성과 대재부의 실무교섭으로 바뀐 것으로 이해하였다.(김은숙, 앞의글, 앞의 책, 1998, 280~293쪽) 이에 대해 연민수는 고구려의 멸망(668) 이후 779년까지 공적 교류가 이루어진 것으로 보면서, 이를 ① 제1기(668~700년) ② 제2기(700~732년)

제1기 신라사신의 '조물調物'과 '별헌물別獻物'

	調　物	別　獻	
		別獻 1	別獻 2
671		別獻水牛一頭山鷄一隻	
679	調物 金銀鐵鼎 錦絹布 皮 馬 狗 騾 駱駝之類十餘種	別獻物天皇 皇后 太子 貢 金銀刀旗之類各有數	
681	貢調 金銀銅鐵 錦絹 鹿皮細布 之類 各有數	別獻天皇 皇后 太子 金銀 錦 霞幡 皮之類 各有數	
685	新羅王獻物 馬二疋 犬三頭 鸚鵡二隻 鵲二隻 及種種寶物		
686	貢上 細馬一疋 騾一頭 犬二狗 鏤金器 及金銀 霞錦 綾羅 虎豹皮 及藥物之類 并百餘種	別獻皇后 皇太子 及諸親王等之物 各有數	亦智祥健勳等別獻物 金銀 霞錦 綾羅金器 屛風 鞍皮 絹布 藥物之類 各六十餘種
688	金銀 絹布 皮銅鐵之類十餘物	并別所獻佛像 種種彩絹 鳥馬之類十餘種	及霜林所獻 金銀 彩色 種種 珍異之物 并八十餘物
689		別獻 金銅阿彌陀像 金銅 觀世音菩薩像 大勢至菩薩像 各一軀 綵帛錦綾	
719	獻調物并騾馬牡牝各一疋		
732	進種種財物 并鸚鵡一口 鴝鵒一口 蜀狗一口 獵狗一口 驢二頭 騾二頭		

않고, 김태렴이 일본에 파견되었을 때에 작성된 신라물품 구입 신청서인 「매신라물해買新羅物解」를 통하여 그 내용을 구체적으로 살필 수 있다.

제1기의 대일교역물품은 위의 표와 같이 조류鳥類와 견류犬類, 마류馬類, 수우水牛, 낙타駱駝 등을 비롯하여, 세포細布와 비단류, 피혁류, 금은동철金銀銅鐵의 광물류 및 기물류, 약물, 불상, 병풍 등이었다. 이들 물품은 일본측 기록을 그대로 따른다면 '조물調物' 또는 '별헌물別獻物'의 형태로 주어졌는데, '조물'은 신라

---

③ 제3기(732~779년)로 구분하고, 각 시기의 성격에 대하여 명확한 규정을 내리진 않았지만, 그 논지로 미루어 볼 때 ① 일본의 대 신라관계는 일본의 國制의 정비에 동반하여 국가운용에 필요한 다양한 법률, 학술, 사상, 제도의 수입에 역점을 둔 외교 ② 상호 교류를 통해 수많은 문물과 정보를 교환해 나간 '외교의 시대' ③ 상호간 중화의식의 충돌 및 외교와 교역을 병행한 공적 관계의 시기로 각 시기별 특징을 규정하였다. (연민수, 앞의 논문, 211~263쪽)

국왕이 일본천황에게 올린 일종의 '공물貢物'이었고, '별헌물'은 신라국왕이 천황·황후·황태자 및 왕실의 제친왕諸親王 등에게 바치거나(別獻 1), 사신이 천황·황후·황태자 및 왕실의 제친왕에게 올리는 물품(別獻 2)이었다는 것이다.

그런데 동아시아 조공관계에 있어서 조공국이 조공을 함에 있어서 '별헌'한 사례는 보이지 않고, 오히려 피조공국이 조공한 나라의 국왕뿐만 아니라 조공국의 왕비, 태자, 대신들에게 별도의 물품을 하사하는 형태였다.[59] 당 덕종이 원성왕 2년(786) 김원전金元全의 입당 조공시 왕과 왕비, 대재상, 차재상에게 물품을 하사한 것[60]을 비롯하여, 경문왕 5년(865) 당 의종이 호귀후胡歸厚 등을 사신으로 보내어 왕과 왕비, 왕태자, 대재상, 차재상에게 물품을 내린 사례[61]에서 이를 확인할 수 있다.

따라서 일본측 기록에서 신라를 '조공국'으로 서술하고, 신라사신이 '조공사'로서 '조물'과 '별헌'을 바쳤다는 것은, 당-신라간의 사례로 보아 오히려 피조공국으로서의 신라가 일본국왕과 왕비, 태자, 왕실 친족들에게 물품을 하사하였던 사실을 반영하는 것은 아닐까. 이러한 일본측 사료의 개작은 지적되듯이 고구려가 멸망한 668년 이후 일본이 내정의 정비와 함께 새로운 지배의 이데올로기로서 천황제 율령국가를 탄생시키고 그 근저에 신공황후의 전설담에 근거한 신라부용관을 강조하여 사서를 편찬할 때에 이를 반영한 까닭으로 생각된다.[62]

---

59) 新川登龜男은, 신라의 일본에 대한 물품 증여는 신라가 당의 의식을 모방하여 倭 또는 日本에 대해 자국의 권력과 문화를 보여주는 표상으로서, 마치 문무왕이 報德國의 왕에게 보낸 물품의 성격과 같이 藩臣 내지는 鄰國의 弟에게 정치적·문화적 차등을 각인시키는 기회가 되므로, 문화적·권력적인 공세이고 자기 증명을 위한 것이었다고 살핀 바 있다.(新川登龜男, 1988, 「日羅間の調(産物)の意味」, 『日本歷史』 481, 8~11쪽)

60) 『三國史記』 권 10, 新羅本紀 10, 元聖王 2년(786) 夏4월.

61) 『三國史記』 권 11, 新羅本紀 11, 景文王 5년(865) 夏4월.

62) 延敏洙, 앞의 논문, 209~285쪽.
선덕왕 1년(780) 2월 일본 光仁天皇이 신라사신 金蘭蓀의 귀국편에 건네준 璽書에서 "[新羅]王自遠祖 恒守海服 上表貢調 其來尚矣"(『続日本紀』 권 30, 宝亀 11년(780) 2월 庚戌)라는 구절이 보이는데, 이 또한 天平 3年(731) 7月 5日에 만들어진 住吉神社所蔵 고문서의 "…爰新羅王波沙寐錦 即以微叱己知波珍艘 令従官軍 以齎来焉 是以新羅王常以八十船之調貢于日本 其縁也"(「住吉神社所蔵 古文書」 6001, 竹内理三編, 1962, 『平安遺文 : 古文書編』, 東京堂, 1쪽)라는 표현과 마찬가지로, 신공황후의 신라 정벌에 관한 전설적 내용이 8세기 무렵 일본 내에 팽배하여 당시 일본인들의 신라에 대해 인식이 관념화된 것으로 여겨진다.

위의 제1기 신라국왕이 '조물'로서 보낸 물품과 일본국왕이나 왕실 종친에게 보낸 '별헌물'은 그 질적인 면에서 크게 차이가 없으며, 신라 사신이 별헌한 물품(별헌 2) 또한 동물류와 누금기鏤金器·호표피虎豹皮를 제외하고는 국왕의 '조물'과 크게 다르지 않다. 이는 신라사신이 가져간 '별헌물'이라 하더라도, 사신들의 사무역과는 별개로 일종 공무역품으로 간주됨으로써 궁중수공업장에서 생산된 물품으로 충당된 때문으로 생각된다.

제2기 신라의 대일교역품은 752년(경덕왕 11, 효겸천황 천평승보 4년) 김태렴 일행이 가져간 물품의 구입신청서인 「매신라물해」에서 확인할 수 있다. 이 물품의 성격에 대해서는 조공의 범주 안에서의 공무역의 성격으로 보는 견해[63]와 사신과 함께 간 교역상인을 중심으로 한 통상교역의 성격으로 보는 견해[64]가 있다. 전자의 경우 신라가 발해와의 대립관계에서 배후를 견제하고자 하는 입장에서 조공 외교에 수반하여 공무역이 이루어졌다는 관점이다. 후자는 「매신라물해」가 신라 문물을 구입하기 위한 문서이고, 신라 사절 내지 그를 따라온 상인들에 의해 가져온 문물이 일본귀족과의 사이에 교환되었던 만큼, 신라 사절은 통상무역을 위해 일본에 갔던 것이라는 견해이다. 그런데 통상무역론자들 가운데 당-남해-서아시아 등의 물품을 신라와 일본의 교역을 위해 신라 상인이

63) 濱田耕策, 「新羅の中·下代の內政と對日外交-外交形式と交易をめぐって」, 앞의 책, 349~350쪽. 李成市, 1997, 앞의 책, 79~80·112~113쪽. 金昌錫, 2004, 「8세기 신라 일본간 외교관계의 추이·752년 교역의 성격 검토를 중심으로-」, 『대외문물교류연구』 3, 해상왕장보고기념사업회, 205~206쪽. 특히 李成市는 신라의 주체적인 생산·유통활동을 염두에 두고 일본과 신라의 교역을 검토하는 시각이 확보되어야 할 것이라 전제하고, 752년의 신라사절의 경우도 신라와 발해의 대립을 기축으로 한 동아시아의 긴장된 정세와 관련하여 신라와 일본 양국 조정의 정치적 목적에 따라 교역이 이루어진 것이라는 관점에서 石井正敏의 통상교역론을 비판하였다. 이에 대하여, 石井正敏은 ① 일본의 견신라사의 파견절차와 소요시간 등을 비교해 보았을 때에 김태렴의 渡日이 일본측의 요청이 아닌 자발적이었다는 것 ② 김태렴 자신이 '私自所備國土微物 謹以奉進'이라고 개인적인 교역임을 밝힌 점, 700여 명이라는 많은 수효의 사절단이 간 점 등으로 미루어, 동아시아 국제적 정세하에서 양국 조정의 정치적 목적하에 김태렴의 사행이 이루어진 것이라기 보다는, 김태렴이 무역을 원활하게 진행하기 위하여 일본측에 영합하는 자세를 취한 것에 불과하다고 재반론하였다.(石井正敏, 2001, 「天平勝寶四年の新羅王子金泰廉來日の事情をめぐって」, 앞의 책, 42~56쪽)

64) 森克己, 1975b, 「遣唐使と新羅との關係」, 앞의 책, 129~131쪽. 東野治之, 1997, 「鳥毛立女屛風下貼文書の硏究 -買新羅物解の基礎的考察」, 앞의 책, 304~305쪽. 石井正敏, 1975, 「新羅·渤海との交涉はどのよおに進められたか」, 앞의 책, 1975 및 위의 논문, 위의 책, 42~56쪽. 윤선태, 앞의 논문, 57~58·64쪽.

제1기와 제2기 대일교역물품의 비교

구분	제1기의 대일교역물품	제2기의 「매신라물해(752)」에 나타난 대일교역물품
동물	水牛一頭·山鷄一隻(671), 馬·狗·騾·駱駝之類十餘種(679), 馬二疋·犬三頭·鸚鵡二隻·鵲二隻(685), 細馬一疋·騾一頭·犬二狗(686), 鳥馬之類十餘種(688), 孔雀(700), 紫驃馬二疋高五尺五寸(716), 騾馬牡牝各一疋(719), 鸚鵡5一口·鴝鵒一口·蜀狗一口·獵狗一口·驢二頭·騾二頭(732)	
織物·皮革·毛皮類	錦絹布·皮(679), 錦絹·細布之類·錦, 霞幡·鹿皮·皮之類(681), 霞錦·綾羅·虎豹皮·鞍皮·絹布(686), 絹布·種種彩絹·彩色·皮(688), 綵帛錦綾(689)	直絹, 綿, 朱沙綿, □草匹, 熟布 靴氈, 緋氈, 花氈, □裁氈 韉面, 勒鞦
금은동 철류 및 器物	金銀鐵鼎·金銀刀旗之類(679), 金銀銅鐵(681), 鏤金器·金銀·金器(686), 金銀(688), 銅鐵之類(688)	金, 黃金, 鐵精 小鏡, 鏡, 五六寸鏡, 八卦背鏡, 方鏡, 花鏡, 五四寸鏡 / 鉢, 黃鉢 / 大盤, 小□ / 鋺, □鋺, 金鋺, 銅五重鋺, 迊羅五重鋺, 白銅五重鋺, 五重鋺大, 飯鋺, 小鋺 / 白銅盤, □羅盤, 大盤, 小盤 / 水瓶 / 白銅酒壺二合各備环酌 / 口脂壺 / 香爐, 白銅香爐, 鍮石香爐 / 白銅火爐 / 風爐 / 燭臺 / 白銅錫杖 / 帶 / 牙笏 / 牙量 / 牙梳 / 牙斧子 / 鈚, 大葉鈚 / 節, 箸匕 / 白銅匙箸 / 銜 / 黑作鞍具 / 如意 / (蠅)拂 / 髮刺 / 丁梳, 牙鏤梳, 牙鏤算子
藥物	藥物之類(686)	麝香, 鹿射香, 畢拔(密拔, 華撥, 旱撥), 阿莉勒(□□勒), 人參, 桂心, 牛黃, 太黃(大黃), 甘草, 石, 阿莉勒(呵梨勒, 可梨勒), 宍縱容, 遠志, 人心?, □早[甘草?]?, □消?, 麝香, 安息香, □草, □骨?, 蠟蜜, 石腦
염료 및 향료		蘇芳(蘇方木, 茱芳), 紫根, 紫?, 漆子 薰陸(薰陸香), 丁字(丁香, 丁子香), 青木香, 枕香(沈香), 董香, 零陵香, 甘松香, 藿香, 安□(息?)香, 龍腦香, 白檀, 鷄舌香, 鬱金香 薰衣香, 裛衣香, 衣香, 和香, 雜香, 口脂(□脂), 多良(多羅),
顏料		朱沙(朱水?), 烟紫, 同黃(銅黃), 胡粉, 黃丹, 雌黃, 金青, 鐵青, 曾青?, 香油
불교용품	佛像(688), 銅觀世音菩薩像·大勢至菩薩像(689)	□精念數, 誦數
문화용품 및 기타	屛風(686)·種種珍異之物(688), 珍物(700)	併風, 木槵子, 蜜汁, 蜜, 羊膏, □骨, 松子, 烟子, 青胎, 犀角,

게재함으로써 중개와 전매를 주로 한 중계무역을 했다는 견해가 제기되기도 하였다.[65]

이러한 견해에도 불구하고 제2기의 대일교역물품을 제1기의 물품과 비교·정리하면 몇 가지 특징을 살필 수 있다.

첫째, 제2기에 들어서면서 동물 등의 명칭이 전혀 보이지 않는다. 이는 희귀동물의 경우 국왕들의 위세품으로 기능했기 때문으로 여겨진다.

신라는 일본뿐만 아니라 당나라에도 과하마果下馬·소마小馬·마馬 등을 조공한 사례가 있으며, 당나라 또한 신라 왕에게 백앵무白鸚鵡 자웅 1쌍을 증여한 바 있다.

그렇다고 해서 신라가 당나라에게 받은 앵무 등을 일방적으로 일본에 전해주었다고는 생각되지 않으므로, 이들 희귀 동물류의 수수관계는 그 수효가 많지는 않으나 왕실의 특권적 권위를 높이기 위한 예물 정도의 의미로 생각된다.[66] 특히 중국으로부터 전해받은 동물이 신라를 거쳐 일본에 전해지는 것이나, 신라산 과하마나 소마小馬가 일본과 당나라로 함께 전해지는 것으로 보아, 일종 종種의 전파라는 관점에서 동남아시아 원산지의 동물이나 서남아시아 동물류라 할지라도 일단 신라내에 반입되어 기르다가 일본에 전하였던 것[67]으로 이해된다.

둘째, 직물류의 경우 오히려 기록이 적은 7세기 후반부터 8세기 전반까지의 제1기 교역물품은 금견錦絹·세포류細布類, 하금霞錦·능라綾羅·견포絹布, 채견彩絹·채색彩色·채백금릉綵帛錦綾으로서, 7세기 당나라와의 교역품인 금총포金總布·금錦·금백金帛·능綾·잡채雜彩 등에 상응한다. 이는 제2기의 물품인 752년의 직견直絹, 면綿, 주사면朱沙綿, □초필草匹, 숙포熟布와 천면韉面 등의 물품에 비하여 훨씬 화려하고 다양하다. 이러한 물품상의 특성은, 전자의 경우 신라왕실에서 생산된 물품이 일본 국왕과 왕실에 증여되었던 데 대하여, 후자는 일본 관료층을 수요자로 하며, 신라 궁중수공업품보다는 진골귀족 등 일반 수공업장에서 생산된 까닭으로 여겨진다. 신라에는 이들 직물류와 관련하여 궁중수공업 관사에 소전疏典, 표전漂典, 염궁染宮과 홍전紅典 및 찬염전攢染典, 금전錦典(織錦

65) 森克己, 위의 논문, 위의 책, 98~99쪽. 東野治之, 위의 논문, 323쪽.

66) 新川登龜男은 이국적인 동물의 증여는 신라의 광범한 교역권과 문화기반을 상징하는 효과를 발휘한 것으로 풀이하였다.(新川登龜男, 앞의 논문, 11~16쪽)

67) 新川登龜男, 위의 논문, 11쪽.

房)·조하방朝霞房·기전綺典(別錦房) 등이 있었는데, 이미 7세기 무렵에 조하방을 제외한 금전·기전 등의 관사가 존재했었다.[68] 제1기의 대일교역물품이었던 하금霞錦은 조하방 설치 이전에 이미 조하주朝霞紬의 전신이 되는 비단을 생산하였던 사실을 반영한다. 이와 함께 채견彩絹·채색彩色·채백금릉綵帛錦綾 등은 다양한 빛깔의 비단을 생산하였던 사실을 보여주는데 신라 내성 산하의 궁중수공업에서나 생산이 가능한 것이었다.

그런데 752년의 직견, 면, 주사면, □초필, 숙포 등은 앞선 제1기의 직물류에 비하면 오히려 견면류로 한정되어 그 빛깔이나 질이 떨어지며, 신라에서는 6두품 이하의 계층에서 복두幞頭·내의內衣·반비半臂·고袴 등으로 사용하는 물품이었다.[69] 또한 천면韉面은 안장 언치로서 안장 밑에 까는 방석이나 요를 가리키는데, 천면의 정확한 재질은 알 수 없으나 신라왕과 진골귀족이 각각 계수금라罽繡錦羅와 수라繡羅를 사용한 것에 비하면 재질이 떨어지는 것으로 생각된다. 이는 제2기 대일교역품의 수요자가 일본 관료군이었다는 점과 상통하지만, 김태렴이 사사로이 준비한 물품이라는 점에서 궁중수공업장보다는 일반 귀족들의 수공업장에서 생산한 물품이었던 것으로 여겨진다.

셋째, 가죽·모피류의 경우 제1기의 녹피鹿皮, 표피豹皮, 안피鞍皮 등이 제2기인 8세기 중엽에는 늑추勒鞦와 모피류인 화전靴氈, 비전緋氈, 화전花氈, □재전裁氈 등으로 나타난다. 특히 제1기의 물품에 보이는 표피豹皮는 발해사신의 주요한 대일 조공물품이었고, 조선시대에도 중국에 대한 주요한 조공품이었다.[70] 녹피鹿皮는 신라 국왕의 신발 자피화紫皮靴를 만드는 재료로 이해되고 있다.[71] 안피鞍皮[72]는 말 안장[鞍橋]을 지칭한 듯한데, 우리나라에서는 그 용례가 보이지 않지만 '가죽제품으로 만든 말 안장'이란 의미의 명칭만으로만 본다면 연식안軟式鞍일 수도 있다.[73] 그러나 우리나라 안장은 『삼국사기』 권 33, 잡지 2, 거기조

68) 박남수, 1992, 「궁중수공업의 성립과 정비」, 『東國史學』 26 : 1996, 『新羅手工業史』, 신서원, 108~110쪽.

69) 『三國史記』 권 33, 雜志 2, 色服.

70) 『承政院日記』 인조 3년 3월 23일·17년 11월 22일(국사편찬위원회 승정원일기 데이터베이스).

71) 金東旭, 1991, 「三國史記 色服條의 新硏究」, 『三國史記 志의 新硏究』, 신라문화선양회, 66쪽.

72) 『日本書紀』 권 29, 朱鳥 원년(686) 4월 戊子.

73) 軟式鞍은 유기질의 가죽이나 천 또는 毛, 펠트 등으로 만든 쿠션으로서, 앗시리아와

에 보듯이 국왕의 경우 자단침향紫檀沈香을, 진골귀족은 황양괴자黃楊槐柘와 금은철옥金銀綴玉을 각각 사용한 것으로 나타나고 있어 9세기 전반 신라에서는 경식안硬式鞍이 보편적이었다. 이러한 이해를 바탕으로 삼국시대 안장을 복원한 증전정일增田精一의 견해를 따른다면, 안피鞍皮는 좌우 2매의 판을 중앙에서 조합하고 그 위에 덮는 피혁[74]일 가능성이 높다. 제2기 교역품이었던 늑추勒鞦는 말의 배에 채우는 배띠와 말굴레의 턱밑 가죽인데, 가죽제품은 주로 6두품 이하 신분에서만 사용했던 것으로 나타난다. 이들 가죽제품과 관련한 신라 궁중수공업 관사로는 피전皮典(鞄人房), 타전打典, 추전鞦典, 피타전皮打典, 탑전鞜典과 화전靴典 등이 있었다.[75]

한편 제2기에는 제1기에 보이지 않던 화전靴氈, 비전緋氈, 화전花氈, □재전裁氈 등의 전류氈類가 등장하는데, 이 무렵 이들 모직물 생산이 신라에 본격화되었다고 할 수 있다. 이들 물품은 궁중수공업장의 모전毛典(聚毳房)과 관련될 듯하나 당나라에 대한 조공물품에는 보이지 않는다.[76] 다만 당의 소악蘇鶚이 찬술한 『두양잡편杜陽雜編』 상에는 신라가 당 대종에게 오채구유五彩氍毹와 만불산萬佛山을 헌상한 내용을 전하는데, 이와 동일한 기사가 『삼국유사』 권3, 탑상 4, 사불산 굴불산 만불산조에도 보인다. 특히 『두양잡편』에서는 신라가 헌상한 오채구유에 대하여 '매 사방 1촌 안에 가무와 기악, 열국의 산천의 형상이 있어 홀연히 미풍이 방에 들어오면 그 위에 다시 벌과 나비가 움직이고 제비와 참새가 날아 춤추니, 굽어 내려 살펴도 진가眞假를 구분할 수 없었다'고 표현하고 있다.

흉노의 계통이라고 한다.(김두철, 1999, 「마구의 개관」, 『韓國의 馬具』, 한국마사회 마사박물관, 28쪽)

74) 김두철은 增田精一의 삼국시대 마구에 대한 복원 내용을 '前輪·後輪 모두 鞍橋는 좌우 2매의 판을 중앙에서 조합하고 피혁을 덮은 위에 바깥쪽에는 금동장식 등을 한 금구를, 가장자리에는 복륜을 배치한다'라고 소개하였다.(김두철, 1999, 「삼국시대 마구의 연구 현황」, 위의 책, 69쪽)

75) 박남수, 앞의 논문, 앞의 책, 112쪽.

76) 東野治之는 『杜陽雜編』 上에 나타난 '五彩氍毹'에 대하여 原田淑人, 「古代毛織物雜考」, 『東亞古文化說苑』, 195쪽을 인용하여, 단순히 '신라의 氈은 당시 당조에 유명한 특산물이었고, 정창원에 신라제의 氈이 현존하는 것을 보아도 「買物解」의 氈은 新羅製'라고 보았다.(東野治之, 1977, 「鳥毛立女屛風下貼文書の研究 －買新羅物解の基礎的考察」, 앞의 책, 321쪽) 그러나 씨가 '五彩氍毹'와 '靴氈, 緋氈, 花氈, □裁氈' 등의 氈類를 단순히 모직물류로 파악함으로써 품질이나 생산처에 따른 물품의 성격을 간과하였음을 지적할 수 있다.

대종은 이 구유를 깔고 침단목沈檀木과 주옥珠玉에 조각한 만불산을 올려 놓고 완상하였고 보는 이들이 이를 사람의 솜씨가 아니라고 찬탄하였다고 한다.[77] 여기에서 신라가 당나라에 헌상한 오채구유는 신라의 대당 조공품으로 보아 무방한데, 그 자수의 섬세함이나 기술적 측면에서 제2기 일본과의 교역물품인 일반 전류氈類와는 큰 차이가 있는 것으로 여겨진다. 구유氍毹는 탑등㲪㲙과 함께 양모羊毛를 주성분으로 하여 혼직한 문양있는 모직물로서 탑榻, 상床, 좌석坐席에 까는 좌구인데,[78] 『삼국사기』 기용조에 따르면 진골 이상의 신분자만이 사용할 수 있었다. 이는 구유가 일반 모직물과 같은 성격의 것으로 취급할 수 없는 물품이었음을 의미하는 바, 당나라에 조공한 오채구유와 같은 물품은 모전毛典(聚毳房)에서, 만불산은 남하소궁에서 제작되었을 것이다.[79]

제2기 일본과의 교역물품인 전류氈類는 「정창원색모전첩포기正倉院色毛氈貼布記」와 「정창원화전첩포기正倉院花氈貼布記」[80]가 달린 색모전(緋氈)이나 화전류와 동일한 성격이었다고 여겨진다. 사실 정창원의 색모전과 화전은 각각 자초랑택紫草娘宅과 행권行卷 한사韓舍가 만들었던 것으로 생각된다. 행권 한사(대사)는 신라상원사동종新羅上院寺銅鐘을 주조한 '조남택장照南宅匠 사□대사仕□大舍'와 같이 진골귀족에 예속된 장인[81]일 가능성이 높고, 자초랑택은 804년 선림원종禪林院鐘을 만드는데 고종금古鍾金 280정廷을 시사施賜한 자초리紫草里와 관련될

77) 蘇鶚, 『杜陽雜編』 上 : 王雲五 主編, 1966, 『叢書集成簡編』, 商務印書館.

78) 무함마드 깐수, 1992, 「新羅에 傳來된 西域文物」, 『新羅·西域交流史』, 단국대 출판부, 252~254쪽.

79) 박남수, 앞의 논문, 앞의 책, 111~112쪽.

80) "紫草娘宅紫稱毛一」 念物糸乃綿乃得」 追亏 今綿十五斤 小」 長七尺廣三尺四寸」"(「正倉院 色毛氈 貼布記」, 李基白 편, 1987, 『韓國上代古文書資料集成』, 一志社, 24쪽). "行卷韓舍 價 花氈一」 念物 得追亏」"(「正倉院 花氈 貼布記」, 李基白편, 위의 책, 25쪽). 이 貼布記의 '念物'에 대하여 연구자들은 신라의 이두어 표기방식으로 보고, 『鷄林類事』 '乞物曰 念受勢'에 근거하여 '念'을 '怎'의 誤로 파악하여 '주쇼셔'로 풀이하거나(梁柱東, 1965, 「增訂 古歌硏究』, 一潮閣, 504쪽), '경과하다' '왕래하다'는 의미의 '念'이 변하여 '매매, 교역, 행상' 등의 뜻으로 바뀌어, 신라로부터의 수출품을 일컫는 것으로 해석하여 온 바(東野治之, 「正倉院氈の墨書と新羅の對外交易」, 앞의 책, 350~351쪽), 이러한 견해를 수용하면서 '乞物', 또는 '원하는 물품' 등으로 이해하고 있다.(李成市, 1997, 「正倉院寶物新羅氈貼布記」, 앞의 책, 36·46~49쪽 : 윤선태, 앞의 논문, 52~56쪽)

81) 박남수, 1992, 「新羅 上代 手工業과 匠人」, 『國史館論叢』 39 : 「상대에 있어서 장인의 사회적 지위 변동」, 앞의 책, 279쪽.

듯한데[82] 조남택처럼 자초리에 자초紫草를 재배하여 모毛 등을 염색하던 민간수공업장을 지칭하였던 것이 아닌가 한다. 따라서 자초랑택은 색모전(緋氈)을 제작한 택호를, 행권한사(대사)는 화전을 제작한 장인의 이름을 표시하였던 것으로서,[83] 이들 색모전色毛氈과 화전花氈은 모두 진골귀족 내지 그에 예속된 장인이나 6두품 관인의 수공업장에서 제작된 것으로 보아 좋을 것이다. 한편 화전靴氈은 신발의 재료로 쓰이는 모직물로 풀이된다. 곧 『삼국사기』 색복조에는 국왕의 자피화紫皮靴와 진골대등의 오미추문자피烏麋皺文紫皮만이 보이고, 6두품 이하의 신발은 보이지 않지만, 화전靴氈 또한 직물류와 마찬가지로 신라 6두품 이하 신분에서 사용하던 '전화氈靴'의 재료가 아니었을까 생각된다.[84]

넷째, 약물과 향류의 경우 7세기에는 단순히 약물류라고 하였지만, 「매신라물해」에서는 구체적인 명칭을 보이고 있다는 점에서 차이가 있으나, 대체로 7세기에도 동일한 약물류가 일본에 전해졌을 것으로 믿어진다. 약물류에는 당나라 조공물품에 포함된 우황·인삼 등이 포함되어 있어 어느 정도는 신라에서 생산한 물품이었을 것으로 여겨진다. 또한 효성왕 2년(738) 당 현종이 성덕왕의 조문사로 보낸 당사신 형숙邢璹에게 '금보약물金寶藥物'을 내렸다고 하는 바,[85] 효성왕이 내렸나는 약물은 우황·인삼뿐만 아니라 신라에서 자체 생산하는 약초류가

82) 「新羅禪林院鐘」, 黃壽永 編, 1976, 『韓國金石遺文』, 一志社, 286~287쪽.

83) 李成市는 紫草娘宅의 宅을 그 이름이 일실된 新羅 金入宅의 하나로 보아, 紫草娘宅은 진골귀족의 일원이었고, 이에 대응하는 위치에 기록된 行卷韓舍는 天平寶字 4년(760) 9월에 일본에 갔던 金貞卷과 동족일 가능성이 있고, 이러한 의미에서 묵서 자체는 적어도 신라 관인층 내부관계자 사이에 전달하는 내용으로 추정되므로, 布記의 주체는 제조업자나 상인이 아닌 신라귀족이라고 풀이하였다.(李成市, 1997, 앞의 논문, 앞의 책, 38~45쪽) 그러나 일반적으로 正倉院 所藏 '新羅楊家上墨'이나 '新羅武家上墨'에서 楊家와 武家 등은 제조자로서 풀이되는 까닭에 紫草娘宅이나 行卷韓舍 또한 제조업자로 풀이되고 있다.(東野治之, 앞의 논문, 앞의 책, 354~355쪽) 특히 신라의 각종 수공업 물품에는 匠人의 명칭을 冠하고 있음을 볼 수 있는데, 위 布記의 투식 또한 「明活山城碑」 이래로 제작자가 제품에 대한 책임을 지는 신라적 전통으로 보는 것이 옳을 듯하다.

84) 金東旭은 '상고할 길은 없으나 5품 이하는 牛馬皮의 靴를 신었을 것'으로 추정하였다.(金東旭, 앞의 논문, 66쪽) 그런데 「買新羅物解」에 '靴氈'이 보이고, 『三國史記』 색복조에는 이 靴氈에 대한 기록이 보이지 않지만, 신라가 이를 단순히 對日輸出用으로만 만들었다고 생각되지 않으므로, 그 규정이 보이지 않는 신라 6두품 이하 신분층이 사용하던 신발이었다고 보아도 크게 어긋나지 않으리라 생각한다.

85) 『三國史記』 권 9, 新羅本紀 9, 孝成王 2년(738).

있었음을 의미한다.

신라 내성 산하에는 소목蘇木에서 채취한 염료로써 직물류 등을 염색하는 소방전蘇芳典이 있었고[86] 앞서 살핀 자초랑택紫草娘宅에서는 자초를 길러 자색의 모직물을 제작하였던 것으로 보이며, 낭공대사郎空大師가 광화(898~900) 말년에 시골로 돌아가 전단향을 심었다는 「봉화태자사낭공대사백월서운탑비奉化 太子寺 郎空大師 白月栖雲塔碑」의 기록에서 전단향栴檀香 또한 신라에서 재배하였던 사실을 확인할 수 있다.[87] 그밖에 원료를 수입 가공하여 침향枕香(沈香)을 중심으로 여러 향을 섞어 만든 훈의향薰衣香, 읍의향裛衣香, 의향衣香, 화향和香, 잡향雜香 등의 조합향調合香[88]을 만들어 일본에 전했을 가능성도 있으므로, 그 원생산지가 남방이라고 하여 단순히 신라가 남방의 물품을 구입하여 일본에 전하는 형태의 중계무역으로 보는 시각에 대해서는 재검토의 여지가 있다.

다섯째, 금은동철류 및 기물은 원광석과 완제품인 기물의 형태로 전해졌다. 원광석의 경우 금은과 황금 등에 한정되어 귀금속류는 1기와 2기가 거의 동일하나, 2기에 있어서 새로이 정치한 철정鐵精이 함께 전해졌다는 점이 주목된다.[보주 1)] 특히 일본이 금·황금을 수입했다는 것은 일본의 경우 이를 701년부터 생산하기 시작하였다고 하나,[89] 오히려 품질이 뛰어난 신라금을 선호한 때문이 아니었겠는가 한다.

기물器物은 1기의 경우 금은철정金銀鐵鼎·금은도기류金銀刀旗類, 금은동철金銀銅鐵, 누금기鏤金器·금은金銀·금기金器, 동철류銅鐵類 등인데 688년 금은과 함께 가져간 동철류를 제외하고는 모두 금은제나 누금기로서 신라에서는 진골도 사용이 금지된 물품이다. 이에 비하여 제2기의 물품은 우대사인右大舍人 대초위상大初位上 중신이세연노인中臣伊勢連老人이 구입한 금원金鋺 2구具[90]를 제외하고는

86) 박남수, 「신라 궁중수공업의 성립과 정비」, 앞의 책, 111쪽.

87) "光化末 旋歸野郡 植栴檀於薙草之墟"(최인언, 「奉化太子寺郎空大師白月栖雲塔碑」, 朝鮮總督府 編, 『朝鮮金石總覽』 上, 1919, 184쪽).

88) 永正美嘉, 2003, 「新羅의 對日香藥貿易」, 서울대학교 국사학과 석사학위청구논문, 24쪽.

보주 1) 본래 본 논문을 발표하면서 鐵精을 금속제로 분류하여 서술하였으나, 「買新羅物解」에 보이는 鐵精은 일명 鐵花라고 하는데, 강철을 단련할 때에 鍛竈에서 나오는 塵紫色의 가볍고 고운 미지근한 미립자를 지칭한다. 이는 일종 약재로 사용되었는데, 놀라 가슴이 두근거리거나 간질·대하증·탈장 등의 치료에 쓰이는 바, 이에 수정하여 둔다.

89) 『続日本紀』 권 2, 大宝 원년(701) 3월 甲午·8월 丁未.

모두 동銅·잡라迊羅·백동白銅·유석鍮石 등으로 제작된 것으로서, 신라에서 진골 귀족이나 5, 6두품이 사용했던 물품이다. 이들은 다양한 거울류[鏡類]를 비롯하여 발鉢, 원鋺, 반盤, 수병水瓶, 호壺, 비匕, 저筯, 발자髮刺, 소梳, 향로香爐, 화로火爐, 촉대燭臺, 석장錫杖 등의 생활용품과 함銜, 흑작안구黑作鞍具 등의 마구류, 상아로 만든 빗과 이를 금가루와 금실로 장식한 아루소牙鏤梳 등으로 구성되어 있다. 제1기와 제2기의 물품의 종류가 이처럼 차이나는 것은 직물류에서와 마찬가지로 그 생산처와 이를 전래한 '신라사신'의 성격의 차이로 말미암은 것이라 하겠다.

결국 김태렴 일행이 가져간 신라물품은 일본 귀족들의 수요에 응하기 위한 것이었고, 이는 제1기에 신라 사신들이 일본 국왕이나 왕족에게 주었던 '조물調物' '별헌물別獻物'과는 성격을 달리하는 것이었다. 특히 1기의 물품이 국왕의 위세품이나 왕실의 궁중수공업장에서 생산되는 물품이 주종을 이루고, 김태렴이 가져간 「매신라물해」로 대표되는 2기의 신라물품이 진골귀족이나 일반 수공업장에서 생산되는 물품이 중심이었다는 것은, 김태렴의 '개인 자격으로 준비한 신라의 물품[私自所備 國土微物]'이란 말의 의미를 분명하게 드러낸다고 하겠다.[91] 곧 김태렴이 가져간 물품은 8세기 중엽 외교적 갈등의 양상으로 나타난

---

90) 東野治之, 「鳥毛立女屛風下貼文書の研究 -買新羅物解の基礎的考察」, 앞의 책, 337~338쪽.

91) 金昌錫은 『續日本紀』의 내용을 어느정도 인정하여, 743년 토모 개칭을 둘러싼 외교분쟁에서 신라가 보낸 물품은 贈與品과 交易品으로 구성되었고, 증여품 중 '貢調物'은 외국산품이었을 것인데, 752년 김태렴 일행은 일본측의 반발을 무마하기 위하여 다시 외국산품을 調에 넣어 무상으로 증여했을 것으로 추정하였다. 이때 김태렴은 형식적이긴 하지만 '調'를 증여하였는데 그가 가져간 물품을 '私自所備 國土微物'이라 한 것은 외교적 謙辭이며, 김태렴이 가져간 물품은 '공조물'과 '사헌물'로 구분되는 것으로 이해하였다. 특히 김태렴이 일국의 왕자를 표방하는 인물로서 일본 최고권력자에게 증여하는 것이라면 최고 수준의 국산품이었을 것이고, 신라의 공식적인 물품인 '調物'은 당시 신라에 들어와 있던 외국산품으로 구성되었을 것으로 추정하였다.(金昌錫, 앞의 논문, 183~184·206~207쪽) 그러나 씨의 주장대로 신라의 물품이 贈與品과 交易品으로 구성되었다고 한다면, 제1기 신라와 일본간의 국가간 교역체계하에서의 이른바 '조공물품'의 성격 또한 그렇게 이해해야 하는지 의심스럽다. 또한 이미 살폈듯이 김태렴이 가져간 물품은 私的으로 준비한 신라의 토산품이었고, 그가 가져간 물품을 '貢調物'과 '私獻物'로 구분할 만한 근거가 없으며, 선시대 '조공관계'의 그것에 비하여 품질이 떨어지고, 일부 남방산품의 경우도 신라에서 재가공 되었을 가능성이 크다는 점을 간과하였다고 할 것이다.

'토물土物'이나 일본조정이 신호경운 2년(768) 7만 둔의 대재부면大宰府綿을 조정대신에게 하사하여 매입토록 한 '신라교관물新羅交關物' 그것을 가리키는 것으로서, 동시기 '신라 사신'의 성격을 규정하는 것이라 하겠다.[92]

또한 양 시기 신라문물의 차이는 『삼국사기』에 기록된 일본국사日本國使 관련 기록과도 부합된다. 곧 1기 일본국사의 경우 매우 순조롭게 외교적 의례가 진행된 듯이 서술된 데 대하여,[93] 2기의 경우 이들을 불납不納하여 돌려 보냈다는 데서[94] 저간의 사정을 짐작할 수 있다. 이러한 배경에서 일본측 기록에 '신라사신'의 외교의례가 갈등의 소재로 나타났고, 전술하였듯이 승화 9년(842) 8월 15일 "신라가 조공을 하지 않고 항상 간사한 마음을 품으며, … 장사하는 일에 기대어 …"라는 등원조신위藤原朝臣衛의 언급이 결코 우연한 것이 아니었다.

요컨대 일본측 기록에 보이는 제2기 '신라 사신'이란 국가간 공식 사신이라기보다는 집사성을 둘러싼 신라 진골귀족들의 주도로 파견된 일종 '교역사交易使'가 아니었을까 한다.[95] 따라서 양 시기 신라물품의 성격변화는 제1기 국가간 외교관계에 의한 공무역으로부터 제2기 진골귀족이 주도한 사무역으로 전환하는 과정을 보여주는 것이라 하겠다.

---

92) 東野治之는, 天平 15년 이후 신라사가 때때로 調를 칭하지 않고 '土毛' 등으로 명칭을 고친 일면에는 貿易을 우선하는 의도가 있었던 것이 아닌가고 풀이한 바 있다.(東野治之, 앞의 논문, 329쪽 각주 27)

93) 『三國史記』 권 8, 新羅本紀 8, 孝昭王 7년(698) 3월·聖德王 2년(703) 秋 7월.

94) 『三國史記』 권 9, 新羅本紀 9, 景德王 원년(742) 冬 10월·12(753)년 秋 8월.

95) 730년대 이후 일본에 파견된 '신라사신'은 國書를 지참하지 않았고 스스로 준비한 신라의 土物로써 교역에 임하고 있지만, 일본측 사료에는 이들을 '신라사신'으로 규정하고 있는 바, 이러한 사정은 조선 전기에 조선과 일본과의 외교관계에서 문제가 된 '僞使'에 비교해 볼 수 있을 듯하다. 곧 조선 전기 일본의 '僞使'는 國書인 일본국왕의 書契와 圖書를 지참하지 않거나 이를 위조하여 조선에 來朝한 바, 조선 조정은 이들이 '眞使'인지의 여부를 書契의 印信의 대조나 符信 등으로써 판별하고 交隣의 관점에서 이들 위사들에게 사신의 처우를 하였다고 하는데, 이들 僞使가 발생하게 된 가장 큰 요인으로서 조선래조를 통한 경제적 이윤과 문화적 욕구를 충족할 수 있었기 때문이었다고 한다.(유재춘, 2005, 『조선전기 위사 발생 요인에 대하여」·『왜구·위사문제와 한일관계』, 한일관계사연구논집 편찬위원회 ; 신동규, 「조선왕조실록 속의 일본국왕사와 위사」, 같은 책) 8세기 신라와 일본의 관계를 15세기 전반 조선과 일본의 관계에 대입할 수는 없지만, 8세기 중반 '신라사신'들의 태도나 이에 대한 일본조정의 대응방식, 신라사신의 경제적 이윤에 대한 욕구 등은 조선 전기 일본 '僞使'들과 흡사한 점이 있다. 따라서 조선 전기 '僞使'에 대한 접근 방식은 8세기 '신라사신'을 이해하는 데 많은 시사점을 주리라 생각하며, 이에 대해서는 후고를 기약한다.

4. 애장왕대 신라·일본의 '교빙결호'

승화 9년(842) 8월 15일 대재대이大宰大貳 종4위상 등원조신위藤原朝臣衛가 올린 4개조의 청원문에서, 일본 관료들은 '신라·일본간의 갈등이 성무천황聖武天皇 때부터 신라가 조공하지 않고 항상 장사하는 데 열심이었던 데서 비롯하였던 것'으로 인식하였음을 알 수 있다. 이러한 신라·일본간의 갈등은 연력 18년(799) 5월 임신 일본측이 "견신라사를 정지"하는 조치로써 일단락을 짓는 듯했다.[96]

그런데 『삼국사기』에는 연력 18년 일본측이 "견신라사를 정지"한 조치 이후에도 일본 사신이 내왕하였다는 기사를 전하고 있어 일본측 기록과 차이가 있다.

E. ① (애장왕 3년, 802) 겨울 12월에 균정均貞에게 대아찬을 제수하고 가왕자假王子로 삼아 왜국倭國에 질質로 보내려 하였으나, 균정이 사양하였다.(『삼국사기』 권 10, 신라본기 10)

② (애장왕 4년, 803) …가을 7월에 일본국日本國과 교빙交聘하여 우호를 맺었다.(『삼국사기』 권 10, 신라본기 10)

③ (애장왕 5년, 804) …여름 5월에 일본국이 사신을 파견해 황금 3백 냥을 바쳤다.(『삼국사기』 권 10, 신라본기 10)

④ (애장왕 7년, 806) 봄 3월에 일본국 사신이 오니, 조원전朝元殿에서 인견引見하였다.(『삼국사기』 권 10, 신라본기 10)

⑤ (애장왕 9년, 808) 봄 2월에 일본국 사신이 오니, 왕이 후하게 예로 맞이하였다.(『삼국사기』 권 10, 신라본기 10)

⑥ (헌강왕 4년, 878) …8월에 일본국 사신이 이르니, 왕이 조원전에서 인견하였다.(『삼국사기』 권 11, 신라본기 11)

⑦ (헌강왕 8년, 882) 여름 4월에 일본 국왕이 사신을 보내 황금 3백 냥과명주明珠 10개를 진상하였다.(『삼국사기』 권 11, 신라본기 11)

위의 기사 E①은 균정均貞을 가왕자假王子로 삼아 왜국倭國에 사신으로 보낸다는 내용이고, E②는 애장왕 4년(803) 일본과 더불어 교빙交聘을 맺었다는 것,

96) 『日本後紀』 권 8, 延曆 18년(799) 5월 壬申.

그리고 E③~⑦은 이후 신라에 온 일본사신에 관한 기사이다. 이들 『삼국사기』의 기록은 일본측의 "견신라사 정지" 조치나 동 시기 일본측 기록의 견신라사 파견 기록이 보이지 않는 것과 차이가 있으며, 애장왕 4년의 '교빙결호交聘結好' 기사는 8세기 신라와 일본 사신의 내왕기사와 어긋난다. 이처럼 양측 기록이 서로 다른 점에 대하여 다음과 같은 몇 가지 문제를 살펴볼 필요가 있다.

첫째, 연력 18년(799) 일본측 "견신라사 정지" 조치가 과연 철저히 시행되었는가의 여부이다. 이와 비슷한 조치가 발해와의 관계에도 있었다. 곧 일본조정은 홍인 14년(823) 12월 무자에 존문발해객사存問渤海客使를 정지하였지만,[97] 이 조치가 내려진 이후에도 존문발해객사가 계속 임명되었다.[98] 이로써 볼 때 연력 18년(799) 5월 견신라사 정지 이후에도 견신라사를 임명하여 파견하였을 가능성이 있다.

둘째, 위의 『삼국사기』 기록에도 불구하고 일본측 자료에서는 804년 대반숙녜잠만리大伴宿禰岑萬里를, 836년에는 기삼진紀三津을 견신라사로 보낸 기록을 제외하고는 사실상 견신라사 파견 기사가 보이지 않는다. 이 두 건의 견신라사도 상례적인 사신 파견은 아니었다. 804년 기사는 일본이 당나라에 사신을 4척의 배로 보내었으나, 2척의 배는 되돌아오고 2척은 신라에 표착하였음직 하니 돌려보내 주고, 만일 도착하지 않았으면 사신을 당나라에 보내어 찾아보고 자세히 알려달라는 내용이다.[99] 836년 기사는 일본이 당나라에 사신을 보내는데 표착하면 도와서 통과시켜 주고 길을 막지 말아달라는 당부를 하기 위해 기삼진紀三津에게 태정관첩太政官牒을 보낸 것인데, 기삼진이 오로지 '통호通好'를 위해 온 것이라 칭함으로써 신라 집사성이 태정관첩과 기삼진의 말이 다른 것을 의심하여 돌려보낸다는 내용이다.[100]

---

97) 『日本後紀』 권 31, 弘仁 14년(823) 12월 戊子.

98) 『續日本後紀』 권 10, 承和 8년(841) 12월 庚寅, 권 19, 嘉祥 2년(849) 2월 丙戌 朔.
『三代実録』 권 21, 貞観 14년(872) 정월 6일·26일·2월 21일·3월 14일.

99) 『日本後紀』 권 12, 延曆 23년(804) 9월 己丑.

100) 『續日本後紀』 권 5, 承和 3년(836) 12월 丁酉.
朴眞淑은, 신라가 紀三津을 돌려보낸 조치는, 당시 왕위계승전이 일단락된 희강왕 원년(836) 侍中 金明과 康州都督 金昕이 서로 정치적 관련을 맺으면서 장보고에 대해 부정적인 입장이었기 때문에, 장보고와 연결을 원하는 일본측의 외교적 접근을 받아들이지 않은 것으로 풀이하였다.(朴眞淑, 1999, 「渤海 大彝震代의 對日本外交」, 『한국고대 따라서 일본측 기록에 따르면 연력 18년(799) 5월 임신에 견신라사를 정지한 이후 공식적인 사신 파견이 없는 셈이 된다. 만일 『삼국사기』의 기록을 존중한다면 일본측 사료에 견신라사에 관한 기록이 보이지 않는 것은 현재 남아있는 『일본후기』·『속일본후기』 등이 불완전한 때문일 수도 있고,[101] 아니면 찬집 당시부터 고의로 기록을 누락시키거나 모종의 상황 변화 등에 기인한 것이 아닌가 한다.

『속일본기』를 비롯하여 『일본후기』·『속일본후기』 등 일본측 사서에는 기록의 개작과 고의적인 누락의 흔적을 확인할 수 있다. 특히 기록의 개작과 누락은 신라를 비롯한 발해와의 관계에서 두드러지는 바, 앞서 살핀 신라와의 조공·토모에 관한 갈등 외에도 발해와의 국서 관련 논쟁을 대표적인 것으로 들 수 있다.

발해와의 국서 논쟁은, 조공의 기한을 지키지 않는다든가[102] 발해왕의 표문表文이 무례하다거나 하는 경우에 주로 일본 천황이 이를 문책하는 듯한 국서에서 확인된다. 특히 표문의 내용이 무례하다고 여긴 경우, 보구 3년(772) 발해사 일만복壹萬福의 사례에서처럼 발해 국서의 내용을 고쳐서 올리도록 하거나,[103] 그 내용을 누락시켰다. 곧 보구 3년(772) 발해사 일만복 등의 귀국길에 보낸 일본천황의 국서 가운데 '(발해국왕이) 천손天孫임을 밝힌 것과 고구려 이래로 형제라 칭하던 것을 망녕되이 구생舅甥이라 칭함'을 힐문하고 있는 데서,[104] 발해의 국서 내용이 본래 '천손의 자손임을 천명하고 일본과는 숙질간임을 강조한 것'이었음을 확인할 수 있는데, 사서를 편찬할 당시에는 그 내용을 누락시켰다. 또한 그 이듬해 보구 4년(773)에 일본에 파견된 오수불烏須弗 말을 전하는 차사差使의 보고를 '발해와 일본은 오랜 동안 사이좋은 이웃으로 왕래하고 사신을 보내며 형과 아우같이 지냈다[渤海日本 久來好隣 往來朝聘 如兄如弟]…'고 기술함

사연구』 15, 250쪽 각주 35) 이에 대해서는 대일본 정책에 대한 신라 중앙정부와 장보고의 역할 등에 대한 검토 후에 설명이 가능할 것으로 생각되며, 대체로 말한다면 신라 중앙정부의 공식적인 대일본 외교채널은 執事省-康州로 이어지는 라인이었던 것으로 생각된다. 이에 대한 자세한 검토는 별고를 기약한다.

101) 權悳永, 1994, 「解題」, 崔根泳·崔源植·金英美·朴南守·權悳永·田美姬 編譯, 『日本六國史 韓國關係記事 : 譯註』, 가락국사적개발연구원).

102) 『三代実録』 권 5, 貞觀 3년(861) 5월 21일 甲午·貞觀 14년(872) 4월 13일 壬子·5월 18일 丁亥.

103) 『続日本紀』 권 32, 宝亀 3년(772) 정월 丁酉·庚子·丙午.

104) 『続日本紀』 권 32, 宝亀 3년(772) 2월 己卯.

으로써[105) '장인과 사위[舅甥]'를 '형과 같고 아우와 같다[如兄如弟]'로 개작하였음을 알 수 있다. 그리고 홍인 6년(815) 발해사신 왕효렴王孝廉의 일본 파견시에 계啓를 장狀으로 바꾸었다고 문제삼는 것[106)]에서도 일본 사서에 보이는 발해 국서의 내용에 변조·개작이 있었음을 알 수 있다.

따라서 일본측 자료에 보이는 '계啓''상표上表' 등을 비롯하여 가상 2년(849) 왕문구王文矩의 일본 파견시 발해가 일본에 대해 마치 사대事大를 한 듯한 태정관첩의 내용[107)] 등은 일본측이 사서를 편찬할 당시에 소중화적 이데올로기에 의한 관념적 표현 내지 개작에 의한 것이라고 보아야 할 것이다.

그러므로 신라·일본간의 내왕 기사가 일본측 기록에서 사라진 것은, 존문발해사의 경우나 『삼국사기』 일본사신의 내왕 기사로 미루어 연력 18년(799) "견신라사 정지" 조치가 엄밀히 시행되었다고 보기 어려우므로, 기록의 일실 내지는 고의적인 누락 등으로 말미암았을 가능성이 높다.[108)] 이에 『삼국사기』 애장왕대 일본국사 관련 기록은 일실 또는 누락된 일본측 기록을 보완해 주는 것으로 보아 좋을 것이다.

일본측 사서에는 성덕왕 34년(735, 聖武天皇 天平 6) 일본에 파견된 신라사신의 왕성국 발언 이후 신라와 일본간에는 표表와 토모논쟁土毛論爭, 그리고 신라정토계획新羅征討計劃으로 일관되다가, 연력 18년(799) 견신라사를 정지한 이후 신라와는 이렇다 할 갈등이 보이지 않고, 오히려 신라인의 귀화나 표착, 그리

105) 『続日本紀』 권 32, 宝亀 4년(773) 6월 丙辰.

106) 『日本後紀』 권 24, 弘仁 6년(815) 정월 甲午.

107) 『続日本後紀』 권 19, 嘉祥 2년(849) 5월 乙丑.

108) 森克己는, 이들 애장왕대 이후 신라측의 기록이 일본측 사서에 보이지 않는 것은 일본 중앙정부가 알지 못한 교섭을 對馬가 大宰府와 新羅와의 사이에서 행하였던 때문이 아닌가 추측하였다.(森克己, 1975b, 「慈覺大師と新羅人」, 앞의 책, 180~181쪽) 이에 濱田耕策은 애장왕 4년 신라와 일본간의 交聘結好와 관련하여 宮內廳 書陵部 소장 『古語拾遺』의 "延曆22년(803) 3月 己巳 遣正六位上民部少丞齋部宿禰濱成等於新羅國 大唐消息"의 기사를 인용하여, 『삼국사기』 애장왕 3년의 交聘結好 기사를, 신라가 일본의 大唐消息을 얻으려고 사신을 파견한 기회를 포착하여 이의 영접을 매개로 일본과 '交聘' 관계를 맺은 것으로 풀이하였다.(濱田耕策, 「下代初期における王權の確立過程とその性格」, 앞의 책, 266쪽) 濱田耕策이 제시한 『古語拾遺』 기사는 『三國史記』의 애장왕 4년 '交聘結好' 기사를 확인시켜 주는 자료로서 주목되지만, 한편으로 일본측 사서에서 이러한 기록이 남아 있지 않기 때문에 『續日本紀』의 기록의 일실이나 고의적인 누락의 증빙으로 보아도 좋을 것이다.

고 장보고의 활동과 관련됨직한 신라 상인 관련 내용이 보인다. 장보고가 피살된(841년) 이후로는 승화 12년(845) 신라에서 일본인 표탕자 50여 인을 데려오는 기록 외에는 신라인 표착자에 대한 기록과 당나라 상인[唐商]에 관한 기사만이 보인다. 정관 11년(869) 신라해적 공견면貢絹綿 약탈사건으로 일본 정국은 큰 충격으로 한바탕 소용돌이에 휘말리게 되는 바, 당시 신라해적 공면貢綿 약탈사건에 대한 일본 조정의 인식은 '저 신라인은 우리 일본조정에 오래 동안 상적相敵이 되어왔다[彼新羅人波 我日本朝止 久支 世時与利 相敵比 來多利]'로[109] 요약된다. 이후 수년간은 신라인을 흉당凶黨·인적隣敵으로 묘사하고 있으나,[110] 다시 당상唐商과 표착자의 기록이 이어지다가, 헌강왕 4년(878) 8월 일본사신이 신라에 다녀간 다음부터 다시 신라에 대한 경계를 엄히 하고 있음을 살필 수 있다. 이렇듯이 장보고가 피살된 이후 일본에 있어서 신라를 '상적相賊'으로 인식하였던 것이 일본측 사서에 9세기 무렵 신라에 관한 기록이 사라진 요인이 아닌가 한다.

셋째, 일본측 사료에 보이는 숱한 신라 사신들의 기록에도 불구하고 『삼국사기』에서는 애장왕 4년(803)에 일본과 처음으로 교빙交聘을 맺었던 듯이 서술하고 있는 점이다. 이에 대해서는 교빙을 맺은 이듬해와 희강왕 1년(836)에 일본이 신라에 보낸 태정관첩에서 그 내용을 살필 수 있다.

F. ① 기축, 병부소승兵部少丞 정6위상 대반숙녜잠만리大伴宿禰岑萬里를 신라국에 보냈다. 태정관의 첩문에 "당나라에 사신을 보내어 교빙을 닦는 상황을 지난해 대재부로 하여금 이미 그 사실을 전해 알리게 했습니다. … 지난 7월 초에 4척의 배가 바다에 들어갔는데 2척은 폭풍을 만나 표류하다가 되돌아오고 나머지 2척은 도착한 곳을 아직 찾지 못했습니다. 바람의 세기와 방향을 헤아려보건대 신라에 도착했음직 합니다. … 만약 그곳에 표착했다면

109) 『三代実録』 권 17, 貞観 12년(870) 2월 15일 丁酉.

110) 李炳魯는 869년 신라 해적사건을 계기로 일본지배층은 신라인에 대한 배외사상을 노골적으로 나타내고 당시까지 교역에 종사하던 재일 신라인들을 용의자로 몰아 모두 변방으로 강제 이주시켰으며 이로써 신라인에 의한 '환지나해무역권'이 소멸되었던 것으로 이해하였다.(李炳魯, 1996, 「고대일본열도의 '신라상인'에 대한 고찰」, 『日本學』 15, 31~32쪽) 權悳永은 869년 신라 해적의 일본 貢物 탈취사건과 관련한 일본 조정의 신라에 대한 적대감이 이후 신라 상인의 대일무역이 사라지게 된 하나의 요인이었음을 지적한 바 있다.(權悳永, 2003, 「在唐 新羅인의 對日本 貿易活動」, 『한국고대사연구』 31, 286~287쪽)

마땅히 사안에 따라서 물자를 공급하여 본국으로 돌아갈 수 있도록 해주시고, 도착하지 않았으면 사신을 당나라에 들여 보내어 찾아보고 자세히 알려주시기 바랍니다"라고 하였다. (『일본후기』 권 12, 연력 23년[804] 9월 기축)

② 신사, 견당사의 배가 바람과 파도의 급변으로 혹시 신라 땅에 표착할까 걱정이 되어, 태정관에서 옛날의 사례에 준하여 저쪽 나라(신라)의 집사성에 첩문을 보내어 먼저 그 사실을 알리기를 "… 지금 당나라에 교빙할 사신을 보냄에 있어서 … 만약 사신의 배가 그쪽 땅에 표착한다면 도와서 통과시켜 보내주시되 지체시키거나 길을 가로막지 마십시오"라고 하였다. … (『속일본후기』 권 5, 승화 3년[836] 윤5월 신사)

③ (12월 을미 초하루) 정유, 신라국에 보냈던 사신 기삼진紀三津이 복명하였다. 기삼진은 자신이 사신으로 간 취지를 잃어버렸으므로 신라에서 무고를 당하고 쫓겨 돌아왔다. 기삼진을 신라에 보낸 이유가 무엇인가 하면, 당나라에 보내는 4척의 배가 지금 바다를 건너려 하는데 혹시 바람이 변하여 그쪽 땅에 표착할까 두려워 이로 말미암아 옛날의 사례에 준하여 먼저 그 사실을 알리고 그것을 접수해주기를 기대하기 위해서였다. … 집사성의 첩문을 모두 베껴서 붙혀 싣는다. "… 바야흐로 지금의 시기는 크게 태평하고 바다에는 큰 파도가 일지 않으니 만약 옛날의 우호적인 관계를 되찾겠다면 피차 무엇이 방해가 되겠습니까. 하물며 정관년간에 고표인高表仁이 그곳에 도착한 이후 오직 우리는 이것에 의지하여 입술과 이가 서로 필요한 것과 같이 여긴 지가 오래 되었습니다. 일은 모름지기 태정관에 첩을 보내고 아울러 청주菁州에 첩을 내어 사안을 헤아려 바다를 건너는 동안의 양식을 지급하여 본국으로 돌려 보내니 처분하십시오.…"(『속일본후기』 권 5, 승화 3년 [836] 12월 정유)

위 기사 F는 일본이 견신라사를 정지한 이후의 일본측 기록에 보이는 견신라사에 관한 기록 전부에 해당한다. F①은 애장왕 4년(803) 일본과 교빙交聘을 맺은 이듬해의 기사이고, F②와 ③은 희강왕 원년(836)의 기사인데, 모두 일본이 견당사를 보내고 난 다음의 조치 내용이다.

주목되는 것은 F①에서 일본이 견당사선遣唐使船 4척을 보내었으나 2척은 바람으로 되돌아오고 2척은 그 종적을 모르니 혹 신라에 표착했으면 '마땅히 일에 따라 물자를 주어 돌려보내고[宜隨事資給]' 만일 신라에 이르지 않았다면 사신을 당나라에 보내어 찾아 보고해 주기를 바란다는 내용이다. F②는 견당사의 배가 혹 바람과 파도로 신라에 표착할까 염려하여 태정관이 구례에 따라 신라 집사성에 첩牒하여 견당사를 보낸 사실을 알리라는 것이고, 혹시 신라에 표착하면 도와서 당나라에 가도록 보내주되 길을 막지 말라는 내용이다. F①과 ②의 내용은 시기는 다르지만 '일본이 견당사를 보내면서 일본 태정관이 신라 집사성에 통고한다', 그리고 '견당사 배가 표착하면 물자를 주어 돌려보내든지 아니면 당나라에 가도록 도와준다', '만일 표착하지 않은 실종된 배의 경우 신라가 사신을 당나라에 파견하여 그 소식을 물어 일본에 알려준다'는 것으로서, 거의 대동소이하다.

이로 미루어 신라와 일본 사이에 모종의 약속이 되어 있지 않은가 생각해 볼 수 있다. 특히 F③의 집사성첩에서는 정관 중에 당나라 사신 고표인이 일본에 갈 때에 신라송사新羅送使를 보내어 도왔던 사례[111]를 들어 입술과 이가 서로 필요한 것과 같이 여긴 지가 오래되었다는 것을 강조하고 있다. 따라서 정관 중 당나라 사신을 송사送使하던 그러한 정신을 이어 신라와 일본간에 태정관과 집사성이 상호 첩牒을 주고 받으며 서로의 협조관계를 맺은 것이 바로 애장왕 4년(803)의 '교빙결호交聘結好'가 아닌가 여겨진다. 양국간의 이러한 협조관계는 이미 혜공왕 15년(779) 사찬 김난손金蘭蓀 등이 일본의 견당판관遣唐判官 해상삼수海上三狩 등을 두루 찾아 일본 파견시에 데려간 경험을 가진 것이었다.[112] 이에 이러한 경험이 축적되어 모종의 협약이 이루어졌고, 마침내 양국간의 '교빙결호'로 결실을 맺은 것이라 하겠다.[113]

---

111) 『日本書紀』 권 23, 舒明天皇 4년(632) 8월.

112) 『続日本紀』 권 30, 宝亀 11년(780) 정월 辛未.

113) 濱田耕策은, 신라가 留唐日本學僧·學生의 소식과 서간을 전달한 것이나 日本遣唐使의 탐문 등에 협조한 것은 당의 勅使와 送使를 매개로 한 唐朝의 의지를 배경으로 이루어진 것으로 보고, 애장왕 4년 신라-일본간의 交聘結好를 '신라가 唐의 外臣으로서 일본과 亢禮의 隣國 관계를 정립한 외교정책의 결과'로서 풀이하였다.(濱田耕策, 「對日本外交の終幕-日唐間の情報と人物の中継をめぐって」, 앞의 책, 374~391쪽) 또한 씨는 동일한 관점에서 앞서 살핀 宮內廳 書陵部 소장 『古語拾遺』의 "延曆 22년(803) 3月 己巳 遣正六位上民部少丞齋部宿禰濱成等於新羅國 大唐消息"의 기사를, 애장왕 3년 신라가 일본의 大唐消息을 얻으려고 사신을 파견한 기회를 포착하여 이의 영접을 매개로

그러면 왜 『삼국사기』에는 애장왕 4년(803)에 일본과 처음으로 '교빙결호'한 것처럼 기술되었는가. 만일 『삼국사기』 애장왕 4년의 '교빙결호' 기사를 취한다면, 신라는 일본측 기록에 나타난 '신라사신'을 국가간의 외교사절로서 보낸 적이 없는 것이 된다. 이는 앞서 살폈듯이 8세기 전반 김순정의 사망과 왜인의 동변습격사건 이후 신라 진골 귀족들이 주도한 사적인 교역만이 있었던 데서 애장왕 4년에 국가간의 '교빙결호'의 의미를 이해할 수 있게 된다. 이러한 양국간의 '교빙결호'의 배경에는 일본의 지속적인 당문물唐文物 수용에 대한 욕구와 신라 진골귀족들의 대일교역에 대한 욕구를 충족시키고자 하는 정책적인 측면이 있었을 것이다.

신라의 삼국 통일 이후 왕성국王城國 발언 사건 이전까지, 일본은 당문물을 수혈하는 주요한 통로로서 신라를 택할 수밖에 없었다. 친일본정책을 주도한 김순정金順貞이 사망한 이후 정상적인 국가 외교관계를 유지할 수 없게 되자, 일본은 보다 안전한 당문물의 수용과 견당사의 파견을 위한 방책이 필요하였다. 성무천황 신구 3년(726)에 사행한 김조근 등이 김순정의 사망 사실을 알린 그 이듬해에 처음으로 발해사가 파견된 것은 그러한 조치의 일환이었던 것으로 풀이된다.[114]

일본과 '交聘'의 관계를 맺은 것으로 이해하였다.(濱田耕策, 「下代初期における王權の確立過程とその性格」, 앞의 책, 266쪽) 그런데 이러한 『古語拾遺』 延曆 22년(803) 3월의 기사는 당시 신라와 일본간의 '交聘'의 내용이 '일본의 견당사에 대한 신라측의 편의 제공'과 '일본사신의 당나라에서의 소식을 전해주는 것이었음'을 보여주며, 『三國史記』의 交聘結好 기사로 미루어 신라로서는 그 이전의 일본과의 관계를 정상적인 외교관계로 인식하지 않았던 사실을 반영하는 것으로 인정된다. 한편 全基雄은, 당시 일본측으로서는 일본의 당과의 사행과 교류상에서 신라의 도움과 협력이 요구되었던 까닭에 신라의 교빙과 우호교섭에 적극적으로 대처하였던 것이고, 신라측으로서는 당시 섭정직에 있었던 金彦昇이 국내에서의 입지강화와 함께 발해를 견제하고자 하는 의도로 당나라와 일본과의 외교에 접근하였던 것으로 보았다.(全基雄, 앞의 논문, 6~9쪽)

114) 森克己는, 일본이 遣唐使 파견을 효과적으로 수행하기 위하여 신라와 발해와의 외교관계를 적절히 활용하였는데, 특히 발해와 일본의 사절왕래를 통하여 당과의 교통·연락·해외정보의 입수 등의 편의를 구하였던 것은 신라와의 관계가 악화된 때문이었다고 지적하였다.(森克己, 1975b, 「遣唐使と新羅·渤海との關係」, 앞의 책, 99~101·109~113쪽) 朴昔順도 동일한 관점에서, 일본이 발해와의 관계를 우호적으로 추진한 것은 당과의 교통에 불가피한 渤海路(道)를 이용하기 위해서였음을 지적한 바 있다.(朴昔順, 2002b, 앞의글, 209~210쪽) 趙二玉도, 발해는 739년 발해로의 개통과 함께 일본의 요청에 따라 견당사를 호송하고, 새로운 정보 등을 제공하였던 것으로 보았다.(趙二玉, 2002, 「8세기 중엽 渤海와 日本의 關係」, 『한국고대사연구』 25, 179~186쪽)

일본은 신라와 사신을 주고 받으면서도 신구 4년(727) 발해사신 고제덕高齊德 등이 일본에 파견된[115] 이후 송사送使를 파견하다가, 천평 12년(740) 처음으로 견발해대사를 파견하였고,[116] 758년 견발해사가 안록산安祿山의 난에 관한 당나라 소식을 전해오는 등,[117] 발해와의 사신내왕을 통하여 새로운 견당사의 통로를 모색하였다. 이후 759년에는 견당사로 파견된 등원하청藤原河清을 맞이하기 위한 사신이 발해사신과 함께 발해를 통해 귀환하였고,[118] 761년에도 영등원하청사迎藤原河清使 고원도高元度 등이 발해도渤海道를 통하여 당나라로부터 귀국하였다.[119] 이어 763년에도 입당 학문승 계융戒融 등이 발해를 통하여 귀국하였으며,[120] 825년에는 당나라 오대산에 머무르고 있는 일본승 영선靈仙에게 천황이 황금 100량을 전해줄 것을 발해 사신 고승조高承祖에 부탁하는 일도 있었다.[121]

그러나 일본은 발해와 표문表文의 내용을 문제삼아 갈등이 야기되기도 하였다. 결국 일본은 중화적 이념을 포기하고 신라·발해와의 갈등을 해소하거나 아니면 새로이 견당사의 길을 개척하는 수밖에 없었다.[122]

일본은 733년 4월 3일 견당사를 파견하였으나[123] 입당대사入唐大使 다치비진인광성多治比眞人廣成은 735년 3월 10일에 귀환하고,[124] 함께 갔던 입당부사入唐副使 중신조신명대中臣朝臣名代 등은 736년 8월 23일,[125] 그리고 평군조신광성平郡朝臣廣成은 7년여의 각고 끝에 739년 11월 3일에 귀환하는 등[126]의

115) 『続日本紀』 권 10, 神亀 4년(727) 12월 丁亥.
116) 『続日本紀』 권 13, 天平 12년(740) 정월 庚子.
117) 『続日本紀』 권 21, 天平宝字 2년(758) 12월 戊申.
118) 『続日本紀』 권 22, 天平宝字 3년(759) 10월 辛亥.
119) 『続日本紀』 권 23, 天平宝字 5년(761) 8월 甲子.
120) 『続日本紀』 권 24, 天平宝字 7년(763) 10월 乙亥.
121) 『日本後紀』 권 34 逸文天長 3년(826) 5월 辛巳(『類聚国史』 194, 渤海·『日本紀略』).
122) 森克己는, 일본이 신라와의 교섭이 경색국면에 들어감으로써 당으로의 渡航이 쉬운 西海道(新羅道)를 버리고 南島入唐路를 개척하였음을 지적하였다.(森克己, 1975b, 「遣唐使と新羅との關係」, 앞의 책, 133~140쪽)
123) 『続日本紀』 권 11, 天平 5년(733) 4월 己亥.
124) 『続日本紀』 권 12, 天平 7년(735) 3월 丙寅.
125) 『続日本紀』 권 12, 天平 8년(736) 8월 庚午.
126) 『続日本紀』 권 13, 天平 11년(739) 11월 辛卯.

어려움을 겪은 바 있다. 이어 752년 윤 3월 9일에 견당사를 파견하여[127] 754년 1월 16일에 귀환하는 성과를 거두기도 하였으나,[128] 해로로의 견당사 파견은 고난의 연속이었다. 762년 7월의 송당인사送唐人使는 풍파로 인하여 바다를 건너지 못했고,[129] 776년에도 견당사를 파견하고자 하였으나 풍파로 인하여 출발하지 못하자 견당사로 임명된 이가 천지신기天地神祇에게 제사를 지내거나 병을 핑계로 날을 보내는 등의 일이 있었다.[130] 마침내 777년 6월 24일 다시 견당사를 파견하여[131] 778년 10월 23일 제3선이 귀환하고,[132] 778년 11월 10일에는 제4선이 탐라도耽羅嶋에 억류되었다가 귀환하였으며,[133] 778년 11월 13일에는 제2선이 살마국薩摩國 출수군出水郡에 도착하였고, 제1선은 당판관唐判官 등 56인이 증도군甑嶋郡에 도착하였으나 중도에 부사副使 소야조신석근小野朝臣石根 등 38인과 당사唐使 조보영趙寶英 등 25인이 물에 빠져 구하지 못하였다는 것이다.[134] 이어 779년에는 당사 판관 고학림高鶴林 등 5인이 일본의 견당판관遣唐判官 해상삼수海上三狩를 찾아서 데리고 온 신라사신 김난손金蘭蓀 등과 함께 입경하였다.[135] 그후 803년 4월 23일 다시 견당사를 파견하고자 하였으나 선박이 파손됨으로써 바다를 건너지 못하였다.[136]

일본은 해로를 통하여 중국으로의 사행을 몇 차례 성공한 바 있지만 실패와 고행의 연속이었고, 발해를 통한 당로의 모색도 표문의 문제로 쉽지 않았다. 이러한 현실적 문제로 인하여 일본은 당으로 통하는 안전한 해상루트의 확보를 위해 이미 우수한 신라배와 동북아시아 해상루트를 장악하고 있는 신라와 타협하였던 것으로 보인다.[137] 애장왕 4년(803) 양국간의 '교빙결호'는 일본의 이러

---

127) 『續日本紀』 권 18, 天平勝宝 4년(752) 閏3월 丙辰.
128) 『續日本紀』 권 19, 天平勝宝 6년(754) 정월 壬子.
129) 『續日本紀』 권 24, 天平宝字 6년(762) 7월 是月.
130) 『續日本紀』 권 34, 宝亀 7년(776) 4월 壬申·閏8월 庚寅, 宝亀 8년(777) 2월 戊子·4월 戊戌.
131) 『續日本紀』 권 34, 宝亀 8년(777) 6월 辛巳 朔.
132) 『續日本紀』 권 35, 宝亀 9년(778) 10월 乙未.
133) 『續日本紀』 권 35, 宝亀 9년(778) 11월 壬子.
134) 『續日本紀』 권 35, 宝亀 9년(778) 11월 乙卯.
135) 『續日本紀』 권 35, 宝亀 10년(779) 10월 癸丑, 宝亀 11년(680) 정월 辛未..
136) 『日本後紀』 권 11, 延暦 22년(803) 4월 癸卯·5월 辛未.
137) 森克己는 일본의 대신라관계에서 가장 중요한 것은 견당사와의 관계인데, 견당사의 입당항로가 신라의 영해를 통과하였던 만큼, 일본 遣唐使와 入唐留學生의 왕래에는

한 욕구를 충족하기 위한 현실적인 조치였다. 그 이듬해 7월 6일에 출발한 일본의 견당사는 805년 6월 8일 사행을 마치고 귀환하는 성과를 올렸다.[138] 804년 일본의 견당사 파견을 전후하여 일본사신이 신라를 찾은 것은 바로 신라로부터 해로의 안전을 보장받기 위한 것으로 여겨지는 황금 300량의 진상과 견당사 성공의 결과에 대한 보고의 의미가 아니었을까 한다. 일본으로서는 견당사 귀환 성공을 자축이라도 하듯이 당나라에서 가져온 물품을 향추궁香椎宮, 제산릉諸山陵과 이세대신궁伊勢大神宮에 드리고, 참의參議 이상의 신료들에게 나누어 주었던 것을 보면[139] 일본 스스로도 대견스럽게 여겼던 듯하다.

한편 신라로서는 일본과의 결호를 통하여 일본과 지속된 갈등을 해소하고, 신라 진골귀족의 대일본 교역의 경제적 욕구를 충족시키고자 했던 것으로 보인다. 신라는 성덕왕 12년(713) 당나라로부터 공식사절로 인정된 이후, 732년 발해의 등주登州 공격에 협조함으로써 735년 당으로부터 대동강 이남의 영유권을 인정받고, 그후 당과의 화친과 문물의 수입을 주요한 대외정책으로 삼아, 원칙적으로 매년 1~2차례씩 당나라에 사신을 파견하였다.

다만 일본에 대해서는 삼국통일 초기에는 나당전쟁과 발해의 위협에 대처하기 위해 문물의 수주처로서 역할을 견지하였지만, 730년을 전후한 시기부터 국가적인 외교관계보다는 오히려 진골귀족의 경제적 욕구를 충족시키는 방향으로 선회한 듯하다. 곧 성덕왕 30년(731) 4월 일본의 병선 300척이 신라 동변을 습격한 사건[140] 이듬해 1월에 양국은 서로 사신을 주고 받으면서 3년에 1번씩 사신을 보낼 것을 합의하였지만,[141] 『속일본기』에는 730년을 전후한 시기에 사신의 내왕이나 신라 동변 습격사건에 대한 어떤 기사도 보이지 않고, 양국간의 무력적인 충돌 직후인 성덕왕 33년(734) 김상정金相貞의 '왕성국王城國' 발언 이후 신라와 일본의 사신들을 양국 조정이 서로 불납하는 사태와 경덕왕 2년

신라정부와 민간의 힘을 빌리는 경우가 많았던 바, 일본이 견당사를 파견할 때에는 어떠한 경우라도 신라와 화친관계를 맺고 그 보호를 의뢰할 필요가 있었음을 지적한 바 있다.(森克己, 1951, 「遣唐使と新羅·渤海との關係」, 『史淵』 48 : 1975b, 앞의 책, 100~101쪽)

138) 『日本後紀』 권 12, 延暦 24년(805) 6월 乙巳.

139) 『日本後紀』 권 15 逸文, 大同 2년(807) 정월 辛丑·丙午·丙辰, 8월 癸亥.

140) 『三國史記』 권 8, 新羅本紀 8, 聖德王 30년(731) 4월.

141) 『續日本紀』 권 11, 天平 4년(732) 정월 丙寅·2월 庚子·5월 壬戌.

(743) 김서정金序貞 등의 '토모논쟁土毛論爭'에 관한 기록만을 전하고 있다.

일본의 동변 습격사건이 일어난 시기는 지적되듯이 732년 발해가 등주를 공격하고, 그 이듬해에 발해의 공격에 대하여 신라와 당이 공동전선을 형성하였던 까닭에, 신라-당, 발해-일본간의 모종의 군사적 동맹의 체결 가능성이 있을 수도 있다. 성덕왕 30년(731) 일본의 신라 동변습격사건에 대해서는 친일본 정책을 주도한 것으로 알려진 김순정의 사망 사실이 일본에 알려진 성덕왕 25년(726) 이후라는 점에서, 무언가 신라와 일본 사이에 외교적 정책의 변화에 기인한 것이 아니었겠는가 추측되기도 한다. 주지하듯이 김순정은 성덕왕대에 활동한 인물로서 이찬의 관등까지 올랐으며 경덕왕의 장인이었지만, 신구 3년(726) 7월 무자에는 김주훈金奏勳·김조근金造近 등이 일본에서의 '사행'을 마치고 돌아가는 길에 그 전 해에 죽은 김순정을 애도하는 국서와 부의를 내리고 있다. 당시 일본천황은 김순정을 '우리 조정을 충성스럽게 섬겨' '어진 신하로서 나라를 지켜 짐의 팔다리가 되었었는데' '나의 좋은 선비'라고 평가하였던 바, 그가 친일 외교정책을 적극 추진하였을 것임을 짐작할 수 있다.[142] 730년을 전후한 시기의 신라의 대일 외교 정책상의 변화는 이와 관련될 것으로 생각된다.

아무튼 일본과의 관계가 경색되고 나서, 표문의 부재와 토물·신물 등의 명칭 문제로 인하여 일본측의 반각·방환이 예상됨에도, 효소왕 2년(738) 1월 급찬 김상순金想純 등 147명이 일본에 파견된[143] 이후로 '신라 사신'들의 수가 이전 시기에 비하여 급격히 늘어났다. 이처럼 '사행' 인원이 늘어난 것은, 비록 1세기 뒤의 일이긴 하지만 장보고의 사례에서 보듯이, 반각되더라도 가지고 간 물건을 교역할 수 있었던 때문이 아닌가 한다.[144] 곧 승화 7년(840) 장보고는 사신을

---

142) 『續日本紀』 권 9, 聖武天皇 神龜 3년(726) 7월 戊子.
鈴木靖民, 「金順貞·金邕論」, 앞의 책, 327쪽. 延敏洙, 앞의 논문, 274~275쪽.

143) 『続日本紀』 권 13, 天平 10년(738) 정월 是月條.

144) 朴昔順은 '放還'을 일률적으로 외교적 충돌로 보는 관점에 대하여 의문을 제기하면서, 「延喜玄蕃式」 新羅客入朝條를 근거로 하여 賓禮의 유형을 ① 신라객이 입조하는 경우 ② 筑紫로부터 돌아가는 경우 ③ 책망을 들어 돌아가는 경우로 유형을 나누고, '放還'이란 단지 신라사절을 '돌려보낸다'는 의미에 불과하며, 당시 신라-일본간에 극단적인 불화가 있었다기보다는 서로 이상으로 생각하는 원칙, 즉 율령적 이념을 외교의 전면에 강조하고 법적·禮的 위치 부여를 실현하려고 하는 자세가 있었음을 지적하였다. 특히 이러한 자세는 放還이 잦았던 시기에 일본 조정이 신라와의 관계가 순조롭지 못한 것을 염려한다든가 新羅使가 來日하지 않음을 문제시하는 태도에서 살필 수 있다고 하였

보내어 방물을 바치고자 하였으나 '신하된 자로 외국과의 외교는 없는 것[爲人臣無境外之交]'이라 하여 쫓겨나게 되었는데,[145] 그 이듬해에 "그들이 가지고 온 물건은 임의로 민간에 맡겨 교관토록 하되, 백성들로 하여금 민간에 맡겨 교역할 수 있게 하라"고 태정관이 처분하고 있음을[146] 살필 수 있다. 이는 반각返却이나 방환放還, 추각追却 등의 이면에는 가지고 온 물건의 교관이란 의미가 숨어 있음을 보여주는 사례로서, '신라사신'들이 사행인원을 늘리고 토물을 가져갔던 데는, 방환된다 하더라도 교관만은 가능한 때문이었을 것이다.

사실 반각된 '신라사신'의 경우 일본에 체류한 기간이 3~5개월이었던 만큼 물품을 거래하기에는 충분한 시간이었던 것으로 보인다. 이처럼 '신라사신'들이 일본조정의 반각을 예상하고도 물품을 거래하고자 하였던 것은, 일본 관료층의 수요가 있었고 이에 따른 막대한 경제적 이익을 취할 수 있다는 데에 그 요인을 찾을 수 있다.

일본 관료층의 수요에 대해서는 신라물품신청서인 「매신라물해」에서도 잘 드러나지만, 일본조정이 신라 교관물을 구입하도록 일본 조정대신들에게 대재부면大宰府綿을 지급하였다는 데서도 확인된다. 곧 신호경운 2년(768) 10월 갑자조에는 일본조정이 신라 교관물을 구입하도록 일본 조정대신들에게 7만 둔[약 15톤][147]의 대재부면을 지급하였던 사실을 살필 수 있다.[148] 필자는 7만 둔의

다.(朴昔順, 2002b, 앞의 논문, 199~219쪽) 씨가 지적한 이러한 일본 조정의 태도 이면에는 '선진 문물의 수용'이나 '交關' 등에 대한 일본 조정의 욕구가 있었던 것으로 생각된다.

145) 『続日本後紀』 권 9, 承和 7년(840) 12월 己巳.
장보고가 使臣을 보내 方物을 바치려 하자 일본조정이 이를 물리친 것에 대하여, 石上英一은 무역을 확보하지만 타국의 분쟁에는 개입하지 않으려는 일본의 대외정책의 결과(石上英一, 「古代國家と對外關係」, 『講座 日本歷史』 2, 東京大出版部, 1984, 259~263쪽)로 보았고, 田美姬는 당시 장보고를 둘러싸고 신라내에서의 분쟁의 여지는 보이지 않으므로, 오히려 『續日本後紀』 내용 그대로 장보고의 위치를 人臣으로 본 견해, 즉 일본은 어디까지나 신라를 蕃國으로 상대하고자 하였던 경향이 그대로 반영된 것(田美姬, 2004, 「840년 張保皐의 對日朝貢의 배경과 실체」, 『대외문물교류연구』 3, 70~71쪽)으로 풀이하였다. 그런데 장보고의 청해진 설치나 활동은 신라 정부의 인정하에 가능한 것으로서, 그의 목적은 무엇보다도 8세기 중엽 소위 '新羅使臣'들이 영위하였던 平安京 貿易의 이득을 위한 것이었고, 일본측으로서는 외교적 賓禮의 格式에 따라 이를 처리하였던 것으로 생각된다. 당시 일본측의 放還의 성격에 대해서는 위의 각주 참조.

146) 『続日本後紀』 권 10, 承和 8년(841) 2월 戊辰.

대재부면을 838년에 제정된 대재부관내지자교역법大宰府管內地子交易法[149]에 따라 면 1둔을 직도直稻 8속束으로 계산하여 '쌀 26,133.3석'에 해당함을 밝힌 바 있다.[150] 이와 같은 규모의 대가가 '신라 사신'들에게는 엄청난 유혹이었으리라는 것은 상상하기 어렵지 않다.[151] 각 대신에게 신라물품을 구하기 위해 대재부면을 내려준 이듬해 3월에 매년 20만 둔의 대재부면을 경고京庫에 운수하도록 하는 조치를 취하였는데,[152] 아마도 이 또한 신라 교관물을 구입하기 위한 것이 아니었을까 한다.

아무튼 위 신호경운 2년(768) 10월 각 대신들에게 대재부 면을 내려준 조치는 기록의 누락이 아니라면 아무래도 혜공왕 5년(769) 일본에 파견된 김초정 등 187인의 신라사신의 교관물을 구입코자 하는 예비 조치였던 것으로 짐작된다. 그런데 김초정 등은 입경하지 못하고 대재부에서 4개월여를 머물다가 향응만을 받고 방환되었다고[153] 하는데, 아마도 이 기간 동안에 김초정金初正 등은 일본에 가져간 토물土物[新羅交關物]을 일본 각 대신과 관료층에게 매각하였으리라 판단된다. 이처럼 공식적인 외교관계라 일컫기 어려운 상황에서도 사절단의 규모가 커지는 것은 바로 이러한 경제적 가치가 높은 상황에서 가능했던 것이다.

'신라사신'의 교역과 유사한 상황을 발해사신의 경우에도 살필 수 있다. 곧 승화 9년(842) 4월에는 대사 하복연賀福延이 사적으로 방물을 드리고 있다.[154]

---

147) 李基東, 1985, 「張寶皐와 그의 海上王國」, 『張寶皐의 新硏究』 : 1997, 『新羅社會史硏究』, 一潮閣, 219쪽. 윤재운은 하사의 주체를 대재부로 파악하였으나(尹載云, 2002, 「南北國時代 貿易의 性格」, 『南北國時代 貿易硏究』, 高麗大 博士學位論文, 179쪽), 이 물품 대금은 平城宮 앞의 宮市를 위한 하사금으로서, 그 주체는 일본 국왕 곧 조정이었다. 한편 金恩淑은 이 때 지급한 大宰綿 총액 85,000屯이었던 것으로 파악하였다.(金恩淑, 1998, 앞의 논문, 286쪽)

148) 『続日本紀』 권 29, 神護景雲 2년(768) 10월 甲子.

149) 『續日本後紀』 권 7, 仁明天皇 承和 5년(838) 9월 14일.

150) 朴南守, 2006, 「8~9세기 한·중·일 교역과 장보고의 경제적 기반」, 『대외문물교류연구』 4, 해상왕장보고연구회, 165~166쪽.

151) 森克己는, 이 시기 신라사신의 주된 목적을 고대무역의 형태였던 국제무역의 이윤을 착안한 때문으로 풀이하였다.(森克己, 1975b, 「遣唐使と新羅との關係」, 앞의 책, 98~100쪽)

152) "乙未 始毎年運大宰府綿廿万屯 以輸京庫"(『続日本紀』 권 29, 神護景雲 3년(769) 3월 乙未).

153) 『続日本紀』 권 30, 神護景雲 3년(769) 11월 丙子·宝亀 원년(770) 3월 丁卯.

154) 『続日本後紀』 권 11, 承和 9년(842) 4월 辛未.

또한 정관 14년(872) 5월에는 발해사신이 내장료內藏寮를 비롯하여 경사인京師人, 시인市人들과 서로 교역하였다.[155] 이와 같은 발해사신들의 사적인 교역은 원경 6년(882) 11월 28일 가하국加賀國으로 하여금 발해객을 잘 접대하되 발해객이 가져온 물품의 회역廻易을 금지하는 관부官符를 내리기까지에 이르렀다.[156] 이러한 발해사신의 교역에 대하여 등원조신서사藤原朝臣緒嗣는 천장 3년(826) 3월 무진 초하루에 발해사신이 상려商旅와 같아 폐해가 많다고 지적할 정도였다.[157] 다만 발해 사신의 경우 사행에 수반한 사무역이었는 점에서 조공무역의 범주로 볼 수 있지만, '신라사신'의 경우 국가간 외교관계가 무너진 상황에서 신라 진골귀족의 경제적 욕구에 따라 이루어진 사무역이라는 점에서 큰 차이가 있다.

5. 맺음말

『삼국사기』에는 신라의 일본으로의 사신파견에 대한 기록이 전혀 보이지 않다가, 효소왕 9년(698) 이래로 몇 차례 일본 사신의 내왕 기사가 보이고, 신라와 일본과의 국교가 단절된 것으로 보고 있는 779년 이후인 애장왕대에 일본과의 교빙交聘을 맺었다는 기사를 포함하여 5건의 기록이 보인다. 이에 대해 일본측 기록에는 문무왕 8년(668)의 사찬 김동엄金東嚴의 파견 이후 매년 신라가 일본에 사신을 파견한 것으로 기록하고 있다. 이러한 양측 사료의 차이에 주목하여 8세기 중엽 신라와 일본이 외교적 갈등을 빚게 된 근본적인 요인을 밝히고, 양국간의 공식적인 외교관계가 단절되면서도 장보고로 대표되는 신라와 일본간의 교역이 전개된 배경으로서 신라 귀족들에 의해 주도된 교역의 양상을 살피고자 하였다. 또한 각 시기별 양국의 교역 물품을 검토하고, 그러한 물품이 갖는 성격과 의미를 신라의 수공업생산과 관련하여 살폈다. 그 결과를 정리하면 다음과 같다.

첫째, 일본측 기록에 보이는 7세기 후반 신라와 일본의 관계는, 신라의 선진문

155) 『三代実録』 권 21, 貞観 14년(872) 5월 20일 己丑·21일 庚寅·22일 辛卯.
156) 『三代実録』 권 42, 元慶 6년(882) 11월 28일 丙申.
157) 『日本後紀』 권 34, 天長 3년(826) 3월 戊辰 朔.

물의 전수와 인적 교류, 그리고 신라물품에 대한 일본관료들의 선호도 등으로 미루어 일본에 있어서 신라가 선진문물 전수의 주요한 통로로서 기능하였다. 이에 신라는 일본에 대하여 교린交隣에 기초한 외교정책을 고수하였고, 701년 일본의 대보율령大寶律令(701) 이후 양국간의 외교형식의 문제로 인한 갈등이 나타나기 시작하였다.

그러나 성덕왕 33년(734) 김상정金相貞의 왕성국王城國 발언 사건 이후 연력 18년(799) 5월 임신 일본의 견신라사遣新羅使가 정지될 때까지 이른바 '신라사신'은 국서를 지니지 않고 국왕의 의사를 사주辭奏로써 전달하였으며, 일본측 자료에서 사신이라 칭하였던 김태렴金泰廉 조차도 그가 가져간 물품을 '개인 자격으로 준비한 신라의 물품[私自所備 國土微物]'만을 보낸 것으로 나타난다. 또한 김삼현金三玄의 경우 『속일본기』에는 '신라국사新羅國使'라고 하였으나 그 자신이 '공조사貢調使'가 아님을 천명하였고, 승화 9년(842) 등원조신위藤原朝臣衛의 청원문에서 일본 관료들이 성무천황聖武天皇(724~749) 때부터 '신라사신'을 신라의 공식 외교 사절로 인정하지 않았던 바, 이른바 8세기 '신라사신'을 국가간 외교관계 속에서 파견된 공식 사신으로 인정하기 어려운 점이 있다.

둘째, 8세기 일본에 파견된 '신라사신新羅使臣'의 성격을 7세기 후반부터 734년 왕성국 발언 이전까지(제1기)의 신라 '공조貢調' 물품과 734년 이후 연력 18년(799) "견신라사 정지" 조치까지(제2기)의 신라 토모土毛와 비교 검토하였다. 제2기의 물품은 기록에 잘 나타나지 않지만 752년 일본인들의 신라물품 구입신청서 「매신라물해買新羅物解」에 자세히 살필 수 있다. 그 결과 제1기의 물품은 일본 국왕이나 왕족에게 주었던 '조물調物''별헌물別獻物'의 형태로 증여되었는데, 내용상 국왕의 위세품이나 왕실의 궁중수공업장에서 생산되는 물품이 주종을 이루었다. 이에 대해 제2기의 신라물품은 진골귀족이나 민간 수공업장에서 생산되는 물품이 중심이었다. 이는 김태렴의 '개인 자격으로 준비한 신라의 물품[私自所備 國土微物]'이란 말에 상응하며, 동 시기 외교적 갈등의 양상으로 나타난 '토물土物'이나 일본조정이 신호경운 2년(768) 7만 둔屯의 대재부 면을 조정대신에게 하사하여 매입토록 한 '신라교관물新羅交關物' 그것을 가리키는 것이었다. 이러한 신라물품의 성격변화는 제1기 국가간 외교관계에 의한 공무역으로부터 제2기 진골귀족이 주도하는 사무역으로 전환하는 과정을 보여주는 것으로 풀이된다.

셋째, 연력 18년(799) 5월 임신 “견신라사 정지” 조치 이후에 일본측 기록과는 달리 『삼국사기』에는 애장왕대(800~809)에 일본과의 교빙交聘을 맺었다는 기사를 포함하여 5건의 사신내왕에 관한 기록이 보인다. 이러한 양국 기록의 차이점에 대하여 검토한 결과 ① 연력 18년(799) “견신라사 정지” 조치는 발해의 사례로 보아 견신라사 정지 이후에도 견신라사를 임명하여 파견하였을 가능성이 높으며, ② 신라·일본간의 사신 내왕이 일본측 기록에서 사라진 것은 기록의 일실 내지는 일본측의 고의적인 누락 등으로 말미암았을 가능성이 높고, ③ 『삼국사기』 애장왕 4년(803) 일본과의 ‘교빙결호交聘結好’ 기사는 정관 중 당나라 사신 고표인高表仁을 송사送使하던 그러한 정신을 이어 신라와 일본간에 태정관과 집사성이 상호 첩牒을 주고 받으며 협조관계를 맺은 것으로 파악하였다. 이러한 협조관계는 ‘일본이 견당사를 보내면서 일본 태정관이 신라 집사성에 통고한다’, 그리고 ‘견당사 배가 표착하면 물자를 주어 돌려보내든지 아니면 당나라에 가도록 도와준다’, ‘만일 표착하지 않은 실종된 배의 경우 신라가 사신을 당나라에 파견하여 그 소식을 물어 일본에 알려준다’는 내용일 것으로 보았다. 따라서 양국간의 ‘교빙결호’의 배경에는 일본의 지속적인 당문물 수용에 대한 욕구와 신라 진골귀족들의 대일교역에 대한 욕구를 충족시키고자 하는 정책적인 측면이 있었던 것으로 이해하였다.

9세기 신라 상인들이 일본에 들어갈 수 있는 통장은 종래 신라사신들이 사용하였던 집사성첩에서 비롯하한다. 또한 8세기 중엽 신라사신들이 일본측의 방환放還에도 불구하고 사행의 수를 늘렸던 것은 방환 조치에도 불구하고 교관交關이 가능한 때문이었다. 이 시기동안 ‘신라사신’의 일본파견 목적에 대하여 일본측 기록에는 내조 내지는 조공·공조, 그리고 재당 일본 견당사의 서찰의 전달, 당측의 요청에 따른 사실 확인 등으로 나타나는 바, 8세기 신라 진골귀족이 주도한 교역사로서의 역할은 803년 양국간의 결호 이후에 일본 견당사의 해로의 안전보장과 실종된 견당사를 찾아 연락해주는 일로 집중되었다.

8세기 신라 진골귀족들의 역할은 9세기 전반 신라상인들에 의해 계승되며, 집사성이 직접 신라와 일본간의 무역에 관여하기보다는 강주나 청해진에 이러한 역할을 위임하는 형태로 진행되었다. 828년 청해진을 설치한 것은 산발적이던 신라상인의 활동을 한 데 결집하고자 하는 신라의 정책적 결정이었다. 따라서 장보고를 청해진 대사로 임명한 것은 기존의 사신들에 의한 교역을 포괄하며,

민간 상인들의 교역을 관리 조정함으로써 효과적인 동아시아 교역 정책을 수행하고자 한 것으로서, 기존 진골귀족 중심의 교역 체계에서 일종 '사무역 관리시스템'으로의 전환이라고 할 수 있을 것이다.

강주康州 당국에 의한 일본인 표탕자 송환 이후부터는 일본측 자료에, 신라상인들에 대한 기사는 보이지 않고 일본에 내왕한 상인들은 모두 대당상인大唐商人으로 나타난다. 이는 장보고 피살 이후 신라인의 활동을 일본측의 사서에서 고치거나 아니면 장보고 휘하의 세력들이 당인으로 자처함으로써 초래한 결과였다. 특히 869년 신라해적이 풍전국豊前國 공면貢綿을 약탈한 사건 이후 극도의 경계심을 보인 일본이 신라인의 왕래를 엄히 통제한 결과 재당신라인이 당인의 신분으로 활동함으로써 일본측 사료에 당인으로 전하게 된 것이라고 여겨진다. 원인圓仁이나 원진圓珍의 사례처럼 당으로부터 일본에 데려다 준 신라상인들이 일본측 기록에 당인唐人으로 기록된 데서 이러한 추정이 가능하다.

요컨대 9세기 전반 신라-일본간의 결호로 인하여, 신라 집정자나 귀족들의 주도로 교역하는 것보다는 오히려 교관에 관한 일을 청해진에 위임함으로써 소기의 목적을 달성할 수 있는 방책을 택하였던 것이다. 이후 장보고가 피살되고 나자 신라와 일본의 교역은 재당신라인에 의해 주도되었다. 이러한 데는 장보고의 피살로 상징되듯이 신라의 대일본 교역정책의 실종에 기인한 것으로 볼 수 있다. 이로써 이른바 '당상唐商'으로 표현된 재당 신라상인들의 교관물품 또한 '당물唐物'로 나타나게 되었고, 그 내용상 일본 귀족과 민간인들의 욕구를 만족시키는 당나라 물품과 신라의 물품이 혼효하는 양상으로 전개되었다.

8~9세기 한·중·일 교역과 장보고의 경제적 기반

1. 머리말

전근대 사회에서의 수공업과 상업은 국가 권력의 성장·발전과 밀접한 관련을 맺고 있다. 특히 상업의 발달은 사회적 분업의 발전을 전제로 한다. 9세기 전반 동아시아 해역을 주름잡았던 장보고의 활약상은 동아시아 삼국의 정세와 각국의 사회경제적 발달의 결정체라고 할 수 있다. 따라서 9세기 초엽 장보고의 활약상은 '해상왕'·'무역왕' 등 여러 수식어가 붙기에 충분한 것이었고, 여러 관점에서 다양한 연구가 진행되어 왔다.

8~9세기 신라와 당나라, 일본과의 교역에 대해서는 일본학자들이 자국의 해양사를 밝히기 위한 전제로 원인圓仁의 『입당구법순례행기入唐求法巡禮行記』를 검토하는 과정에서 연구하기 시작하였으며, 그 후 한·중·일 각국의 학자들이 자국의 관점에서 조공책봉朝貢冊封 문제를 중심으로 한, 이른바 공무역과 사무역 및 교역물품의 내용을 살핀 것이었다.[1)] 1985년 완도문화원과 국사편찬위원회의 협조로 기획·간행한 『장보고의 신연구』는 우리의 관점에서 장보고에 대해 종합적으로 정리한 최초의 보고서로서[2)] 이후 연구자들의 지침서가 되었지만,

1) 윤재운, 2004, 「남북국시대의 해양문화와 교과서 서술」, 『韓國史學報』 16, 高麗史學會, 119쪽.

연구의 외연을 크게 넓히지는 못하였다. 그 후 개별 연구자들에 의해 삼국간의 항로와 조선술·항해술에 대한 연구가 진전되면서, 1999년 해상왕장보고기념사업회와 해상왕장보고연구회의 출범으로 기획 연구 성과물이 쏟아져 나왔다. 이제 8~9세기 동아시아 무역의 형태 및 교역물품의 상세한 내역, 장보고의 탄생으로부터 몰락에 이르기까지의 과정과 신라정치사회와의 관계, 재당신라인의 활동과 신라방新羅坊·신라소新羅所의 기능, 청해진淸海鎭 설치 과정과 장보고張保皐의 신무왕 옹립에 따른 신라 정치사회에서의 의미, 청해진 몰락 이후의 동아시아 교역의 변화, 일본에서의 신라·발해간의 경쟁적인 무역활동에 이르기까지 다양한 연구 결과물을 접할 수 있게 되었다.[3)]

그러나 이러한 연구 성과에도 불구하고, 이미 많은 연구자들이 지적하여 왔듯이 장보고가 9세기 초엽 당나라에 건너가 무령군武寧軍 군중소장軍中小將으로 출세한 이후 청해진 설치까지의 과정과 청해진의 운영 상황, 그리고 장보고의 신무왕 옹립까지 장보고가 신라 정치사회에서 어떠한 지위에 있었는가 하는 점은 여전히 미궁의 과제로 남아 있다. 이로 인하여 8~9세기 신라와 당·일본과의 교역에서 장보고의 교역망 운용상과 그 의미 등에 대해서 소략한 점이 있었다. 또한 연구자들마다 장보고의 '막대한 무역의 이익'을 일컫고 있지만 그 규모에 대해서는 아직까지 밝혀지지 않고 있다. 이를 밝히는 것은 장보고가 신라 정치사회에서 얼마만한 영향력을 행사할 수 있었고, 그가 동아시아 교역에서 얼마만큼 폭발력을 지녔는가 하는 점을 이해할 수 있는 관건이 된다.

그 동안 이러한 과제를 미진한 채 남겨둔 데는 전적으로 자료의 부족과 단편성으로 말미암은 바로 여겨진다. 따라서 본고는 기존의 연구성과를 최대한 활용하되, 먼저 8~9세기 신라·당·일본간에 벌어진 교역의 변화상을 수공업 발전 과정과 관련하여 주목하고자 한다. 다음으로 8~9세기 동아시아 교역의 획기로 일컬어지는 장보고와 청해진의 등장 과정, 장보고가 구축한 교역망과 그 의미를

2) 莞島文化院, 1985, 『張保皐의 新硏究 : 淸海鎭 活動을 中心으로』.

3) 손보기, 1996, 「장보고 해양경영사 연구의 방향과 과제」, 『장보고와 청해진』, 혜안. 윤재운, 앞의 논문, 119~123·126~128·130~133·137~140쪽. 해상왕장보고연구회 편, 2001, 『7~10 世紀 韓中日交易硏究文獻目錄·資料集』, 해상왕장보고기념사업회. 김형근 편, 2001, 『해상왕 장보고의 국제무역활동과 물류』, 해상왕장보고기념사업회. 해상왕장보고연구회 편, 2002·2003, 『대외문물교류연구』 1·2, 해상왕장보고기념사업회.

밝히고자 한다. 마지막으로 장보고의 경제적 기반과 관련하여 신라–중국–일본 간의 교역을 중심으로 장보고 선단의 교역 규모를 추정하고자 한다. 많은 질정을 바란다.

2. 신라의 당·일본과의 교역

일본측 기록에 보이는 7세기 후반 신라와 일본의 관계는, 신라의 선진문물의 전수와 인적 교류, 그리고 신라물품에 대한 일본관료들의 선호도 등을 미루어 일본에 있어서 신라가 선진문물 전수의 주요한 통로로서 기능하였다. 이에 신라는 일본에 대하여 교린交隣에 기초한 외교정책을 고수하였고, 701년 일본의 대보율령大寶律令(701) 이후 양국간의 외교형식의 문제로 인한 갈등이 나타나기 시작하였다.

그러나 성덕왕 33년(734) 김상정金相貞의 왕성국王城國 발언 사건 이후 연력 18년(799) 5월 임신 일본의 견신라사가 정지될 때까지는 이른바 '신라사신'은 국서를 지니지 않고 국왕의 의사를 사주辭奏로써 전달하였으며, 일본측 자료에서 사신이라 칭하였던 김태렴金泰廉 조차도 그가 가져간 물품을 '개인 자격으로 준비한 신라의 물품[私自所備 國土微物]'이라 일컬었던 바, 이는 김초정金初正·김삼현金三玄 등이 일본조정과 논쟁한 '토모土毛'에 상응하는 것이었다. 또한 김삼현의 경우 『속일본기』에는 '신라국사新羅國使'라고 하였으나 그 자신이 '공조사貢調使'가 아님을 천명하였고, 승화 9년(842) 등원조신위藤原朝臣衛의 청원문에서 일본 관료들이 성무천황聖武天皇(724~749) 때부터 '신라사신'을 신라의 공식 외교 사절로 인정하지 않았던 바, 이른바 8세기 '신라사신'을 국가관 외교관계 속에서 파견된 공식 사신으로 인정하기 어려운 점이 있었다.

이러한 국가간 정치적 외교관계는 사신의 왕래와 함께 공무역을 수반하였다. 공무역은 공물貢物과 회사품廻賜品을 주고 받는 형식으로, 주로 사신들의 내왕로를 통하여 이루어졌다. 신라는 당나라와 '경주－당은포－서해북부연안항로 혹은 서해중부횡단항로–산동반도 등주–장안', 그리고 '경주－회진－서해남부사단항로–중국 강회지역–장안'으로 연결되는 사행로를 이용하였다.[4] 신라–일본간에는 '진도–탐라–대마도對馬島－일기도壹岐島 －축전국筑前國－대재부大宰

府' 와 '동래東萊 혹은 김해金海-대마도-일기도-말로末盧 또는 이도伊都-대재부'로 이어지는 사행로를 이용했으리라 짐작되고 있다.[5)]

그런데 신라-일본간의 사행로는 신라 왕경인 경주의 지정학적 관계를 생각할 때에 경주의 관문으로 '동래東萊 혹은 김해金海'가 더 적절할 것으로 여겨지나, 신라가 836년 일본에 보낸 집사성첩執事省牒을 보면 오히려 청주菁州(康州, 現晉州)가 경주의 관문으로 기능하였으며,[6)] 이에 따라 사행로 또한 '경주-청주(康州)-대마도-일기도壹岐島-알로末盧 또는 이도伊都-대재부大宰府'가 아닐까 생각된다.

곧 승화 3년(836) 12월 정유에 신라 집사성이 일본 태정관太政官에서 올린 첩문을 보면, 청주가 일본과의 교역에서 관문으로 기능하였음을 하였음을 알 수 있다.

> 신라국 집사성執事省에서 일본국 태정관太政官에세 첩문牒文을 보냅니다. … 일은 모름지기 태정관에게 첩을 보내고 아울러 청주菁州에 첩을 내어 사안을 헤아려 바다를 건너는 동안의 양식을 지급하여 본국으로 돌려보내니 처분하십시오. 서장에서와 같이 판단하여 태정관에 첩문을 보내니 청컨대 상세히 살피십시오.(『속일본후기』 권 5, 인명천황 승화 3년[836] 12월 정유조 신라집사성첩문)

위의 첩문은, 일본 태정관이 신라 땅에 견당사 배가 표착할 것에 대비하여 신라 집사성에 보내는 첩문을 만들어 기삼진紀三津을 사신으로 삼아 보내었던 것에 대한 회답이다. 그런데 이 첩문에서 기삼진이 태정관 첩문의 뜻과 달리 신라에게 우호를 다지기 위해 왔다고 함으로써, 신라가 그를 돌려보내게 된 사정을 알 수 있다. 위의 첩문에서 신라 집사성은 태정관에 첩문을 보냄과 아울러 청주에게 기삼진을 돌려보내는 역할을 맡기고 있다. 이는 신라의 대일본 관문이 청주菁州였던 사실을 보여준다. 청주는 주지하듯이 일본이 당나라에 가기 위한 북로에 위치하면서, 후일에는 왕봉규王逢規가 독자적인 해상세력을 일으킨 곳이기도 하다.[7)]

4) 權悳永, 1997, 「遣唐使의 往復行路」, 『古代韓中外交史』, 一潮閣, 188~209쪽.
5) 朱江, 1996, 「통일신라시대 해외교통 술요」, 손보기 편, 『장보고와 청해진』, 124쪽.
6) 全基雄, 1997, 「나말려초의 對日關係史 硏究」, 『韓國民族文化』 9, 10쪽.

사실 집사부(성)의 첩은 일본측 기록에서 764년과 위의 836년, 그리고 885년 세 번에 걸쳐 나타나는데,[8] 아마도 이들 첩은 836년의 사례와 같이 청주(康州)를 거쳐 일본 대재부에 전달되었을 것으로 여겨진다. 이처럼 청주(康州)는 최소한 8~9세기 무렵 신라 집사성의 첩문을 일본에 전달하거나 일본 사신과 관련된 일을 처리하는 주치州治였다.[9] 따라서 8~9세기 무렵 신라-일본과의 교역 내지 사행로는 '경주-청주菁州(康州)-대마도對馬島-일기도壹岐島-말로末盧 또는 이도伊都-대재부大宰府-경도京都 평성궁平城宮'이었음을 알 수 있다.

그런데 공무역은 공물과 회사품의 교환을 통한 교역을 비롯하여 관시官市 또는 호시互市를 개설하기도 한다. 당나라의 경우 공물과 회사품의 교환은, 먼저 변주邊州에서 견당사가 가지고 간 공물의 종류와 수량을 검열하여 홍로시鴻臚寺에 보고하면, 홍로시에서는 그 가격을 산정하고 회사품의 물량을 정하여 귀국시 견당사에게 주는 방식으로 이루어졌다. 이 때에 사신들 개인에게도 관등의 고하에 따라 차등을 두어 선물을 내려주었다. 관시官市는 사신의 편의를 위해 각종 행포行鋪로 하여금 사신의 객관 안에 상품을 진열하여 교역케 하는 방식이었고, 호시互市는 특산물을 당나라 조정에서 고가로 구입해주던 방식이었다. 이 밖에도 비공식적으로 사신들은 본국 왕실 혹은 개인의 필요 물품을 구입하기도 하였다. 역으로 당나라 사신이 신라에 와서 국왕으로부터 물품을 하사받는다던지, 신라 상품을 다량 구매하여 당나라에 돌아가 막대한 이윤을 남긴 경우도 있었다.[10] 일본과도 주로 공물과 회사품의 교환형태로 이루어졌지만, 사신들의 경비마련과 일본 관리들의 필요 물품 구입을 위하여 평성궁平城宮 앞에서의 궁시宮市[11]나 대재부大宰府에서의 관시官市[12]를 개설하였다. 주로 관시를 관장하였던

---

7) 金庠基, 1960, 「羅末 地方群雄의 對中通交」, 『黃義敦先生古稀紀念 史學論叢』, 東國史學會 참조.

8) 『續日本記』 권 25, 淳仁天皇 天平寶字 8년(764) 7월 甲寅. 『續日本後紀』 권 5, 仁明天皇 承和 3년(836) 12월 丁酉. 『日本三代實錄』 권 47, 仁和 원년(885) 6월 癸酉.

9) 이와 관련하여 倭典이 신라 사신들의 다양한 교역물품 조달을 위한 역할을 관장하였을 것으로 짐작하고 있으나(李成市 저, 김창석 역, 1999, 『동아시아의 왕권과 교역』, 청년사, 101쪽 ; 姜鳳龍, 2001, 「8~9세기 東北亞 바닷길의 확대와 貿易體制의 변동」, 『歷史敎育』 77, 20~21쪽), 집사성첩의 내용을 살필 때 오히려 일본과의 내왕에 대한 직임이 '執事省-菁州(康州)'라는 채널로 이루어졌음을 확인할 수 있을 뿐, 倭典의 역할은 분명하지 않아 추후의 과제로 남겨둔다.

10) 權悳永, 「遣唐使의 活動」, 앞의 책, 274~278·281~282쪽.

대재부에는 신라와의 왕래를 위한 신라역어新羅譯語를 두고,[13] 일본 조정에서 교역물품의 매입을 위한 면綿의 재배[14]와 능사綾師의 설치 및 관리들의 교체시기 조정[15] 등 특별한 조치들이 취해졌다.

한편 신라와 당나라 사이에 이루어진 공무역은, 신라가 특산물과 직물류 및 금속 가공품을 비롯하여 물품화폐의 성격을 지닌 금·은·동·포 등을 공물로 가져간 데 대해, 당나라는 외교적인 의례품과 아울러 직물류, 금속가공제품 및 문화관련 물품을 사여하는 형식이었다. 두 나라 사이에 이루어진 공무역은 그 물품을 살펴볼 때에 몇 가지 특징을 지닌다.[16]

첫째, 신라가 공물로 가져간 특산물의 경우 우황·인삼·미체美髢 등은 어느 시기를 막론하고 나타나며 당나라에서 매우 선호하던 물품이었다. 둘째, 신라에서 가져간 직물류나 금속가공품의 경우에는 시대가 갈수록 점차 다양해지고 있다. 이는 신라 궁중수공업 생산의 발전에 바탕한 것으로서, 9세기에 들어서면 동남아 수입물품을 가공하여 중국에 보냄과 아울러, 불경과 불상까지도 보낼 정도의 수준에까지 이르렀다. 셋째, 신라가 가져간 물품 가운데 금·황금·부금·은·포 등이 시대를 막론하고 나타난다. 이는 당나라 남부 지방에 유통된 용

11) 839년 일본에서는 平城宮 建禮門 앞에 세 개의 천막을 세워 唐物을 벌여놓고 內藏寮 官人과 內侍들이 교역을 한 바, 이를 宮市라 일컬었던 분명한 사례가 보이며(『續日本後紀』 권 8, 仁明天皇 承和 6년[839] 10월 19일), 이와 동일한 형태의 교역을 위해 관인들에게 교역물품비를 지급한 사례가 있어(『續日本紀』 권 29, 稱德天皇 神護景雲 2년 10월 甲子), 8~9세기 무렵 宮市가 성행하였던 사실을 알 수 있다.

12) 『續日本後紀』 권 9, 仁明天皇 承和 7년(840) 12월 己巳·권 10, 仁明天皇 承和 8년(841) 2월 戊辰.

13) "對馬史生 1명을 그만 두게 하고 新羅譯語를 두었다"(『日本後記』 권 24, 太上天皇 嵯峨 弘仁 6년[815] 정월 壬寅) 姜龍洙, 1983, 「韓國貿易의 史的 硏究(Ⅰ)」, 『馬山大學 論文集』 5-2, 13쪽. 全基雄, 앞의 논문, 16쪽.

14) 교역물품의 대가로서 일본에서는 주로 면을 지급하였으며, 潤淸의 貢綿 약탈사건(『日本三代實錄』 권 17, 淸和天皇 貞觀 12년 2월 20일·권 18, 淸和天皇 貞觀 12년 9월 15일)에서 보듯이 신라인들의 綿에 대한 욕구가 매우 컸음을 알 수 있다. 이러한 흐름에서 "崑崙人이 전한 綿種을 남해도와 대재부 관내 諸國에 심도록 하였다"(『類聚國史』 延曆 19년 3월 14일)는 조처 또한 교역물품 대가의 지급 등이 포함된 조처가 아닐까 짐작할 수 있을 듯하다.

15) "처음으로 大宰府에 綾師를 두었다"(『續日本記』 권 30, 高野天皇 稱德天皇 神護景雲 3년[769] 8월 21일) "大宰府 官人의 任期를 4년으로부터 5년으로 延長하였다"(『續日本記』 권 36, 天宗高紹天皇 光仁天皇 寶龜 11년[780] 8월 28일)

16) 朴南守, 1998, 「수공업과 상업의 발달」, 『한국사』 9, 국사편찬위원회, 199~200쪽.

조은庸調銀이나, 양세법兩稅法이 성립된 이후에 일어난 동전의 품귀현상, 그리고 이러한 화폐와 함께 통용되던 현물화폐로서의 금金과 포布 등이 지니는 가치에 따른 것으로서,[17] 신라조정 또는 왕실에서 필요로 하는 물품을 매입하기 위한 일종의 물품화폐로서 기능할 수 있기 때문이었다고 헤아려진다. 신라가 당나라에 숙위학생을 보낼 때면 국가에서 매서은買書銀이나 매서금買書金을 주어 학업을 하는 데 필요한 경비를 충당토록 했던 데서도 이를 충분히 짐작할 수 있다. 넷째, 중국에서 내린 회사품의 경우 외교 의례적인 물품 외에 가공제품이라는 것도 대체로 국왕 또는 왕실 등에서 사용될 만한 의복류와 기물에 한정되었다. 이는 원성왕 2년(786)과 경문왕 5년(865)의 당나라 회사품이 모두 왕과 왕비, 왕태자·대재상·차재상 등에 한정되었다는 데서도 드러나지만, 결국 공무역이란 것이 당시의 최고 지배층이던 국왕과 왕실 귀족의 수요를 충족하기 위한 것이었다는 한계를 분명하게 보여준다. 다섯째, 공무역을 통한 중국 문화의 수용은 시대를 막론하고 계속되었다.

한편 일본과의 공무역은 신라의 조調·토모土毛·방물方物 등으로 표현된 물품과 일본의 황금·명주明珠·면綿 등의 교역으로 이루어졌다. 신라가 일본에 보냈던 조調 또는 토모·방물 등은 「매신라물해」에서 확인할 수 있듯이, 향료·안료·염료·금속·기물·직물·서적·일반 생활용품 등 당나라·신라·동남아시아 제품들을 망라하는 것이었고,[18] 일본측에서 신라에 보냈던 물품은 황금·명주·면 등으로서 당시 동아시아권에서 물품화폐적 성격을 띠는 것이었다. 이처럼 교역물품에 있어서 차이가 나는 것은 아무래도 양국의 수공업 기술의 차이에서 비롯한 것이라 여겨진다.

곧 일본에 있어서 금철류는 698년에 이르러 동광석銅鑛石의 채광이나 백갈白鍻의 생산이 본격적으로 이루어졌던 것으로 보이며, 같은 해에 대마도로 하여금 금을 정련케 하였다고 하나,[19] 황금이 일본에서 처음으로 생산된 것은 701년의 일이었다.[20] 또한 876년 당시까지 당인唐人들이 비전국肥前國 송포군松浦郡의

17) 栗原益男·布目潮渢, 1975, 『中國の歷史』, 東京 講談社, 95·294·305쪽 참조.

18) 윤선태, 1997, 「752년 신라의 대일교역과 '바이시라기모쯔게(買新羅物解)'」, 『역사와 현실』 24, 47쪽 참조.

19) 『續日本紀』 권 1, 文武天皇 2년[698] 7월 17일·11월 5일·12월 5일.

20) 『続日本紀』 권 2, 大宝 원년(701) 3월 甲午·8월 丁未.

섬에서 향약과 은, 옥류玉類를 채취하여도 그 방법이나 가치 등에 대하여 알지 못했을 정도였다.[21)]

비단류도 711년 도문사挑文師를 제국諸國에 파견하여 금릉직錦綾織 기술을 전수함으로써 이세伊勢 등의 나라에서 처음으로 능금綾錦을 직조하게 된[22)] 이후, 769년 처음으로 능사綾師를 대재부에 배치하여[23)] 교역물품 가운데 비단류를 관장케 하였다.

이에 비하여 신라에 있어서 금철류의 경우 이미 6세기 무렵 불상의 주성에 대량의 황금과 동철류를 사용할 정도였고, 8세기 중엽에는 금철류의 사용이 비약적으로 증가하였으며 이에 따른 채광법의 변화가 있었다. 아울러 8세기 초엽에는 유鍮의 생산과 유통이 보편화되고 9세기 중엽에는 시중에 대량의 철이 유통되었던 만큼, 이를 이용한 각종 금속류와 기물, 불상 등의 불교용품이 일본에 수출되는 것은 당연하였다. 직물류에 있어서도 7세기 무렵에 이미 금총포金總布·금錦·금백金帛·능綾·잡채류雜彩類를 비롯하여 20승포·30승포·40승포 등을, 8세기에는 조하주朝霞紬·어하주魚霞紬와 화전花氈·색모전色毛氈·오색구유五色氍毹 등을, 9세기에 이르러 대화어아금大花魚牙錦·소화어아금小花魚牙錦·30승저삼

21) "參議 大宰權帥 종3위 在原朝臣 行平이 두 가지 일을 청하였다. … 그 두번째 일은 肥前國 松浦郡 庇羅와 値嘉의 두 개 鄕을 합하여 두 개 郡을 다시 세워 上近·下近이라 이름하고 値嘉嶋를 두도록 하는 것이었다. '… 이번 건의 두 鄕은 땅의 형세가 넓고도 멀며 戶口가 번창하고 또 생산되는 물품이 많고 기이합니다. … 더욱이 땅이 바다 가운데 있으면서 변경 지역으로 異俗과 이웃하고 있어서, 大唐이나 新羅에서 오는 사람들과 우리 조정의 入唐使들이 이 섬을 경유하지 않음이 없습니다. 府頭와 백성들이 일러 「지난 貞觀 11년(869) 신라 사람들이 貢船의 絹綿 등을 약탈하여 가던 날에 그 적들이 함께 이 섬을 지나 갔습니다」라고 아뢰었습니다. 이로써 보건대 이 땅은 그 나라의 중심지이므로 令長을 가려 방어를 신중하게 하는 것이 마땅합니다. 또 지난 해에 어떤 백성들이 「당나라 사람들이 반드시 먼저 이 섬에 도착하여 香藥을 많이 채취하여 貨物을 더하고, 이 곳 백성들로 하여금 그 물품을 보지 못하게 하였습니다. 또 그 바닷가에 奇石이 많은데 어떤 사람들은 이를 단련하여 은을 얻으며 또 어떤 사람들은 이 돌을 쪼고 갈아서 옥같은 것을 얻습니다. 당나라 사람들이 그 돌을 채취하기를 좋아하나 그 고장 사람들은 이를 알지 못하므로 이에 아룁니다」라고 아뢰었습니다. 마땅한 사람에게 위임하지 않은 폐해가 대부분 모두 이와 같은 것이므로, 바라옵건대 이 두 鄕을 합하여 두 개의 郡을 다시 세워 上近·下近이라 이름하고 다시 値嘉嶋로 삼으시어 새로이 嶋司와 郡令을 두어 土貢을 맡게 하십시오'라고 청하였다"(『日本三代實錄』 권 28, 淸和天皇 貞觀 18년[876] 3월 丁亥).

22) 『續日本紀』 권 5, 元明天皇 和銅 4년[711] 윤6월 14일·和銅 5년[712] 1월 28일.

23) 『續日本紀』 권 30, 高野天皇 稱德天皇 神護景雲 3년[769] 8월 21일.

단紵衫段·40승백첩포白氎布·기신라조綺新羅組 등 다양한 물품을 생산하였다. 특히 화전과 색모전의 경우는 「매신라물해」에서 확인되듯이 궁중수공업과 달리 귀족들이 운영하는 수공업장에서 생산한 물품이었다.[24)]

그런데 764년 신라·일본간의 국가간 공식외교 채널이 붕괴된 이후 집사성과 대재부간의 실무외교 방식을 택하게 된 것은 주로 일본측의 요구에 의한 것이었다. 일본측으로서는 이미 율령국가로서의 면모를 갖추었지만 선진문물에 대한 욕구를 그칠 수가 없었고, 발해와의 교섭이 본격화되었다지만 오히려 발해의 경제적 욕구에 의하여 수용하였던 발해 토산물로는 이미 신라를 통하여 수혈되었던 선진문물에 대한 욕구를 충족하기 어려웠다. 반면 신라 왕실로서는 당과의 교류가 원만하게 진행된 상황에서 원료적 성격의 일본 문물은 그다지 큰 관심 밖의 것이었다. 이것이 신라가 일본의 교류 요구에 수동적일 수밖에 없었던 이유이기도 하다.

결국 혜공왕 15년(779) 양국의 공식적인 관계가 단절되고 나서, 일본은 선진문물의 수주처를 확보해야 했고, 그 과정에서 신라를 우회한 당과의 교역로, 곧 남로南路를 확보하는 노력을 기울이는 한편 발해와의 교역 및 신라 상인들에 의한 신라문물 및 당문물의 수용이라는 정책을 택할 수밖에 없었다.[25)] 그러나 당과의 직접 교역로는 항상 항해술과 조선술의 미비로 어려움을 겪었고,[26)] 항해

---

24) 朴南守, 1996, 「각종 수공업기술의 발달」, 『新羅手工業史』, 신서원, 61~73쪽 ; 1998, 앞의 논문, 180·188쪽.

25) 연구자들은 8세기 중엽부터 활약하는 신라의 민간상인들의 활약으로 공적 교역의 필요성이 감소되었다고 보고 있는데(石井正敏, 1987, 「8·9世紀の日羅關係」, 『日本前近代の國家と對外關係』, 吉川弘文館, 288~293쪽 ; 1988, 「9世紀の日本·唐·新羅三國間貿易について」, 『歷史と地理』 394, 史學地理學同攷會, 2쪽 ; 金恩淑, 앞의 논문, 283쪽), 이는 돌이켜 생각하면 일본과 신라와의 공식적인 외교관계가 중단됨으로써 신라와 당나라의 우수한 물품을 구하고자 하는 일본 조정이 신라 상인의 활동을 보장하는 정책을 취하였고, 신라 조정 또한 그 활동을 인정함으로써 신라 상인들의 활약이 있었던 것으로 보아야 할 것이다.

26) ① "大宰府에 명하여 바람과 파도를 능히 감당할 수 있는 新羅船을 만들도록 하였다" (『續日本後紀』 권 8, 仁明天皇 承和 6년[839] 秋 7월 丙申)
② "大宰大貳 從4位上 南淵朝臣永河 등에게 조칙을 내리기를 '이번달 14일에 말을 달려 遣唐使 錄事 大神宗雄이 大宰府에 보낸 牒狀을 받고서 당에 들어갔던 3척의 배는 우리 배가 온전하지 못한 것을 꺼려하여 楚州의 新羅船 9척을 빌려 타고 신라의 남쪽을 거쳐 되돌아 왔음을 알았다. … '라고 하였다"(『續日本後紀』 권 8, 仁明天皇 承和 6년[839] 秋 8월 己巳).

로의 안전성을 확보하기까지는 신라 상인에 의존할 수밖에 없었다.27) 이로 인하여 기존 신라 집사성과의 교역 통로였던 대재부는 자연스럽게 신라 상인을 받아들이는 창구로서의 기능을 담당하게 되었던 것이다.28)

한편 9세기 초엽 신라의 제반 사회적 갈등과 왕위쟁탈전으로 인한 중앙집권체제의 약화 및 지방통제력의 이완 등 정치적 여건은 신라 상인들의 사무역을 부추기는 배경이 되었다. 헌덕왕대에 신라 상인들이 빈번히 일본 구주九州 지방에 표착한 것이나29) 흥덕왕 3년(811) 신라의 운량선인運糧船人들이 해적들에게 약탈당하여 일본에 표착한 사실,30) 그리고 9세기 초 일본의 구법승 원인圓仁이 중국 양주에서 만났던 신라 상인 왕청王請과 왕종王宗이 일본과의 교역을 통하여 거부巨富가 되었다는 사실31) 및 신라 상인들이 중국 양주 등지에서 일반물품이나 시문·미술품 등 신라 귀족들의 취향에 맞는 물품을 사들여갔다는 점32) 등은 당시 활발하였던 신라 해상들의 활약상을 보여준다. 이들 해상들은 최초에는 장춘長春과 같이 국내 물품의 해운에 종사하다가33) 이러한 국내외 정세의 변화

---

③ "大宰府에서 '對馬島의 관리가 말하기를 「먼 바다의 일은 바람과 파도가 위험하고 年中 바치는 調物과 네 번 올리는 公文은 자주 표류하거나 바다에 빠진다」고 합니다. 전해 들으니 新羅船은 능히 파도를 헤치고 갈 수 있다고 합니다. 바라건대 신라 배 6척 중에서 1척을 나누어 주십시오'라고 말하였다. 이를 허락하였다"(『續日本後紀』 권 9, 仁明天皇 承和 7년[840] 9월 丁亥)

한편 신라의 조선술과 항해기술에 대해서는 金在瑾, 1985, 「張保皐時代의 貿易船과 그 航路」, 『張保皐의 新硏究』, 莞島文化院 및 최근식, 1999, 「道里記·登州海行道의 검토와 장보고 交關船의 항로」, 『史叢』 49 참조.

27) 金文經, 1998, 「해상활동」, 『한국사』 9, 국사편찬위원회, 302~303쪽.

28) 金恩淑, 1991, 「8세기의 新羅와 日本의 關係」, 『國史館論叢』 29, 국사편찬위원회, 128~130쪽. 姜鳳龍, 앞의 논문, 23~28쪽.

29) 『日本後紀』 권 21, 嵯峨天皇 弘仁 3년(812) 정월 甲子·3월 己未·9월 甲子·권 24, 嵯峨天皇 弘仁 5년(814) 10월 丙辰·庚午.

30) 『日本後紀』 권 21, 嵯峨天皇 弘仁 2년(811) 8월 甲戌.

31) 圓仁, 『入唐求法巡禮行記』 권 1, 開成 4년(839) 정월 8일·권 4, 會昌 6년(846) 5월 1일.

32) E. O. Reischauer, 1955, Ennin's Trevels in T'ang China, N. Y., p.261. 李永澤, 1982, 「9世紀 在唐 韓國人에 대한 考察-入唐求法巡禮行記를 中心으로-」, 『韓國海洋大學論文集』 17, 73쪽. 李基東, 1985, 「張保皐와 그의 海上王國」, 『張保皐의 新硏究』, 莞島文化院 : 1997, 『新羅社會史硏究』, 一潮閣, 217쪽. 김문경, 1996, 「9~11세기 신라사람들과 강남」, 손보기 편, 『장보고와 청해진』, 혜안, 75쪽.

33) 『三國遺事』 권 3, 塔像 4, 敏藏寺.

에 부응하여 눈을 해외로 돌림으로써 일본에 신라와 당나라 및 동남아 물품을 제공하는 유일한 통로로 자리잡았던 것이다.[34]

3. 장보고의 청해진淸海鎭 설치와 동아시아 교역망 운용

신라 흥덕왕 3년(828) 4월 청해진의 설치는[35] 신라와 당나라, 일본의 교역에 있어서 획기를 긋는 사건이었다. 중국 해적들의 신라인 약매掠賣 등의 현안과 맞물려 설치된 청해진은 중국 산동반도의 등주登州 적산촌赤山村과 일본 박다博多를 연결하는 중간 거점으로서, 또한 중국 강남의 양주揚州를 잇는 명실공히 동아시아 삼국의 교역망을 하나로 엮을 수 있는 구심점으로 기능하였다.[36]

사실 청해진을 설치한 이후로 신라 서남해안에는 해적의 그림자가 사라지게 되었고, 신라 당은포唐恩浦로부터의 중국 최초의 기항지인 산동반도 등주 적산포를 거점으로 하여 중국 하남도의 밀주密州와 해주海州를 거쳐 회남도의 초주楚州·사주泗州·연수漣水·양주揚州 등지에 분산되어 있는 신라의 무역상들을 하나의 교역망에 편제함으로써 당-신라-일본의 교역을 실질적으로 지배 내지 영향력하에 두게 되었다.[37]

또한 장보고는 당나라에 대해서는 「대당매물사大(遣)唐賣物使」, 일본에 대해서는 「회역사廻易使」라는 이름 아래 교역사절단을 파견하고 그의 무역선을 「교관선交關船」이라 일컬었다. 특히 일본에서는 장보고의 회역사가 갖고 온 이른바 「당물화물唐物貨物」은 인기가 매우 높아 이를 구매하기 위하여 일본백성들이 가산을 기울여 고가에 매입하거나 예약 대금으로서 시絁를 무역지점에 미리 납부해야 할 정도였다.[38]

그러나 장보고가 9세기 초엽 신라의 정치사회적 소용돌이와 기근 속에서 당나

34) 朴南守, 1998, 앞의 논문, 200~201쪽.

35) 『三國史記』 권 10, 新羅本紀 10, 興德王 3년 夏 4월.

36) 李永澤, 1979, 「張寶皐海上勢力에 관한 考察」, 『韓國海洋大學論文集』 14, 24쪽.

37) 李基東, 1985, 「張寶皐와 그의 海上王國」, 『張寶皐의 新硏究』 : 1997, 『新羅社會史硏究』, 一潮閣, 215쪽.

38) 『續日本後紀』 권 10, 仁明天皇 承和 8년 2월·권 11, 仁明天皇 承和 9년 정월 乙巳.

라에 건너가 무령군武寧軍 군중소장軍中小將에까지 출세한 이후 청해진을 설치하게 된 배경과 8~9세기 신라와 당, 일본간의 교역망 운용 실태에 대해서는 여전히 미지의 과제로 남겨져 있다.

먼저 장보고는 강소성江蘇省 서주시徐州市를 거점으로 한 서주절도사徐州節度使의 주력부대인 무령군武寧軍에 복무하여, 819년 산동반도 전역을 장악하고 있던 평로치청절도사平盧淄靑節度使 이사도李師道 군대를 무령군이 괴멸시킴으로써, 군중소장에 승차하였던 것으로 짐작되고 있다.[39] 이후 그의 행적에 대해서는 824년 일본에 갔다가 돌아오는 길에 축전국筑前國 태수太守 수정궁須井宮이 돌보던 신라인 환속승 이신혜李信惠를 데리고 와 자신이 세운 등주登州 적산법화원赤山法花院에 머물게 하였던 것으로 전하고 있다.[40] 따라서 이 무렵 장보고는 이미 적산법화원을 건립하여[41] 일본과의 무역에 종사하였다고 할 수 있다.

---

39) 浦生京子, 1979, 「新羅末期の張保皐の擡頭と反亂」, 『朝鮮史硏究論文集』 16, 49쪽. 李基東, 앞의 논문, 앞의 책, 205쪽. 權悳永, 2002, 「張保皐 略傳」, 『慶北史學』 25, 9~11쪽.

40) 筑前國 太守 須井宮이 돌보던 신라인 還俗僧 李信惠를 데리고 온 '張大使'에 대해서는 平盧軍節度同十將 兼 登州諸軍事押衙 張詠으로 보는 견해[今西龍·岡田正之·李永澤·李基東·權悳永·浜田耕策·申福龍]와 張保皐로 보는 견해[少野勝年·金文經·姜鳳龍·趙凡煥·李炳魯·堀敏一·尹載云]가 있다.(권덕영, 2003, 「在唐 新羅人의 綜合的 考察」, 『대외문물교류연구』 2, 25쪽) 그런데 본 기사를 전하는 『入唐求法巡禮行記』 권 4, 會昌 5년(845) 9월 22일조 기사는 동일 문장 안에서 '大使'와 '張大使'를 구분하고 있는 바, 이는 장보고를 지칭하여 張大使를 기술할 때면 장영을 新羅通事押衙 또는 張押衙로 구분하여 쓰는 필법과 동일하여(開成 4년[839] 6월 7일, 開成 5년[840] 2월 17·19일조), 會昌 5년(845) 9월 22일조의 '張大使'는 다름 아닌 張保皐를 지칭한 것으로 보고자 한다. 특히 『入唐求法巡禮行記』에서 장보고가 적산법화원을 건립한 것이나(開成 4년[839] 6월 7일조) 筑前太守가 圓仁을 통하여 張保皐에게 서찰을 건네게 한 사실(開成 5년[840] 2월 17일조)과 張大使가 李信惠를 筑前國 太守로부터 데리고 왔으며, 이신혜가 사미로서 법화원이 훼철되기 전까지 법화원에 주석하였던 점들을 비교해 볼 때에, '張大使'가 다름아닌 張保皐를 지칭한 것임을 알 수 있다. 따라서 권덕영이 지적한(권덕영, 2003, 위의 논문, 23~26쪽) 장대사의 용례만으로 판단하는 것보다는 당해 문장의 구조와 용법을 면밀히 살펴야 할 것이며, 『日本三代實錄』과 『慈覺大師傳』에서 張詠이 일찍이 일본에 다녀왔다는 것은 그가 장보고의 휘하에 있었고 通事로서 활약하였던 만큼, 장보고와 함께이거나 또는 독자적으로 일본 왕래가 가능하였을 것이며, 이신혜와 장영의 관계에 대해서는 장보고를 제외하고 생각하기 어렵다는 점을 고려해야 할 것이다. 또한 張詠이 平盧軍節度同十將 兼 登州諸軍事押衙 등의 직위에 올랐던 것이 해상무역을 통해 쌓은 그의 경제력과 관계있는 것으로 보았으나, 후술하듯이 그의 직위로 말미암아 재당 신라상인들을 규합하고 해상무역에서의 경제력을 쌓을 수 있었다는 것이 오히려 자연스러운 해석이 아닐까 생각한다.

그러나 819년 산동반도 전역을 장악하고 있던 평로치청절도사 이정기李正己 일가의 후손 이사도李師道의 군대를 궤멸시킨 것은 위박절도사魏博節度使 전홍정田弘正의 군대였고, 무령군은 상대적으로 평로군의 후방을 공격하는 보조적인 역할을 하였던 것으로 지적되고 있다.[42] 무령군의 경우 원화 13년(818) 7월 이소李愬를 서주徐州의 무령절도사에 임명한 후 남쪽 곤주袞州로부터 진격해 들어가, 10월에 곤주 어대현魚臺縣에서 평로군 3천여 명을 격파하였으며, 12월에는 곤주의 요지인 금향현金鄕縣 일대에서 평로군 2만과 11회에 걸쳐 모두 승전하고, 그 이듬해 정월 어대현을 함락하였으며, 다시 2월에는 기주沂州의 승현丞縣을 점령하였다.[43] 특히 무령군의 활동과 관련하여 무녕군도압아武寧軍都押衙 왕지흥王智興은 원화 14년 정월 어대현 함락에 큰 공을 세운 것으로 전하거니와,[44] 그는 이미 원화 10년(815) 이사도군李師道軍과 일전을 겨룬 바 있으며,[45] 장경 2年(822) 3월 무녕군절도부사가 되어 그 절도사 최군崔羣을 축출한 인물이기도 하다.[46]

동시기를 살았던 두목杜牧(803~852)이 장보고를 인의仁義를 갖추고 국가의 근심을 우선으로 하는 인물로 평가한 것이[47] 사실이라면, 분명히 무령군에서 생사를 같이했던 왕지흥이 그의 상관인 절도사 최군을 축출한 사건에 대해 불만이 있었을 것이고,[48] 원화(806) 이래로 양하兩河 번진藩鎭의 귀지자歸地者에게

41) 장보고의 적산 법화원 건립시기에 대해서는, ① 820년대 초 또는 820년 전후[金文經, 近藤浩一] ② 청해진 설치(828) 이전[李永澤, 李基東, 徐侖希] ③ 청해진 설치 전후 시기[權悳永] ④ 청해진 설치 이후[이종훈] ⑤ 825년 무렵[조범환]으로 보는 설들이 있다. 이에 대해서는 조범환, 2002, 「張保皐와 赤山法花院」, 『대외문물교류연구』, (재)해상왕장보고기념사업회, 144쪽 주 4 참조.

42) 정병준, 2003, 「李師道藩鎭의 滅亡에서 張保皐의 登場으로」, 『대외문물교류연구』 2, 해상왕장보고연구회, 196~211쪽.

43) 『資治通鑑』 권 240, 元和 13년 10·12월, 元和 14년 정월·2월.

44) 『資治通鑑』 권 240, 元和 14년(819) 정월.

45) 『新唐書』 권 7, 本紀 7, 憲宗 元和 10년(815) 12월 甲辰.

46) 『新唐書』 권 8, 本紀 8, 穆宗 長慶 2년(822) 3월 乙巳.

47) 『新唐書』 권 220, 列傳 145, 東夷 新羅傳.

48) 왕걸은, 왕지흥이 장보고를 축출한 것으로 보았으나(王杰, 1997, An Examination of boat form between the chao chuan of Tang dynasty and Zhang Baogao's Trader, 『한국항해학회 세미나 발표요지』 : 姜祥澤, 2000, 「張保皐의 淸海鎭 進出에 관한 考察」, 『釜山史學』 38, 23쪽 재인용), 오히려 당시 산동반도 일원의 신라노비약매 및 이에 대한 신라조정의 관심·신라 상인의 활동·산동반도의 자립적 상황·중국 조정의

자관子官을 수여하던[49] 대열에 나섰을 가능성이 있다.

만일 이러한 추론이 가능하다면, 장보고가 무령군 군중소장으로서 받을 수 있는 자관으로서 부십장副十將 또는 동십장同十將을 꼽을 수 있으며, 원인圓仁이 당나라를 순례할 때에 산동반도 등주 문등현文登縣 청녕향靑寧鄕 적산촌赤山村에 '구당신라소勾當新羅所'가 설치되어 신라인 장영張詠이 이를 담당하였음을 목도하였던 사실에 견주어 볼 수 있다. 당시에 장영은 구당신라소 압아押衙[50]인 동시에 신라통사압아新羅通事押衙,[51] 등주제군사압아登州諸軍事押衙,[52] 구당신라사압아勾當新羅使押衙,[53] 평로군절도동십장겸등주제군사압아平盧軍節度同十將兼登州諸軍事押衙,[54] 구당신라사동십장勾當新羅使同十將[55] 등의 직함을 지니고서, 문등현에 있는 신라인을 관할하는 직임을 가지고 있었다.[56] 또한 장영은 839년 4월 일본 조공선이 정박해 있을 때에 신라인 30여 명의 마중을 받으며 선박을 조사하고,[57] 원인 일행의 여행을 책임지는 한편,[58] 원인 일행이 성지순례를 떠날 수 있는 공험公驗을 적산원赤山院의 청에 따라 문등현文登縣에 올리고, 문등현은 다시 등주사登州司에게 올려 그 결정에 따라 집행하는 직임에 있었으며,[59] 문등현으로부터 직접 공문公文을 하달받을 수 있었다.[60]

減軍政策 및 兩河 藩鎭의 歸地者에 대한 子官授與 등으로 미루어 장보고의 자발적인 퇴군으로 보고자 한다.

49) "長慶 … 4年(824) 3月 壬子 大赦 免京畿·河南靑苗稅 減宮禁經費 乘輿服膳 罷貢鷹犬 元和(806)以來 兩河藩鎭歸地者子一子官 …"(『新唐書』 권 8, 本紀 8, 穆宗) 지금까지 연구에서는 당나라 조정의 減軍政策에 의해 장보고가 軍職을 버리고 퇴임였던 것으로 보고 있다.(浦生京子, 1979, 앞의 논문, 50쪽 ; 李基東, 앞의 논문, 앞의 책, 207~208쪽 ; 權悳永, 2002, 앞의 논문, 13~14쪽) 사실 이러한 당조정의 감군정책과 兩河 藩鎭의 歸地者에게 子官을 수여하는 정책은 동전의 양면과 같은 성격을 띠지만, 필자는 퇴군자에 대한 子官授與가 장보고의 등주지역에서의 기반을 마련하는 데에 큰 영향을 끼친 것으로 보고자 한다.

50) 圓仁, 『入唐求法巡禮行記』 권 2, 開成 5년(840) 2월 19일.

51) 圓仁, 『入唐求法巡禮行記』 권 2, 開成 4년(839) 6월 7일.

52) 圓仁, 『入唐求法巡禮行記』 권 2, 開成 5년(840) 정월 20일.

53) 圓仁, 『入唐求法巡禮行記』 권 2, 開成 5년(840) 2월 19일.

54) 圓仁, 『入唐求法巡禮行記』 권 4, 會昌 5년(845) 8월 27일.

55) 圓仁, 『入唐求法巡禮行記』 권 4, 會昌 7년(847) 7월 21일.

56) 圓仁, 『入唐求法巡禮行記』 권 4, 會昌 5년(845) 8월 27일.

57) 圓仁, 『入唐求法巡禮行記』 권 2, 開成 4년(839) 4월 26일.

58) 圓仁, 『入唐求法巡禮行記』 권 2, 開成 5년(840) 2월 19일.

59) 圓仁, 『入唐求法巡禮行記』 권 2, 開成 5년(840) 정월 19~27일.

이처럼 구당신라소를 책임졌던 장영은 문등현 내의 신라인을 관할하면서 새로운 여행객의 출입과 동태를 조사·보고하고 그 여행에 대한 공험을 직접 문등현에 주고 받는 역할을 하고 있었다. 또한 그의 직함으로 미루어 보아 평로군절도사의 휘하로서 등주자사와 문등현령의 지휘를 받았고, 통역과 신라사신 안내 및 해안 경비 책임까지도 맡았던 것으로 짐작된다. 사실 장영이 관장하던 적산법화원은 일본 견당사 속전록사粟田錄事와 신라통사 도현道玄이 숙식하였으며,[61] 일본 견당사에게 지급하기 위한 양식미糧食米 70석을 운반해 온 주사州使 4명이 체재하였고,[62] 신무왕 책봉사로 파견되었던 청주병마사青州兵馬使 오자진吳子陳 등 30여 명이 방문하기도 하는 등,[63] 신라와 일본을 왕래하는 사신과도 밀접한 관계를 맺고 있었다.[64] 또한 등주에는 신라사신이 머무는 신라관新羅館이 있었던 만큼 이들의 안내나 통역 등의 업무는 바로 구당신라소의 직임이었을 것이다. 아울러 초주楚州 신라방新羅坊 총관摠管(摠管州同十將) 설리薛犁를 이어 초주 역어 유신언劉愼言이 총관이 되었던 사례로 보아, 장영 또한 역어譯語로부터 구당신라압아勾當新羅押衙의 지위에 오르지 않았나 짐작된다.

아무튼 장영의 이력이나 구당신라소압아의 직임, 그리고 적산 법화원의 사회적 위치 등에서, 장보고가 무령군 군중소장직을 그만둔 이후 장영과 마찬가지로, 평로군절도동십장 겸 등주제군사압아란 자관子官을 수여받아 등주지역에서 신라인의 집락지인 신라소를 책임지는 구당신라소압아인 동시에 신라사신을 영접하는 신라통사압아 및 구당신라사압아, 구당신라사 동십장 등의 직함을 맡았을 것으로 짐작해 볼 수 있다.

한편 당나라 조정으로서는 820년을 전후한 시기에 신라인 노비매매 사건을 해결하기 위한 노력을 기울이고 있었다. 신라가 헌덕왕 9년(817) 숙위 왕자 김장렴金張廉을 보내 신라인의 노비화 금지를 요청하자, 그 이듬해 3월 평로군절도사 설평薛平은 해적들이 신라 양민을 자신의 관할구역인 등주登州·내주萊州 및 연해 제도諸道에 매매하여 노비로 삼는 폐해를 지적하며 그 금지를 주청한

60) 圓仁, 『入唐求法巡禮行記』 권 2, 開成 5년(840) 2월 19일.
權悳永, 2001, 「在唐新羅人 社會의 形成과 그 實態」, 『國史館論叢』 95, 83쪽.
61) 圓仁, 『入唐求法巡禮行記』 권 2, 開成 4년(839) 6월 9일.
62) 圓仁, 『入唐求法巡禮行記』 권 2, 開成 4년(839) 7월 16일.
63) 圓仁, 『入唐求法巡禮行記』 권 2, 開成 4년(839) 6월 28일.
64) 近藤浩一, 2002, 「赤山法華院과 平盧軍節度使」, 『한국고대사연구』 28, 참조.

바, 금령禁令이 발효되었다. 그후 헌덕왕 17년(823) 견당사 김주필金柱弼을 보내어 신라인 노비 방환을 요청하는 등,[65] 장보고가 일본에 다녀오는 824년 직전의 산동반도 지역에는 신라인 노비에 대한 문제가 신라 사신을 관장하는 평로군절도사를 위요한 세력들과 산동반도에 당도한 신라 사신들을 통하여 회자되었을 것이고, 신라 조정에서도 그 해결책을 강구하였을 것이다.

특히 평로군절도사 설평의 부친 설숭薛崇은 범양范陽·평로절도사平盧節度使를 역임한 바 있고,[66] 치淄·청靑·제齊·해海·등登·래萊·기沂·밀密·덕德·체주棣州 등에 대하여 이정기李正己 및 전승사田承嗣·영호창令狐彰·이보신李寶臣·양숭의梁崇義 등과 서로 어깨를 나란히 영향력을 행사하였다.[67] 이와 같은 배경으로 설평薛平은 이사도李師道를 평정한 819년 동평東平 12주를 3도道로 나누어 치淄·청靑·제齊·등登·내주萊州를 평로군平盧軍으로 삼으면서 평로군절도관찰등사平盧軍節度觀察等使를 제수받고 신라·발해의 외교 교섭 및 교역을 관장하는 압신라·발해양번사押新羅·渤海兩蕃使를 겸임하였다.[68] 그는 보력 원년(825) 귀조歸朝하기까지 이 직함으로 신라인 노비화 금령을 위한 노력을 경주하였다.

이러한 설평의 노력은 현안으로 등장한 신라인 노비매매 문제를 해결하기 위해 자연스럽게 신라출신이면서 이사도 토벌에 참여했을 장보고와 같은 이를 필요로 하였을 것이다. 이에 장보고를 평로군절도동십장 겸 등주제군사압아平盧軍節度同十將兼登州諸軍事押衙와 같은 자관子官에 임용함으로써, 신라·발해와의 교류를 책임지고 있었던 평로군절도사 휘하의 주자사와 현령의 지휘 하에, 신라인 집락소를 관할함과 아울러 신라·발해·일본사신들을 영접하는 실무를 맡겼던 것이 아닌가 짐작된다.

---

65) 『唐會要』 권 86, 奴婢.

66) 『舊唐書』 권 124, 열전 74, 薛崇·崇子平傳.

67) “李正己 高麗人也 本名懷玉 生於平盧 … 遂立正己爲帥 朝廷因授平盧淄靑節度觀察使 海運押新羅渤海兩蕃使 檢校工部尙書 兼御史大夫 靑州刺史 賜今名 尋加檢校尙書右僕射 封饒陽郡王 大曆十一年(776) 十月 檢校司空同中書門下平章事 十三年(778) 請入屬籍 從之 爲政嚴酷 所在不敢偶語 初有淄·靑·齊·海·登·萊·沂·密·德·棣等州之地 與田承嗣·令狐彰·薛嵩·李寶臣·梁崇義更上影響 大曆中 薛嵩死 及李靈曜之亂 諸道共攻其地 得者爲己邑 正己復得曹·濮·徐·兗·鄆 共十有五州 內視同列 貨市渤海名馬 歲歲不絕 法令齊一 賦稅均輕 最稱强大 … ”(『舊唐書』 권 124, 列傳 74, 李正己·子納·納子師古·師道傳)

68) 『舊唐書』 권 124, 열전 74, 薛崇·崇子平傳.
吳洙政, 1996, 「張保皐 在唐 活動의 背景」, 『淑明韓國史論』 2, 148~152쪽.

이는 이정기李正己 이래로 이 지역 절도사들이 압신라·발해양번사를 겸직함으로써 신라·발해 사신의 출입뿐만 아니라, 신라나 발해로 떠나는 당나라 사신의 출입까지도 관장하는 직임을 갖고 있었던 것이나, 장보고가 824년 이전 적산 법화원을 건립하고 824년에 일본과 교역한 사실, 그리고 장영이 구당신라사압아, 구당신라사동십장 등의 직함으로 신라사신을 영접한 것, 비록 839년의 일이지만 신무왕 책봉사로 파견되었던 청주병마사 오자진 등 30여 명이 적산 법화원에 방문하였던 사실 등에서, 장보고가 등주지역 신라소의 관할뿐만 아니라 평로군절도사 지휘하에 신라사신을 영접하던 실무를 담당하였을 것으로 짐작할 수 있기 때문이다. 또한 840년 원인圓仁이 오대산 순례를 위해 청한 공험은 '신라압아–문등현–등주자사(都督府)–압양번사'를 거쳐 발급되었던 바, 최종 결재권자로서 압양번사押兩蕃使란 바로 평로군절도사가 겸직하고 있는 압신라·발해양번사를 지칭하는 바, 압양번사의 지위로서 원인의 여행을 허가한 사실을 확인할 수 있다.[69] 사실 장보고가 산동반도의 근거지로 삼고 있는 등주 지역은 평로군절도사의 관할지역으로서 신라·발해사신이 머무르는 신라관新羅館과 발해관渤海館이 설치된 곳이며, 양국의 사신이 장안에 들어가는 관문이기도 하였다.

이처럼 장보고는 등주지역에서 신라인 집락지인 신라소를 책임지는 구당신라소압아와 함께 신라사신을 접대하는 구당신라사압아 및 동십장 등의 직함으로 등주 지역 신라인 사회를 이끌 수 있는 바탕을 마련하였던 것으로 짐작된다. 이에 장보고는 산동지역의 지정학적 이점을[70] 최대한 활용하여 중국 내에

69) 圓仁, 『入唐求法巡禮行記』 권 2, 開成 5년(840) 2월 19일~3월 11일.

70) 중국 내 산동지역의 경제적 이점을 이용하여 李正己가 "市渤海名馬 歲不絕 賦繇均約 號最彊大…"하고, 李師古가 "棣州有蛤虫朶鹽池 歲產鹽數十萬斛"하였던 사실은 잘 알려져 있으며(『新唐書』 권 213, 列傳 138, 藩鎭淄靑橫海 李正己·納·師古·師道), 장보고와 동시기를 살았던 杜牧 또한 山東 지역의 지리적 중요성에 대하여 그의 「罪言」에서 언급하고 있다. 곧 "生人常病兵 兵祖於山東 羨於天下 不得山東 兵不可死 … 山東 王者不得不爲王 覇者 不得不爲覇 猾賊得之 足以致天下不安 … 若欲悉使生人無事 其要先去兵 不得山東 兵不可去 今者 上策莫如自治 … 中策 莫如取魏 魏於山東最重 於河南亦最重 魏在山東 以其能遮趙也 旣不可越魏以取趙 固不可越趙以取燕 是燕趙常取衆於魏 魏常操燕趙之命 故魏在山東最重 …"이라 하여, 산동지역을 얻으면 兵禍가 없으며, 이를 잃으면 천하가 불안케 되므로, 이 지역을 얻는 데 최선을 다하되 그 上策은 이 지역이 스스로 다스려지게 하는 것(自治)이라는 것이다.(『新唐書』 권 166, 열전 166, 杜佑·式方·悰·孺休·慆) 이처럼 산동지역의 自治에 대한 논의는 당의 개방정책과 더불어 장보고의 활동을 보장하는 장치로 작용하였을 것으로 짐작된다.

서의 상업에 종사하였을 것이고, 일본과의 교역에 나아갈 수 있었던 것이라 여겨진다.

당시 중국에는 많은 신라인이 장보고와 같이 상업에 종사였던 것으로 생각되는데, 원인이 양주에서 만난 왕청王請과 같은 이를 대표적인 사례로 들 수 있다. 그는 819년에 일본 출주국出州國에 다녀온 상인이었다. 그가 당시에 일본을 목적으로 무역을 하였는지는 분명하지 않으나, 839년 정월 왕청이 일본어에 능숙하였던 것으로 보아 원인이 만날 당시에는 일본과의 교역에도 종사하였던 것으로 보인다.[71] 또한 장보고 휘하였다가 결국 장보고를 암살한 염장閻長의 휘하가 된 이소정李少貞이 820년에 이미 신라계 당인으로서 무역에 종사하였던 것으로 지적되거니와,[72] 장보고가 이들 신라 상인을 하나의 교역망체계 안에 모을 수 있었던 것은 바로 평로군절도사와 장보고의 교유, 그리고 신라상인들의 결속 등에서 가능하였던 것으로 짐작된다.

이러한 배경에서 장보고는 등주와 일본을 오갈 수 있는 상인으로 활약하였고, 당연히 일본의 내왕로에 위치한 신라와의 교역망을 기획하였을 것으로 생각된다. 앞서 살핀 인명천황 승화 3년(836) 12월 정유 신라 집사성첩문에서 청주菁州(康州)는 경주 집사성의 첩문을 일본에 전달하거나 일본 사신과 관련된 일을 처리하는 주치州治였다. 따라서 장보고 또한 일본과의 교역 과정에서 청주에 정박하여 신라의 물품을 구입하면서 자연스럽게 신라의 정치적 상황을 살피고 담당 관원들과 교유하였을 것이다. 후일 장보고가 해적 소탕을 위해 청해진 설치를 주청하였다면 바로 청주를 통하여 집사성에 상주하고, 집사성이 이를 국왕에게 올렸을 가능성이 크다.

그러나 청해진 설치에는 아무래도 장보고 개인의 주청도 있었겠지만, 그 배경에는 장보고가 평로군절도사 휘하에서 신라사신을 영접하는 임무를 맡았던 사실과 평로군절도사의 적극적인 후원에 힘입은 바가 아니었겠는가 추측된다.[73]

---

71) 圓仁, 『入唐求法巡禮行記』 권 1, 開成 4년, 정월 8일. 李炳魯, 1996, 「고대일본열도의 '신라상인'에 대한 고찰 : 장보고 사후를 중심으로」, 『日本學』 15, 15~16쪽.

72) 『日本紀略』 前篇 권 14, 弘仁 11년(820) 4월. 권덕영, 2002, 「신라 하대 서·남해 海賊과 張保皐의 해상활동」, 『대외문물교류연구』, 15쪽.

73) 청해진 설치가 당의 평로치청절도사의 추천이나 영향력에 의한 것이라는 견해(王杰, 1994, 『中國古代對外航海貿易管理史』, 大連海事大學出版社 ; 민성규·최재수, 2001, 「당나라의 무역관리제도와 황해해상무역의 관리기구」, 『해상왕장보고의 국제무

여기에서 청해진淸海鎭이 설치된 828년을 전후하여 양국의 사신이 빈번하게 오고갔음을 주목할 필요가 있다. 곧 흥덕왕 즉위 이듬해(827) 당 문종은 헌덕왕의 조문과 신왕의 책봉을 위해 원적源寂을 파견하였고,[74] 흥덕왕은 동왕 3년(828), 5년(830) 6년(831)에 걸쳐 당나라에 조공사를 파견하였다.[75] 그런데 신라가 흥덕왕 3년(828) 2월 당나라에 조공사를 파견한 직후 4월에 청해대사淸海大使 장보고張保皐에게 1만 명의 군졸로써 청해를 진수케 한 것은,[76] 아무래도 당과 신라간의 신라노비에 대한 구체적인 대책을 논의한 뒤의 조치가 아니었을까 짐작된다.

즉 신라와 당나라 양국간의 모종의 합의 이면에는 산동반도 일원을 관장하고 있던 평로군절도사의 영향력이 있었을 것이다. 사실 이 무렵 평로군절도사 관련 인물이 직접 신라와의 외교 사행으로 참여한 사실을 살필 수 있는 바, 839년 신무왕 책봉을 위한 청주병마사 오자진吳子陳의 사행[77]과 840년 2월 보조선사가 편승하여 신라에 올 수 있었던 평로사平盧使 일행[78] 등을 확인할 수 있다. 특히 840년의 평로사 일행은 아마도 신무왕의 조문사였을 것으로 추정된다. 그런데 신무왕은 장보고의 군사력에 힘입어 즉위하였던 바, 그의 즉위와 조문에 모두 평로군절도사 관련 사행이 신라에 오고 간 점은 평로군절도사와 장보고의 관계를 시사하는 것이 아닌가 한다. 따라서 『삼국사기』에 장보고의 청에 의하여 군졸 1만 명을 주어 청해를 진수케 하였다는 기록은 결국 중국 세력을 이용한 장보고의 주청을 반영한 것으로 생각된다.

한편 장보고가 동아시아 무역의 거점으로서 굳이 청해를 택한 데에는 이미

역활동과 물류』, 해상왕장보고 기념사업회, 156~159쪽 ; 姜祥澤, 앞의 논문, 30~34쪽 ; 吳洙政, 앞의 논문, 173~177쪽)가 있었고, 윤재운 또한 평로치청절도사의 노예금지령 주청과 장보고의 노예약매 금지를 위한 청해진 설치 주청 사실, 그리고 신무왕 즉위 축하사절단이 청주병마사 吳子陳 등 평로치청절도사 휘하의 인물이었다는 점 등을 들어 청해진 설치에는 당의 평로치청절도사의 적극적인 지원이 있었을 것으로 추측하였다.(尹載云, 2002, 「南北國時代 貿易의 性格」, 『南北國時代 貿易研究』, 高麗大 博士學位論文, 181~183쪽)

74) 『三國史記』 권 10, 新羅本紀 10, 興德王 2년 春 정월.

75) 『三國史記』 권 10, 新羅本紀 10, 興德王 3·5·6년.

76) 『三國史記』 권 10, 新羅本紀 10, 興德王 3년 夏 4월.

77) 圓仁, 『入唐求法巡禮行記』 권 2, 開成 4년(839) 6월 18일.

78) 金薳 撰, 「寶林寺普照禪師彰聖塔碑」, 朝鮮總督府 편, 1919, 『朝鮮金石總覽』 上, 62쪽.

지적되듯이 그의 출생지였을 가능성[79]과 청해진이 당나라와 일본을 연결하는 주요한 통로로서 기능하였기[80] 때문일 것이다. 특히 서남해안 일대에서 회진會津, 청주菁州, 군산群山 등지는 주요한 기항지로서 군소 상인이 집결한 곳이고, 이는 중국 해적들의 목표물이 되기 십상이었을 것이다. 그러나 중국 해적만을 염두에 두었다면 오히려 흑산도黑山島 일원이 이들을 방어하기에 용이하였을 것이지만, 굳이 청해淸海를 진鎭으로 삼은 데에는 지적되듯이 청해진에서 곧장 사선으로 항해하면 청도만이나 산동반도 남단의 여러 지역에 도착할 수 있을 뿐더러 봄과 여름의 동풍 내지 남동풍을 이용할 때에 흑산도에서 산동까지 항해가 가능한 지점에 위치하고 있다는 점이다. 또한 장보고 선단의 기동성과 황해의 해상권 장악을 위한 '산동반도 ↔ 경기만 ↔ 청해진'을 잇는 연근해항로와 함께 '산동반도 또는 회하淮河유역 ↔ 한반도 남단'의 사단항로가 가능한 지역으로서 최적점이 청해진이라는 것이다.[81] 이러한 청해진의 해양환경과 항로상의 이점으로 말미암아 단편적인 해로, 곧 기존에 신라와 당의 사행로 그리고 신라와 일본의 사행로라는 단편적인 항로를 하나의 루트로 연결할 수 있었다. 물론 여기에는 청해진이 '(대재부大宰府 →) 양주揚州 → 강회지역江淮地域 → 등주登州 → 강화江華 → 당성진唐城鎭 → 회진會津 → 흑산도黑山島 → 청해진淸海鎭 → 청주菁州(康州) → 대마도對馬島 → 일기도壹岐島 → 대재부'로 이어지는 해상루트를 관장할 수 있는 중심점이었기 때문이었다.

이러한 교역망의 설정은 그의 무역선을 교관선交關船이라 일컬으며, 당에 대해서는 견당매물사遣唐賣物使, 그리고 일본에 대해서는 회역사廻易使라 일컬었던 데에서 짐작할 수 있다.[82] 견당매물사라는 이름에서 당나라에 대해서는 물품을

79) 浦生京子, 앞의 논문, 43쪽. 李基東, 앞의 논문, 앞의 책, 198~199쪽. 權悳永, 2002, 앞의 논문, 4~5쪽. 南漢鎬, 1997, 「9世紀 後半 新羅商人의 動向」, 『靑藍史學』 2, 131~133쪽.

80) 方東仁, 1985, 「淸海鎭의 戰略上 位置」, 『張保皐의 新研究』, 166~174쪽. 李龍範, 1989, 「해외무역의 발전」, 『한국사』 3, 국사편찬위원회, 529~530쪽. 李永澤, 앞의 논문, 24쪽. 姜祥澤, 앞의 논문, 34~87쪽. 한편 南漢鎬는 圓仁의 『入唐求法巡禮行記』에 완도와 관련된 내용이 보이지 않는다는 점을 들어 청해진이 다른 지역에 비하여 지리적 이점이 유리하지 않았던 것으로 보았다.(南漢鎬, 1997, 「9世紀 後半 新羅商人의 動向」, 『靑藍史學』 2, 131~133쪽)

81) 尹明喆, 2000, 「新羅 下代의 海洋活動研究」, 『國史館論叢』 91, 229~230쪽.

82) 圓仁, 『入唐求法巡禮行記』 권 2, 開成 4년(839) 6월 27일·6월 28일·8월 13일. 『續日本後紀』 권 11, 仁明天皇 承和 9년(842) 정월 乙巳.

판다는 의미가 강한 바, 양주 지방 현지 신라상인들을 통하여 각종 신라의 수공업물품을 파는 한편으로 아라비아 등 희귀 사치품과 선진문물을 사들이고, 이를 다시 신라와 일본 귀족들에게 파는 방식이었을 것이다. 또한 일본의 면포류 등의 원료나 아라비아 원료물품을 신라 수공업장에 제공하고 이를 가공하여 중국과 일본으로 되파는 방식이었던 것으로 판단된다. 특히 일본 백성들이 가산을 기울여 고가에 매입하거나, 일본 관리들이 선금을 주고 주문하여 장보고의 교관물품을 구입할 정도로 그 수요가 대단하였음은 잘 알려진 사실이다.[83]

이 때에 장보고는 신라·일본·당 조정의 승인하에 활동하였던 것으로 여겨진다.[84] 즉 일종의 교역신임장으로서 일본의 경우 대재부와 축전태수筑前太守의 서찰을,[85] 신라와 당나라에 있어서는 장보고가 교관선에 발급한 서찰이나 문건을 신라소에 건네 주자사나 절도사로부터 공험을 취득함으로써[86] 교역의 공식문건[文符]으로 삼았던 듯하다.[87] 따라서 장보고는 견당매물사에게는 신라방 총관이나 구당신라소압아에게 자신의 서찰을 보내 당에서의 교관의 업무를 담당하게 하는 한편으로 일본에 가는 회역사에게는 자신의 서찰이나 교관선에 대한 모종의 인증 문서를 발급함으로써 축전태수나 대재부와의 교역에 임하였다. 이에 대해 일본이 장보고와 거래하고자 할 때에는 원인이 장보고 휘하 재당신라인 최훈압아崔暈押衙를 통하여 장보고에 전교한 축전태수의 서찰과 같은 형식에 의거하였던 것으로 보인다.[88]

이러한 교역을 뒷받침하는 주요한 요건으로서는 해로의 안정이 무엇보다도

83) 『續日本後紀』 권 10, 仁明天皇 承和 8년 2월·권 11, 仁明天皇 承和 9년 정월 乙巳.
84) 김주성, 앞의 논문, 172~173쪽.
85) 圓仁, 『入唐求法巡禮行記』 권 2, 開成 5년(840) 2월 17일.
86) 『續日本後紀』 권 11, 仁明天皇 承和 9년(842) 정월 乙巳.
87) 圓仁, 『入唐求法巡禮行記』 권 2, 開成 5년(840) 2월 17일조에 보이는 筑前 太守의 서찰에 대하여는 대체로 筑前太守가 장보고에 보내는 소개장으로 풀이하고 있으나(金文經, 1995, 「唐·日에 비친 張保皐」, 『東洋史學硏究』 50, 156~157쪽), 다음 장에 제시할 『續日本後紀』 권 11, 仁明天皇 承和 9년(842) 정월 乙巳조 기사로부터 공식문서(文符)와 牒狀이 동일한 것으로 나타나고 있어, 일본과 신라에 있어서는 大宰府나 筑前太守, 張保皐 간에 통용되는 書札 곧 牒狀이 신임장으로서 역할을 하였고, 당나라에서는 新羅所 등을 통한 당나라의 公驗과 같은 것이 신임장의 역할을 하였던 것으로 여겨진다. 公驗의 취득과정에 대해서는 김택민, 2002, 「在唐新羅人의 활동과 公驗(過所)」, 『대외문물교류연구』, 2002 참조.
88) 圓仁, 『入唐求法巡禮行記』 권 2, 開成 5년(840) 2월 17일.

긴요한 과제였고, 청해진 설치의 주요한 목적 가운데 하나로서 안정적인 교역망의 유지 관리가 있었다. 기록에서 확인되는 한에서 청해진의 구성이 '청해진대사清海鎮大使-병마사兵馬使(副將)-경졸勁卒, 기병騎兵' 등 군사적 조직처럼 나오는 것은 바로 해로의 안정적 확보를 위한 것이었고, 그 조직이 일견 당나라 절도사의 형태를 닮은 것은 청해진이 갖는 군사·교역면에서의 복합성에 기인하는 것으로 보고 싶다.[89] 아무튼 청해진 설치 이듬해에 당성진唐城鎮이 새로이 설치된 것은[90] 해적의 퇴치라는 목적과 동일시 되었던 장보고의 새로운 교역망의 안정적 확보를 국가가 힘써 도왔던 결과라고 할 것이다.[91]

「흥덩왕릉비興德王陵碑」에 보이는 '무역지인貿易之人'은 기실 흥덕왕 자신이 청해진을 설치하여 무역을 장려하였던 측면을 보여준다면,[92] 흥덕왕 교서에 보이는 사치풍조의 만연에 대한 경계는 자신이 후원하였던 장보고의 활동으로 인하여 외국 물산의 만연과 신라사회를 지탱하는 기본 원리 곧 골품체제 붕괴에 대한 염려를 보여주는 것이었다.[93] 이와 같이 신라 집권층에서 바라보는 상반된 두 가지 태도는, 장보고가 청해진 세력을 바탕으로 하여 신무왕을 옹립하고 중앙 정치계에 발을 들여 놓으면서 정치적 알력으로 작용하게 되었고, 결국 장보고가 문성왕에게 딸을 왕비로 들이려 할 때 중앙 진골귀족들이 신분의 미천함을 이유

89) 『三國史記』 권 10, 新羅本紀 10, 閔哀王 원년 12월·권 44, 列傳 4, 金陽. 圓仁, 『入唐求法巡禮行記』 권 2, 開成 4년[839] 6월 28일. 『續日本後紀』 권 11, 仁明天皇 承和 9년[842] 정월 乙巳. 청해진 조직이 군사체계를 원용한 것에 대하여 일반적으로 '장보고 세력의 반독자적인 성격'을 반영하는 것으로 보고 있다.(金光洙, 1985, 「張保皐의 政治史的 位置」, 『張保皐의 新硏究』, 76~77쪽 ; 신성재, 2003, 「9세기 전반의 新羅 政治社會와 張保皐勢力」, 『學林』 24, 20~22쪽).

90) 『三國史記』 권 10, 新羅本紀 10, 興德王 4년 春 2월.

91) 尹載云은, 신라조정이 청해진의 성공에 고무되어 해상교통로 및 악화된 재정의 확보를 위해 해상교통의 요지에 唐城鎮·穴口鎮·長口鎮 등을 설치한 것으로 보았다.(尹載云, 「清海鎮의 設鎮과 私貿易의 發達」, 앞의 책, 129~134쪽) 한편 김주성은 청해진과 당성진 설치의 중요한 이유 중의 하나가 유이민의 방지에 있었던 것으로 보았다.(김주성, 1997, 「張保皐 세력의 흥망과 그 배경」, 『韓國上古史學報』 24, 170~171쪽)

92) 徐侖姬는 흥덕왕이 장보고의 청해진 설치 주청을 받아들인 것은 平盧軍淄青節度使를 위요한 唐의 지원 뿐만 아니라, 흥덕왕이 왕권강화를 위하여 당과의 접촉을 시도하고 서남해안의 섬들을 통제하고자 장보고에게 해적소탕과 조공무역을 전담시킨 것으로 보았다.(徐侖姬, 앞의 논문, 10~16쪽)

93) 李基白, 1962, 「上大等考」, 『歷史學報』 19 : 1974, 『新羅政治社會史硏究』, 一潮閣, 125~126쪽. 朴南守, 1998, 앞의 논문, 202~203쪽.

로 반대하는 사건으로 표출되어 문성왕 3년(841) 그의 피살로 막을 내리게 되었다.[94)]

그의 피살로 인하여 염장 등이 일시 장보고의 교역망을 유지코자 하였으나, 일본측의 거절과[95)] 장보고 휘하의 일본·당나라로의 이탈,[96)] 그리고 재당 신라 상인들의 자립[97)] 등으로 동아시아 해상 무역은 새로운 국면으로 접어들었다. 일본은 신라선을 만들고 장보고 휘하의 상인을 받아들임으로써[98)] 당나라와의 직접 교류를 꾀하였고, 해상교역은 신라 군소 해상세력과 당인으로 전화한 재당 신라 상인들에 의해 지속되었다. 원인이 일본으로 되돌아갈 때 신라 상선을 이용했다는 것이나[99)] 일본측 사료에 보이는 신라 상선들에 관한 기사,[100)] 그리고 『천태종연력사좌주원진전天台宗延曆寺座主圓珍傳』 대중 7년(853) 7월 16일조에 보이듯이 일본 천태종 승려 원진圓珍이 신라인 해상 김양휘金良暉·왕초王超의 상선을 이용하여 입당하였다는 것, 신라승 대통大通이 경문왕 6년(866) 귀국할 때에 회역사廻易使 진량陳良의 선편을 이용하였다는 것[101)] 등은, 서남해안 지방의 군소해상들의 활동이 장보고의 몰락을 계기로 하여 오히려 활기를 띠었던 상황을 보여준다.[102)] 사실 산동반도 등주 지역에는 문성왕 7년(845) 신라인

94) 剛田正之, 1924, 「慈覺大師の入唐紀行に就て」, 『東洋學報』 13-1, 27쪽. 李永澤, 1979, 「張保皐海上勢力에 관한 考察」, 『韓國海洋大學論文集』 14, 89쪽. 李基東, 「張保皐와 그의 海上王國」, 앞의 책, 225~226쪽. 權悳永, 2002, 「張保皐 略傳」, 21~24쪽.

95) 『續日本後紀』 권 11, 仁明天皇 承和 9년(842) 정월 乙巳.

96) 『續日本後紀』 권 11, 仁明天皇 承和 9년(842) 정월 乙巳. 圓仁, 『入唐求法巡禮行記』 권 4, 會昌 5년(845) 7월 9일.

97) 權悳永, 2001, 앞의 논문, 86~87쪽.

98) 『續日本後紀』 권 8, 仁明天皇 承和 6년(839) 秋 7월 丙申·권 11, 仁明天皇 承和 9년(842) 정월 乙巳.

99) 『續日本後紀』 권 18, 仁明天皇 承和 15년(848) 3월 乙酉. 圓仁, 『入唐求法巡禮行記』 권 4, 會昌 7년(847) 7월 13일~11월 14일.

100) "新羅朝貢 其來尙矣 … 常懷奸心 苞茅不貢 寄事商賈 窺國消息 … 商賈之輩 飛帆來着 所賫之物 任聽民間 令得廻廻 了速放却"(『續日本後紀』 권 12, 仁明天皇 承和 9년[843] 8월 丙子). 『續日本後紀』 권 13, 仁明天皇 承和 10년(844) 12월 癸亥·권 18, 仁明天皇 承和 15년(848) 3월 乙酉. 『日本三代實錄』 권 7, 淸和天皇 貞觀 5년[863] 11월 丙子.

101) 金穎 撰, 「月光寺圓朗禪師大寶禪光塔碑」, 朝鮮總督府 편, 1919, 『朝鮮金石總覽』 上, 84쪽.

102) 李基東, 1997, 「羅末麗初 南中國 여러 나라와의 交涉」, 『歷史學報』 155, 4~12쪽.

장영張詠이 구당신라소압아로,[103] 광화 4년(901)에는 김청金淸이 압아押衙로 각각 재임하였으며,[104] 천성 2년(927)에 신라인 장희암張希巖과 이언모李彦謨 등이 각각 전등주도독장사前登州都督長史와 전등주지후관前登州知後官이었음을 확인할 수 있어,[105] 장보고의 사후에도 등주 지역에 재당신라인사회가 의연히 존재하였음을 알 수 있다.[106]

특히 신라 서남해안의 군소 해상들은 9세기 말 중앙정부의 통제력이 상실되자 유력 해상세력을 중심으로 새로이 편제되거나, 해적으로 활동하다 신라 말 고려 초의 새로운 사회세력인 호족豪族으로 성장하였다.[107] 예성강 하구를 중심으로 한 송악松嶽지역의 왕건王建 가문과 백주白州의 정조正朝 유상희劉相晞, 정주貞州 포구를 중심으로 한 유천궁柳天弓, 나주羅州의 다련군多憐君, 영암靈巖의 최씨 가문, 압해도壓海島의 능창能昌, 혜성槥城의 박술희朴述熙와 복지겸卜智謙 가문, 강주康州의 왕봉규王逢規, 울산蔚山의 박윤웅朴允雄 등은 나말려초에 해상세력으로서 성장한 대표적인 호족들이었다.[108] 이들 가운데 왕봉규와 같은 이는 독자적으로 후당後唐에 사신을 보내어 외교관계를 맺을 정도의 세력으로 성장하였

이에 대해 李炳魯는 장보고의 死後 한반도의 해상세력이 해체되고, 唐商人과 연합한 형태로 일본과 교역하였으며, 在日新羅人 및 신라인의 환지나해상무역권의 해체로 唐商人에 의한 일본 무역이 본격화된 것으로 풀이하였다.(李炳魯, 1996, 「고대일본열도의 '신라상인'에 대한 고찰 : 장보고 사후를 중심으로」, 『日本學』 15) 물론 장보고의 죽음으로 신라인의 무역활동이 위축되었던 점이 인정되지만, 唐人으로 전화한 신라인 및 신라 群小商人들의 활동은 오히려 활발하여졌음이 확인된다. 특히 이병노가 지적한 唐商들이란 대체로 당나라에 귀화한 신라인들이었음이 여러 연구자들에 의해 지적되고 있다.

103) 圓仁, 『入唐求法巡禮行記』 권 2, 開成 5년(840) 2월 19일.

104) 김문경, 1996, 「9~11세기 신라사람들과 강남」, 손보기 편, 『장보고와 청해진』, 혜안, 64쪽. 李基東, 1997, 앞의 논문, 6~7쪽.

105) 『册府元龜』 권 976, 外臣部 20, 後唐 明宗 天成 2년 3월. 金庠基, 1960, 「羅末 地方群雄의 對中通交」, 『黃義敦先生 古稀記念 史學論叢』, 東國大史學會, 59~60쪽. 李基東, 위의 논문, 5~6쪽.

106) 李基東, 위의 논문, 4~12쪽. 尹載云, 1996, 「9世紀前半 新羅의 私貿易에 관한 一考察」, 『史叢』 45, 32~44쪽.

107) 851년 청해진의 혁파로 군소해상들 외에도, 해적들이 다시 서남해안에 출몰하여 9세기 말에는 일본 연해안을 습격하기도 하였으나, 결국 무장상인단의 성격을 띤 해상호족에게 토벌되거나 포섭되었고, 일부 해적은 스스로 재지적 기반을 갖추고 호족이 되기도 했던 것으로 지적되고 있다.(권덕영, 2002, 앞의 논문, 20~28쪽)

108) 鄭淸柱, 1996, 「호족세력의 대두」, 『한국사』 11, 국사편찬위원회, 82~90쪽. 李純根, 1989, 「羅末麗初 地方勢力의 構成形態에 관한 一硏究」, 『韓國史硏究』 67 참조.

다.[109] 더욱이 후삼국이 분립하던 당시 왕건과 견훤이 오월吳越 및 민국閩國과 교섭한 것은 공식적인 사신왕래보다는 오히려 민간수준에서 진행된 교역과 각종 문물의 수용에 그 의의를 두고 있는 바,[110] 나말려초 민간인들이 주도한 대외무역의 융성함을 볼 수 있다.

4. 장보고의 교역과 경제적 기반

장보고의 경제력을 일컬을 때면 적산赤山 법화원法花院에 연간 500석의 소출을 내는 장전莊田이 있었음을 지적한다. 그런데 진성왕 10년(896) 최치원崔致遠이 찬술한 숭복사비崇福寺碑의 "200결의 논에서 벼 2,000점을 낸다[二百結酬稻穀合二千苫]"에 따른다면,[111] 논[畓] 1결의 소출은 벼[稻] 10석[苫]으로서 150두가 된다. 이에 준하여 법화원의 연간 소출 500석은 논 50결에서의 소출량이 된다.[112] 이는 성덕왕 때의 1인당 하루 최소 식량 3승으로[113] 계산하면 46명분의 1년 식량이 된다. 따라서 장보고의 법화원 장전莊田은 법화원의 승려와 제반 경비를 위한 것으로 추정할 수 있다. 그런데 당시 신라에서는 사찰의 창건과 함께 그 운영을 위한 전지시납田地施納이 일반화되어 있었고,[114] 강수强首가 사찬으로서 세조歲租 200석을 지급받았던 사실[115]에 비교한다면, 무령군 군중소

---

109) 『三國史記』 권 12, 新羅本紀 12, 景明王 8년. 金庠基, 앞의 논문 참조.

110) 李基東, 1997, 앞의 논문, 12~22쪽.

111) 崔致遠 撰, 「崇福寺碑」, 朝鮮總督府 편, 1919, 『朝鮮金石總覽』 上, 121쪽.

112) 權悳永은 고려 전기 중간 정도의 비옥도를 가진 水田의 평균 소출 1결당 11석을 기준으로 적산 법화원 500석 소출의 莊田은 45.5결의 토지에서 생산되는 소출량으로서, 고려 전기 1결이 대략 1,400~1,500평이었으므로 약 65,900평 정도의 논에서 농사를 지어야 얻을 수 있는 생산량이며, 법화원이 소재한 英城市 石島鎭을 포함한 산동성 일대는 밭농사만이 가능한 지역이라는 점을 고려하면, 적산 법화원의 500석 장전은 13만여 평에 달하는 넓은 면적에 걸쳐 있었던 것이라고 보았다.(權悳永, 2001, 앞의 논문, 89~90쪽)

113) 『三國遺事』 권 2, 紀異 2, 聖德王.

114) 朴南守, 1996, 「寺院成典과 佛事의 造營體系」, 『新羅手工業史』, 신서원, 192~196쪽 ; 1997, 「金大城의 佛國寺 造營과 그 經濟的 背景」, 『新羅文化學術發表會論文集』 18, 66~68쪽.

115) 『三國史記』 권 46, 列傳 6, 强首.

장직을 떠나 상인으로 탈바꿈한 초기 단계의 장보고의 경제력을 짐작할 수 있을 듯하다.

그러나 장보고는 흥덕왕 3년(828) 청해진을 설치함으로써 신라-당-일본을 잇는 교역망을 구축하고, 자신의 무역선단을 교관선交關船으로 일컬으며 견당매물사遣唐賣物使와 회역사廻易使를 운용하였다. 장보고 선단의 명칭으로 미루어 볼 때 아무래도 장보고의 교역활동은 신라 정부로부터 공식적인 승인을 받았던 것으로 보인다. 사실 장보고 선단이 발해의 조공선을 교관선이라 일컫는 것과 동일한 명칭을 사용하였고,[116] 842년 대재대이大宰大貳 종4위상 등원조신위藤原朝臣衛가 인명천황仁明天皇에게 올린 4조목의 건의문에서 '신라의 조공방식이 옛날처럼 공물을 바치지 않고 장사하는 일에 기대고 있음'을 지적한 데서[117] 장보고의 회역사廻易使가 예전에 신라와 일본간에 이루어졌던 조공을 대신하였음을 짐작할 수 있다.

또한 840년 12월 장보고가 사신을 보내어 바쳤다는 '방물方物'은 일종 공물貢物에 해당하는 것으로서,[118] 신하된 자가 사무역의 형태로 조공하는 것은 조공체계하에서는 상상할 수 없는 일이었다. 그럼에도 불구하고 그 이듬해에 태정관은 대재부에 명을 내려 조공은 불가하되, 전례에 따라 가지고 온 물건은 민간에 맡겨 교역할 수 있게 조치하고 있다.[119] 특히 태정관이 '백성들로 하여금 물건을 구매하는 값을 어기고 앞다투어 가산을 기울이지 않도록 하라'고 지시한 데서

116) 圓仁, 『入唐求法巡禮行記』 권 2, 開成 4년(839) 6월 27일·8월 13일.

117) "신라에서 조공한 것은 그 유래가 오래되어 聖武皇帝 때부터 시작하여 聖朝에까지 이릅니다. 그러나 옛날에 하던 대로 하지 않고 항상 간사한 마음을 품으며 조공물을 바치지 않고 장사하는 일에 기대어 우리나라의 사정을 엿봅니다.…"(『續日本後紀』 권 12, 仁明天皇 承和 9년[842] 8월 丙子)

118) "己巳 … 大宰府에서 말하기를 '蕃國 신라의 신하 張寶高가 사신을 보내어 토산물(方物)을 바쳤는데, 곧 鎭의 서쪽에서 좇아 버렸습니다. 다른 사람의 신하로서 바깥 나라와 교류할 수 없기 때문입니다'라고 하였다"(『續日本後紀』 권 9, 仁明天皇 承和 7년[840] 12월)

119) "戊辰 太政官이 大宰府에 명을 내려 '신라인 張寶高가 작년 12월에 말안장 등을 바쳤는데, 장보고는 다른 나라의 신하로 감히 문득 공물을 바치니 옛 규범을 상고해 보면 정당한 물건이 아니다. 마땅히 禮로써 거절하여 조속히 물리쳐 돌려 보내도록 하라. 그들이 가지고 온 물건은 임의로 민간에 맡겨 교역할 수 있게 하라. 다만 백성들로 하여금 물건을 구매하는 값을 어기고 앞다투어 가산을 기울이지 않도록 하라. 또한 후하게 도와서 路程의 식량을 지급하되 前例에 따라서 하라'고 말하였다"(『續日本後紀』 권 10, 仁明天皇 承和 8년[841] 2월)

장보고의 회역사가 가지고 간 물건의 구매력을 인정할 수 있을 듯하다. 이와 관련하여 841년 장보고가 염장閻長에게 피살된 이후 장보고의 교관물을 놓고 다툰 다음의 기록이 주목된다.

> 승화 9년(842) (봄 정월 병인 초하루) 을사. 신라인 이소정李少貞 등 40명이 축자대진筑紫大津에 도착하였다. 대재부에서 사자를 보내어 온 까닭을 물으니, 우두머리인 소정少貞이 "장보고張寶高가 죽고 그의 부장副將 이창진李昌珍 등이 반란을 일으키고자 함에, 무진주 별가[別駕, 列賀] 염장閻丈이 군사를 일으켜 토벌하여 평정하였으므로 지금은 이미 아무 걱정이 없습니다. 다만 적賊의 무리들이 망網을 빠져나가 문득 당신들 나라에 도착하여 백성들을 소란스럽게 할까 두렵습니다. ① 만약 그쪽에 도착한 배 중에서 공식문서[文符]를 가지지 않은 자가 있으면, 청컨대 있는 곳에 간절히 명하여 심문하여 붙잡아 들이십시오. 또 지난해 회역사廻易使 이충李忠, 양원揚圓 등이 가지고 온 물건[貨物]들은 곧 부하 관리와 죽은 장보고 자손들에게 남겨진 것이니 바라건대 빨리 보내주십시오. 그런 까닭에 염장이 축전국筑前國에 올리는 첩장牒狀을 가지고 찾아 뵈러 왔습니다"라고 하였다.
>
> 공경公卿이 의논하기를 "소정少貞은 일찍이 장보고의 신하였는데 지금은 염장의 사신이다. 저 신라인은 그 마음가짐이 불손하고 진술하는 바의 상황이 피차 일정치 않으니, 상인이 거짓으로 교통하고자 하여 교묘한 말로 수교를 일컫는 것임을 확실히 알겠다. ② 지금 다시 첩장을 풀이해 보면 '이소정은 염장이 축전국에 올리는 첩장을 가지고 찾아뵈러 왔다'고 말하나, 그 첩장에는 재부宰府에 올린다는 말이 없으니, 전례에 합당하다고 이를 만한 것이 없다. 그 첩장을 조속히 진상하는 것이 마땅하나, 첩지牒旨가 무도한 것 같으므로 이소정에게 부쳐 돌려보내야 한다"고 하였다. 어떤 사람은 "이소정은 지금 이미 염장에게 의탁해 있으면서 장차 먼저 왔던 이충·양원 등을 붙잡으려고 '지난해 회역사 이충 등이 가지고 온 물건은 곧 죽은 장보고 자손에게 남겨진 것이므로 속히 보내주기를 청한다'고 하는데, 지금 들은 바대로 하여 이충 등으로 하여금 이소정 등과 함께 가라고 하면 그것은 길을 잃고 헤매는 짐승을 굶주린 호랑이에게 던져주는 것이다. 모름지기 이충 등에게 물어 보아, 만약 이소정 등과 함께 돌아가기를 싫어하면 그가 바라는 대로 따르되 늦고 빠른 것은 명에 맡기자"라고 하였다.
>
> 또 말하기를 "이충 등은 회역廻易의 일을 마치고 본국으로 돌아갔는데, 그 나라

에서 난리를 만나 무사히 도착할 수가 없어 다시 축전대진筑前大津에 온 것이다. 그후 어려계於呂系 등이 귀화하여 와서 '우리들은 장보고가 다스리던 섬의 백성입니다. 장보고가 작년(841) 11월 중에 죽었으므로 평안하게 살 수 없는 까닭에 당신 나라에 온 것입니다'라고 하였다. ③ 이날 전축전국수前筑前國守 문실조신궁전마려文室朝臣宮田麻呂가 이충 등이 가지고 온 여러가지 물건들을 빼앗았다. 그가 말하기를 '장보고가 살아있을 때 당나라 물건[唐物]을 사기 위하여 비단을 주고 그 댓가로 물건을 얻을 수 있었는데, 그 수는 적지 않았다. 그런데 바로 지금 장보고가 죽어 물건을 얻을 수 없게 되었다. 이 때문에 장보고의 사신이 가지고 온 물건을 빼앗은 것이다'라고 하였다. ④ 설령 나라 밖의 사람이 우리의 토산물을 좋아하기 때문에 우리 땅에 도래한다 할지라도, 모름지기 그 마음을 흔쾌히 여겨 그들이 갖고자 하는 바를 얻을 수 있도록 해야 한다. 그런데 ⑤ 회역사 편에 가지고 온 물건을 빼앗고 장사하는 권리를 끊었다. 이는 부사府司에서 조사·감독을 하지 않았기 때문에 마음대로 겸병하게 된 것이다. 상인의 재화를 잃게함이 없으면 군주의 헌장憲章에 제약함이 없음을 깊이 드러내는 것이다"라고 하였다. 이에 부府의 관리에게 명하여 빼앗은 여러가지 물건을 자세히 조사·기록하여 한편으로는 되돌려 주고 또 이유를 잘 말하고, 아울러 양식을 지급하여 본국으로 돌려 보냈다.(『속일본후기』 권 11, 인명천황 승화 9년[842] 정월)

위의 기사는 조금 장황하긴 하지만 많은 정보를 제공한다. 곧 이소정의 말 가운데 ①은 신라상인의 경우 공식문서[文符]가 있어야만 교역을 할 수 있으며, 역으로 회역사 이충·양원 등은 공식문서를 지참하고 있지만, 그가 가지고 온 화물은 장보고 자손들에게 남겨진 것이니 반환해 달라는 것, 그리고 청해진이 무진주 별가 염장의 장악하에 들어간 사실들을 확인할 수 있다. ②에서는 염장의 첩장이 기존 장보고의 첩장과 다른 사실을 지적하고 있거니와, 장보고 생전에는 축전국筑前國을 거쳐 대재부로 첩장을 올림으로써 교역의 공인을 받았던 사실을 확인할 수 있다. ③에서는 전 축전국수 문실조신궁전마려의 언급에서 대재부 주변의 관리들이 비단을 주고 당물唐物을 구했던 사실을 적시하고 있으며, ④에서는 신라상인들이 일본의 토산물 곧 비단이나 면류 등을 구하기 위하여 일본을 내왕한 사실을 알 수 있고, ⑤에서는 대재부가 외국 상인들과의 거래를 조사·감독하였던 사실을 확인할 수 있다. 이러한 사실로부터 장보고의 회역사가 가지고 간 화물의 구매 가치 등이 대단하였으며, 장보고의 대일 교역이 신라와 일본의 공인하에, 대재부의 감독을 받았음을 알 수 있다. 또한 염장은 장보고를 살해하고 나서 자신을 중심축으로 한 대일 교역을 시도하고 있음을 볼 수 있다.

요컨대 842년 대재대이大宰大貳 종4위상 등원조신위藤原朝臣衛가 인명천황仁明天皇에게 올린 4조목의 건의문에서 지적하였듯이 신라는 장보고를 통하여 국가간의 조공을 대신하는 민간차원의 교역을 하였음을 알 수 있다. 또한 장보고는 신무왕 옹립 후 진해장군鎭海將軍으로서 일본 조정과 직접 교역을 시도하였던 바 840년 12월 일본에서의 '신하된 자로서 조공은 불가하다'는 결정에 도달하였다고 할 것이다.

이처럼 장보고의 일본과의 교역이 신라 조정을 대신한 것이었다면, 그 교역의 규모 또한 일본 조정의 요구를 충족시켜야 할 것이고, 예전 신라와 일본간의 공무역의 수준에 버금하였을 것으로 짐작된다. 사실 일본 조정은 일찍이 신라의 교역물을 구매하기 위하여 상당한 자금을 준비한 적이 있었다.

> (신호경운 2년[768] 10월) 갑자(24일) … 좌우 대신에게 대재大宰의 면綿 각 2만 둔, 대납언大納言 휘諱와 궁삭어정조신청인弓削御淨朝臣清人에게 각각 1만 둔, 종2위 문실진인정삼文室眞人淨三에게 6천 둔, 중무경中務卿 종3위 문실진인대시文室眞人大市·식부경式部卿 종3위 석상조신택사石上朝臣宅嗣에게 4천 둔, 정4위하 이복부녀왕伊福部女王에게 1천 둔을 주어 신라의 교역물을 사게 하였다.(『속일본기』 권 29, 칭덕천황 神護景雲 2년 10월)

768년 당시에는 앞서 언급하였듯이 신라와 일본 사이의 공식적인 외교가 단절되고 집사성執事省과 대재부大宰府간의 실무외교 방식을 택하고 있었다. 장보고와 대재부간의 교역 또한 768년 당시 집사성과 대재부간의 실무외교방식과 동일하며, 양자 모두 조공은 아니지만 조공에 준하는 교역방식이었으리라 생각할 수 있다. 다만 768년 당시에는 신라가 수동적이었던 데 비하여 장보고의 경우 매우 능동적이라는 데에 차이가 있다. 사실 839년 일본에서는 건례문建禮門 앞에 세 개의 천막을 세워 당물唐物을 벌여놓고 내장료內藏寮 관인官人과 내시內侍들이 교역을 하는 이른바 궁시宮市가 세워진 적이 있었다.[120] 이 때의 당물은 아마도 장보고의 교관선에 의한 것일 가능성이 매우 크다.

즉 승화 9년(842) (봄 정월 병인 초하루) 을사일 신라인 이소정李少貞 등 40명이 염장閻丈(閻長)의 축전국筑前國에 올리는 첩장을 가지고 축자대진筑紫大津에 왔을 때에, 당물을 일본에 가져간 이들이 장보고 휘하의 회역사 이충, 양원 등이었고 그들을 일정한 공식문서[文符]를 가지고 교역에 임하였으며, 또한 당시에 전 축전국수 문실조신궁전마려가 '장보고가 살아있을 때 당나라 물건[唐物]을 사기 위하여 비단을 주고 그 대가로 물건을 얻을 수 있었는데, 그 수는 적지 않았다'고 한 바,[121] 이 때의 당물이란 다름 아닌 장보고의 회역사편에 가져 온 물품을 지칭한 것임을 알 수 있다. 이처럼 당시에 신라 상인들이 가져온 물품은 '신라물' 또는 '당물'로 혼용하여 사용했음을 알 수 있으며, '신라상新羅商' 또한 '당상唐商'으로 불리운 예가 있음은 잘 알려진 바로서,[122] 839년 궁시에서 매매되었던 당물이란 장보고 선단이 가져온 물품일 가능성이 매우 높다고 하겠다.

그러나 839년에 어느 정도 규모의 교역이 이루어졌는지에 대한 기록이 없는 만큼, 비록 시기적인 차이가 인정되지만 그 형태가 유사한 768년 당시의 물품 대가를 통해 장보고의 교역 규모를 추정할 수밖에 없을 듯하다.[123]

768년 당시 각 대신에게 신라물품을 구하기 위해 내린 대재부 면은 모두 7만 둔屯[약 15톤][124]이었다. 그런데 838년에 제정된 대재부관내지자교역법大宰府管內地子交易法에는 면綿 1둔을 직도直稻 8속束으로 정하고 있다.[125] 이로써 본다면 7만 둔의 면은 직도 56만 속에 해당한다.

그런데 '10악握=1把把=7합合' '10파把=1속束=7승升'이므로[126] 직도 56만

---

120) 『續日本後紀』 권 8, 仁明天皇 承和 6년(839) 10월 19일.

121) 『續日本後紀』 권 11, 仁明天皇 承和 9년(842) 정월.

122) 權悳永, 2001, 앞의 논문, 86~87쪽.

123) 崔在錫은 「買新羅物解」에 나오는 일본귀족의 신라상품 구입내용에 대한 물품 대가를 정리한 바 있으며(崔在錫, 1996, 「統一新羅·日本의 관계와 일본이 신라로부터 구입한 물품」, 『正倉院 소장품과 統一新羅』, 一志社, 154쪽), 윤재운은 이를 인용하면서 신라물을 구입하기 위해 絁와 綿이 주요 결재수단이었음을 밝힌 바 있다.(尹載云, 「南北國時代 貿易의 性格」, 앞의 책, 179~181쪽)

124) 李基東, 앞의 논문, 앞의책, 219쪽.
윤재운은 하사의 주체를 대재부로 파악하였으나(尹載云, 「南北國時代 貿易의 性格」, 위의 책, 179쪽), 이 물품 대금은 平城宮 앞의 宮市를 위한 하사금으로 하사의 주체는 일본 국왕 곧 조정이었다. 한편 金恩淑은 이 때 지급한 大宰綿 총액 85,000屯이었던 것으로 파악하였다.(金恩淑, 앞의 논문, 1998, 286쪽)

125) 『續日本後紀』 권 7, 仁明天皇 承和 5년(838) 9월 14일.

속은 392만 승의 쌀이 된다. 따라서 7만 둔의 면은 '도稻 392만 승=39만 2천 두=392,000두÷15두≒26,133.3석'의 가치를 지닌다. 이는 물론 당물을 가져온 상인의 매출액 대비가 되겠지만 적산 법화원 장전 1년 소출 500석의 약 52.3배에 해당하는 액수가 된다. 물론 이 액수는 장보고가 활동하기 훨씬 전이라는 시기적 차이가 있기 때문에, 장보고의 교관선이 가져온 당물唐物의 교역은 768년의 그것을 훨씬 상회할 것이라 짐작된다. 또한 그 액수가 1회에 걸친 것이었다는 점을 생각하고, 원인圓仁과 일본 견당사의 수송이나 신라에서의 교역, 그리고 중국 양주와 산동반도 지역의 운수 등을 합한다면 그 규모는 상상하기 어려운 대규모였으리라 생각된다.

이러한 장보고의 경제력은, 신라 중대 초 최고의 귀족이라 할 수 있는 김유신의 미망인에게 세조歲租 1천 석을 지급한 것이나[127] 성덕왕이 성정왕후成貞王后를 출궁出宮하면서 내린 전田 200결 및 조租 1만 석,[128] 원성왕이 전비前妃 구족왕후具足王后를 외궁外宮으로 내보내면서 내린 租 3만 4천 석에[129] 비교할 수 있을 듯하다.

곧 장보고의 1회 대일 교역물품의 매출액 2만 6천여 석은 왕후의 세조歲租에 비하여도 결코 적은 액수가 아니었으며, 그의 민군적民軍的 성격의 청해진 군졸 1만 명은[130] 9세기 초엽 재상가의 '노동 3천 명이고, 갑병과 소·말·돼지도 그 정도이다[奴僮三千 甲兵牛馬猪稱之]'라는 사실과 비교하여도 오히려 능가하는 것이었으니, 이러한 민군民軍의 양성 배경에는 그의 경제력이 뒷받침하고 있었다고 보아야 할 것이다. 기실 청해진淸海鎭과 당성진唐城鎭 등 동아시아 삼국을 엮는 무역 루트의 안정을 위한 정책을 추진한 흥덕왕이 그의 능비에 '무역지인貿易之人' 운운 한 것은 바로 장보고의 이와 같은 웅략과 그 경제력을 신라인이 잘 알고 있었기 때문이라 생각된다.

---

126) 小泉袈裟勝, 1980, 『枡 －ものと人間の文化史 36－』, 法政大學出版局, 142쪽.
127) 『三國史記』 권 43, 列傳 3, 金庾信 下.
128) 『三國史記』 권 8, 新羅本紀 8, 聖德王 15년 3월.
129) 『三國史記』 권 10, 新羅本紀 10, 元聖王 즉위년.
130) 李基東, 앞의 논문, 앞의 책, 208~209쪽. 한편 서윤희는 청해진 지역의 주민들로 이루어진 둔전병적 존재와 청해진의 役事를 위해 주로 武州 군현 중심의 타지방에서 차출된 노동부대원으로 구성된 것으로 보았다.(徐侖姬, 앞의 논문, 17~20쪽)

5. 맺음말

8~9세기 신라와 당·일본과의 교역에서 장보고의 교역망 운용상과 그 의미 등을 밝히기 위하여, 8~9세기 신라·당·일본간에 벌어진 교역의 변화상을 수공업 발전 과정과 관련하여 개관하고, 장보고와 청해진의 등장과 교역망의 구축 및 그 의미, 장보고 선단의 교역규모를 추정하고자 하였다. 그 결과를 정리하면 다음과 같다.

첫째, 신라·당·일본간에 벌어진 국가간의 교류는 정치적 현안을 둘러싼 것이었고, 국가간 정치적 외교관계는 사신의 왕래와 함께 공무역을 수반하였다. 신라는 당나라와 '경주－당은포－서해북부연안항로 혹은 서해중부횡단항로－산동반도 등주－장안', 그리고 '경주－회진－서해남부사단항로－중국 강회지역－장안'으로 연결되는 사행로를 이용하였다. 신라－일본간에는 집사부(성)의 첩에서 살필 수 있듯이 8~9세기 무렵 신라 집사성의 첩문을 일본에 전달하거나 일본 사신과 관련된 일을 처리하는 주치였던 청주菁州(康州)가 주목되었다. 이로써 8~9세기 신라－일본과의 교역 내지 사행로가 '경주－청주(康州)－대마도－일기도壹岐島－말로末盧 또는 이도伊都－대재부－경도 평성궁'이었음을 알 수 있었다. 또한 삼국간의 수공업 기술과 관련하여 신라는 당에 대해 당인唐人들의 선호물품과 동남아시아 물품의 가공품, 금·황금·부금·은·포 등의 물품을 보냈거니와, 신라의 수공업 기술이 발달하여 시대가 갈수록 다양한 물품을 생산하였음과 용조은庸調銀이나 양세법兩稅法 시행으로 인한 동전銅錢의 품귀 현상 등 당나라 내부 경제적 상황에 따라 현물화폐류를 보내었음을 확인할 수 있었다. 또한 당나라는 신라에 대해 당시 최고 지배층의 수요를 충족시키기 위한 물품을 보내었음을 알 수 있었다. 신라와 일본과의 교역에 있어서는, 신라가 일본의 선진문물에 대한 욕구를 충족시키는 수주처로서의 역할을 한 반면, 일본은 수공업 기술의 부진으로 원료적 성격의 물품을 신라에 보내었으며, 그 결과 정치적 현안과 맞물려 민간에 의한 교역 형태로 전환하였음을 살필 수 있었다. 특히 9세기 초엽 신라의 제반 정치사회적 여건은 신라 상인들의 사무역을 부추키는 계기가 되었으며, 이는 장보고 무역 활동의 배경으로 작용하였다.

둘째, 장보고의 청해진 설치 배경과 관련하여, 그는 무령군 군중소장으로서 이사도군李師道軍 궤멸에 참여하였으나 무령군절도부사 왕지흥王智興의 무령군절도사 최군崔羣 축출사건 및 원화(806) 이래로 양하兩河 번진藩鎭의 귀지자歸地者에게 자관子官을 수여하던 대열에 합류하면서, 당시 평로군절도사 설평薛平의 휘하로 평로군절도동십장 겸 등주제군사압아란 자관을 수여받아 등주지역에서 신라인의 집락지인 신라소를 책임지는 구당신라소압아인 동시에 신라사신을 영접하는 신라통사압아 및 구당신라사압아, 구당신라사 동십장 등의 직함을 맡았을 것으로 추정하였다. 장보고는 이러한 지위를 이용하여 중국내 신라인의 상권을 한 데 엮는 한편 당시 평로군의 현안이었던 신라인 노비매매 문제를 해결하기 위한 방안을 모색하였을 것으로 보인다. 그 결과 평로군절도사와 신라 조정의 모종의 합의 및 평해군절도사의 후원을 배경으로 장보고는 청해진 설치를 청주菁州와 집사성을 통하여 신라 국왕에게 주청함으로써, 기존에 신라와 당의 사행로, 그리고 신라와 일본의 사행로라는 단편적인 항로를 하나의 루트로 연결하는 장보고의 교역망, 곧 '(대재부 →) 양주 → 강회지역 → 등주 → 강화 → 당성진 → 회진 → 흑산도 → 청해진 → 청주(康州)→ 대마도 → 일기도 → 대재부'를 구축할 수 있었다. 그는 이 교역망을 운용함으로써 아라비아·동남아시아 등의 희귀 사치품과 중국의 선진문물을 사들이고, 이를 다시 신라와 일본의 귀족들에게 파는 한편, 일본의 면포류 등의 원료나 아라비아 원료물품을 신라 수공업장에 제공하고 이를 가공하여 중국과 일본으로 되파는 방식의 교역활동을 전개했던 것으로 짐작된다. 이 때에 일종 교역의 신임장으로서 일본의 경우 대재부와 축전태수筑前太守의 서찰을, 신라와 당나라에 있어서는 장보고가 교관선에 발급한 서찰이나 문건을 교역의 공식문건[文符]으로 삼았던 것으로 보인다. 이러한 교역을 뒷받침하는 주요한 요건으로서는 해로의 안정이 무엇보다도 긴요한 과제였고, 청해진 설치의 주요한 목적 가운데 하나로서 안정적인 교역망의 유지 관리가 있었으니, 청해진의 구성이 '청해진대사—병마사—경졸勁卒, 기병騎兵' 등 군사적 조직처럼 나오는 것이나 청해진 설치 이듬해에 당성진이 새로이 설치된 것은 그러한 국가적 조치의 일환이었던 것이라 하겠다.

셋째, 장보고는 자신의 무역선단을 교관선으로 일컬으며 견당매물사와 회역사를 운용하였다. 장보고 선단의 명칭으로 미루어 볼 때 장보고의 교역활동은 신라 정부로부터 공식적인 인정을 받았던 것이 아닌가 짐작된다. 또한 841년 장보고가 염장에게 피살된 이후 일본 대재부에서 장보고의 교관물을 놓고 다툰 기사에서 장보고의 일본과의 교역이 신라 조정을 대신한 것이었음을 추측할 수 있었다. 아울러 장보고선단의 교역규모를 768년 평성궁 앞의 궁시 기사를 통하여 볼 때에 교관선 1회에 의한 매출액이 26,133석에 이르렀고, 이를 적산 법화원 장전 1년 소출 500석과 비교할 때에 약 52.3배에 달하는 규모였음을 추정할 수 있었다.

8~9세기 동아시아 해역을 주름잡았던 장보고의 등장 배경과 활약상, 그리고 그 경제적 기반을 밝히고자 하였다. 그러나 장보고의 등장과정 및 청해진 설치배경과 관련하여서는 방증자료에 의존할 수밖에 없었고, 장보고의 교역망 운용 실상과 의미 등을 살필 수 있었으나, 신라와 일본, 당나라에서의 대외교역 관련 공인 절차 등에 대한 검토가 소략하였다. 이는 자료의 부족으로 말미암은 것으로 향후 새로운 자료의 발굴이 요구된다. 한편 장보고선단의 1회 교역규모를 구체적으로 밝힐 수 있었으나, 장보고가 한중일 삼국간의 교역을 통하여 구축한 경제력의 총규모가 어느 정도이며, 그것이 신라 정치·사회에 어떻게 작용했는지에 대한 연구는 본고에서 다루지 못했다. 이에 대해서는 향후의 과제로 남겨둔다.

원인圓仁의 귀국과 재당 신라상인의 대일교역

1. 머리말

신라 흥덕왕 3년(828) 4월 당나라 해적들의 신라인 약매문제掠賣問題를 해결하기 위해 청해진淸海鎭을 설치함으로써 당-신라-일본의 교역을 실질적으로 지배하였던 장보고의 해상세력은, 문성왕 3년(841) 장보고의 피살로 와해되었다.[1] 이로써 대일교역은 당상인唐商人에 의해 교체[2] 또는 재당신라인과 당상인이 연합한 형태로 이루어지다가 869년 신라해적 사건 이후 당상인에 의해 주도된 것으로 풀이한다.[3] 또한 장보고의 피살로 신라인의 무역활동이 위축되었다

1) 剛田正之, 1924, 「慈覺大師の入唐紀行に就て」, 『東洋學報』 13-1, 27쪽. 李永澤, 1979, 「張保皐海上勢力에 관한 考察」, 『韓國海洋大學論文集』 14, 89쪽. 李基東, 1985, 「張寶皐와 그의 海上王國」『張寶皐의 新硏究』, 莞島文化院 : 1997, 『新羅社會史硏究』, 一潮閣, 225~226쪽. 李炳魯, 1993, 「9世紀初期における環シナ海貿易圈の考察」, 『神戶大學史學年報』 8, 14~15쪽. 崔源植 등 역주, 1994, 『日本六國史 韓國關係記事 譯註』, 가락국사적개발연구원, 335쪽 각주 2. 權悳永, 2002, 「張保皐 略傳」, 『慶北史學』 25, 21~24쪽. 朴南守, 2006, 「8~9세기 韓·中·日交易과 張保皐의 經濟的 基盤」, 『대외문물교류연구』 4, 155쪽.

2) 龜井明德, 1992, 「唐代陶磁貿易の展開と商人」『アジアなかの日本史 Ⅲ : 海上の道』, 東京大出版會, 140쪽.

3) 李炳魯, 위의 논문, 17쪽 ; 1996, 「고대일본열도의 '신라상인'에 대한 고찰 : 장보고 사후를 중심으로」, 『日本學』 15, 26쪽. 權悳永, 2003a, 「在唐 新羅人의 對日本 貿易活動」, 『한국고대사연구』 31, 280~289쪽.

고 하나 당인唐人으로 전화한 신라인 및 신라 군소상인들의 활동은 오히려 활발해진 것으로 이해하기도 한다.[4] 전자의 경우 일본측 자료에서 재당신라상인을 당인으로 기록한 것은 해상무역업자 곧 재당신라상인이 상황에 따라 국적을 수시로 변경하여 자칭하거나[5] 당에 귀화한 신라인이었기 때문으로 풀이한다.[6] 후자의 경우 신라 말 해상세력 출신 호족들의 성장을 일컫거나,[7] 재당신라인과 한반도 신라인으로 나뉘어 각기 대일교역에 참가하는 교차교역으로 변화된 것으로 설명한다.[8]

재당 신라상인의 활동무대는 장보고 당시에 등주登州를 비롯하여 양주揚州·초주선楚州線까지를 중심으로 하였으나, 고려 문종 28년(1074) 무렵 활동의 중심축이 명주明州 등 강남도 일원으로 옮겨간 것으로 보는 견해가 있었다.[9] 이에 대해 산동반도를 중심으로 당-발해-신라-일본을 묶는 북해무역이, 9세기 말 오대五代의 출현으로 강남도 일원의 상업항구를 중심으로 한 남해무역으로 전환하였다는 견해가 제기되기도 하였다.[10] 그러나 대부분의 연구자들은 재당신라상인의 활동 무대를 막연히 당나라와 일본으로 설명함으로써 그 성격의 변화 등을 간과하거나, 장보고 피살 이후부터 신라 해상세력 출신 호족들의 등장 이전까지의 추이를 충분하게 살피지 못한 점이 있었다.

이에 본고는 장보고의 피살을 전후한 재당 신라 상인의 추이를 밝히고자, 원인圓仁과 함께 입당하였던 일본 견당사 일행이 839년 초주楚州의 신라선新羅船을

4) 李基東, 1997, 「羅末麗初 南中國 여러 나라와의 交涉」, 『歷史學報』 155, 4~12쪽.
5) 小野勝年, 1969, 『入唐求法巡禮行記の研究』 권 4, 法藏館, 293쪽 각주 1.
6) 權悳永, 2001, 「在唐 新羅人 社會의 形成과 그 實態」, 『國史館論叢』 95, 86~88쪽 ; 2003b, 「9世紀 日本을 來往한 二重國籍 新羅人」, 『韓國史研究』 120, 85~114쪽.
7) 金庠基, 1960, 「羅末 地方群雄의 對中通交」, 『黃義敦先生古稀紀念 史學論叢』, 東國史學會, 59~64쪽. 李純根, 1989, 「羅末麗初 地方勢力의 構成形態에 관한 一研究」, 『韓國史研究』 67 참조. 鄭淸柱, 1996, 「호족세력의 대두」, 『한국사』 11, 국사편찬위원회, 82~87쪽. 李基東, 1997, 앞의 논문, 7~14쪽. 南漢鎬, 1997, 「9世紀後半 新羅商人의 動向」, 『靑藍史學』 1, 137~144쪽. 全基雄, 1997, 「나말려초의 對日關係史 研究」, 『韓國民族文化』 9, 30~36쪽.
8) 南漢鎬, 위의 논문, 129~137쪽.
9) 孫兌鉉·李永澤, 1981, 「遣使航運時代에 關한 研究」, 『韓國海洋大學論文集』 16, 41·44쪽. 金在瑾, 1985, 「張保皐時代의 貿易船과 그 航路」, 『張保皐의 新研究』, 129쪽.
10) Hugh R. Clark, 1992, 「8~10세기, 한반도와 남중국간의 무역과 국가관계」『張保皐大使 海洋經營史』, 장보고대사 해양경영사 연구회, 182~195쪽.

이용하여 귀국하는 과정과 847년 원인이 소주蘇州에서 출발한 김진金珍의 신라선을 이용하여 귀국하는 과정을 서로 비교하여 살피고자 한다. 특히 양자 모두 신라선을 이용하여 서해 중부 사단항로를 이용하여 귀국하였지만, 그 출항지가 각각 초주楚州와 소주蘇州라는 점에 주목하고자 한다. 이로써 장보고 사후 재당 신라 상인의 활동 중심축이 당나라 등주·초주·사주泗州·양주로부터 강남江南·영남도嶺南道 지방으로 옮겨졌음을 밝히고자 한다. 다음으로 일본측 기록에 9세기 중엽 이후 등장하는 '당상唐商'들이 대체로 당나라 강남·영남도 지역의 재당 신라 상인이었음을 확인할 것이다. 또한 이들이 일본에 가져간 물품 곧 '당물唐物'에 신라물新羅物이 포함되었음을, 재당 신라 상인의 강남도 지역에서의 유통 활동과 관련하여 살피고자 한다. 많은 질정을 바란다.

2. 원인圓仁의 귀국과 재당 신라인

원인圓仁은 838년 6월 일본 견당사 등원상사藤原常嗣, 유학법사留學法師 원재圓載 등과 함께 일본을 출발하여 7월 2일 당나라 양주에 도착하였다.[11] 이들 일본 견당사 일행은 당나라 수도 장안長安에 들어가 사행을 마치고, 839년 3월 초주의 신라선 9척을 빌려 적산赤山을 거쳐 신라 남쪽을 돌아 8월에 귀국하였다.[12] 이들이 귀국한 항해로는 847년 원인이 등주 적산포를 출발하여 귀국한 노정과 크게 어긋나지 않는다.

『입당구법순례행기入唐求法巡禮行記』에 따르면 원인은 847년 9월 '당나라 등주 막야도登州莫耶口－황해－신라 서웅천西熊州 해안－무주武州 서남쪽 고이도高移島－무주 남쪽 황모도黃茅島(일명 丘草島)－무주 남쪽 안도雁島－비전국 송포군肥田國 松浦郡 북쪽 녹도鹿島－귤포橘浦－박다博多 서남쪽 능거도能擧島'를 항해하였다.[13] 원인은 고이도高移島를 흑산도黑山島 동남쪽 100리 남짓한 곳에 있는 섬이라고 하였다.[14] 이는 후일 왕건이 궁예의 명령으로 나주·진도와 함께 정벌했

11) 『入唐求法巡禮行記』 권 1, 承和 5년(838) 7월 2일.
12) 『入唐求法巡禮行記』 권 1, 開成 4년(839) 3월 17일. 『續日本後紀』 권 8, 承和 6년(839) 8월 己巳.
13) 『入唐求法巡禮行記』 권 4, 大中 원년 9월 2일~17일.
14) 『入唐求法巡禮行記』 권 4, 大中 원년 9월 4일.

던 고이도皐夷島로서,[15]『新增東國輿地勝覽』의 전라도 강진康津 고이도古尒島 곧 지금의 전라남도 신안군 부속 도서 중의 하나인 고이도에 비정된다.[16] 일명 구초도丘草島라 일컫는 황모도黃茅島는 원인의 귀국 당시에 고기잡이 온 일본인들이 체포되었던 곳이다. 이곳에서 동남쪽 멀리 탐라도耽羅島가 보이고, 이를 지나 안도雁島를 거쳐 대마도對馬島가 보이는 바다로 나갔다고 한다.[17] 이들은 조선 전기에 대마도인이 고기잡이를 하러 자주 출몰하여 문제가 된 고초도孤草島와 안도雁島로[18] 생각된다. 곧 구초도丘草島는 고초도孤草島와 서로 음이 통하고, 양자 모두 대마도로 통하는 길목이므로 지금의 여수시 거문도와 안도로 비정된다.

원인 일행의 입당 및 귀국 항로는 기왕의 장보고 선단의 당-신라-일본을 잇는 '(대재부 → 양주 → 강회지역 →) 등주 → 강화 → 당성진 → 회진 → 흑산도 → 청해진 → 청주(康州) → 대마도 → 일기도 → 대재부'와[19] 대체로 일치한다. 다만 그들은 청해진淸海鎭 해역을 지났으나, 청주菁州(康州)를 거치지는 않고 곧바로 일본으로 항해하였다.[20]

839년 일본 견당사 일행과 847년 원인을 태운 신라선이 이러한 항로를 택한 데는 해로상의 안전을 확신하였기 때문일 것이다.[21] 사실 839년 일본 견당사를

15) 『高麗史』 권 1, 太祖 1, 卽位前期.

16) 『新增東國輿地勝覽』 권 37, 全羅道 康津縣 山川 古尒島.

17) 『入唐求法巡禮行記』 권 4, 大中 원년 9월 6·8일.

18) 『世宗莊憲大王實錄』 권 94, 세종 23년(1441) 11월 갑인·을묘·권99, 세종 25년(1443) 1월 경오·계해·권100, 세종 25년(1443) 6월 계사·권101, 세종 25년(1443) 8월 병술·권105, 세종 26년(1444) 윤7월 갑신·권109, 세종 27년(1445) 7월 무자·권116, 세종 29년(1447) 5월 병진. 『明宗大王實錄』 권 4, 명종 1년 9월 기묘[국사편찬위원회 조선왕조실록 홈페이지(http://sillok.history.go.kr) 참조].

19) 朴南守, 앞의 논문, 152쪽.

20) 圓仁의 귀국시 淸海鎭의 명칭이 보이지 않은 것은 청해진 곧 완도의 위치가 대당·대일교역에 그리 좋은 조건이 아니었다고 보기도 하나(南漢鎬, 앞의 논문」, 132쪽), 839년 일본 견당사나 원인의 귀국 항로에서 보듯이 청해진 해역은 등주로부터 일본, 또는 후술하듯이 명주로부터 흑산도-완도-일본을 향하는 교통의 요로였다고 보는 것이 옳다고 본다.(李龍範, 1984, 「海外貿易의 發展」, 『한국사』 3, 국사편찬위원회, 529~530쪽 ; 方東仁, 1985, 「淸海鎭의 戰略上 位置」, 『張保皐의 新研究』, 168~174쪽)

21) 曺永祿은, 일본 조공사가 빌린 신라선이 이 항로를 택한 데에는 항로의 위험도가 낮고, 풍파로 파괴된 선박을 밀주 연안 교마포에서 수리해야 한 때문으로 보았다.(曺永祿, 2004a, 「당나라에 살던 신라인」, 『장보고 선단과 해양불교』, 해상왕장보고기념사업회, 72쪽) 물론 이러한 실제적인 측면도 있었겠지만, 이밖에 이들 신라선이 신라의 해역을

태우고 초주楚州를 출발한 9척의 신라선의 항로에 대하여, 일본 관료들은 '신라가 장보고의 난중이므로 적지인 신라 땅에 배가 다다를 것'을 염려하였다.[22] 또한 이들 일본 견당사와 함께 귀국한 상효常曉의 청래목록請來目錄에서도 신라를 '신라적新羅敵'으로 표현하는 등 일본측의 위구심을 살필 수 있다.[23] 이러한 위구심에도 불구하고 초주를 출발한 신라선이 적산포를 거쳐 신라 남단을 경유하였던 것은, 재당 신라상인과 청해진간의 해로 안전에 관한 모종의 장치가 있었기 때문일 것이다.

839년 무렵에는 청해진 병마사 최훈崔暈으로 상징되는 장보고의 교관선이 양주로부터 적산포 일원 뿐만 아니라 당-신라-일본을 왕래하며 왕성하게 교역에 임하였다. 원인은 개성 5년(840) 2월 15일 최훈이 양주로부터 와서 유산포乳山浦에 머물고 있다는 소식을 듣고 서신을 보내어, '천태산天台山 순례를 위해 연수漣水로부터 배를 내어 회남淮南까지 데려다 주겠다던 최훈의 약속'을 상기시킨 바 있다. 아울러 '앞으로 원인 일행의 일본으로의 귀국은 오로지 최훈의 배려에 달려 있음'을 당부하고, 그가 '구법을 마치게 되면 적산에 돌아와 귀국할 때에 청해진에서 장보고대사를 뵙고 자세한 뜻을 알리고자' 하는 뜻을 밝혔다.[24] 이로써 볼 때에, 840년 2월까지만 해도 최훈은 사주 연수泗州 漣水에서 배를 조달할 수 있는 능력이 있었고, 원인의 귀국을 주선하고 청해진을 통하여 일본으로 가는 항로의 안전을 보장할 수 있었음을 알 수 있다. 따라서 당시 청해진 세력은 사주 지역의 신라인 사회와 함께 이 지역 일원의 당-신라-일본을 잇는 해로를 관장하였음을 살필 수 있다.

장보고가 피살된 지 6년여가 지난 847년 원인의 귀국 항로는, 839년 일본 견당사의 귀국 항로와 표면상 전혀 다른 점을 살필 수 없다. 그러나 장보고가 피살된 841년 11월 이후 신라 무주 일원의 정세에는 많은 변화가 있었다. 곧 염장閻長은 장보고를 살해하고 그 이듬해에 다시 그에 반발한 이창진李昌珍 등을 진압하였다. 또한 이전에 장보고의 휘하였던 이소정李少貞을 대재부大宰府에 파

통과한다 하더라도 일본 사신들의 안전을 보장하는 모종의 장치가 있었을 것이라는 점도 지적해 두고자 한다.

22) 『入唐求法巡禮行記』 권 1, 開成 4년(839) 4월 2일.

23) 「常曉和尚請来目録」, 竹内理三 편, 1957, 『平安遺文』 8, 東京堂, 3326쪽.

24) 『入唐求法巡禮行記』 권 2, 開成 5년(840) 2월 15일·17일·권 4, 會昌 5년(845) 7월 9일.

견하여 자신의 첩장을 전달함으로써 장보고의 부하 이충李忠과 양원揚圓 및 교관물의 반환을 요청하였다. 이러한 과정에서 완도인 어려계於呂系는 '장보고가 다스리던 섬[淸海鎭]의 백성으로서, 장보고가 죽은 후 평안하게 살 수 없다'는 이유로 일본에 귀화하였고, 이충 등은 본인의 의사에 따라 본향으로 돌아갔다.[25) 일련의 사건은 염장 등 장보고를 살해한 세력에 의하여 청해진의 대일교역에서의 이권을 계승하고자 한 시도로서 이해된다.[26) 그러나 일본측이 염장의 교섭을 거절함으로써 신라와 일본간의 직접적인 교역은 경색 국면에 들어갔다.[27) 그런데도 이충 등이 스스로의 뜻에 따라 신라에 돌아간 것은, 이소정의 회유 내지 일본과의 교역에 따른 항로상의 안전 보장과 같은 약속이 있었던 때문으로 여겨진다. 장보고 피살 이후에도 재당신라상인이 청해진 해역을 자유롭게 왕래할 수 있었던 것은 이러한 배경에서 이해할 수 있다.

한편 장보고 피살 이후 원인의 귀국에는 회창법난會昌法難을 비롯하여 많은 어려움이 있었다. 그는 외국승려들의 환속령還俗令에 따라 환속함으로써 귀국 칙령을 받을 수 있었으나, 무엇보다도 당 황제의 칙령勅令과 과소過所의 획득이 문제였다.

당나라의 과소過所는 관關을 통과할 수 있는 일종의 통행증이었다. 따라서 관關을 지나고자 하면 먼저 형부상서刑部尙書와 사문司門에 과소를 신청해야 하는데, 장안에서는 상서도성尙書都省에서 발급하고, 지방에서는 주州가 발급하도록 되어 있다.[28) 이는 원성사문서園城寺文書 가운데 대중 9년(855) 월주도독부越州都督府와 상서상사문尙書省司門에서 발급받은 원진圓珍의 것이 전한다. 전자는 동관潼關의 감입勘入을, 후자는 포관蒲關의 감출勘出을 허가한 것으로서, 입당 경위 및 발급한 관사 이름과 관關의 출입을 허가받은 자의 소속, 이름, 나이, 소지한 물품 등을 기록하였다.[29)

25) 『續日本後紀』 권 11, 承和 9년(842) 봄 정월 乙巳.

26) 南漢鎬, 앞의 논문, 128~129쪽.

27) 石上英一, 1984, 「古代國家と對外關係」, 『講座 日本歷史』 2, 東京大學出版會, 259~263쪽. 李炳魯, 1993, 앞의 논문, 17쪽 : 1996, 앞의 논문, 13쪽.

28) 『舊唐書』 권 43, 志 23, 職官 2, 刑部尙書 司門 郎中·員外郎之職.
唐代 '過所制度'에 대해서는 김택민, 2002, 「在唐新羅人의 활동과 公驗(過所)」, 『대외문물교류연구』, 해상왕장보고기념사업회, 205~214쪽 참조.

29) 「唐國越州都督府過所」·「唐國尙書省司門過所」, 竹內理三 편, 1947, 『平安遺文』 1, 101~102쪽.

원인의 귀국 문제와 관련하여 등주 자사는 '만약 원인 일행이 배를 구한다면 칙령에 따라 통과시키는 것이 좋다'고 일컫고, 주의 관리들은 '(구당신라사 장영張詠이 배를 건조하여) 과소過所를 요청한 것은 칙령에 위배되는 것'이라고 하였다. 또한 당나라 견신라부사는 '배를 빌려 나그네를 바다로 내어보내는 것은 당나라 법규에 어긋난 행동'이라고 지적하였다. 이러한 당나라 관리들의 언급과 함께, 원인 일행이 마침내 '일본을 향한 김진金珍의 배를 타고 귀국'한 데서 원인이 발급받고자 한 '과소過所'의 성격을 살필 수 있다. 곧 과소는 황제의 칙령을 소지하고 나서 김진金珍의 배와 같은 일본으로의 내왕을 허락받은 선박[30]이 있을 때에만 발급받을 수 있었다는 것이다.

그런데 원인이 의지하였던 최훈은, 장보고가 피살된 이후에 사주 연수 지방의 신라방新羅坊에 거주하는 망명객으로서 어떠한 영향력도 행사할 수 없었다. 또한 초주 지방의 신라인 사회도 원인의 귀국선을 조달할 수 없었다. 결국 최훈은 여느 당나라 관리들처럼 원인에게 등주를 통하여 귀국할 것을 종용하였다. 이러한 데는 등주 일원이 신라·발해의 관문으로서 일본의 내왕까지 맡았던 때문일 것이다.[31] 등주의 구당신라사 장영은 선박을 건조하는 등 원인의 귀국을 돕고자 하였으나, 평로사의 遣新羅使 일행의 세지로 인하여 더 이상 원인을 도울 수 없었다. 이는 장보고의 피살로 인하여 기왕에 등주 일원에서 누렸던 신라인 사회

30) 일본과 중국과의 내왕선에 대한 허가와 관련해서는 崇寧 4년(1105) 李充을 綱首로 임명하여 일본에 파견한 公憑을 들 수 있는데, 관할 관사(市舶司)의 출항 허가증을 얻어 일본에 도착하여 大宰府의 存問을 받는 형식이었다.(龜井明德, 앞의 논문, 129쪽) 이러한 과정을 圓仁이 귀국 선편을 얻어 출항하는 과정에 대입하면 圓仁의 過所란 李充의 公憑에 비교할 수 있을 것이다.

31) 登州 지역에는 張詠 이후에도 光化 4년(901)에 金淸이 押衙로서(김문경, 1996, 「9~11세기 신라사람들과 강남」, 손보기 편, 『장보고와 청해진』, 혜안, 64쪽 ; 李基東, 1997, 앞의 논문, 6~7쪽), 그리고 天成 2년(927)에는 신라인 張希巖과 李彦謨 등이 각각 前登州都督長史와 前登州知後官을 맡는 등 張詠 이후에도 신라인이 그 직책을 승계했음을 확인할 수 있다.(『冊府元龜』 권 976, 外臣部 20, 後唐 明宗 天成 2년 3월 ; 金庠基, 앞의 논문, 59~60쪽 ; 李基東, 위의 논문, 5~6쪽) 또한 宋代에도 登州는 여전히 고려의 사신을 맞이하는 관문으로서의 역할을 지속하였다.("[大中祥符]八年(1015), 詔登州置館於海 次以待使者 … "[『宋史』 1, 권 487, 外國列傳 246, 高麗]) 요컨대 張保皐의 死後에도 登州 地域에는 新羅人이 勾當新羅所押衙로서 이 지역을 관장하였는데(李基東, 위의 논문, 4~12쪽 ; 尹載云, 1996, 「9世紀前半 新羅의 私貿易에 관한 一考察」, 『史叢』 45, 32~44쪽), 이러한 데는 이 지역이 발해·신라의 사신과 내왕객을 맞이하는 관문으로서 기능하였기 때문이었다.

의 권리가 제한되고, 평로군절도 압신라발해양번사平盧軍節度 押新羅渤海兩蕃使의 신라소에 대한 통제가 강화된 때문이 아닌가 생각된다.[32)]

원인圓仁이 귀국의 과정에서 여러 어려움을 겪었던 것은 839년 일본 견당사 일행이 순조롭게 귀국하였던 것과 대조적이다. 일본 견당사 일행의 귀국은, '개성 4년(839) 1월 3일 초주의 배를 빌려 3월에 바다를 건너게 하라'는 당 황제의 공문이 양주부에 전달된 이후, 출항지인 초주 자사의 관할하에 추진되었다. 아마 초주 자사는 황제의 공문에 따라 과소를 발급하였을 것이다. 특히 이들 일행이 초주에서 일시에 9척의 신라선을 조달하였다는 것은, 당시에 초주 신라인들이 일본과의 내왕이 가능한 신라선을 최소한 9척을 보유했다는 것이 된다. 이들 초주에서 동원된 신라선은 일본에 건너가 평성궁平成宮 건례문建禮門 앞에서 궁시宮市를 열었다는 것으로[33)] 보아 교역을 위한 상선으로 보는 것이 옳다.[34)] 이는 839년 당시 초주의 신라인들이 왕성하게 교역하였던 사실을 보여주는 바, 847년 원인이 귀국하고자 할 때에 아무 도움을 주지 못했던 것과는 매우 대조적이다.

등주에서의 귀국이 좌절된 원인은 다시 남하하여 마지막 수단으로 명주明州로 가서 배편을 구하여 귀국하고자 하였다. 그는 여러 어려움 끝에 소주蘇州로부터 일본을 향한 김진金珍의 신라상선을 등주에서 구하여 귀국길에 오를 수 있었다.[35)] 이러한 데는 847년 당시에 일본과 내왕하는 신라선의 주요 선적지가 이미 초주楚州로부터 명주明州·소주蘇州 등 강남도江南道 지역으로 옮겨진 때문으로

32) 吉岡完祐는, 張詠이 圓仁을 위해 조성한 선박을 몰수당한 것을 구 장보고계의 사람들에 대한 신라의 압력이라고 풀이하였다.(吉岡完祐, 1992, 「高麗青瓷의 출현」, 『張保皐大使 海洋經營史』, 94쪽) 그러나 張詠이 원인의 귀국선을 건조한 것은, 기왕에 장보고 활동시라면 별다른 문제 없이 출항할 수 있었기 때문이 아니었을까 생각되며, 平盧使 일행의 통제는 장보고 피살 이후 登州 新羅所 등을 平盧軍節度使 관리체계 안에 보다 엄격히 귀속하였던 때문으로 이해된다. 일찍이 장보고가 청해진 설치를 주청하고 당나라 해적의 신라인 약매를 근절시킬 수 있었던 것은 평로군절도사와 장보고의 긴밀한 관계로 말미암은 것으로 여겨지는 만큼(朴南守, 앞의 논문, 144~151쪽), 장보고의 피살로 인하여 평로군절도사와 신라 조정간의 갈등을 예상할 수 있고, 이에 평로군절도사는 신라사신 등의 출입을 관장한 등주 신라소에 대한 통제를 강화하였을 것으로 생각된다.

33) 『續日本後紀』 권 8, 承和 6년(839) 10월 癸酉.

34) 朴南守, 앞의 논문, 133·163~166쪽 참조.

35) 『入唐求法巡禮行記』 권 4, 會昌 7년·大中 원년(847) 윤3월 10일·6월 9일·7월 20일. 『續日本後紀』 권 18, 承和 15년(848) 3월 乙酉.

생각한다.

일본 박다博多로부터 명주明州, 복주福州 등 강남·영남도에 이르는 항로는, 일찍이 공해空海·최징最澄·의진義眞 등 일본 구법승들이 이용하여 왔다. 곧 연력 23년(804) 견당사를 따라 입당하였던 공해는 복주에,[36] 그리고 최징과 의진은 명주에 도착하였다.[37] 또한 혜운惠運은 이처인李處人의 배를 타고 842년 일본을 출발하여 당나라 온주溫州에 도착하였고, 848년 장우신張友信·원정元靜 등의 배로 명주를 출발하여 곧바로 귀국하였다.[38] 원진은 852년 왕초王超·흠량휘欽良暉의 선박을 이용하여 복주에 도착하였고, 858년 태주台州로부터 일본으로 귀국하였다.[39] 이들은 후술하듯이 대체로 재당 신라인의 선박을 이용하여 일본과 당을 왕래하였다.

남송 보경 원년(1225)에 편찬된 조여괄趙汝适의 『제번지諸蕃志』 신라국조에는 신라가 천주泉州와 바다 건너 마주보는 지역에 있다 하고, 신라인들이 교역에 있어서 음양가陰陽家의 자오子午의 설을 꺼려하여 반드시 먼저 사주泗州와 명주明州에 이른 뒤에 다시 출발한다고 하였다. 또한 일설을 소개하면서 천주의 수세가 점점 낮아지므로 신라선은 반드시 사주와 명주를 거친다고 하였다.[40] 『제번지』는 조여괄이 복건제거시박福建提擧市舶을 역임할 때에 당나라 단성식段成式(803?~863)이 편찬한 『유양잡조酉陽雜俎』와 송나라 주거비周去非(1138~1189)의 『영외대답嶺外代答』을 바탕으로 송나라와 교역하던 주변 제국의 풍토물산을 정리한 것이다. 따라서 그 내용은 이븐 쿠르다지마(Ibn kuhrdadhibah, A.D. 820~912)의 『제도로諸道路 및 제왕국지諸王國志』와 상통하는 것으로 이해된다.[41] 아무튼 『제번지』의 기사는 신라의 상선이 광주廣州·천주泉州를 기점으로 하여 명주明州에서 신라로 향하거나, 명주를 거쳐 사주泗州에 이르러 신라로 향한다는 사실을 보여준다.[42] 이는 해로상의 이점 때문이기도 하겠지만,

36) 「僧空海請來目錄」, 『平安遺文』 8, 3248쪽.

37) 「最澄牒狀」·「圓珍牒」, 『平安遺文』 1, 17~18·104쪽.

38) 「安祥寺伽藍緣資起財帳」, 위의 책, 140~141쪽.

39) 「唐國越州都督府過所」·「圓珍牒」, 위의 책, 101·104쪽. 「圓珍奏狀」, 1957, 『平安遺文』 9, 3429·3434쪽.

40) 馮承鈞, 1967, 『諸蕃志校注』, 臺灣 商務印書館, 87쪽.

41) 馮承鈞, 「諸蕃志校注序」, 위의 책, 2쪽.

42) 『宋史』 권 487, 外國列傳 246, 高麗條에는 寧波로부터 바다를 건너 墨山島 곧 黑山島를 거쳐 禮成江, 碧瀾亭에 이르는 해로를 소개하였는데, 明州가 중국 江南道로부터

이들 지역이 신라방 등 신라 상인들의 거점이었던 때문일 것이다.

본래 사주泗州는 초주·양주와 함께 운하 또는 회하淮河로 들어가 변수汴水·황하黃河를 건너 동경東京을 지나 장안長安으로 가는 관문으로서, 파사국波斯國·점파국인占婆國人 뿐만 아니라 신라 상인들이 집단 거주하고 이역 물산이 집적된 곳이었다.[43] 또한 동남아 물산이 교역되는 광주廣州와 천주泉州 등 강남·영남도 지역과 신라·발해의 관문으로서 기능하는 등주登州를 잇는 중간 지점이었다.[44]

장보고가 피살된 이후 일정 기간까지는 초주楚州와 사주泗州 지역은 주로 일본으로 입·출항하는 기항지로서의 기능을 어느 정도 유지하였다. 회창 2년(842) 혜악惠萼 화상 일행이 오대산五臺山 순례를 위해 초주에 도착하였고, 또한 이들의 귀국을 위해 선박과 뱃사람을 구하여 놓았다는 유신언劉愼言의 서신은 그러한 사실을 보여준다. 그리고 회창 3년(843) 원인과 함께 입당하여 천태산天台山에 머물었던 원재圓載의 제자 인호仁好·순창順昌을 초주楚州에서 신라인 장공정張公靖의 배를 구해 귀국시켰다는 것,[45] 초주로 가서 배를 타고 귀국하는 것이 본래의 계획이라는 원인의 언급,[46] 그리고 입당한 승려들을 위하여 일본에서 온 서신이나 물품 보관 등의 일을 초주 신라방에서 관장하였던 것은,[47] 이 지역 신라인 사회가 일본과의 교류에서 중요한 거점이었음을 보여준다.[48]

黑山島에 이르는 주요한 기점이었음을 알 수 있다.(林士民, 1993-1, 「唐, 吳越時期浙東與朝鮮半島通商貿易和文化交流之硏究」, 『渤海史硏究』, 16~18쪽 ; 김문경, 1996, 앞의 논문, 60~61쪽)

43) 『入唐求法巡禮行記』 권 1, 開成 4년(839) 1월 7·8일.
일본 유학승 圓珍은 852년 신라 상인 欽良暉의 선박을 타고 入唐하여, 855년 長安으로부터 東京-懷州-黃河-河陰縣-汴水-淮河-淮南-浙西-越州-台州의 행로를 거쳐 귀국한 바, 당시 圓珍은 長安의 淨土院 新羅國禪僧 雲居房과 東京의 水南 溫柔坊 新羅王子宅이 있었음을 전하였다.(「僧綱牒」, 『平安遺文』 9, 3429·3433쪽) 이는 신라인들이 泗州 일원 뿐만 아니라 長安과 그 길목 도처에 산재하였음을 보여준다.

44) 김문경, 1995, 「7~9세기 신라인 해외무역활동」, 『韓國服飾』13, 9~12쪽. 曺永祿, 앞의 논문, 68~70쪽. Hugh R. Clark는 楚州를 '남해와 북해무역 사이의 연결점인 주요 항구'로서 평가한 바 있다.(Hugh R. Clark, 앞의 논문, 188쪽)

45) 『入唐求法巡禮行記』 권 4, 會昌 3년(843) 12월 □일. 『續日本後紀』 권 13, 承和 10년(843) 12월 癸亥.

46) 『入唐求法巡禮行記』 권 4, 會昌 5년(845) 6월 23일.

47) 『入唐求法巡禮行記』 권 3, 會昌 2년(842) 5월 25일·7월 21일·10월 13일·會昌 3년(843) 정월 29일·권4, 會昌 3년(843) 12월 □일·會昌 5년(845) 7월 5일·9월 22일·會昌 6년(846) 정월 9일·6월 17일.

48) 李侑珍, 2001, 「9世紀 在唐新羅人의 活動에 대하여」, 『中國史硏究』13, 126쪽.

그러나 혜악 화상이 천태산에 머물게 됨으로써 초주에서의 귀국을 포기하고 결국 명주에서 귀국하게 된 것이나[49] 원인이 귀국 선편을 구하지 못하여 명주까지 가서 귀국하려 했다는 점,[50] 그리고 원인이 소주에서 출발한 김진의 배를 타게 됨으로써 귀국하게 된 것은,[51] 장보고 사후에 당나라 교역의 중심이 명주明州·소주蘇州 등 강남도·영남도 지역으로 옮겨가고 있음을 의미한다. 이로써 초주楚州는 직접 배를 조달하는 것보다는 재당 신라인 사회의 중계 지역으로서 강남도 등의 선박을 알선하는 정도의 기능만을 수행하게 되었던 것으로 보인다.

장보고 피살 이후 일본-당나라 간의 교역 중심축이 강남도 일원으로 옮겨간 것은, 청해진의 주된 지지기반이었던 재당신라인들과 신라 사이의 교류가 쇠퇴하고 재당신라인이 반발한 결과로 설명하기도 한다.[52] 물론 이러한 데는 장보고의 피살 이후 등주·사주 지역에 대한 평로절도사 등의 통제가 강화됨으로써 이 지역에 대한 청해진 세력의 영향력이 소멸되면서 교역항으로서의 기능을 상실한 측면이 있었을 것이다. 다른 한편으로는 장보고의 피살로 이 지역 재당신라인들이 이전의 교역망의 통제를 벗어나, 후술하듯이 기왕의 신라와 당, 동남아시아 상품 등의 교역에 유리하고 대일교역의 창구로서 좋은 강남도 지역의 입지조건을 십분 활용하여 독자적으로 활동하였던 때문일 것이다.

그 결과 기왕에 장보고가 구축한 '당-신라-일본'의 교역망이 와해되고, 장보고의 청해진 설치 이전의 '신라⇆당' '신라⇆일본' '일본⇆당'의 단절적인 항로로 전환하였던 것으로 보인다. 곧 장보고 피살 이후 신라-당-일본을 잇는 교역활동이 사라진 반면에, 앞서 살핀 '일본⇆당' 간의 교역을 비롯하여 '신라⇆당' '신라⇆일본'간의 단절적인 교역 내지 내왕 기사만을 살필 수 있기 때문이다. 신라와 당나라간에는 신라승 대통大通이 경문왕 6년(866) 회역사廻易使 진량陳良의 선편을 이용하여 귀국한 사례나[53] 진철眞澈, 원종元宗, 정진靜眞, 동진同眞, 법경法鏡 등의 사례에서[54] 보듯이 신라의 무주·전주 일원의 회진會津·임

49) 『入唐求法巡禮行記』 권 3, 會昌 2년(842) 5월 25일.

50) 『入唐求法巡禮行記』 권 4, 會昌 7년·大中 원년(847) 윤3월 10일.

51) 『入唐求法巡禮行記』 권 4, 會昌 7년·大中 원년(847) 6월 9일·7월 20일.

52) 南漢鎬, 앞의 논문, 133~135쪽.

53) 金穎 撰, 「月光寺圓朗禪師大寶禪光塔碑」, 朝鮮總督府 편, 1919, 『朝鮮金石總覽』 上, 84쪽.

54) 김문경, 1996, 앞의 논문, 65~66쪽.

해군臨海郡으로부터 등주登州·강회江淮 또는 강남도江南道 지역에 이르는 항로를 이용하였다.[55] 또한 신라와 일본간에는 승화 3년(836) 일본의 견신라사 기삼진紀三津에게 보낸 신라 집사성첩문이나[56] 인화 원년(885) 신라국 판관判官 서선행徐善行 등이 집사성첩을 지참하고 사행하였던 사례에서[57] 보듯이, 필요에 따라 강주康州에서 박다博多를 연결하는 항로를 이용하였던 것이다.[58]

3. 장보고張保皐 사후 재당 신라상인의 대일교역

『속일본후기』에서는 839년에 귀국한 일본 견당사들의 물품을 당물唐物로 일컬으며 이세대신궁伊勢大神宮과 각 산릉山陵에 바치고,[59] 건례문建禮門 앞에 궁시宮市를 베풀어 교역하였다고 한다.[60] 이들 견당사의 귀국을 도운 이들은 초주의 신라상인들이었다. 초주의 신라선은 청해진 해역을 통과하였을 것이나, 일본 관료들의 태도로 보아 청해진에 기항하거나 신라에서의 교역 등 어떤 접촉이 있었다고 보이지는 않는다. 이때에 일본 조정에서 검교사檢校使를 보내어 '신물信物·요약要藥 등'을 검사케 한 것으로 보아,[61] 당물에는 조공사가 당나라에서 가져간 회사품을 비롯하여 입당구법승과 같은 동승객, 그리고 신라상인들이 가지고 간 물품을 포함하였을 것이다.

당시 일본견당사 일행과 함께 귀국한 상효常曉는 일찍이 원인圓仁과 양주揚州 개원사開元寺에서 만난 적이 있는 바, 본래 삼론종三論宗의 승려로서 진언眞言을 겸하여 배웠다고 한다.[62] 그는 양주 서령사栖靈寺의 문찬화상文璨和尙과 화림사華林寺의 원조좌주元照座主에게서 각각 금강해유가金剛海瑜伽를 배우고 대원수비법大元帥秘法을 익혔다. 또한 귀국길에 삼론종三論宗·율종律宗·진언종眞言宗 계

55) 孫兌鉉·李永澤, 앞의 논문, 25~37쪽. 權悳永, 1996, 「新羅 遣唐使의 羅唐간 往復行路에 對한 考察」, 『歷史學報』 149, 8~16쪽. 李基東, 1997, 앞의 논문, 8~10쪽.
56) 『續日本後紀』 권 5, 承和 3년(836) 12월 丁酉.
57) 『日本三代実録』 권 47, 仁和 원년(885) 6월 20일 癸酉.
58) 全基雄, 앞의 논문, 10쪽. 朴南守, 앞의 논문, 131~132쪽.
59) 『續日本後紀』 권 8, 承和 6년(839) 10월 辛酉·12월 辛酉·庚午.
60) 『續日本後紀』 권 8, 承和 6년(839) 10월 癸酉.
61) 『續日本後紀』 권 8, 承和 6년(839) 8월 甲戌.
62) 『入唐求法巡禮行記』 권 1, 開成 3년(838) 8월 25일·12월 23일.

열의 불경류와 유마경維摩經 뿐만 아니라, 당나라에서 유행하고 있던 재앙의 인因을 없애고 복연福緣을 일으키는 수월관세음보살상水月觀世音菩薩像, 나라를 다스리는 보배이며 적을 이기는 데 영험한 대원수화상大元帥畫像, 나라를 지키고 백성을 이롭게 하는 육동자상六童子像, 병을 고치고 빈궁한 이를 부자로 만드는 대성가비라신왕상大聖迦毘羅神王像, 북방다문천왕北方多聞天王의 화신으로서 재앙에서 구하고 이익을 이루는 심사신왕상深沙神王像, 재앙을 없애고 복을 증진시키는 호마로단양護摩爐壇樣 등 밀장법密藏法 관련 상像을 가지고 귀국하였다.[63)]

이러한 호국이인護國利人의 신앙의 대상이 이 무렵 당나라로부터 삼론종 승려인 상효에 의해 일본에 전래되고, 천태종의 원인 또한 진언류眞言類에 많은 관심을 가졌으며 실제로 그러한 진언 등을 가지고 귀국한 것은, 당시 일본 불교계의 사상적 조류를 이해하는 데 주요한 표지로 삼을만하다.[64)] 그밖에 원인이나 혜운惠運 등의 사례에서 보듯이 일본 입당구법승들은 주로 불상과 불경, 불구류를 비롯하여 고승들의 행기行記와 비명碑銘, 만다라曼荼羅 등 불교 신앙과 관련된 것 뿐만 아니라 채백綵帛 등과 같은 당나라 물품을 가지고 귀국하였다.[65)]

---

63) 「常曉和尚請來目錄」, 『平安遺文』 8, 3325~3331쪽. 「寵壽申狀案」, 1962, 『平安遺文』 10, 3802쪽. 『入唐求法巡禮行記』 권 1, 開成 3년(838) 12월 23일. 『續日本後紀』 권 8, 承和 6년(839) 9월 辛丑.

64) 종래에는 深沙神王의 일본 전래에 대하여 동경 深大寺의 연기설화, 그리고 동 사찰의 白鳳佛이 백제불의 양식을 따랐다는 점에서 고구려 또는 도래인들과 연관시켜 왔다.(신종원, 2008, 『한국 대왕신앙의 역사와 현장』, 일지사, 318~322쪽) 그러나 深大寺가 일본 중세에 관동 제일의 밀교사찰이었다는 것은, 空海가 804년 당나라에 건너가 眞言敎를 전하여(「僧空海書狀」, 『平安遺文』 8, 3267쪽) 일본 眞言宗을 세웠고(「民部省符案」, 『平安遺文』 1, 71쪽), 그 이후 상효가 眞言을 양주 栖靈寺의 文琛和尚에게 배워 五天竺으로부터 玄奘이 전래한 深沙神王을 '救災成益'의 신앙 대상으로서 인식하여 일본에 전래한 데서 찾아야 할 것이다. 仁壽 2년 12월 14일자 「僧圓珍書狀案」에서 八幡大神을 위한 法花經의 봉안이 시행된 것을 비롯하여 國聖, 聖主를 위한 不動呪千遍, 金剛經, 壽命經, 延命呪 등을 독송하였던 것도(『平安遺文』 9, 3374~3375쪽) 이러한 흐름과 무관하지 않을 것이다.

65) 圓仁은 847년 11월 18일, 오대산을 순례하고 長安·揚州 등에서 보고 익히면서 구입 또는 필사하였던 金剛·胎藏系, 天台宗 系統의 각종 佛經과 眞言, 唐梵兩字大佛頂根本讚等諸雜讚 등의 찬류, 唐梵對譯訳剛般若經論頌 등의 經論頌, 唐故大廣禪師大和上楞伽峯塔碑銘并序와 같은 高僧들의 碑銘, 清涼山略傳과 道宣行記, 曼荼羅·壇像을 비롯하여 綵帛 등을 당으로부터 가져갔다.(「僧圓仁請來目錄」, 『平安遺文』 8, 3348~3369쪽) 惠運禪師도 承和 14년(847) 6월 30일 당나라로부터 일본으로 돌아가면서 佛舍利와 梵夾眞言經, 그리고 佛像, 佛壇, 佛具 등을 가져간 바 있다.(「安祥寺伽藍緣資起財帳」, 『平安遺文』 1, 140~160쪽)

839년 견당사 일행을 일본에 귀국시킨 초주 신라상인들은 장보고의 교역망 안에서 일본 견당사의 운송 뿐만 아니라 교역물품을 가져 갔던 것으로 보인다. 당시에 엄존하였을 청해진 세력의 해역을 통과하여 일본에 도착한 것, 그리고 당시에 청해진병마사였던 최훈崔暈이 장보고의 대당매물사로서 교관선을 타고 초주와 사주 연수향漣水鄕 지역을 왕래했던 사실로 미루어, 초주 신라상인들이 일본에 가져간 '당물'은 당나라에서 가져간 물품을 지칭한 것으로 여겨진다.

당시 초주 등 재당 신라인의 상선이나 장보고의 교관선이 강남·영남도 어디까지 내왕하였는지는 분명하지 않다. 『입당구법순례행기入唐求法巡禮行記』에 보이는 양주揚州의 왕청王請과 왕종王宗, 소주蘇州의 김진金珍, 복주福州의 흠량휘欽良暉 등의 활동 지역이나, 856년 원진圓珍이 광주廣州에서 신라 상인과 함께 활동한 발해 상인 이영각李英覺·진태신陳太信을 만나 각종 불경과 불구류 등 신물信物을 일본에 부쳐 보냈다는 데서,[66] 장보고 교관선과 신라상인들은 등주登州로부터 사주泗州-초주楚州-소주蘇州-명주明州-온주溫州-복주福州 등 당나라 연안 지역의 거점을 거쳐, 동서문물의 교역장이었던 천주泉州·광주까지 내왕하였을 것으로 추정된다.[67]

그런데 「안상사가람연기자재장安祥寺伽藍緣起資財帳」에서는 혜운惠運이 태재부강사太宰府 講師 겸 축전국筑前國 강사로 있을 때에, 당시에 빈번하게 내왕한 신라상객新羅商客들로부터 도량의 비품을, 국가에서 강경講經을 위해 보시한 비용으로 구입하였다고 한다. 이들 물품은 장엄공양구 가운데 신라물품이라고 명시한 첩자疊子·오성완五盛垸·알가잔閼伽盞·타성도향반打成塗香盤·원시円匙 등이었다.[68] 혜운이 대재부 강사 겸 축전국 강사에 임명된 때가 천장 10년(833)이었고, 승화 9년(842)에 그 직분을 버리고 입당구법에 나섰으므로, 그가 신라물품을 구입한 때는 833년에서 842년의 기간 동안이었음을 알 수 있다. 이 시기는 주지하듯이 장보고의 교관선이 청해진을 거점으로 신라-중국-일본을 내왕하는

66) 「圓珍入唐求法目錄」, 『平安遺文』 9, 3424~3425쪽. 「延曆寺僧圓珍牒」, 『平安遺文』 1, 89~90쪽.

67) 김문경은 『入唐求法巡禮行記』의 春太郎의 廣州 來往 기사와 관련하여, 唐代 남중국 최대 무역항인 廣州에도 신라인의 발길이 미쳤을 가능성을 보여주는 것이 아닌가 주목한 바 있다.(김문경, 1992, 「張保皐, 해상왕국의 사람들」, 『張保皐大使 海洋經營史』, 134쪽)

68) 「安祥寺伽藍緣資起財帳」, 『平安遺文』 1, 140~160쪽.

때였으므로,[69] 박다博多 일원에서 신라의 물품이 『안상사가람연자기재장』에 보이는 당물과 함께 매매되었음을 알 수 있다.

833년에서 842년 무렵 박다에 '신라상객이 빈번하게 왕래하였다'는 혜운의 언급과 신라상인 왕초王超·흠량휘 등을 당상唐商으로 일컬은 사례로 미루어 볼 때, 839년과 842년 박다에 도착하여 혜운과 접촉한 '당인唐人 이처인李處人'과 848년 혜운의 귀국을 도운 '당인 장우신張友信·원정元静' 등도 신라인이 아닐까 추측된다.[70] 이들이 일본에 가져간 물품은 구법승들이 당으로부터 가져온 불상 및 각종 불경을 비롯하여 중명력경重明曆經,[71]그리고 신라 상인들이 교관한 동원첩자銅鋺畳子 등 장엄불구류였을 것이다. 또한 839년 견당사들의 귀국길에 초주 신라상선이 재래하였을 요약류要藥類[72] 등을 포괄하였을 것으로 생각된다. 이들 물품은 크게 기물·불구류·향약류로 구성된 752년 김태렴의 신라물[73]과 크게 차이가 있어 보이지는 않는다.

이밖에도 신라승 월지月智가 찬술하였다는 『마하연론摩訶衍論』이나 8세기 초엽 당나라에서 활동한 신라승 승장勝莊의 『인명정리론술기因明正理論述記』 상권 등의 불경을[74] 비롯하여 금루신라금金鏤新羅琴, 신라양지新羅羊脂 등도 꾸준히 일본에 전래되었던 것으로 보인다. 금루신라금, 신라양지 등은 천평승보 8년

---

69) 權悳永, 2002, 「신라 하대 서·남해 海賊과 張保皐의 해상활동」, 『대외문물교류』, 17~18쪽.

70) 김문경, 1996, 앞의 논문, 앞의 책, 76쪽. 曺永祿, 1997, 「중국 普陀山 관음도량과 한국」, 『한중문화교류와 남방해로』, 국학자료원, 30쪽. 權悳永, 2003a, 앞의 논문, 275쪽. 李侑珍, 앞의 논문, 125쪽. 특히 『頭陀親王入唐略記』에서 862년 金文習과 함께 동행하였다는 張支信은 張友信으로 인정된다. 그런데 김문습이 신라 고유의 金氏姓을 사용하였던 것으로 보아(李炳魯, 앞의 논문, 26쪽 ; 南漢鎬, 앞의 논문, 135쪽) 그와 일본 내왕에 동행한 張支信 또는 張友信도 신라인일 가능성이 높다. 吉岡完祐는, 장보고 死後 일본의 新羅船 추방으로 인하여 渡日한 海商들이 스스로 중국 상인이라 주장하였지만, 그 대부분은 당에 거류하던 신라계 중국인으로 보았다.(吉岡完祐, 앞의 논문, 88~93쪽)

71) 「大宰府政所牒案」, 『平安遺文』 9, 3564쪽.

72) 『續日本後紀』 권 8, 仁明天皇 承和 6년(839) 8월 甲戌.

73) 박남수, 2007, 「통일신라의 대일교역과 애장왕대 '交聘結好'」, 『史學硏究』 88, 435~445쪽 참조.

74) 「僧圓珍書狀」, 『平安遺文』 9, 3460쪽. 月智에 대해서는 알려진 바 없으나, 勝莊은 신라 출신 승려로서 圓測의 제자였고, 8세기 초엽 당나라에서 역경사업에 종사하였던 유식학 승려였다. 勝莊의 활동과 사상에 대해서는 崔源植, 1999, 「신라 勝莊의 梵網菩薩戒觀」, 『新羅菩薩戒思想史硏究』, 民族社, 103~129쪽 참조.

(756) 6월 21일에 정창원의 헌물로서 보이기 시작하여,[75] 연력 6년(787) 6월 26일자 「정창원어물목록正倉院御物目錄」의 신라양지,[76] 연력 12년(793) 6월 11일자 「동대사사해東大寺使解」에 보이는 금루신라금과 신라양지,[77] 그리고 홍인 2년(811)의 「동대사사해」에는 신라양지가 연력 12년의 12량 3분에서 5근 13량으로 증가하였으며,[78] 「잡물출입장雜物出入帳」에는 弘仁 14년(823) 2월 금루신라금을 출고하여 4월에 현존하는 다른 신라금으로 수장하였다고 한다.[79] 최치원崔致遠의 『계원필경집桂苑筆耕集』에 보이는 '해동실심금海東實心琴'은 9세기 후반 당나라에서 유통된 신라금을 지칭하는 것으로 생각되는데,[80] 이들 신라금의 일본 전래는 9세기 무렵 삼국 및 발해의 악무樂舞를 통칭하는 일본의 우방악右方樂의 정리과정과 흐름을 같이 하는 것으로 여겨진다.[81] 이 무렵 신라의 향악鄕樂도 전래되었던 듯한데, 승화 14년(847) 「화엄회장엄구악기봉입장華嚴會莊嚴具樂器奉入狀」에서는 고려모高麗桙[82]와 퇴·진속득退·進速得의 명칭을 살필 수 있다.[83] 속득速得은 신라의 대표적 산악·백희의 하나로서 최치원의 「향악잡영 5수鄕樂雜詠五首」에서 일컬은 속독束毒으로[84] 풀이되므로, 이 시기 또는 이보

75) 「正倉院財物實錄帳」, 『平安遺文』 9, 3383·3386쪽.
76) 「正倉院御物目錄」, 『平安遺文』 8, 3197쪽.
77) 「東大寺使解」, 위의 책, 3201·3202·3205·3206쪽.
78) 「東大寺使解」, 위의 책, 3264쪽.
79) 鈴木靖民, 1982, 「正倉院の新羅文物」, 『季刊三千里』 29 : 1985, 『古代對外關係史の研究』, 吉川弘文館, 421~422쪽.
80) 崔致遠, 『桂苑筆耕集』 권 18, 物狀 3.
81) 9세기 일본 左·右方樂 정리 시기와 과정에 대한 연구 성과는 전덕재, 2008, 「고대 일본의 高麗樂에 대한 기초 연구」, 『동북아역사논총』 20, 301~309쪽 참조.
82) 이는 『敎訓抄』 권 5, 高麗曲 가운데 보이는 '狛桙'로서 고구려에서 일본으로 배를 타고 건너올 때에 삿대로 배를 젓는 데서 유래한 춤곡이라 한다.(전덕재, 위의 논문, 310쪽) 한편 弘仁 13년(822)의 「筑前國觀世音寺資財帳」에는 高麗㑀面이 보이는 바(『平安遺文』 1, 249쪽), 이때에 이들 고구려 가면극 등도 이미 전래되었던 것으로 생각된다.
83) 「華嚴會莊嚴具樂器奉入狀」, 위의 책, 77쪽.
84) 『三國史記』 권 32, 雜志 1, 樂 新羅樂. 束毒은 가면을 쓴 4~6인의 群舞로서, 粟特諸國에서 고구려가 받아들인 健舞의 일종인 胡旋·胡騰舞와 같이 급한 템포를 가진 춤이라고 한다.(李杜鉉, 1979, 『韓國演劇史』, 普成文化社, 46~49쪽) 특히 束毒의 명칭이 粟特(Soghd)으로부터 비롯하였다고 하여 胡旋·胡騰舞 등과 함께 고구려를 거쳐 신라, 일본으로 전래된 것으로 보기도 하나(전덕재, 앞의 논문, 313~314쪽), 현재로는 崔致遠의 「鄕樂雜詠五首」의 신라 향악 束毒과 관련된 자료만을 확인할 수 있기 때문에, 「華嚴會莊嚴具樂器奉入狀」에 보이는 신라 향악의 경우 잠정적으로 이 무렵이나 또는 멀지 않은 이전 어느 시기에 일본에 전래된 것으로 이해하고자 한다.

다 멀지 않은 이전 시기에 신라의 향악 또한 일본에 전래되어 화엄회에서 연희되었던 것으로 보인다. 화엄회에서의 연희는 「신라 백지묵자대방광불 화엄경 사경발문新羅白紙墨字大方廣佛華嚴經寫經跋文」(752)의 화엄경 사경의식에 보이는 기악伎樂과 범패梵唄의 연주[85]와 관련되지 않을까 한다. 이러한 신라물은 기왕의 신라 상인들의 교역 루트 곧 신라-등주-사주-초주-양주-명주-천주, 또는 신라-(사주-초주-양주-)명주-천주 등의 루트를 통하여 당나라에 전래되어, 천주 등지에서 이슬람 상인들과 교역함과 아울러 대일 교역품으로서 기능하였을 것이다.

당시 신라상인들이 이슬람 상인과 교역한 물품명에 대하여, 이븐 쿠르다지마의 『제도로諸道路 및 제왕국지諸王國志』에는 "중국의 동해에 있는 이 나라(신라)로부터 (이슬람에) 가져오는 물품은 조단調段(비단), 검, 키민카우(kiminkhau), 사향, 침향[沈香], 마안馬鞍, 초피貂皮, 도기, 범포帆布, 육계肉桂, 쿠란잔(khu-lanjan)이다"라고 일컬었다.[86] 여기에서 9세기 중엽 재당 신라 상인들이 신라의 물품을 이슬람 상인과 교역하였고, 그들이 유통한 물품 가운데는 신라에서 생산되지 않은 침향까지도 포함되었음을 알 수 있다.[87] 특히 이슬람상인이 침향을 신라산으로 오해하였다는 것은, 신라상인이 이들 침향을 대량으로 유통하고 깊이 관여한 데서 비롯한 것이 아닌가 생각된다.

『제도로 및 제왕국지』와 동일한 성격의 기록으로서, 조여괄趙汝适의 『제번지諸蕃志』 권 상, 신라국조의 "신라에는 인삼, 수은, 사향, 송자松子, 진자榛子, 석결명石決明, 송탑자松塔子, 방풍防風, 백부자白附子, 복령茯苓, 대소포大小布, 모시포毛施布, 동경銅磬, 자기瓷器, 초석草席, 서모필鼠毛筆 등이 나는데, 상박商舶들이 오색으로 염색한 비단[纈絹]에 문자를 세워 무역을 한다"는 기사를 살필 수 있다.[88] 이 또한 9세기 중후반 무렵 신라의 주요 수출품을 보여주는데, 이들 물품도 침향 등 향약류와 함께 주요한 대일 교역품으로 기능하였을 것으로 추정

85) 宋芳松, 1984, 「統一新羅時代 唐樂의 受容과 그 意義」, 『韓國學報』 37, 21~22쪽.

86) 무함마드 깐수(정수일), 1992, 「신라와 서역간의 문물교류」, 『新羅·西域交流史』, 단국대출판부, 228쪽 재인용.

87) 李龍範, 1969, 「處容說話의 一考察 -唐代 이슬람商人과 新羅-」, 『震檀學報』 32 : 1989, 『韓滿交流史硏究』, 同和出版公社, 44~46쪽. 金昌錫, 2006, 「8~10세기 이슬람 제종족의 신라 來往과 그 배경」, 『한국고대사연구』 44, 99~101쪽.

88) 馮承鈞, 1967, 『諸蕃志校注』, 臺灣 商務印書館, 88쪽.

된다.[89] 1982년 절강성 영파시 천봉탑天封塔 지궁地宮에서 발굴되어 최근에 공개됨으로써 동국대 최응천교수팀에 의해 신라불상이었음이 밝혀진 신라불상[90] 또한 당시 이 지역에 융성했던 신라물품의 유통상을 보여주는 것으로 인정된다.

9세기 중엽 당나라 강남 일원에서 활동한 재당 신라상인으로 『입당구법순례행기』에 보이는 김자백金自白·김진金珍·흠량휘欽良暉를 비롯하여 왕초王超를 확인할 수 있으며, 이처인李處人·장우신張友信·원정元靜 등도 강남도 지역의 재당 신라인일 가능성이 있다. 사실 영파시 일원의 상산象山 신라오촌新羅嶴村, 황암黃巖 신라방新羅坊, 선거仙居 신라촌新羅村을 비롯한 신라초新羅礁, 신라산新羅山, 신라묘新羅廟 등의 유적은 절동지역에서 활동하면서 보타산普陀山 사찰에 기물을 기진하던 신라상인들의 정황을 보여주는 좋은 증거이다.[91] 후일 광화 4년(901) 등주登州 문등현文登縣의 무염원비無染院碑를 세운 계림[신라] 출신 김청압아金淸押衙는 명주明州에서 부를 축적했다고 하는 바,[92] 그 또한 재당신라상인 출신이었을 것이다.

이들 재당신라인은 원인의 귀국 뿐만 아니라 그 이후 일본 박다博多로부터 온주溫州·명주明州·복주福州 등지로 입당한 일본 구법승들을 도왔다. 김진은 847년 소주에서 출항하여 등주에서 원인圓仁을 태우고 일본을 향하였으며, 흠량

89) 『諸道路 및 諸王國志』와 『諸蕃志』의 신라물품에 대한 분석은 별고에서 다루고자 한다.(박남수, 2009, 『9세기 신라의 대외교역물품과 그 성격』, 『사학연구』 94 참조)

90) 「중국의 통일신라불상」, 『연합뉴스』 2009. 3. 31.
天封塔 地宮의 신라 불상은 이미 天台山 國淸寺의 法融, 천태산 일명 사찰의 緣光, 平田寺의 道育尊者와, 寧波 開國寺의 梵日, 大梅山 護聖寺의 伽智와 彦忠禪師 등(曺永祿, 2004b, 「강소·절강성 지역의 신라 불교유적」, 『중국 동남연해지역의 신라유적 조사』, 해상왕 장보고기념사업회, 451~489쪽)의 활동과 관련이 있을 것이다. 신라 하대 말 35~36명의 신라 선승들이 강남 각지에서 수학 내지 활동하였다는 점은(김문경, 1996, 앞의 논문, 앞의 책, 68~70쪽) 강남도 일원이 신라상인들뿐만 아니라 신라승려들의 주요 활동지였음을 보여준다. 또한 헌덕왕 2년(810) 王子 金憲章을 입당시키면서 金銀佛像을 보냈다는 데서도(『三國史記』 권 10, 新羅本紀 10, 헌덕왕 2년) 당시 신라 금동제품의 우수성과 함께 銅磬 등의 佛具類가 당나라에서 유통되었던 사실을 알 수 있다.

91) 林士民, 앞의 논문, 16~17쪽. 曺永祿, 2004c, 「강남의 신라상인과 구법승」, 『장보고 선단과 해양불교』, 87~88쪽. 朴現圭, 2009, 「浙東 平水에서 鷄林鬻詩와 신라상인의 교역활동」, 『新羅文化』 33, 218쪽.

92) 김문경, 1996, 앞의 논문, 64쪽. 李基東, 1997, 앞의 논문, 6~7쪽. 曺永祿, 2004a, 앞의 논문, 위의 책, 75~76쪽.

휘는 852년에 원진圓珍의 입당을, 왕초는 858년 원진의 귀국을 도왔다. 이들은 모두 일본과 당을 내왕하는 재당 신라 상인들이었다.[93] 특히 왕초는 이연효李延孝·영각英覺과 함께 원진의 순례길을 도왔고, 858년에 다시 원진을 귀국시켰다. 왕초와 함께 서술된 이연효는 원진의 「태주공험첩台州公驗牒」에 보이는 발해국 상주商主 '계연효季延孝'와 동일한 인물이며,[94] 영각은 대일교역에 종사하던 발해상인 이영각李英覺을 지칭한다.[95]

이들이 원진을 도운 것은 원인의 구법을 도운 신라인의 그것을 닮아 있다. 특히 왕초와 이연효·이영각은 각각 신라인과 발해인이면서 함께 대일교역에 종사하였다. 신라상인과 발해상인 간의 협업 내지 동업은 등주 적산赤山의 신라압아가 신라관과 발해관을 관장하면서 상호 교류하던 경험을 통하여 가능하였을 것이다. 개성 4년(839) 8월 13일 장영이 관장하던 등주 청산포靑山浦에 발해교관선이 정박하였던 것은[96] 이미 장보고 활동시에 신라상인과 발해상인간의 제휴가 있었음을 시사한다.[97]

---

93) 欽良暉는 「圓珍奏狀」(『平安遺文』9, 3429쪽)과 「弘傳眞言宗止觀兩宗官牒奧書親筆」(『平安遺文』9, 3436쪽)에는 '大唐国商人'으로 기술되었으나, 『入唐求法巡禮行記』 권 4, 會昌 7년·大中 원년(847) 6월 9일조에는 金珍과 동승했던 '新羅人'으로 명기되어 있으며, 王超는 「圓珍牒」(『平安遺文』 1, 104쪽)에 신라인으로 기술되어 있다.

94) 圓珍, 「大師台州公驗 寫」, 『平安遺文』 1, 105쪽. 여러 연구자들은 논거를 분명히 밝히지는 않았으나 李延孝를 발해상인으로 풀이한 바 있다.(小野勝年, 1969, 『入唐求法巡禮行記の研究』 권 4, 法藏館, 293쪽 각주 1) 특히 권덕영은 『天台宗延曆寺座主圓珍傳』의 '李延存'을 이연효를 지칭한 것으로 풀이하면서, 「圓珍牒」 곧 「大師台州公驗寫」에 '渤海國商主李延孝·英覺'이라 기술되었다고 하였으나(權悳永, 2003a, 앞의 논문, 265~266·273~274쪽), 원문에는 '渤海國商主季延孝·英覺'이라 하였음을 지적해 둔다. 季延孝는 李延孝의 誤記일 것으로 판단된다.

95) 圓珍이 李延孝와 함께 만났던 渤海國 商主 英覺도 강남도 일원에서 활동하면서 대일교역에 종사하였을 것으로 추측된다.(圓珍, 「大師台州公驗 寫」, 『平安遺文』 1, 105쪽) 英覺은, 856년 圓珍이 廣州에서 만났다는 本國商人 李英覺·陳太信 가운데 李英覺과 동일 인물로 생각된다.(「圓珍入唐求法目錄」, 『平安遺文』 9, 3424쪽) 발해상인을 본국상인으로 일컬은 것은 李延孝의 경우도 살필 수 있는데(「大師台州公驗 寫」, 『平安遺文』 1, 106쪽), 이는 당나라와 일본을 내왕하는데 있어서 행정적 편의 때문에 일컬은 것인지 아니면 龜井明德이 住蕃貿易商이라 일컬은 상인 곧 일본에 거처를 두고 활동한 상인(龜井明德, 앞의 논문, 143쪽)이기 때문인지 분명하지 않지만, 두 가지 모두 가능한 추리라고 생각한다. 추후 자세한 검토가 필요하다.

96) 『入唐求法巡禮行記』 권 2, 開成 4년(839) 8월 13일.

97) 張詠은 勾當新羅所 押衙인 동시에 新羅通事押衙, 登州諸軍事押衙, 勾當新羅使押衙, 平盧軍節度同十將 兼 登州諸軍事押衙, 勾當新羅使 同十將 등의 직함을 지녔다. 그는

강남도 일원에서의 재당신라상인들의 활동은, 장보고의 청해진 세력이 건재할 당시 등주–초주–양주를 중심으로 한 신라상인들의 활동 무대가 이제 소주–명주–온주–복주–천주 일원으로 옮겨 갔음을 보여준다. 이러한 데는 강남도 일원이 이미 장보고시대부터 신라상인들의 거점이었으며, 천태종의 성지인 천태산과 근접한 지역으로서 신라와 일본으로 향하는 기점이었기 때문일 것이다. 따라서 장보고가 피살된 이후 신라–당–일본간의 교역망이 붕괴되었다고 하더라도 강남도의 기능은 그대로 유지되었다고 할 것이다. 왕초와 함께 일본에 간 흠량휘의 선편을 교관선이라 일컬었던 것이나, 852년과 858년에 원진의 입당과 귀국에 흠량휘와 왕초의 상선을 이용했다는 것은[98] 일본을 내왕하던 재당 신라상인들이 장보고의 교역망이 와해되고 나서 독자적으로 일본과의 교역에 임하였던 정황을 보여준다.

그러나 재당 신라상인들이 강남도 일원에서 활동할 수 있었던 것은, 무엇보다도 이 지역이 당 조정의 정책적 지원을 받아 동서 교류의 교차점으로 기능하였기 때문일 것이다. 송의 주거비周去非(1138~1189)가 찬술한 『영외대답嶺外代答』에 따르면 당나라에는 동북 지방으로부터 서남지방의 흠주欽州에 이르기까지 연해의 주군에 시박市舶과 유사한 것을 두었으나, 국가가 번상들을 회유하고 필요한 물품을 확보하기 위하여 광주와 천주에 제거시박사提擧市舶司를 설치하였다고 한다.[99] 따라서 천주와 광주는 당연히 서역과 동남아시아 지역에서 몰려

押新羅·渤海兩蕃使의 직함을 겸직한 平盧軍節度使 휘하의 州刺史와 縣令의 지휘하에, 문등현의 신라인 집락소를 관할함과 아울러 신라·발해·일본사신들을 영접하는 실무, 새로운 여행객의 출입과 동태를 조사·보고하고 그 여행에 대한 公驗을 직접 문등현에 주고 받는 역할을 하였던 바(朴南守, 2006, 앞의 논문, 144~146쪽), 당연히 등주의 渤海館 뿐만 아니라 渤海 交關船의 출입을 관장하면서 발해상인과 일정하게 관계를 맺었을 것으로 생각된다.

98) 「圓珍牒」, 『平安遺文』 1, 104쪽. 「圓珍奏狀」·「弘傳眞言宗止觀兩宗官牒奧書親筆」, 『平安遺文』 9, 3429·3436쪽.

99) 周去非 撰, 「航海外夷」, 1937, 『嶺外代答』, 文殿閣書莊, 42쪽. 林士民은 당나라 때에 이미 明州에 市舶司가 설치된 것으로 이해하였으나(林士民, 앞의 논문, 16쪽), 王杰은 당나라의 무역관리제도를 살피면서 市舶使를 전문적인 대외항해무역관리사무를 책임진 관리기구로서, 廣州에만 설치되었으며 開元 10년(722) 경에 상설화되었다고 보았다. 또한 泉州의 경우 관련 자료를 확인할 수 없어 시박사가 설치되었다고 단언할 수 없다고 하였다.(민성규·최재수, 2001, 「당나라의 무역관리제도와 황해 해상무역의 관리기구」, 김형근 편, 『해상왕장보고의 국제무역활동과 물류』, 해상왕장보고기념사업회, 105~108·118~127쪽) 그러나 宋의 周去非가 찬술한 『嶺外代答』에는 분명하게

온 번상들 뿐만 아니라 당상과 신라·발해 상인들의 집결지였다. 이에 강남도 일원의 신라 상인들은 『제도로 및 제왕국지』와 『제번지』에서 일컬은 다양한 신라물품을 비롯하여 향약香藥 등 남방의 물품까지도 유통하였을 것이다. 재당 신라상인이 당에서 유통한 물품은 그들의 선박으로 일본에 전래함으로써 당물이라 일컫게 되었으나, 그 물품 가운데는 신라물도 혼재해 있었던 것이다.

특히 강남도 일원의 신라상인들은, 장보고의 피살 이후 등주·사주 지방의 교역항으로서의 기능이 상실되고 '당-신라-일본'을 잇는 동북아시아 교역망이 붕괴됨으로써, 직접 일본과 당을 연결하는 개별적인 항로를 구축·운영하였던 것으로 보인다. 이로써 신라상인들은 일본측 사서와 고문서에 '당상唐商'으로서 등장하여 '당물唐物'을 재래한 것으로 나타났지만, 실제로는 일본 귀족과 민간인들의 욕구를 만족시키는 당물과 신라물을 함께 교역하였다. 이들 '당상'이 가져온 물품에 대해 일본 왕신가王臣家의 사자를 비롯하여 관내의 관리와 백성들이 사사로이 물가를 정해 다투어 샀다고 하는 바,[100] 장보고 활동 당시에 '물건을 구매하는 값을 어기고 앞다투어 가산을 기울이는'[101] 그러한 모습과 동일한 상황이 벌어졌음을 알 수 있다. 이들 '당상'은 사금으로 교역가의 기준을 삼아 거래함으로써 대재부사大宰府司가 능히 조사하거나 눌리칠 수 없을 정도의 교역의 왕성함을 보였던 것이다.[102]

唐代에 廣州와 泉州에 提擧市舶司를 설치하였고, 내륙에도 邕州 橫山寨·永平寨와 欽州에 博易場을 설치하여 蕃商들과 교역케 하였다고 한다.(周去非 撰, 위의 책, 42·80~83쪽) 또한 林士民이 市舶司 설치 전거로 제시한 "以吏人市舶事濱海"는 상설화된 市舶司라기 보다는 『嶺外代答』의 '今天下沿海州郡 自東北而西南 其行至欽州止矣 沿海州郡 類有市舶 國家綏懷外夷'(周去非 撰, 위의 책, 42쪽)라는 내용에 상응하는 것으로 판단된다. 이후 김문경은, 林士民의 설을 수용하여 五代·宋代에 明州에 市舶司가 설치되었음을 지적하고 唐代에도 있었던 것으로 이해한 듯 한데(김문경, 1996, 앞의 논문, 앞의 책, 75~76쪽), 明州에 市舶司가 정식으로 설치된 것은 송대부터의 일로 여겨진다.(全海宗, 1977, 「中世 韓中貿易形態 小考」, 『大丘史學』 12·13, 5~6쪽) 이는 明州 지역의 신라 상인 관련 유적·유물에서도 확인된다.(龜井明德, 「앞의 논문, 116~119쪽)

100) 『日本三代實録』 권 48, 仁和 원년(885) 10월 20일.

101) 『續日本後紀』 권 10, 承和 8년(841) 2월 戊辰.

102) 『日本三代實録』 권 36, 元慶 3년(879) 10월 13일 己巳.

4. 맺음말

본고는 원인圓仁과 함께 입당하였던 일본 견당사 일행이 839년 초주楚州의 신라선을 이용하여 귀국하는 과정과 847년 원인이 소주蘇州에서 출발한 김진金珍의 신라선을 이용하여 귀국하는 과정을 서로 비교하여, 장보고의 피살을 전후한 시기의 재당 신라 상인의 추이와 대일교역의 양상을 살폈다. 이에 지금까지 검토한 바를 요약 정리함으로써 맺음말에 대신하고자 한다.

첫째, 839년 일본 견당사 일행의 귀국 과정과 847년 원인의 귀국 과정을 서로 비교한 결과, 양자는 모두 서해중부사단항로를 이용하여 청해진 해역을 거쳐 일본으로 귀국하였다. 그런데 장보고가 청해진을 장악하고 있었을 때에는 그의 비호 하에 항로의 안전을 보장 받았으나, 장보고가 피살된 후에는 염장과 재당신라상인간의 항로 안전 보장에 대한 모종의 약속이 있었던 것으로 추정되었다. 당나라 과소過所의 발급과 관련하여서는 장보고 활동시에는 등주-초주 일원에서의 행정적 편의를 제공받았으나, 장보고 피살 이후 등주 신라소에 대한 평로군의 규제강화로 인하여 원인의 귀국에 어려움이 있었다.

둘째, 839년 일본 견당사 일행이 초주의 신라선을 이용하여 귀국한 데 대해, 847년 원인의 귀국시에는 소주에서 출발한 김진의 배를 이용한 점이 주목되었다. 원인의 귀국 이후 일본의 입당 구법승들은 주로 강남도와 일본을 내왕하는 신라상선을 이용하였던 바, 재당신라상인의 대일교역의 중심축이 9세기 중후반 무렵에 등주·초주·사주·양주로부터 당나라 강남·영남도 지방으로 옮겨간 것으로 판단되었다. 이로써 장보고의 '당-신라-일본'을 연결하는 교역망이 와해되고, 장보고의 청해진 설치 이전의 '신라⇆당' '신라⇆일본' '일본⇆당'의 단절적인 항로로 전환하였음을 알 수 있었다.

셋째, 839년 초주의 신라선을 이용하여 귀국한 일본 견당사들의 물품을 '당물唐物'이라 일컬었는데, 이는 일본 견당사들의 회사품을 비롯하여 신라상인들이 당나라로부터 가지고 간 물품을 포함하였다. 특히 『입당구법순례행기』에 보이는 양주의 왕청王請과 왕종王宗, 소주의 김진金珍, 복주의 흠량휘欽良暉 등의 활동 지역으로 미루어, 장보고 교관선은 등주로부터 사주-초주-소주-명주-온주-복주 등 당나라 연안지역의 거점을 거쳐, 동서문물의 교역장이었던 천주·광주까지 내왕하였을 것으로 추정되었다.

넷째, 9세기 재당 신라상인들은 「안상사가람연기자재장安祥寺伽藍緣起資財帳」에 보이는 장엄공양구를 비롯하여 요약류, 신라승 월지月智와 승장勝莊의 『마하연론摩訶衍論』과 『인명정리론술기因明正理論述記』 등의 불경, 금루신라금金鏤新羅琴, 신라양지新羅羊脂, 그리고 퇴·진속득退·進速得과 같은 신라의 향악鄕樂 등 신라물을 당물과 함께 일본에 전래하였다. 그밖의 이븐 쿠르다지마의 『제도로諸道路 및 제왕국지諸王國志』에 보이는 조단調段(비단), 검, 키민카우, 사향, 마안馬鞍, 초피貂皮, 도기, 범포帆布, 쿠란잔이나, 송대 조여괄趙汝适의 『제번지諸蕃志』 신라국조의 인삼, 수은, 사향, 송자松子, 진자榛子, 석결명石決明, 송탑자松塔子, 방풍防風, 백부자白附子, 복령茯苓, 대소포大小布, 모시포毛施布, 동경銅磬, 자기瓷器, 초석草席, 서모필鼠毛筆 등의 신라물도, 기왕의 신라-당 간의 교역 루트 곧 신라-등주-사주-초주-양주-명주-천주, 또는 신라-(사주-초주-양주-)명주-천주 등의 루트를 통하여 당나라에 전래되어 유통되었다. 이에 신라상인들은 이들 신라물을 천주 등지에서 이슬람상인들과 교역하는 한편으로 일본에 가지고 가 매매한 것으로 생각되었다.

다섯째, 9세기 중엽 당나라 강남 일원에서 활동한 재당신라상인으로는 김자백金自白·김진金珍·흠량휘欽良暉를 비롯하여 왕초王超를 확인할 수 있었다. 또한 이처인李處人·장우신張友信·원정元靜 등도 강남도 지역의 재당 신라인일 가능성이 높은 것으로 추정되었다. 이들은 이연효李延孝·이영각李英覺과 같은 발해 상인과 함께 대일교역을 주도하였는데, 신라상인과 발해상인 간의 협업 내지 동업은 등주 적산의 신라 압아가 신라관과 발해관을 관장하면서 상호 교류하던 경험의 축적을 통하여 가능하였을 것이다.

특히 장보고 피살 후 재당신라상인의 대일교역의 중심이 소주-명주-온주-복주-천주 일원으로 옮겨 간 것은, 먼저 장보고의 피살로 평로절도사 등의 등주·사주 일원에 대한 통제가 강화되고 그 교역항으로서의 기능을 상실한 데서 비롯하였다. 또한 장보고의 피살로 기왕의 당-신라-일본을 잇는 교역망이 붕괴되고 이전에 장보고의 네트워크 안에서 활동하던 강남·영남도 일원의 재당신라상인들이 독자적으로 대일교역을 주도한 때문이었다. 이러한 배경에는 강남·영남도가 동서교역의 교차점으로서 이역물품의 집산지였고, 당나라가 광주와 천주에 제거시박사提擧市舶司를 설치하여 교역을 권장하였던 정책적 지원이 있었으며, 또한 재당신라상인들이 강남 일원에서 신라물품을 비롯하여 향약香藥

등 남방의 물품까지도 유통하였을 뿐만 아니라 일본–강남도를 잇는 항로를 장악하였던 때문이었다. 사실 고려 전기에 송상들과 서역상들이 중국 강남 지역으로부터 개경開京에 이른 배경에는, 9세기 중엽부터 강남·영남도 지역에서 당상·서역상들과 어깨를 나란히 하며 교역활동을 전개한 재당 신라상인들이 있었던 것이다.

9세기 신라의 대외 교역물품과 그 성격

1. 머리말

『삼국사기』 색복·거기조에는 '풍속이 점차 요박해지고 백성들이 다투어 사치스러워져 다만 이국 물산의 진기한 것만을 숭상하고 오히려 신라 토산의 비야함을 싫어한다' 하고, 신분에 따라 색복色服과 거기車騎의 사용 원칙을 규정한 흥덕왕의 교서를 전한다.[1] 이는 골품제 사회의 질서를 회복코자 한 조치로서,[2] 당 태화 원년(827) 5월과 동 6년 당나라 풍속에 관한 칙령에 영향을 받은 것으로 이해한다.[3] 그 동안 여러 연구자들은 이 규정에 보이는 슬슬瑟瑟·구유毬毲·탑등毾㲪·비취모翡翠毛·대모玳瑁·자단紫檀·침향沈香 등으로부터 신라와 서역간의 교류를 추구하여 왔다.[4] 그런데 이들 물품 중 구유와 대모 등은 이미 경덕왕대에 신라에서 가공함으로써 대당 교역품으로 기능하였기 때문에,[5] 그 원산지가 동

1) 『三國史記』 권 33, 雜志 2, 色服.

2) 李基東, 1984, 「新羅 骨品制硏究의 現況과 그 課題」, 『新羅骨品制社會와 花郎徒』, 一潮閣, 35~39쪽 ; 李基東, 1990, 「신라흥덕왕대의 정치와 개혁」, 『國史館論叢』 21, 125~126쪽.

3) 武田幸男, 1975, 「新羅興德王代の色服·車騎·器用·屋舍制 －とくに唐制との關連を中心にして－」, 『榎一雄博士還曆紀念 東洋史論叢』, 山川出版社 참조.

4) 李龍範, 1969a, 「三國史記에 보이는 이슬람 商人의 무역품」, 『李弘稙博士回甲紀念 韓國史學論叢』, 新丘文化社. 무함마드 깐수(정수일), 1992, 『新羅·西域交流史』, 단국대출판부.

남아시아나 서역이라 하여 단순히 이국물산으로 간주하기에는 주저하는 바가 있다.

최근 필자는, 신라상인들이 장보고 활동시기인 9세기 전반에 이미 양주揚州를 넘어 광주廣州 일원에까지 활동하였고, 장보고 피살 이후에는 그 활동의 중심축을 등주登州·초주楚州·사주泗州·양주揚州로부터 명주明州·온주溫州·복주福州·광주廣州 등 당나라 강남江南·영남도嶺南道 지방으로 옮겨 대일교역을 주도하였음을 밝혔다. 또한 그들은 장엄공양구로서 첩자畳子·오성완五盛垸·알가잔閼伽盞·타성도향반打成塗香盤·원시円匙를 비롯하여 요약류要藥類, 신라승들이 저술한 불경류, 금루신라금金鏤新羅琴, 신라양지新羅羊脂, 그리고 속득速得과 같은 신라의 향악鄕樂 등을 당물과 함께 일본에 전래하였음을 살폈다. 그런데 9세기 중후반 무렵 당나라 강남·영남도의 사정을 보여주는 이븐 쿠르다지마(Ibn kuhrdadhibah, A.D. 820~912)의 『제도로諸道路 및 제왕국지諸王國志』와 남송 보경 원년(1225) 조여괄趙汝适이 편찬한 『제번지諸蕃志』 신라국조의 신라물품에 주목하였지만, 그 구체적인 내용이나 성격을 살피지는 못하였다.[6]

이에 본고는 『제도로 및 제왕국지』와 『제번지』를 중심으로 9세기 중후반 당나라 강남·영남도 일원에서 교역된 신라의 물품을 검토하는 것을 목적으로 한다. 그동안 『제도로 및 제왕국지』에 보이는 신라물품에 대해서는 여러 연구자들이 그 원산지를 추구하는 데 중점을 두었던 만큼,[7] 본고에서는 이들 물품의 성격과 유통에 관한 문제를 살피고자 한다. 아울러 그동안 주목하지 않았던 『제번지』 신라국조의 신라 대외교역물품을 소개하고 『제도로 및 제왕국지』의 신라물품과 비교 검토하고자 한다. 이로써 9세기 중후반 신라의 대외교역품을 소개한 양 사서의 성격과 의의를 살피는 한편 당시 당나라 강남·영남도 지역에서 전개된 신라 대외교역의 일단을 밝히고자 한다. 많은 질정을 바란다.

---

5) 『三國遺事』 권 3, 塔像 4, 四佛山 掘佛山 萬佛山.
蘇鶚, 『杜陽雜編』 上 : 王雲五 主編, 1966, 『叢書集成簡編』, 商務印書館.

6) 朴南守, 2009. 6, 「圓仁의 歸國과 在唐新羅商人의 對日交易」, 『한국사연구』 145.

7) 李龍範, 1969b, 「處容說話의 一考察 -唐代 이슬람商人과 新羅」, 『震檀學報』 32 : 1989, 『韓滿交流史研究』, 同和出版公社, 44~46쪽. 무함마드 깐수(정수일), 1992, 「신라와 서역간의 문물교류」, 앞의 책, 228~236쪽. 龜井明德, 1992, 「唐代陶磁貿易の展開と商人」, 『アジアなかの日本史 Ⅲ : 海上の道』, 東京大出版會, 140쪽. 金昌錫, 2006, 「8~10세기 이슬람 제종족의 신라 來往과 그 배경」, 『한국고대사연구』 44, 99~101쪽.

2. 『제도로諸道路 및 제왕국지諸王國志』의 신라 교역물품과 향약香藥

『삼국사기』 잡지 색복·거기조는 신라의 외래 사치품으로서 슬슬瑟瑟·구유毬㲣·탑등㲪㲚·비취모翡翠毛·대모玳瑁·자단紫檀·침향沈香 등의 이름을 보여준다. 이들 물품은 이슬람상인들과의 직간접 교류를 통하여 신라에 전래된 것으로 이해한다.[8] 그러나 신라가 향료 등을 아라비아나 일본 등지에 수출하였던 사실로써, 침향 등이 서역에서 신라로 전래되어 자생하거나 재배되었을 뿐만 아니라 아라비아를 비롯한 외국에 재수출되었을 것이라는 견해가 있었다.[9] 이러한 연구는 아라비아 지리학자 이븐 쿠르다지마의 『제도로 및 제왕국지』에서 신라의 지리적 위치와 황금 산출, 그리고 이슬람 상인들이 교역한 신라물품을 분석한 데서 비롯한다. 사실 『제도로 및 제왕국지』는 이슬람 상인의 신라 물품 수입에 관한 첫 기록인 셈이다.

> 중국의 동해에 있는 이 나라(신라)로부터 가져오는 물품은 조단調段(비단), 검, 키민카우(kiminkhau), 사향, 침향[蘆薈], 마안馬鞍, 貂皮, 도기, 범포帆布, 육계肉桂, 쿠란잔(khulanjan)이다.(이븐 쿠르다지마, 『제도로 및 제왕국지』)[10]

일찍이 이용범은 위의 기사에 대한 유럽 학자 율(H. Yule)과 코디어(H. Cordier)의 견해를 인용하면서 신라의 수출품을 '고라이브(ghoraib), 수용성水溶性 수교樹膠, 노회蘆薈, 장뇌樟腦, 범포, 마안, 자기, 조단, 육계, 고량강高良薑' 등으로 이해하고, 고라이브를 인삼으로 풀이한 바 있다.[11] 그후 정수일은 원전에 고라이브나 장뇌 등에 대한 언급이 없음을 지적하고, 신라의 아라비아 수출품으로 비단[調段], 검, 키민카우, 사향, 침향(蘆薈), 마안, 초피, 도기, 범포, 육계, 쿠란잔 등을 꼽았다.[12] 이에 따른다면 9세기 무렵 신라는 동남아시아산으로

---

8) 李龍範, 1969a, 앞의 논문, 96~102쪽.
9) 무함마드 깐수(정수일), 앞의 논문, 239~244쪽.
10) 무함마드 깐수(정수일), 위의 논문, 228쪽 재인용.
11) 李龍範, 1969b, 앞의 논문 ; 1989, 앞의 책, 44~46쪽.
12) 무함마드 깐수(정수일), 앞의 논문, 228~229쪽.
필자는 아랍어를 직접 해독할 능력이 없는 만큼, 아랍어를 직접 번역한 정수일의 번역문을 최선본으로 인정하고, 이들 물품을 분석하고자 한다.

이해하여 온 침향(蘆薈)을 아라비아 상인들에게 수출하였던 것이 된다. 따라서 이러한 침향(노회)을 아라비아 지역에 수출하였다는 것은 이븐 쿠르다지마의 부정확한 지식에 근거한 잘못된 기록으로 여길 수도 있을 것이다.[13] 이에 이들 물품의 내용과 성격을 분명하게 검토할 필요가 있다.

비단[調段]은 각 시기별로 여러 가지 명칭으로 수출된 신라의 주요한 대당조공품이었다. 7세기 무렵 금총포金總布·금錦·금백金帛·능綾·잡채雜彩를 비롯하여 8세기의 조하주朝霞紬·어하주魚霞紬, 그리고 9세기의 대화어아금大花魚牙錦·소화어아금小花魚牙錦·조하금朝霞錦·30승 저삼단紵衫段·기신라조綺新羅組 등이 그것이다. 특히 '조하주·어하주'는 성덕왕 22년(723) 당나라 조공품의 품목에서 처음으로 보이는데,[14] 이들은 당시 궁중수공업관사였던 금전錦典에서 제작되었을 것이나, 이들에 대한 중국의 선호도가 높아지자 경덕왕 18년(759) 무렵 별도의 관사로서 조하방朝霞房을 새로이 설치함으로써 조하금·조하주 등의 전담 생산체계를 갖추었다.[15] 이와 함께 직물류로서 7세기 무렵의 20승포·30승포·40승포, 8세기의 화전花氈·색모전色毛氈과 오색구유五色氍毹, 9세기의 40승 백첩포白氎布 등을 생산하여 당나라에 조공하였다.

먼저 조하금·조하주에 대해서는, 백첩포가 남만南蠻의 조하포朝霞布·백첩포白氎布와 모종의 관련이 있을 것이라는 관점에서, 동남아시아로부터 병직絣織과 염직의 기술을 익혀 생산된 병직의 염직품으로 보는 견해가 있었다.[16] 본래 조하포·백첩포를 『당서』와 『초목물이草木物異』에서는 고패古貝, 『영외대답嶺外代答』에서는 길패吉貝라는 목면木棉으로 만든 베라고 하였다. 이 목면은 초·목의 2종이 있다고 한다.[17] 고창국高昌國의 백첩白疊은 초속草屬의 목면인데 열매가 고치[繭]와 같은 것으로서 가는 무명실[細纑]을 만들어 이름한 것인데, 송나라 말에 처음으로 중국 강남에 들어와 『제번지』가 편찬된 13세기 초엽 강북江北과 중주中州에 두루 생산되었다고 한다.[18] 목속木屬 목면의 경우 교주交州와 광주廣

13) 李龍範, 1969b, 앞의 논문 ; 1989, 앞의 책, 45~46쪽. 무함마드 깐수(정수일), 위의 논문, 240~241쪽. 尹載云, 2002, 『南北國時代의 貿易硏究』, 고려대 박사학위논문, 155쪽. 金昌錫, 앞의 논문, 99~101쪽.

14) 『三國史記』 권 8, 新羅本紀 8, 성덕왕 22년.

15) 朴南守, 1996, 「궁중수공업의 성립과 정비」, 『新羅手工業史』, 신서원, 110쪽.

16) 東野治之, 1992, 「朝霞錦考」, 『遣唐使と正倉院』, 岩波書店, 147~150쪽.

17) 『本草綱目』 권 36, 木棉.

州, 뇌화雷化 염주廉州, 남해南海 여동黎峒 등에서 직필織匹의 폭이 장활長闊하고 결백潔白하여 가늘고 촘촘한 만길패幔吉貝와 협폭狹幅의 추소麤疎하고 색이 어두운 추길패麤吉貝를 생산하였다고 한다. 특히 중국 해남산海南産의 경우 실이 매우 가늘고 가벼우며 연하면서 결백하고 내구하여 명품으로 꼽히며, 남조南詔에서 직조한 것으로 백색의 정치한 것을 조하朝霞라고 일컬었다고 한다. 조하와 백첩은 각각 왕의 부인과 국왕이 입는 것을 지칭하는데, 『당서』에 보이는 조하길패朝霞吉貝와 백첩길패白氎吉貝가 그것이다.[19]

그런데 남조南詔에서는 매우 가늘어 가볍고 연하며 정치한 백색의 것을 조하朝霞라고 일컬었음을 주목할 수 있다. 이로써 본다면 신라의 조하금·조하주가 병직·염직의 기술에서 비롯한 명칭이라기 보다는, 누에고치를 원료로 생산한 명주의 품질이나 빛깔이 조하포朝霞布와 유사한 데서 붙여진 이름이 아닐까 생각한다.

『한원翰苑』에 인용된 「고려기高麗記」에는 "그 사람들(고구려인)은 또한 비단[錦]을 만드는데 자색 바탕에 홀치기 무늬가 있는 것[紫地纈文]을 상품으로 하고, 그 다음은 오색 비단[五色錦], 그 다음은 운포금雲布錦이 있으며, 또 백첩포白疊布·청포靑布를 만든다"[20]고 하였다. 여기에서 조하포朝霞布란 이름은 보이지 않으나, 고구려에서 이미 백첩포를 생산하였다는 점으로 미루어 볼 때에 운포금雲布錦은 조하포와 관련된 명칭이 아닐까 한다. 곧 조하금朝霞錦은 '아침 노을 무늬의 비단'을 뜻하는 바 운포금雲布錦의 '구름 펼친 무늬의 비단'이란 이름에 상응하므로, 신라의 조하주·조하금은 빛깔과 관련된 명칭으로서 고구려 운포금의 계통을 잇지 않았을까 추측된다.

신라에서는 8세기에 조하주를, 9세기에 조하금을 생산하였다. 이러한 변화는 명주실의 직조기술의 발전에 따라 보다 가는 비단을 생산할 수 있었음을 의미한다. 곧 7세기 무렵 일반 포류布類에 적용되었던 20승포·30승포·40승포 등 추세麤細의 제작 기법을 비단류의 직조에 적용한 결과, 9세기에 이르러 보다 정치한 조하금·30승저삼단·40승백첩포 등을 생산하였던 것으로 생각된다. 이러한 발전과정으로 미루어 본다면 조하주·조하금이란, 금총포·금·금백·능·잡채 등의

18) 馮承鈞, 1967, 『諸蕃志校注』, 臺灣商務印書館, 123~124쪽.
19) 周去非, 『嶺外代答』 권 6, 服用門 ; 1937, 文殿閣書莊, 85쪽.
20) 竹內理三 校訂·解說, 1977, 『翰苑』, 太宰府天滿宮文化研究所, 41쪽.

직조 기법을 바탕으로 하여 만든 신라의 비단이 이미 중국이나 신라에 알려진 조하포와 품질이나 빛깔에 있어서 상응하다는 점에서 붙여진 이름으로 보아 좋을 것이다.

한편 경문왕 9년(869) 신라는 김윤金胤 등을 견당사로 보내어 40승백첩포를 조공하였다.[21] 백첩포白氎布는 앞서 살핀 『고려기』의 '백첩포白疊布'와 동일한 것으로 인정되는데,[22] 그 원료인 길패吉貝라는 목면을 확보한 전제하에서 생산 가능한 직물이다. 고구려의 백첩포는 5세기 무렵의 각저총에 보이는 매부리코를 한 서역계통의 씨름꾼 그림, 안악3호분의 외국 출신 춤꾼의 모습과 군악대의 악기 등이 서역과 관련되며,[23] 『수서』 음악지에 보이는 고구려 가곡歌曲 지서芝栖와 무곡舞曲 가지서歌芝栖가 서역 안국악의 가지서歌芝栖·무지서舞芝栖로부터 유래하고, 당나라 십부기十部伎 중 호선무胡旋舞라는 고구려기高句麗伎가 서역에서 기원한다는 점에서,[24] 서역과의 관계 특히 『위서』 서역전 강국康國의 의복으로 서술된 백첩白疊과[25] 관련될 것으로 추정된다.

그러나 신라가 경문왕 9년(869)에 백첩포白氎布를 생산하였다고 하나, 지금까지의 자료로써는 초속草屬 또는 목속木屬의 목면이 신라에 전래된 사실을 확인할 수 없다. 일본의 경우 『유취국사類聚國史』에서는 연력 19년(800) 4월에 표류한 곤륜인崑崙人이 면종綿種을 전래하여 기이紀伊·담로淡路·아파阿波·찬기讚岐·이예伊豫·토좌土佐 및 대재부大宰府 등에 심게 하였다고 한다.[26] 여기에서의 면종綿種이 무엇인지는 분명하지 않으나, 곤륜인이 전래하였다는 것으로 보아 곤륜

---

21) 『三國史記』 권 11, 新羅本紀 11, 景文王 9년(869) 秋 7월.
孫兌鉉은, 중국에서도 白氎布는 五代에서 北宋代에 이르러서야 그 織成이 보급된 것으로서, 통일신라시대에 한반도에서 생산되었다는 것이 흥미로운 일이라고 지적한 바 있다.(孫兌鉉·李永澤, 1981, 「遣使航運時代에 關한 硏究」, 『韓國海洋大學論文集』 16, 31쪽)

22) 閔吉子, 1987, 「白疊布, 白氎布 考」, 『敎育論叢』 7, 국민대 교육연구소, 85~97쪽.

23) 전경욱, 2006, 「전통연희의 전반적 성격」, 국사편찬위원회 편 편, 『연희, 신명과 축원의 한마당』, 19·39쪽.

24) 박전열, 2006, 「전통연희집단의 계통과 활동」, 국사편찬위원회 편, 위의 책, 191쪽.

25) 『魏書』 권 102, 列傳 90, 西域 康國.

26) 『日本後紀』 권 9, 逸文(『類聚国史』 199, 崑崙) 延暦 19년(800) 4월 庚辰.
角山幸洋과 같은 일본측 연구자들은 『類聚国史』 延暦 19년(800)조 기사를 주목하면서도, 당시 각지에서의 木棉 재배는 絕滅되고 13세기에 이르러서야 당으로부터 전래된 것으로 보고 있다.(渡辺誠, 1991, 「瓦と木棉」, 『歴史と民俗』 8, 平凡社, 93~94쪽)

산 목면류였을 것으로 추정된다. 그런데 10세기 초(905~927)에 완성된 「연희식延喜式」에서는 월중국越中國의 조調로서 '백첩면白疊綿 200첩帖'을 부과하였다고 한다.[27] 이를 견면絹綿으로 이해하기도 하나[28] 백첩白疊이란 길패吉貝 등으로 일컫는 목면을 전제로 하는 명칭인 만큼 10세기 초엽 일본에서 이미 곤륜산 면을 성공적으로 재배하였던 사실을 반영하는 것으로 풀이해야 할 듯하다.

일본에 곤륜산 면이 전래된 9세기 초엽은, 신라상인들이 일본에 자주 내왕하면서 교관물의 대가로 면綿을 받았던 때이다. 따라서 일본의 곤륜산 면 재배 성공 이후 어느 때인가부터, 신라 상인들은 교역의 대가로서 일본측 곤륜의 면을 취하였을 가능성이 높다. 이러한 배경에서 정관 11년(869) 공면貢綿 약탈사건으로[29] 상징되듯이 9세기 신라상인들은 대재부면에 대한 집착을 보였고, 같은 해에 곤륜의 면이 아니면 직조가 불가능한 백첩포를 생산함으로써 대당 조공물품 가운데 40승백첩포란 이름이 등장할 수 있었다고 본다.

요컨대 신라는 800년 무렵에 일본에 전래된 곤륜산 면을 교역의 대가로 수입하여, 신라의 우수한 직조공법으로써 섬세한 고급의 40승백첩포를 생산할 수 있었다고 풀이된다.[30] 이후 고려 왕건王建과 혜종惠宗 때에 백첩포가 중국 조공품으로 등장하였던 것도[31] 이러한 배경에서 이해해야 할 것이다.

---

27) 『延喜式』 권 24, 主計式 上 ; 藤原忠平 撰, 1931, 『校訂 延喜式』 下, 大岡山書店, 838쪽. 일본측 白疊 관련 기록은 弘仁 2년(811) 7월 17일자의 「僧最澄佛具經典奉納狀」(竹內理三 편, 1957, 『平安遺文』 8, 東京堂, 3257쪽)에서 最澄이 당나라로부터 가져온 물품 목록 가운데 보이는 '白疊一帳'과 「安祥寺伽藍緣資起財帳」(竹內理三 편, 1947, 『平安遺文』 1, 154쪽)의 '西天白疊布', 「僧常曉請來目錄」(『平安遺文』 8, 3330쪽)의 '西天供養白疊巾' 등이 있다.

28) 布目順郎, 1979, 「養蠶の起源と古代絹」, 東京 雄山閣出版 : 閔吉子, 앞의 논문, 85쪽 재인용. 민길자·박선희 등은 이를 식물성 면직물로 이해하였는데, 특히 박선희는 목면과 백첩포를 동일시하여, 고구려·신라에서 이미 목화의 목면을 생산한 것으로 이해하였다.(민길자, 앞의 논문, 85~97쪽 ; 박선희, 2002, 「고대 한국의 면직물」, 『한국고대복식』, 지식산업사, 193~197쪽) 그러나 당시에 목화의 목면 곧 초면이 전래하였는지는 의문이며, 백첩포를 직조하였다는 것과 그 재료인 吉貝의 목면을 확보하였다는 것은 별개의 문제로서 구분되어야 할 것이다.

29) 『日本三代実録』 권 17, 貞觀 12년(870) 2월 15일 丁酉.

30) 『三國史記』 樂志에 보이는 束毒이 소그드인과 관련된다는 점(李杜鉉, 1979, 『韓國演劇史』, 普成文化社, 48쪽)에서 소그드인이 전래하지 않았을까 추정할 수도 있겠으나, 9세기 무렵 일본으로의 崑崙産 棉種의 전래와 재배, 신라상인의 내왕, 「延喜式」의 貢調로서 등장한 점 등으로 미루어, 일본으로부터 崑崙産 木棉을 가져와 40升 白氎布를 생산하였다고 보는 것이 합리적일 듯하다.

신라검新羅劍은 679년 신라사신의 대일조공품 가운데 보이는 '금은도기류金銀刀旗類'에서 살필 수 있다.[32] 또한 원인圓仁이 회창 5년(845) 7월 5일 초주 신라 역어 유신언劉愼言에게 선물 받은 9자루의 신라도新羅刀[33]와 천복 7년(940) 민閩의 왕에게 헌상된 신라보검新羅寶劍 등을 살필 수 있다.[34] 특히 원인이 초주 신라 역어 유신언으로부터 9자루의 신라도를 받았다는 데서, 9세기 중엽 신라도가 초주 일원에서 광범하게 유통되었음을 알 수 있다.

마안馬鞍 관련 물품으로는 686년 대일교역품 중의 안피鞍皮와[35] 김태렴의 「매신라물해買新羅物解」(752)의 흑작안구黑作鞍具·천면韉面·늑추勒鞦,[36] 그리고 840년 장보고가 일본에 교관한 마안馬鞍이[37] 있다. 신라의 안장은 경식안硬式鞍으로서 국왕은 자단침향紫檀沈香을, 진골귀족은 황양괴자黃楊槐柘와 금은철옥金銀綴玉을 각각 사용하였다.[38] 이븐 쿠르다지마가 일컬은 마안馬鞍[말 안장]이 어떤 것이었는지는 분명하지 않으나, 7~8세기 신라의 대일교역상에 보이는 안피鞍皮·안구鞍具 등을 승계하여 9세기 중후반에 말 안장을 교역하였던 것으로 인정된다.

초피貂皮(담비 가죽)는 일찍이 부여의 특산물로 알려졌는데,[39] 『이원異苑』과 『본초강목本草綱目』에도 고구려·발해의 특산물로서 소개하고 있다.[40] 『속일본기』에는 728년 1월 17일 발해사신 고인의高仁義가 일본에 조공품으로 가져갔다고 한다.[41] 담비[貂]는 고려시대에도 주로 동여진과 서여진의 공물로서 등장하며 담비가죽옷[貂裘] 등의 재료로 사용되었다.[42] 『신증동국여지승람』에도 평안

31) 『冊府元龜』 권 970, 外臣部 朝貢 5. 『高麗史』 世家 2, 惠宗 2년.
32) 『日本書紀』 권 29, 天武天皇 8년(679) 10월 甲子.
33) 『入唐求法巡禮行記』 권 4, 會昌 5년(845) 7월 5일.
34) 『資治通鑑』 권 283, 後晋記, 天福 7년(940) 5월. 孫兌鉉·李永澤, 앞의 논문, 32쪽. 무함마드 깐수(정수일), 1992, 「新羅에 傳來된 西域文物」, 앞의 책, 230쪽.
35) 『日本書紀』 권 29, 朱鳥 원년(686) 4월 戊子.
36) 東野治之, 1974, 「鳥毛立女屛風下貼文書の硏究 −買新羅物解の基礎的考察」, 『史林』 57−6 ; 1977, 『正倉院文書と木簡の硏究』, 塙書房, 343쪽.
37) 『續日本後紀』 권 10, 承和 8년(841) 2월 戊辰.
38) 『三國史記』 권 33, 雜志 2, 車騎. 朴南守, 2007, 「통일신라의 대일교역과 애장왕대 '交聘結好'」, 『사학연구』 88, 439~440쪽.
39) 『三國志』 권 30, 魏書 30, 烏丸鮮卑東夷傳 30, 夫餘.
40) 『海東繹史』 권 27, 物産志 2, 獸類 貂.
41) 『續日本紀』 권 10, 神龜 5년(728) 정월 甲寅.

도 창성昌城·삭주朔州·구성龜城·희천熙川·강계江界·위원渭原·이산理山·벽동碧潼·영원寧遠과 함경도 함흥咸興·정평定平·북청北青·단천端川·이성利城·갑산甲山·삼수三水·길성吉城·회령會寧·온성穩城·부령富寧 등지에서 담비[貂]가 서식한다고 전하고 있어, 오히려 발해의 특산으로 보는 것이 옳다고 본다. 다만 이를 신라의 특산으로 소개한 것은, 일본 입당구법승 원진圓珍의 귀국을 도운 신라상인 왕초王超가 발해상인 이연효李延孝·영각英覺과 함께 원진의 순례길을 돕고, 858년에 다시 원진을 귀국시킨 사실에서[43] 찾아야 하지 않을까 한다. 곧 왕초와 이연효·이영각은 각각 신라인과 발해인이면서 함께 대일교역에 종사하였던 만큼, 이들이 유통한 물품 또한 신라물품과 함께 발해물품이 포함되었기 때문에 발해산 담비가죽[貂皮]을 신라물품으로 서술한 것으로 생각된다.[44]

범포帆布는 8~9세기 당-신라-일본 해역을 장악하던 신라선의 우수성과 관련될 것이다. 9세기 중엽의 신라선은 "바람과 파도를 능히 감당할 수 있는" 또는 "능히 파도를 헤치고 갈 수 있는" 우수한 선박이었다.[45] 이는 갑판 위에 선실을 두고 돛대를 두 개 이상 장비한 평저형平底型의 다외선多桅船으로서 역풍을 이용하였다고 한다.[46] 사실 일본승려 혜운惠運이 842년 당나라에 들어갈 당시에 이용했던 이처인李處人의 배를 '새로이 직조하고 배를 만들어[新織作船]' '돛을 올렸다[上帆]'고 한 바,[47] 당시 선박의 건조에는 범포帆布가 필요불가결한 요소였고 찢기더라도 곧바로 봉합할 수 있기 때문에 선박의 운행을 결정짓는 요소로서 꼽힌다. 일본의 경우 18세기에 이르러서야 고범藁帆이 목면범木棉帆으로 바뀌었다고 한다.[48] 따라서 신라선의 우수성은 신라 범포의 뛰어난 품질과 관련될 것이며, 범선을 타고 중국까지 오가는 서역 상인들의 주요 관심 물품

42) 『高麗史』 권 4, 世家 4, 顯宗 5년 2월 갑자·현종 9년 춘정월 庚子·2월 己卯·閏月戊戌·顯宗 12년 3월 乙酉·권 5, 世家 5, 顯宗 21년 4월 己亥·德宗 즉위년 6월 乙未·德宗 2년 정월 辛未·권 39, 世家39, 恭愍王 2년 9월 癸未·권 93, 列傳 6, 韓彦恭·권 105, 列傳 18, 鄭可臣·권 111, 列傳 24, 廉悌臣.

43) 「圓珍牒」·「大師台州公驗 寫」, 『平安遺文』 1, 104~105쪽

44) 朴南守, 2009, 앞의 논문 참조.

45) 『續日本後紀』 권 8, 承和 6년 7월 병신·권 9, 承和 7년 9월 정해.

46) 金在瑾, 1985, 「張寶皐 時代의 貿易船과 그 航路」, 『張寶皐의 新研究』, 莞島文化院, 147~151쪽.

47) 「安祥寺伽藍緣資起財帳」, 竹內理三 편, 1947, 『平安遺文』 1, 東京堂, 140~141쪽.

48) 渡辺誠, 1991, 앞의 논문, 96~100쪽

가운데 하나였을 것이다.

도기陶器는 9세기 중후반 월주요越州窯 계통의 초기 청자로 전환하기 직전의 전통적인 신라 도기와 관련될 것이다. 이는 김태렴의 교역물품 가운데 보이는 발鉢·대소반大小盤·대반원大飯鋺·소원小鋺·오중원五重鋺 등의 원류鋺類, 그리고 천장 10년(833)에서 승화 9년(842) 사이에 태재부강사太宰府講師 겸 축전국 강사筑前國講師 혜운惠運이 신라상인을 통하여 구입하였다는 첩자疊子와 알가잔閼伽盞, 향초표자香酢杓子, 뚜껑이 있는 오성팔첩五盛八疊 등과 관련될 것이다.[49] 구정명덕龜井明德은 평성경平城京과 대재부에서 발견된 8세기 말부터 9세기 중엽 이전 시기의 월주요 계통의 초기무역 도자를 신라 상인에 의해 수입된 당물唐物로 보았으나,[50] 완도의 장도將島에서 도기와 초기 청자靑瓷가 발견되고 있어[51] 이 무렵 신라 상인들은 신라산 도기와 자기류까지도 유통하였을 가능성이 높다.

사향麝香은 『영외대답嶺外代答』에 따르면 서역의 서향西香과 함께 토사土麝(南麝)라 일컫는 중국 옹주邕州 계동산溪峒産이 있었다고 한다. 그런데 상인들이 서향을 들여오면서 여러 가지 것을 거짓으로 섞어 1제臍를 십 수 매枚로 만들어 속이는 데 대해, 누린내가 강하여 서향에 미치지 못하고 기미氣味가 떨어지지만 속임이 없는 토사를 진화珍貨로 삼았다고 한다.[52] 이는 김태렴의 「매신라물해買新羅物解」와 「정창원어물목록正倉院御物目錄」 등에서도 살필 수 있는데, 『신증동국여지승람』에 우리나라 전국 각 도의 산물로 나타난다. 그렇다면 신라의 사향도 중국의 토사土麝와 마찬가지로 당나라 강남·영남도 일원에서 유통된 것으로 보아 좋을 것이다.

그런데 이븐 쿠르다지마의 『제도로 및 제왕국지』에는 신라의 대외수출품으로서 침향沉香과 육계肉桂가 보인다. 침향은 노회蘆薈와 동일한 것으로 풀이하기도 하나,[53] 『제도로 및 제왕국지』의 역주자들이 이들을 동일하다고 본 것은 분명

49) 「安祥寺伽藍緣資起財帳」, 竹內理三 편, 앞의 책, 140~160쪽.

50) 龜井明德, 1992, 「唐代陶磁貿易の展開と商人」, 『アジアなかの日本史(3)-海上の道』, 東京大出版會, 132~136쪽.

51) 林士民, 「唐, 吳越時期浙東與朝鮮半島通商貿易和文化交流之硏究」, 『渤海史硏究』 1993年 第1期, 14~16쪽

52) 周去非, 『嶺外代答』 권 9, 禽獸門 : 1937, 앞의 책, 129쪽.

53) 李龍範, 1969, 앞의 논문 ; 1989, 앞의 책, 44~46쪽. 무함마드 깐수, 1992, 「新羅와 西域間의 交易」, 앞의 책, 228~229쪽. 김문경, 1995, 「7~9세기 신라인 해외무역활동」, 『韓國服飾』 13, 20쪽.

한 잘못이다.[54] 곧 침향은 밀향수라는 나무에서 나는 향료인데 대해, 노회는 대식大食 노발국산奴發國産의 초속 향료草屬香料로서 차이가 있기 때문이다. 노회는 참게 꼬리[鱟尾] 모양으로서, 페르시아어로 alwā, 아라비아어로는 alua, 그리이스어로는 aloe라고 하며, 『본초습유本草拾遺』에는 납회納會라고 하였는데, 본래 필리핀[非洲]이나 아라비아 연안에서 나며, 당나라 때에 인도 남해를 거쳐 중국에 수입·판매되었다고 한다.[55]

육계肉桂는 살이 많은 계피로서 온후溫厚한 기운을 지니는 바, 두텁고 맛이 향기로우며 기운을 북돋우며 몸에 퍼지게 하기 위한 약용으로 많이 사용된다고 한다.[56] 계목桂木은 중국의 흠주欽州·빈주賓州, 그리고 섬라暹羅[赤眉遺種國, 태국] 등지에서 생산된다. 김태렴의 「매신라물해」에는 계심桂心 곧 계피의 겉껍질을 벗겨낸 속껍질의 명칭이 보이지만, 『담헌서湛軒書』에서는 우피고牛皮膏와 청심환淸心丸에 넣는 교지交趾 계桂를 중국에서 사들여 사용했다고 하는 바,[57] 육계肉桂와 계심桂心은 중국에서 구입한 것이라 하겠다.

요컨대 이븐 쿠르다지마가 언급한 신라상인들의 교역물품 가운데 비단[調段], 검, 사향, 말안장[馬鞍], 도기, 범포 등은 9세기 중엽 신라에서 생산된 것으로 인정된다. 담비 가죽[貂皮]은 발해의 특산물이었지만 신라 물품으로 소개된 것은, 9세기 중엽 신라 상인과 발해 상인이 강남도 지역에서 함께 활동하였기 때문일 것이다. 또한 이븐 쿠르다지마의 침향과 육계 관련 서술은, 9세기 중후반 당나라 양주·천주·광주 등지에서 활동한 서역계의 상인들이 신라상인들의 교역물품을 모두 신라산으로 인식한 때문이 아닌가 한다. 이미 752년 김태렴의 「매신라물해」에서 향약류 등 서역·동남아시아 물품을 살필 수 있거니와, 이로써 신라상인들은 향약류에 대해 높은 관심을 가졌고, 이들 향약류를 확보하고자 힘을 쏟았을 것으로 생각된다. 자연히 신라상인들은 동서문물의 교차점이면서 서역·동남아시아·당나라 상인들의 집결지인 천주·광주 등지에서 이들 향약류의 유통에 참여하였을 것이다. 이러한 정황을 전해 들은 이븐 쿠르다지마는 침향·육계 등을 신라의 물품으로 인식하여 서술하였던 바, 마치 인도 원산의 후추

54) 永正美嘉, 2003, 「新羅의 對日鄕藥貿易」, 서울대 석사학위논문, 5쪽.
55) 馮承鈞, 앞의 책, 130~131쪽.
56) 周去非, 『嶺外代答』 권 8, 花木門 : 1937, 앞의 책, 105쪽.
57) 『湛軒書』 外集 권 3, 杭傳尺牘, 乾淨衕筆談續.

를 페르시아 상인들이 유통함으로써 중국에서 후추를 페르시아산으로 인식하였던 것에[58] 비교할 수 있다.

3. 『제번지諸蕃志』의 신라 교역물품과 약재藥材

남송대에 복건 제거시박福建 提擧市舶을 역임하던 조여괄趙汝适은 보경 원년(1225)에 『제번지』를 편찬하였다. 이는 당나라 단성식段成式(803?~863)의 『유양잡조酉陽雜俎』와 주거비周去非(1138~1189)[59]의 『영외대답嶺外代答』의 해외 여러 나라 기사를 토대로 송나라와 교역하던 주변 여러 나라의 풍토 물산을 정리한 것으로서, 이븐 쿠르다지마의 『제도로 및 제왕국지』와 내용상 서로 통하는 것으로 이해되고 있다.[60] 조여괄이 『제번지』를 편찬할 13세기 전반에 고려의 전왕조인 '신라국'조를 설정한 것은, 그가 신라 당대의 사료를 수집하고 송나라 초엽 조공 등의 자료를 바탕으로 편찬한 때문이라 할 것이다.[61] 따라서 조여괄의 『제번지』 신라국조는 이븐 쿠르다지마의 『제도로 및 제왕국지』와 마찬가지로 9세기 중엽~말엽의 사정을 보여주는 것으로 이해된다.[62]

그런데 『제번지』 신라국조에서는 이븐 쿠르다지마의 『제도로 및 제왕국지』의 신라 교역물품뿐만 아니라 몇 가지 새로운 물품명을 살필 수 있다.

> 신라에는 인삼, 수은, 사향, 송자松子, 진자榛子, 석결명石決明, 송탑자松塔子, 방풍防風, 백부자白附子, 복령茯苓, 대소포大小布, 모시포毛施布, 동경銅磬, 자기瓷器, 초석草蓆, 서모필鼠毛筆 등이 나는데, 상박商舶들이 오색으로 염직한 비단[纈絹]에 문자를 세워 무역을 한다.(조여괄, 『제번지』 권 상, 신라국)[63]

---

58) 馮承鈞, 앞의 책, 127쪽.
59) 楊武泉校注, 1999, 「周去非與嶺外代答」, 『嶺外代答校注』, 5~6쪽.
60) 馮承鈞, 「諸蕃志校注序」, 앞의 책, 2쪽.
61) 楊博文 校釋, 2008, 『諸蕃志校釋』, 中華書局, 152~153쪽.
62) 무함마드 깐수, 1992, 「新羅의 自然環境에 관한 記錄」, 앞의 책, 174~175쪽.
63) "地出人參·水銀·麝香·松子·榛子·石決明·松塔子·防風·白附子·茯苓·大小布·毛施布·銅磬·瓷器·草蓆·鼠毛筆等 商舶用五色纈絹 及建本文字博易"(馮承鈞, 앞의 책, 88쪽)

『제번지』 신라국조에는 『제도로 및 제왕국지』의 침향沉香과 육계肉桂의 명칭은 보이지 않지만, 두 종의 자료에서 사향은 서로 중복되며, 『제도로 및 제왕국지』의 범포帆布와 도기陶器는 『제번지』의 대소포大小布와 자기瓷器에 상응한다. 도기에서 자기로의 명칭 변화는 9세기 중후반 무렵 자기 생산기술의 도입과 발전에 따른 것으로서 이해된다. 곧 『제도로 및 제왕국지』가 도기류를 생산 유통하였던 9세기 중엽까지의 사정을 반영하는 것이라면, 『제번지』는 9세기 중후반 무렵부터 월주요의 영향을 받아 신라의 자기 생산이 이루어진 상황을 보여주는 것으로 풀이되기 때문이다.[64)]

『제번지』 신라국조의 인삼人參은 신라의 중국에 대한 조공물품으로서 우황牛黃과 함께 자주 등장하는 약재이다.[65)] 이는 『신증동국여지승람』에도 우리나라 전국 각지의 산물로서 나타나는 바, 이미 신라시대부터 잘 알려진 특산물이었다.

수은水銀은 「해인사 운양대 길상탑기海印寺 雲陽臺 吉祥塔記」(895)의 명문에 처음으로 보이는데, 신라시대 각종 불상이나 금속 공예품의 금아말감법에 의한 금 도금 등에 사용되었다.[66)] 다만 고려시대에는 일본·서역·송나라 상인들이 들여온 교역물품으로서 나타나나,[67)] 조선 세종대에 공조가 '수은과 심중청深重

---

64) 龜井明德은 平城京과 大宰府에서 발견된 8세기 말부터 9세기 중엽 이전의 시기의 越州窯 계통의 初期貿易陶磁를 신라 상인에 의해 수입된 唐物로 보았다.(龜井明德, 앞의 논문, 132~136쪽) 한편 林士民과 吉岡完祐는 고려청자의 開窯시기를 장보고시대까지 소급하였으며(林士民, 앞의 논문, 14~15·23쪽 ; 吉岡完祐, 1992, 「高麗青瓷의 출현」, 『張保皐大使 海洋經營史』, 장보고대사 해양경영사 연구회, 84·104~105쪽), 李喜寬은 10세기 2/4분기 경에 성립한 것으로 보았다.(李喜寬, 2002, 「韓國 初期靑磁生産體制의 成立과 展開」, 『대외문물교류연구』, 43~45쪽) 그러나 대체로 우리 학계에서는 9세기 중엽 또는 후반으로 보는 설이 유력하다.(鄭良謨, 1989, 「概說 高麗青瓷」, 『高麗青瓷名品特別展』, 국립중앙박물관, 268쪽 및 281쪽 각주 2 ; 李基東, 1997, 「羅末麗初 南中國 여러 나라와의 交涉」, 『歷史學報』 155, 15~16쪽) 특히 龜井明德은 일본에 전래된 越州窯 계통의 初期陶磁를 신라인의 무역품으로서 간주하였으나, 고려청자의 발생 시기로 보아, 신라제 磁器類의 유통은 아무래도 9세기 중엽 또는 그 이후가 아닐까 추측된다.

65) 『三國史記』 권8, 新羅本紀 8, 聖德王 22년(723) 春 3월·聖德王 33년(734) 夏 4월·권 9, 新羅本紀 9, 孝成王 3년(739) 春正月·卷 11, 新羅本紀 11, 景文王 9년(869) 秋 7월.

66) 「海印寺妙吉祥塔誌」 ; 한국고대사회연구소 편, 1992, 『역주 한국고대금석문』 3, 339쪽. 朴南守, 1996, 「각종 수공업기술의 발달」, 앞의 책, 69~70쪽.

67) 『高麗史』 권 6, 世家 6, 靖宗 11월 丙寅·권 9, 世家 9, 文宗 27년 秋 7월 丙午·권 10, 世家 10, 宣宗 元年 6월 戊子·宣宗 4년 秋 7월 庚午·宣宗 6년 秋 8월 丙辰·宣宗

靑 등의 물건은 지방에서 산출되는 것이 상당히 많다'고[68] 한 데서 그 생산 사실을 확인할 수 있다. 조선시대 수은은 대체로 유황토를 끓이는 방식으로 생산되었다고 한다.[69]

송자松子는, 『본초강목本草綱目』에서 신라송자新羅松子라고 일컬었던 해송자海松子를 지칭한다. 해송자란 이름은 중국 이외에서 나는 것에 모두 '해海'자를 붙인 데서 연유한다.[70] 『증류본초證類本草』 권 22, 송지조松脂條에도 일명 오립송五粒松이 보이며, 고려가 송나라에 보낸 물산으로서 『지봉유설芝峰類說』의 옥각향玉角香이나 용아자龍牙子 또한 이를 가리킨다.[71] 송자는 김태렴의 「매신라물해」(752)에도 송탑자松塔子 곧 겨울에 채취한 솔방울 씨와 함께 보이는데, 『선화봉사고려도경』에도 고려의 토산으로서 오엽송五葉松에서만 취할 수 있다고 한다.[72] 『동의보감東醫寶鑑』에 따르면 골절풍骨節風과 풍비증風痺症, 어지럼증 등을 치료하며, 피부를 윤기나게 하고 오장을 좋게 하며 허약하고 여위어 기운이 없는 것을 보한다고 한다.

복령茯苓은 구멍장이버섯과[多孔菌科] 진균으로서 소나무 속 식물의 뿌리 부근에서 기생하며, 중국과 한반도 전 지역에 두루 분포한다. 『선화봉사고려도경』에는 고려 양주楊州·광주廣州·영주永州·나주도羅州道 등지에 서식하는 큰 소나무에 복령이 기생한다고 하였다.[73] 『동의보감』에는 입맛을 돋구고 구역을 멈추며, 수종水腫과 임병淋病으로 오줌이 막힌 것을 잘 나가게 하고 소갈을 멈추게 하거나 건망증을 낫게 하는 데 효능이 있다고 한다.

신라의 진자榛子(개암)는 『제가본초諸家本草』에 소개되었듯이 통통하고 흰 것이 가장 좋고, 씨는 허기를 없애 주며 속을 편안하게 하여 식욕을 증진시키는 데 효험이 있다고 한다.[74] 『동의보감』에는 우리나라 어느 곳에서나 나는 것이라 하였다.

10년 秋 7월 癸未.

68) 『朝鮮王朝實錄』 世宗 12년 경술(1430) 10월 18일(을유).

69) 『朝鮮王朝實錄』 顯宗 5년 갑진(1664) 2월 29일(임술).

70) 『海東繹史』 권 26, 物産志 1, 果類 海松子.

71) 東野治之, 1974, 앞의 논문 : 1977, 앞의 책, 321~322쪽.

72) 徐兢, 『宣和奉使高麗圖經』 권 23, 雜俗 2, 土産.

73) 韓致奫, 『海東繹史』 권 26, 物産志 1, 竹木類 松.

74) 韓致奫, 『海東繹史』 권 26, 物産志 1, 果類 榛子.

석결명石決明은 패각류인 전복과 콩과식물이 있는데, 이를 다른 약재류와 함께 서술한 것으로 보아 『제번지』에서 일컬은 것은 전복과라 할 것이다. 『신증동국여지승람』에는 제주濟州·정의旌義·대정大靜의 산물로서 소개하였는데, 『동의보감』에는 풍열로 인하여 눈에 장예가 생긴 것을 치료한다고 하였다.

방풍防風은 산형과傘形科 다년생 식물로서, 싹은 나물을 만들어 먹을 수 있으며 입맛이 상쾌하고 풍질風疾을 없애준다고 한다.[75] 『신증동국여지승람』에는 제천堤川·울산蔚山·영일迎日·장기長鬐·기장機張·강진康津·흥양興陽의 산물로서, 『만기요람』에는 황해도 황주黃州 백사정白沙汀에 해방풍海防風이 서식한다 하고 산후병·풍증·허증虛症의 치료제로서 소개하였다.[76]

백부자白附子는 천남성과天南星科의 다년생 식물로서 『약보藥譜』의 '신라백육新羅白肉'을 지칭하는데, 『제가본초諸家本草』에는 독이 없어서 약에 넣어 구워서 복용하며 신라에서 나는 것이 좋다고 하였다.[77] 『선화봉사고려도경』에는 나주도羅州道, 그리고 『신증동국여지승람』에는 평양平壤의 산물로서 소개하였다.

요컨대 『제번지』 신라국조의 복령, 송자, 진자, 석결명, 방풍, 백부자 등은 신라의 토산 약재류라고 할 것이다. 담헌湛軒이 조선의 약재 가운데 토산을 6~7/10 정도라고 인식하였던 것은,[78] 이미 신라시대부터 이와 같은 약재를 생산하여 온 데서 비롯한 것이 아닐까 한다. 신라는 문무왕 12년(672) 침針 400매를 당나라에 조공한 바 있고,[79] 신문왕 6년(686)에는 일본에 약물류를 보낸 바 있다.[80] 효소왕 원년(692)에는 의학醫學을 설치하여 『본초경本草經』·『갑을경甲乙經』·『소문경素問經』·『침경針經』·『맥경脉經』·『명당경明堂經』·『난경難經』 등을 수학케 하였으며,[81] 경문왕 9년(869)에는 슬슬전금침통瑟瑟鈿金針筒 30구具, 금화은침통金花銀針筒 30구, 침 1,500매를 비단류 등 다른 물품과 함께 당나라에 조공하였다.[82] 이로써 볼 때에 신라는 의학에서 『침경』을 교습함으로

75) 洪萬選, 『山林經濟』 권 4, 治藥 防風.
76) 徐榮輔·沈象奎, 『萬機要覽』 軍政編 4, 海防 西海之北, 黃海道 黃州 白沙汀.
77) 韓致奫, 『海東繹史』 권 26, 物産志 1, 草類 白附子.
78) 洪大容, 『湛軒書』 外集 권 3, 杭傳尺牘, 乾淨衕筆談續.
79) 『三國史記』 권 7, 新羅本記 7, 文武王 12년(672) 秋 7월.
80) 『日本書紀』 권 29, 持統天皇 朱鳥 元年(686) 4월 戊子.
81) 『三國史記』 권 39, 雜志 8, 職官 中, 內省 醫學.
82) 『三國史記』 권 11, 新羅本紀 11, 景文王 9년(869) 秋 7월.

써 신라침新羅針의 개발을 촉진하고, 『본초경本草經』을 익혀 약재에 대한 지식을 습득함으로써 인삼·우황을 비롯하여 사향·송자·복령·진자·송탑자·방풍·백부자 등의 약재류를 개발 또는 재배하였을 것으로 생각된다. 효성왕 2년(738) 당 사신 형숙邢璹에게 내렸다는 '금보약물金寶藥物'[83] 가운데 약물에는, 당연히 인삼·우황을 비롯하여 사향·송자·진자 등의 약재를 포함하였을 것이다.

경덕왕 11년(752) 김태렴이 일본에 가져간 신라물에 많은 약재류가 섞여 있었던 것도 이러한 신라 약재류에 대한 개발·재배와 무관하지 않을 것이다. 또한 연력 13년(791) 태정관첩의 약재명, 그리고 천장 3년(826) 9월 1일자 중승衆僧의 병을 치료하기 위한 「정창원어물출납주문正倉院御物出納注文」에도 인삼을 비롯한 감초甘草, 태황太黃 등 신라에서 생산되던 약재명이 보이고,[84] 사향의 명칭 또한 각종 「정창원어물목록正倉院御物目錄」에 자주 나타나는 것은, 8~9세기 일본에도 신라의 약재류가 광범위하게 유통되었고 그것이 신라에 의해 일본에까지 전래되었음을 보여준다. 이는 당시 신라의 의료수준과 함께[85] 의료기자재의 개발과 약재재배에 심혈을 기울였던 사정을 반영하는 바, 『제번지』의 신라 대외 교역물품에 포함된 약재류는 이러한 배경에서 이해된다.

특히 동남아시아에서 생산되는 전단향栴檀香을 광화(898~900) 말년 낭공대사郎空大師가 야군으로 돌아가 심었다는 「봉화 태자사 낭공대사 백월서운탑비奉化 太子寺 郎空大師 白月栖雲塔碑」의 기록은[86] 신라의 외래종 약재 재배에 대한 일단면을 보여준다. 본래 전단향(白檀香)은 『본초습유本草拾遺』에는 중국 해남海南에서, 그리고 『본초강목本草綱目』 권 3에서는 광동廣東, 운남雲南 및 점성占城, 진랍眞臘, 과왜瓜哇, 발니渤泥, 섬라暹羅, 삼불제三佛齊, 회회回回 등지에서 생산된다고 하였다. 중국의 경우 명나라 때에 이르러서야 영남嶺南 제지諸地에서 모두 산출되었다고 하는 바, 신라에서 전단향을 9세기 말엽에 이미 생산하였다는 것은 신라의 약재에 대한 관심과 재배 기술의 발전에 기인한 것으로 보아야 할 것이다. 따라서 『신증동국여지승람』에서 우리나라 각 지역의 산물로서 대모玳瑁, 안식향安息香, 자단향紫檀香, 백단향白檀香, 영릉향羚陵香, 울금향鬱金香 등 이른바 동남

83) 『三國史記』 권 9, 新羅本紀 9, 孝成王 2년(738).
84) 「太政官牒」, 竹內理三 편, 1947, 『平安遺文』 1, 東京堂, 5~6쪽.
85) 이현숙, 2002, 「신라 중대 醫療官僚의 역할과 지위변화」, 『史學研究』 68.
86) 최인연, 「奉化太子寺郎空大師白月栖雲塔碑」, 朝鮮總督府 編, 1919, 『朝鮮金石總覽』 上, 184쪽.

아시아의 특산으로 여겨지는 향약류를 소개한 것은, 비록 이들이 언제 어떠한 경로를 통하여 전래되었는 지는 분명하지 않지만, 8~9세기 무렵 신라가 국가적으로 이를 도입 또는 개발하여 생산하고자 한 노력의 결실이 아닐까 한다.

대소포大小布는 신라의 직포織布 기술과 품질의 우수성을 보여준다. 특히 신라와 아라비아 상선의 경우 이미 포布로써 돛을 만들었던 만큼, 이는 이븐 쿠르다지마가 일컬은 범포帆布에 상응하는 것으로 보아 무방할 것이다.

모시포毛施布는 모직물로서 8세기 무렵 신라의 당나라 조공물품인 오색구유五色氍毹와 대일교역품인 화전花氈·색모전色毛氈 등과 관련될 것이다. 구유氍毹란 양모羊毛를 주성분으로 하여 직조[濕織]한 것이며, 전氈은 서역 또는 남방 원산의 모직물로 여겨져 왔다.[87]

그런데 화전·색모전은 752년 「매신라물해」에 보이는 화전靴氈, 비전緋氈, 화전花氈, □재전□裁氈 등에 상응한다. 당시 신라에는 이미 내성內省 산하에 모전毛典이 있었고, 이를 경덕왕 18년(759)에 취취방聚毳房으로 개명하였던 바, 8세기 중엽 이전에 전류氈類를 생산하였음을 확인할 수 있다. 『영외대답』에 따르면 전氈은 삭방朔方의 호양胡羊과 옹주邕州 계동溪峒 및 제만국諸蠻國에서 나는 면양綿羊의 털로 만든다고 한다. 특히 서남 만지蠻地에는 면양이 많다고 한다. 면양은 털이 누에 고치[繭纊]와 같아 털을 깍아 전氈을 만드는데 삭방에서 나는 것보다 더욱 뛰어나고, 만왕蠻王으로부터 아래로 소만小蠻에 이르기까지 전氈을 입지 않은 이가 없으며, 만왕蠻王은 금삼피전錦衫披氈을, 소만小蠻은 단석피전袒裼披氈을 입는다고 한다.[88]

『신당서』 권 220, 열전 145, 동이 신라조에는 신라에는 양羊이 없다고 하였다. 그러나 『삼국사기』에는 5두품 신분까지도 '요[褥子]는 오로지 전氈으로 만드는데 포布와 같이 사용할 정도'였고, 진골 이상의 신분자들은 구유氍毹·탑등毾㲪을 탑榻·상床·좌석坐席에 까는 좌구로서 사용하였다고 한다.[89] 이처럼 양羊의 생산과 관련하여 『신당서』와 『삼국사기』의 내용이 서로 어긋나지만, 752년 「매신라

87) 東野治之, 1974, 앞의 논문 : 앞의 책, 321쪽. 무함마드 깐수, 1992, 「新羅에 傳來된 西域文物」, 앞의 책, 252~254쪽. 永正美嘉, 2003, 「新羅의 對日鄉藥貿易」, 서울대 석사학위논문, 30쪽 각주 99 참조.

88) 周去非, 『嶺外代答』 권 5, 服用門.

89) 『三國史記』 권 33, 色服 車騎. 李成市, 1997, 「新羅の羊毛生産と加工技術」, 『東アジア王權と交易』, 青木書店, 72~73쪽.

물해」에 양고羊膏가 보이고 천평승보 8년(756) 6월 21일 「정창원재물실록장正倉院財物實錄帳」에서부터 신라양지新羅羊脂가 보이기 시작하는 바,[90] 이러한 일본 고문서의 기록으로부터 신라에서 직접 양羊을 사육한 사실을 확인할 수 있다.

양지羊脂는 향신료로서 짐승의 살코기를 구울 때 사용하는데,[91] 『동의보감』에서는 유풍遊風과 주근깨의 치료제로서 소개하였다. 양고羊膏는 조선시대에 불제祓除를 행하는 데 사용하거나,[92] 음허로 생긴 허로증虛勞證의 치료를 위한 호잠환虎潛丸의 제조, 또는 양고기를 끓인 국물로 반죽한 다음 용호환龍虎丸이란 알약을 제조하는 원료였다고 한다. 그리고 홍인 11년(820) 5월 갑진에 신라인 이장행李長行 등이 고력양羖羅羊 2두, 백양白羊 4두, 산양山羊 1두를 바쳤다는 것,[93] 고려가 우양牛羊의 축산에 좋다는 『선화봉사고려도경』의 기록,[94] 충렬왕 34년 4월 영양羚羊이 행성行省에 들어왔다는 기사,[95] 『신증동국여지승람』 산물조에 전라도를 제외한 8도 전역 산간지역에서 영양羚羊, 영양각羚羊角의 산출을 보고한 것은, 이미 신라시대부터 산양의 일종으로서 영양을 사육하고 이에 따라 각종 전류氈類와 양지羊脂, 양고羊膏를 생산하였음을 보여준다.

신라의 전류氈類는 양모羊毛 뿐만 아니라 우모牛毛로도 제작되었던 것으로 여겨진다. 『책부원구冊府元龜』 외신부外臣部에는 개성 원년(836)에 제번諸蕃과의 호시互市를 금지하는 물품으로서 이우미氂牛尾를 볼 수 있으며[96] 『만기요람萬機

---

90) 일본측 기록에서 新羅羊脂는 天平勝寶 8년(756) 6월 21일자의 「正倉院財物實錄帳」(『平安遺文』 9, 3383·3386쪽), 延曆 6년(787) 6월 26일자의 「正倉院御物目錄」(「東大寺使解」, 위의 책, 3201·3202·3205·3206쪽), 延曆 12년(793) 6월 11일자 「東大寺使解」(위의 책, 3201·3202·3205·3206쪽)에서 확인된다. 특히 弘仁 2년(811)의 「東大寺使解」에는 新羅羊脂가 延曆 12년의 12량 3분에서 5근 13량으로 증가하였음(「東大寺使解」, 위의 책, 3264쪽.)을 볼 수 있어, 신라로부터 지속적으로 수입하였음을 알 수 있다. 한편 永正美嘉는, 新羅羊脂와 羊膏가 일본에 반입되는 과정에서 신라와 어떤 관련이 있었던 것은 인정하면서도, 신라에서 생산된 것인지, 일본에 중계되었을 때에 신라가 관련되어 있었기 때문에 지어진 이름인지는 분명하지 않다는 태도를 취하였다.(永正美嘉, 앞의 논문, 30~31쪽)

91) 洪萬選, 『山林經濟』 권 2, 治膳 製料物法·魚肉.

92) 安鼎福, 『東史綱目』 권 11 下, 갑술년 원종 15년(宋 道宗 咸淳 10, 元 世祖 至元 11, 1274).

93) 『日本紀略』 前篇 14, 弘仁 11년.

94) 徐兢, 『宣和奉使高麗圖經』 권 23, 雜俗 2, 土産.

95) 『高麗史』 권 54, 志 8, 五行 2, 金.

96) 『冊府元龜』 권 999, 外臣部 44, 互市 (唐 文宗) 開成 원년(836) 6월.

要覽』에서도 '우모전牛毛氈'을 살필 수 있다.[97] 『신당서』 신라전에는 신라의 해도에서 소를 대규모로 사육하였다고 하며, 『신증동국여지승람』에도 우모를 울산지역을 비롯하여 전라도 영암·강진, 제주지역, 강원도 고성 등지의 특산으로 꼽고 있다. 따라서 신라의 전氈은 양羊뿐만 아니라 소[牛]의 사육을 바탕으로 하여 생산된 것이라 하겠다.

동경銅磬은 스님들이 쓰는 작은 종을 일컫는데[98] 8~9세기 신라 주종기술鑄鐘技術은 '한국종'의 대표적인 양식으로 꼽히는 상원사동종上院寺銅鐘과 성덕대왕신종聖德大王神鐘으로 상징된다. 이들은 중국종과 일본종에 비하여 화학적 조성이 거의 일정하고 기포도 없어 당시의 합금과 응용기술이 매우 뛰어났음을 보여준다.[99] 이러한 동종銅鐘과 동경銅磬의 기술적 바탕에는, 개성 원년(836) 당나라 치청절도사가 신라·발해의 숙동熟銅의 교관을 금하지 말 것을 주청한 데서 알 수 있듯이,[100] 당시 신라·발해에서 생산되는 숙동의 품질이 뛰어난 데 기인할 것이다. 천평보자 7년(763)에 건립된 일본 다도신궁사多度神宮寺의 「가람연기자재장伽藍緣起資財帳」(801)에 보이는 동경은 동 문서에 실린 악구樂具·고려견高麗犬·고려모자高麗冒子와 함께 신라 또는 발해와 관련된 것으로 추정되는데, 동경이 당시 신라의 주요 교역물품 가운데 하나였을 것으로 헤아려진다.[101]

초석草席은 짚으로 짠 자리로서, 서긍徐兢의 『선화봉사고려도경』에 보이는 문석文席과 관련될 것이다. 고려 때의 문석은 곱고 거친 정도가 일정하지 않으며, 정교한 것은 침상과 평상에 깔고, 거친 것은 땅에 까는 데 사용한다고 한다. 자리를 짠 풀은 부드러워서 접거나 굽혀도 망가지지 않고, 흑색과 백색 두 색이 서로 섞여서 무늬를 이루는데, 청색과 자색으로 단을 둘렀으나, 본디 일정한 방식은 없다고 한다.[102] 『원씨액정기元氏掖庭記』에도 고려의 섬에서 '성질이 부드러워서 꺾어도 손상되지 않으며 광택이 있어 아주 아름다운데, 그 지방 사람들이 이것으로 짜서 만든' 만화석초滿花席草의 기사를 전하며, 『조선부주朝鮮賦注』

97) 徐榮輔·沈象奎, 『萬機要覽』 財用編 4, 排設, 總例·王大妃殿.
98) 丁若鏞, 『經世遺表』 권 2, 冬官工曹 6, 事官之屬.
99) 全相運, 1984, 「古代 科學技術의 發達」, 『한국사』 3, 국사편찬위원회, 410~414쪽.
100) 『冊府元龜』 권 999, 外臣部 44, 互市. 鄭炳俊, 2007, 「李正己一家의 藩鎮과 渤海國」, 『中國史硏究』 50, 152~153쪽.
101) 「多度神宮寺伽藍緣起資財帳」, 竹內理三 편, 1947, 『平安遺文』 1, 東京堂, 13쪽.
102) 徐兢, 『宣和奉使高麗圖經』 권 28, 供張 1, 文席.

에도 조선의 만화석이 소주蘇州에서 생산되는 것보다 뛰어나다고 평가한 바 있다.[103] 또한 9세기 초엽 일본의 입당구법승 최징最澄이 당나라에 있으면서 편조아도리遍照 阿闍梨에게 증정한 자연초좌紫綖草座·단초좌單草座·상야석上野席 등도[104] 이와 관련될 것으로 생각된다.

서모필鼠毛筆은 족제비[黃鼠] 일명 서랑鼠狼의 털로 만든 모필毛筆이다. 『송사』 권 487, 외국열전 246, 고려 대중상부 8년(1015)조에는 고려에서 '서낭미필鼠狼尾筆'이 생산된다 하였고, 『삼재조이三才藻異』에는 '조선에서는 여우 꼬리털[狼尾]로 붓을 만드는데, 붓끝이 잘 서고 뾰족해서 좋다'는 기사를 전한다.[105] 『성경통지盛京通志』에도 족제비는 고려에서 나는데 세칭 황서낭黃鼠狼 또는 소서騷鼠라고 부르며 그 꼬리로 붓을 만든다고 하였다.[106] 조선 중기의 장유張維(1587~1638)도 필설筆說에서 평안도·함경도 지방에 서식하는 족제비의 꼬리털로 황모필을 만드는데, 이 붓보다 더 좋은 것은 이 세상에서 찾아볼 수가 없다고 평한 바 있다.[107] 일본의 입당유학승 공해空海는 홍인 3년(812) 6월 7일 당나라에서 구입한 진서眞書·행서行書·초서草書·사서寫書를 위한 4관管의 이모필狸毛筆을 일본 왕실에 보내면서, 당나라의 서법書法을 소개하고 호필好筆을 위해서는 서필書法에 따라 붓[筆]을 달리해야 함을 역설하였다.[108] 여기에서 이모필狸毛筆이 서모필鼠毛筆과 어떠한 관련이 있는지는 분명하지 않으나, 9세기 당나라에서 유행한 모필毛筆에 대한 관심 정도를 알 수 있으며, 이러한 배경에서 신라 서모필이 당나라에서 유통되었을 것으로 여겨진다.

『제도로 및 제왕국지』의 키민카우와 쿠란잔에 대해서는 분명하지 않다. 다만 『제번지』의 물품명과 비교할 때에 인삼 또는 우황, 사향류가 아닐까 생각되며, Ibn Batutah의 서書에서 沉香을 kakula, kamara 등으로 일컬었다고 하므로[109] khulanjan은 침향과 관련된 명칭이 아닐까 추측된다.

요컨대 『제번지』 신라조에서 일컬은 신라의 물품은 대체로 신라산으로 인정

103) 韓致奫, 『海東繹史』 권 26, 物産志 1, 草類 滿花席草.
104) 「僧最澄書狀」, 『平安遺文』 8, 3276쪽.
105) 韓致奫, 『海東繹史』 권 27, 物産志 2, 文房類 筆.
106) 韓致奫, 『海東繹史』 권 27, 物産志 2, 獸類 鼬鼠.
107) 張維, 『谿谷先生集』 권4 , 說 10首, 筆說.
108) 「僧空海奉獻表」, 『平安遺文』 8, 3268쪽.
109) 馮承鈞, 앞의 책, 109쪽.

할 수 있다. 이들 물품이 동남아시아 및 서역 물산과 함께 서술된 것은 아무래도 9세기 중후반 강남·영남도 일원의 재당 신라상인의 활동과 관련될 것이다.[110)] 조여괄은 『제번지』 신라국조에서 신라가 천주泉州와 바다 건너 마주보는 지역에 있지만, 신라인들이 교역에 있어서 음양가陰陽家의 자오子午의 설을 꺼려하여 반드시 먼저 사주泗州와 명주明州에 이른 뒤에 다시 출발한다 하고, 일설을 소개하면서 천주의 수세水勢가 점점 낮아지므로 신라선은 반드시 사주와 명주를 거친다고 하였다.[111)] 이는 신라 상인들이 천주 등지를 거점으로 활동하였던 사실을 보여준다. 그런데 주거비의 『영외대답』에는 당나라 때에 광주와 천주에 제거시박사提擧市舶司를 설치하였고, 내륙에도 옹주邕州 횡산채橫山寨·영평채永平寨와 흠주欽州에 박역장博易場을 설치하여 번상蕃商들과 교역케 하였는데, 번상들은 급하고 어려운 일이 있을 때면 반드시 제거사提擧司에게 나아가 해결하였다고 한다. 제거시박사는 매년 10월에 번상들의 교역의 장을 베풀었으므로, 번상들은 여름에 도착하여 상세商稅를 내고 제거사의 보호하에 명향名香·서상犀象·금은 등을 가져와 능綾·면綿·라羅·포布나 지紙·필筆·미米·포布 등과 교역하였다고 한다.[112)] 따라서 이들 지역에서 활동한 신라상인들은 자연스럽게 동남아시아 향약류와 신라물품을 상호 교역하였을 것이다. 『제도로 및 제왕국지』와 『제번지』의 신라 관련기사는 바로 이러한 배경에서 서술된 것으로서, 각각의 현실적 관심에서 신라물산을 소개한 것이라 할 것이다.

4. 맺음말

필자는 장보고 활동시기에 신라상인들이 양주揚州를 넘어 이미 광주廣州 일원에까지 활동하였고, 장보고 피살 이후에는 등주·초주·사주·양주로부터 명주·온주·복주·광주 등 당나라 강남·영남도 지방으로 그 무대를 옮겨 대일교역에 종사

110) 9세기 중엽 강남도 지역에서 활동한 신라상인들은 金自白·金珍·欽良暉·王超 등을 확인할 수 있는데, 이들의 활동에 대해서는 朴南守, 2009, 앞의 논문 참조.

111) 馮承鈞, 앞의 책, 87쪽.

112) 周去非 撰, 『嶺外代答』 권 3, 外國門 下, 航海外夷·권 5, 邕州橫山寨博易場·邕州永平寨博易場·欽州博易場 : 1937, 앞의 책, 42·71~73쪽. 朴南守, 2009, 앞의 논문, 각주 101 참조.

하였음을 밝힌 바 있다. 본고는 그러한 작업의 연장선상에서 『제도로 및 제왕국지』와 『제번지』를 중심으로 9세기 중후반 당나라 강남·영남도 일원에서 교역된 신라의 물품을 검토하였다. 특히 그동안 학계에서 주목하지 않았던 『제번지』 신라국조의 신라 대외교역물품을 소개함으로써 그 의의를 찾고자 하였다. 이에 지금까지 검토한 내용을 정리함으로써 맺음말에 대신하고자 한다.

첫째, 이븐 쿠르다지마의 『제도로 및 제왕국지』와 남송 보경 원년(1225) 조여괄이 편찬한 『제번지』는 9세기 중후반 당나라 강남·영남도에서 교역된 신라 물산에 대한 정보를 전해준다. 전자가 당시 양주·천주·광주 지역에서 교역하던 서역 상인들의 전문傳聞을 토대로 하였다면, 후자는 편찬자 자신이 복건 제거시박 福建 提擧市舶을 역임하면서 겪은 경험을 바탕으로 하여 당나라 단성식段成式(803?~863)의 『유양잡조酉陽雜俎』와 송나라 주거비周去非(1138~1189)의 『영외대답嶺外代答』의 해외 제국 기사를 토대로 서술된 것이었다. 따라서 양자의 신라 관련 기사는 대체로 9세기 중후반 당나라 강남·영남도 지방에서 유통된 신라 물품에 대한 정보라는 점에서 내용상 서로 통하는 것으로 이해하였다.

둘째, 『제도로 및 제왕국지』와 『제번지』의 신라물품 관련 기록에서, 전자의 경우 '비단[調段], 검, 키민카우, 사향, 침향(蘆薈), 말 안장[馬鞍], 담비가죽[貂皮], 도기, 범포帆布, 육계肉桂, 쿠란잔'을, 후자는 '인삼, 수은, 사향, 송자松子, 진자榛子, 석결명石決明, 송탑자松塔子, 방풍防風, 백부자白附子, 복령茯苓, 대소포大小布, 모시포毛施布, 동경銅磬, 자기, 초석草蓆, 서모필鼠毛筆' 등을 들었다. 두 자료에서 사향은 서로 중복되는 명칭이고, 『제도로 및 제왕국지』의 범포와 도기는 『제번지』의 대소포와 자기에 상응한 것이었다. 도기에서 자기로의 명칭 변화는 9세기 중엽의 도기가 9세기 중후반에 이르러 자기로 바뀐 사정을 보여주는 것으로서, 『제도로 및 제왕국지』와 『제번지』의 다루는 대상 시기가 각각 9세기 중엽과 9세기 중후반이라는 차이 때문이 아닌가 생각하였다. 범포帆布는 신라 직포織布 기술의 우수성을 보여주는데, 신라선의 우수성 또한 이와 관련된 것으로 이해하였다. 특히 장거리 항해를 주로 하는 아라비아 상선에 있어서 범포는 필요불가결한 것으로서, 서역상인들의 주요한 관심거리였다. 그 밖의 물품은 대체로 신라에서 생산되었던 것으로 인정되나, 『제도로 및 제왕국지』에서 일컬은 침향(蘆薈)과 육계肉桂, 담비가죽[貂皮]은 신라의 물산이라기보다는 신라상인들이 이들 물품을 유통한 데서 비롯한 것으로 여겨졌다. 특히 침향沈香과 노회蘆薈는 별개의 물품인데 이를 동일시한 것은 『제도로 및 제왕국지』의 역주자들의 오해에서 비롯한 것으로 판단하였다. 또한 담비가죽[貂皮]은 본래 발해산이었으나 신라상인과 발해상인이 함께 교역에 종사하면서 신라산으로 일컬어진 것으로 이해하였다. 키민카우와 쿠란잔은 분명하지 않으나 『제번지』의 물품명과 비교할 때에 인삼 또는 우황, 사향류가 아닐까 추측하였으며, 특히 쿠란잔(khulanjan)은 Ibn Batutah의 서書에서 침향을 kakula, kamara 등으로 일컬었던 것으로 보아 침향과 관련된 명칭이 아닐까 추리하였다.

셋째, 『제도로 및 제왕국지』에서 언급한 신라 교역물 가운데 비단[調段]류의 생산과 관련하여 8세기 신라의 대당 조공품과 대일 수출품 가운데 보이는 조하금朝霞錦과 9세기 중엽의 백첩포白氎布 등의 명칭을 주목하였다. 조하금·백첩포는 남만南蠻의 조하포朝霞布·백첩포白氎布와 관련된 명칭이었다. 조하금은 누에고치를 원료로 생산한 신라 명주의 품질이나 빛깔이 조하포와 유사한 데서, 그리고 백첩포는 9세기 초엽 일본에 전래된 곤륜산 목면류를 교역대가로 가져와 가공함으로써 경문왕 9년(869) 신라의 대당조공품으로 등장할 수 있었던 것으로 이해하였다.

넷째, 『제번지』에서 일컬은 모직물로서의 모시포毛施布는 신라의 전류氈類·구유氍毹 등의 생산과 관련된 것으로서, 양羊의 사육을 전제로 한 것이었다. 이에 신라양지新羅羊脂나 양고羊膏 등으로부터 신라에서 영양羚羊이 사육되었음을 확인할 수 있었고, 이들 전류氈類 가운데 일부는 우모牛毛로도 제작되었을 것으로 이해하였다.

다섯째, 『제번지』에 보이는 신라 교역품 가운데 특징적인 것으로서 인삼, 우황, 사향, 송자, 진자, 송탑자, 방풍, 백부자, 복령 등 신라의 토산 약재를 주목하였다. 이는 효소왕 원년(692)에 의학醫學을 설치한 이후 의학적 기술의 발달과 흐름을 같이하는 것으로서, 『침경針經』을 교습함으로써 우수한 침針을 제조하고 『본초경本草經』의 지식을 습득함으로써 약재를 개발 재배하였던 결과로서 이해하였다. 이에 9세기 무렵에는 종래 남방산이던 전단향栴檀香까지도 자체 재배할 수 있었고, 다양한 약재를 생산하여 당나라 강남·영남도 일원에서 교역하였던 것으로 짐작하였다. 특히 「정창원어물목록」에 이들 일부 약재의 이름이 보이는 것으로 미루어, 8~9세기 일본에도 신라의 약재류가 광범위하게 유통되었고 그것이 재당신라상인에 의해 일본에까지 전래되었을 것으로 추정하였다.

9세기 신라의 교역물은 신라검, 향약, 약재, 비단, 도기, 서모필 등 매우 다양하였다. 비록 『제도로 및 제왕국지』에서 침향, 육계 등을 신라물품으로 소개한 것은, 8세기 중엽 일본의 「매신라물해」에 보이듯이 신라 상인들이 이를 유통한 데서 비롯한 것으로서, 9세기 중엽 당나라 강남·영남도 일원에서 서역 상인들과 경쟁하던 재당 신라상인들의 모습을 투영한 것이었다. 이븐 쿠르다지마는 이슬람권 상인들이 선호하던 비단, 그릇류와 함께 항해에 필수적인 범포帆布, 그리고 신라의 특산물 등을 서술하였다. 이에 대해 조여괄은 송나라의 주변제국의 물산에 대한 관심에서 『제번지』를 저술한 바, 당나라 때의 자료와 자신의 경험을 토대로 고려의 전대인 신라의 물품에 대한 정보를 전하였다. 이로 미루어 9세기 중후반 중국 강남·영남도 지역에서의 재당 신라상인들의 왕성한 활동을 살필 수 있는 바, 고려 전기에 서역상인들과 송나라 상인들이 개경을 오갈 수 있는 기반은 이미 이들 재당 신라상인들에 의해 마련되었다고 할 것이다.

고구려 조세제와 민호편제

1. 머리말

삼국의 조세제에 대해서는 고구려·백제의 것만 전하는데, 고구려 조세제는 『수서』와 『주서』, 『북사』에 소개되어 있다. 이들 사서 가운데 고구려 조세 조항에 관한 내용은 『수서』 고구려전이 가장 자세하게 기록되어 있어, 지금까지 연구자들은 주로 『수서』 고구려전을 분석함으로써 고구려 조세제도를 이해하고자 하였다. 그 결과 고구려 조세제도는 인두세人頭稅로서의 세稅와 3등호제三等戶制에 기반한 조租를 수취하였으며 그 세액에 비추어 인두세가 주종이었다는 것, 그리고 인人과 유인遊人, 그리고 '그 소유에 따라 빈부를 헤아려 차등있게 거둔다[隨其所有 量貧富差等輸之]'의 의미 등에 관한 해석이 연구의 중심과제였다.[1)]

그러나 기왕의 연구는 중국 사서의 고구려 조세제 관련 기사를 중심으로 검토

1) 『隋書』 고구려전 조세조항에 대한 연구사적 검토는 金基興, 1987, 「6·7세기 고구려의 조세제도」, 『한국사론』 17, 서울대 국사학과 참조.

한 것으로서, 중국 사서가 지니는 관점이나 서술상의 특징, 용어의 용법 등에 대한 천착이 없었다. 이에 필자는 「삼국의 경제와 교역활동」에서 고구려·백제의 조세제에 관한 3종의 사서를 비교함으로써, 고구려 조세조항의 경우 『수서』와 『북사』의 내용이 거의 동일하나 『북사』와 『주서』는 백제 조세 조항에 대한 새로운 정보를 추가하고 있음을 지적하였다.2)

또한 필자는 위의 논문에서 삼국의 조세제 관련 기사를 검토하여 삼국 개별국가의 독자적인 사회경제적 발전단계를 살피고자 하였으나, 당시 '삼국의 전쟁과 교역' 문제에 한정된 논제로 인하여 조세제나 사회경제구성 등에 소략하였다. 특히 고구려 조세제의 실상과 이와 관련된 일반민, 그리고 새로이 획득한 인민·포로 들을 편제하는 방식 및 사회경제구성 등에 대하여 천착하지 못하였다. 이러한 문제를 밝히는 것은 당시 삼국의 국가 경쟁력 비교나 고구려의 재정구조, 사회경제발전단계를 밝히는 관건인 까닭에 후일을 기약했던 바, 본 소론에서 그 구체적 실상을 살피고자 한다.

이에 먼저 기왕의 연구성과를 참조하여 『수서』와 『주서』 고구려전의 조세제 관련 내용이 전체 고구려전 기사에서 어떻게 서술되었고, 그 내용은 어떠한 배경에서 기술되었는가를 살핌으로써 관련 기사의 성격을 밝히고자 한다. 또한 고구려 조세제에 대하여 가장 구체적인 기록을 보여주는 『수서』 고구려전의 조租와 세稅의 성격을, 『수서』에 보이는 '조'와 '세'의 용례를 통하여 검토하고자 한다. 나아가 '조'의 성격과 관련하여 이른바 '삼등호三等戶'는 어떠한 의미를 지니는가를 천착하고자 한다.

다음으로 논자들간에 의견이 분분한 '유인遊人'의 성격을 『수서』의 '유遊'자 용례를 통하여 분석하고, 고구려의 사회경제 상황과 비교 검토하고자 한다. 또한 '유녀遊女' 기사의 발생 과정을 추적함으로써 그 의미를 밝히고자 한다. 특히 고구려 조세제와 관련하여 고구려 민호 편제의 양상에 접근하고, 나아가 고구려 사회경제구성 문제와 관련하여 식읍과 하호의 관계, 고구려의 정복전쟁과정에서 민의 직접지배 방식으로의 전환, 그리고 경작과 공물 생산, 수묘역을 담당한 민들의 편제과정을 살피고자 한다.

단편적인 자료로 고구려 사회경제상을 밝히는 것이 무리한 작업이라는 생각

2) 박남수, 2004, 「삼국의 경제와 교역활동」, 『신라문화』 24.

이 되지만, 이를 통하여 고구려 사회경제사 연구에 진전이 될 수 있다면 다행이라 여기며, 많은 질정을 바란다.

2. 고구려 조세제 기사의 재검토

1) 『수서』·『주서』 고구려전 조세제 기사

주지하듯이 고구려 조세제에 관한 내용은 다음 『수서』와 『주서』, 『북사』에 소개되어 있고, 백제의 조세제는 『주서』에 소개되고 있다.

A. ① 인人은, 세가 베 5필에 곡식 5석이다. 유인遊人은 3년에 한 번 세를 내되, 열 사람이 함께 세포 1필을 낸다. 조는 호가 1석, 차호가 7두, 하호가 5두이다.[人稅布五匹 穀五石 遊人則三年一稅 十人共細布一匹 租戶一石 次七斗 下五斗] … 부인이 음란하고 풍속에 유녀遊女가 많다. 결혼을 하는 데는 남녀가 서로 좋아하면 곧 혼례를 치르는데, 남자의 집에서는 돼지고기와 술을 보낼 뿐 재물을 보내는 예는 없다. 만약 재물을 받는 자가 있으면 사람들이 모두 수치로 여긴다. … 장사지낼 때에는 북치고 춤추며 음악을 울리면서 장송葬送한다. 매장이 끝난 뒤 죽은 자가 생존시에 썼던 의복과 완구, 거마車馬를 모두 거두어다 무덤 옆에 두는데, 장례에 모였던 사람들이 앞을 다투어 가져 간다.(『수서』 권 81, 열전 46, 고려)

② 그 의복은 대체로 고구려와 같다. … 송나라 원가력元嘉曆을 쓰는데 인월寅月을 세워 세수歲首로 삼는다.…(『수서』 권 81, 열전 46, 백제)

B. ① 부세는 견絹과 포布 및 속粟으로 하는데, 그 소유한 바를 따라 빈부를 헤아려 차등있게 거둔다. 토전土田이 척박하여 거처를 검소하게 한다.[賦稅則絹布及粟 隨其所有 量貧富差等輸之 土田塉薄 居處節儉](『주서』 권 49, 열전 41, 고[구]려)

② 그 의복은 남자의 경우 대체로 고구려와 같다.[其衣服 男子畧同於高麗] … 송나라 원가력元嘉曆을 쓰는데 인월寅月을 세워 세수歲首로 삼는다. … 부세는 포·견·사·마 및 쌀 등으로써 하는데 그 해의 풍흉을 헤아려 차등있

게 거둔다.[賦稅以布絹絲麻及米等 量歲豐儉 差等輸之](『주서』 권 49, 열전 41, 백제)

C. ① 세는 포 5필, 곡 5석이고, 유인은 3년에 한 번 세를 내는데 10인이 함께 세포 1필을 낸다. 조는 호에 1석, 차호 7두, 하호 5두이다.[稅布五疋穀五石 游人則三年一稅 十人共細布一疋 租戶一石 次七斗 下五斗](『북사』 권 94, 열전 82, 고구려)

② 그 음식과 의복은 고구려와 더불어 대략 같다. … 송나라 원가력을 쓰며 인월寅月을 세워 세수歲首로 삼는다. 부세는 포·견·사·마 및 쌀 등으로써 하는데 그 해의 풍흉을 헤아려 차등있게 거둔다.[賦稅以布絹絲麻及米等 量歲豐儉 差等輸之](『북사』 권 94, 열전 82, 백제)

이들 자료 가운데 고구려 조세 조항에 관한 내용은 『수서』 고구려전이 가장 자세하고 『북사』의 경우 『수서』의 내용을 전사한 것으로 여겨지고 있어, 지금까지 연구자들은 주로 『수서』 고구려전을 분석함으로써 고구려 조세제도를 이해하고자 하였다. 그러나 필자는 전술하였듯이 『수서』 동이전과 『주서』가 정관 10년(636)에 완성되었고, 양 사서에 기술된 삼국 관련 기사에 있어서, 『주서』가 전사前史들의 서술을 그대로 전사한 것이 아니라 전사에 없던 상태의 서술이 많아 오히려 북조의 사서인 『위서』와 고구려·백제 등에 관한 다른 계통의 사료에 의거했을 것으로 살핀 바 있다.

『수서』의 경우 수와 고구려의 관계로 보아 더 근원적이고 자세한 기술이 기대될 수 있으나 그러지 못하고 그 내부적인 상태를 기록할 만한 자료가 적었던 것으로 지적되고 있다.[3] 이에 『수서』 고구려전 조세 조항의 내용이 구체적이라고 하여 『주서』보다 사료적 가치를 더 높이 평가[4]하기 보다는, 양 사서가 포괄하고 있는 의미를 찾는 작업이 우선되어야 할 것이다. 또한 『주서』의 경우 백제 관련 내용을 추가하였을 뿐만 아니라 조세 관련 용어를 '부세賦稅'로 통일하였음을 살필 수 있다. 고구려 조세제에 대하여는 '빈부를 헤아려 차등있게 거둔다[量貧富 差等輸之]'라 하고, 백제의 경우 '한 해의 풍흉을 헤아려 차등있게 거둔다[量

3) 高柄翊, 1970, 「中國正史의 外國列傳」, 『東亞交涉史의 硏究』, 서울대 출판부, 31~32쪽.

4) 金基興, 1992, 「三國時代 稅制의 성격」, 『國史館論叢』 35, 113쪽.

歲豐儉 差等輸之]'고 함으로써 고구려·백제 양국의 조세제에 대한 성격을 기술하고 있어, 고구려는 빈부를 조사하고 등급을 매겨 수세하였으며, 백제의 경우 매년 풍흉을 헤아려 그 해의 등급을 매겨 수세하였던 것으로 여겨진다.[5)]

그러므로 『주서』의 관점에서 본다면 고구려 수세의 기준은 자산의 소유에 대한 빈부의 정도가 되며, 빈부의 정도는 견絹·포布·속粟의 생산 내지 소유한 바에 따라 사정査定되고, 사정된 등급에 따라 징수됨을 알 수 있다. 『주서』의 내용을 『수서』 고구려전 조세조항에 대비하면, 빈부의 정도에 대한 등급은 호戶에 대하여 상·중·하 3등급으로 매겼으며, 이들 3등호에 대해서는 조租를 수취하였던 것이라 하겠다.[6)]

이와 같은 기왕의 검토에도 불구하고 『수서』와 『주서』에 보이는 고구려 조세제 관련 내용의 차이를 두 사서 찬자의 관점의 차이로만 돌리기에는 주저되는 바가 있다. 이 두 사서 고구려전을 서로 비교하여 볼 때에, 찬술 대상 시기뿐만 아니라, 전체적인 문장 구성, 내용상의 간략함과 상세함, 제도에 대한 이해의 차이, 새로운 내용의 추가 등을 살필 수 있기 때문이다.

『주서』·『수서』 고구려전 비교

구 분	『주서』 고구려전	『수서』 고구려전
찬술시기	정관 10년(636)	정관 10년(636)
찬술자	唐 令狐德棻 등	唐 魏徵·長孫無忌 등
대상시기	고구려 건국~577년	고구려 건국~614년
전체내용 구성	고구려의 出自－건국－지세－도성(別都 / 10城)－관제(13등)－형법－의복－서적－병기－부세－산물－풍속－대통(546)과 건덕 연간(577) 책봉 사실 간략 서술	고구려의 出自(건국신화 상세)－건국(隋代까지의 世系 비교적 상세)－지세－도성(三京)－관제(12등 : 욕살에 대한 평가 상이)－의복－병기－국왕 校獵－조세－형법－樂－ 풍속－개황 이후 수대의 중국과의 관계 상세 서술

5) 이러한 차이는 양국의 조세제의 기원이나 양국 생산양식상의 차이로 말미암은 것으로 여겨지는데, 오늘날의 연구자들이 사료의 빈곤함을 이유로 이러한 사실을 간과하고 『구당서』의 찬자는 "凡諸賦稅及風土所産 多與高麗同"라 함으로써, 안일하게 고구려·백제·신라의 산물이나 세제가 동일한 것으로 간주하였던 것이 아닌가 한다.(박남수, 앞의 논문, 7쪽)

6) 박남수, 위의 논문, 5~11쪽.

먼저 『주서』와 『수서』의 전체적인 내용 구성을 살필 때, 몇 가지 차이점을 발견할 수 있다.

첫째, 『수서』가 『주서』보다도 구체적인 내용을 서술하였음을 볼 수 있다. 『수서』 고구려전에는 고구려의 출자에서 하백녀로부터 주몽이 출생하는 고구려 건국신화를 자세히 소개하였는 바, 광개토대왕릉비에 보이는 건국신화와 같은 내용으로서 당시 고구려 건국신화가 광개토대왕릉비의 내용을 따르고 있는 사실을 보여준다.[7] 또한 『주서』에는 보이지 않는 주몽으로부터 수대에 이르는 고구려 왕계를 서술하면서, 관구검과 모용씨의 고구려 침략 사실뿐만 아니라, 근초고왕의 고구려 침범 사실을 소개하고 있다.[8] 아울러 국왕의 수렵기사나 음악[樂], 수석전水石戰의 풍속과, '신라와 더불어 항상 서로 침탈하여 전쟁이 그치지 않는다'는 사실 등을 새로이 소개하였으며, 조세나 장례의 풍속은 『주서』보다도 자세히 기술하고 있다. 이에 비해 『주서』는 『수서』에 보이지 않는 대대로 관련 기사와 서적 관련 기사를 소개하면서, 형법에 있어서는 『수서』보다도 구체성을 띠고 있다.

이는 지적되듯이 양 사서가 근거한 사료에 차이가 있기 때문으로 여겨진다. 특히 고구려 관제에 있어서 『주서』가 대대로를 대관으로 여긴데 비해 『수서』는 이를 서술하지 않고 대로로 대치하였으며, 『주서』가 욕살을 관등으로 여긴데 대해 『수서』는 별도의 관직으로 서술하였음을 살필 수 있다. 여기에서 두 사서의 관점의 차이를 볼 수 있는데, 양 사서의 차이는 양 사서가 근거했던 자료의

7) ① "高麗者 其先出於夫餘 自言始祖曰朱蒙 河伯女感日影所孕也 朱蒙長而有材 夫餘人惡而逐之"(『周書』 권 49, 列傳 41, 百濟) ② "高麗之先 出自夫餘 夫餘王嘗得河伯女 因閉於室內 爲日光隨而照之 感而遂孕 生一大卵 有一男子破殼而出 名曰朱蒙 夫餘之臣以朱蒙非人所生 咸請殺之 王不聽 及壯 因從獵 所獲居多 又請殺之 其母以告朱蒙 朱蒙棄夫餘東南走 遇一大水 深不可越 朱蒙曰 我是河伯外孫日之子也 今有難 而追兵且及 如何得渡 於是 魚鼈積而成橋 朱蒙遂渡 追騎不得濟而還"(『隋書』 권 81, 列傳 46, 高麗)

8) ① "土于紇斗骨城 自號曰高句麗 仍以高爲氏. 其孫莫來漸盛 擊夫餘而臣之 莫來裔孫璉 始通使於後魏"(『周書』 권 49, 列傳 41, 百濟) ② "朱蒙建國 自號高句麗 以高爲氏 朱蒙死 子閭達嗣 至其孫莫來興兵 遂并夫餘 至裔孫位宮 以魏正始中入寇西安平 *毌*丘儉拒破之 位宮玄孫之子曰昭列帝 爲慕容氏所破 遂入丸都 焚其宮室 大掠而還 昭列帝後爲百濟所殺 其曾孫璉 遣使後魏 璉六世孫湯 在周遣使朝貢 武帝拜湯上開府·遼東郡公·遼東王 高祖受禪 湯復遣使詣闕 進授大將軍 改封高麗王 歲遣使貢不絕".(『隋書』 권 81, 列傳 46, 高麗)

차이에서 비롯한 것이 아닌가 생각된다. 따라서 『주서』와 『수서』 고구려 조세제 관련기사는 서로 보완적 성격을 가진 것으로 보아도 좋을 것이다.

둘째, 『주서』 편찬시에 근거한 자료가 무엇인지는 자세하지 않으나, 『수서』 고구려전은 『수서』 경적지에 보이는 양엽楊曄 찬 『화이제왕세기華夷帝王世紀』 30권, 『제번풍속기諸蕃風俗記』 2권, 『제번국기諸蕃國記』 17권, 『관구검기毌丘儉紀』 3권 등의 자료를 활용했던 것으로 여겨진다.[9] 이들 자료는 수나라가 고구려와 비교적 잦은 사신 왕래를 통하여 획득한 정보에 바탕하였을 것이다. 『삼국사기』 고구려본기에 따르면 고구려는 평원왕 때에 4차(581, 582, 583, 584), 영양왕 때에 4차(591, 592, 597, 600)에 걸쳐 사신을 보내었음을 확인할 수 있다. 특히 영양왕 11년(600)에 『유기留記』를 편찬하였는 바,[10] 이러한 고구려 역사서는 자연스럽게 사신을 통하여 수나라에 유입되었을 것이고, 수의 『화이제왕세기』, 『제번풍속기』, 『제번국기』 등을 찬술할 때에 고구려 관련 자료로서 활용되었을 것이다.[11] 더욱이 수나라 가칙전嘉則殿의 서적 37만여 권이 수·당 교체의 혼란기를 겪고 난 당 무덕 초에 8만여 권으로 줄어들었고 『수서』를 찬술하게 된 정관 연간에는 남은 책마저 모두 없어진 상황에서,[12] 『수서』의 찬술자들은 새로이 수집한 『제번풍속기』·『제번국기』·『화이제왕세기』 등을 참조하였을 것이다. 또한 그들은 모두 수나라 조정에서도 관직을 지냈던 인물들이어서 스스로가 수나라 때 겪었던 직·간접적인 견문과 사신들의 전문傳聞 등을 중심으로 고구려의 사정을 인식하여 서술하였을 가능성이 높다[13]

---

9) 『隋書』 권 33, 志 28, 經籍 二, 史.

10) "十一年 春正月 遣使入隋朝貢 詔大學博士李文眞 約古史爲新集五卷 國初始用文字 時有人記事一百卷 名曰留記 至是刪修"(『三國史記』 권 20, 高句麗本紀 8, 嬰陽王)

11) 內藤虎次郎은 隋代(581~618)에 찬술된 『東藩風俗記』가 『隋書』에 보이는 『諸藩風俗記』의 한 장일 것으로 추측했고, 李基東은 『翰苑』·『通典』 등에 인용되는 것으로 보아 별개의 책일 가능성이 큰 것으로 이해하였다.(李基東, 1978, 「新羅 太祖 星漢의 問題와 興德王陵碑의 發見」, 『大丘史學』 15·16 ; 앞의 책, 375쪽)

12) 『新唐書』 권 57, 志 47, 藝文 1.

13) 『隋書』의 紀와 傳은 魏徵·顔師古·孔穎達·許敬宗 등이 정관 10년(636)년에 완성하였다. 魏徵(580~643)은 隋書의 서론만을 맡았었다. 그는 隋 말엽 瓦崗起義軍에 들어가 李密의 掌書檄이 되었다가 당에 항복하였으나, 다시 竇建德에게 잡힌 바 되었다. 당나라가 중국을 통일함으로써 당 조정에서 太子洗馬를 지냈고, 太宗이 즉위하자 諫議大夫에 발탁되었으며 정관 7년(633) 侍中에 임명되었다.(『新唐書』 권 97, 列傳 22, 魏徵) 顔師古(581~645)는 수나라 때 任安養縣尉를 지냈고 唐 貞觀 중에 魏徵 등과 함

『수서』의 찬술에 참여한 비서감秘書監 위징魏徵·안사고顔師古 등이 천하의 서적을 두루 구매하기 위해 진력하였고[14], 『수서』 식화지를 찬술한 장손무기長孫無忌가 당나라의 고구려 정벌시 태종의 측근에서 보좌하였던 인물이었던 사실을[15] 주목할 필요가 있다. 특히 당나라는 고구려 정벌에 앞서 직방낭중職方郎中 진대덕陳大德 답로答勞를 고구려에 보내어 고구려 정세를 면밀히 살폈던 바,[16] 그러한 사실은 당태종의 측근에서 활약했던 장손무기도 충분히 알 수 있었을 것이다. 특히 장손무기는 『수서』 편찬 당시에 식화지를 직접 찬술하였던 인물이었던 만큼 고구려 조세 조항에 대한 내용도 검토 내지 직접 기술했을 가능성이 높다. 이러한 사실은 『수서』 고구려전의 새로운 기사나 새로이 첨가된 구체적인 내용이 당시에 고구려를 오고 간 사신들의 견문이나, 고구려 정벌에 앞서 취득한 정보, 찬술자 자신이 얻은 정보로부터 비롯하였다는 것을 의미한다. 셋째, 『주

께 『隋書』의 찬술에 참여하였으며 經籍 및 晉·宋의 舊文에 능했다.(『新唐書』 권 198, 列傳 123, 顔師古) 孔穎達(574~648)은 隋 大業 초에 明經으로 선발되어 河內郡 博士를 수직하였으며 煬帝에 의해 太學助教에 보임되기도 했다. 당나라 초기에는 秦王府 文學館 學士에 임명되었다가 國子博士, 給事中 등을 지냈다.(『新唐書』 권 198, 列傳 123, 孔穎達) 許敬宗(592-672)은 隋 말엽에 李密 원수의 府記室에 임명되었다. 그후 당 태종 때에 著作郎, 中書舍人 兼 修國史, 給事中 兼 史職을 지냈고, 정관 17년(643) 高祖·太宗實錄의 수찬에 참여하기도 했다.(『新唐書』 권 223 上, 列傳 148 上, 許敬宗)

14) 『新唐書』 권 57, 志 47, 藝文 1.

15) ① "二年 閏六月 唐太宗曰 蓋蘇文弑其君而專國政 誠不可忍 以今日兵力 取之不難 但不欲勞百姓 吾欲使契丹-靺鞨擾之何如 長孫無忌曰 蘇文自知罪大 畏大國之討 嚴設守備 陛下姑爲之隱忍 彼得以自安 必更驕惰 愈肆其惡 然後討之未晩也 帝曰善 遣使持節備禮册命…"(『三國史記』 권 21, 高句麗本紀 9, 寶臧王 上) ② "四年 … 夏四月 … 先是 … 帝至安市城 進兵攻之北部褥薩高延壽 南部褥薩高惠眞 帥我軍及靺鞨兵十五萬 救安市 … 帝悉召諸將問計 長孫無忌對曰 臣聞臨敵將戰 必先觀士卒之情 臣適行經諸營 見士卒聞高句麗至 皆拔刀結旆 喜形於色 此必勝之兵也 陛下未冠 身親行陣 凡出奇制勝 皆上稟聖謀 諸將奉成算耳 今日之事 乞陛下指蹤 帝笑曰 諸公以此見讓 朕當爲諸公商度 乃與無忌等 從數百騎 乘高望之"(『三國史記』 권 21, 高句麗本紀 9, 寶臧王 上)

16) "二十四年 帝以我太子入朝 遣職方郎中陳大德答勞 大德入境 所至城邑 以綾綺厚餉官守者曰 吾雅好山水 此有勝處 吾欲觀之 守者喜導之 遊歷無所不至 由是悉得其纖曲 見華人隋末從軍沒留者 爲道親戚存亡 人人垂涕 故所至 士女夾道觀之 王盛陣兵衛 引見使者 大德因奉使 國虛實 吾人不知 大德還奏 帝悅 大德言於帝曰 其國聞高昌亡 大懼 館候之勤 加於常數 帝曰 高句麗 本四郡地耳 吾發卒數萬 攻遼東 彼必傾國救之 別遣舟師 出東萊 自海道 趨平壤 水陸合勢 取之不難 但山東州縣 凋 未復 吾不欲勞之耳"(『三國史記』 권 20, 高句麗本紀 8, 榮留王)

서』와 『수서』의 대상시기를 살펴볼 때에, 『주서』가 고구려 건국으로부터 북주 무제 건덕 6년(577, 고구려 평원왕 19) 고구려 평원왕을 책봉하는 기사까지를 하한으로 한 데 비해, 『수서』는 건국으로부터 수 양제 10년(614) 고구려 원정을 포기한 때까지를 대상으로 하고 있음을 알 수 있다. 특히 고구려 조세제에 관한 내용이 『위서』나 『양서』 등 『주서』와 『수서』 이전 시기를 다루는 사서에는 보이지 않고, 『주서』에서 "부세는 견絹과 포布 및 속粟으로 하는데, 그 소유한 바를 따라 빈부를 헤아려 차등있게 거둔다"하였던 것이, 『수서』에서 "인人은, 세稅가 베 5필에 곡식 5석이다. 유인遊人은 3년에 한 번 세를 내되, 열 사람이 함께 세포細布 1필을 낸다. 조租는 호戶가 1석, 차호가 7두, 하호가 5두이다"라고 서술한 점을 주목할 수 있다. 또한 『주서』로부터 『수서』로의 내용 변화가, 개괄적인 데서 매우 구체적인 내용으로 바뀐 사실을 살필 수 있는데, 당시 사신의 내왕이나 고구려에 대한 정보를 취득한 사실로 미루어 단순한 관점의 차이로 치부하기보다는 오히려 고구려 조세제의 변화양상을 반영하는 것이 아닌가 짐작하게 한다.

그러므로 북주 무제 건덕 6년(577, 고구려 평원왕 19)까지의 『주서』의 조세제 내용이, 그 이후 614년까지 사이의 어느 시기에인가 『수서』에 보이는 바와 같은 보다 구체적인 조세제로 발전한 것으로 볼 수도 있다. 이는 『주서』와 『수서』 고구려전의 서술이 형법, 의복, 풍속 관련기사에서는 그 내용상 크게 다른 점이 보이지 않고 간략하고 상세한 점에서만 차이가 있는 반면에, 오직 조세제의 경우만 완전히 다른 관점에서 상이한 형태로 서술되고 있기 때문이다.

2) 조租와 세稅, 삼등호제三等戶制

『주서』와 『수서』 고구전이 상호 보완하는 성격을 지니고, 『수서』가 당시에 획득한 자료로써 이루어졌다고 하지만, 『삼국사기』 고구려본기에는 『수서』 조세제의 내용을 보완할 만한 기사가 보이지 않는다. 특히 조租나 세稅와 관련된 구체적인 내용은 찾을 수 없고, 수 양제와 당 고종이 고구려를 정벌하는 과정에서 내린 조서에서 간략히 언급했을 뿐이다.

D. ① 23년(612) 봄 정월 임오에 황제가 조서를 내려 말하기를 "고구려 작은 무리들이 사리에 어둡고 공손하지 못하니 … 어찌 신하의 예라고 하겠는가. 이를 참는다면 누구를 용납하지 않을 것인가. 또 법령이 가혹하고 부세가 번거롭고 무거우며, 힘센 신하와 호족이 모두 권력을 쥐고 붕당끼리 친하게 지내는 것으로 풍속을 이루고, 뇌물을 주는 것이 시장과 같고, 억울한 자는 말을 못한다. 게다가 여러 해 재난과 흉년으로 집집마다 기근이 닥치고, 전쟁이 그치지 않고 요역이 기한이 없으며 힘은 조세를 바치는 데 다하여 몸이 도랑과 구덩이에 빠졌으니 백성들의 시름을 이에 누가 이 이 시름에 잠겨 고통스러우니 이에 누가 가서 좇을 것인가? 경내境內가 슬프고 두려워 그 폐해를 이기지 못하니, 머리를 돌려 내면을 보면 각기 성명을 보존할 생각을 품고, 노인과 어린이도 모두 혹독함에 탄식한다. 풍속을 살피고 유주幽州, 삭주朔州에 이르렀으니 무고한 사람들을 위로하고 죄를 묻고자 다시 갈 필요는 없으리니, 이에 친히 6사六師를 거느리고 9벌九伐을 행하고 … (『삼국사기』 권 20, 고구려본기 8, 영양왕)

② 25년(666) … 겨울 12월에 고종이 이적李勣으로 요동도행군대총관겸안무대사遼東道行軍大摠管兼安撫大使를 삼고, 사열司列 소상백少常伯 안륙安陸과 학처준郝處俊으로 그 부장을 삼고, 방동선龐同善과 계필하력契苾何力을 아울러 요동도 행군부대총관겸안무대사遼東道行軍副大摠管兼安撫大使로 삼고, 수륙제군총관병전량사水陸諸軍摠管并轉糧使 두의적竇義積·독고경운 獨孤卿雲·곽대봉郭待封 등은 모두 이적의 처분을 받게 하였다. 하북河北 여러 주州의 조세와 공부貢賦는 모두 요동으로 보내 군용으로 공급하게 하였다.(『삼국사기』 권 22, 고구려본기 10, 보장왕 하)

위 D①은 수양제가 고구려 법령이 가혹하고 부렴賦斂이 전중煩重하며, 요역徭役에 기한이 없는 과중함을, D②는 중국이 고구려정벌을 위해 하북지방의 조부租賦를 요동지방에 보내어 군용에 충당한 내용이다. 따라서 위 기사에서 확인할 수 있는 것은 고구려에 부렴제도가 존재하며, 그것이 중국인의 입장에서 볼 때 매우 번잡하고 과중하며, 요역의 기한이 없었다는 사실이다.

그런데 신라·백제의 경우 홍수나 가뭄, 황충 등으로 흉년이 들어 백성들이 굶주리면 예외없이 '창고를 열어 진휼'하고 '1년간 조조租調를 면제'하였음을 살필 수 있다. 그러나 고구려의 경우 백성들이 굶주릴 경우 '1년간 조조租調'를 면해주는 기사를 볼 수 없으며, 오직 '사신을 보내어 진휼'하고 '창고를 열어 진급賑給'하거나 '사신을 보내어 어루만져 구휼' 내지 '왕이 순수하여 어루만져 구휼'한 사실만을 확인할 수 있다.

E. ① 2년(A.D. 45) 여름 5월 나라 동쪽에 큰 물이 나 백성이 주리니 창고를 열어 진급賑給하였다.(『삼국사기』 권 14, 고구려본기 2, 민중왕)

② 2년(A.D. 49) … 3월 폭풍으로 나무가 뽑혔다. 여름 4월에 서리가 내리고 우박이 쏟아졌다. 가을 8월에 사신을 보내어 국내의 굶주린 백성을 진휼하였다.(『삼국사기』 권 14, 고구려본기 2, 모본왕)

③ 56년(108) 봄 크게 가물어 여름까지 땅이 메말라 백성이 굶주리니 왕이 사신을 보내어 진휼하였다.(『삼국사기』 권 14, 고구려본기 2, 대조대왕)

④ 16년(194) 가을 7월 서리가 떨어져 곡식을 죽이니 백성이 굶주렸다. 참고를 열어 진급賑給하였다. …(『삼국사기』 권 16, 고구려본기 4, 고국천왕)

⑤ 4년(273) 가을 7월 정유 초하루 일식이 있었다. 백성이 굶주리니 창고를 열어 진휼하였다.(『삼국사기』 권 17, 고구려본기 5, 서천왕)

⑥ 2년(332) 봄 2월 왕이 졸본卒本에 이르러 시조묘始祖廟에 제사하였다. 늙고 병든 백성들을 돌아보며 위문하고 진급賑給하였다.(『삼국사기』 권 18, 고구려본기 6, 고국원왕)

⑦ 6년(389) 봄 굶주려 백성이 서로 먹으니 왕이 창고를 열어 진급하였다.(『삼국사기』 권 18 고구려본기 6, 고국양왕)

⑧ 3년(521) … 5월에 왕이 졸본에서 돌아오다가, 지나는 주읍州邑의 가난한 자들에게 곡식을 한 사람에 1곡斛씩 주었다.(『삼국사기』 권 19, 고구려본기 7, 안장왕)

⑨ 6년(536) 봄과 여름에 큰 가뭄이 들어 사신을 보내 굶주린 백성을 어루만지고 구제하게 하였다.(『삼국사기』 권 19, 고구려본기 7, 안원왕)

⑩ 7년(537) 봄 3월에 백성이 굶주리므로 왕이 순수하며 어루만지고 진휼하여 구하였다(『삼국사기』 권 19, 고구려본기 7, 안원왕)

⑪ 23년(570) … 가을 7월 서리와 우박이 곡식을 죽였다. 겨울 10월에 백성들이 굶주리므로 왕이 순수하며 어루만지고 구휼하였다(『삼국사기』 권 19, 고구려본기 7, 평원왕)

먼저 위의 기사에서 대체로 5세기 이전에는 '사신을 보내어 진휼하였다'와 '창고를 열어 진급하였다[發倉賑給, 開倉賑給]'의 기사만이 보이는데, '사신을 보내어 진휼하였다'는 국왕이 사신을 파견하여 백성을 구하여 진휼한다는 의미로 해석되며, '창고를 열어 진급하였다'는 창고를 열어 곡식을 지급한다는 것으로 그 주체가 분명하지 않다. 그런데 6세기 무렵부터는 '사신을 보내어 진휼하였다'는 기사는 전대와 같으나 '창고를 열어 진급하였다'는 기사가 사라지고 '왕이 순수하며 어루만지고 구휼하였다'는 기사가 나타나, 왕이 직접 지방을 순무하거나 사신을 파견하여 백성을 '어루만지고 구휼[撫恤]'하는 형태를 띠고 있음을 알 수 있다.

그런데 5세기 이전 '창고를 열어 진급하였다[發倉賑給, 開倉賑給]'는 기사는, 『삼국지』 위지 동이전의 "고구려에는 큰 창고가 없고 집집마다 부경桴京이라는 작은 창고가 있다"[17]는 기사와 서로 어긋난다. 가내의 작은 '부경'의 식량으로 굶주린 백성에게 나눠주어 구휼한다는 것은 생각하기 어렵기 때문이다. 따라서 이러한 기록의 차이는 다른 데서 연유를 찾아야 할 것 같고, 그것은 뒤에 다시 서술하겠지만 제가諸加나 대가大家, 또는 국왕의 고급 신료들이 운영하는 별도의 창고를 상정해야 하지 않을까 생각된다.[18] 요컨대 5세기 이전에는 국왕이 굶주린 백성을 직접 구휼하는 형태와 제가·대가들이 자신들이 관리·운영하던 창고를 열어 민을 구휼하는 형태가 동시에 존재했던 사정을 보여주는 것이 아닌가 추측된다.

이후 5세기를 전후한 때부터는 일반민에 대한 국왕의 직접 통치 방식이 강화되면서 사신을 지방에 파견하거나 국왕이 직접 순무하여 진휼하는 형태로 바뀌

---

17) "… 無大倉庫 家家自有小倉 名之爲桴京"(『三國志』 권 30, 魏書 30, 烏丸鮮卑東夷傳 30, 高句麗)

18) 권오영은 창고의 소유형태가 '취락 → 취락 내 소구역(세대복합체군) → 주거군(세대복합체) → 개별주거(세대)'로 축소되었음을 지적하였는데(권오영, 1996, 「삼한의 '國'에 대한 연구」, 서울대 국사학과 박사학위 논문, 82쪽), 이인철은 이를 바탕으로 창고 소유형태의 축소와 함께 토지의 개별 점유 내지 사적 소유 단계로 발전하였던 것으로 설명하였다. 특히 고구려 桴京은 토지소유가 공동소유-개별점유단계에 있었던 사실을 반영하는 것으로 파악하였다.(이인철, 2002, 「한국고대의 사회경제구성」, 『백산학보』 64, 199~200쪽) 사실 桴京이 개별 가구의 토지소유를 보여주는 것은 어느정도 설득력이 있어 보이며, 이러한 논의에서 더 나아가 大加 또는 諸家가 관리·운영하는 큰 창고가 존재했을 가능성을 충분히 상정할 수 있을 듯하다.

게 되고, 평양성뿐만 아니라 각 지방의 성에까지 창고를 두어 비상시에 대비하는 형태로 전환하였던 것으로 짐작된다. 『주서』와 『북사』 고구려전에는 평양성 내에 식량과 무기를 보관하는 창고가 있어 외적의 침입시에 방비에 임한다[19]는 사실을 전하는데, 평원왕 32년(590) 진陳이 멸망했다는 것을 전해들은 왕이 두려워하여 '병기를 다스리고 곡식을 쌓아 나라를 지키는 방책을 삼은 것[理兵積穀 爲拒守之策]'이나,[20] 보장왕 4년(645) 당나라 침략시 함락당한 고구려성 내에 상당량의 식량을 비축해 놓았던 상황에서도 그러한 사실을 확인할 수 있다.[21]

아무튼 앞서 살폈듯이 중국인의 관점에서는 고구려에 분명히 중국과 유사한 조세제도가 있었으며, 그것이 매우 번잡하며 과중하였던 것으로 여겨졌다. 따라서 『수서』 고구려전의 조세제에 관한 내용은 『수서』 찬술자 곧 중국인의 관점에서 서술한 사실로 보아도 무방할 것이다. 이에 『수서』 고구려전 조세조항을 『수서』 편찬자의 관점에서 검토하고자 한다.

필자는 일반적 의미로서의 부세가 세稅와 조租로 구분되며, '세稅'는 조調의 성격을, 그리고 조租는 전조田租의 성격을 띠고 있는 것으로 이해하여 『수서』 고구려전 조세조항을 풀이한 바 있으나,[22] 그 구체적인 내용을 검토한 것은 아니었다. 사실 '조租'가 전조의 성격을 띠는 것으로 고정화되기 시작한 것은 당 무덕 7년(624) 3월 29일에 균전제均田制를 실시하면서 부세제賦稅制를 정하여 매 정丁에 구분전口分田과 영업전永業田을 지급하는 동시에 조용조租庸調를 징수하면서부터이다.[23] 물론 『수서』가 완성된 것이 정관 10년(636)의 일로서 이 무렵에는 이러한 관념이 일반화되어 있었겠지만, 『수서』의 내용이 수대의 자료에 근거한 것이고, 수의 조세제도가 당나라 균전제의 전개양상과는 차이가 있으며, 『수서』 고구려전의 대상시기가 614년까지이므로, 『수서』에서 '조租'와 '세稅'를 사용한 용법을 확인하는 작업이 우선되어야 할 것이다.

---

19) "… 平壤城 … 城內唯積倉儲器備 寇賊至日 方入固守 …"(『周書』 권 49, 列傳 41, 高麗 ; 『北史』 권 94, 列傳 82, 高句麗)

20) 『三國史記』 권 19, 高句麗本紀 7, 平原王 32년.

21) 『三國史記』 권 21, 高句麗本紀 9, 寶臧王 上.

22) 박남수, 2004, 앞의 논문, 24쪽.

23) 李弘稙, 1955, 「三國史記의 '租'의 用法」, 『서울大學校 論文集-인문·사회과학-』 3 : 1971, 『韓國古代史의 硏究』, 新丘文化社, 497~498쪽.

F. ① 도하都下의 많은 사람들은 제왕공諸王公과 귀인貴人의 좌우전객左右佃客·전계典計·의식객衣食客의 류인데 모두 과역課役이 없다. 관품官品 제1과 2의 전객佃客은 40호戶를 지나지 않으며 … 제9품은 5호를 지나지 않는다. 그 전곡佃穀은 모두 대가大家와 더불어 헤아려 나눈다. 그 전계典計는 관품 제1, 제2는 3인을 두고, 제3, 제4는 2인, 제5, 제6 및 공부참군公府參軍, 전중감감군殿中監監軍, 장사長史, 사마司馬, 부곡독部曲督, 관외후關外侯, 재관의랑材官議郞 이상은 1인을 두는데, 모두 두루 전객佃客의 수數에 둔다. 관품 제6 이상은 아울러 의식객 3인을 둔다. … 객客은 모두 가적家籍에 올린다. 과課는 정남丁男의 경우 조포견調布絹 각 2장丈 사絲 3량兩, 면綿 8량, 녹견祿絹 8척, 녹면祿綿 3량 2분, 조미租米 5석, 녹미祿米 2석이고, 정녀丁女는 아울러 반으로 한다. 남녀 나이 16세 이상으로 60까지는 정丁이 되고, 남자 나이 16은 또한 반과半課이며, 나이 18은 정과正課, 66세는 과課를 면한다. 여자는 시집가면 정丁이 되고, 만일 가정을 이룬 자로 나이 20이면 정丁이 되며, 그 남정男丁은 매 해의 역役이 20일을 넘지 않는다. 또한 18명 가운데 1명꼴로 운정運丁을 내어 부역케 하고, 그 전무田畝의 세稅는 미米 2두인데 대개 이와 같은 비율로 한다. …[24)]

② [동위 효정제] 원상元象(523~539)·흥화興和(539~542) 연간에 빈번하게 큰 풍년이 들어 곡가가 1곡斛에 9전錢에 이르렀다. 이 때에 법망이 느슨하여 떠도는 백성들이 많아 옛 거처에 요부徭賦가 궐闕하였다. [남제] 신무제가 손승孫騰·고륭지高隆之에게 명하여 적장이 없는 호[無籍之戶]를 나누어 관장하게 하여 60여 만 호를 얻었다. 이에 교거자僑居者가 각각 본래의 소속으로 돌아오니, 이후로 조조租調의 수입이 증가하였다. … [북제] 문선제가 선양을 받음에 이르러 [건물의] 창건한 바가 많고 … 하여 변방의 요충을 방비하였다. 비로소 9등호를 세워, 부자는 전錢을 세稅로 내고, 가난한 자는

24) "都下人多爲諸王公貴人左右 佃客典計 衣食客之類 皆無課役 官品第一第二佃客無過四十戶 … 第九品五戶 其佃穀 皆與大家量分 其典計 官品第一第二 置三人 第三第四 置二人 第五第六及公府參軍殿中監監軍長史司馬部曲督關外侯材官議郞已上一人 皆通在佃客數中 官品第六已上并得衣食客三人 … 客皆注家籍 其課 丁男調布絹各二丈絲三兩綿八兩祿絹八尺祿綿三兩二分租米五石 祿米二石 丁女竝半之 男女年十六已上至六十爲丁男 年十六亦半課 年十八正課 六十六免課 女以嫁者爲丁 若在室者年二十乃爲丁 其男丁每歲役不過二十日 又率十八人出一運丁役之其田畝稅米二斗 蓋大率如此…"

그 역力을 역役으로 바치게 하여, 북으로는 장성長城의 역役을 일으켰고 남으로는 금릉金陵의 전쟁이 있었다. … 겸하여 호구戶口가 점차 많이 숨고 도망하여 … 이로 말미암아 간사하고 속임이 더욱 심하여져 호구의 조조租調가 10에 6, 7이 도망하였다.…25)

③ 하청 3년(563)에 이르러 영을 정하여 명하기를, 사람들의 거처 10가家를 비린比鄰으로 삼고, 50가를 여리閭里로, 100가를 족당族黨으로 삼았다. 남자 18세 이상 65세 이하를 정丁이라 하고, 16세 이상 17세 이하를 중中, 66세 이상을 노老, 15세 이하를 소小라 하였다. 이에 18세가 되면 전田을 받아 조조租調를 운수하고, 20세에 병兵에 충당되며, 60세에 역역力役을 면제하고, 66세에 전田을 물려 조조租調를 면하였다. … 또한 매 정丁마다 영업永業 20무畝를 지급하여 뽕나무 밭[桑田]을 삼게 하는데, 그 가운데 뽕나무 50뿌리, 느릅나무 세 뿌리, 대추나무 다섯 뿌리를 심어 환수하지 않으나, 이 밭이 아닌 경우에는 모두 환수하여 나누어 준다. 뽕나무에 마땅하지 아니한 것은 마전麻田을 지급하는데 상전법桑田法과 같이 한다. 사람[人] 1상牀에 조견調絹 1필, 면綿 8량 모두 10근인데, 면 가운데 1근을 가지고 사絲를 만든다. 간조墾租 2석, 의조義租 5두이고, 노비는 각각 양인의 반이다. 우조牛調 2척, 간조 1두, 의조 5승이다. 간조는 대臺로 보내고 의조는 군郡에 납부하여 수한水旱에 대비한다. 간조墾租는 모두 빈부에 따라 3효三梟로 삼았다. 그 부세賦稅는 상조常調의 경우 적은 것은 상호上戶에서 곧바로 내고, 중간은 중호中戶에 미치며, 많은 것은 하호下戶에 이른다. 상효上梟는 먼 곳[遠處]에서 운수運輸하고 중효中梟는 다음 먼 곳, 하효下梟는 당해 주의 창고[當州倉]에 운수하는데, 3년에 1번씩 평정하여 정한다. 조租를 대臺에 납입하는 경우 500리 안은 속粟을 운수하고, 500리 밖은 미米를 나르며, 주진州鎭에 납입하는 자는 속粟을 운수하는데, 전錢으로 운수하고자 하는 사람은 상견上絹에 준하여 전錢으로 수납한다. …26)

---

25) "元象興和之中 頻歲大穰 穀斛至九錢 是時 法網寬弛 百姓多離 舊居闕於徭賦 神武乃命孫騰高隆之 分括無籍之戶 得六十餘萬 於是 僑居者 各勒還本屬 是後 租調之入有加焉 … 及文宣受禪 多所創 … 以備邊要 始立九等之戶 富者 稅其錢 貧者 役其力 北興長城之役 南有金陵之戰 … 兼并戶口 益多隱漏 … 由是 姦欺尤甚 戶口租調 十亡六七 …"

26) "至河淸三年 定令乃命 人居十家爲比鄰 五十家爲閭里 百家爲族黨 男子 十八以上

④ 고조가 제위에 올라 … 이 때에 … "제왕 이하 도독에 이르기까지 모두 영업전을 지급하는데 각각 차등이 있다. … 그 정남과 중남中男의 영업로전永業露田은 모두 후제後齊의 제도를 따르는데 아울러 나무에 대해서는 뽕나무, 느릅나무 및 대추나무로써 징수하고, 그 원택園宅은 3명에 1무畝의 비율로 지급하며 노비는 5명에 1무를 지급하되, 정남丁男은 1상牀에 조속租粟 3석으로 한다. 뽕나무 밭[桑土]의 경우 견·시絹絁로써 조調를 내며, 삼밭[麻土]에서는 포布로써 조調를 바친다. 견·시는 필疋로써 하되 면綿 3량을 더하고, 포는 단端으로써 하되 마麻 3근을 더한다. 단정單丁 및 복예는 각각 그 반으로 한다. 땅을 받지 못한 자는 모두 과세하지 않는다. 품작品爵이 있는 자 및 효자孝子, 순손順孫, 의부義夫, 절부節婦는 모두 과역課役을 면한다. 경관京官은 또 직분전職分田을 지급한다. …[27]

⑤ [북제] 문선제가 선양을 받음에 이르러 창건한 바가 많고 … 하여 변방의 요충을 방비하였다. 비로소 9등호를 세워, 부자는 전錢을 세稅로 내고, 가난한 자는 그 역力을 역役으로 바치게 하여, 북으로는 장성長城의 역役을 일으켰고 남으로는 금릉金陵의 전쟁이 있었다. … 겸하여 호구戶口가 점차 많이 숨고 도망하여 … 이로 말미암아 간사하고 속임이 더욱 심하여져 호구의 조조租調가 10에 6, 7이 도망하였다.[28]

⑥ 대통중(535~553)에 이르러 또 동궁東宮을 허물어 문文을 닦고 무武를 억제하여 빈장嬪嬙 제원諸院의 터를 융성하게 일으키고 대모루玳瑁樓를 세웠다.

六十五以下爲丁 十六已上十七已下爲中 六十六已上爲老 十五已下爲小 率以十八受田 輸租調 二十充兵 六十免力役 六十六退田 免租調 … 又每丁給永業二十畝 為桑田 其中種桑五十根榆三根棗五根 不在還受之 限非此田者 悉入還受之 分土 不宜桑者 給麻田 如桑田法 率人一牀調絹一疋綿八兩凡十斤 綿中 折一斤 作絲 墾租二石 義租五斗 奴婢各准良人之半 牛調二尺 墾租一斗 義租五升 墾租送臺 義租納郡 以備水旱 墾租 皆依貧富 為三梟 其賦稅 常調則 少者 直出上戶 中者 及中户 多者 及下户 上梟輸遠處 中梟輸次遠 下梟輸當州倉 三年一校焉 租入臺者 五百里内 輸粟 五百里外 輸米 入州鎮者 輸粟 人欲輸錢者 准上絹 收錢 …"

27) "高祖登庸 … 是時 … 自諸王已下 至於都督 皆給永業田 各有差 … 其丁男中男永業露田 皆遵後齊之制 並課樹以桑榆及棗 其園宅 率三口給一畝 奴婢 則五口給一畝 丁男一牀 租粟三石 桑土 調以絹絁 麻土以布 絹絁以疋 加綿三兩 布以端 加麻三斤 單丁及僕隷 各半之 未受地者 皆不課 有品爵及孝子順孫義夫節婦 並免課役 京官又給職分田 …"

28) "及文宣受禪 多所創 … 以備邊要 始立九等之戶 富者 稅其錢 貧者 役其力 北興長城之役 南有金陵之戰 … 兼并戶口 益多隱漏 … 由是 姦欺尤甚 戶口租調 十亡六七"

또한 유예원遊豫園에 못을 파고 두루 열관列館 중에 삼산三山·구대構臺를 일으켜 창해滄海를 형상화하였다. 아울러 크게 불사佛寺를 닦으니 노역이 거만鉅萬으로 재용財用을 계상하여 지급할 수 없었다. 이에 조사朝士의 녹祿을 감하고 제조諸曹의 양선糧膳과 9주九州 군인의 상사常賜를 끊어 공급하였다. 무평武平의 후에 권행權幸들이 아울러 진사進賜함에 한계가 없었고 한해와 황해까지 더하니 국용國用이 구렁에 빠지게 되었다. 이에 경내境內 6등六等 부자들의 調를 헤아려 전錢을 거두어 일에 지급토록 하였다. [북제] 황문시랑黃門侍郞 안지추顔之推가 관시·저점세關市·邸店稅를 세우기를 주청하니, 개부開府 등장옹鄧長顒이 찬성한 후에 왕이 크게 기뻐하였다.29)

⑦ 염鹽과 4염을 관장하는 정령[掌鹽掌四鹽之政令]. 첫째 산염散鹽은 바닷물을 삶아 이루며, 둘째 고염鹽鹽은 연못물을 이끌어 만들며, 셋째 형염形鹽은 육지에서 가공하여[物地] 산출하고, 넷째 이염飴鹽은 융지戎地에서 취한다. 무릇 고염·형염은 매 땅마다 금하는데, 백성이 취하면 모두 세금을 매긴다. 사창司倉은 9곡九穀의 물품을 관장하여 국용을 헤아린다. 국용이 넉넉하면 그 나머지를 축적하여 흉황凶荒에 대비하고, 부족하면 여용餘用을 그친다. 넉넉할 때에는 속粟으로써 사람들에게 빌려주는데, 봄에 나누어 주고 가을에 거둔다. 민제閔帝 원년 초에 시문세市門稅를 없앴다가 선제宣帝가 즉위하면서 다시 입시세入市稅를 일으켰다. … 고조가 황제위에 올라 동경東京의 역역을 파하고 입시세를 없앴다.30)

⑧ 고조…16년…2월 또 조칙을 내려, 사창社倉은 상·중·하 3등세三等稅에 준하되 상호는 1석을 넘지 않게 하고 중호는 7두를 넘지 않으며 하호는 4두를 넘지 않게 하라고 하였다. 그후 산동지역에 매년 자주 장마가 들어 기杞·송

29) "至大統中 又毁東宮 造修文偃武 隆基嬪嬙諸院 起玳瑁樓 又於遊豫園穿池 周以列館中 起三山 構臺以象滄海 并大修佛寺 勞役鉅萬 計財用不給 乃減朝士之祿 斷諸曹糧膳 及九州軍人常賜 以供之 武平之後 權幸 並進賜 與無限加之 旱蝗 國用轉屈 乃料境內六等富人調 令出錢而給事 黃門侍郞顔之推 奏請 立關市邸店之稅 開府鄧長顒 贊成之後 主大悅"

30) "掌鹽掌四鹽之政令 一曰 散鹽煮海以成之 二曰 鹽鹽引池以化之 三曰 形鹽物地以出之 四曰 飴鹽 於戎以取之 凡鹽鹽形鹽 每地為之禁 百姓取之 皆稅焉 司倉掌辨九穀之物 以量國用 國用足 即蓄其餘 以待凶荒 不足 則止餘用 足則 以粟貸人 春頒之 秋斂之 閔帝元年初 除市門稅 及宣帝即位 復興入市之稅 … 高祖登庸 罷東京之役 除入市之稅"

宋·진陳·박亳·조曹·대戴·초譙·영潁 등 제주諸州에서 창해滄海에 이르기까지 모두 수재로 곤궁하여 물에 잠기는 바 되었다. … 개황 8년 5월 고경高熲이 주청하여, '제주諸州의 조調를 부과하지 않는 곳과 주州 소관의 호수가 적은 곳으로 조를 부과하는 곳은, 관인의 녹력祿力을 승전乘前 이래로 항상 근처의 주에서 냈고, 다만 판관判官은 본래 목인牧人의 역력役力으로 소속 부의 것을 내었습니다. 청컨대 소관 호내에서 호를 계상하여 징세토록 하십시오' 라고 하니, 고조가 따랐다.[31]

⑨ 또한 도서都西에 석두진石頭津이 있고 동쪽에 방산진方山津이 있어 각각 진주津主 1인, 적조賊曹 1인, 직수直水 5인을 두어 금물禁物과 도망하거나 모반한 자를 검찰케 하였다. 그 적탄어신荻炭魚薪의 류類는 진을 건너는 자의 경우 10분의 1세를 거두어 관官에 납입하도록 하였다. 그 동로東路는 금하는 재화가 없으므로 방산진의 검찰이 매우 간단하였다. 회수淮水 북에는 대시大市가 100여 소이고, 소시小市는 10여 소였다. 대시에는 관사官司를 갖추어 설치하였는데 세렴稅斂이 이미 무겁고 그 때에 심히 고통스럽게 여겼다.[32]

위 F의 자료는 『수서』 권 24, 제 19 식화지에서 조租와 세稅, 조調의 성격을 드러내는 기사들을 발췌한 것이다. 먼저 조租는 F④의 "제왕 이하 도독에 이르기까지 모두 영업전永業田을 지급하는데 각각 차등이 있다. … 그 정남과 중남中男의 영업로전永業露田은 모두 후제後齊의 제도를 따르는데 아울러 나무에 대해서는 뽕나무, 느릅나무 및 대추나무로써 징수하고, 그 원택園宅은 3명에 1무畝의 비율로 지급하며 노비는 5명에 1무를 지급하되, 정남丁男은 1상牀에 조속租粟 3석으로 한다"에서 제왕 이하 도독에 이르기까지 영업전을 지급하고, 정남 등에 대한 영업로전은 모두 후제의 제도를 따르되, 정남에게 조속租粟 3석을 징수하였음을 알 수 있다. 이러한 조租는 F②와 ⑤의 "호구戶口가 점차 많이 숨고 도망

31) "高祖 … 十六年 … 二月 又詔社倉准上中下三等稅 上户不過一石 中户不過七斗 下户不過四斗 其後 山東頻年霖雨 杞宋陳亳曹戴譙潁等諸州 達于滄海 皆困水災 所在沉溺 … 開皇八年五月 高熲奏 諸州無課調處及課州管户數少者 官人祿力 乘前已來恒出隨近之州 但判官本為牧人役力理出所部 請於所管户內計户徵稅 帝從之"

32) "又都西有石頭津 東有方山津 各置津主一人 賊曹一人 直水五人 以檢察禁物及亡叛者 其荻炭魚薪之類 過津者 並十分稅一 以入官 其東路 無禁貨 故方山津檢察 甚簡 淮水北有大市百餘 小市十餘所 大市備置官司 稅斂既重 時甚苦之"

하여 … 이로 말미암아 간사하고 속임이 더욱 심하여져 호구의 조조租調가 10에 6, 7이 도망하였다 …"에서 볼 수 있듯이 호구의 숨고 도망함[隱漏]이 곧바로 조조租調의 일실로 이어진다는 사실에서 조調와 함께 호戶를 단위로 징수하였음을 알 수 있다. 또한 F①의 "과課는 정남의 경우 조·포·견 각 2장, 사 3량, 면 8량, 녹견 8척, 녹면 3량 2분, 조미 5석, 녹미 2석이고, 정녀는 아울러 반으로 한다"로 미루어 보아 정남丁男과 정녀丁女가 과세의 지표가 되었다고 할 수 있다. 간조墾租의 경우 빈부에 따라 상·중·하효梟 3등급으로 나누었는데, 상효上梟는 먼 곳[遠處]에서 운수運輸하고 중효中梟는 다음 먼 곳, 하효下梟는 당해 주의 창고[當州倉]에 운수하는데, 3년에 1번씩 평정하여 정하는 것으로 되어 있다.

한편 조調는 앞서 살폈듯이 조租와 마찬가지로 호戶를 단위로 징수하되, "그 부세賦稅는 상조常調의 경우 적은 것은 상호上戶에서 곧바로 내고, 중간은 중호中戶에 미치며, 많은 것은 하호下戶에 이른다"는 것으로 정하였다. 또한 F④의 "아울러 나무에 대해서는 뽕나무, 느릅나무 및 대추나무로써 징수하고 … 뽕나무 밭[桑土]의 경우 견·시絹·絁로써 조調를 내며, 삼밭[麻土]에서는 포布로써 조調를 바친다. … 땅을 받지 못한 자는 과세하지 않는다"에서 볼 수 있듯이 뽕나무 밭과 삼 밭을 지급하여 각각 견·시와 포로써 조調를 징수하였으며, F⑤와 ⑥에서 조調는 빈부의 차에 따라 징수하였고, 부자의 조調는 6 내지 9등급으로 나누어 전錢으로 징수하되, 가난한 자의 경우 조調 대신 역役을 부과하였음을 알 수 있다.

세稅는 F⑤와 ⑥에서 조調와 함께 사용되었던 것으로 생각된다. F⑥에서 부자의 조調를 전錢으로 징수한 것이나, F⑤에서 9등호제를 정하면서 "부자는 전錢을 세稅로 내고, 가난한 자는 그 역力을 역役으로 바치게 하여"라 하고 이를 '조조租調'로 기술한 것은 그러한 사실의 반영으로 판단되기 때문이다. 이는 F⑧의 개황 8년(588) 5월 고경高熲이 '제주諸州의 조調를 부과하지 않는 곳과 주州 소관의 호수가 적은 곳으로 조를 부과하는 곳은, 관인의 녹력祿力을 승전乘前 이래로 항상 근처의 주에서 냈고, 다만 판관判官은 본래 목인牧人의 역력役力으로 소속 부의 것을 내었습니다. 청컨대 소관 호내에서 호를 계상하여 징세토록 하십시오'라고 주청한 데서도 확인된다. 이들 세목稅目으로는 18세 이상 자에게 과역課役하되 조곡의 운수[租穀運]을 위한 정역丁役의 전무田畝 세미稅米 2두(F①)를 비롯하여, 6~9등호제에 따라 부자들이 전錢으로 내는 세稅(F②⑤⑥), 사창社倉

에 조칙을 내려 3등호제에 따라 내는 3등세三等稅(F⑧), 상인들에 대한 관시세關市稅와 저점세邸店稅(F⑥), 시장의 점포에 부과하는 입시세入市稅(F⑦), 소금과 사염四鹽을 관장하는 정령政令에 따라 거둬들이는 염세鹽稅(F⑦), 적탄·어신류荻炭·魚薪類의 경우 진津을 건너는 자에게 거둬들이는 1/10稅(F⑨) 등이 확인된다. 특히 F⑦에 보이는 염세의 경우 별도의 소금과 사염四鹽을 관장하는 정령을 정하여 백성이 취득하는 것을 금지하면서 징세하고 있어, 오늘날 일종 소비세와 같은 성격의 것으로 이해된다.

이상으로 『수서』 식화지의 조租와 조調, 세稅의 용법을 살핀 결과, 조租는 조調와 함께 호戶를 단위로 영업전永業田을 지급하여 징수하되, 빈부에 따라 상·중·하효 3등급으로 나눠 운수에 임하였음을 알 수 있다. 또한 조調는 뽕나무 밭과 삼 밭을 지급하여 빈부의 차에 따라 등급을 나누되, "그 부세賦稅는, 상조常調의 경우 적은 것은 상호에서 곧바로 내고, 중간은 중호에 미치며, 많은 것은 하호에 이른다"고 하여, 상·중·하호로 구분하고, 부자는 전錢으로 징수하였으나 가난한 자는 역役으로 대신하였다. 이러한 조調는 세稅와 혼용하여 사용하였는데, 세에는 그밖의 곡물 운수를 위한 정역丁役의 전무세田畝稅, 3등세三等稅, 관시세關市稅·저점세邸店稅와 입시세入市稅, 염세鹽稅, 적탄어신류荻炭魚薪類의 과진세過津稅 등이 있었음이 확인된다.

이로 미루어 볼 때에 『수서』 고구려전 조세조항 "인人은, 세稅가 베 5필에 곡식 5석이다. 유인遊人은 3년에 한 번 세를 내되, 열 사람이 함께 세포細布 1필을 낸다. 조租는 호戶가 1석, 차호가 7두, 하호가 5두이다"는, 『수서』의 찬자가 수의 조세제도에 비추어 고구려에서 영업전적인 전토田土를 3등호로 나눠 지급하고 이에 대해 전조田租를 차등 징수한 것으로 이해했던 것이 아닌가 한다.

조租의 징수액만으로 살펴볼 때에, 고구려 상호上戶의 징수액 1석은 수나라 정남의 조미租米 5석의 1/5에 불과하다. 그런데 수나라의 경우 조租의 부담은 호를 기준으로 하되 그 과세의 지표는 정남丁男과 정녀丁女 등이었고, 조미租米의 경우 정남이 5석, 정녀는 그 반액인 2.5석이었다. 만일 고구려 정남의 조 부담액을 5두로 가정한다면, 고구려 상호上戶는 2명의 정남 또는 1명의 정남과 2명의 정녀, 중호中戶는 1명의 정남과 1명의 정녀, 하호는 1명의 정남 또는 2명의 정녀 등으로 구성될 가능성이 높다. 이는 고구려 조호의 3등호제가 정남과 정녀의 구성비율로 나뉘어졌을 가능성을 시사한다. 이는 본고 「민호편제의 전개」에서 후술하듯이 봉상왕 9년(300) 궁실을 수리하기 위하여 국내 15세 이상의 남녀를 징발한 기사에서[33] 4세기 무렵 정남과 정녀를 요역의 징발 기준으로 삼았던 사실을 확인할 수 있는 바, 그 연원이 오래되었음을 알 수 있다. 특히 정남과 정녀의 징발과 징세는 가구家口를 기준으로 민호를 편제하던 전통에서 비롯되었으리라 생각되는데, 고국천왕 16년(A.D. 197) '백성들 가구家口의 다소로써 관곡官穀을 내어 진대賑貸에 차등이 있었다'고[34] 한 진대법의 시행시 가구수를 기준으로 하였던 사실과 관련이 있을 것으로 여겨진다.

따라서 고구려의 조세제도는 수나라의 사례에 견주어 정남과 정녀의 비율에 따라 호의 등급을 매기고, 각 호의 인정수人丁數에 따라 호별戶別로 토지가 사여되었던 것이 아닌가 한다. 이때에 인정수는 각 호별 토지의 다과로 연결되며, 그에 따른 호별 빈부의 차이로 조租의 징수액이 정해졌던 바, 이러한 사정이 『주서』 고구려전에서는 '빈부의 차이를 헤아려 징수'한 사실로 서술되었고, 『수서』에는 3등호를 기준으로 수조收租한 것으로 전해진 것이라 하겠다. 이러한 고구려의 조租가 3등호로 나누어 징수하였다 하더라도, 그 근저에는 정남과 정녀를 기준으로 지급한 토지를 기반으로 하였다는 데서 당나라 균전제 시행 이전 과도적 성격을 띤 전조田租로 보고자 한다.[35]

이는 후술하듯이 고구려에 있어서 2세기 말엽부터 이미 일반민의 경지소유가 보편화되어 있었고, 4세기 무렵에서는 용작傭作이 일반화되었으며, 6세기 무렵에는 전택田宅의 매매까지 이루어졌던 점을 고려할 때, 일반 농민에 대한 토지 지급을 전제로 사적 경리와 사적 소유가 발전하는 역사적 발전과정을 추측할 수 있기 때문이다. 아울러 이러한 고구려의 과전課田과 전조田租 징수과정은,

---

33) 『三國史記』 권 17, 高句麗本紀 5, 烽上王 9년 8월.

34) "十六年 秋七月 墮霜殺穀[墮 恐是隕之訛刻] 民飢 開倉賑給 冬十月 王畋于質陽 路見坐而哭者 問何以哭爲 對曰 臣貧窮 常以傭力養母 今歲不登 無所傭作 不能得升斗之食 是以哭耳 王曰 嗟乎 孤爲民父母 使民至於此極 孤之罪也 給衣食 以存撫之 仍命內外所司 博問鰥寡孤獨老病貧乏不能自存者 救恤之 命有司 每年自春三月至秋七月 出官穀 以百姓家口多小 賑貸有差 至冬十月 還納以爲恒式 內外大悅"(『三國史記』 권 16, 高句麗本紀 4, 故國川王)

35) '租'는 토지에 대하여 일정량을 징수한다는 점에서 일반적으로 '田租'로 풀이되거니와(李弘植, 위의 논문), 양기석은 고구려의 경우 戶가 보유한 경지면적에 따라 租를 부과한 것으로써 면적 단위를 기준으로 하는 頃畝制가 시행되었을 것으로 추측하기도 하였다.(梁起錫, 1987, 「百濟의 稅制」, 『백제연구』 18, 충남대 백제연구소, 11쪽)

당나라 균전제均田制하에서의 과세課稅 과정 곧 호내戶內의 인수人數와 연령에 따라 과전액課田額을 산출하고 이에 응하여 전조田租를 결정하는 방식에[36] 상응한 것으로 생각되기 때문이다.

특히 고구려의 전조田租가 호 단위로 징수되었다는 점에서 후조後趙의 석륵石勒이나 북위北魏 전기의 전조제田租制에 기원하는 것은 아닐까 한다. 호를 단위로 전조田租를 부과한 것은 5호 16국 시대의 혼란으로 전토田土의 정확한 파악이 불가능한 때문이기도 하였지만, 호내戶內의 인원과 연령에 의하여 과전액課田額과 전조액田租額이 결정되는 것으로서, 전조田租는 실제로 점전액占田額과 밀접한 관계를 가진 것이었다.[37] 이처럼 북위의 호등 구분에 의한 전조田租 수취는 호조戶調의 수취 기준을 따른 것으로서, 고구려의 전조는 북위의 이러한 전통과 관련될 것으로 여겨진다.

세稅의 경우 그 내용이 분명하지 않으나,[38] 『수서』의 용법에 비추어 대체로 상전桑田과 마전麻田을 지급하고 징수하는 조調와 같은 성격의 것으로 생각된다. 따라서 고구려의 세稅(調)는 『수시』의 용법(F①)에 나타난 조포調布·녹견綠絹·녹면綠綿·조미租米처럼 세분화되지는 않았으나, '인人은 포布 5필, 곡穀 5석을 세稅로 냈다'고 하여 포 5필과 곡 5석을 인정人丁별로 징수하였다. 다만 『수서』의 용례에 비추어 세稅 또한 전조田租와 마찬가지로 인정수人丁數에 따라 상전桑田과 마전麻田을 지급하고, 그것이 『주서』의 대상시기인 577년까지는 호별 빈부차로 나타나 과세의 기준을 삼다가, 577년 이후 『수서』의 대상시기 하한인 614년 사이 어느 시기에 인정별로 과세하였던 것이 아닌가 한다.

『수서』에 기록된 인정별 세액은 수나라와 동일하게 호별戶別 인정人丁이 될 수도 있겠지만, 신라의 사례와 같이 마전麻田 공동경작의 사례[39]나 신라촌락장

36) 堀敏一, 1975, 「魏晉の占田·課田と給客制の意義」, 『均田制の研究』, 岩波書店, 74쪽.

37) 堀敏一, 위의 논문, 74~77쪽.

38) 기왕의 논자들은 『수서』 고구려전 稅 항목의 수세물품 곧 布와 穀, 細布로써 볼 때에 '稅'는 일종 調와 같은 성격을 지닌 것으로 추측하여 왔다.(洪承基, 1974, 「1~3세기 民의 존재형태에 대한 일고찰」, 『歷史學報』 63, 42~43쪽 ; 양기석, 앞의 논문, 10쪽) 이에 대해 金基興은 『수서』 고구려전 조세조항의 '稅'를 인두적 租·調체계로 풀이하였다.(김기흥, 1992, 앞의 논문, 121~123쪽)

39) "阿達城太守級飡漢宣 教民以某日齊出種麻 不得違令"(『三國史記』 권 47, 列傳 7, 素那)

적에서 과실수와 상전·마전의 촌락 공동 소유의 양상과 유사한 형태도 상정할 수 있을 것이다. 이 경우에는 고구려도 상전과 마전이 공동 경작되고 공동 납세되었을 가능성이 있으며,[40] 당해지역의 인정수에 인정별 세액을 곱한 것이 당해지역의 세액 총량이 될 것이다.

3. 유인遊人과 유녀遊女의 성격

1) 유인遊人

『수서』 고구려전 조세조항을 살펴보면 세稅(調)는 인정人丁과 유인遊人으로 나뉘어 징수되었음을 알 수 있다. 그런데 이들 인人은 세稅 이외에 조租를 내는 담세층으로서 빈부에 따라 삼등호로 구분되는 일반 고구려인으로 이해되고 있다. 인정에 대응하는 유인遊人의 성격에 대하여는 빈궁·용민설貧窮[41]·傭民說,[42] 부용민인 말갈·거란 등 이종족설,[43] 수말隋末 종군몰류從軍沒留하여 유객流客적인 성격을 띤 중국인[44]이라는 주장과 매음녀설賣淫女說,[45] 악인설樂人說,[46] 경

40) 石上英一은 신라 調制의 특징으로서 村調를 들고, 7세기 후반 이후의 국가적 과제에 대응하기 위하여 律令制 이전부터의 調를 調府의 확충, 賦課기준의 확립, 촌락파악의 강화에 따라 발전한 것이라 풀이하였다.(石上英一, 1974, 「古代における日本の稅制と新羅の稅制」, 『古代朝鮮と日本』, 朝鮮史硏究會, 249쪽) 安秉佑는 麻田의 경작 방법이 民田과 달랐을 것으로 전제하고, 이를 촌락공유지의 잔재로서 공동경작되고 麻布 또한 공동 직조되었을 것으로 추정하고 調의 주요한 항목으로 보았다.(安秉佑, 1992, 「6~7세기의 토지제도」, 『한국고대사논총』 4, 307~311쪽)

41) 白南雲, 1933,, 『朝鮮社會經濟史』, 改造社, 191쪽. 姜晉哲, 앞의 논문. 리지린·강언숙, 1976, 『고구려사연구』, 사회과학출판사, 108쪽. 이인재, 1990, 「신라통일 전후기 조세제도의 변동」, 『역사와 현실』 4, 역사비평사, 97쪽.

42) 李基白·李基東, 1982, 『韓國史講座』 고대편, 일조각, 241~242쪽. 이인재, 위의 논문, 96~98쪽.

43) 金基興, 1987, 앞의 논문, 11~29쪽. 金賢淑, 1992, 「高句麗의 靺鞨支配에 관한 試論的 考察」, 『韓國古代史硏究』 6, 248~250쪽.

44) 金樂起, 2000, 「高句麗의 '遊人'에 대하여」, 『백산학보』 56, 186쪽.

45) 柳永博, 1987, 「高句麗의 稅制와 游女問題」, 『斗溪李丙燾博士 九旬紀念 韓國史學論叢』.

46) 권주현, 2000, 「高句麗 '遊人'考」, 『慶北史學』 23.

제력이 부족하여 떠돌아다니는 유맹설流氓說[47] 등이 있다.

필자 또한 이에 대하여 인정人丁은 거주 이전의 자유가 제한되어 일정 지역에서 정착하여 사는 존재였고, 유인遊人은 주거 이동이나 수시로 인위적인 편제가 가능한 존재로서 3년에 한 번씩 재편될 가능성이 높으며, 그들의 담세액으로 보아 오히려 상호上戶의 전조액田租額보다도 부담이 많았던 것으로 보았다. 특히 세액으로 미루어 보아[48] 고구려 재정의 근간을 이루는 것은 인정에 기초한 세稅(調)의 징수에 있었으며, 이러한 인정人丁은 연烟을 단위로 편성되었을 것으로 추측한 바 있다. 고구려 세제가 세(調) 중심으로 이루어진 것은 양전良田이 없고 토지가 척박하여 항상 식량이 부족한 상황에서 고구려 경제의 근간이 정복지의 공물 징수에 있었던 때문으로 추정된다. 따라서 고구려 조세제는 전통적인 공물 수취의 양상과 새로이 중국으로부터 전입된 것으로 여겨지는 전조제田租制가 결합된 형태가 아닌가 추정한 바 있다.[49]

그러나 필자의 이러한 추론에도 불구하고 유인遊人의 성격에 대하여 명확한 결론을 내리지 못하였다. 주지하듯이 『수서』에서 유인遊人의 용례는 고구려전 조세조항이 유일하다. 따라서 유인의 성격에 대하여 더 이상의 검토를 어렵게 한다. 다만 『수서』에는 다양한 '유遊'의 용례가 보이는 바, 이를 통하여 유인의 실체에 접근하고자 한다.

『수서』에는 '유遊'의 용례가 다양하게 나타나고 있다. 일반적 의미의 순유巡遊·유행遊幸·유렵遊獵, 유원遊園·유영遊泳·유관遊觀·유희遊戲·유연遊宴·연유醼

47) 曺祥鉉, 2003, 「고구려 '遊人'의 성격 검토」, 『韓國古代史硏究』 32.

48) 필자는 고구려 稅額의 정도를 파악하고자, 과세액을 신라 태조 무열왕 때의 市價 '布 1필에 租 30석에서 50석에 이르는 가치'(『三國遺事』 권 1, 太宗春秋公)를 기준으로 환산한 바 있다. 곧 細布는 재료인 麻의 생산 및 방직 과정 등으로 미루어 공동작업에 의존할 수밖에 없는 것이고(安秉佑, 1992, 「6~7세기 토지제도」, 『韓國古代史論叢』 4, 307~313쪽 ; 박남수, 1992, 「新羅 上代 手工業과 匠人」, 『國史館論叢』 39, 54~55쪽·1996, 「신라의 성장과 수공업 경영형태」, 『신라수공업사』, 신서원, 34~35쪽), 섬세한 삼실을 켜는 繅絲과정이 고급기술이어서 신라의 경우 조공품으로 많이 사용된 고급 직물이었던 만큼(박남수, 「각종 수공업기술의 발달」, 위의 책, 71~72쪽), 布에 비하여 그 상품가치가 매우 높다고 보아, 布를 그 최저가인 30석으로 細布를 포의 최고가인 50석으로 환산함으로써 人丁에 대한 調는 穀 155석에 해당하고, 遊人 10인이 3년에 내는 調는 50석으로서 1년에 한 사람이 1.64석의 調를 내는 것으로 추정하여, 遊人의 세액은 上戶가 내는 田租 1石보다도 상회한 것으로 보았다.(박남수, 2004, 앞의 논문, 124~125쪽)

49) 박남수, 위의 논문, 124~126쪽.

遊·행유行遊·유행遊行·유식游食을 비롯하여 유설遊說, 교유交遊·현재여유賢才與遊·빙유聘遊·공문지유孔門之游와 같은 교유交遊의 의미, 유학遊學·유태학遊太學과 같은 수학修學의 의미 등을 들 수 있다. 또한 무관의 명칭 가운데 하나로서 좌우위효기유격전좌우후군장군左右衛驍騎游擊前左右後軍將軍·유탕대遊盪隊[50]·좌우유격左右遊擊·효기유격전후좌우등 4군장군驍騎遊擊前後左右等四軍將軍·효기유격장군驍騎遊擊將軍·유기游騎·유협游夾·유협遊俠 등에 사용되기도 하고, 천문에서의 "유운遊雲을 우러러 일월을 본다[仰遊雲以觀日月]"이나 "유기遊氣가 있어 일광을 압도한다[有遊氣以厭日光]" "옥의의 유遊를 본다[觀玉儀之遊]"라고 하여[51] 천체의 운행과 관련된 사항으로, 그리고 원유관遠遊冠[52]·원유오량관遠遊五梁冠·원유삼량관遠遊三梁冠이라 하여 태자의 예복의 명칭으로 사용되기도 한다.

그러나 이러한 다양한 유遊자의 용례 외에도 '손을 놀리는 것으로 일을 삼는다[游手為事]'로 표현된 일련의 상업과 관련된 용례들이 주목된다.

G. ① 개황 3년(583) 정월 황제가 신궁에 들었다. … 이때 산동지방은 제나라의 풍속[齊俗]을 숭상하여 계승하였다. 기교를 지닌 간사하고 거짓된 이[機巧姦偽]들과 역을 피하여 게을리 노는자들[避役惰遊]이 10에 6, 7이었다. 사방의 지친 사람들이 혹은 노老라 속이고 소小라 속여 조부租賦를 면하는 것을 살폈다. 고조高祖가 州縣에 영을 내려 호구를 채우지 못한 자를 크게 색출하고 검열하여 바로 멀리 유배보내도록 하였다. 또한 서로 모으는 조목[相糾之科]을 열어 대공大功 이하는 겸하여 적장을 살피도록 각각 호두户頭로 삼아 호구를 숨기는 것을 용납하는 것을 방지하도록 하였다. 이에 집계한 적장 44만 3천 정丁을 올리고 164만 1천 5백 구口를 새로이 붙였다.[53](『수서』 권 24, 지 19, 식화)

---

50) "步遊盪馬遊盪左右各三隊是爲武賁"(『隋書』 권 12, 唐太尉揚州都督監修國史上柱國趙國公臣長孫無忌等撰 志 7, 禮儀 7)

51) 『隋書』 권 19·20·21, 志 14·15·16, 天文 上·中·下.

52) "遠遊冠之制 案漢雜事 日太子諸王服之故 淮南子日 楚莊王冠通梁組纓 注云 通梁遠遊也 晉令皇太子諸王給遠遊冠"(『隋書』 권 12, 志 7, 禮儀 7, 遠遊冠之制)

53) "開皇三年正月帝入新宮…是時山 東尚承齊俗 機巧姦偽 避役惰遊者 十六七 四方疲人 或詐老詐小 規免租賦 高祖令州縣 大索貌閱戶口不實者 正長遠配 而又開相糾之科 大功已下兼令析籍 各為户頭 以防容隱 於是 計帳進四十四萬三千丁 新附一百六十四萬一千五百口"

② 경조京兆의 왕도의 풍속에는 오방의 인물들이 혼효하여 중화인과 오랑캐가 어지럽게 섞여 있는 바, 농업을 버리고 상업을 좇아 아침 저녁간의 이익을 다투면서 손을 놀리는 것으로 일을 삼고[游手爲事], 송곳과 칼끝의 이익을 다툰다. 이에 귀한 자는 사치를 숭상하고 미천한 자는 인의를 가볍게 여기며, 호강한 자는 마음대로 하며 빈루한 자는 궁박하여 위축되고, 부고桴鼓는 자주 도적盜賊을 경계하나 금하지 못하니, 이는 고금이 같은 바이다.54)(『수서』 권 29, 지 24, 지리 상 하원군河源郡)

③ 서역도기西域圖記를 모사하여 만들어 함께 3권을 이루니 모두 44 나라이다. 이에 별도로 지도를 만들어 그 요해한 곳까지 궁구하니, 서쪽편으로부터 북해의 남쪽에 이르기까지 종횡으로 장장 2만 리이다. 참으로 부상富商·대고大賈로 말미암아 두루 다녀 섭렵하니[周遊經涉] 제국의 일을 두루 알지 않음이 없다.55)(『수서』 권 67, 열전 32, 배구裴矩)

④ 우문화급宇文化及은 좌익위대장군左翊衛大將軍 우문술宇文述의 아들이다. … 또한 그 아우 우문사급宇文士及은 … 사람들 자녀의 구마狗馬나 진완珍玩을 보면 반드시 청탁하여 구하며, 항상 도판屠販들과 더불어 노닐며 그 이익을 살핀다.[遊以規其利]56)(『수서』 권 85, 열전 50, 우문화급宇文化及)

위의 '유遊'자 용례에서, G①은 '기교를 지닌 간사하고 거짓된 이[機巧姦僞]들과 역을 피하여 게을리 노는자들[避役惰遊]'이 10명에 6~7명 정도여서 조부租賦의 감세로 이어지므로 수나라 조정에서는 이에 대한 대책을 강구하였던 사실을 살필 수 있다. G②는 농사일을 버리고 상업에 종사하여 이익을 추구하는 것을 '손을 놀리는 것으로 일을 삼고[游手為事]'로, G④는 우문화급宇文化及이 상인들과 어울려 놀면서 이득을 취하는 것으로 파악하였음을 알 수 있다. 『수서』에서의 이러한 관념은 G③에서 보듯이 상인들의 속성이 천하를 두루 돌아다니며

54) "京兆王都 所在俗具五方人物混淆 華戎雜錯 去農從商 争朝夕之利 游手為事 競錐刀之末 貴者崇侈 靡賤者薄仁義 豪彊者縱橫 貧窶者窘蹙 桴鼓屢驚盜賊不禁 此乃古今之所同焉"

55) "模寫為西域圖記 共成三卷合四十四國 仍別造地圖 窮其要害 從西頃以去北海之南 縱橫所亘 將二萬里 諒由富商大賈 周遊經涉 故諸國之事 罔不徧知"

56) "宇文化及左翊衛大將軍述之子也 … 又以其弟士及 … 見人子女狗馬珍玩 必請託求之 常與屠販者 遊以規其利"

상행위를 한 사실에서 비롯된 것이 아닌가 한다.

한편 『수서』에서는 진나라 때에 중원의 난으로 인하여 스스로 거처를 떠나 남쪽으로 도망하여 흩어져 살면서 마땅히 토착하지 못한 이들을 '교인僑人'이라 일컬었고, 각 주군현에 편적하여 그 소출을 부담케 하였는데 '관적이 없는 사람들이 주현에 편호되는 것을 즐겨하지 않는 자[其無貫之人 不樂州縣編戶者]'들의 경우 '부랑인浮浪人'으로 일컬었음을 살필 수 있다.[57] 따라서 기왕의 연구자들이 유인遊人을 부랑인에 대응하는 것으로 보는 것은 무리가 있는 것으로 생각한다.

또한 『수서』에서는 말갈·거란인의 경우 별도의 종족으로 여겨 '말갈·거란인'으로 명기하고 있는 바, 비록 고구려의 영역에 말갈·거란인이 혼재되어 있다고 하여 『수서』 고구려전 조세조항의 유인을 말갈·거란인으로 보는 것도[58] 문제가 있다. 『삼국사기』에도 말갈의 경우 동명왕 즉위년에 이미 그 침해를 우려하여 정벌한 기사가 있으며,[59] 이후 장수왕대부터 고구려사에 나타나는 말갈이나 거란은 고구려 대외 전쟁시 군대를 동원하는 대상이었고,[60] 말갈병으로써 거란병을 치는 경우도 있었다.[61] 그런데 이들 말갈과 거란은 당나라의 고구려 침략시에는 오히려 당병의 휘하 세력으로 백제·신라군 등과 함께 동원되고 있는 것으로 나타나,[62] 이들을 고구려 통치권역 안에

57) "晉自中原喪亂 元帝寓居江左 百姓之自拔南奔者 竝謂之僑人 皆取舊壤之名 僑立郡縣 往往散居 無有土著 而江南之俗 火耕水耨土地 卑濕無有蓄積之資 諸蠻陬俚洞霑沐王化者 各隨輕重 收其賧物 以裨國用 又嶺外酋帥 因生口翡翠明珠犀象之饒 雄於鄉曲者 朝廷多因而署之 以收其利 歷宋齊梁陳 皆因而不改其軍國所需雜物隨土所出臨時折課市取 乃無恒法定令 列州郡縣 制其任土所出 以爲徵賦 其無貫之人 不樂州縣編戶者 謂之浮浪人 樂輸 亦無定數任量准所輸 終優於正課焉 …"(『隋書』 권 24, 志 19, 食貨)

58) 金基興, 1987, 앞의 논문, 11~29쪽.

59) 『三國史記』 권 13, 高句麗本紀 1, 始祖東明聖王 즉위년.

60) 말갈병을 동원한 기사로서 『三國史記』 권 18, 高句麗本紀 6, 長壽王 56년·권 19, 高句麗本紀 7, 文咨明王 16년·권 20, 高句麗本紀 8, 嬰陽王 13년·권 21, 高句麗本紀 10, 寶臧王 上 4년·권 22, 高句麗本紀 10, 寶臧王 下 13·14·20·22년조 기사를 들 수 있다. 또한 거란병의 경우 小獸林王 8년 거란이 침범하자 물리친 기사(『三國史記』 권18, 高句麗本紀 6, 小獸林王)와 광개토왕 즉위년에 거란을 북벌한(『三國史記』 권 18, 高句麗本紀 6, 廣開土王) 기사가 보인다. 특히 『三國史記』 권 20, 高句麗本紀 8, 嬰陽王 23년조 수양제의 조칙 가운데 '兼契丹之黨 虔劉海戍 習靺鞨之服 侵軼遼西'라고 하여 고구려가 거란과 말갈을 전쟁에 동원한 사실을 알 수 있다.

61) "十三年 … 冬十月 王遣將安固 出師及靺鞨兵擊契丹 松漠都督李窟哥禦之 大敗我軍於新城"(『三國史記』 권 22, 高句麗本紀 10, 寶臧王 下)

서 조세를 부담하는 대상으로 분류하기에는 무리한 점이 있다.

그런데 위 G의 기사에 나타난 『수서』의 상업에 대한 인식과 아울러 『수서』에서의 세稅의 용법, 곧 조調의 성격을 지니는 세와 아울러 곡식의 운수[穀運]를 위한 정역丁役의 전무세田畝稅, 그리고 삼등세三等稅, 관시세關市稅·저점세邸店稅와 입시세入市稅, 염세鹽稅, 적탄어신류荻炭魚薪類의 과진세過津稅 등을 확인할 수 있다. 이들 『수서』에 나타난 '세稅'의 용례로 미루어 보아, 『수서』 고구려전에서 유인遊人이 냈던 세稅는 '관시세關市稅·저점세邸店稅와 입시세入市稅, 염세鹽稅, 과진세過津稅'의 유형에 가깝다고 할 수 있고, 그러한 의미에서 고구려 유인은 바로 상인의 신분으로 세稅를 냈던 것이 아닌가 추측된다.

아울러 『수서』 고구려전의 유인遊人은 고구려 사회에서 을불乙弗과 마찬가지로 떠돌아다니며 장사를 하거나,[63] 온달전에서와 같이 금팔찌[金釧]를 사고 전택·노비·우마·기물을 파는[64] 상인과 유사한 성격을 지녔음을 알 수 있다. 또한 이들 고구려 상인들은 수나라의 사례에서처럼 세의 부담자로서 을불과 같이 각 지방관의 통제하에 있었던 것으로 보아 좋을 것이다. 을불은 동촌인東村人 재모再牟와 함께 소금을 팔러 다녔다고 했는 바 일종 크고 작은 상단商團을 상정할 수 있을 것이고, 이러한 상단에 대해 국가가 10인을 단위로 편제한 것이 『수서』 고구려전의 10인을 단위로 3년에 한 번씩 징세한 것으로 나타난 것은 아닐까 한다. 사실 3년에 한 번씩 징세하는 경험은 고구려뿐만 아니라 수나라에도 있었던 바, 상조常調의 담세그룹을 상호·중호·하호로 나누되 3년에 1번씩 다시 상정한 것은[65] 이러한 고구려 유인의 담세 내용과도 상통한다고 할 것이다.

---

62) "二年 閏六月 唐太宗曰 蓋蘇文弑其君而專國政 誠不可忍 以今日兵力 取之不難 但不欲勞百姓 吾欲使契丹-靺鞨擾之何如…"(『三國史記』 권 21, 高句麗本紀 9, 寶臧王 上) "三年 十一月 於是凡頓舍供備之具 減者太半 詔諸軍及新羅百濟奚契丹 分道擊之…"(『三國史記』 권 21, 高句麗本紀 9, 寶臧王 上)

63) "美川王(一云好壤王) 諱乙弗(或云憂弗) … 子乙弗畏害出遁 始就水室村人陰牟家 傭作 陰牟不知其何許人 使之甚苦 其家側草澤蛙鳴 使乙弗 夜投瓦石禁其聲 晝日督之樵採 不許暫息 不勝艱苦 周年乃去 與東村人再牟販鹽 乘舟抵鴨淥 將鹽下寄江東思收村人家 其家老嫗請鹽 許之斗許 再請不與 其嫗恨恚 潛以屨置之鹽中 乙弗不知 負而上道 嫗追索之 誣以庾屨 告鴨淥宰 宰以屨直 取鹽與嫗 決苔放之"(『三國史記』 권 17, 高句麗本紀 5, 美川王)

64) "溫達 高句麗平岡王時人也 … 公主獨歸 … 乃賣金釧 買得田宅·奴婢·牛馬·器物 資用完具"(『三國史記』 권 45, 列傳 5, 溫達)

65) "其賦稅 常調則少者直出上戸 中者及中户 多者及下户 上梟輸遠處 中梟輸次遠 下梟

2) 유녀遊女

유인遊人의 성격과 관련하여 『수서』·『주서』에는 각각 '부인이 음란하고 풍속에 유녀遊女가 많다' '풍속에 음란한 것을 좋아하여 부끄럽게 여기지 않으며 유녀遊女가 있어 정해진 지아비가 없다'고 하여 고구려의 풍속에 '유녀'들이 존재하였음을 소개하고 있다. 『북사』에도 '풍속에 음란함을 숭상하여 부끄럽게 여기지 않으며 풍속에 유녀游女가 많아 정해진 지아비가 없다'고 하여 『주서』와 거의 동일한 내용을 기술하고 있다. 이에 대해 일찍이 이병도는 유녀遊女는 유인遊人과 대비하여 설명해야 할 것인지, 아니면 도식자徒食者와 같은 다른 성격의 존재인지에 대해서는 분명하지 않은 것으로 그 해석을 유보한 바 있다.[66] 이에 대해 유녀遊女란 매음녀賣淫女로서 유인遊人과 동일하게 사용되었고, 유인이 내는 세稅는 일종 매음세賣淫稅의 성격을 띤다는 주장[67]과 고대 일본의 유부遊部를 악부樂部와 동일한 것으로 보아 악인樂人을 지칭한다는 주장,[68] 전사자나 포로의 부인[69]이나 고구려 말 각종 역役의 동원으로 인하여 남편 또는 아버지를 잃고 부랑하게 된 빈곤층의 여자라는 주장[70] 등이 있었다. 이처럼 유녀遊女의 성격을 두고 다양한 견해가 제기되었고 이를 담세의 대상인 유인遊人과 관련시키는 주장이 있으므로, 유녀의 성격을 분명히 밝히고자 한다.

유녀遊女는 『수서』·『주서』·『북사』 고구려전에만 기록되어 있으나, 이와 유사한 내용의 기록이 이미 『삼국지』 고구려전 혼인 관계 기사로부터 비롯하므로 이들 관련 기록을 비교하면 7세기 초엽 중국 사서에 나타난 유녀의 실체에 접근할 수 있으리라 생각한다.

H. ① 부인婦人은 음란하고, 유녀遊女가 많다. 시집 장가드는 데도 남녀가 서로 좋아하면 바로 혼례를 치른다. 남자의 집에서는 돼지고기와 술을 보낼 뿐

輸當州倉 三年一校焉"(『隋書』 권 24, 第 19, 食貨)

66) 李丙燾, 1959, 『韓國史』 古代篇, 震檀學會, 564쪽.

67) 柳永博, 1987, 「高句麗의 稅制와 遊女問題」, 『斗溪李丙燾博士九旬紀念 韓國史學論叢』. 김선주, 2000, 「고구려 '遊女'의 성격」, 『역사민속학』 11.

68) 權五榮, 2000, 「古代韓國의 喪葬儀禮」, 『한국고대사연구』 20, 20~21쪽.

69) 金樂起, 앞의 논문, 183쪽.

70) 曺祥鉉, 앞의 논문, 284~288쪽.

재물을 보내는 예는 없다. 만약 재물을 받는 자가 있으면 사람들이 모두 수치로 여긴다.[71](『수서』 권 81, 열전 46, 고[구]려)

② … 풍속이 음란한 것을 좋아하여 부끄럽게 여기지 않는다. 유녀遊女가 있는데 정해진 지아비가 없다. 혼인에는 대체로 재물이나 폐백이 없어, 만일 재물을 받는 사람이 있으면 '계집종으로 팔았다'고 이르며 풍속에 매우 부끄럽게 여겼다.[72](『주서』 권 49, 열전 41, 고[구]려)

③ … 노래하고 춤추는 것을 좋아하고, 해마다 10월이면 하늘에 제사지낸다. 그 공회公會 때의 의복은 모두 수놓은 비단옷과 금은으로 장식한다. … 풍속은 음란한 것을 숭상하여 부끄럽게 여기지 않는다. 풍속에 유녀游女가 많으니, 정해진 지아비가 없다. 밤이면 남녀가 떼를 지어 모여 노는데, 귀천의 구분이 없다. 혼인은 남녀가 서로 좋아하면 바로 한다. 남자 집에서는 돼지고기와 술만 보낼 뿐이지 재물을 보내 주는 예는 없다. 만일 재물을 받는 사람이 있으면, 사람들은 모두 수치스럽게 여기며 '계집종으로 팔았다'고 여긴다. … 불교를 믿고 귀신을 섬기어 음사淫祠가 많다. 신묘神廟가 두군데 있다.[73](『북사』 권 94, 열전 82, 고[구]려)

I. ① 그들의 습속에 음식은 아껴 먹으나 궁실을 치장하기를 좋아한다. 거처하는 좌우에 큰 집을 세우고 [그곳에서] 귀신에게 제사지낸다. 또 영성靈星과 사직社稷에도 제사를 지낸다. … ⓐ 그 백성들은 노래와 춤을 좋아하여, 나라의 읍락마다 밤이 되면 남녀가 떼지어 모여서 서로 노래하며 유희를 즐긴다. … 10월에 하늘에 제사지내는 국중대회國中大會를 '동맹東盟'이라 일컫는다. 그 공회에서의 의복은 모두 수놓은 비단과 금은으로 스스로 꾸민다. 대가大加와 주부注簿는 머리에 책幘을 쓰는데, [중국의] 책과 흡사하지만 뒤로 늘어뜨리는 부분이 없다. 소가小加는 절풍折風을 쓰는데, 그 모양이 고깔[弁]과 같

---

71) "… 俗多遊女 有婚嫁者 取男女相悅 然卽爲之 男家送猪酒而已 無財聘之禮 或有受財者 人共恥之"

72) "… 風俗好淫 不以爲愧 有遊女者 夫無常人 婚娶之禮 畧無財幣 若受財者 謂之賣婢 俗甚恥之"

73) "… 好歌舞 常以十月祭天 其公會衣服 皆錦繡金銀以爲飾 … 風俗尙淫 不以爲愧 俗多游女 夫無常人 夜則男女羣聚而戲 無有貴賤之節 有婚嫁 取男女相悅卽爲之 男家送猪酒而已 無財聘之禮 或有受財者 人共恥之 以爲賣婢.… 信佛法 敬鬼神 多淫祠 有神廟二所"

다. 그 나라의 동쪽에 큰 굴이 있는데 수혈隧穴이라 부른다. 10월 국중대회에 수신隧神을 맞이하여 나라의 동쪽상에 돌아와 제사지내는데, 나무로 만든 수신을 신의 좌석에 모신다. 감옥이 없고 범죄자가 있으면 제가諸加들이 모여서 평의評議하여 사형에 처하고 처자는 몰수하여 노비로 삼는다. ⓑ 그 풍속은 혼인할 때 구두로 미리 정하고, 여자의 집에서 몸채 뒷 편에 작은 별채를 짓는데, 그 집을 '서옥壻屋'이라 부른다. 해가 저물 무렵에 신랑이 신부의 집 문 밖에 도착하여 자기의 이름을 밝히고 꿇어 앉아 절하면서, 아무쪼록 신부와 더불어 잘 수 있도록 해 달라고 청한다. 이렇게 두세 번 거듭하면 신부의 부모는 그때서야 작은 집[壻屋]에 가서 자도록 허락하고, [신랑이 가져온] 돈과 폐백은 [壻屋] 곁에 쌓아둔다. 아들을 낳아서 장성하면 [남편은] 아내를 데리고 [자기] 집으로 돌아간다. ⓒ 그 풍속은 음淫하여, 남녀가 이미 결혼하면 점차 문득 죽어서 입고 갈 옷[送終之衣]을 만들어 둔다. 장례를 성대하게 지내는데, 금은의 재물을 모두 장례에 소비하며, 돌을 쌓아서 봉분을 만들고 소나무·잣나무를 그 주위에 벌려 심는다.[74](『삼국지』 권 30, 위서 30, 오환선비동이전 30, 고구려)

② 혼인에 있어서는 [신랑이] 신부의 집에 가서 살다가 자식을 낳아 장성한 뒤에야 남자의 집으로 돌아온다. [결혼 후] 곧 장례에 쓸 물건들을 조금씩 준비하고, 금은과 재물을 모두 후장厚葬에 쓰며, 돌을 쌓아 봉분을 만들고 또한 소나무와 잣나무를 심는다.[75](『후한서』 권 85, 동이열전 75, 고구려)

③ 풍속이 음란하고 노래와 춤을 좋아하며, 밤이면 남녀가 떼지어 어울려 노는데 귀천의 구별이 없었다.[76](『위서』 권 100, 열전 88, 고구려)

---

74) "其俗節食 好治宮室 於所居之左右立大屋 祭鬼神 又祀靈星·社稷 … ⓐ 其民喜歌舞 國中邑落 暮夜男女羣聚 相就歌戱 … 以十月祭天 國中大會 名曰東盟 其公會 衣服皆錦繡金銀以自飾 大加主簿頭著幘 如幘而無餘 其小加著折風 形如弁 其國東有大穴 名隧穴 十月國中大會 迎隧神還于國東上祭之 置木隧于神坐 無牢獄 有罪諸加評議便殺之 沒入妻子爲奴婢 ⓑ 其俗作婚姻 言語已定 女家作小屋於大屋後 名壻屋 壻暮至女家戶外 自名跪拜 乞得就女宿 如是者再三 女父母乃聽使就小屋中宿 傍頓錢帛 至生子已長大 乃將婦歸家 ⓒ 其俗淫 男女已嫁娶 便稍作送終之衣 厚葬 金銀財幣 盡於送死 積石爲封 列種松柏"

75) "其昏姻皆就婦家 生子長大 然後將還 便稍營送終之具 金銀財幣盡於厚葬 積石爲封 亦種松柏"

76) "其俗淫 好歌舞 夜則男女群聚而戱 無貴賤之節"

④ 궁실을 짓기를 좋아하는데, 거처 왼편에 큰 집을 지어 귀신에게 제사지낸다. … 10월에 하늘에 제사를 올리는 대회가 있는데 '동명東明'이라 이름한다. 그 공회에는 모두 수놓은 비단과 금은으로 스스로 꾸미는데, 대가·주부의 머리에 쓰는 것은 책幘과 흡사하지만, 뒤로 늘어뜨리는 부분이 없다. 소가는 절풍折風을 쓰는데 그 모양이 고깔과 같다. 그 나라에는 감옥이 없고, 죄를 지은 자가 있으면 제가들이 모여 평의하여 사형에 처하고, 처자는 몰수한다. 그 나라 풍속은 음란한 것을 좋아하여 남녀가 서로 다투어 유혹하여 사귀는데, 이미 결혼하면 점차 문득 죽어서 입고 갈 옷을 만들어 둔다.[77](『양서』 권 54, 열전 48, 고구려)

⑤ 풍속에 노래와 춤을 좋아하여 국중 읍락마다 남녀가 밤마다 떼지어 모여서 노래를 부르며 노닌다. … 그 풍속이 음란한 것을 좋아하여 많은 남녀가 서로 다투어 유혹하여 사귀는데, 이미 결혼하면 점차 문득 죽어서 입고 갈 옷을 만들어 둔다. 죽은 사람을 장사하는 데에 곽은 쓰지만 관은 사용하지 않는다. 후장厚葬하는 것을 좋아하여 금은과 재화를 모두 장례에 소비한다. 돌을 쌓아 봉분을 만들고 소나무·잣나무를 그 주위에 벌려 심는다. 형이 죽으면 형수를 아내로 삼는다.[78](『남사』 권 79, 열전 69, 고구려)

⑥ 풍속은 음사淫祀가 많고, 영성신·일신·가한신·기자신을 섬긴다. 국성 동쪽에 큰 굴이 있어 신수神隧라고 이름한다. 모두 10월에 왕이 친히 제사를 지낸다. 풍속에 서적을 좋아하여, 문지기·말 기르는 집에 이르기까지 각 거리마다 큰 집을 지어 경당扃堂이라 일컫는다. 자제들이 결혼하기 전까지 밤낮으로 이곳에서 독서와 활쏘기를 익힌다.[79](『구당서』 권 199 상, 열전 149 上, 고[구]려)

⑦ 혼인에는 폐백을 쓰지 않으며, 받는 자가 있으면 수치로 여긴다. 부모상은

77) "好治宮室 於所居之左立大屋 祭鬼神 … 以十月祭天大會 名曰東明 其公會衣服 皆錦繡金銀以自飾 大加·主簿頭所著似幘而無後 其小加著折風 形如弁 其國無牢獄 有罪者 則會諸加評議殺之 沒入妻子 其俗好淫 男女多相奔誘 已嫁娶 便稍作送終之衣"

78) "俗喜歌儛 國中邑落 男女每夜群聚歌戲 … 其俗好淫 男女多相奔誘 已嫁娶便稍作送終之衣 其死葬 有槨無棺 好厚葬 金銀財幣盡於送死 積石爲封 列植松柏 兄死妻嫂"

79) "其俗多淫祀 事靈星神·日神·可汗神·箕子神 國城東有大穴 名神隧 皆以十月 王自祭之 俗愛書籍 至於衡門廝養之家 各於街衢造大屋 謂之扃堂 子弟未婚之前 晝夜於此讀書習射"

> 3년복을 하고, 형제의 [상에는] 다음달에 [복을] 벗는다. 풍속에 음사淫祠가 많고, 영성 및 해[日]·기자·가한 등의 신에게 제사한다. 나라의 왼편에 큰 굴이 있어 신수神隧라고 한다. 매년 10월이면 왕이 모두 스스로 제사한다. 사람들이 배우기를 기뻐하여 가난한 마을이나 미천한 집안까지도 서로 힘써 배우므로, 길거리마다 큼지막한 집을 지어 경당扃堂이라 이름하고, 결혼하지 않은 자제들이 이곳에 모여 글을 외우고 활쏘기를 익힌다.…[80](『신당서』 권 220, 열전 145, 고[구]려)

먼저 고구려 혼인풍속과 관련하여 가장 빠른 시기의 기록은 『삼국지』 위지 고구려전의 기사라고 할 수 있다. 그런데 『수서』 등의 혼인 기사와 관련하여 위 『삼국지』 I①은 내용상 ⓐ의 가무歌舞 기사와 ⓑ의 서옥제 관련 혼인기사, 그리고 ⓒ의 혼인 직후 수의[送終之衣]를 만드는 풍속을 소개하는 기사로 구성되어 있다. 『후한서』는 이러한 『삼국지』 기사 가운데 혼인기사(I①ⓑⓒ)를 간략히 서술한 것이고(I②), 『위서』는 가무기사를 중점적으로 다루면서 이를 '음淫'한 것으로 평가하였다. 『양서』는 『삼국지』의 혼인 직후 수의를 만드는 풍속을 중점적으로 기술하면서 '이미 결혼한已嫁娶'의 일종 도입부로서 '남녀가 많이 서로 다투어 유혹하여 사귀는데[男女多相奔誘]'를 추가하고 그러한 풍속을 '호음好淫'한 것이라 하였다.

이처럼 고구려 풍속이 호음好淫하고 남녀상열男女相悅에 의해 혼인하는 것으로 기록한 『양서』의 전통은 『수서』·『주서』로 이어졌고, 『북사』에서는 『양서』의 전통과 함께 『위서』의 가무에 대한 기사가 더해지는 복합적인 성격으로 나타난다. 특히 『수서』·『주서』·『북사』에서는 고구려 풍속에 '유녀遊女'와 '결혼에 폐백을 쓰지 않는다[婚娶不用幣]'는 전통이 새로이 나타난다는 점을 주목할 수 있다. 이들 3서에 보이는 '결혼에 폐백을 쓰지 않는다'는 전통은 『신당서』에까지 이어진다.

결국 『수서』와 『북사』에 보이는 고구려 혼인 풍속과 관련된 호음好淫·유녀遊女 관계 기사는 『삼국지』 위지로부터 비롯한 『양서』의 '호음好淫'기사에 새로이

80) "婚娶不用幣 有受者恥之 服父母喪三年 兄弟踰月除 俗多淫祠 祀靈星及日·箕子·可汗等神. 國左有大穴曰神隧 每十月 王皆自祭 人喜學 至窮里廝家 亦相矜勉 衢側悉構嚴屋 號扃堂 子弟未婚者曹處 誦經習射 …"

『수서』·『주서』·『북사』 고구려 가무·혼인관계 기사 계통도

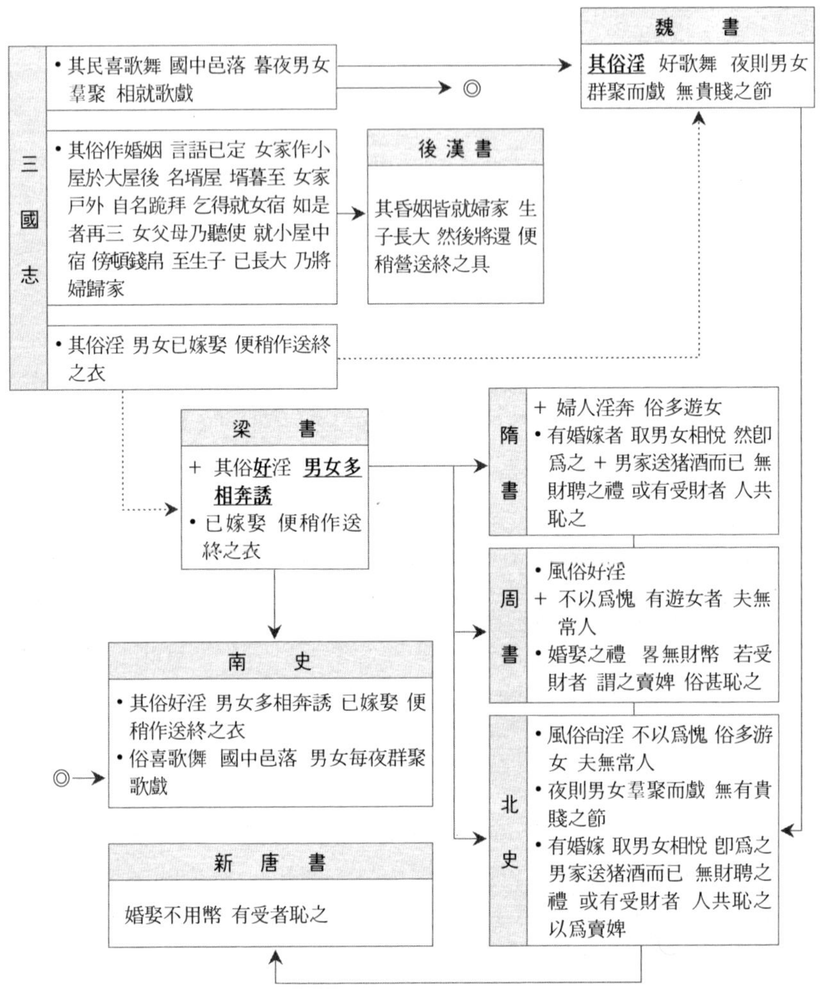

'유녀遊女'와 '결혼에 폐백을 쓰지 않는다'는 기사를 덧붙인 것이라 할 수 있다. 따라서 문제의 관건은 『삼국지』의 '음淫' 관련 기사와 『양서』 고구려전의 '호음好淫'기사의 상관성, 그리고 '유녀'와 '혼인' 기사와의 관계를 파악하는 데 있다고 할 것이다.

먼저 『삼국지』의 "그 풍속은 음淫하여, 남녀가 이미 결혼하면 점차 문득 죽어서 입고 갈 옷을 만들어 둔다.[其俗淫 男女已嫁娶 便稍作送終之衣]"는 기사가 『양서』

에서 "그 나라 풍속은 음란하여 남녀가 서로 다투어 유혹하여 사귀는데, 결혼을 한 뒤에는 곧 죽어서 입고 갈 옷을 미리 조금씩 만들어 둔다.[其俗好淫 男女多相奔誘 已嫁娶 便稍作送終之衣]"로 바뀌게 된 바, 『삼국지』의 기사는 '남녀가 결혼하고 나서 곧바로 수의壽衣[送終之衣]를 만든다는 것이 중국인의 유교적 관점에 볼 때에 도리에 맞지 않다[淫]'는 의미로 풀이된다. 이는 '그 풍속이 음淫하다[其俗淫]'는 것이 '남녀가 이미 결혼하면 점차 문득 죽어서 입고 갈 옷을 만들어 둔다[男女已嫁娶 便稍作送終之衣]'에 대한 『삼국지』 편찬자의 평가로 판단된다. 이에 위 기사에서 남녀 상열지사와 같은 의미의 음란성을 찾기가 힘들고, I⑦의 "풍속에 음사淫祠가 많고, 영성 및 해·기자·가한 등의 신에게 제사한다.[俗多淫祠 祀靈星及日·箕子·可汗等神]"에서처럼 유교적 도리에 맞지 않는 일을 '음淫'으로 표현한 사례로 이해된다.

그럼에도 불구하고 『위서』와 『양서』의 찬자는 『삼국지』의 '그 풍속이 음淫하다[其俗淫]'를 남녀 상열의 의미로 파악함으로써, '그 풍속이 음淫하다[其俗淫]'와 '남녀가 이미 결혼하면 점차 문득 죽어서 입고 갈 옷을 만들어 둔다[男女已嫁娶 便稍作送終之衣]'가 논리적 일관성이 없는 것으로 보고, 『위서』의 경우 "그 풍속이 음淫하다[其俗淫]"에 "노래와 춤을 좋아하며, 밤이면 남녀가 떼지어 어울려 노는데 귀천의 구별이 없었다.[好歌舞 夜則男女群聚而戱 無貴賤之節]"를, 『양서』의 경우 "그 나라 풍속은 음란한 것을 좋아하여[其俗好淫]"에 "남녀가 서로 다투어 유혹하여 사귀는데[男女多相奔誘]"를 추가하여 서술함으로써 이후 각 사서의 찬자들은 『위서』와 『양서』의 풀이를 따르게 된 것이 아닌가 생각된다. 다만 『수서』·『주서』·『북사』에는 이전 시기의 사서에서 보이지 않는 '유녀遊女'와 '결혼에 폐백을 쓰지 않는다[婚娶不用幣]'는 풍속을 새로이 소개하고 있거니와, 특히 혼례에 재화를 사용하지 않는 풍속의 등장은 서옥제가 기록상에 사라지는 것과 흐름을 같이 하는 것이라고 하겠다.

그런데 『수서』·『주서』·『북사』 고구려 혼인관계 기사를 내용별로 구분하면, 호음好淫·유녀遊女·혼가婚嫁로 구분할 수 있는데 이를 정리·비교하면 몇 가지 미묘한 차이가 있음을 알 수 있다.

첫째, 호음好淫 관련 기사에서 『수서』가 음분淫奔의 대상을 부인婦人에 한정하고 있는데 대해, 『주서』와 『북사』는 고구려 풍속 전반으로 음란을 좋아하며 이를 부끄러워 하지 않는다는 것이다.

『수서』·『주서』·『북사』 고구려 혼인관계 기사

	好淫	遊女	婚嫁
隋書	婦人淫奔	俗多遊女	有婚嫁者 取男女相悅 然卽爲之 男家送猪酒而已 無財聘之禮 或有受財者 人共恥之
周書	風俗好淫 不以爲愧	有遊女者 夫無常人	婚娶之禮 畧無財幣 若受財者 謂之賣婢 俗甚恥之
北史	風俗尙淫 不以爲愧,	俗多游女 夫無常人 夜則男女羣聚而戲 無有貴賤之節	有婚嫁 取男女相悅卽爲之 男家送猪酒而已 無財聘之禮 或有受財者 人共恥之 以爲賣婢

둘째, 유녀遊女에 대하여 『수서』는 '유녀'가 많음을, 『주서』는 유녀란 '정해진 지아비가 없음夫無常人'을, 『북사』는 『주서』의 내용에 더하여 유녀란 '정해진 지아비가 없음夫無常人'으로 '밤이면 남녀가 무리지어 모여 노니는데 귀천의 구분이 없다'는 사실을 기술하고 있다.

셋째, 혼가婚嫁의 예속에 재빙財聘의 예가 없다는 점은 모두 동일하나, 『수서』와 『북사』는 모두 '남녀가 서로 좋아하기만 하면 결혼한다'는 사실을 전하고 있다.

그러므로 『수서』와 『북사』 모두 고구려 결혼 풍속을 호음好淫과 유녀遊女로 서술하게 된 것은, 『삼국지』 '그 풍속은 음淫하여, 남녀가 이미 결혼하면 점차 문득 죽어서 입고 갈 옷을 만들어 둔다'는 기사에 대한 잘못된 이해에서 비롯한 것이라고 할 수 있다. 곧 『위서』와 『양서』의 찬술자들이 『삼국지』의 '도리에 어긋나다'는 의미의 '음淫'을 '음란淫亂'의 의미로 풀이하면서, 각각 '노래와 춤을 좋아하며, 밤이면 남녀가 떼지어 어울려 노닌다'는 기사와 관련시키거나, '그 나라 풍속은 음란하여 남녀가 서로 다투어 유혹하여 사귄다'를 덧붙여 설명함으로써, 『수서』와 『북사』에서는 『양서』의 풀이를 따라 고구려 결혼 풍속을 음란한 것으로 여기고, 여기에 유녀遊女의 의미를 덧붙였던 것이라 하겠다.

따라서 유녀遊女는 앞서 살폈듯이 밤늦게 가무하는 것을 좋아하는 고구려 풍속을 좇은 혼전의 여인들이 '상인常人'이 없이 가무에 열중하는 모습을 표현한 것이 아니었겠는가 짐작된다.[81] 『수서』 곳곳에는 이러한 가무를 즐기는 것을

'유遊'자로 표현하고 있으며, 『북사』에서도 이들 유녀游女의 설명에 뒤이어 밤늦도록 가무를 즐기는 풍속을 소개하고 있음을 확인할 수 있다. 이처럼 유녀들이 즐긴 가무의 풍속은 『삼국지』에 소개한 가무의 풍속에 다름아닌 것이다. 결국 『수서』·『주서』·『북사』를 찬술할 당시에 중국인들은 정해진 짝이 없이 가무를 즐기는 혼전의 여인들을 유녀遊女로 불렀고, 그러한 여인들의 모습이 중국인의 유교적 도덕관에서는 매우 음란한 것으로 비췄을 것으로 여겨진다.

4. 고구려의 계급구성과 민호편제民戶編制

1) 하호下戶의 성격과 식읍제

『수서』 고구려전의 조세제에서, 고구려는 인정人丁을 단위로 조調를 징수하고, 전작田作을 하지 않는 유인遊人 곧 상인들 또한 10인을 단위로 3년에 한 번씩 과세하였던 사실을 상정할 수 있었다. 특히 전조田租의 경우 빈부의 차에 따른 삼등호제에 의하여 세를 부과했는데, 빈부의 차이는 전토田土의 다과를 의미하는 바, 이는 정남丁男과 정녀丁女 곧 인정人丁의 다과에 의한 과전課田을 전제로 한다. 그런데 삼등호제의 구분에 관하여 『수서』에서는 일반적으로 상·중·하로 명확히 구분하고 있으나, 고구려의 경우 "조租는 호戶 1석, 다음이 7두, 하가 5두이다[租戶一石 次七斗 下五斗]"라고 하여 빈부 차이가 어떤 정형에 의해 법제화된 '상호·중호·하호'의 구분과는 차이가 있는 것으로 생각된다.

따라서 『수서』 고구려전의 조세제가 시행되었을 7세기 초엽 어느 시기에인가는 분명히 고구려 사회 내에서 과세대상에게 토지를 지급하고 인정수를 기준으로 한 민호의 편제가 있었음을 인정해야 한다. 그러면 고구려가 언제부터 이

81) 遊女에 대한 기록으로서 "貞觀 15年 … 上見職方郎中陳大德使高麗 …八月己亥 自高麗還 大德初入其境 欲知山川風俗 所至城邑 以綾綺遺其守者曰 …往往見中國人 自云家在某郡 隋末從軍沒于高麗 高麗妻之以遊女 與高麗錯居 殆將半矣 …"(『資治通鑑』 권 196, 唐紀 12)가 주목되는데, 여기에서 수의 고구려 침공시 포로가 된 수나라 군졸에게 遊女와 혼인하여 고구려사회에 안주케 하였던 사실을 볼 수 있다. 따라서 이 기사에서 遊女의 성격은 논외로 한다해도, 혼전의 여인이었다는 사실만은 확인할 수 있다.

들 과세 대상인 인정을 기준으로 토지를 지급하고 편제했었는가가 관건이 된다. 이러한 문제는 고구려 일반민의 계급구성의 변화과정과 밀접하게 관련되는데, 가장 논란의 여지가 많은 것 가운데 하나로서 하호下戶의 계급문제를 들 수 있다.

먼저 하호에 대해서는 1~3 세기 무렵 자연농의 존재를 상정하기도 하지만, 그 계급적 성격에 대해서는 노예설과 농노·준노예설,[82] 일반민설 등의 주장이 있었다. 대체로는 『삼국지』 부여전의 기사를 바탕으로 하호=일반민설이 정설화된 듯한데, 연맹왕국시대 읍락 내부의 사회구성을 가加·호민豪民·민民(下戶)·노비奴婢로 상정하고, 가加의 하호에 대한 지배는 읍락 안의 유력자인 호민을 매개로 이루어진다고 풀이하고 있다.[83] 또 이들 하호=민을 후대의 양인 계층에 속하는 것으로 파악하고 자급(自營)농민과 용작농민으로 분류하기도 한다.[84] 필자는 삼한의 사회경제구성을 언급하면서 삼한의 하호를 부여·고구려의 '가加'에 해당하는 읍군이나 읍장의 지배를 받는 자로서 삼한 소국 단위의 지배층들도 포괄하는 것으로 풀이하고, 삼한의 계급구성을 신지臣智·호민豪民의 지배계급과 이들에게 집단으로 착취당하는 일반 백성 및 노奴 등으로 파악한 바 있다.[85] 당시 필자의 논의는 삼한에 한정한 것이었고, 『삼국지』 하호 문제를 본격적으로 다루지는 못하였다.

---

82) 북한학계에서는 1956년 「삼국의 사회-경제구성에 관한 토론회」에서 下戶의 성격을 백남운·임건상과 같이 삼국을 노예제사회로 보는 논자의 경우 고전적 노예 또는 동방적 노예로 풀이하였으며, 김광진·김석형과 같은 봉건론자는 봉건적 예속민 또는 노예적 상태에 두어진 예농층으로서 양인 농민의 시원을 이룬 것으로 보았다.(김광진 외, 1989, 『삼국시기의 사회경제 구성에 관한 토론집』, 일송정 참조)

83) 李基東, 1982, 「城邑國家와 聯盟王國」, 『韓國史講座』 I-古代篇, 97~98쪽.

84) 洪承基, 1974, 「1-3世紀의 '民'의 存在形態에 대한 一考察」, 『歷史學報』 63.

85) 『三國志』의 찬자가 삼한을 74소국으로 이루어진 것으로 파악하였듯이 중국 군현이 그들의 통치체제 안에서 삼한사회를 파악함으로써, 『三國志』 韓傳의 하호만은 다른 나라들의 그것과 다른 특이한 성격의 존재로 본 바, 저들이 인정한 읍군·읍장을 제외한 소국 단위의 지배층들까지도 下戶로 파악하였을 가능성이 높다. 따라서 삼한의 하호는 중국 군현에서 정식으로 인수·의책을 내린 臣智·邑君 등과 일반백성을 제외한 한정된 수효의 계층으로서, 비록 이들이 중국군현으로부터 정식으로 인수와 의책을 받을 수는 없었으나 囚徒·奴婢와 같은 처지의 일반 백성을 통치하는 지배계급으로서 중국군현과 교류하던 존재가 아니었겠는가 추정된다.(박남수, 1996, 「신라의 성장과 수공업 경영형태」, 『신라수공업사』, 신서원, 36~40쪽)

J. ① 고구려는 요동의 동쪽 천 리 밖에 있다. … 그 나라에는 왕이 있고, 벼슬로는 상가相加·대로對盧·패자沛者·고추가古雛加·주부主簿·우대優台·승丞·사자使者·조의皂衣·선인先人이 있으며, 신분의 높고 낮음에 따라 각각 등급을 두었다. 모든 대가大加들도 스스로 사자·조의·선인을 두었는데, 그 명단을 모두 왕에게 보고한다. 마치 중국의 경卿이나 대부大夫의 가신과 같은 것으로, 회합할 때의 좌석 차례에선 왕가의 사자·조의·선인과 같은 열에 서지 못한다. 그 나라의 대가들은 농사를 짓지 않으므로, 앉아서 먹는 인구가 만여 명이나 되는데, 하호들이 먼 곳에서 양식·고기·소금을 운반해다가 그들에게 공급한다.[其國中大家不佃作 坐食者萬餘口 下戶遠擔米糧魚鹽供給之] 그 백성들은 노래와 춤을 좋아하며 … 큰 창고는 없고 집집마다 조그만 창고가 있으니, 그 이름을 '부경桴京'이라 한다. … 감옥이 없고, 죄가 있으면 제가諸加들이 모여서 평의하여 사형에 처하고 처자는 몰수하여 노비로 삼는다. … 옥저와 동예를 모두 복속시켰다. … 발기拔奇는 형이면서도 왕이 되지 못한 것을 원망하여, 연노부涓奴部의 가加와 함께 각기 하호 3만명을 이끌고 [공손]강[公孫]康에게 투항하였다가 돌아와서 비류수沸流水 유역에 옮겨 살았다. …(『삼국지』 권 30, 위서 30, 오환선비동이전 30, 고구려)

② 부여 … 나라에는 군왕이 있고, 모두 6축六畜의 이름으로 관리 이름을 정하여 마가馬加·우가牛加·저가豬加·구가狗加·대사大使·대사자大使者·사자使者가 있다. 부락에는 호민이 있으며, 민과 하호는 모두 노복이다. 제가들은 별도로 사출도를 주관하는데, 큰 곳은 수천 가이고 작은 곳은 수백 가였다. [邑落有豪民 民下戶皆爲奴僕 諸加別主四出道 大者主數千家 小者數百家] … 형벌은 엄하고 각박하여 사람을 죽인 사람은 사형에 처하고 그 집안 사람은 적몰하여 노비로 삼는다. 도둑질을 하면 12배를 변상케 했다. … 활·화살·칼·창을 병기로 사용하며, 집집[家家]마다 자체적으로 갑옷과 무기를 보유하였다. … 적군[의 침입]이 있으면 제가들이 몸소 전투를 하고, 하호는 양식을 져다가 음식을 먹인다.[有敵 諸加自戰 下戶俱擔糧飮食之] … (『삼국지』 권 30, 위서 30, 오환선비동이전 30, 부여)

③ 대군장이 없고 한漢 이래로 그 관으로는 후侯·읍군邑君·삼로三老가 있어 하호를 통괄하여 다스린다.[其官有侯·邑君·三老 統主下戶](『삼국지』 권 30, 위서 30, 오환선비동이전 30, 예)

④ 경초 연간(A.D.237~239)에 명제明帝가 몰래 대방태수 유흔劉昕과 낙랑태수 선우사鮮于嗣를 파견하여 바다를 건너가서 두 군郡을 평정하였다. 그리고 여러 한국韓國의 신지臣智에게는 읍군邑君의 인수印綬를 더해 주고, 그 다음 사람에게는 읍장邑長을 주었다. 풍속에 의책衣幘을 좋아하여, 하호들도 군에 가서 조알할 적에는 모두 의책를 임의로 입으며, 스스로 인수와 의책을 한 사람이 천여 명이나 된다.[其俗好衣幘 下戶詣郡朝謁 皆假衣幘 自服印綬衣幘 千有餘人]… 그 풍속은 기강이 흐려서, 제국諸國의 도읍에 비록 주수主帥가 있어도 읍락에 뒤섞여 살기 때문에 서로 잘 제어하지 못한다.(『삼국지』 권 30, 위서 30, 오환선비동이전 30, 한)

⑤ 그 풍속에 나라의 대인大人은 모두 4, 5명의 부인을 두고, 하호下戶는 혹 2, 3명의 부인을 둔다. 부인은 음란하지 않고 투기하지 않으며 도적질하지 않아 쟁송이 적다. 그 법을 범하는 자는 가벼운 경우 그 처자를 몰수하고, 무거운 자는 그 문호門戶를 멸한다. … 하호下戶와 대인大人이 서로 도로에서 만나면 뒷걸음 쳐 풀더미에 들어가 말을 전하고 일을 실명한다. 혹은 고웅크리거나 꿇어 앉아 양 손으로 땅을 짚고 공경을 표한다. 대답하는 발로는 희噫라 하니 그렇다고 승낙하는 것과 같다.[86](『삼국지』 권 30, 위서 30, 오환선비동이전 30, 왜)

위의 『삼국지』 고구려전(J①)에서 3세기 무렵까지 고구려에는 좌식자坐食者로 불리는 지배계급과 하호下戶로 지칭되는 피지배계급이 존재하였음을 알 수 있다. 또한 '그 민民은 노래와 춤을 좋아한다[其民喜歌舞]'에서 하호와 별개의 신분으로서 '민民'이 존재하였고, '죄가 있으면 제가가 평의하여 문득 죽이고 처자를 노비로 몰입한다[有罪諸加評議 便殺之 沒入妻子爲奴婢]'에서 '노비奴婢'가 존재하였음을 알 수 있다. 이처럼 고구려·부여·예의 하호는 삼한의 경우와 사뭇 다른 것처럼 나타나고 있다.

부여의 경우 하호관계기사의 내용은 "나라에는 군왕이 있고 모두 6축명으로써 … 하고[國有君王 皆以六畜名官 有馬加·牛加·豬加·狗加·大使·大使者·使者], 읍락에

86) "其俗 國大人皆四五婦 下戶或二三婦 婦人不淫 不妬忌 不盜竊 少諍訟 其犯法 輕者沒其妻子 重者滅其門戶 … 下戶與大人相逢道路 逡巡入草 傳辭說事 或蹲或跪 兩手據地 爲之恭敬 對應聲 曰噫 比如然諾"

는 호민이 있고 민·하호는 … 이다[邑落有豪民 民下戶皆爲奴僕]"라고 하여, 문장 구성이 '국國'과 '읍락邑落'의 두 개 단락으로 구성되었고, "제가들이 스스로 싸우며[諸加自戰]"와 "하호는 양식을 져다가 음식을 먹인다[下戶俱擔糧 飮食之]"가 서로 대응하고 있음을 볼 수 있다. 사실 문장 구성 그대로 풀이한다면, '나라에는 모두 6축의 이름으로써 관명官名을 삼는데 마가·우가·저가·구가·대사·대사자·사자가 있다. 읍락에는 호민이 있고, 민 ·하호는 모두 노복이다'라고 이해된다. 특히 "제가들이 스스로 싸우며, 하호는 양식을 져다가 음식을 먹인다"에서 제가諸加-하호下戶의 대응관계를 인정할 수 있어서, 하호는 제가에 예속되었고, 앞의 '그 민民은 노래와 춤을 좋아한다'에서 하호와 별개의 신분으로서 '민'이 존재했음을 알 수 있다.87)

제가諸加와 하호下戶의 대응 관계는, 고구려의 대가大家=좌식자坐食者와 하호(J②), 예濊의 후·읍군·삼로와 하호의 관계(J③)에서도 동일하게 나타난다. 또한 『삼국지』 고구려전에서 발기拔奇가 연노가涓奴加와 더불어 각각 '하호 3만여 구'를 거느리고 공손강公孫康에게 투항한 사례에서도, 하호는 국왕의 형인 발기와 연노부의 수장인 연노가에 예속된 사실을 확인할 수 있다. 『삼국지』 왜전의 대인大人과 하호下戶(J⑤)에서는 양자의 관계가 분명하지 않으나, 대인에 대한 하호의 공경의 모습에서 그 신분적 차이를 충분히 짐작할 수 있다. 그런데 왜전에 나타난 하호는 2~3명의 부인을 거느릴 수 있는 존재로서, 한韓의 하호가 '하호들도 군에 가서 조알할 적에는 모두 의책를 임의로 입으며, 스스로 인수와

87) 홍승기는 "邑落有豪民民下戶"의 '民下戶'를 '民 즉 下戶'로 풀이한 바, 『삼국지』 고구려전 기사 안에서 '民'과 '노비'를 구분하고, '諸加-下戶'의 대응관계를 상정하면서도(홍승기, 앞의 논문, 21~27쪽) 같은 문단 내의 '其民喜歌舞'의 '민'은 간과하였다. 그 결과 '하호'의 '일반 백성층'으로서의 성격을 추출하였으나, '민층' 내부에서 '하호'와의 차이를 간과한 것으로 생각된다. 또한 金到勇도 홍승기의 견해를 수용하여 '民 즉 下戶'로 풀이하면서, 하호 자체가 초시대적 표현으로서 삼등호제의 下戶 또는 貧民層으로 보고 分半地代를 지불한 농노로 그 성격을 규정하였다.(金到勇, 「下戶에 대한 一考察」, 『釜山女大史學』 12, 1994) 그러나 『삼국지』의 하호는 『삼국지』 자체의 기술방식에 따라 분석해야 할 것이며, 이를 시대를 달리하여 편찬된 사서류의 '빈민'이나 삼등호제의 '하호'와 결부시키는 것은 무리가 있다고 본다. 또한 이인철은 부여의 하호는 민으로, 고구려의 하호는 일반농민, 식읍민, 피정복민으로, 예의 하호는 주민들로서 대부분 농민일 것으로, 그리고 삼한의 하호는 일반농민이나 상인으로 각각 풀이하고, 이들 하호가 한국고대 주민의 대부분을 차지하였고, 생산의 대부분을 담당한 것으로 파악하였다.(이인철, 앞의 논문, 211~215쪽)

의책을…[詣郡朝謁 皆假衣幘 自服印綬衣幘…]' 한 사실에 견줄 수 있다.

이들 하호는, 『삼국지』 고구려전에서 보듯이 대가大家의 좌식자 계급에게 멀리서 미량米糧과 어염魚鹽을 공급하며, 제가諸加가 전투에 나갔을 때에 직접 전투에는 참여하지 않으나 식량을 운반하여 공급하는 존재였다. 또한 "죄가 있으면 제가諸加들이 모여서 평의하여 사형에 처하고 처자는 몰수하여 노비로 삼는다"에 보이는 노비나 『삼국지』 고구려전의 '민民', 동 부여전 '활·화살·칼·창을 병기로 사용하며, 집집[家家]마다 자체적으로 갑옷과 무기를 보유하였다'의 '가가家家'를 구성하는 존재와도 신분상으로 구분되는 존재였을 것으로 믿어진다.[88)]

그러면 부여전의 '가가家家'를 구성하는 존재와 고구려전의 '민民'은 과연 이들 하호와 어떻게 구분되는가. 『삼국지』 부여전에서 보듯이 '가가家家'의 구성원은 집에 병장기를 두고 있었던 만큼 전투 요원이었음에 분명하므로 식량을 나르는 역할만을 수행한 하호와 다르며, 고구려에 있어서 좌식자 계급에게 미량과 어염을 공급하는 하호는 가무를 즐기는 민民이나 죄가 있을 때에 제가諸加의 평의에 의해 처자를 노비로 몰입당하는 존재와도 구별되는 것이다.

이들 하호는 '사신을 발하여 진휼[發使賑恤]' 하거나 '창고를 열어 진휼[開倉賑恤]', '진대賑貸' 하는 대상으로서[89)] '힘써 농사를 지어 자급[力田自給]'하거나 '용

88) 일찍이 丘秉朔도 "고구려 노동법은 상층권자의 지배하에 있는 일반민과 하층민인 노비, 하호 등에 이르기까지 적용되었던 것"(丘秉朔, 1970, 「韓國古代 社會法制史 硏究(一)」, 『우석 문리대·법경대 논문집』 4, 518~519쪽)이라고 하여, 하호와 민, 일반민을 구분하여 살핀 바 있다. 또한 趙法鍾은 '하호'를 국가 공민인 '민'이나 개별적·인신적으로 보다 철저히 예속당한 신분층인 '노비'와 구분되는 '집단적 종족적으로 예속된 신분층'으로 파악한 바 있다.(趙法鍾, 1997, 「한국고대사회의 신분과 부담」, 『한국고대사연구』 12, 155~157쪽)

89) "二年(A.D. 45) 春三月 宴羣臣 夏五月 國東大水 民饑 發倉賑給"(『三國史記』 권 14, 高句麗本紀 2, 閔中王)
"五十六年(108) 春 大旱 至夏赤地 民饑 王發使賑恤"(『三國史記』 권 15, 高句麗本紀 3, 大祖大王)
"十六年(194) 秋七月 墮霜殺穀 民飢 開倉賑給 冬十月 … 仍命內外所司 博問鰥寡孤獨老病貧乏不能自存者 救恤之 命有司 每年自春三月至秋七月 出官穀 以百姓家口多小 賑貸有差 至冬十月 還納以爲恒式 內外大悅"(『三國史記』 권 16, 高句麗本紀 4, 故國川王)
"二年(332) 春二月 王如卒本 祀始祖廟 巡問百姓老病賑給"(『三國史記』 권 18, 高句麗本紀 6, 故國原王)
"六年(389) 春 饑 人相食 王發倉賑給"(『三國史記』 권 18, 高句麗本紀 6, 故國壤王)
"三年(521) 夏四月 王幸卒本 祀始祖廟 五月 王至自卒本 所經州邑貧乏者 賜穀人一

작傭作'하며,[90] 사민徙民 또는 역역力役에 동원되는[91] 민民과는 분명히 차이가 있다. 특히 '민民'에 대해서는 '진휼' 등 각종 국가의 보호 조치뿐만 아니라 농상을 장려하는 대상이었던 만큼,[92] 민은 국가 곧 국왕의 통치권에 속한 존재였고 당연히 역역과 조세의 부과대상이었을 것으로 믿어진다.

그런데 노비와 구별되는 신분으로서의 하호下戶는, 제가諸加나 대가大家에게 미량米糧을 공급했으므로 제가諸加나 대가大家의 토지를 경작하는 일도 담당하였으리라 추측된다. 이들이 경작하였던 토지는 제가나 대가에게 지급된 식읍이었으리라 짐작되는데, 사실 『삼국사기』 고구려본기에서는 건국 초기부터 이들 제가나 대가에 해당하는 지배층에게 새로이 획득한 지역을 성읍城邑으로 편입하여 다스리게 하거나, 식읍食邑을 지급하여 왔다.

斛"(『三國史記』 권 19, 高句麗本紀 7, 安臧王)
"六年(536) 春夏 大旱 發使撫恤饑民…"(『三國史記』 권 19, 高句麗本紀 7, 安原王)
"二十三年(581) 春二月晦 星隕如雨 秋七月 霜雹殺穀 冬十月 民饑 王巡行撫恤 十二月 遣使入隋朝貢 高祖授王大將軍遼東郡公"(『三國史記』 권 19, 高句麗本紀 7, 平原王)

90) "十三年(191) 夏四月 [左可慮等] 聚衆攻王都 王徵畿內兵馬平之 … 晏留言於王曰 微臣庸愚 固不足以參大政 西鴨淥谷左勿村乙巴素者 琉璃王大臣乙素之孫也 性質剛毅 智慮淵深 不見用於世 力田自給 大王若欲理國 非此人則不可 王遣使 以卑辭重禮聘之 …"(『三國史記』 권 16, 高句麗本紀 4, 故國川王)
"十六年(194)…冬十月 王畋于質陽 路見坐而哭者 問何以哭爲 對曰 臣貧窮 常以傭力養母 今歲不登 無所傭作 不能得升斗之食 …"(『三國史記』 권 16, 高句麗本紀 4, 故國川王)
"美川王(一云好壤王)(300) 諱乙弗(或云憂弗) 西川王之子古鄒加咄固之子 初烽上王疑弟咄固有異心[弟 舊本誤作弗] 殺之 子乙弗畏害出遁 始就水室村人陰牟家 傭作 陰牟不知其何許人 使之甚苦 其家側草澤蛙鳴 使乙弗 夜投瓦石禁其聲 晝日督之樵採 不許暫息 不勝艱苦…"(『三國史記』 권 17, 高句麗本紀 5, 美川王)

91) "二十一年(247) 春二月 王以丸都城經亂 不可復都 築平壤城 移民及廟社…"(『三國史記』 권 17, 高句麗本紀 5, 東川王)
"九年(300) … 八月 王發國內男女年十五已上 修理宮室 民乏於食 困於役 困之以流亡…"(『三國史記』 권 17, 高句麗本紀 5, 烽上王)
"十八年(408) 秋七月 築國東禿山等六城 移平壤民戶 …"(『三國史記』 권 18, 高句麗本紀 6, 廣開土王)
"十四年(631) 春二月 王動衆築長城 東北自扶餘城 東南至海[東 當作西 舊唐書亦作西] 千有餘里 凡一十六年畢功"(『三國史記』 권 20, 高句麗本紀 8, 榮留王)
"蓋金又奏築長城東北西南. 時男役女耕. 役至十六年乃畢"(『三國遺事』 권 3, 興法 3, 寶藏奉老 普德移庵)

92) "二十五年(583) 二月 下令 減不急之事 發使郡邑勸農桑"(『三國史記』 권 19, 高句麗本紀 7, 平原王)

K. ① 2년(B.C. 36) 여름 6월에 송양松讓이 나라를 들어 항복해오니 그 땅을 다물도多勿都로 삼고 송양을 봉하여 왕을 삼았다. 고구려 말로 옛 땅을 회복하는 것을 다물多勿이라 하므로 그렇게 일컬은 것이다.(『삼국사기』 권 13, 고구려본기 1, 동명성왕)

② 6년(B.C. 32) 겨울 10월에 왕이 오이烏伊와 부분노扶芬奴에게 명하여 태백산 동남쪽에 있는 행인국荇人國을 쳐서 그 땅을 빼앗아 성읍城邑으로 삼았다.(『삼국사기』 권 13, 고구려본기 1, 동명성왕)

③ 4년(A.D. 56) 가을 7월에 동옥저를 정벌하고 그 땅을 빼앗아 성읍으로 삼았다. 국경을 넓혀 동쪽으로는 창해滄海에 이르고 남쪽으로는 살수薩水까지 이르렀다.(『삼국사기』 권 15, 고구려본기 3, 태조대왕)

④ 16년(A.D. 68) 가을 8월에 갈사왕曷思王의 손자 도두都頭가 나라를 들어 항복해왔다. 도두를 우대于台로 삼았다.(『삼국사기』 권 15, 고구려본기 3, 태조대왕)

⑤ 22년(A.D. 74) 겨울 10월에 왕이 환나부桓那部 패자 설유薛儒를 보내 주나朱那를 정벌하고, 그 왕자 을음乙音을 사로잡아 고추가古鄒加를 삼았다.(『삼국사기』 권 15, 고구려본기 3, 태조대왕)

⑥ 11년(280) 겨울 10월에 숙신肅愼이 침략해 와서 변경의 백성을 살해하니 … 왕이 이에 달고達賈를 보내 가서 적을 정벌하게 하였다. 달고가 불의에 쳐서 단로성檀盧城을 빼앗아 추장을 죽이고, 6백여 가家를 부여 남쪽의 오천烏川으로 옮기고, 부락 6~7곳을 항복받아 부용으로 삼았다. 왕이 크게 기뻐하여 달고를 안국군安國君으로 삼아 내외 병마의 일을 맡게 하고 겸하여 양맥梁貊과 숙신 여러 부락을 통솔하게 하였다.(『삼국사기』 권 17, 고구려본기 5, 서천왕)

⑦ 원년(292) 봄 3월에 안국군 달고達賈를 죽였다. 왕이 달고가 아버지의 항렬에 있고 큰 공과 업적이 있어 백성이 우러러보자, 이를 의심하여 음모를 꾸며 죽였다. 나라 사람들이 말하기를 "안국군이 아니었으면 백성들이 양맥·숙신 의 난을 면할 수 없었다. 지금 그가 죽었으니 장차 어디에 의탁할 것인가"라 하고, 눈물을 흘리며 서로 조문하지 않는 자가 없었다.(『三國史記』 권 17, 高句麗本紀 5, 烽上王)

L. ① 11년(B.C. 9) 여름 4월 … 선비鮮卑가 과연 문을 열고 군대를 내어 추격하였다. 부분노扶芬奴가 병력을 이끌고 그 성으로 달려 들어가니 선비가 이를 바라보고 크게 놀라 돌이켜 달려왔다. 부분노가 관문을 맡아 대항해 싸워서 목을 베어 죽인 것이 매우 많았다. 왕이 깃발을 들고 북을 울리며 나아가니 선비는 앞뒤로 적을 맞아 계책이 다하고 힘이 꺾여서 항복하여 속국이 되었다.[降爲屬國] 왕이 부분노의 공을 생각하여 식읍食邑으로 상을 주었으나, 사양하면서 말하기를 "이는 왕의 덕입니다. 신이 무슨 공이 있습니까?"라고 하고는 결국 받지 않았다. 왕이 이에 황금 30근과 좋은 말 10필을 내려 주었다.(『삼국사기』 권 13, 고구려본기 1, 유리명왕)

② 8년(172) 겨울 11월 … 왕은 그러하다고 여기고 성을 닫고 굳게 지켰다. 한나라 사람들이 공격하였으나 이기지 못하고 사졸들이 굶주리므로 이끌고 돌아갔다. 명림답부明臨答夫가 수 천의 기병을 거느리고 저들을 추격하여 좌원坐原에서 싸워, 한나라 군대가 크게 패하여 한 필의 말도 돌아가지 못하였다. 왕이 크게 기뻐하고 답부에게 좌원과 질산質山을 식읍으로 주었다. (『三國史記』 권 16, 高句麗本紀 4, 新大王)

③ 20년(246) 가을 8월에 위魏가 유주 자사幽州刺史 관구검毌丘儉을 보내 1만 인을 거느리고 현도玄菟로부터 침략해왔다. 왕이 보병과 기병 2만 인을 거느리고 비류수沸流水 위에서 역전하여 패배시켜 3천여 급을 베었다. 또 병력을 이끌고 양맥梁貊의 골짜기에서 다시 싸워 또 이를 패배시켰는데 3천여 인을 베고 사로 잡았다. … 겨울 10월 … 위군魏軍이 시끄럽고 어지러워져서 싸우지 못하고 드디어 낙랑에서 퇴각하였다. 왕이 나라를 회복하고 공을 논하는데, 밀우密友와 유유紐由를 제일로 삼았다. 밀우密友에게 거곡巨谷과 청목곡靑木谷을 주고, 옥구屋句에게 압록원鴨淥原과 두눌하원杜訥河原을 식읍으로 주었다. 유유紐由를 추증하여 구사자九使者로 삼고, 그 아들 다우多優를 대사자로 삼았다. …(『삼국사기』 권 17, 고구려본기 5, 동천왕)

④ 2년(293) 가을 8월에 모용외慕容廆가 침략해 왔다. 왕이 신성新城으로 가서 적을 피하고자 하였다. 곡림鵠林에 이르자 모용외가 왕이 나간 것을 알고 병력을 이끌고 이를 추격하였다. 거의 따라잡게 되자 왕이 두려워하였다. 그때 신성의 재宰 북부 소형小兄 고노자高奴子가 기병 5백 기를 거느리고 왕을 맞이하러 왔다가 적을 만나 그들을 힘껏 공격하니, 모용외의 군대가 패하여

물러갔다. 왕이 기뻐하고 고노자에게 벼슬을 올려 대형大兄을 삼고, 겸하여 곡림鵠林을 식읍으로 주었다.(『삼국사기』 권 17, 고구려본기 5, 봉상왕)

위의 기사 K①②⑤는 고구려에 내항한 주변 소국의 수장들에게 상응하는 고구려 관등을 내리고 기존 지배력을 인정하여 통치하도록 한 사실을, 그리고 L①②③④는 군공이 있는 고구려 신하에게 정벌지나 군공자와 유관한 지역을 식읍으로 하사했던 사례를 보여준다. 또한 K⑥⑦은 3세기 말엽 숙신지역을 정벌하여 부용으로 삼은 달고達賈를 안국군安國君으로 삼아 지내외병마사知內外兵馬事와 함께 양맥梁貊·숙신肅愼의 여러 부락을 통할하게 하였던 바, 양맥·숙신 여러 부락을 통할하는 권한은 K⑦에서 보듯이 그가 죽을 때까지 지속되었음을 알 수 있다. 이는 명림답부明臨答夫가 질산質山을 식읍으로 받아(L②) 그가 죽은 이후 질산에 묻혔던 사실[93]과 비교되는데, 이로 미루어 보아 3세기 후반 무렵 일종 지방관으로 파견되었던 중앙관료의 지위와 해당 지역의 통치방식은 여전히 식읍주나 식읍의 그것과 유사했던 것으로 볼 수 있다.

따라서 식읍을 지급받거나 해당 지역을 통할하는 권한을 받았던 이들은, 내항한 소국의 수장이나 군공자, 고구려의 고급 관료군이었다. 이들은 『삼국지』 고구려전에서 지칭하듯이 국왕의 신료이면서 대가大加들이었고, 발기拔奇나 연노가涓奴加처럼 하호를 거느렸으며, 위 『삼국사기』의 사례처럼 식읍을 지급받는 존재였다. 이들은 3세기 중엽의 고구려 좌식자 계급에 해당하는데, 이들이 식읍을 어떻게 운영하였는지는 분명하지 않다. 다만 새로이 편입된 성읍이나 부용으로 삼은 지역의 운영방식과 크게 다르지 않았으리라 생각되는 바, 고구려가 신속臣屬한 옥저로부터 조세를 수취하는 방식을 살펴봄으로써 식읍의 운영방식을 살필 수 있으리라 생각된다.

M. 옥저의 여러 읍락의 우두머리들은 모두 스스로를 삼로三老라 일컬었는데, 옛 [漢나라] 현縣이었을 때의 제도이다. 나라가 작아서 큰 나라의 틈바구니에서 핍박을 받다가 드디어 [고]구려에 신속臣屬되었다. [고]구려는 다시 그들 가운데 대인大人을 사자使者로 삼아 서로 통치하게 하였다. 또 대가大加로 하여금

93) "十五年(179) 秋九月 國相答夫卒 年百十三歲 王自臨慟 罷朝七日 乃以禮葬於質山 置守墓二十家 …"(『三國史記』 권 16, 高句麗本紀 4, 新大王)

그 조세를 통괄 책임지게 하여, 맥포貊布·어염魚鹽·해중식물海中食物을 천리나 되는 거리에서 져 나르게 하고, 또 미녀를 보내게 하여 비첩婢妾으로 삼아 노복과 같이 대우하였다.(『삼국지』 권 30, 위서 30, 오환선비동이전 30, 동옥저)

위의 기사에서 고구려는 동옥저를 신속臣屬하면서 동옥저의 대인을 고구려의 사자使者로 임명하여 옥저를 다스리게 하고, 옥저의 대가大加로 하여금 그 지역의 조세를 총괄하여 책임지게 함으로써 그 지역 특산물인 맥포·어염·해중식물 등을 천 리 밖 고구려까지 운송케 하였음을 알 수 있다. 이처럼 신속지역인 옥저에 대한 통치방식은 식읍의 사여 조건, 곧 식읍지가 대체로 새로운 영토 편입지나 정복지, 부용지 등이었다는 점과 유사한 것으로 미루어, 식읍의 운영방식과 거의 동일하였던 것으로 판단된다. 다만 동옥저지역은 고구려 중앙정부 곧 국왕의 통치권 안의 신속지臣屬地였던데 비해, 식읍食邑은 국왕이 유공자나 내항자들에게 그 지역의 통치권을 맡긴다는 점에 차이가 있을 뿐이다.

그러므로 옥저의 사례에 비추어 식읍의 운영방식은, 식읍을 사여받은 고구려 대가나 고급관료군이 자신의 가신家臣인 사자·조의·선인을 파견하여 해당 식읍지의 일종 '조세'를 수취하는 방식이었을 것으로 추측된다. 이러한 사실이 『삼국지』 고구려전에 "그 나라의 대가들은 농사를 짓지 않으므로, 앉아서 먹는 인구가 만여 명이나 되는데, 하호들이 먼 곳에서 양식·고기·소금을 운반해다가 그들에게 공급한다"로 기술된 것이라 하겠다. 따라서 하호는 해당 식읍 지역에 편입되어 식읍주의 가신인 사자·조의·선인의 지휘하에 식읍지의 농지를 경작하거나 특산물을 생산하여 식읍주에게 제공하고, 다시 이들 산물을 식읍주에게 운송하는 일을 맡았던 것이라 하겠다.94)

94) 李玉은 "下戸는 食邑地 居住民으로서 그 食邑地 所有者에 대하여 租賦를 제공하였던 것"으로 보았으나, 하호를 征服地의 被征服民으로 파악하였다.(李玉, 1973.3, 「三國時代の食邑, 下戸および私田の起源」, 『韓』 2-7, 韓國學硏究院, 8~10쪽) 하호를 被征服民으로 파악한 견해는 일찍이 金洸鎭이 제기한 바 있다.(金洸鎭, 1937, 「高句麗社會の生産様式」, 『普專學會論文集』 3, 740쪽) 물론 고구려가 대체로 새로운 정복지를 식읍지로 사여하였다는 점에서 하호에 피정복민 일부가 포함될 수 있으나, 李玉이 濊의 侯·邑君·三老가 통할하였던 下戸까지도 『삼국지』 찬자가 고구려 피정복민으로 파악함으로써 하호로 기술하게 된 것이라고 본 것은 무리가 있으며, 씨의 주장대로라면 拔奇나 涓奴加가 거느리고 갔던 下戸들까지 피정복민으로 설명할 수 있을 것인가에 대한 해명도 있어야 할 것이다.

또한 앞서 살폈듯이 하호는 『삼국지』에 나타나는 제가諸加 또는 대가大家에 대한 상대적인 개념이 될 수밖에 없으며, 그들이 노비 또는 생구生口와 계급적 구성이 다르다는 관점에서[95] 식읍지에 편성된 민民을 일컫는다고 할 수 있다. 특히 하호 관계기사가 『삼국지』 이후 더 이상 보이지 않고, 식읍 사여기사도 봉상왕 2년(293) 고노자高奴子에게 곡림鵠林을 식읍으로 사여하는 기사를 마지막으로 보이지 않는 것에서, 하호는 식읍을 전제로 존재하였음을 짐작할 수 있다. 이와 같은 식읍·하호기사의 소멸과 함께 '여러 대가大加들 또한 스스로 사자使者·조의皂衣·선인先人을 두고'라는 기사 또한 『삼국지』에서만 보이고 그 이후 사서에 보이지 않은 바, 이 또한 고구려 사회에서의 식읍제 소멸과 관계된 때문으로 보고자 한다. 곧 이들 대가大加의 가신家臣이었던 '사자·조의·선인'은 식읍과 하호의 소멸로 대가를 위한 식읍지 산물의 수취 등의 역할이 소멸되었고, 국가로서도 기존의 대가에게 지급했던 식읍지를 직접 지배함으로써 대가의 가신층을 국가 관료층에 흡수함으로써 이들 명칭이 더 이상 사서에 나타나지 않은 것으로 생각된다.[96]

그러므로 위의 서천왕 11년(280) 양맥·숙신의 여러 부락을 정벌하여 부용으

95) 生口의 계급적 성격에 대해서는 "[建光 2년(122)] 遂成還漢生口 詣玄兎降 自今以後不與縣官戰鬪 而自以親附送生口者 皆與贖直 人四十匹 小口半之"(『後漢書』 권 85, 列傳 75, 東夷 高句麗)라고 하여, 2세기 초엽 고구려가 중국 군현에 대하여 漢人포로를 돌려보내면서 그 대가로 포로 1인당 겸포 40필, 小口에게는 그 절반을 각각 지불하고 있는 데서도 나타나는데, 이러한 贖直價는 중국 군현의 욕구를 반영하는 것이지만(박남수, 1996, 「신라의 성장과 수공업 경영형태」, 『신라수공업사』, 36쪽), 生口가 매매되는 노예적 성격의 계급적 속성을 지녔음을 보여준다. 노비 또한 민의 처지를 박탈당해 노비로 전락한 것이 "… 有罪諸加評議 便殺之 沒入妻子爲奴婢 …"(『三國志』 권 30, 魏書 30, 烏丸鮮卑東夷傳 30, 高句麗)나 『漢書』 地理志 고조선 八條犯禁의 "相盜者 男沒入爲其家奴 女子爲婢 欲自贖者 人五十萬"에서 살필 수 있는 바, 生口와 같은 성격의 것으로 생각된다. 이에 대해 盧重國은 沒入된 사람이나 籍沒된 재물은 범죄의 유형 즉 公私에 따라 공적인 경우는 公私奴婢나 官物이 되었을 것이고 사적인 성격의 것일 경우에는 私奴婢나 私物이 되었을 것으로 보았다.(盧重國, 1979, 「高句麗律令에 關한 一試論」, 『東方學志』 21, 29쪽)

96) 趙法鍾은 하호를 종족적으로 예속된 존재로 파악하면서, 4세기 말부터 大加의 하호 집단이 더 이상 사적 예속의 상태로 유지되지 않고 공적 질서 체계로 편입되었음을 지적하고, 그 단초는 대무신왕대에 비류부장의 탐학을 다스린 데서 비롯한 것으로 보았다(趙法鍾, 앞의 논문, 164쪽), 씨의 하호의 성격에 대한 주장에 대해서는 이론의 여지가 있지만 4세기 말 민호 확보를 위한 고구려의 정책적 변화를 주목한 것은 타당한 것으로 보인다.

로 삼은 달고에게 그 지역을 식읍으로 지급하지 않고 일종 지방관 파견형식을 취하여 통할한 것은, 국가가 모든 영토에 대해 직접 지배하고자 한 사건으로 보아야 할 것이다.[97] 이후 봉상왕 2년(293) 고노자에게 곡림을 식읍으로 사여한 기사는 식읍제로부터 국가의 직접지배로 전환하는 과도기적 양태라고 할 것이다. 이러한 식읍지에 대한 국가의 직접지배 방식으로의 전환에 따라, 기존 식읍지에 예속되었던 하호 또한 국가가 직접 지배하는 '민民'층으로 재편성되었을 것으로 추측된다.

2) 민호편제民戶編制의 전개

고구려 민층民層의 구체적인 편성 양상은 사서상에 잘 나타나지 않는다. 대체로 고구려 초기에는 투항한 소국을 성읍으로 삼아 민층에 편입하는 방식과 정복지를 유공자의 식읍으로 삼아 그 백성을 식읍민으로 편입하는 경우가 있었으나, 3세기 후반에 들어서 식읍제가 소멸되면서 토지와 인민을 국가가 직접 지배하는 방식으로 전환하였던 것으로 보인다. 이후부터 고구려는 보다 적극적인 정복전쟁을 통하여 토지와 인민, 그리고 물화의 획득에 진력하였다.[98]

다음 표에서 고구려 초기의 전쟁은 정복지를 성읍으로 편입하거나 부용하는 것이 주종이었으나, 4세기에 들어서면서 영토의 확장과 함께 토지와 물산, 인민의 획득에 주력하고 있음을 볼 수 있다.[99] 특히 고구려 건국 초에는 앞서 살핀

97) 金基興은 조세제의 체계화 과정에서 해당 주민에 대한 수취체계는 공납적 수취체계에서 지방관에 의한 직접수취체계로 나아간 것으로 보았거니와(金基興, 1999, 「삼국시기 戰爭과 租稅制의 변화」, 『한국고대사연구』 16, 163~164쪽), 梁貊·肅愼諸部落을 정벌하여 부용으로 삼은 이 지역에 대해 達賈를 파견한 것은 바로 기존 식읍체계 또는 공납체계에서 지방관에 의한 직접 수취체계로 나아가는 과정에 나타난 사례로서 주목할 수 있을 것이다.

98) 토지와 백성의 획득 관련 기사는 『三國史記』 권 17, 高句麗本紀 5, 美川王 3년(302)·14년(313)조 ; 권 18, 高句麗本紀 6, 故國壤王 7년(390)조 기사를 비롯하여, 『三國史記』 권 18, 高句麗本紀 6, 廣開土王 원년·4년조 기사, 그리고 광개토대왕릉비 영락 5년(395)·6년(396)·20년(410), 『三國史記』 권 18, 高句麗本紀 6, 長壽王 63년(475)·권 19, 高句麗本紀 7, 文咨王 13년(504)·21년(512)·권 20, 高句麗本紀 8, 嬰陽王 18(607)·19(608)년·권 22, 高句麗本紀 10, 寶藏王 下 14년(654)

99) 戰爭 또는 投降에 의한 복속과 인민의 조치에 대해서는 韓沽劤, 1960, 「古代國家成長過程에 있어서의 對服屬民施策(上)」, 『歷史學報』 12, 참조. 다만 전쟁 포로를 일괄적으로 국가에 예속되거나 將臣에게 분배되었던 노비신분으로 파악한 것은 재고의 여지가 있다.

고구려 정복전쟁과 전리품

연 도	정벌지	전 리 품	비 고
동명성왕 6년 (B.C.32)	伐太白山東南荇人國	取其地爲城邑	『삼국사기』 권 13, 고구려본기 1
태조대왕 4년 (A.D. 56)	伐東沃沮	取其土地爲城邑	『삼국사기』 권 15, 고구려본기 3
태조대왕 2년 (A.D. 74)	伐朱那	盧其王子乙音爲古鄒加	『삼국사기』 권 15, 고구려본기 3
서천왕 11년(280)	肅愼來侵 屠害邊民 … 王於是 遣達賈往伐之	拔檀盧城 殺酋長 遷六百餘家於扶餘南烏川 降部落六七所 以爲附庸	『삼국사기』 권 17, 권 17, 고구려본기 5
미천왕 3년(302)	侵玄菟郡	虜獲八千人 移之平壤	『삼국사기』 권 17, 고구려본기 5
미천왕 14년(313)	侵樂浪郡	虜獲男女二千餘口	『삼국사기』 권 17, 고구려본기 5
광개토왕 즉위년 (391)	南伐百濟	拔十城	『삼국사기』 권 18, 고구려본기 6
	北伐契丹	虜男·女五百口 又招諭本國陷沒民口一萬而歸	
	攻陷百濟關彌城	拔	
광개토왕 4년(394)	戰於浿水之上	虜獲八千餘級	『삼국사기』 권 18, 고구려본기 6
영락 5年(395)	討稗麗	破其三部洛六七百營 牛馬群羊不可稱數 於是旋駕	광개토왕릉비
영락 6년(396)	討伐殘國	殘主困逼, 獻出男女生口一千人細布千匹, … 得五十八城村七百將殘主弟并大臣十人 旋師還都.	광개토왕릉비
영락 20년(410)	東夫餘舊是鄒牟王屬民, 中叛不貢. 王躬率往討	其慕化隨官來者 味仇婁鴨盧 卑斯麻鴨盧 社婁鴨盧 肅斯舍[鴨盧] ㅁㅁㅁ]鴨盧. 凡所攻破城六十四 村一千四百	광개토왕릉비
장수왕 63년(475)	侵百濟	殺其王扶餘慶 虜男女八千而歸	『삼국사기』 권 18, 고구려본기 6
문자왕 13년(504)	扶餘爲勿吉所逐涉羅爲百濟所并	但黃金出自扶餘 珂則涉羅所産…二品所以不登王府 實兩賊是爲 世宗日 …使二邑還復舊墟 土毛無失常貢也	『삼국사기』 권 19, 고구려본기 7 ; 『위서』 권 100, 열전 88, 고구려
문자왕 21년(512)	侵百濟陷加弗·圓山二城	虜獲男女一千餘口	『삼국사기』 권 19, 고구려본기 7
영양왕 18년(607)	襲新羅北境	虜男女三千而還	『삼국사기』 권 20, 고구려본기 8
영양왕 19년(608)	襲新羅北境	虜獲八千人	『삼국사기』 권 20, 고구려본기 8
		拔新羅牛鳴山城	

내항자 뿐만 아니라 정복지 지배자층과 그 인민을 재지에 두고 고구려 통치체제 안에 수용하였으나, 4세기 무렵부터는 영토를 획득함과 아울러 해당 지역의 인민을 고구려 내지로 데려오는 형태가 많아지고 있음을 볼 수 있다. 이는 소수림왕대부터 추진하여 온 율령체제를 정비하고 강력한 왕권을 수립한 바탕 위에서,[100] 인민 곧 그 노동력에 대한 국가적 욕구가 많아졌음을 반영하거니와,[101] 전쟁을 통하여 획득한 포로들은 생구와는 구별되어 고구려 통치체제에 편입했던 것이라 하겠다.[102]

곧 광개토대왕릉비 영락 5년(395)조의 '백제와 신라는 옛날 속민이었다[百殘新羅舊是屬民]'이라는 기사나 동 9년(399)조에서 신라왕이 사신을 보내어 '노객으로써 민을 삼아 왕에게 귀의하여 명命을 청한다[以奴客爲民 歸王請命]'는 기사, 그리고 동 20년(410)조의 '동부여는 옛날 추모왕의 속민이었다[東夫餘舊是鄒牟王屬民]'는 데서, 고구려가 백제·신라의 인민 또는 부용국의 인민을 속민으로 파악하였음을 볼 수 있다. 또한 동 6년(396)조에서 새로이 획득한 인민을 백제왕이 헌상한 생구와 분명하게 구분하고 있으며, 수묘인연호守墓人烟戶조에서 수묘인을 '원근의 구민[遠近舊民]'이라 하여 민층民層으로 파악하였던 바, '공략하여 데려온 한예[所略來韓穢]'란 일종 새로운 정복지에서 획득한 인민으로서 '구민舊民'에 대응하는 '신민新民'으로 파악하였음을 확인할 수 있다.[103] 이러한 기록들로 미루어 보아 고구려는 전쟁을 통하여 획득한 인민들을 새로운 고구려의 인민으로 편입하려 노력하였음을 알 수 있다.[104]

---

100) 盧重國, 앞의 논문, 112~117쪽

101) 金鍾璿은 광개토대왕의 전쟁기사에서, 고구려 전쟁의 목적이 노예화와는 무관하게 주로 영토의 확장과 농업인구의 확보에 있었던 것으로 파악하였다.(金鍾璿, 1992, 「三國時代의 戰爭捕虜에 관하여」, 『歷史學報1』 136, 8~19쪽)

102) 趙法鍾 또한 광개토대왕릉비 수묘인이 일반신분층으로 편제된 데 주목하여, 4세기 말 5세기 초 종래 지역의 종족적 집단예속민을 더 이상 존속시키지 않고 일반민으로 파악하면서 고구려 국가의 성격을 일층 확대발전시킨 것으로 파악한 바 있다.(趙法鍾, 앞의 논문, 165~166쪽)

103) 손영종은 5세기 초엽 고구려 사회는 당당한 중앙집권적 봉건통치를 갖춘 발전기의 봉건사회, 봉건국가였던 것으로 파악하고, 수묘연호는 결코 노예나 노비가 아니라, 량인신분이거나 후세의 신량역천층에 해당하는 신분의 사람으로 이해하였다.(손영종, 1986, 「광개토대왕릉비에 보이는 수묘인연호의 계급적 성격과 립역방식에 대하여」, 『력사과학』 1986-3, 15~17쪽)

104) 金洸鎭은 고구려가 정복전쟁을 통하여 복속한 피정복지에 대한 직접지배를 강화해가는

사실 이러한 노력의 결실로 장수왕대에는 3세기 중엽보다도 민호民戶가 3배 증가하게 되었거니와,105) 이는 새로이 정복한 영토의 확장과 아울러 전쟁을 통하여 획득한 인민들을 고구려의 민호로 편입하고자 하는 국가적 노력의 결실이라고 하겠다.106) 이들 새로이 고구려 민호로 편입된 이들은 농지의 경작뿐만 아니라 각종의 생산활동과 수묘역 등에 투입되었고, 결국 조세원으로서 국가재정의 바탕이 되었을 것이다.107)

고구려 민호 편성의 양상을 보여주는 기사로 다음 기사들을 주목할 수 있는데, 민의 경작과 편성양상을 보여주는 N그룹, 광물 등을 생산하여 국용에 충당하는 O①②와 축성역에 동원되는 O③④⑤ 그룹, 그리고 수묘역守墓役 관련 내용을 보여주는 P그룹으로 분류할 수 있을 듯하다.

N. ① 12년(190) 가을 9월에 서울에 눈이 6척이나 내렸다. 중외대부中畏大夫 패자沛者 어비류於畀留, 평자評者 좌가려左可慮가 모두 왕후의 친척으로서 나라의 권력을 잡았는데, 그 사세들이 모두 세력을 믿고 무례하고 거만하며 사람의 자녀와 전택田宅을 빼앗았으므로, 나라 사람들이 원망하고 분통해하였다. 왕이 이를 듣고 노하여 죽이려 하니 좌가려 등이 4연나椽那와 더불어 반란을 도모하였다.(『삼국사기』 권 16, 고구려본기 4, 고국천왕)

② 13년(191) … 안류晏留가 왕에게 말하기를 "미천한 신은 남보다 못나고 어리석어 본래 큰 정치에 참여하기에 부족합니다. 서압록곡西鴨淥谷 좌물촌左勿村의 을파소乙巴素란 사람은 유리왕 때의 대신 을소乙素의 손자로, 성품이 본디 굳세고 의지가 강하며 지혜와 사려가 깊으나 세상에서 쓰이지 못하고

과정을, '피정복사회에 대하여 정치적 내지 경제적 교섭을 통하여 자기 계급적 제관계를 복속사회에 이식시키고, 권력과 부를 집중시킨 바, 고구려 중심지대의 직접적 지배는 고구려 종속사회에 대한 통제와 공납의 보증 및 자기 세력의 새로운 진출을 꾀한 것'으로 설명하였다.(김광진, 앞의 논문, 775~776쪽)

105) "遼東南一千餘里 東至柵城 南至小海 北至舊夫餘 民戶參倍於前魏時"(『魏書』 권 100, 列傳 88, 高句麗)

106) 박남수, 2004, 앞의 논문, 129쪽.

107) 金基興은, 고구려가 전쟁의 수행을 위하여 수취증대를 꾀하면서 수취대상을 확보하는 정책으로서 피정복민을 점차로 정상적인 구성원 곧 민의 범주로 편제함으로써 항구적인 수취원으로 확보해 갔던 것으로 보았다.(金基興, 1999, 「삼국시기 戰爭과 租稅制의 변화」, 『한국고대사연구』 16, 157~158쪽)

힘써 농사지어 자급하고 있습니다. 대왕께서 만일 나라를 다스리고자 한다면 이 사람이 아니면 안 될 것입니다"라 하였다. 왕이 사신을 보내 겸손한 말과 정중한 예로써 맞이하였다. …(『삼국사기』 권 16, 고구려본기 4, 고국천왕)

③ 16년(194) … 겨울 10월에 왕이 질양質陽으로 사냥을 나갔다가 길에서 앉아 우는 자를 보았다. "어찌하여 우는가?"하고 물으니, 대답하기를 "신은 매우 가난하여 늘 품팔이를 하여 어머니를 모셔왔는데 올해는 곡식이 자라지 않아 품팔이[傭作]할 곳이 없어, 한 되 한 말의 곡식도 얻을 수 없어 우는 것입니다" 하였다. 왕이 말하기를 "아! 내가 백성의 부모가 되어 백성들을 이 지경에까지 이르도록 하였으니 나의 죄로다" 하고, 옷과 음식을 주고 불쌍히 여겨 어루만졌다. 이에 내외의 담당 관청에 명하여 홀아비, 과부, 고아, 홀로 사는 노인, 병들고 가난하여 스스로 살아 갈 수 없는 사람들을 널리 찾아 구제하게 하였다. 담당 관청에 명하여 매년 봄 3월부터 가을 7월까지, 관청의 곡식을 내어 백성들의 가구家口가 많고 적음에 따라 차등이 있게 진휼하게 하고, 겨울 10월에 이르러 갚게 하는 것을 항식恒式로 삼았다. 내외가 모두 크게 기뻐하였다.(『삼국사기』 권 16, 고구려본기 4, 고국천왕)

④ 미천왕 즉위년(300) 이름은 을불乙弗이다. 혹은 우불憂弗이라고 한다. 서천왕의 아들 고추가古鄒加 돌고咄固의 아들이다. … 처음에 봉상왕이 동생 돌고가 다른 마음이 있다고 의심하여 그를 죽이니, 아들 을불이 살해당할 것을 두려워하여 달아났다. 처음에 수실촌水室村 사람 음모陰牟의 집에 가서 용작傭作을 하였다. … 고난을 이기지 못하고 1년 만에 그 집을 떠나, 동촌東村 사람 재모再牟와 함께 소금 장사를 하였다. …(『삼국사기』 권 17, 고구려본기 5, 미천왕)

⑤ 3년(521) 여름 4월 왕이 졸본卒本으로 행차하여 시조묘始祖廟에 제사지냈다. 5월에 왕이 졸본에서 돌아오다가, 지나는 주읍州邑의 가난한 자들에게 곡식을 한 사람에 1곡斛씩 주었다.(『삼국사기』 권 19, 고구려본기 7, 안장왕)

⑥ 온달溫達은 고구려 평강왕(559~590) 때의 사람이다. … 집이 매우 가난하여 항상 음식을 구걸해서 어머니를 봉양하였다. … 공주는 홀로 돌아와 사립문 아래에서 묵었다. 아침이 밝자, 다시 [집안으로] 들어가 온달과 그 어머니에게 자세히 말하였다. 온달이 우물쭈물 결정을 내리지 못하자 그 어머니

가 말하기를, "제 자식은 매우 누추해서 귀하신 분의 배우자가 되기에 부족하고, 저희 집은 지극히 가난하여 진실로 귀하신 분이 계실 곳이 되지 못합니다."라고 하였다. 공주가 대답하여, "옛 사람들의 말에 '한 말의 곡식이라도 찧을 수 있고, 한 척의 베라도 꿰맬 수 있다'고 하였습니다. 진실로 마음을 같이 할 수 있다면, 어찌 반드시 부귀해진 다음에야 함께 할 수 있겠습니까?"라고 하였다. 이에 값비싼 금팔찌를 팔고 전택과 노비, 소와 말, 그리고 기물을 구입하여 살림살이에 필요한 물품을 모두 갖추었다.[乃賣金釧 買得田宅·奴婢·牛馬·器物 資用完具]…(『삼국사기』 권 45, 열전 5, 온달)

⑦ 4년(645) …여름 4월 … 이세적李世勣과 강하江夏 왕도종王道宗이 개모성蓋牟城을 공격하여 빼앗아, 1만 인을 사로잡고 양곡 10만 석을 얻어 그 땅을 개주蓋州로 삼았다. 장량張亮이 수군을 거느리고 동래東萊에서 바다를 건너 비사성卑沙城을 습격하였다. 성은 4면이 깎은 듯하고 오직 서문만이 오를 수 있었다. 정명진程名振이 병력을 이끌고 밤에 도착하여, 부총관 왕대도王大度가 먼저 올랐다. 5월 5월에 성이 함락되어 남녀 8천 명을 빼앗겼다. 이세적이 진군하여 요동성 아래에 이르고 황제가 요택遼澤에 도달하였으나 진흙이 2백여 리여서 사람과 말이 통행할 수 없었다. 장작대장將作大匠 염입덕閻立德이 흙을 넓게 깔아 다리를 만들어 군대가 지체하지 않고 요택 동쪽으로 건넜다. 왕이 신성과 국내성의 보병과 기병 4만을 보내서 요동을 구원하니 … 아군이 힘을 다해 싸웠으나 이기지 못하였다. 죽은 자가 만여 명이고, 체포된 뛰어난 병사가 만여 명, 남녀가 4만 명이고, 양곡이 50만 석이었다. 그 성을 요주遼州로 삼았다.… 처음에 막리지 가 가시성加尸城의 7백 인을 보내 개모성蓋牟城을 지키게 하였는데, 이세적이 그들을 모두 사로잡았다. 그 사람들이 종군하여 스스로 공을 세우기를 청하니, 황제가 말하기를 "너희 집이 모두 가시성에 있는데, 너희가 나를 위하여 싸우면 막리지가 반드시 너희 처자를 죽일 것이다. 한 사람의 힘을 얻으려고 한 집을 멸망시키는 짓은 나는 차마 할 수 없다."고 하고, 모두에게 양식을 주어 보냈다. 개모성으로 개주蓋州를 삼았다. … 이세적이 드디어 안시성을 공격하였다. … 황제는 요하의 좌측이 일찍 춥고, 풀이 마르고 물이 얼어 병사와 말이 오래 머물기 어렵고, 또 양식이 다 되어가므로 칙을 내려 군사를 나누고 먼저 요주·개주 2주의 호구를 뽑아 요하를 건너게 하고 안시성 아래에서

병력을 시위하고 돌아갔다. … 요주遼州·개주蓋州·암주巖州 3주의 호구를 옮기어 중국으로 들어간 자가 7만 인이었다.(『삼국사기』 권 21, 고구려본기 9, 보장왕 상)

O. ① 은銀 조약돌은 광휘를 머금고[銀礫涵輝(渾)] 엉겨 선명함이 첩첩이 벼랑이로다[凝鮮疊崿] [제서 동이전에 이르기를, '은산銀山은 나라 서북쪽에 있는데, 고구려[高驪]가 채취하여 화폐[貨]로 삼는다' 하고, 고려기高驪記에 이르기를 '은산은 안시성 동북 100여 리 되는 곳에 있는데, 수백 가家가 채취하여 국용國用으로 공급한다'고 하였다.](『한원』 고[구]려조)

② 정시正始 중(504~507)에 세종世宗이 동당東堂에서 고구려 사신 예실불芮悉弗을 인견하였다. 예실불이 나아와 말하기를, "고[구]려는 하늘과 같은 정성으로 여러 대에 걸쳐 [北魏에] 충성하여 땅에서 나는 토모土毛로 왕공王貢을 빠뜨리지 않았습니다. 오직 황금은 부여에서 나고, 가珂는 섭라涉羅에서 생산되는데, 이제 부여는 물길勿吉에게 쫓겨난 바 되었고 섭라는 백제에게 병탄되었습니다. 국왕인 신臣 운雲[문자왕]은 끊어진 나라를 잇는 의리를 생각하여 [夫餘나 涉羅의 사람들을] 모두 저희 나라로 옮겨 살게 하였으나, 지금 두 가지 물건을 왕부王府에 올리지 못하는 것은 실로 두 도적들 때문입니다"라고 하였다. 세종이 이르기를, "…지난 날 방물을 어김은 그 책임이 두 나라[물길과 백제]에게 있다. 경은 마땅히 짐의 뜻을 경의 군주에게 전하여 힘써 위압과 회유의 방략을 다하여 못된 무리들을 뿌리 뽑고 동방의 백성들을 편안케 하여, 두 읍으로 하여금 옛 터로 되돌려 회복하여 토모로 상공常貢을 잃지 않도록 하라"고 하였다.(『위서』 권 100, 열전 88, 고구려)

③ 9년(300) … 8월 왕이 나라 안의 남녀 15세 이상을 징발하여 궁실을 수리하였다. 백성들이 먹을 것이 모자라고 역역에 곤고하여 떠돌아 다녔다.…(『삼국사기』 권 17, 고구려본기 5, 봉상왕)

④ ㉠ 14년(631) 봄 2월 왕이 많은 사람들을 동원하여 장성長城을 쌓았는데, 동북은 부여성에서 동남은 바다에 이르기까지 천여 리였다. 모두 16년만에 공사를 마쳤다.(『삼국사기』 권 20, 고구려본기 8, 영류왕) ㉡ 25년(642) 봄 정월 … 왕이 서부西部 대인大人 연개소문淵蓋蘇文에게 명령하여 장성 쌓는 일을 감독하게 하였다. (『삼국사기』 권 20, 고구려본기 8, 영류왕) ㉢ 개금蓋金이 또한 장성을 동북으로부터 서남에 이르기까지 쌓도록 상주하였

다. 그 때에 남자는 역역에 징발되고 여자는 경작하였는데, 역역은 16년에 이르러서야 마쳤다.(『삼국유사』 권 3, 흥법 3, 보장봉로寶藏奉老 보덕이암普德移庵)

⑤ ㉠ 기축년 5월 28일에 처음으로 공사를 시작하였는데, 서쪽으로 향하여 11리 구간은 소형 상부약모리相夫若牟利가 쌓는다.[108] ㉡ 기유년 3월 21일 여기서부터 동쪽으로 향하여 12리 구간은 물구物苟 소형 배회백두俳湏百頭가 맡는다.[109] ㉢ 기축년 3월 21일 여기서부터 아래 □쪽으로 2리는 내부 백두百頭 상위사上位使 이장尒丈이 맡아서 공사한다.[110] ㉣ 병술년 12월에 한성漢城 하후부下後部의 소형 문달文達이 여기서부터 서북 방향을 맡는다.[111] ㉤ 괘루卦婁의 개절盖切 소형 가군加群은 여기서부터 동쪽으로 돌아 위쪽으로 □리 4자를 쌓는다.[112](「평양성 석각」)

⑥ 을해년 8월 전부前部 소대사자小大使者 어구루於九婁가 성 684간間을 쌓았다.[113](「농오리산성 마애석각」)

P. ① 37년(A.D. 18) 여름 4월 왕자 여진如津이 물에 빠져 죽었다. 왕이 애통해 하여 사람을 시켜 시체를 찾았으나 찾지 못하였다. 후에 비류 사람 제수祭須가 찾아서 알리니, 마침내 예禮로써 왕골령 王骨嶺에 장사지내고, 제수에게 금 10근, 밭 10경頃을 주었다.(『삼국사기』 권 13, 고구려본기 1, 류리명왕)

② 15년(179) 가을 9월에 국상 명림답부明臨荅夫가 죽었는데 나이가 113세였다. 왕이 몸소 나아가 애통해 하며 7일 동안 조회를 파하였다. 비로소 질산質山에 예로써 장사지내고 묘지기[守墓] 20가家를 두었다.…(『삼국사기』 권 16, 고구려본기 4, 신대왕)

③ ㉠ 묘지기 연호[守墓人烟戶]. 매구여민賣句余民은 국연國烟 2, 간연看烟 3, 동해가東海賈는 국연 3, 간연 5, 돈성민敦城民 4가家는 모두 간연으로 한다. 우성于城 1가는 간연으로 하고, 비리성碑利城 2가는 국연으로 하며, 평양성민平穰城民은 국연 1, 간연 10, 자련訾連 2가는 간연으로 하고, 배루인俳婁人

---

108) "己丑」年五」月廿」八日]始役」 西向」十一」里小」兄相」夫若」牟利」造作」"
109) "己酉年」[三]月廿一日」 自此下向」 東十二里」 物苟小兄」 俳　百頭」作節矣"
110) "己丑年三月」 廿一日自此下」 向ㅁ[下]二里」 內[中] 百頭上」 位使　丈作」 節矣"
111) "丙戌十」 二月中」 漢城下」 後　小」兄文達」 節自此」 西北行」 涉之"
112) "卦婁盖切小」 兄加群自」 此東廻上ㅁ」 里四尺治」"
113) "乙亥年八月前部」 小大使者於九婁治」 城六百八十四間"

은 국연 1, 간연 43이다. … ㉡ 국강상광개토경호태왕國岡上廣開土境好太王이 살아 계실 때에 교를 내려 말하기를, '선조 왕들이 다만 원근에 사는 구민들만을 데려다가 무덤을 지키며 소제를 맡게 하였는데, 나는 이들 구민들이 점점 몰락하게 될 것이 염려된다. 만일 내가 죽은 뒤 나의 무덤을 편안히 수묘하는 일에는, 내가 몸소 다니며 약취해 온 한인韓人과 예인穢人들만을 데려다가 무덤을 수호·소제하게 하라'고 하였다. 왕의 말씀이 이와 같았으므로 그에 따라 한韓과 예穢의 220가를 데려다가 수묘케 하였다. 그런데 그들 한인과 예인들이 법칙을 잘 모를 것이 염려되어, 다시 구민 110가를 더 데려왔다. 신·구 수묘호를 합쳐, 국연이 30가이고 간연이 300가로서, 도합 330가이다. 선조왕들 이래로 능묘에 석비를 세우지 않았기 때문에 수묘인 연호들이 뒤섞이게 되었다. 오직 국강상광개토경호태왕께서 선조왕들을 위해 묘 위에 비를 세우고 그 연호를 새겨 기록하여 착오가 없게 하라고 명하였다. 또한 왕께서 규정을 제정하시어, '수묘인을 이제부터 다시 서로 팔아넘기지 못하며, 비록 부유한 자가 있을 지라도 또한 함부로 사들이지 못할 것이니, 만약 이 법령을 위반하는 자가 있으면, 판 자는 형벌을 받을 것이고, 매입한 자는 자신이 수묘守墓하도록 하라'고 하였다.(「광개토대왕릉비」)

먼저 민民의 농지 경작과 관련된 기사 가운데, N①②에서 2세기 말엽 고구려 일반민은 이미 '힘써 경작하여 자급[力田自給]'하는 농지를 소유하였고, N③④에서 2세기 말부터 4세기 무렵에 이르기까지는 빈궁한 민의 경우 남의 집에 '용작傭作'하는 것이 일반화되어 있었으며, N⑥에서 6세기 말엽에는 전택田宅의 매매까지 이루어진 사실을 볼 수 있다. 이는 2세기 말엽부터 일반민의 경지 소유가 보편화되어 있었고, 사적 경리가 가능하였던 상황을 보여주는 것으로 풀이된다.[114]

특히 일반민의 사적 경리와 관련하여 N②⑤에서 가구家口 단위로 진대법이나 진휼이 시행되었음을 주목할 수 있는데, 여기에서 고구려 민호民戶의 편성이 가구수家口數를 단위로 이루어졌음을 알 수 있다. 사실 O①에서는 은광의 채굴

114) 洪承基는 이들 民을 良人農民으로 지칭하고, 自給農民과 傭作農民으로 분류할 수 있는 것으로 보았다.(홍승기, 앞의 논문, 29~40쪽)

을 위하여 '수백 가'를 두었다는 데서 은광의 채굴을 위한 민의 편성 또한 '가家'를 단위로 이루어졌음을 짐작할 수 있다. 이러한 사정은 수묘역守墓役의 경우에도 동일하였던 바, P②③에서 2세기 중반이나 5세기 초엽의 수묘인은 모두 가家를 단위로 편성되었음을 확인할 수 있다.115) 이는 N⑦에서 고구려 가시성加尸城 군사 700명이 당병의 포로가 되자 당병으로 종군하고자 하는데 대해 당의 황제가 "너희 집이 모두 가시성에 있는데, 너희가 나를 위하여 싸우면 막리지가 반드시 너희 처자를 죽일 것이다. 한 사람의 힘을 얻으려고 한 집을 멸망시키는 짓은 나는 차마 할 수 없다"라고 한 데서, 고구려 군대 편성 또한 가족을 단위로 해당 지역에 편제되었음을 알 수 있다. 이들 가족 단위로 편성된 성城의 규모는 7세기 전반 당나라가 고구려를 정벌할 당시 개모성蓋牟城, 비사성卑沙城, 백암성白巖城 등은 8천~1만여 명, 규모가 큰 요동성의 경우 군대를 포함하여 6만여 명의 인구수를 확인할 수 있다. 이들 성에는 자체 조달할 수 있도록 양식을 저장하였던 듯한데, 개모성의 경우 인구 1만 명에 10만 석을, 요동성의 경우 6만여 명의 인구에 50만 석을 비축한 사실을 알 수 있다. 이들 양식은 1인당 0.8~1石의 곡식으로, 『수서』 고구려 조세조항에서 1호戶가 내는 조租의 양에 해당한다. 만일 이를 일반화할 수 있다면, 고구려 일반민이 내는 조租는 해당 지역의 통치에 소용되는 비용에 충당된 것이 아니었겠는가 추측해 볼 수도 있겠다.

보장왕 4년(645) 당나라 침략시 함락된 고구려성의 상황

당병 함락 고구려성	성 중 의 인 구 수	성중의 식량
趨建安城	破我兵殺數千人	
攻蓋牟城拔之	獲一萬人	糧十萬石
襲卑沙城	男女八千口沒	
王發新城	國內城步騎四萬救遼東 死者千餘人	
遼東城	我軍力戰不克 死者萬餘人 見捉勝兵萬餘人 男女四萬口	糧五十萬石
白巖城	得城中男女萬餘口	

115) 손영종, 앞의 논문, 15쪽.

한편 수묘인 편성과 관련하여 P②가 식읍지의 '민民'을 대상으로 한데 비해, P③은 고구려 통치권역의 '구민舊民'과 '새로이 온 한·예[新來韓濊]'를 대상으로 하여 편성하였고, 특히 P③의 '새로이 온 한·예'는 앞서 살폈듯이 이미 고구려 인민으로 편입하였음을 알 수 있다.116) 이들 '새로이 온 한·예'는 정복지의 인민이라는 점에서117) 2세기 후반 명림답부에게 전공의 대가로 질산質山 지역을 식읍食邑으로 내려 그 식읍민으로 수묘인을 구성한 것과 동일하나, 명림답부의 경우 식읍지역을 근거로 수묘역에 당하게 하고, 호태왕릉묘의 경우 사방 정복지의 인민을 이주시켜 수묘역에 당하게 하였다는 점에서 차이가 있다. 이에 종래 식읍지의 인민을 수묘역에 당하게 했던 것에서 고구려에 편입된 인민을 수묘역에 당하게 하였다는 변화를 볼 수 있는데, 이는 3세기 후반부터 일어난 변화 곧 식읍지까지도 국가의 통치권역에 포함시킨 일련의 변화과정을 반영한 것으로 이해된다.

그런데 이들 수묘역의 경우 비록 건국 초기의 모습이긴 하지만 P①에서 보듯이 장례를 치르고 제수祭需에 충당하기 위해 '제사는 모름지기 금 10근·밭 10경으로 충당한다[祭須 金十斤·田十頃]'이라 하여 제수비용과 밭을 내렸는데, 이러한

116) 수묘인의 사회적 처지에 대해서는 노예설과 농노적 자연농민으로 보는 설로 나뉜다. 전자는 白南雲·勞幹·王健群으로 대표는데 당시 사회가 노예제사회라는 점과 수묘직의 천민적 속성, 그 구성이 전쟁 포로였다는 점 등을 근거로 주장하였으며, 후자는 金錫亨·耿鐵華로 대표되는데 수묘인이 家를 구성하고 일정한 자기경리를 가졌다는 점에 그 논거를 두고 있다.(金賢淑, 1989, 「광개토왕비를 통해 본 고구려 수묘인의 사회적 성격」, 『한국사연구』 65, 24~25쪽) 한편 이필영은 수묘인의 매매 사실로 미루어 노예신분이었던 것으로 풀이하였고(이필영, 1987, 「한국 고대의 장례의식 연구」, 『論文集』 17, 한남대 동아문화연구소, 274쪽) 金賢淑은 수묘인은 직역변동의 자유가 없고 거주지 또한 제한되는 비자유민으로 양의 역이 아닌 수묘역에 고정적 세습적으로 종사하는 직역인으로서, 일반 자연촌에 거주하는 양인보다는 일단 낮고 개별적 노예보다는 다소 높은 위치에 있었던 것으로 보았다.(金賢淑, 위의 논문, 25~34쪽) 이에 조인성도 김현숙과 유사한 관점에서 '수묘인이 원거주지로부터 사민되어 각 왕에게 사적으로 예속됨으로써, 노비보다는 우월하나 그렇다고 양인이 아닌 마치 부곡민과 같은 존재'로 보았다.(조인성, 앞의 논문, 103쪽) 조법종은 수묘인의 성격이 집단적 예속민적 성격을 띤 복속민이지만 광개토대왕 당시 고구려 사회구성이 이같은 일반민화를 특징지워지고 있음에서 수묘역이란 고역을 수행하는 일반민으로 파악하였다.(趙法種, 1995, 「廣開土大王陵碑文에 나타난 守墓制研究」, 『韓國古代史研究』 8, 236쪽)

117) 武田幸男, 1979, 「廣開土大王碑からみた高句麗の領域支配」, 『東洋文化研究所紀要』, 84~85쪽. 李道學, 2002, 「광개토대왕릉비문의 國烟과 看烟의 性格에 대한 再檢討」, 『韓國古代史研究』 28, 98~103쪽.

조치는 1회적인 것이 아니라 매년의 제수를 위한 항례적인 조치로서 이해된다. 이를 P②③에 적용할 수 있다면 수묘역에는 마땅히 제수祭需와 수묘인의 생활을 위한 조치가 있었을 것이고, P①의 사례처럼 수묘인의 생활을 위한 조치로서 전田을 지급하였던 것이 아닌가 한다.[118)]

사실 광개토대왕릉비를 세우면서 '이전의 선왕들이 원근에 사는 구민들만을 데려다가 무덤을 지키며 소제를 맡게 하였는데, 이들 구민들이 점점 몰락하게 될 것이 염려되어 내가 몸소 다니며 약취해 온 한인韓人과 예인穢人들만을 데려다가 무덤을 수호·소제하려 했으나, 저들이 법칙을 잘 모를 것이 염려되어, 다시 구민들과 함께 편성하고 명문을 새겨 연호烟戶가 뒤섞이지 않게 하기 위한 것'임을 밝히고 있다. 또한 '선조왕들 이래로 능묘에 석비를 세우지 않았기 때문에 수묘인 연호들이 뒤섞이게 되었다. 오직 국강상광개토경호태왕께서 선조왕들을 위해 묘 위에 비를 세우고 그 연호를 새겨 기록하여 착오가 없게 하라고 명하였다. 또한 왕께서 규정을 제정하시어, '수묘인을 서로 팔아넘기지 못하며, 부유한 자가 함부로 사들이지 못하도록 하되, 법령을 위반하는 자는 형벌에 처하고, 매입한 자는 자신이 수묘역에 편성한다'는 법령을 발하였음을 볼 수 있다. 여기서 기왕에는 '수묘인들이 파는 것과 부유한 자가 매입하는 것'이 있었음을 알 수 있거니와, 위 명문에는 그것이 무엇인지 나타나지 않는다. 다만 수묘인 스스로가 팔 수 있는 것이었고 부유한 자들이 사려고 했다는 점에서, 그것이 재화로서의 가치가 충분한 것이었음을 짐작할 수 있다. 그 팔고 사는 대상은 P①의 사례로 미루어 보아 수묘인에게 수묘역의 대가로 주어졌을 '전田'이 아니었나 짐작되며, 수묘인이 파는 것을 염려했다는 점에서 개별경리가 허용된 '전田'이었던 것으로 추측된다.[119)]

이들 수묘역은 P③에서 국연 30가, 간연 300가, 총 330가로 구성되었다는 데서, 간연 10가를 단위로 국연 1명이 편성되었음을 알 수 있다.[120)] 이러한

118) 조법종은 수묘인 국연과 간연의 烟이란 표현은 국가적 토지지급과 연결된 호구를 지칭한 것으로 보고, 이들에게 수묘활동을 위한 경제적 기반으로서 토지가 지급되었으며, 국연이 실질적인 수묘활동을 진행하고, 간연은 농경 및 제반 생산활동을 통해 수묘활동을 보장하는 기능을 수행한 것으로 보았다.(趙法種, 1995, 앞의 논문, 213~218쪽)

119) 조법종도 매매의 대상을 수묘인이 아니라 지급받은 토지였을 것으로 본 바 있다.(趙法種, 위의 논문, 219~220쪽)

120) 손영종은 국연은 부유한 戶로서 수묘역을 자력으로 감당할 수 있는 층이고, 간연은

편성 방식은 P②의 명림답부의 수묘역에 '20가'가 배치된 데서 '10가'를 단위로 역이 편성되던 전통이 있었지 않았나 짐작할 수 있다. 사실 『수서』 고구려에서 상단商團을 구성하였던 것으로 보이는 '유인遊人'이 10인을 단위로 편성된 것은 이러한 고구려 고유의 역체계 편성방식과 관련이 있지 않을까 생각된다.[121]

그런데 고구려의 역역동원은 O③에서 보듯이 4세기 무렵에는 궁실의 수리를 위해 15세 이상의 남녀 모두가 징발되다가, O④의 '남자는 역역하고 여자는 경작한다[男役女耕]'에서 보듯이 7세기 전반의 요역은 정남丁男에 한정하고 있다. 앞서 필자는 『수서』 고구려전 조세조항의 삼등호제가 정남과 정녀의 구성 비율로 이루어졌을 가능성을 상정하였던 바, 『수서』 고구려전 조세조항은 7세기 전후의 과도기적 조세조항으로서 4세기 무렵부터 내려온 조세제의 내용을 계승한 것으로 이해된다.

아무튼 이와 같은 요역의 편성방식은 O①의 안시성 동북쪽 은광 수백 가의 은의 생산에도 적용되었으리라 추측되는데, 이들은 O⑤⑥에서 보듯이 소형小兄이나 소대사小大使의 지휘하에 번상番上하였으리라 여겨진다. 따라서 공동의 역이 필요한 O②의 황금·가珂 등의 생산에도 O①의 은광이나 O⑤의 축성, P의 수묘역과 유사한 형태의 입역 방식에 의해 운영되었을 것으로 생각된다. 이로 미루어 보건대 광개토대왕릉비의 수묘인은 평양성석각平壤城石刻이나 농오리산성마애석각籠吾里山城磨崖石刻에 보이는 소형 또는 소대사에 상응하는 국연國烟과 10가를 단위로 번상 수묘역에 당하는 간연으로 구성되거나, 아니면 국가에 직접 예속되어 국가적 관리하에 수묘역에 임하는 국연國烟과 번상의 방식으로 수묘에 임하는 간연看烟으로 구성되었을 가능성이 높다고 하겠다.[122]

영세한 호로서 10호가 합해서 한 몫을 감당할 수 있는 층으로서 『隋書』 高句麗傳의 遊人이 10인을 단위로 편성된 것에 비교할 수 있는 것으로 보았다.(손영종, 앞의 논문, 17쪽) 한편 趙仁成은 국연과 간연, 구민과 신래한예의 비율이 각각 1:10, 1:2로 되어 있어 그 구성이 의도적이었던 것으로 파악하면서, 국연 1가와 간연 10가가 하나의 노동단위를 구성하였을 것으로 보았다.(趙仁成, 1988, 「廣開土王陵碑를 통해 본 高句麗의 守墓制」, 『韓國史 市民講座』 3, 94~95쪽)

121) 조법종은 각 왕릉에 실질적 수묘역을 수행한 수묘인의 규모는 기본적으로 20家였던 것으로 보고, 국연과 간연의 대응관계는 『수서』 고구려전 조세조항에서 10인이 한 조가 되어 국가적 징세단위로 파악되는 양상과 통하는 것으로 파악한 바 있다.(趙法種, 1995, 앞의 논문, 199·218~219쪽)

요컨대 고구려 민은 생구·노비와 구별되는 존재로서 농지의 경작이나 공물의 생산, 축성·수묘역 등에 종사하고, 조租와 세稅를 부담함과 아울러 요역에 징발되어 노동력을 제공하였다. 특히 고구려 민호의 편제방식의 변화는 4세기 초엽을 전후한 어느 때부터 있었을 고구려 정치·사회경제적 변화를 반영하는 것으로, 그러한 변화는 결국 국가가 민을 직접 지배하는 방식으로의 변화와 함께 공물징수 체제로부터 전조田租와 조調 중심의 조세제도로 발전하는 과정을 수반하는 것이었다. 특히 수묘인은 신분적으로는 민이었으나, 수묘역이란 제한된 신역을 징발하는 대신에 전지를 지급받았던 것으로 보아도 좋을 것이다. 국가가 민을 직접 지배하는 체제를 강화하면서, 고구려는 국가가 직접 조세를 수취하여 중앙재정의 소용에 당하거나, 각 성을 단위로 창고를 두고 당해 지방관이 조세를 수취하여 지방재정을 운용하였던 것으로 보인다. 또한 6세기에 들어서면서 고구려 조세제도는 일반민과 상인층까지도 포괄하였으며, 이민족에 대해서는 종래의 공물 징수의 방식과 필요시 군사를 징발하는 체제를 갖추었다. 역역 동원은 잦은 전쟁과 외침으로 인하여 매우 가혹하였던 바, 그 징발 대상은 정남과 정녀를 바탕으로 한 것이 점차 정남을 중심으로 변화하여 운영되었던 것으로 보인다.

5. 맺음말

고구려 조세제에 관한 내용은 『수서』와 『주서』, 『북사』에 소개되고 있는데, 기왕의 연구에서는 주로 가장 구체적인 기사를 보여주는 『수서』 고구려전을 분석함으로써 이를 이해하고자 하였다. 필자는 이미 「삼국의 경제와 교역활동」이라는 글에서 『수서』와 『주서』, 『북사』에 전하는 고구려 조세 관계기사를 살피

122) 대체로 기왕의 논자들은 국연은 간연을 지휘감독하고 수묘역에 대한 책임을 국가에 지는 존재였던 것으로 보고 있다.(김현숙, 앞의 논문, 46쪽 ; 조인성, 앞의 논문, 99쪽) 다만 손영종은 국연과 간연은 선상립역하는 番次가 다를 수도 있고, 또 번차는 같더라도 국연이 몇 사람의 간연을 통솔하는 패두(십장) 같은 역할을 하면서 헐한 일을 하였을 수도 있고, 또 국연은 호수(정정-정식립역자)로 간연은 그 뒷바라지를 하는 봉족으로 되었다고 생각할 수도 있는 것으로 보았다.(손영종, 앞의 논문, 17쪽) 조법종은 손영종의 세 가지 가능성 가운데 세 번째 안을 좇아 국연이 실질적인 수묘활동을 진행하고, 간연은 농경 및 제반 생산활동을 통해 수묘활동을 보장하는 기능을 수행한 것으로 보았다.(趙法種, 위의 논문, 213~218쪽)

고, 서로 보완적인 성격이 있음을 지적하였으나, 당시에 「삼국의 전쟁과 교역」 이라는 한정된 논제로 인하여 고구려 조세제나 사회경제구성 등에 대해 소략한 점이 있었다.

따라서 본고는 고구려 조세제도가 고구려 사회경제발전과정을 밝히는 주요한 문제일 뿐만 아니라, 민호民戶의 편제編制 방식과 밀접하게 관련된다는 관점에서, 중국 사서에 보이는 고구려 조세제 기사를 『수서』의 용례와 비교 검토하여 『수서』 고구려전의 조租와 세稅, 삼등호제三等戶制에 대한 의미를 살피고자 하였다. 또한 기왕에 논란의 여지가 많았던 유인遊人의 성격을 『수서』의 용례에 비추어 밝히고, 이와 관련하여 유녀遊女의 기사가 나타나게 된 배경을 검토함으로써 그 의미를 분명히 하였다. 나아가 『수서』 고구려전 조세조항에서 고구려 민호편제의 실마리를 찾아, 고구려 사회경제구성과 관련한 하호와 식읍의 문제, 4세기를 전후한 시점에서 민의 직접지배 방식으로의 전환과 수묘인, 그리고 민호편제의 조세제와의 관련 등을 천착하였다. 이에 그 결과를 요약하여 맺음말에 대신하고자 한다.

첫째, 중국 사서 고구려 조세제 관계기사에 대해 서로 다른 정보를 보여주는 『주서』와 『수서』는 정관 10년(636)에 완성되었다. 양 사서에 보이는 내용상의 차이는 그 근거한 자료의 차이에서 비롯한 것으로서 상호 보완적인 성격을 띠는 것이었다. 특히 『수서』 고구려전의 기사는 수나라와 고구려 양국사신의 왕래로부터 획득한 정보와 『수서』 식화지를 찬술한 장손무기長孫無忌 등과 같이 수나라의 대신으로 있다가 당나라의 관료가 되어 『수서』에 찬술에 참여한 이들의 직·간접적인 견문, 그리고 『수서』 경적지에 보이는 『화이제왕세기華夷帝王世紀』, 『제번풍속기諸蕃風俗記』, 『제번국기諸蕃國記』 등과 같은 자료를 활용하였던 만큼, 『주서』보다도 구체성을 띠었음을 주목할 수 있었다. 특히 양 사서 고구려전의 대상시기에 있어서 『수서』가 고구려 건국으로부터 북주 무제 6년(577) 고구려 평원왕을 책봉하는 기사까지를, 『주서』가 고구려 건국으로부터 수양제가 고구려 원정을 포기한 양제 10년(614)까지를 하한으로 하고 있다는 점에서, 북주 무제 건덕 6년(577, 고구려 평원왕 19)까지의 『주서』의 "부세는 견絹과 포布 및 속粟으로 하는데, 그 소유한 바를 따라 빈부를 헤아려 차등있게 거둔다"는 고구려 조세제가, 그 이후 614년까지 사이의 어느 시기에인가 『수서』의 "인人은, 세稅가 베 5필에 곡식 5석이다. 유인遊人은 3년에 한 번 세를 내되, 열 사람이 함께 세포細布 1필을 낸다. 조租는 호戶가 1석, 차호가 7두, 하호가 5두이다" 라는 보다 구체화된 내용으로 발전한 것이 아닌가 생각된다.

둘째, 『수서』 고구려전의 조租와 세稅, 삼등호제三等戶制를 『수서』 식화지의 용례와 비교 검토하여, 조租는 정남丁男과 정녀丁女의 비율에 따라 호戶의 등급을 매기고 각 호의 인정수人丁數에 따라 호별로 토지가 사여되어 부과되었던 것으로 추정하였다. 따라서 인구수가 각 호별 토지의 다과로 연결되며, 그에 따른 호별 빈부의 차이에 따라 조租의 징수액이 정해졌던 바, 이러한 사정이 『주서』 고구려전에서는 '빈부의 차이를 헤아려 징수'한 사실로 서술되지 않았나 짐작하였다. 특히 조租의 징수액으로 보아 고구려 상호上戶는 2명의 정남 또는 1명의 정남과 2명의 정녀, 중호中戶는 1명의 정남과 1명의 정녀, 하호下戶는 1명의 정남 또는 2명의 정녀 등으로 구성될 가능성이 높아, 고구려 조호租戶의 3등호제는 정남과 정녀의 구성비율로 나뉘어졌을 가능성을 상정하였다. 이러한 고구려의 과전課田과 전조田租의 책정 과정을 당나라 균전제하의 과세 과정에 상응하며, 호戶를 단위로 전조田租가 부과된 것은 북위의 전통과 관련된 것으로 생각된다.

한편 세稅는 『수서』의 용법에 비추어 대체로 상전桑田과 마전麻田의 경작으로부터 납부하는 조調와 같은 성격의 것으로 인정되었다. 고구려의 세稅(調)는 『수서』에 나타난 조포調布·녹견祿絹·녹면祿綿·조미租米처럼 세분화되지는 않았으나, 포布 5필과 곡穀 5석이 징수되었다. 다만 『수서』의 용례에 비추어 세稅 또한 전조田租와 마찬가지로 인정수人丁數에 따라 상전桑田과 마전麻田이 지급되고, 그것이 『주서』의 대상시기인 577년까지는 호별戶別 빈부차로 나타나 과세의 기준이 되다가, 577년 이후 614년 사이의 기간에 인정별로 과세되었던 것으로 보인다.

셋째, 유인遊人을 『수서』에 나타난 '유遊'자의 다양한 용례로부터 검토하여, 『수서』의 찬술자들이 상업을 '손을 놀리는 것으로 일을 삼는다[游手爲事]'는 것으로 여긴 것을 주목하고, 이를 『수서』에 나타난 '세稅'의 용례와 비교하여 『수서』 고구려전에서 유인遊人이 냈던 세稅는 '관시세關市稅, 저점세邸店稅와 입시세入市稅, 염세鹽稅, 적탄어신류荻炭魚薪類의 과진세過津稅'의 유형에 가깝다고 할 수 있고, 그러한 의미에서 고구려 유인은 바로 상인의 신분으로 세稅를 냈던 것으로 추정하였다. 특히 을불乙弗이 동촌인東村人 재모再牟와 함께 배를 타고 다니며 소금을 팔았던 사례에서 각 지방관의 통제하에 있던 일종 상단商團의 설정이 가능하였고, 이들에 대해 국가가 10인을 단위로 편제한 것이 『수서』 고구려전의 10인을 단위로 3년에 한 번씩 징세한 것으로 나타난 것이 아닐까 추정하였다. 이처럼 3년에 한 번씩 징세하는 것은, 수나라에서 상조常調의 담세그룹을 상호·중호·하호로 나누어 3년에 1번씩 다시 상정하였던 사례와 비교되었다.

넷째, 『수서』·『주서』·『북사』의 유녀遊女 관계기사는 『삼국지』 위지 고구려전의 '그 풍속은 음淫하여, 남녀가 이미 결혼하면 점차 문득 죽어서 입고 갈 옷[送終之衣]을 만들어 둔다'는 기사에 대한 잘못된 이해로부터 비롯한 것으로 파악하였다. 곧 위서』와 『양서』의 찬술자들이 『삼국지』의 '(유교적) 도리에 어긋나다'는 의미의 '음淫'을 '음란淫亂'의 의미로 풀이하면서, 각각 '노래와 춤을 좋아하며, 밤이면 남녀가 떼지어 어울려 노닌다'는 기사와 관련시키거나, '그 풍속은 음란한 것을 좋아하여 남녀가 서로 다투어 유혹하여 사귀는데'를 덧붙여 설명하였는 바, 『수서』와 『북사』에서는 『양서』의 풀이를 따라 고구려 결혼 풍속을 음란한 것으로 여기고, 여기에 유녀遊女의 의미를 덧붙였던 것으로 이해하였다. 이에 『수서』·『주서』·『북사』를 찬술할 당시에 중국인들은 정해진 짝이 없이 가무를 즐기는 혼전의 여인들을 유녀遊女로 불렀고, 그러한 여인들의 모습이 중국인의 유교적 도덕관에서는 매우 음란한 것으로 비추게 된 결과 '유녀遊女'관계 기사가 나타난 것으로 보았다.

다섯째, 고구려 계급구성의 변화과정을 하호와 민의 관계 및 그 성격, 제가 또는 대가와 하호의 관계, 하호와 식읍의 관계, 국가의 민층에 대한 직접 지배로의 전환과정 속에서 밝히고자 하였다. 특히 『삼국지』 위지 부여전의 기사를 '나라에는 군왕이 있고, 모두 6축六畜의 이름으로 관리 이름을 정하여 마가馬加·우가牛加·저가豬加·구가狗加·대사大使·대사자大使者·사자使者가 있다. 부락에는 호민이 있으며, 민과 하호는 모두 노복이다.[國有君王 皆以六畜名官 有馬加·牛加·豬加·狗加·大使·大使者·使者 邑落有豪民民下戶皆爲奴僕]'로 풀이하고, "제가들이 몸소 전투를 하고, 하호는 양식을 져다가 음식을 먹인다[諸加自戰 下戶俱擔糧飮食之]"에서 제가諸加-하호下戶의 대응관계를 확인함으로써, 하호는 제가에 예속되었고, '그 민民들은 가무를 즐긴다'로부터 하호와 별개의 신분으로서 '민民'이 존재했음을 알 수 있었다.

특히 이들 노비와 구별되는 신분으로서의 하호는, 제가諸加나 대가大家에게 양식[米糧]을 공급했으므로 제가나 대가의 토지를 경작하는 일도 담당하였을 것인데, 이들이 경작하였던 토지는 제가나 대가에 지급된 식읍食邑이었을 것으로 파악하였다. 식읍의 운영은 3세기 무렵 고구려가 옥저를 통치하던 방식으로부터 식읍을 사여받은 고구려 대가나 고급관료군이 자신의 가신家臣인 사자·조의·선인을 파견하여 해당 식읍지의 일종 '조세'를 수취하는 방식이었을 것으로 추측하였다. 아울러 하호가 제가 또는 대가에 대한 상대적인 개념이고, 노비 또는 생구와 계급적 구성이 다르다는 관점에서, 식읍지에 편성된 민호民戶를 '하호下戶'로 일컫는 것으로 파악하였다. 그런데 3~4세기 무렵 국가가 식읍뿐만이 아니라 식읍민을 직접 지배하여 가면서, 이들 식읍과 하호, 제가 또는 대가의 가신이었던 사자·조의·선인들이 기록에서 사라지게 된 바, 이러한 현상은 국가가 기존 식읍지에 예속되었던 하호들을 국가가 직접 지배하는 민층으로 재편성하는 과정과 흐름을 같이하는 것이었다.

여섯째, 고구려 민호편성의 전개과정을 정복전쟁의 전리품 획득, 그리고 민의 경작과 편성양상, 공물의 생산과 축성역, 수묘역 관련기사를 통하여 검토하였다. 먼저 고구려 역대 정복전쟁의 전리품을 검토함으로써 고구려 초기 전쟁이 정복지의 성읍城邑의 편입과 부용附庸으로 일관하던 것이, 4세기에 들어서면서 영토의 확장과 아울러 토지와 물산의 획득에 주력하였음을 알 수 있었고, 특히 고구려 건국 초에는 내항자 뿐만 아니라 정복지 지배자층과 그 인민을 재지에 두고 고구려 통치체제 안에 수용하였으나, 4세기 무렵부터는 영토를 획득함과 아울러 해당 지역의 인민을 고구려 내지로 데려오는 형태가 많아졌음을 확인할 수 있었다. 특히 이들 인민의 내지로의 사민은, 그 노동력에 대한 국가적 욕구가 많아졌음을 반영하는데, 이 무렵에는 이미 전쟁을 통하여 획득한 포로들을 생구와 구별하여 고구려 통치체제에 편입했음을 알 수 있었다. 따라서 고구려 민은 생구·노비와 구별되는 존재로서 농지의 경작이나 공물의 생산, 축성·수묘역 등에 종사하고, 조租와 세稅를 부담함과 아울러 요역에 징발되어 노동력을 제공하였다. 특히 수묘인은 신분적으로는 민民이었으나, 수묘역이란 제한된 신역을 징발하는 대신에 전지를 지급받았던 것으로 풀이하였다. 또한 수묘역은 소형小兄 또는 대사자小大使에 상응하는 국연國烟과 10가를 단위로 번상番上하는 간연看烟으로 구성되었던 것으로 보이며, 공물생산이나 축성에 동원되는 역 또한 이러한 체제와 동일했던 것으로 추정되었다. 이러한 역체계는 4세기 무렵에는 궁실의 수리를 위해 15세 이상의 남녀 모두 징발되다가 7세기 전반의 요역에는

'남자는 역역하고 여자는 경작한다[男役女耕]'고 하여 정남丁男에 한정하고 있고, 『수서』 고구려전 조세조항의 삼등호제가 정남과 정녀의 구성비율로 이루어졌을 가능성이 높은 바 『수서』 고구려전 조세조항은 4세기 무렵부터 내려온 조세제의 내용을 담고 있는 7세기 전후 과도기적 조세조항을 보여주는 것으로 풀이된다.

요컨대 고구려 민은 생구·노비와 구별되는 존재로서 농지의 경작이나 공물의 생산, 축성·수묘역 등에 종사하고, 조租와 세稅를 부담함과 아울러 요역에 징발되어 노동력을 제공하였다. 3세기 무렵에 보이는 하호는 신분적으로는 노비·생구와 구별되는 민층에 속하나, 제가 또는 대가에 예속되어 이들의 식읍을 경작하는 민층으로 보아 무방할 것이다. 이들은 4세기 무렵 국가가 민층을 직접지배하는 정책을 강화하면서, 국가의 보호를 받을 수 있는 민층으로 편제되었다. 고구려 민호의 편제방식의 변화는 4세기 초엽을 전후한 시기의 이러한 사회경제적 변화를 반영하는 것이었으며, 조세제면에서 공물징수 체제로부터 전조田租와 조調 중심의 조세제도로 발전하는 과정을 수반한 것이었다. 국가가 민을 직접 지배하는 체제를 강화하면서, 고구려는 국가가 직접 조세를 수취하여 중앙재정의 소용에 당하거나, 각 성을 단위로 창고를 두고 당해 지방관이 조세를 수취하여 지방재정을 운용하였던 것으로 보인다. 또한 6세기에 들어서면서 고구려 조세제도는 일반민과 상인층까지도 포괄하였으며, 이러한 제양상은 『주서』 고구려전에 비로소 반영되었고, 7세기 전반 좀더 구체화되면서 『수서』 고구려전 조세조항으로 남겨졌던 것이다.

Résume

The Commercial History of Korea and East Asia in Ancient Times

by

Park, Nam Soo

JURUESUNG Publishing

SEOUL, 2011

I The exchange of three countries in the East Asia

The Economy and Trade of the Three Kingdoms

The dissertation is intended to clarify the cause of collapse of Koguryo and the socio-economic background where a minor power, Shilla, became the one to unify the Korean Penisular. There must have been not only political and diplomatic factors but also socio-economic causes working as the circumstance of the unification of the Korean Penisular by Silla. Here, I extract economic characteristics of three Kingdoms including Koguryo, Paekche, and Shilla, and look at each kingdom's purpose of war and the socio-economic meaning of increase and decrease of population and land as following socio-economic impacts. Moreover, this thesis investigates features of foreign policy by examining aspects of diplomatic war at which the kingdoms competed as fiercely as they did in the actual war.

Gold bar excavated from the Mireuksa Temple site, Iksan and weight system of Baekje

In January, 2009, a number of offering utensils with a gilt bronze vessel for Sarira enshrinement were excavated from the west Stone Pagoda on the Mireuksa Temple. One of them is Goden bar. Here, focusing on the inscribed writing on the small golden bar and its apparent characteristics, the author named it Geumjung(金鋌). This paper looked into the operation and changes of the weight system of Baekje by examining disputable words used for measuring in the writing inscribed on the gold bar.

As a result, the weight of the Geumjung(金鋌) i.e. 13.2g/Yang(兩) was different from the unit of 17.328g/Yang(兩) which was an original unit for measuring volume in Baekje. The unit of their weight came from those of jiāng nán. It was because that merchants put gold and silver into circulation in jiāng nán area for trading with traders of Southeast Asia and countries bordering on the western China. The Geumjung can be seen as a sort of currency by weight in that time to purchase expensive articles from Southeast Asia and countries bordering on the western China. Geumjung from the Mireuksa Temple site is prior to gold and silver bar of Silla. On the basis of this study, we can find out the fact that the trade in jiāng nán area by Baekje and commercial exchange between Baekje, China and the countries bordering on Western China by merchants flourished remarkably.

Gold Bar and Iksan as for international trade of Baekje

In January, 2009, many sheets of small golden bar with a number of offering utensils were excavated from the west Stone Pagoda on the Mireuksa Temple. This paper aims at finding the background of appearance of Gold bar, tracing the circulation situation and examining the meanings of Gold bar in relation with international exchanges with China and Southeast Asia. Additionally, this paper noted that the circumstances which these gold bars remained in West Stone Pagoda on the Mireuksa Temple Site were related with the production of alluvial gold in Iksan and trade ports around Keum-gang river area.

As a result, gold bars from the west Stone Pagoda on the Mireuksa Temple were produced to use for the trade with Southeast Asia and countries bordering on the western China. It suggests that King Mu managed Iksan area as a way to maximise the merits of newly launched routes facing the intense competition with Goguryeo and Silla for the supremacy over the Han river area in order to secure the diplomatic superiority toward China after the appearance of Sui and Tang.

Ⅱ The perfumery distribution and the trade of the Unified Silla in the East Asia

Diplomacy toward East Asia and the system of diplomatic reception ceremony of Silla in the 8th century

Since the 8th century after the Silla-T'ang War, a new international order had been established in East Asia. In the process, Tang, Silla, Balhae and Japan had organized their governance systems and culture. The author intended to examine, in the East Asian political situation in the 8th century, what caused conflicts in diplomatic formality between Silla and Japan; when and how the diplomatic protocol of Tang was introduced to Silla and Japan; and lastly, in which way it adopted and operated. In particular, the author endeavored to restructure the diplomatic reception ceremony of Silla, based on that of Tang and Koryo because the related documents to the diplomatic reception ceremony and the office of diplomatic protocol of Silla are not sufficient.

As a result, followings were found out. First, the diplomatic conflicts between Silla and Japan were caused by the diplomatic protocol. Five ceremonies of Tang as the national protocol were disseminated to East Asia through cultural exchanges in between East Asian countries and second, each country in East Asia tried to set up their international statues by operating it according to their own circumstances. Third, it was examined that the office of diplomatic reception ceremony and its system were organized in the process of accepting the institutions and culture of Tang, when considering that the system of diplomatic reception ceremony and the office of diplomatic protocol corresponded to those of Tang considerably.

The Trade of Silla in the East Asia and the White sandalwood of the Horyuji in 8th century

A piece of eaglewood and two pieces of white sandalwood inscribed in Sogdian letters used in the 8th century are kept in Horyui depository, Japan. Especially, these aromatic woods have handwritings with brush in Chinese. According to these items, it is very clear that they were introduced from the continent and it is noticeable clue to uncover the process of their introduction through the relationship between Silla, Balhae and Tang at the time.

Therefore, this article addresses the question of the existing opinions on the spread course of aromatic woods of Horyuji and gives clear evidence as to the fact that it was imported to Japan in February, 733 based on the History of Horyuji and books of articles in its depository(法隆寺伽藍緣起并流記資財帳). According to some evidences, it is assumed that envoys of Silla purchased this white sandalwood of Horyuji in Yángzhōu or Xi'an through the trade network of Sogdian in Tang in 730's and they offered it to empress as a present of respect, then, the empress dedicated it with other perfumery to Horyuji for her health recovery from the sickness by the providence of Buddha.

The trade with Japan by Kim Tae-ryeom(金泰廉) and perfumery in 「Baisiragimojjeuge(買新羅物解)」 in 752

Baisiragimojjeuge, consisting of 30 volumes, shows a characteristic of the trade with Japan conducted by Kim Tae-ryeom(金泰廉) in 752. On the basis of these documents, the author examined perfumery realised as a Southeast Asian product and how much the perfumery accounted for of the volume of trade with Japan led by Kim Tae-ryeom. In addition, the author looked into the usage of perfumery purchased by Japanese bureaucrats in the relation with whole trade goods.

The trade with Japan by Kim Tae-ryeom was possible under the support from the Japanese court. Perfumery was purchased as a Chinese herb medicine not as a luxury and compounded perfumery accounted for a big portion of purchased perfumery to use for a halitosis removal, freshener for clothes and mothproof material. Especially, perfumery accounted for only 2.6% of total trade goods and living commodity such as tableware was 1/23 of them. It implies that main trade goods of Kim Tae-ryeom were living and cultural goods produced in Silla. Accordingly, it is confirmed as a deduction from the prejudice that the trade by Kim Tae-ryeom was mainly merchant or monopoly trade. The trade with Japan by Kim Tae-ryeom was possible under the support from the Japanese court. Perfumery was purchased as a Chinese herb medicine not as a luxury and compounded perfumery accounted for a big portion of purchased perfumery to use for a halitosis removal, freshener for clothes and mothproof material. Especially, perfumery accounted for only 2.6% of total trade goods and living commodity such as tableware was 1/23 of them. It implies that main trade goods of Kim Tae-ryeom were living and cultural goods produced in Silla. Accordingly, it is confirmed as a deduction from the prejudice that the trade by Kim Tae-ryeom was mainly merchant or monopoly trade.

Therefore, the trade with Japan by Kim Tae-ryeom was based on the development of manual arts and circulation in Silla in the 8th century but it wasn't simple merchant trade or monopoly. Also, it can be regarded as a sign to turn to East Asian trading system led by merchants of Silla in the 9th century.

Ⅲ The advent of Jang Bo-go and the change of the East Asian trade system

The Trade of Unified Silla with Japan and 'Agreement concerning interchange between them' during the reign of King Aejang

The aim of this paper is to look over the difference and its meaning between related materials of Korea and Japan, and to reconstruct the aspects of the trade transformation between Silla and Japan.

First, The features of Silla envoys to Japan could be summarized like this. They did not carry state letter of Silla and prepared trade items privately. So it is difficult for us to regard them as official envoys of Silla because they did not think themselves as official envoys and they were also not treated as such by Japan.

Second, there was considerable difference of trade goods between Silla and Japan during the mid-late 7th century and 8th century. While the main export items made in Silla were produced by court handcraft office during the former period and produced by private handcraft shop during the latter period, most of which were made for the Head-rank six and Japanese nobility as well. Such change of trade goods reveals that the trade between Silla and Japan was shifting from official to private one by the nobility of true bone rank.

Third, 'the agreement concerning interchange between Silla and Japan' derived from the custom that Executive Council for Government Affairs

(Jipsaseong) and Executive Council for Government Affairs of Japan (Taejeonggwan) exchanged official documents each other and kept cooperation between them in 803 during the reign of King Aejang. Their contents shows that if Japan sent Japanese envoys to Dang of China, Taejeonggwan notified it to Jipsaseong and when the ship loading Taejeonggwan landed in Silla, Jipsaseong returned them to Japan by giving them goods and materials as gift or help him to go to Dang. If a ship of Japan disappeared, Silla sent her envoys to Dang and tried to get information on it and reported it to Japan. Behind 'Agreement concerning interchange between Silla and Japan', it reflects the will of Japan to accept the culture of Dang through Silla and the nobility of true bone rank of Silla to fulfill their desire for foreign trade with Japan as well.

The trade between Korea, China and Japan and the economic base of Jang Bo-go in 8th~9th century

It focuses on providing an overview on the change of trade between Silla, Tang and Japan in 8~9 AD in relation to the development of handicraft manufacturing and on studying the advent of Jang Bo-go, the establishment of the trade network by him, its meaning and the scale of Jang Bo-go's fleet. Through this examination, ultimately, it aims to clarify how he operated the trade network and what its meaning is in the trade between Silla, Tang and Japan at that time. As a result, it is found that Silla functioned as an intermediary between Tang and Japan. Silla manufactured various goods with base materials from Japan and traded them to Tang and Japan. Furthermore, Jang Bo-go established Cheong Hae Jin as a trade base and built up the exclusive, single trade line, Tang-Silla-Japan, integrating separate two lines, Silla-Tang and Silla-Japan based on the political power of a military governor(Jiedushi) of Pinglu(平盧軍節度使). It can be inferred that, by operating this trade network, he bought rare luxuries from China, Arabia and the East Asia and then sold them to aristocrats in Silla and Japan again, on the other hand, he made a processing trade which was to buy materials like cotton cloth from Japan and other materials from Arabia, then to offer craftsmen those materials, to let them manufacture goods and, lastly, to sell processed goods to China and Japan. According to records on the palace market in front of Heijo Palace(平城宮), it is presumed that the sales of Jang Bo-go's fleet amounted to 26,133seok per once and its amount is 52.3 times more than 500seok a year yielded from the manor of Temple Buphwa in Jeoksan.

Ennin's Retrun to Home and the Trade with Japan by Silla Merchants in T'ang

The author tried to examine the change of Silla Merchants who dwelled in T'ang before and after the murder of Chang Bo-go. For this, the author compared the process of Japanese Envoys to Tang's return to home by a Silla ship from Chuzhou in 839 with that of Ennin's return by Kim-jin's Silla ship leaving from Sozhou. As a result of comparing departure ports of Silla ships used by Japanese Envoys to Tang and Ennin, it was revealed that the main axis of Silla Merchants' commercial activities in T'ang moved from Dengzhou, Chuzhou to Jiangnandao and Lingnandao region including Mingzhou, Quangzhou. In addition, it is ascertained that leading figures of T'ang-Japan trade, expressed as T'ang Merchants in Japanese documents, were Silla merchants in T'ang. These commodities brought to Japan included goods from Silla as well as T'ang. In particular, some East-southern Asian goods included among commodities from Silla introduced in Cathay and the Way Thither written by Ibn Kuhrdadhibah(A.D. 820~912), it seems that because Shibosi for foreign merchants was established and those commodities were distributed by Silla merchants being active in T'ang. The trade with Japan by Silla merchants in Jiangnandao Region were continued to Koryo-Song trade by Koryo and West of the T'ang Boundary merchants in the beginning of Koryo.

Silla trade goods and their characteristics in the 9th century

The author examined Silla commodities traded in Jiangnandao and Lingnandao area in T'ang in the middle of the 9th century based on Cathay and the Way Thither, Zhufanzhi. Up to now, many researchers have mainly concentrated on studying the origin of Silla commodities shown in Cathay and the Way Thither. Therefore, this study aims to examine their characteristics and distribution. Also, it focuses on introducing new Silla trade goods unnoticed listed in Zhufanzhi and, further on, comparing with Silla commodities in Cathay and the Way Thither.

It was found that Silla trade goods were highly various ranging from a Silla sword, to perfumery, medicinal stuff, silk, pottery, porcelain and a writing brush with weasel's hair. Aloeswood and cassia bark were introduced as Silla goods in Cathay and the Way Thither but it is because those goods were distributed by Silla merchants as like written in Baisiragimojjeuge in the middle of the 8th century in Japan. It reflects the brisk commercial activities of Silla merchants in T'ang region competing with West of the T'ang Boundary merchants in Jiangnandao and Lingnandao area of T'ang region in the middle of the 9th century. Ibn Kuhrdadhibah (A.D. 820~912) described indigenous products of Silla as well as silk which was preference of Islamic merchants, pottery, sailcloth essential goods for sailing and so forth. Zhao rŭ kuo wrote Zhufanzhi with interest about local products in Song and its neighbouring countries. This book was written based on his experiences and source materials of T'ang and informs of a lot of Silla's local products. According to this book, it was examined that Silla merchants was briskly active in Jiangnandao and Lingnandao area in T'ang in the middle and late of the 9th century and it can be said that the basis of West of the T'ang Boundary and Song merchants' come-and-goes to Gaekyoung was established by Silla merchants residing in T'ang region in the first half of Koryo dynasty.

complementary thesis

The Tax System and Socio-economic Formation of Goguryo

This article is to explain the Goguryo's tax system and its development. Generally speaking, the tax system of a country reflects not only its socio-economic developments but also its social stratifications. And so, I focus, in this article, the dynasty's tax system through in these prospects. In order to the understanding of Goguryo's tax system, the most important work, I think, is to be researched in the China's well-known public history books, Goguryo section of SueSer(隋書), which included many neighbouring countries histories. Specially it described Goguryo's tax system and its operation such as grain tax(租), tax(稅), the system of three grade for tenant farmer(三等戶制).

Through Sueser, I could understand Goguryo's tax was consisted of between general grain tax from the land, and tax like tribute tax(調) imposed mulberry field(桑田) and hemp field(麻田). Considering in many Chinese history books and specially Sueser, the letters Youin(遊人) could be understood as trades people(商人), and Youyer(遊女) as virgins who likes dance and sing a song.

Generally speaking, Goguryo's People(民) was very important part of tax system. They had mainly practiced agriculture, and they had been burdened to tax such as grain tax, tax, corvee duty(徭役). By the three century, low household(下戶) class had been appeared which contrasted the lower class such as nobi(奴婢) and servants(生口). I think that they might be bound into the class of clan patriarchs(諸家) and great clan patriarchs(大加). By the four century, they was transformed into general people class of People(民) as Goguryo had strengthened its power and centuralization. All these new change and formation of the tenant framer(民戶) by that time not only reflected the dynasty's socio-economic development and the transformation from the tribute-oriented(貢物) to the grain tax(田租) and tribue tax(調) system in tax system. Also by seven century, as the state could control all the people by intensifying tax system, the government used all the taxes not only to run central government but also to control the lower provinces and territories of Goguryo.

찾아보기

ㄴ

ㄷ

ㄹ

ㅁ

ㅂ

ㅇ

ㅈ

ㅊ

ㅋ

ㅌ

ㅍ

ㅎ

한국 고대의 동아시아 교역사

지은이 박남수
펴낸이 최병식
펴낸곳 주류성출판사
서울시 서초구 서초동 1305-5
e-mail juluesung@yahoo.co.kr
Home www.juluesung.co.kr
펴낸날 2011년 10월 25일
전 화 02-3481-1024
전 송 02-3482-0656

값 25,000원

잘못된 책은 교환해 드립니다.

ISBN 978-89-6246-068-1 93900